Dirk Lippold

Unternehmensführung und Nachhaltigkeit

Nachhaltigkeit als Erfolgsfaktor
für unternehmerisches Handeln

ISBN 978-3-11-150416-2
e-ISBN (PDF) 978-3-11-150472-8
e-ISBN (EPUB) 978-3-11-150495-7

Library of Congress Control Number: 2024940022

Bibliografische Information der Deutschen Nationalbibliothek
Die Deutsche Nationalbibliothek verzeichnet diese Publikation in der Deutschen Nationalbibliografie; detaillierte bibliografische Daten sind im Internet über http://dnb.dnb.de abrufbar.

www.degruyter.com

If you can do it, teach it.

If you can teach it, write about it.

Vorwort

Mit diesem Lehrbuch wird der spannende Ansatz verfolgt, das gesellschaftsrelevante Mega-Thema „Nachhaltigkeit" in die betriebswirtschaftliche Unternehmensführung mit seinen klassischen Funktionsbereichen unternehmensstrategisch einzuordnen. Dabei stehen die betrieblichen Managementbereiche Marketing/Vertrieb, Personal, Controlling und Organisation ebenso im Mittelpunkt wie die Nachhaltigkeitspotenziale, die in diesen Funktionen latent vorhanden sind.

Kreislaufwirtschaft und Wertschöpfungsketten, Green Marketing und nachhaltiges Personalmanagement sowie die Einbindung des Nachhaltigkeitsaspektes in die Organisationsstruktur sind dabei die wichtigen Themen, auf deren Grundlage die moderne Unternehmensführung eine Nachhaltigkeitsstrategie entwickeln und durchsetzen muss.

Ihre Umsetzung trifft auf eine Erwartungshaltung, die bei den jüngeren Generationen besonders ausgeprägt ist. Diesen jungen Menschen ist bewusst, dass sie die Folgen des Klimawandels tragen werden. Von den Unternehmen, für die sie arbeiten, erwarten sie daher ein klares Bekenntnis zur ökologischen, sozialen und ökonomischen Verantwortung.

Ich wünsche allen Lesern viel Freude beim Gewinnen neuer Erkenntnisse über ein Thema, das mit Bestimmtheit auch in Zukunft von besonderer Relevanz sein wird.

Mein besonderer Dank gilt Dr. Stefan Giesen, der das Projekt verlagsseitig gefördert und vertrauensvoll betreut hat, sowie Herrn André Horn für die professionelle Umsetzung des Manuskripts.

Im Interesse einer besseren Lesbarkeit wird für alle Personen – ohne jede Diskriminierungsabsicht – das generische Maskulinum verwendet.

Dirk Lippold — Berlin, im Juli 2024

Inhaltsübersicht

Inhaltsverzeichnis

1. Unternehmen und Nachhaltigkeit

1.1 Sachliche und begriffliche Grundlegung

Der Unternehmensführung (engl. *Management*) werden in der Betriebswirtschaft verschiedene Adjektive angeheftet: Man spricht von *entscheidungsorientierter* Unternehmensführung, von *marktorientierter* Unternehmensführung, von *wertorientierter* Unternehmensführung oder auch von *prozessorientierter* Unternehmensführung. Hier geht es aber in erster Linie um **nachhaltige** Unternehmensführung.

1.1.1 Bedeutung der Nachhaltigkeit für Kunden und Unternehmen

Das Thema **Nachhaltigkeit** (engl. *Sustainability*) und seine richtige unternehmensstrategische Einordnung und Umsetzung im Rahmen anderer Mega-Themen wie **Digitalisierung** und **Künstliche Intelligenz** bietet vielleicht eine der wichtigsten gesellschaftlichen und wirtschaftlichen Chancen der Gegenwart. Voraussetzung ist, dass die Unternehmensführung die damit verbundenen Herausforderungen aufgreift und aktiv gestaltet.

Nachhaltigkeit hat sich zum Erfolgsfaktor für unternehmerisches Handeln entwickelt. Im Mittelpunkt steht dabei die Frage, welche Auswirkungen eine nachhaltige Geschäftstätigkeit auf Kunden, Umwelt und Öffentlichkeit hat und wie das Thema die Geschäftsmodelle beeinflusst. Stake- und Shareholder interessieren sich längst nicht mehr nur für die reinen Finanzzahlen eines Unternehmens. Sie fordern auch Informationen, die über die rein finanzielle Berichterstattung hinausgehen. Sie erwarten von den Unternehmen, dass diese auch die ökologischen und sozialen Auswirkungen ihres Geschäftsmodells kennen und im Rahmen einer nachhaltigen Entwicklung steuern [vgl. PwC 2023].

Aber auch auf der Kundenseite ist Nachhaltigkeit längst im Alltagsleben angekommen. Zunehmend mehr Konsumenten denken darüber nach, welche Folgen das eigene Verhalten und die eigenen Kaufentscheidungen auf Umwelt und Gesellschaft haben.

Das Bewusstsein über die **Risiken des Klimawandels in der Bevölkerung** ist weitverbreitet. Bei einer überwältigenden Mehrheit der Bevölkerung hat sich die Erkenntnis durchgesetzt, dass der Klimawandel ein von Menschen verursachtes Problem ist, das die natürlichen Lebensgrundlagen der Menschen bedroht. So haben sich im Pariser Klimaabkommen 195 Staaten verpflichtet, dass der **weltweite Temperaturanstieg möglichst auf 1,5 Grad Celsius**, auf jeden Fall aber auf deutlich unter zwei Grad Celsius im Vergleich zum vorindustriellen Zeitalter beschränkt werden soll.

In Deutschland hat die Bundesregierung mit der Verschärfung des Klimaschutzgesetzes das Ziel ausgegeben, bis zum **Jahr 2045 klimaneutral** zu werden. Die Sorge um Klimawandel und Umweltverschmutzung quer durch die Generationen scheint sich mittlerweile auch im Verhalten der Menschen zu spiegeln. So sind im Mittel zwei Drittel aller Befragten bereit, ihr Verhalten anzupassen, um die Nachhaltigkeit zu fördern. Dabei sollte allerdings nicht übersehen werden, dass die Klimaeinstellungen etwas weniger stark ausgeprägt sind als die Einstellungen in Bezug auf Umweltprobleme [vgl. Umweltbundesamt 2022, S. 138].

EY-Parthenon hat dafür im April 2022 2.000 Konsumenten in Deutschland befragt. Doch unabhängig von der eigentlichen Zielsetzung der Befragung, nämlich inwiefern die Konsumenten Nachhaltigkeit tatsächlich schon in den Kaufentscheidungen berücksichtigt, wurde zunächst nach den Sorgen und Ängsten der Konsumenten gefragt. Ergebnis: Klimaschutz und Umweltverschmutzung liegen auf der Sorgenskala an Nummer vier und fünf – also zu den besonders besorgniserregenden Themen (siehe Insert 1-01).

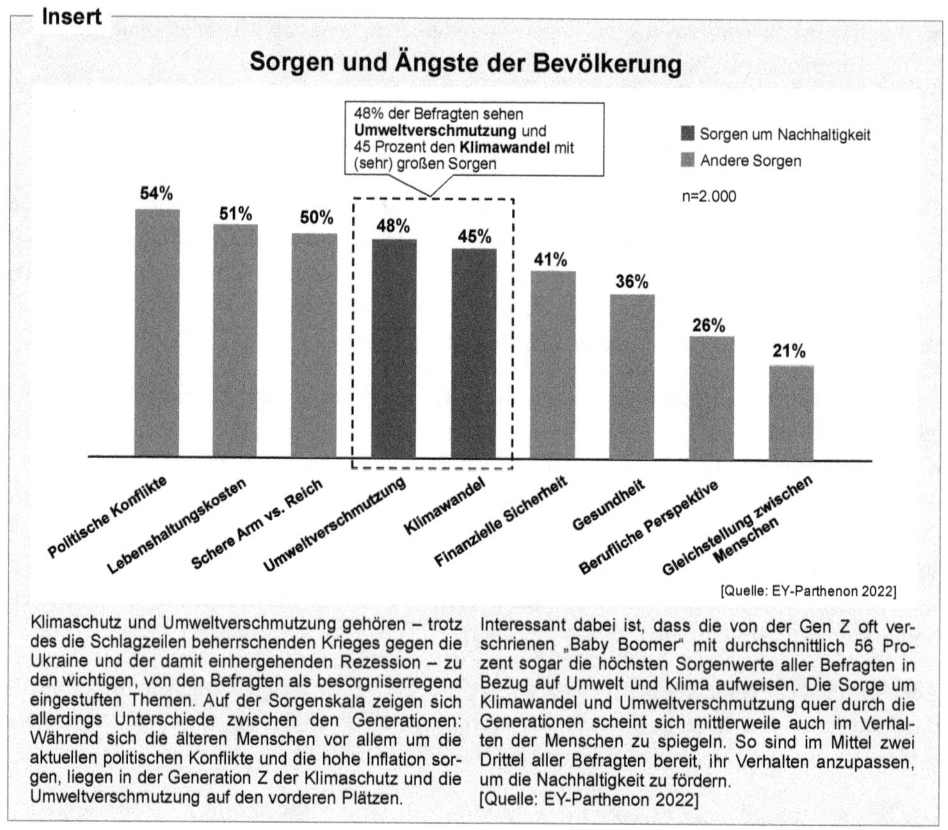

Insert 1-01: Sorgen und Ängste der Bevölkerung

1.1.2 Der Nachhaltigkeitsbegriff

Der Begriff „Nachhaltigkeit" wird heute viel tiefer und auch breiter diskutiert, als das in der Vergangenheit der Fall war. Beim ursprünglichen Kern der Nachhaltigkeit ging es um ein Handlungsprinzip zur Nutzung natürlicher Ressourcen. Danach beschreibt Nachhaltigkeit das Prinzip, so zu handeln und zu wirtschaften, dass nicht mehr Ressourcen verbraucht werden, als sich regenerieren können. Es geht dabei um die *ökologische Nachhaltigkeit*. Diese wird häufig vereinfachend als „grün" bezeichnet [vgl. hierzu und im Folgenden Kreutzer 2023, S. ff.]. Das heutige Verständnis von Nachhaltigkeit ist sehr eng verbunden mit dem Begriff der „unternehmerischen Verantwortung". Beide Entwicklungsströmungen haben die Kernthemen Ökologie, Ökonomie und soziale Gerechtigkeit zum Gegenstand.

Insert 1-02 zeigt, wie sich der Begriff „Nachhaltigkeit“ zu seinem heutigen Verständnis hin entwickelt hat [vgl. Thiemann 2024, S. 3].

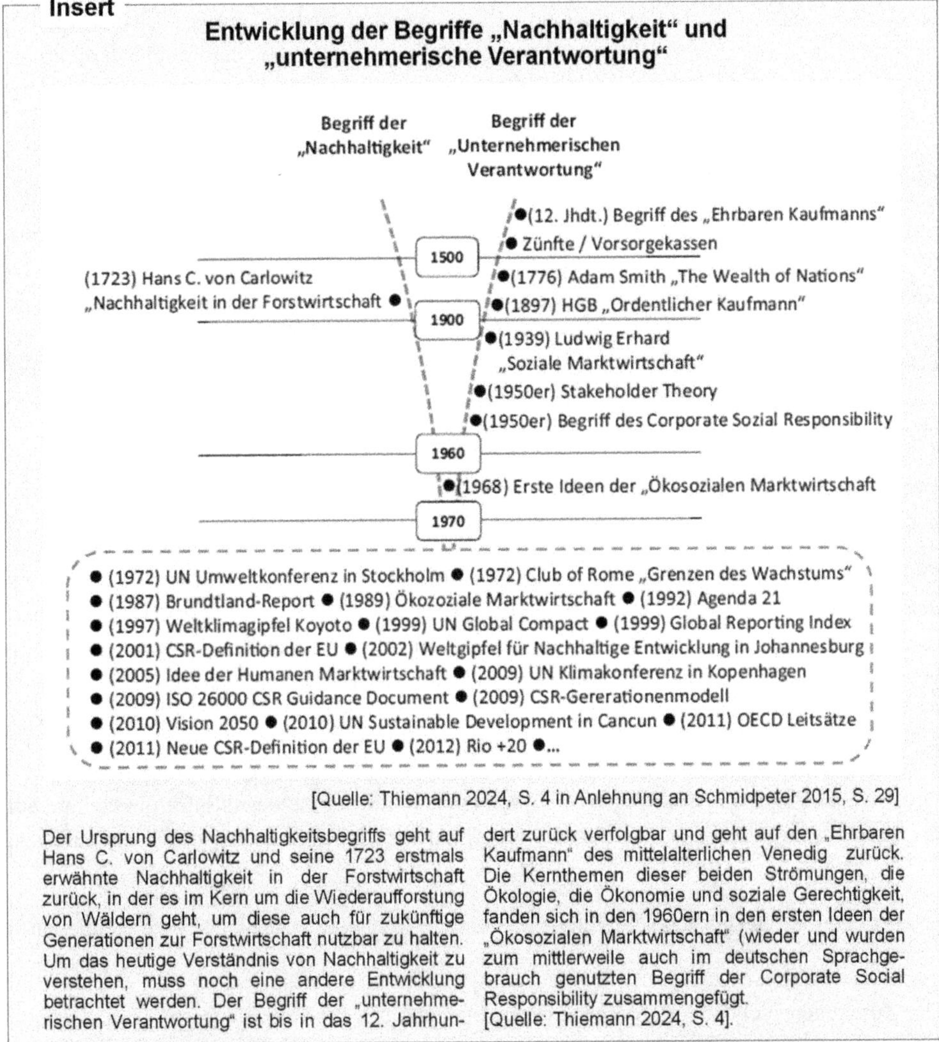

Insert 1-02: Begriffsentwicklung „Nachhaltigkeit“ und „unternehmerische Verantwortung“

Heutzutage hat die Nachhaltigkeit drei Komponenten:

- **Ökologische Nachhaltigkeit**
- **Soziale Nachhaltigkeit**
- **Ökonomische Nachhaltigkeit**

Ökologische Nachhaltigkeit bedeutet, dass Rohstoffe und weitere Materialen „umweltverträglich“ eingesetzt werden. Die Natur soll geschützt werden. Natürliche Ressourcen sollen auch für die nachfolgenden Generationen gesichert werden. Beispiele sind Bio-Produkte, die den Anforderungen einer ökologischen Landwirtschaft entsprechen. Der Verzicht auf den Einsatz von Pflanzenschutzmittel und Kunstdünger steht dabei im Mittelpunkt. Durch eine „artgerechtere" Tierhaltung soll außerdem sichergestellt werden, dass auch zukünftig noch gesunde Lebensmittel produziert werden können. Viele Bio-Label verdeutlichen eine solche ökologische Nachhaltigkeit.

Kurzum: Bei der ökologischen Nachhaltigkeit geht es darum, dass unser **Planet** überleben kann.

Soziale Nachhaltigkeit befasst sich mit den „großen" Themen wie Menschrechte, Chancengleichheit und Deckung der Grundbedürfnisse. Im Mittelpunkt des wirtschaftlichen Umfeldes steht die Wertschöpfungskette. Die hier eingebundenen Leistungsträger müssen „fair" behandelt und Lieferanten „angemessen" entlohnt werden. Ebenso ist der Verzicht auf Kinderarbeit, der angemessene Schutz der Leistungsträger am Produktionsprozess und eine Wahrung der Menschenrechte Teil der sozialen Nachhaltigkeit, die auch vereinfacht mit „Menschlichkeit" übersetzt werden kann.

Bei der sozialen Nachhaltigkeit geht es darum, dass unsere Menschen – **People** – (gut) überleben können.

Ökonomische Nachhaltigkeit besagt, dass Unternehmen aufgrund ihrer Gewinnerzielung in der Lage sind, ein Geschäftsmodell über einen längeren Zeitraum erfolgreich ein- und umzusetzen. Schließlich ist keiner Gesellschaft, keiner Wirtschaft und auch keinem Mitarbeiter damit gedient, wenn Unternehmen nur eine minimale Lebenserwartung aufweisen und dann ihren Geschäftsbetrieb einstellen sowie ihre Mitarbeiter entlassen müssen und keine Steuern mehr bezahlen.

Durch nachhaltige Aktivitäten können Unternehmen zudem eine positive Einflussnahme auf die Märkte erzielen und damit die Attraktivität als Arbeitgeber verbessern [vgl. Thiemann 2024, S. 5].

Bei der ökonomischen Nachhaltigkeit geht es um **Profit**, damit unsere Unternehmen überleben können.

Das Zusammenspiel der Anforderungen People, Planet und Profit ist in Insert 1-03 dargestellt.

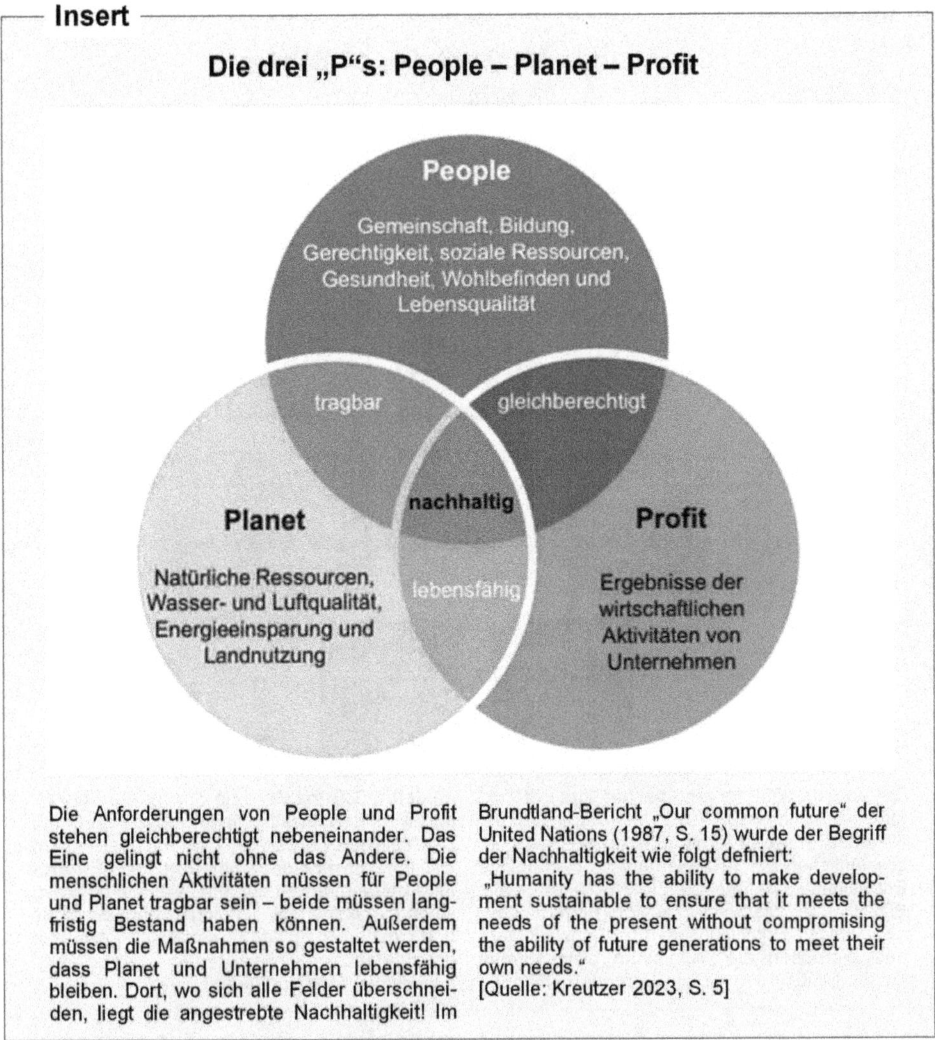

Insert 1-03: People – Planet – Profit

Die verschiedenen Formen der Nachhaltigkeit werden auch auf globaler Ebene berücksichtigt. So wurde bereits im Jahr 2015 von den **Vereinten Nationen** die **Agenda 2030** verabschiedet. Sie umfasst 17 übergeordnete Ziele – die sogenannten **Sustainable Development Goals (SDG)** – sowie 169 Unterziele, um weltweit eine lebenswerte Zukunft zu sichern. Die 17 Ziele dieser Agenda 2030 richten sich an die einzelnen Staaten, die jeweiligen Zivilgesellschaften, die Wirtschaft, die Wissenschaft und an jeden Einzelnen. Um Fortschritte im Hinblick auf die Agenda 2030 in Deutschland zu dokumentieren, wird alle zwei Jahre ein Bericht zur „Nachhaltigen Entwicklung in Deutschland" veröffentlicht [vgl. Kreutzer 2023, S. 6].

In Insert 1-04 sind die 17 SDGs aus der Agenda 2030 symbolhaft dargestellt.

Die Agenda 2030 für eine nachhaltige Entwicklung wurde im Jahr 2015 von den Vereinten Nationen verabschiedet. Sie bezieht sich im Wesentlichen auf 17 Ziele für eine nachhaltige Entwicklung (Sustainable Development Goals, SDGs). Die SDGs gelten sowohl für Industrie-, als auch für Entwicklungs- und Schwellenländer. Sie lösen die Millennium Development Goals (MDGs) ab, die die Vereinten Nationen im Jahr 2000 mit Wirkung nur für die Entwicklungs- und Schwellenländer beschlossen haben. Mit den SDGs wird eine nachhaltige Entwicklung als eine dauerhaft tragfähige Entwicklung betrachtet, die auf alle relevanten Dimensionen (Ökonomie, Ökologie und Soziales) und Ebenen (national, regional und lokal) ausgerichtet ist.
[Quelle: www.sdg-portal.de]

Insert 1-04: Die Agenda 2030 der Vereinten Nationen zur Nachhaltigkeit

Wie es um die Nachhaltigkeit in deutschen Unternehmen steht, hat Great Place to Work im Rahmen einer repräsentativen, branchenübergreifenden Studie untersucht. Dabei wurden im Mai 2021 insgesamt 1.075 Arbeitnehmer befragt, wie sie die Nachhaltigkeitsaktivitäten ihres jeweiligen Arbeitgebers bewerten.

Deutliche Unterschiede bei der Wahrnehmung der Nachhaltigkeitsziele sind bei den Branchen zu erkennen. So sind Industrie und Finanzdienstleister an der Spitze des Branchenrankings, gefolgt von Handel, Verkehr und Gastronomie. Das Mittelfeld bilden Dienstleistungen, Forschung und Entwicklung. Information und Kommunikation, das Gesundheits- und Sozialwesen sowie Bildung und öffentlicher Dienst rangieren im unteren Drittel (siehe Insert 1-05).

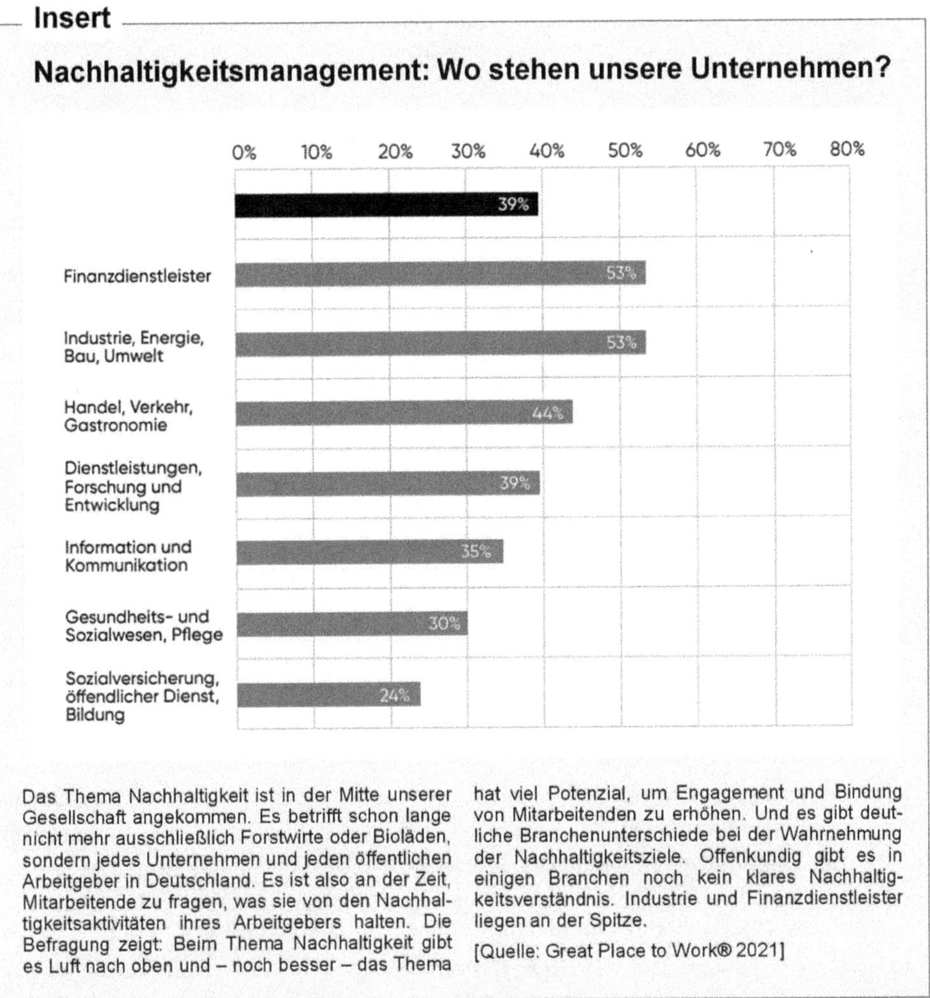

Das Thema Nachhaltigkeit ist in der Mitte unserer Gesellschaft angekommen. Es betrifft schon lange nicht mehr ausschließlich Forstwirte oder Bioläden, sondern jedes Unternehmen und jeden öffentlichen Arbeitgeber in Deutschland. Es ist also an der Zeit, Mitarbeitende zu fragen, was sie von den Nachhaltigkeitsaktivitäten ihres Arbeitgebers halten. Die Befragung zeigt: Beim Thema Nachhaltigkeit gibt es Luft nach oben und – noch besser – das Thema hat viel Potenzial, um Engagement und Bindung von Mitarbeitenden zu erhöhen. Und es gibt deutliche Branchenunterschiede bei der Wahrnehmung der Nachhaltigkeitsziele. Offenkundig gibt es in einigen Branchen noch kein klares Nachhaltigkeitsverständnis. Industrie und Finanzdienstleister liegen an der Spitze.

[Quelle: Great Place to Work® 2021]

Insert 1-05: Nachhaltigkeitsmanagement: Wo stehen unsere Unternehmen?

1.1.3 Corporate Social Responsibility als Denkhaltung

Um die drei Dimensionen der Nachhaltigkeit (People – Planet – Profit) auch auf Unternehmensebene zu verankern, wurde das **Triple-Bottom-Line-Konzept** entwickelt. Dieses auch als **Drei-Säulen-Modell** bekannte Konzept soll Unternehmen in die Verantwortung bringen, neben ökonomische auch soziale und ökologische Ziele in ihre Entscheidungen und Aktivitäten einzubeziehen [vgl. Schneider/Schmidpeter 2015, S. 44 f. unter Bezugnahme auf Komm 2006, S. 136]:

- **Ökologische Verantwortung** beinhaltet die Reduzierung des Ressourcen- und Energieverbrauchs, aber auch die Entwicklung umweltverträglicher Innovationen.
- **Soziale Verantwortung** sieht vor, die Interessen der Mitarbeiter zu respektieren und ihnen eine langfristige Perspektive im Unternehmen zu bieten.
- **Ökonomische Verantwortung** ist bspw. die ständige Verbesserung der Wertschöpfungskette, die Sicherstellung der Zahlungsfähigkeit sowie die Gewinnerzielung.

Das internationale Synonym für **nachhaltige Unternehmensführung** ist **Corporate Social Responsibility (CSR)**. Früher war Nachhaltigkeit ein Nebenschauplatz, ein Nice-to-have für die meisten Unternehmen. Heute kennzeichnet CSR für viele Unternehmen eine **Denkhaltung**, um freiwillig soziale und ökologische Belange in ihre Unternehmenstätigkeit und in die Beziehungen zu den Stakeholdern zu integrieren.

CSR umfasst demnach das Bekenntnis des Managements, Umwelt- und Sozialbelange freiwillig über die bestehenden Verpflichtungen hinaus in unternehmerische Entscheidungen einzubeziehen. Betont werden die Verantwortung für die gesamte Wertschöpfungskette und der ständige Dialog mit den Stakeholdern, wobei den Mitarbeitern eine besondere Aufmerksamkeit zukommt. CSR ist keine zusätzliche Aktivität im Katalog unternehmerischer Aktivitäten, sondern eine bestimmte **Denkhaltung**, das Kerngeschäft zu betreiben. Es geht nicht darum, *was* mit den Gewinnen gemacht wird, sondern *wie* die Gewinne zu erzielen sind: umweltverträglich, sozial verantwortlich und zugleich ökonomisch erfolgreich. Wir bezeichnen eine solche Denkhaltung als nachhaltig und sprechen somit von **nachhaltiger Unternehmensführung**.

Die Verantwortung der Unternehmen gegenüber der Gesellschaft aufgrund dieser Denkhaltung führt zu einer **Neuorientierung der Unternehmensführung**. Sie schlägt sich – insbesondere in Bezug auf ökologische Anforderungen – nieder in [vgl. Becker 2019, S. 33]:

- **Umweltverträglicheren Produkten in Bezug auf Nutzung und Entsorgung**
- **Umweltfreundlicheren Beschaffungs-, Produktions- und Vertriebsprozessen**
- **Vermeidung bzw. Recycling von Abfall- bzw. Verpackungsprodukten**

CSR ist zugleich der zentrale von drei Bausteinen, die zusammen den Oberbegriff **Corporate Responsibility (CR)** ausmachen, d.h. CR ist die unternehmerische Verantwortung für jeden Einfluss, den die Unternehmenstätigkeit auf die Gesellschaft und die Umwelt hat.

Der zweite Baustein ist **Corporate Citizenship (CC)**. Darunter fallen bspw. die finanzielle Unterstützung humanitärer Projekte, Unternehmensstiftungen oder auch die verschiedenen Spielarten des Sponsorings (**Sport-, Kultur-, Sozio-, Umweltsponsoring**). Auch das **Corporate Volunteering** gehört hierzu: Unternehmen stellen ihre Mitarbeiter für den Einsatz in sozialen oder ökologischen Projekten frei oder unterstützen ihr bereits bestehendes freiwilliges Engagement. Häufig wird Corporate Citizenship mit Unternehmensverantwortung, also mit CSR selbst gleichgesetzt, aber solche guten Taten sind keine Belege für CSR, sondern „nur“ für bürgerliches Engagement.

Der dritte Baustein ist **Corporate Governance (CG)**, der für deutsche Unternehmen im Deutschen Corporate Governance Kodex konkretisiert ist. CG beschäftigt sich mit den verbindlichen Spielregeln „guter und verantwortungsvoller Unternehmensführung“ wie Steuer- und Wirtschaftsgesetzen oder auch mit den ethischen Grundsätzen und moralischen Werten, an denen Unternehmensleitung und Mitarbeiter ihr Handeln ausrichten sollen. Da Werte und Gesetze je nach Branche, Land oder Selbstverständnis unterschiedlich sein können, muss sich jedes Unternehmen individuell damit auseinandersetzen, wie es deren Einhaltung sicherstellen kann [vgl. Ruter/Stäber 2009; Schneider/Schmidpeter 2015, S. 45 f.].

Siehe hierzu das Ernst & Young-Verständnis von der Unternehmensverantwortung, das als beispielhaft angesehen werden kann. Es ist in Insert 1-06 dargestellt.

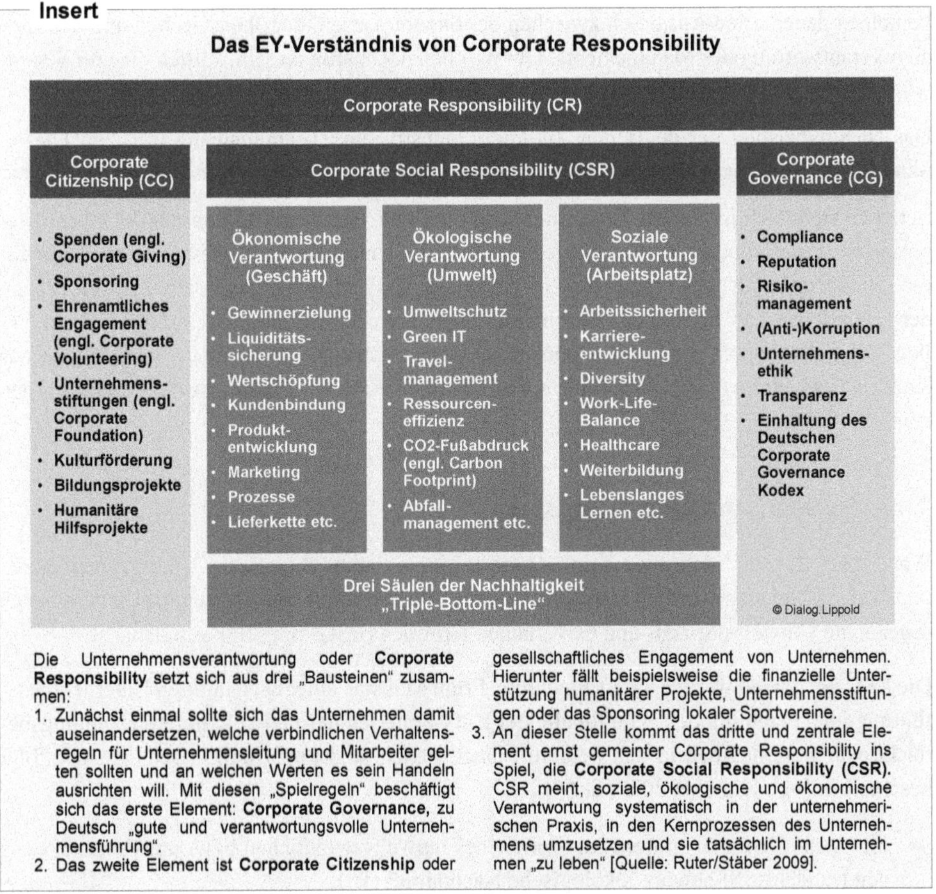

Die Unternehmensverantwortung oder **Corporate Responsibility** setzt sich aus drei „Bausteinen“ zusammen:

1. Zunächst einmal sollte sich das Unternehmen damit auseinandersetzen, welche verbindlichen Verhaltensregeln für Unternehmensleitung und Mitarbeiter gelten sollten und an welchen Werten es sein Handeln ausrichten will. Mit diesen „Spielregeln“ beschäftigt sich das erste Element: **Corporate Governance,** zu Deutsch „gute und verantwortungsvolle Unternehmensführung“.
2. Das zweite Element ist **Corporate Citizenship** oder gesellschaftliches Engagement von Unternehmen. Hierunter fällt beispielsweise die finanzielle Unterstützung humanitärer Projekte, Unternehmensstiftungen oder das Sponsoring lokaler Sportvereine.
3. An dieser Stelle kommt das dritte und zentrale Element ernst gemeinter Corporate Responsibility ins Spiel, die **Corporate Social Responsibility (CSR).** CSR meint, soziale, ökologische und ökonomische Verantwortung systematisch in der unternehmerischen Praxis, in den Kernprozessen des Unternehmens umzusetzen und sie tatsächlich im Unternehmen „zu leben“ [Quelle: Ruter/Stäber 2009].

Insert 1-06: Die drei Bausteine von Corporate Responsibility

CSR umfasst demnach das Bekenntnis des Managements, Umwelt- und Sozialbelange freiwillig über die bestehenden Verpflichtungen hinaus in unternehmerische Entscheidungen einzubeziehen. Betont werden die Verantwortung für die gesamte Wertschöpfungskette und der ständige Dialog mit den Stakeholdern, wobei den Mitarbeitern eine besondere Aufmerksamkeit zukommt.

Allerdings wird der Begriff „CSR“ häufig immer noch falsch ausgelegt. So sammeln viele Firmen darunter alles, was sie oder ihre Mitarbeiter an Gutem tun: Kultur- und Sportveranstaltungen, Spenden, Sponsoring, die Gründung von Stiftungen oder die Übernahme von Ehrenämtern. Derartige gute Taten sind aber keine Belege für „CSR“, sondern für Corporate Citizenship (CC), also für bürgerschaftliches Engagement. Dagegen betrifft CSR das **Kerngeschäft**: CSR ist anders als CC keine ‚zusätzliche' Aktivität im Katalog unternehmerischer Aktivitäten, sondern eben eine **Denkhaltung**, das Kerngeschäft zu betreiben: Es geht nicht darum, **was** mit den Gewinnen gemacht wird, sondern **wie** die Gewinne zu erzielen sind: umweltverträglich, sozial verantwortlich und zugleich ökonomisch erfolgreich.

Wir bezeichnen eine solche Denkhaltung als nachhaltig und sprechen somit von **nachhaltiger Unternehmensführung**. Das drei Säulen-Modell fordert unter dem Begriff der Nachhaltigkeit einen dauerhaften Ausgleich zwischen der ökonomischen, der ökologischen und der sozialen Verantwortung des Managements. Um wirklich nachhaltig zu sein, sollten die drei Verantwortungsbereiche der Unternehmensführung gleichrangig behandelt werden.

Das Negativbeispiel der deutschen Automobilindustrie im Zusammenhang mit dem Diesel-Skandal illustriert diese Maxime in Insert 1-07.

Letztlich stellt sich in diesem Zusammenhang die Frage, wie sich CG von der oben beschriebenen **Unternehmensverfassung** unterscheidet. Die Unternehmensverfassung ist primär für die „Binnenordnung“ des Unternehmens zuständig; CG dagegen befasst sich eher mit Fragen der (rechtlichen und faktischen) Einbindung des Unternehmens in sein Umfeld. Bei der CG liegt der Schwerpunkt auf großen börsennotierten (Aktien-)Gesellschaften, wohingegen das Konzept der Unternehmensverfassung auf alle Formen eines Unternehmens angewandt werden kann.

1.1.4 ESG-Kriterien als Messlatte

Während CSR – und damit die Triple-Bottom-Line – darauf abzielt, ein Unternehmen sozial und ökologisch verantwortlich zu machen, werden die Bemühungen eines Unternehmens durch sogenannte Umwelt-, Sozial- und Governance-Kriterien (ESG) **messbar** gemacht.

Die **ESG-Kriterien** werden damit zunehmend zum Maßstab einer nachhaltigen Unternehmensführung im 21. Jahrhundert. Die Inhalte der ESG-Kriterien definieren konkrete Handlungsbereiche von Unternehmen in den Feldern Planet, People und Profit und lassen sich wie folgt beschreiben [vgl. Kreutzer 2023, S. 69]:

- „E“ steht für **Environment** im Sinne eines umweltverträglichen bzw. umweltschonenden Handelns (Stichwort „ökologische Nachhaltigkeit“).
- „S“ steht für **Social** im Sinne eines Verhaltens, das nicht nur den Aspekten Arbeitssicherheit und Gesundheitsschritt entspricht, sondern auch gesellschaftliches Engagement umfasst (Stichwort „soziale Nachhaltigkeit“).
- „G“ steht für **Governance** im Sinne einer nachhaltigen Unternehmensführung (Stichwort „ökonomische Nachhaltigkeit“).

Ein wirtschaftlich gesundes Unternehmen ist zwar immer noch die entscheidende Voraussetzung, um langfristig am Markt überleben zu können. Zusätzlich sind jedoch weitere Anforderungen zu erfüllen, die immer stärker von Seiten der Anleger erhoben werden – und zunehmend auch vonseiten der Kunden und anderer Stakeholder.

Insert

Was hat der VW-Abgasskandal mit CSR zu tun?

Ökonomisches Verhalten, also Gewinnorientierung, Liquiditätssicherung, Lieferkettenoptimierung und dergleichen kann man den Wolfsburgern sicherlich ebenso wie die soziale Verantwortung, also die verschiedensten Maßnahmen zum Ausbau und zur Sicherung der Arbeitsplätze unterstellen. Wie sieht es aber im VW-Management mit der dritten Säule, der ökologischen Verantwortung aus? Fehlanzeige! Mit der Manipulation von Abgaswerten hat das Management sehr deutlich gezeigt, dass es die drei Verantwortungssäulen **nicht gleichrangig** verfolgt, sondern dass es die ökologische Verantwortung dem puren Gewinnstreben, also der ökonomischen Verantwortung opfert. Mit dem Ergebnis, dass aufgrund der vorzunehmenden, unermesslich hohen Rückstellungen in Höhe von 16,2 Milliarden Euro nicht nur die ökonomische Säule einbricht, sondern mit dem damit einhergehenden Verlust von Arbeitsplätzen auch die soziale Verantwortung gedemütigt worden ist. Ein solches Managementverhalten in einem Vorzeigeunternehmen wie VW ist umso unverständlicher, weil eine Regierungskommission bereits 2002 mit dem **Deutschen Corporate Governance Kodex** eine gesetzliche Grundlage geschaffen hat, welche die Arbeit von Managern und Aufsichtsräten für die Stakeholder überprüfbar und mit anderen Firmen vergleichbar machen soll. Der Kodex empfiehlt Verhaltensstandards zur Unternehmensführung und -überwachung und gibt Instrumente wie das **Risikomanagement** vor. Danach müssen Unternehmen auch gesellschaftliche Erwartungen erfüllen (Compliance). Andernfalls riskieren sie hohe Kosten, Umsatzverluste und Imageschäden – bis hin zum Verlust der „gesellschaftlichen Betriebsgenehmigung" (engl. *licence to operate*). Doch was nützen solche Vorkehrungen, wenn sie vorsätzlich umgangen und nicht sanktioniert werden? Doch, die Sanktionierung erfolgte ja letztlich durch den ungeheuren **Imageschaden**, der bei VW entstanden ist. Anscheinend ist aber der Lerneffekt beim Management auf der Strecke geblieben, denn statt auf den (rechtlich) fälligen **Bonus** zu verzichten, hat man sich beim für die Abgasmanipulationen verantwortlichen Vorstand auf einen Bonusaufschub geeinigt. Angesichts solcher Gier fragt die Öffentlichkeit nicht zu Unrecht nach den ethischen Grundsätzen und der Denkhaltung des obersten VW-Managements. Und so ist es denn auch kein Wunder, dass sich der Betriebsrat mit der Forderung nach einer **Lohnerhöhung** von fünf Prozent (bei nahezu Null Prozent Inflation) gleich dranhängt.

Insert 1-07: Der VW-Abgasskandal

ESG berücksichtigt dazu eine Vielzahl von Bewertungskriterien in jedem seiner zentralen drei Bereiche. Die detaillierten Inhalte der ESG-Kriterien zeigt Insert 1-08.

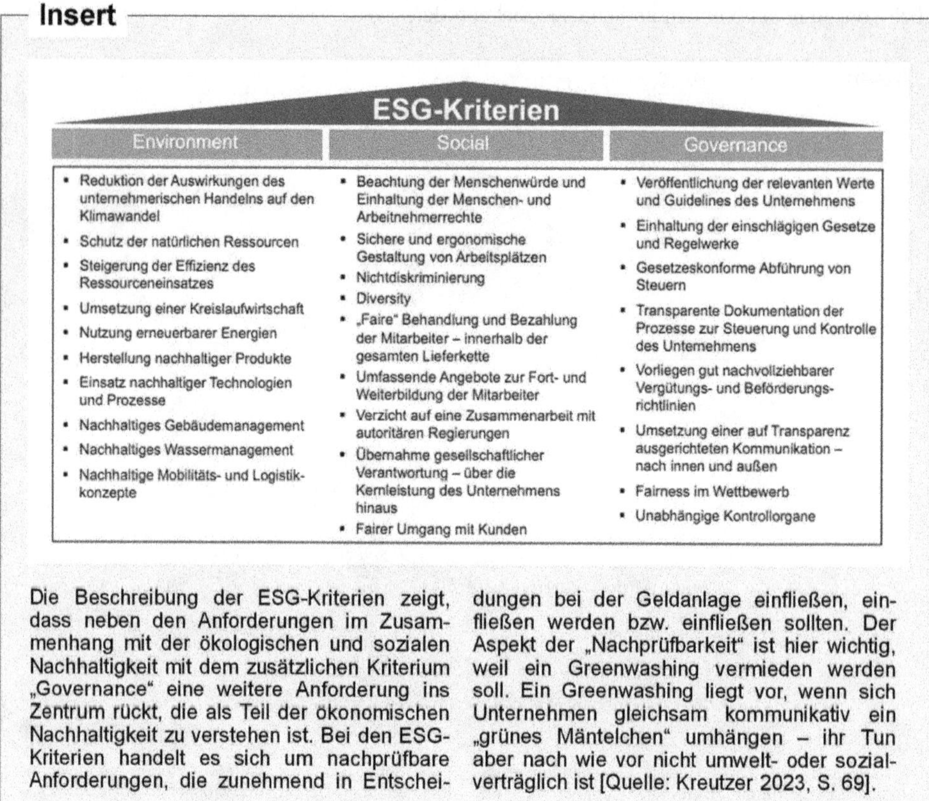

Insert 1-08: ESG-Kriterien

ESG-Kriterien werden besonders in der **Finanzbranche** immer wichtiger. Sie beeinflussen Investitionsentscheidungen und haben massive Auswirkungen auf Banken und andere Finanzinstitute (siehe Insert 1-09).

Seit 2021 überwacht die BaFin, ob die von ihr beaufsichtigten Finanzmarktteilnehmer und Finanzberater die Offenlegungsverordnung einhalten. Gesetzlich vorgesehen ist, dass die Bundesanstalt für Finanzdienstleistungsaufsicht (kurz: BaFin) sich dabei auf die Abschlussprüfung beziehungsweise Wertpapierhandelsgesetz-Prüfung der Wirtschaftsprüfer stützt. Der Megatrend Nachhaltigkeit verändert unsere Gesellschaft und Wirtschaft grundlegend.

So können Anlagewerte eine hohe Rendite („Outperformance") erzielen, wenn sie sich auf Unternehmen mit hohen Umwelt-, Sozial- und Governance-Bewertungen konzentrieren.

Insert

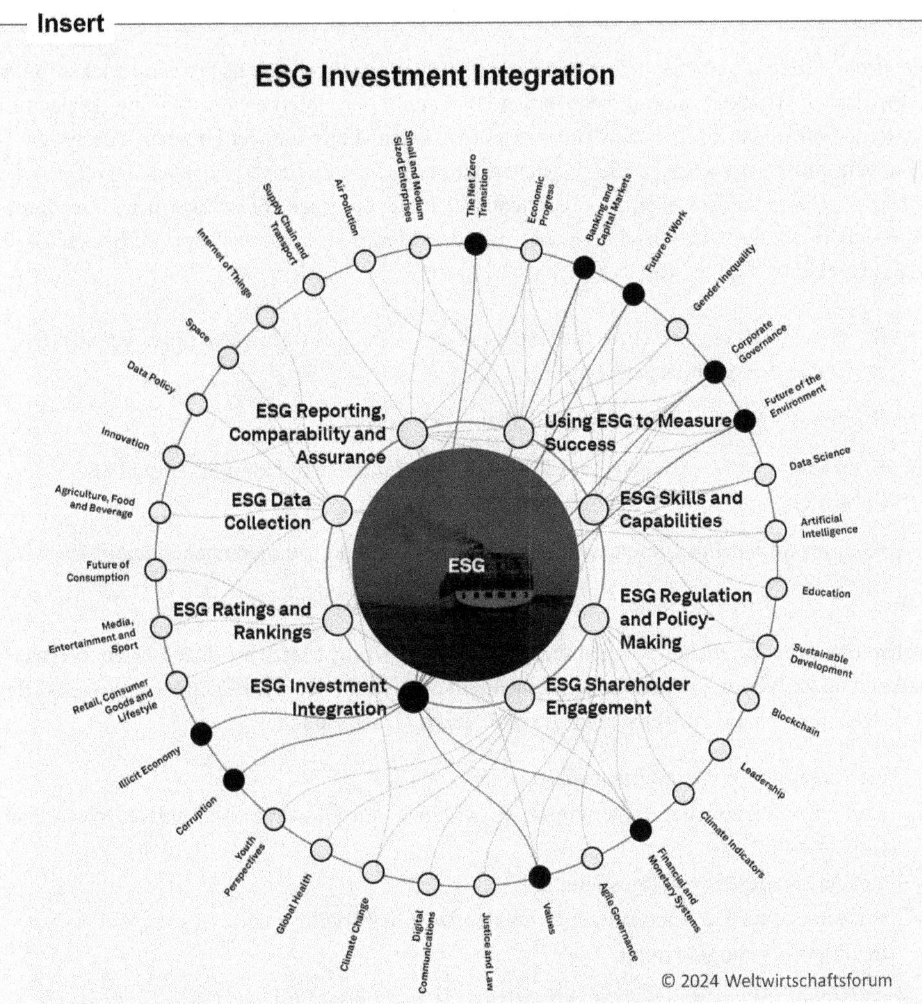

Unternehmen erweitern die Messgrößen, anhand derer sie Erfolg definieren, weit über Gewinn und Umsatz hinaus. Als Reaktion auf die wachsenden Bedenken ihrer Mitarbeiter, Kunden, Investoren und betroffenen Gemeinden übernehmen viele Unternehmen Verantwortung für ihre Praktiken in den Bereichen Umwelt, Soziales und Governance (ESG). Mainstream-Investoren betrachteten solche Maßnahmen einst als „nichtfinanziell", haben jedoch die damit verbundenen Risiken und Chancen verstanden – und fordern mehr relevante Daten. Die Menge an ESG-Informationen, die von Ratingagenturen, Technologieunternehmen sowie Wirtschaftsprüfungs- und Beratungsunternehmen zur Verfügung gestellt werden, ist dadurch explosionsartig gestiegen, und es sind Anstrengungen im Gange, diese durch Standards und Vorschriften kohärenter und einheitlicher zu gestalten.
[Quelle: https://intelligence.weforum.org/]

Anmerkung: Die obige Darstellung basiert auf den Ansichten einer breiten Palette von Experten aus dem Expertennetzwerk des Weltwirtschaftsforums und wird in Zusammenarbeit mit Jason Jay, Senior Lecturer und Direktor der Sustainability Initiative an der MIT Sloan School of Management, kuratiert. Der Inhalt spiegelt nicht unbedingt die Ansichten des Weltwirtschaftsforums wider.

Insert 1-09: ESG Investment Integration

1.1.5 Integration des Umweltschutzes

Nicht das Produkt selbst, sondern auch die vor- bzw. nachgelagerten Prozesse rücken unter ökologischen Aspekten immer mehr in den Blickpunkt der Unternehmensführung. Danach ist die Rede von einem **integrierten Umweltschutz**. Unabhängig von der Unschärfe des Begriffs „Umweltschutz“, die auch auf der Unsicherheit beruht, ob man das Richtige tut und ob man den Schutz der Umwelt nicht vielleicht auf anderem Weg besser erreichen könnte, lässt sich dieser Integrationscharakter des Umweltschutzes an folgenden Merkmalen festmachen [vgl. Becker 2019, S. 35; Dyckhoff 2004, S. 46]:

- **Erfassung aller stofflichen und energetischen In- und Outputs** (über vollständige Stoff- und Energiebilanzen)
- **Einbeziehung der Vorstufen** (Inputs) eines Prozesses
- **Erfassung der Nachstufen** eines Prozesses (Produktion und Konsum) einschließlich der Entsorgung von Alterzeugnissen
- **Kooperationen** mit Lieferanten, produzierenden und konsumierenden Abnehmern wie auch Entsorgern

Neben den grundsätzlichen Maßnahmen in der **Produktionskette**, bei denen Wiederverwertbarkeit und Recycling im Mittelpunkt stehen, gilt es auch für den **Wertschöpfungsprozess des Handels**, maximalen Umweltschutz zu praktizieren. Dazu zählen

- die Auswahl von Verpackungsmaterialien,
- eine umweltschonende Lagerung (z. B. Kühlung mit Ökostrom und umweltschonenden Kältemitteln),
- eine nachhaltige Produktgestaltung,
- emissionsarme Transportfahrzeuge (Wasserstoff, E-Mobility) und
- flexible Recycling-Systeme.

Die Vermeidung oder Reduktion von CO_2-Ausstoß lässt sich also sowohl in Produktion und Transport als auch im Handel durch eine Vielzahl von Systemen und Vorgehensweisen bewerkstelligen [vgl. Lünendonk 2024, S. 30].

1.1.6 Integration der Nachhaltigkeitsaspekte

Da es sich bei Nachhaltigkeit um ein **Querschnittsthema** handelt, sind alle Unternehmensbereiche in der Umsetzung gefordert. Dafür ist jedoch wichtig, dass die unternehmensstrategische Dimension von Nachhaltigkeit insbesondere von der Unternehmensführung erkannt und in allen Unternehmensbereichen implementiert wird. Nachhaltigkeit ist also ein umfassendes Managementthema, das nicht losgelöst von den sonstigen Unternehmensentscheidungen gesehen und implementiert werden kann.

Besonders das **Risikomanagement** ist mit dem Thema „Nachhaltigkeit und gesellschaftliche Verantwortung“ verknüpft. Negative Auswirkungen unternehmerischen Handels auf Umwelt bzw. Gesellschaft stellen oft nicht unerhebliche Risiken für die Wettbewerbsfähigkeit bzw. den

Erfolg ganzer Geschäftsmodelle dar. Risikobehaftet sind vor allem das Produkt, die Branche und die Wertschöpfungskette. Besonders kritisch werden hier die Waffenindustrie, die Pharmabranche, die industrielle Nahrungsmittelproduktion und auch die Textilindustrie gesehen. Sensible Themen sind ebenso die Mitarbeiterstruktur (z.B. Leiharbeiter, Genderfragen) und die Kundenstruktur der Unternehmen wie z.B. minderjährige Kunden bei Alkohol. Risikobehaftet kann auch die Schlüsseltechnologie eines Unternehmens (z.B. Fracking) oder die Unternehmenshistorie sein, wenn diese geschäftliche Beziehungen zu Diktaturen beinhalten.

Rechnungswesen/Controlling kann einen wesentlichen Beitrag dazu leisten, die Übernahme von gesellschaftlicher Verantwortung in betrieblichen Entscheidungen zu integrieren. Durch das Rechnungswesen können den jeweiligen Unternehmensbereichen und auch externen Zielgruppen Informationen zur Verfügung gestellt werden, die zeigen, welche gesellschaftliche Verantwortung das Unternehmen übernimmt. Richtungsgeber für die Umsetzung nachhaltiger Wertschöpfung im Kerngeschäft ist die sogenannte **Materialitätsanalyse**, die auch als Wesentlichkeitsanalyse bezeichnet wird. Wesentlich deshalb, weil sie für Unternehmen ein zentrales Werkzeug ist, um die wesentlichen Themen von Anspruchsgruppen aufzugreifen, zu klassifizieren und in die Geschäftsstrategie einfließen zu lassen. Die Materialitätsanalyse deckt Chancen und Risiken für ein Unternehmen auf.

Für das **Innovationsmanagement** stellt Nachhaltigkeit einen wichtigen Hebel für ganzheitliche Innovationen im Unternehmen dar. Es beschreibt dabei, wie durch Verantwortungsübernahme Prozess-, Sozial-, Produkt- bis hin zu Geschäftsmodellinnovationen befördert werden. Gerade die Investitionen im Innovationsbereich erlauben es, Nachhaltigkeitsaspekte frühzeitig in die Produkt- und Serviceentwicklung miteinzubeziehen und so Nachhaltigkeit zum festen Bestandteil eines jeden Unternehmen zu machen.

Veränderungsprozesse in Richtung Nachhaltigkeit im Unternehmen müssen auch durch eine professionelle **Organisationsentwicklung** unterstützt werden. Dabei geht es vor allem darum, potenzielle Widerstände rechtzeitig zu erkennen, und alle Betroffenen zu Beteiligten zu machen.

Ziel des **Stakeholdermanagements** ist es, die verschiedenen Anspruchsgruppen des Unternehmens konstruktiv in den Wertschöpfungsprozess sowie bei der Strategieformulierung mit zubinden. Dabei können bewährte Instrumente (z.B. Stakeholderdialog) zum Einsatz kommen.

Personalmanagement ist ebenfalls ein wichtiger Schlüssel für die Wirksamkeit von Nachhaltigkeit. Der Mensch macht den Unterschied in der Organisation aus. So sind es das interne Führungsverständnis, die internen Kommunikationsprinzipien, das Fähigkeits- und Wissenspotenzial, die Kommunikation und gesellschaftlichen Verantwortung, die Kernwerte des Unternehmens und letztlich die Unternehmenskultur, die darüber entscheiden, ob Nachhaltigkeit erfolgreich implementiert werden kann oder nicht. Nachhaltigkeit sollte zu einem integralen Bestandteil der Führungskräfteausbildung gemacht werden.

Das **Marketingmanagement** zeigt auf, wie durch verantwortliches Wirtschaften neue Märkte erschlossen und neue Kundengruppen gewonnen werden können. Dabei spielen Nachhaltigkeitspotenziale bei der Markenführung und bei den Werbeaktivitäten eine besondere Rolle.

1.2 Unternehmen und Unternehmensführung

1.2.1 Perspektiven der Unternehmensführung

Ein Unternehmen ist in aller Regel ein sehr komplexes, vor allem aber dynamisches Gebilde. In ihm arbeiten Menschen, die sich ständig mit unterschiedlichen Situationen auseinandersetzen müssen und die durchaus auch unterschiedliche Ziele verfolgen können. Damit ein Unternehmen als Ganzes funktionieren kann, muss das Handeln der Mitarbeiter im Unternehmen koordiniert und auf ein gemeinsames Ziel ausgerichtet werden: **den nachhaltigen Erfolg des Unternehmens**. Jene Menschen im Unternehmen, die diese notwendigen Koordinationsaufgaben übernehmen, nennt man Unternehmensführung – Unternehmensführung als Koordination. Die Aufgaben, die diese Personen wahrnehmen, nennt man ebenfalls Unternehmensführung – Unternehmensführung als Funktion [vgl. Hungenberg/Wulf 2015, S. 19 f.].

1.2.1.1 Institutionelle Perspektive

Unternehmensführung bedeutet also, die Aufgabenerfüllung der Beschäftigten zu koordinieren. Die Mitglieder der Unternehmensführung sind aufgrund rechtlicher oder organisatorischer Regelungen dazu legitimiert, Einfluss auf andere auszuüben. Sie werden auch als Führungskräfte oder **Manager** bezeichnet. Bei den Mitgliedern der Führung, die laufend im Unternehmen tätig sind, werden entsprechend der hierarchischen Gliederung des Unternehmens mehrere Führungsebenen unterschieden (siehe Abbildung 1-01). Vereinfacht spricht man auch von einer oberen, mittleren und unteren Führung (engl. *Top, Middle und Lower Management*). Die Führungskräfte auf der oberen Führungsebene (engl. *Top Management*) sind dadurch gekennzeichnet, dass sie Führungsaufgaben für das Gesamtunternehmen wahrnehmen. Hierzu zählt insbesondere die Geschäftsführung bei der GmbH bzw. der Vorstand bei der Aktiengesellschaft. Bei Großunternehmen bzw. Konzernen zählt aber auch die zweite Führungsebene, also die Leiter von Unternehmensbereichen oder Markenvorstände, zum Top- Management [vgl. Hungenberg/Wulf 2015, S. 20].

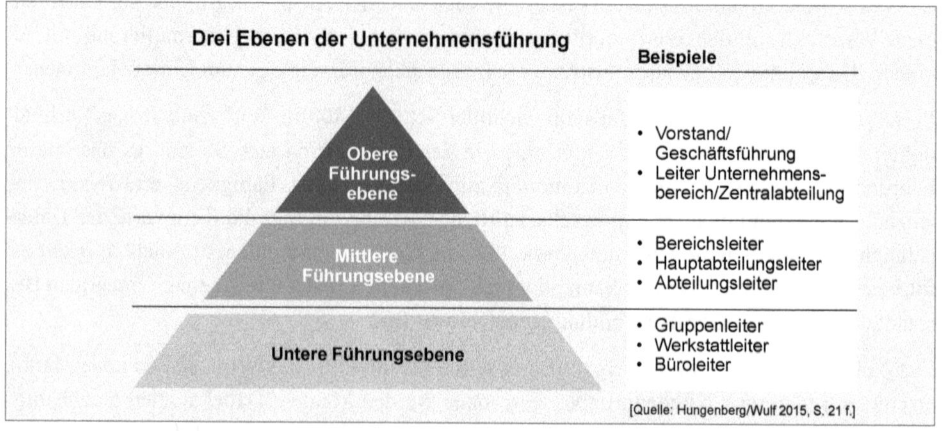

Abb. 1-01: Ebenen der Unternehmensführung

In diesem Zusammenhang soll kurz auf die englischen Management-Bezeichnungen eingegangen werden. Vor allem börsennotierte Start-ups und international operierende Unternehmen werben zunehmend mit angelsächsischen Jobtiteln – stets mit einem „C" für Chief als Kürzel – um Führungs- bzw. Führungsnachwuchskräfte. Hier der sicherlich nicht vollständige CxO-Katalog:

- **Chief Executive Officer (CEO).** Bei Großunternehmen bzw. Konzernen ist der CEO der Vorstandsvorsitzende, bei kleineren Unternehmen der Firmenchef.
- **Chief Operating Officer (COO).** Als Vorstand des operativen Geschäfts ist der COO für alle Betriebsabläufe und operativen Entscheidungen des Unternehmens zuständig.
- **Chief Financial Officer (CFO).** Als Finanzvorstand einer Aktiengesellschaft bzw. als kaufmännischer Geschäftsführer einer GmbH obliegen dem CFO die Verwaltung der Geldmittel, das Controlling und die Finanzplanung des Unternehmens.
- **Chief Digital Officer (CDO).** Der CDO ist eine relativ neu geschaffene Führungsposition, die mit zunehmender Digitalisierung zunehmend an Bedeutung gewinnt. Als Mitglied des Top Managements (C-Level) ist der Chief Digital Officer für die Planung und Steuerung der digitalen Transformation in einem Unternehmen verantwortlich.
- **Chief Human Resources Officer (CHRO).** Er ist der Personalchef eines Unternehmens bzw. der Personalvorstand einer börsennotierten Gesellschaft.
- **Chief Procurement Officer (CPO).** In deutschen Unternehmen entspricht die Funktion ungefähr dem Leiter Einkauf in einer GmbH oder dem Leiter Beschaffung/Einkauf in einer AG. In Unternehmen, in denen die Rohstoffbeschaffung oder der Einkauf eine strategische Rolle spielt, ist ein CPO oft selbst Vorstandsmitglied.
- **Chief Marketing Officer (CMO).** Der CMO ist der Hauptverantwortliche für das Marketing eines Unternehmens. Er ist in der Regel Mitglied des Vorstands oder der Geschäftsführung und zeichnet Verantwortung für die Strategieentwicklung und die Markenführung.
- **Chief Information Officer (CIO).** Als IT-Leiter (Leiter Informationstechnik) nimmt er in einem Unternehmen die Aufgaben der strategischen und operativen Führung der Informationstechnik (IT) wahr. Somit ist der CIO unternehmensweit auch der erste Ansprechpartner für die digitale Transformation.
- **Chief Knowledge Officer (CKO).** Dieser Chief nimmt die Rolle des Wissensmanager wahr. Insbesondere in Unternehmen, deren Kerngeschäft sich durch wissensbasierte Lösungen oder Dienstleistungen charakterisieren lässt, soll er eine Kultur des Wissensaustauschs etablieren und fördern.
- **Chief Content Officer (CCO).** Der CCO verantwortet die Inhalte der verschiedensten internetorientierten Marketing-Maßnahmen, zum Beispiel die Inhalte der Firmenweb-site oder die unternehmensbezogenen Social Media-Aktivitäten.

Wie bereits der erste Abschnitt des Lehrbuchs gezeigt hat, wird es immer wichtiger, parallel zur digitalen Transformation auch die ökologische Transformation voranzubringen. Daher benötigen die Unternehmen heute nicht nur einen Chief Digital Officer (CDO), bei dem alle Daten des Unternehmens zusammenlaufen und der daher ein vollständiges Bild über die unternehmensweiten Emissionen hat. Sie benötigen zusätzlich einen Chief Sustainability Officer (CSuO), der die Gesamtheit der Aktivitäten des Unternehmens auf Nachhaltigkeit maßgeblich vorantreibt [vgl. Kreutzer 2023, S. VIII]:

- **Chief Sustainability Officer (CSuO).** Zu den Kernaufgaben dieses obersten Nachhaltigkeitsmanagers gehören die Analyse und Umsetzung der (rechtlichen) Anforderungen bzgl. einer nachhaltigen Unternehmensführung und eine Ableitung der strategischen Konsequenzen für das eigene Unternehmen.

In Abbildung 1-02 sind die hierarchischen Beziehungen der einzelnen Chiefs dargestellt, wobei betont werden muss, dass die Über- bzw. Unterstellungen insbesondere von der Größe und dem Produktportfolio des Unternehmens abhängen.

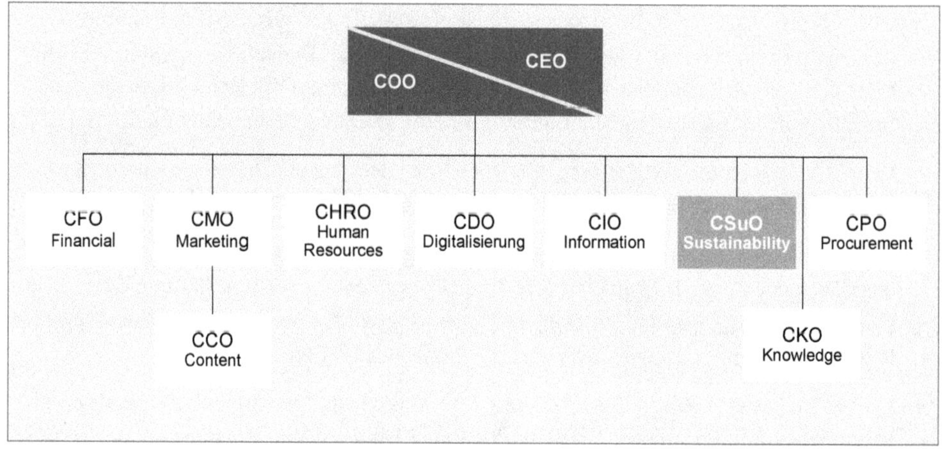

Abb. 1-02: Mögliche hierarchische Ausprägungen der einzelnen CxOs

Besonders interessant ist das „Zusammenspiel" zwischen dem CEO und dem COO. Während der CEO eher generelle und vor allem strategische Entscheidungen innerhalb und für das Unternehmen trifft, leitet der COO das operative Geschäft des Unternehmens. Das bedeutet, dass er verantwortlich ist für die Qualität und die Wettbewerbsfähigkeit der Produkte beziehungsweise Dienstleistungen, die das Unternehmen am Markt anbietet. Dazu koordiniert er sämtliche operativen Teilbereiche des Unternehmens.

1.2.1.2 Funktionale Perspektive

Jedes Unternehmen ist prinzipiell eingebettet zwischen dem Beschaffungsmarkt und dem Absatzmarkt. Zwischen diesen beiden Polen werden Güter bewegt und entsprechend finanziert. Der betriebliche **Güterfluss** (in einem Industriebetrieb) verläuft – vereinfacht ausgedrückt – vom **Einkauf** der Roh-, Hilfs- und Betriebsstoffe über die entsprechende Veredelung in der **Produktion** bis zum **Verkauf** der Fertigprodukte. Die aus dem Verkauf erzielten Umsätze dienen zur Bezahlung bzw. zur **Finanzierung** der Einsatzstoffe, der Mitarbeiter, der Gebäude, der Anlagen etc. Die Verkaufserlöse bilden dementsprechend den Ausgangspunkt des betrieblichen

Werteflusses, der sich damit gegenläufig zum Güterfluss bewegt. Einkauf, Produktion und Verkauf bilden die betrieblichen **Sachfunktionen** und zusammen mit der Finanzierung die betrieblichen **Kernfunktionen**.

Eine planvoll organisierte Wirtschaftseinheit ist das Unternehmen aber erst dann, wenn diese Funktionsbereiche entsprechend den Unternehmenszielen koordiniert und gesteuert werden. Diese Leitungsfunktion ist die wesentliche Aufgabe des **Managements**. Managementaufgaben fallen in und zwischen jedem Bereich des Unternehmens an, gleich ob im Einkaufs-, Produktions-, Vertriebs- oder Finanzbereich. Das Management ist quasi eine komplexe Verknüpfungsaktivität, die den Leistungserstellungsprozess netzartig überlagert und in alle Sachfunktionsbereiche steuernd eingreift [vgl. Steinmann/Schreyögg 2005, S. 7].

Allen Managementbegriffen liegt – unabhängig von ihrem Sachbezug – das folgende gemeinsame Funktionsspektrum zugrunde: **Planung, Organisation, Personal, Führung** und **Kontrolle.**

Dieser Funktionsumfang wird in der modernen Managementlehre als **Fünferkanon** bezeichnet. Oftmals wird auch die *Entscheidung* gesondert als Managementfunktion ausgewiesen. Sie ist aber gewissermaßen eine Meta-Funktion, die in jeder der aufgeführten Managementfunktionen enthalten ist. Jede Planungs-, Organisations-, Personaleinsatz-, Führungs- oder Kontrollaufgabe beinhaltet eine Vielzahl von Entscheidungen. Es ist daher nicht sinnvoll, sie als eigenständige Funktion im Rahmen dieser funktionalen Perspektive zu führen [vgl. Steinmann/ Schreyögg 2005, S. 8 ff.]:

- **Planung** (engl. *Planning*): In der Planung, dem logischen Ausgangspunkt des Managementprozesses, wird die Situation analysiert (Wo stehen wir?), die Ziele festgelegt (Wo wollen wir hin?) sowie ein detaillierter Maßnahmen-, Zeit- und Ressourcenplan aufgestellt (Wie kommen wir dahin?).
- **Organisation** (engl. *Organizing*): Im Rahmen der Organisation wird ein Handlungsgefüge hergestellt, das die Gesamtaufgabe spezifiziert, in Teilaufgaben zerlegt und so aneinander anschließt, dass eine Umsetzung der Pläne sichergestellt ist. Auch die Einrichtung eines Kommunikationssystems, das alle Beteiligten und Betroffenen mit den notwendigen Informationen versorgt, ist Bestandteil der Organisation.
- **Personaleinsatz** (engl. *Staffing*): Im Rahmen des Personaleinsatzes werden eine anforderungsgerechte Besetzung des Vorhabens mit Personal sowie eine Zuordnung von Aufgaben, Kompetenzen und Verantwortung vorgenommen.
- **Führung** (engl. *Directing*): Im Führungsprozess geht es um die Koordination aller beteiligten Akteure, um das Durchsetzen von Entscheidungen sowie um die Einleitung gegensteuernder Maßnahmen bei Planabweichungen. Motivation, Kommunikation und Konfliktsteuerung sind weitere Themen dieser Managementfunktion.
- **Kontrolle** (engl. *Controlling*): Die Kontrolle stellt logisch den letzten Schritt des Managementprozesses dar. Sie besteht vorwiegend aus dem Soll/Ist-Vergleich der Leistungen, Kosten und Termine und zeigt, ob es gelungen ist, die Pläne zu verwirklichen.

Aus der Verzahnung von Managementfunktionen und originären betrieblichen Funktionen haben sich eigenständige Managementbereiche entwickelt. So hat sich die Bezeichnung

Einkaufsmanagement ebenso etabliert wie **Produktionsmanagement**, **Marketingmanagement** oder **Finanzmanagement**. Aber auch der mehrere Funktionsbereiche übergreifende Begriff des **Logistikmanagements** hat sich in der betrieblichen Praxis durchgesetzt. Neben den „klassischen“ Managementbereichen werden zunehmend weitere Gebiete mit Managementfunktionen belegt. Hierzu zählen insbesondere das **Innovations- und Technologiemanagement** sowie das **Informations- und Kommunikationsmanagement**, wobei die Bestandteile beider Begriffspaare auch singulär verwendet werden. In Abbildung 1-03 sind die Managementfunktionen als Regelkreis, der sich auch auf einzelne Bereiche oder Projekte herunterbrechen lässt, dargestellt.

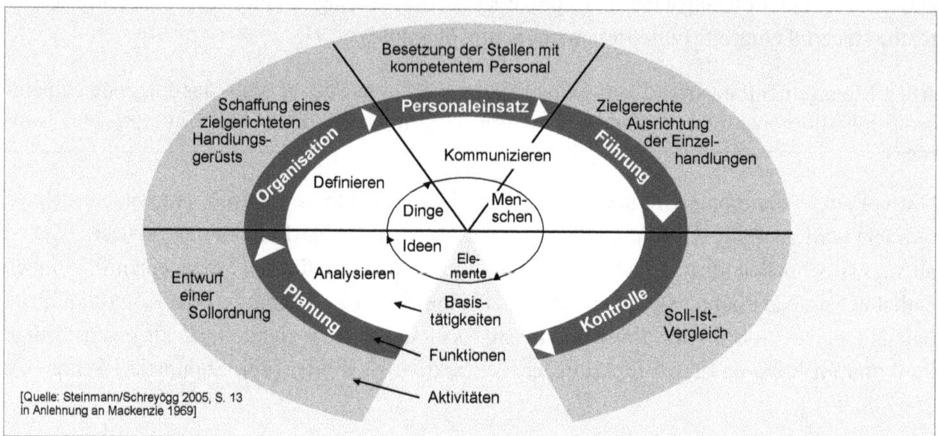

Abb. 1-03: Die Abfolge von Managementfunktionen als Regelkreis

In Abbildung 1-04 ist der Gesamtzusammenhang zwischen betrieblichen Grundfunktionen und Managementfunktionen dargestellt.

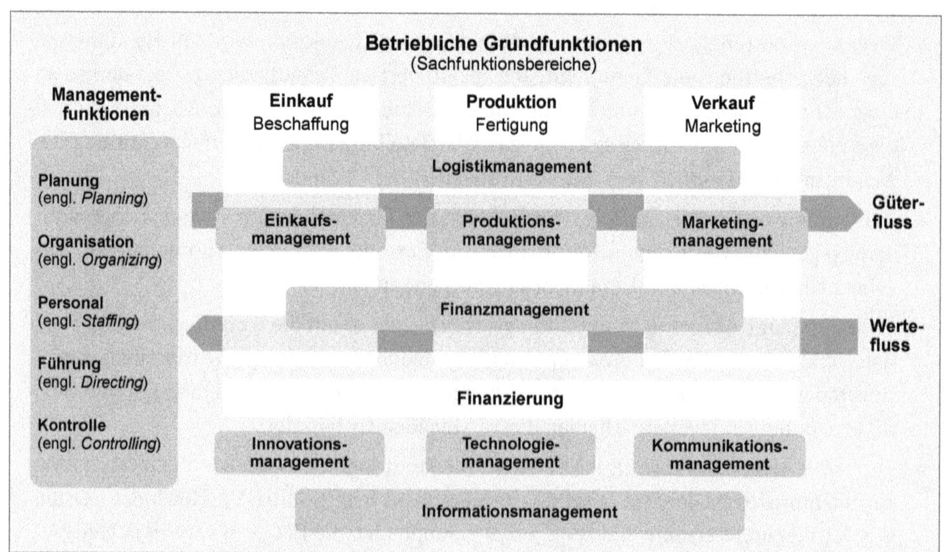

Abb. 1-04: Betriebliche Grundfunktionen und Managementfunktionen

1.2.1.3 Nachhaltige Perspektive

Für den Auf- und Ausbau und damit für die praktische Umsetzung einer nachhaltigen Unternehmensführung gelten zunächst grundlegende Handlungsempfehlungen. So muss ein geeignetes Management aktuelle und künftige Anforderungen hinsichtlich Nachhaltigkeit an die unternehmerische Verantwortung garantieren. Dies umfasst insbesondere die [vgl. Stehr 2015, S. 510]:

- Gestaltung einer Nachhaltigkeitsstrategie
- Steuerung der Nachhaltigkeitsmaßnahmen und Reporting
- Beiträge zur operativen Ausgestaltung der Nachhaltungsstrategie
- Gestaltung des Stakeholder-Managements

Nach Rangan et al. [2012] kann die Nachhaltigkeitsstrategie eines Unternehmens auf drei Ebenen erfolgen [vgl. Rangan et al. 2012; zitiert nach Stehr 2015, S. 511]:

- **Ebene 1:** Auf dieser Ebene widmet sich das Unternehmen primär monetär dem Gemeinwohl. Das damit angestrebte Ziel ist die Steigerung der Reputation, beispielsweise durch Unternehmensstiftungen.
- **Ebene 2:** Auf Ebene zwei verfolgt das Unternehmen ein strategisches Reengineering der Wertschöpfungskette, hierbei werden ökonomische mit sozialen Zielen verbunden. Änderungen und Verbesserungen entlang der Wertschöpfung wirken sich dabei sowohl auf den betriebswirtschaftlichen Erfolg des Unternehmens aus, als auch auf das soziale und ökologische Umfeld des Unternehmens.
- **Ebene 3:** Die dritte Ebene befasst sich mit tiefgreifenden Veränderungen am Geschäftsmodell des Unternehmens. Der wesentliche Unterschied zur Ebene zwei liegt in der totalen Aufgabe des Eigeninteresses der Profitgenerierung des Unternehmens und der vollständigen Widmung sozialer und ökologischer Bedürfnisse.

Um eine nachhaltige Unternehmensführung auf- bzw. auszubauen, schlägt Kreutzer [2023, S. 316 ff.] zur besseren Orientierung folgendes Stufenmodell vor:

- Implementierung eines Nachhaltigkeitsteams
- Berufung eines Chief Sustainability Officers
- Klärung der rechtlichen Rahmenbedingungen
- Durchführung einer (initialen) Betroffenheitsanalyse (Impact-Analyse)
- Ableitung quantifizierter Ziele für die definierten Prioritäten
- Erarbeitung von Handlungspaketen
- Methoden zur Emissionsreduktion schrittweise in die Strategien einfließen lassen
- Flankierende Schulung für alle Mitarbeiter und Führungskräfte
- Einsatz von Storytelling
- Jährliches Nachhaltigkeitsreview

1.2.2 Unternehmensverfassung – Rahmen der Unternehmensführung

Mit **Unternehmensverfassung** soll der dritte wesentliche Begriff im Rahmen dieser Einführung vorgestellt werden. Eckpfeiler der Unternehmensverfassung bilden die grundlegenden **Unternehmensziele** mit ihrer *Legitimation* (Shareholder Value vs. Stakeholder Value) sowie die **Corporate Governance**. Beide Eckpfeiler sowie der **Principal-Agent-Ansatz** als wissenschaftliche Basis für die Gestaltung der Unternehmensverfassung sind die Inhalte dieses Abschnitts.

1.2.2.1 Organe der Unternehmensverfassung

Als Verfassung wird die grundlegende, rechtswirksame Ordnung eines sozialen Systems – also eines Staates, einer Institution oder eben eines Unternehmens – bezeichnet. Eine Unternehmensverfassung hat somit die Aufgabe, die organisatorischen Grundlagen des Unternehmens zu klären. Sie macht Aussagen zu den relevanten Organen, deren Befugnisse und Zusammensetzung sowie zur Verteilung von Aufgaben und Verantwortung innerhalb des Unternehmens. Da die Unternehmensverfassung nur zu Teilen auf gesetzlichen Vorgaben, wie etwa dem Gesellschafts-, Arbeits-, Mitbestimmungs-, Wettbewerbs-, oder Verbraucherschutzrecht beruht, basieren diese Aussagen auch auf privatrechtlichen Vereinbarungen zwischen den Unternehmensträgern in Form von Gesellschaftsverträgen, Satzungen, Geschäftsordnungen, Geschäftsverteilungsplänen oder Unternehmensverträgen. Hinzu kommen kollektivvertragliche Vereinbarungen wie Tarifverträge oder Betriebsvereinbarungen [vgl. Hungenberg/Wulf 2015, S. 69 ff.].

Von zentraler Bedeutung für die Unternehmensverfassung ist die Frage, wie die Eigentümer an der Leitung und Kontrolle ihres Unternehmens beteiligt werden sollen. Gesellschaftsrechtliche Regelungen finden sich dazu – je nach Rechtsform – in unterschiedlichen Gesetzen, so zum Beispiel im Handelsgesetzbuch, im GmbH-Gesetz oder im Aktiengesetz. Diese Gesetze sehen je nach Unternehmenstyp unterschiedliche Einflussmöglichkeiten der Eigentümer auf die Leitung und Kontrolle ihres Unternehmens vor. Grundsätzlich sind es drei verschiedene *Organe*, mit deren Hilfe die Eigentümer Einfluss auf ihr Unternehmen ausüben können:

- **Leitungsorgan** (verantwortlich für die Führung des Unternehmens)
- **Kontrollorgan** (zuständig für die Kontrolle der Unternehmensführung)
- **Gesellschafterorgan** (vertreten durch die Eigentümer des Unternehmens zur Entscheidung grundlegender Fragen, wie Gewinnverwendung oder Satzungsänderungen).

Alle drei Organe sind jedoch nicht für jeden Unternehmenstyp vorgeschrieben. Nimmt man das Einzelunternehmen aus, so lassen sich drei Unternehmensgrundtypen ableiten (siehe Abbildung 1-05).

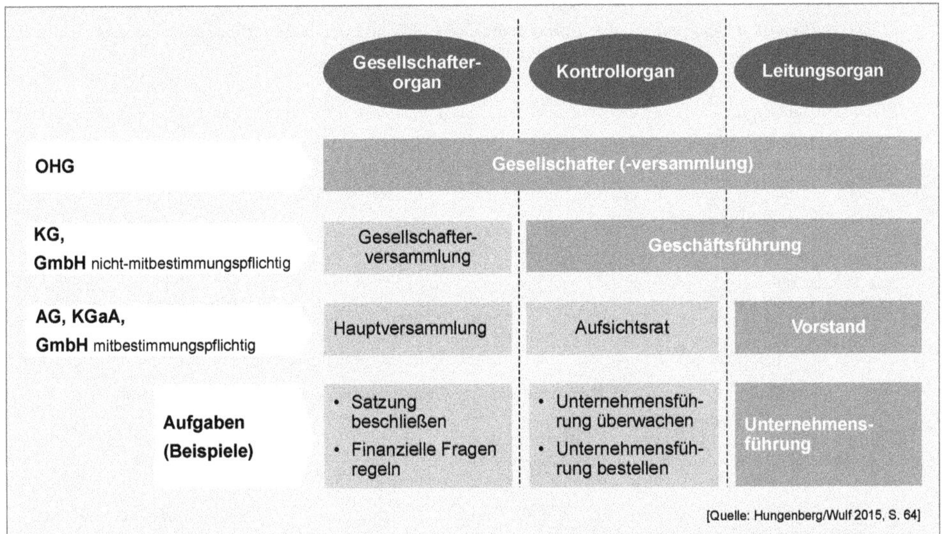

Abb. 1-05: Grundtypen der Unternehmensverfassung von Gesellschaften

Zum ersten Grundtyp zählt die Offene Handelsgesellschaft (OHG), bei der Leitungs- und Gesellschafterorgan zusammenfallen und insofern auch kein Kontrollorgan erforderlich ist. Zum zweiten Grundtyp gehören die Kommanditgesellschaft (KG) und die Gesellschaft mit beschränkter Haftung (GmbH), sofern diese aufgrund ihrer Größe noch keinen besonderen Mitbestimmungsregeln unterliegt. Dieser Grundtyp ist durch eine Trennung von Leitungs- und Gesellschafterorgan gekennzeichnet. Die Bildung einer Gesellschafterversammlung, welche die Interessen der Anteilseigner vertritt, ist dagegen vorgesehen. Zum dritten Grundtyp der Unternehmensverfassung zählen unter anderem die mitbestimmungspflichtige GmbH, die Aktiengesellschaft (AG) und die Kommanditgesellschaft auf Aktien (KGaA). Bei diesem Grundtyp existiert aufgrund der jeweiligen Unternehmensgröße ein eigenständiges Leitungs-, Kontroll- und Gesellschafterorgan [vgl. Hungenberg/Wulf 2015, S. 63 ff.].

1.2.2.2 Shareholder Value, Stakeholder Value und Shared Value

Welchem Legitimationsansatz soll ein Unternehmen bei der Orientierung seiner obersten Ziele folgen? Sind es die Interessen aller Anspruchsgruppen eines Unternehmens (Stakeholder) oder sind es vornehmlich die Interessen der Eigentümer (Shareholder), die ein Unternehmen bei der Formulierung seiner Ziele stärker berücksichtigen muss? Bevor dieser Frage auf den Grund gegangen werden kann, wird zunächst eine begriffliche Abgrenzung vorgenommen. Rein mengenmäßig betrachtet sind Shareholder eine Teilmenge der Stakeholder. Shareholder, also die Eigentümer oder Anteilseigner eines Unternehmens, gehören ebenso zu den Anspruchsgruppen eines Unternehmens wie die Mitarbeiter, das Management, die Kunden, die Lieferanten oder die Presse.

Abbildung 1-06 gibt einen Überblick über nahezu alle Interessen- und Anspruchsgruppen eines Unternehmens mit ihren Anforderungen an und Beiträgen für das Unternehmen.

Abb. 1-06: Ansprüche und Leistungen der Stakeholder

Aus diesen Ansprüchen lassen sich zwei Konzepte für die oben erwähnte Legitimation zur Vorgabe von Unternehmenszielen ableiten: der Shareholder Value-Ansatz und der Stakeholder Value-Ansatz.

Der **Shareholder-Ansatz** ist ein Konzept der wert- bzw. kapitalmarktorientierten Unternehmensführung. Der Ansatz stellt die Bedürfnisse der Eigenkapitalgeber in den Mittelpunkt unternehmerischer Handlungen. Ziel des Konzeptes ist es, den Wert eines Unternehmens für die Eigenkapitalgeber langfristig und nachhaltig zu maximieren. Dabei räumen die Vertreter dieses Ansatzes den Interessen einer einzigen Anspruchsgruppe absolute Priorität ein: den Interessen der Eigentümer („Shareholder"). Sie begründen diese Interpretation damit, dass sich die Legitimation zur Vorgabe von Unternehmenszielen einzig und allein aus dem Eigentum am Unternehmen ableitet. Das oberste Unternehmensziel ist somit die Maximierung des **Shareholder Value** [vgl. Rappaport 1997].

Demgegenüber argumentieren die Vertreter des **Stakeholder-Ansatzes**, dass nur die Interessen *aller* Anspruchsgruppen die Formulierung der grundlegenden Unternehmensziele legitimieren. Hinter dieser Auffassung steht die Überlegung, dass alle Gruppen für die Existenz und das Handeln eines Unternehmens notwendig und daher auch berechtigt sind, die Ziele des Unternehmens zu beeinflussen. Dem entsprechend orientiert sich das oberste Unternehmensziel an den Interessen *aller* Anspruchsgruppen. Gemessen wird das oberste Ziel des Unternehmens bei dieser Interpretation durch den **Stakeholder Value** – den Wert, den ein Unternehmen aus Sicht *aller* seiner Anspruchsgruppen besitzt [vgl. Janisch 1993].

Es ist letztlich eine *normative Frage*, welchem dieser Legitimationsansätze gefolgt werden soll. In den westlichen Kulturkreisen wird in Wissenschaft und Praxis vorwiegend den Eigentümerinteressen das Primat eingeräumt. Eine Orientierung an einer Vielzahl von Zielen, wie es der Stakeholder-Ansatz vorsieht, wäre auch kaum zu operationalisieren. Das Ziel eines Unternehmens besteht in diesem Fall nämlich darin, den Wert zu maximieren, den das Unternehmen für alle Anspruchsgruppen besitzt. Beim Shareholderansatz ist das oberste Unternehmensziel dagegen eindeutig und relativ einfach zu operationalisieren: Maximierung des Shareholder Value [vgl. Hungenberg/Wulf 2015, S. 48 f.].

Im Zusammenhang mit dem neuen Paradigma der **Nachhaltigkeit** sollte jedoch ein neuer Ansatz im Interesse von Wirtschaft und Gesellschaft liegen: das **Shared Value**-Konzept. Die Grundidee dieses Ansatzes liegt in der Annahme, dass Unternehmen und Gesellschaft nicht getrennt voneinander gesehen werden dürfen, sondern dass die Wettbewerbswirtschaft eines Unternehmens und der Wohlstand der Gesellschaft miteinander in einer Wechselwirkung stehen. Die Realisierung des Shared Value-Konzepts bedeutet somit gemeinsamen Mehrwert für Unternehmen und Gesellschaft [vgl. Porter/Kramer 2015, S. 145].

Erfolgreiche Unternehmensstrategien erzielen Wettbewerbsvorteile nicht auf Kosten der Gesellschaft, sondern durch die Schaffung eines Shared Values. Unternehmen können nach Profitabilität streben und trotzdem durch ihre unternehmerische Aktivität einen positiven Beitrag zur gesellschaftlichen Entwicklung leisten. Mit anderen Worten: Unternehmerischer Erfolg und gesellschaftlicher Nutzen schließen sich nicht aus [vgl. Scholz/Reyes 2015, S. 544 f.].

In Abbildung 1-07 sind Denkhaltung, Erfolgsmaßstab und Operationalität der Ansätze gegenübergestellt.

	Shareholder-Ansatz	Stakeholder-Ansatz	Shared Value-Ansatz
Denkhaltung	Das Unternehmen existiert, um das Vermögen seiner Eigentümer zu mehren	Das Unternehmen existiert, um Ansprüche aller Interessengruppen umzusetzen	Das Unternehmen existiert, um nachhaltigen Mehrwert für Wirtschaft und Gesellschaft zu erzielen
Erfolgsmaßstab	Maximierung der zukünftigen diskontierten Zahlungen an die Eigentümer	Maximierung der Differenz zwischen den Nutzen und Kosten aller Anspruchsgruppen	Zusammenhang von gesellschaftlichem und wirtschaftlichem Fortschritt erkennen und nutzbar machen
Beurteilung	Operational, da auf Markt- und Ressourceneffizienz ausgerichtet; monistisch	Nicht operational, da auf inter-personellem Nutzenvergleichen aufbauend; pluralistisch	Operational, da auf das Kundenbedürfnis nach Transparenz und Nachhaltigkeit eingehend; pluralistisch
Unternehmensziel	Shareholder Value	Stakeholder Value	Shared Value

[Quellen: in Anlehnung an Hungenberg/Wolf, S. 56 und Porter/Kramer 2015, S. 145 ff.]

Abb. 1-07: Stakeholder- und Shareholder-Ansatz im Vergleich

1.2.3 Unternehmenskultur und Nachhaltigkeit

Wenn es richtig ist, dass Nachhaltigkeit in Kultur hineinwirkt und umgekehrt die Kultur ihrerseits den Umgang mit Nachhaltigkeit beeinflusst, dann drängen sich folgende Fragen auf:

Welchen Beitrag leistet die Unternehmenskultur bei der Begegnung mit den Werten der Nachhaltigkeit? Besteht ein Zusammenhang zwischen Unternehmenskultur und nachhaltig geprägter Führung? Was zeichnet Unternehmenskultur im Zusammenhang mit der Übernahme von Nachhaltigkeitswerten aus? Wie reagieren Unternehmenskulturen mit unterschiedlichen Ausprägungen und Lernkurven hinsichtlich der Nachhaltigkeit, wenn sie zusammengeführt werden (Merger, Fusion, Übernahmen)?

Bevor diese Fragen erörtert werden, soll aufgezeigt werden, was Unternehmenskultur ist und was sie bewirken kann.

1.2.3.1 Was Unternehmenskulturen besonders auszeichnet

Jedes Unternehmen verfügt über eine Unternehmenskultur. Diese wird nicht einfach erfunden oder verordnet, sondern (vor)gelebt. Unternehmenskultur ist kein Rezept, das einfach verordnet werden kann. Sie entsteht mit der Unternehmensgründung und ist je nach Entwicklungsgeschichte des Unternehmens mehr oder weniger ausdifferenziert. Häufig liegen die Ursprünge einer Unternehmenskultur beim Unternehmensgründer (z. B. Thomas Watson bei IBM, Steve Jobs bei Apple, die Familie Bentz bei Melitta, August Oetker, Max Grundig), die mit ihren Visionen und Ideen, mit ihren Wertvorstellungen, Eigenarten und Neigungen als Vorbilder für nachfolgende Managergenerationen dienen. Kulturprägend wirken aber auch Krisen und einschneidende Veränderungen sowie die Art und Weise, wie diese gemeistert werden, neue Geschäftsmodelle, die Branche und das (regionale) Umfeld eines Unternehmens, die Art der Kunden, der Investoren etc. [vgl. Buß 2009, S. 176 ff.].

Oftmals waren es auch gerade die oben genannten Unternehmenslenker, die für eine neue Technologie oder neue Geschäftsprozesse standen und diese mit ins Unternehmen brachten oder gar die neuen Entwicklungen zum **Zentrum ihres Geschäftsmodells** machten. Heute finden wir solche Techniker und Tüftler, die neue Technologien zu ihrem Geschäft machen, bei den **Start-ups** – also bei Inhaber-geführten Unternehmen. Hier haben die neuen Technologien „leichtes Spiel". Sie werden quasi mit der Muttermilch aufgesogen und sind von Anfang an feste Bestandteile der Arbeitskultur.

Unternehmenskultur beschreibt eine teilweise unsichtbare Menge von gemeinsamen, selbstverständlichen Annahmen, Verhaltensweisen, Normen, Werten und Einstellungen, die in einem Unternehmen oder einer Organisation vorherrschen. Manchmal wird die Unternehmenskultur auch als DNA des Unternehmens bezeichnet. Eine **nachhaltige Unternehmenskultur** bedeutet entsprechend, dass Einstellungen, Werte, Annahmen und Verhaltensweise so ausgerichtet sein sollen, dass sie ein nachhaltiges Handeln ermöglichen und fördern [vgl. Plant Values 2024].

Da sich Nachhaltigkeit nicht auf die Umsetzung technischer Maßnahmen reduzieren lässt, kommt der Unternehmenskultur bei einem Wandel von Überzeugungen und Gedanken eine wichtige Rolle zu. Hierzu ist es wichtig, dass Nachhaltigkeit wirklich praktiziert und vorgelebt und nicht allein durch Anordnungen aufgezwängt wird. Hinzukommen aber auch ganz konkrete Maßnahmen, die im Sinne einer nachhaltigeren Unternehmenskultur innerhalb der Unternehmen umgesetzt werden können [vgl. Mattscheck 2024]:

- **Maßnahmen zur betrieblichen Gesundheitsförderung** (Betriebliche Gesundheits-Check-ups, Betriebssport, Rückenschulen, Umstellung der Kantine, Programme zur Raucherentwöhnung)
- **Maßnahmen zur Familienförderung** (Betriebliche Kindertagesstätte, Vermittlung von Betreuungsmöglichkeiten)
- **Integration von Menschen mit Beeinträchtigung** (Kooperation mit Behindertenwerkstätten)

1.2.3.2 Integration verschiedener Unternehmenskulturen

Eine herausragende Rolle spielt die Unternehmenskultur bei **Unternehmenszusammenschlüssen** (engl. *Merger*). Egal ob freundliche Übernahme, feindlicher Takeover, Fusion auf Augenhöhe, Verschmelzung oder Integration, bei allen Unternehmenszusammenschlüssen besteht immer ein außerordentlich hohes Risiko. Die Statistik besagt sogar, dass mehr als zwei Drittel aller Fusionen scheitern. Die häufigste Ursache für das Scheitern ist die Unternehmenskultur. Hier liegen häufig die grundliegenden Überzeugungen der fusionierenden Unternehmen weit auseinander und sind kaum nicht miteinander vereinbar.

Diese **grundlegenden Überzeugungen**, die das Denken, Handeln und Empfinden von Führungskräften und Mitarbeitern maßgeblich beeinflussen und die insgesamt typisch für das jeweilige Unternehmen sind (innere Haltung), charakterisieren die Art, wie die **Werte** nach außen gezeigt werden (äußere Haltung). Gleichzeitig differieren die **Verhaltensregeln** („so wie man es bei uns macht"), die an neue Mitarbeiter und Führungskräfte weitergegeben werden und die als Standards für gutes und richtiges Verhalten gelten, zu stark.

Ein Beispiel dazu ist das Entscheidungsverhalten: Die Mitarbeiter des einen Unternehmens haben große Entscheidungsspielräume, die sie auch nutzen. Bei den Beschäftigten des anderen Unternehmens bestimmen Absicherung und Kontrolle die Zusammenarbeit. Das Management der einen Organisation agiert eher kostengetrieben, die Führungskräfte der anderen Organisation mehr gewinnorientiert. Und besonders wichtig: Wie werden Mitarbeiter geführt? Bei dem einen Unternehmen steht Vertrauen, Begeisterung und Offenheit an erster Stelle, bei dem anderen hat Kontrolle, Vergleich und Ranking die höchste Priorität. Solche und weitere Merkmale charakterisieren eine Organisation und können ihr sogar Wettbewerbsvorteile verschaffen.

Im Umfeld eines Mergers besteht die Gefahr, dass die Mitarbeitermotivation und damit die Produktivität einbrechen. Starke Verunsicherung („Was passiert mit mir?"), Misstrauen gegenüber den Mitarbeitern des anderen Unternehmens und ein Gefühl von Kontrollverlust werden zum täglichen Begleiter während der Merger-Phase. Bei den Mitarbeitern des vermeintlich „schwächeren" Unternehmens kann ein Gefühl von Unterlegenheit aufkommen. Diese Emotionen führen dazu, dass sich die Mitarbeiter nur noch mit sich selbst beschäftigen – das operative Tagesgeschäft und besonders die Kundenbeziehungen werden zweitrangig. Im Extremfall kommt es zur inneren oder tatsächlichen Kündigung. Werden kulturelle Unterschiede nicht berücksichtigt, kann dies zu Widerständen und Konflikten führen, die den Integrationsfortschritt behindern oder gar zum Stillstand bringen.

Wenn zwei Unternehmen fusionieren, prallen zwei Unternehmenskulturen aufeinander. Dadurch entstehen Angst und Unsicherheit bei den Mitarbeitern und eine Widerstandsreaktion gegen die anstehenden Veränderungen wird ausgelöst. In dieser Phase eines Zusammenschlusses wird über den Erfolg oder Misserfolg einer Fusion entschieden. Aus dem Festhalten an Werten und Grundannahmen der eigenen Kultur resultiert, dass Organisationsmitglieder eine neue Kultur nicht akzeptieren, Programme zur Umstrukturierung und Integration nicht umgesetzt werden, Mitarbeiter die Unternehmen verlassen, allgemeine Angst und Ungewissheit ausbricht und Unternehmensziele in den Hintergrund geraten. Die wirklichen Ziele der Transaktion sind unter diesen Umständen nur schwer erreichbar. Die Kosten der Integration übersteigen oft die erhofften monetären Gewinne z.B. aus Synergieeffekten.

Die **Unternehmenskultur ist** in vielfacher Hinsicht von besonderer Bedeutung. Sie ist sowohl für das Unternehmen selbst als auch für die Mitarbeiter **sinnstiftend**. Als unsichtbare Einflussgröße erfüllt die Unternehmenskultur zentrale Funktionen, die für das Bestehen und Funktionieren eines Unternehmens notwendig sind.

Ganz ähnlich sieht es beim Thema Nachhaltigkeit aus. Bei dem einen Unternehmen steht dieses kulturprägende Thema noch gar nicht auf der Agenda, bei dem anderen Unternehmen sind Nachhaltigkeitsthemen bereits in die Praxis umgesetzt und in der Organisation verankert. Umso wichtiger ist es, bereits in der Vorphase eines Mergers, den jeweiligen **Nachhaltigkeitsstatus** der fusionsbeteiligten Firmen festzustellen.

In Insert 1-10 sind Anhaltspunkte aufgeführt, um zu ermitteln, wie weit das jeweilige Unternehmen bereits mit seiner individuellen Green Journey gekommen ist. Die Unternehmenskultur gilt als weicher Faktor – hat jedoch harte Auswirkungen. Ein Großteil des Erfolgs einer Organisation hängt mit kulturellen Aspekten zusammen, etwa mit der Teamorientierung, der Mitarbeiterförderung, der Gehaltsstruktur oder der Veränderungsfähigkeit bezüglich des Nachhaltigkeitsaspekts eines Unternehmens. Ist das jeweilige Unternehmen mehr das Zugpferd oder der Bremsklotz in Sachen Nachhaltigkeit?

Insert

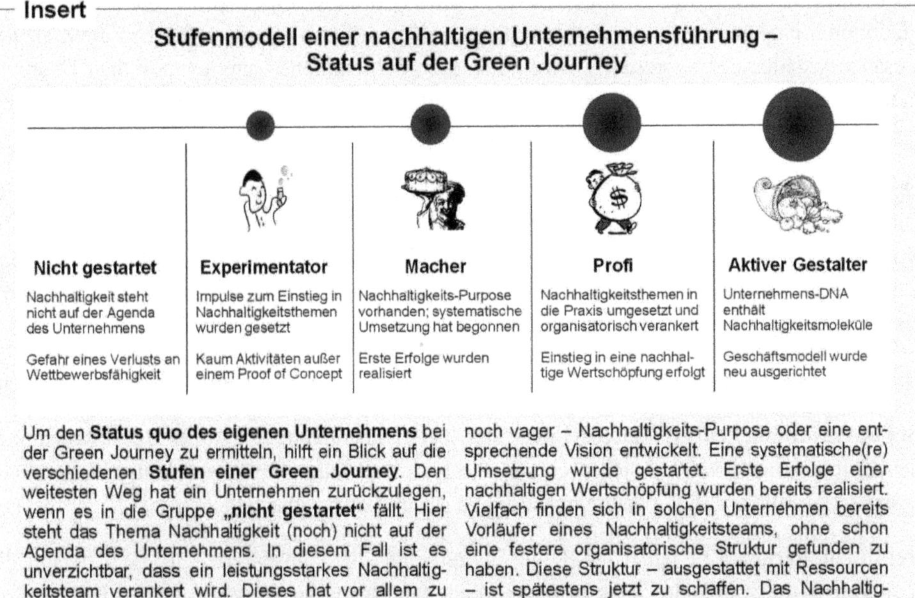

Um den **Status quo des eigenen Unternehmens** bei der Green Journey zu ermitteln, hilft ein Blick auf die verschiedenen **Stufen einer Green Journey**. Den weitesten Weg hat ein Unternehmen zurückzulegen, wenn es in die Gruppe **„nicht gestartet"** fällt. Hier steht das Thema Nachhaltigkeit (noch) nicht auf der Agenda des Unternehmens. In diesem Fall ist es unverzichtbar, dass ein leistungsstarkes Nachhaltigkeitsteam verankert wird. Dieses hat vor allem zu prüfen, ob durch eine Missachtung von Stakeholdererwartungen in Sachen Nachhaltigkeit kurz- oder mittelfristig ein Verlust an Wettbewerbsfähigkeit zu erwarten ist. Zusätzlich sind viele weitere der bisher beschriebenen Analyse durchzuführen, um einen möglichen zwingenden (gesetzlichen) Handlungsbedarf zu erkennen. Fällt ein Unternehmen in die Gruppe **„Experimentator"**, dann wurden erste Impulse zum Einstieg in Nachhaltigkeitsthemen bereits gesetzt. Häufig wurden in dieser Gruppe lediglich vereinzelte Proofs of Concept durchgeführt, ohne Anschlussmaßnahmen von den erzielten Ergebnissen abzuleiten. Hier verharrt das Unternehmen ebenfalls noch sehr stark im Status quo. Der Anteil einer nachhaltigen Wertschöpfung bleibt minimal. Die Aufgabe eines Nachhaltigkeitsteams besteht hier vor allem darin, die verschiedenen Fäden zusammenzuführen und ein überzeugendes Konzept für eine nachhaltige Unternehmensführung zu entwickeln. Befindet sich das Unternehmen bereits im Segment der **„Macher"**, dann wurde zumindest schon ein – vielleicht auch noch vager – Nachhaltigkeits-Purpose oder eine entsprechende Vision entwickelt. Eine systematische(re) Umsetzung wurde gestartet. Erste Erfolge einer nachhaltigen Wertschöpfung wurden bereits realisiert. Vielfach finden sich in solchen Unternehmen bereits Vorläufer eines Nachhaltigkeitsteams, ohne schon eine festere organisatorische Struktur gefunden zu haben. Diese Struktur – ausgestattet mit Ressourcen – ist spätestens jetzt zu schaffen. Das Nachhaltigkeitsteam findet hier bereits einen fruchtbaren Boden vor, auf dem weitere der in diesem Werk definierten Schritte eingeleitet werden können. Hat ein Unternehmen bereits den Status **Profi** erreicht, dann wurden in dieser Stufe bereits mehrere Nachhaltigkeitsthemen in die Praxis umgesetzt und auch organisatorisch verankert. Hierdurch ist der Anteil einer nachhaltigen Wertschöpfung bereits signifikant gesteigert worden. Die weiteren Schritte in Richtung nachhaltiger Unternehmensführung können vom Nachhaltigkeitsteam jetzt konsequent vorangetrieben werden. Gehört das Unternehmen bereits zu den **aktiven Gestaltern**, dann ist die Frage eines Nachhaltigkeitsteams sicherlich auch schon längst gelöst. Die Unternehmens-DNA enthält bereits viele Nachhaltigkeits-Moleküle, um das Unternehmen dauerhaft auf eine nachhaltige Unternehmensführung auszurichten. Hierzu wurde das Geschäftsmodell in Teilbereichen oder komplett neu ausgerichtet. Dieser Weg ist konsequent weiter zu beschreiten.

[Quelle: Kreutzer 2023, S. 316 ff.]

Insert 1-10: Stufenmodel einer nachhaltigen Unternehmensführung

1.2.3.3 Strategien der kulturellen Integration

Um das Scheitern von Mergern zu vermeiden, werden **drei Strategien der kulturellen Integration** vorgeschlagen [vgl. Cartwright/Cooper 1996, S. 65 ff.]:

Erstens: **Kulturpluralismus** ist die erste strategische Stoßrichtung. Beide Kulturen bleiben nebeneinander bestehen. Man könnte, da wir es ja bei einer Transaktion mit einer Art **„Hochzeit"** zu tun haben, auch von einer **„offenen Ehe"** sprechen. Die beteiligten Unternehmen können ihre Kulturwerte (z.B. Führungsstil, Entscheidungsverhalten, Umgang mit der nachhaltigkeit etc.) aufrechterhalten. Jeder kann weiterhin im Rahmen der gemeinsamen Ziele relativ autonom agieren. Es handelt sich um eine ziemlich erfolgreiche Form des Zusammenschlusses, da die erforderlichen Veränderungen eher gering sind.

Zweitens: Die **Übernahme einer Kultur**, in der Regel der des Käufers, ist die zweite Strategieoption. Man kann auch vom Konzept der **„traditionellen Ehe“** sprechen. Um die Ziele des Zusammenschlusses zu erreichen, wird i.d.R. das übernommene Unternehmen dem Übernehmer angepasst. Der Erfolg des Mergers hängt hierbei entscheidend davon ab, ob das übernommene Unternehmen bereit ist, diese Art von „Ehevertrag“ zu akzeptieren.

Drittens: Die **Symbiose der Kulturen** („Best of Both“) ist die dritte strategische Variante. Dies entspricht dem Konzept der **„modernen Ehe“.** Die Fusionspartner schätzen gegenseitig die Kompetenz und Fähigkeit des jeweils anderen Managements als hoch ein. Die beiderseitige „Integration“ führt zu großen Veränderungen für beide Seiten. Dieser Fall setzt eine ausgesprochen hohe Integrationsfähigkeit voraus.

Doch wie realistisch bzw. erfolgversprechend sind solche **„Kulturverordnungen“** eigentlich?

Bei der **traditionellen Ehe**, also bei der verordneten Übernahme der Kultur des übernehmenden Unternehmens, werden sich – eine starke Kultur des übernommenen Unternehmens vorausgesetzt – alle wirklich wichtigen Mitarbeiter „aus dem Staube“ machen.

Bei der **modernen Ehe** fehlen i.d.R. die Instrumente, die Transparenz und die Zeit, um die Kulturen so aufzudröseln, dass schlussendlich nur noch die Vorzüge beider Kulturen in der **Zielkultur** zum Tragen kommen.

Bleibt schließlich noch die **offene Ehe** als wohl einzig realistische Strategie, denn Kulturen kann man nicht verordnen, sondern müssen (vor-)gelebt werden. Bei der offenen Ehe bleiben beide Kulturen (zunächst) nebeneinander bestehen. Die Gefahr einer Auseinanderentwicklung besteht dann nicht, wenn man besonders wichtige Positionen zunächst doppelt besetzt, bis sich der endgültige Stelleninhaber „ausmendelt“. Das Vorgehen wird bspw. bei Zusammenschlüssen von Dienstleistungsunternehmen bevorzugt. Allerdings kann es bei dieser Vorgehensweise geschehen, dass sich die (letztlich stärkere) Kultur des übernommenen Unternehmens durchsetzt, obwohl dieses durchaus kleiner sein kann als das übernehmende. Man spricht in diesem Fall von einem Reverse Merger bzw. **Reverse Takeover**.

1.3 Nachhaltigkeit, Kreislaufwirtschaft und Wertschöpfungsketten

1.3.1 Kreislaufwirtschaft und Linearwirtschaft

Nachhaltigkeit ist ohne eine funktionierende **Kreislaufwirtschaft** (engl. *Circular Economy*) nicht denkbar. Der Begriff Kreislaufwirtschaft muss dabei als Gegenentwurf zur **Linearwirtschaft** (engl. *Linear Economy*) verstanden werden. Die Linearwirtschaft wird auch als *Wegwerfwirtschaft* bezeichnet.

Die Linearwirtschaft entspricht quasi dem Verlauf eines Flusses. Dieser beginnt mit der Quelle und endet im Meer. Hierbei kennt das Wasser nur eine Fließrichtung – dem Ende zu. Das Motto der Linearwirtschaft lautet demnach: *„Cradle to Grave"* [vgl. Kreutzer 2023, S. 8].

Das Muster der Linearwirtschaft ist in Insert 1-11 abgebildet.

Im Gegensatz zur Linearwirtschaft ist das Konzept der **Kreislaufwirtschaft** ein auf Erneuerung ausgerichteter Ansatz. Hierbei handelt es sich um ein regeneratives System. Angestrebt ist somit ein ressourcenschonendes Entwicklungs-, Produktions-, Ge-/Verbrauchs- und Rückgewinnungsmodell.

Das dominierende Muster der Linearwirtschaft ist: nehmen, herstellen, ge-/verbrauchen, weg werfen – und nur nicht darüber nachdenken! Dieses Modell setzt eine unerschöpfliche Menge an billigen, leicht zugänglichen Ressourcen voraus. Dieses Vorgehen war über mehr als ein Jahrhundert das dominierende Wirtschaftssystem. In einem solchen Wirtschaftssystem werden die verarbeiteten Rohstoffe bzw. die damit erzeugenden Produkte nach ihrer Nutzung mehrheitlich entweder deponiert oder verbrannt. Das Motto heißt Cradle to Grave – „von der Wiege zur Bahre" oder auch „von der Wiege zur Müllhalde für die Ewigkeit".
[Quelle: Kreutzer 2023, S. 8].

Insert 1-11: Das Muster der Linearwirtschaft

Beim Design des Modells sind bereits Kriterien der Nachhaltigkeit zu berücksichtigen. Ein „Design für Weiter- und Wiederverwertbarkeit" ist wichtig, um negative Umweltauswirkungen der Produkte am Ende ihrer Lebensdauer zu verringern. Außerdem sollen hierdurch die Kosten für ein Recycling gesenkt werden. Außerdem erleichtert ein recyclinggerechtes Design den Übergang zu weiteren Kreisläufen.

Zusätzlich geht es darum, eine eingebaute Veralterung von Produkten (Stichwort Built-in Obsolescence) zu beenden. Durch eine künstliche Veralterung versuchen Unternehmen, die technische Lebensdauer von Produkten zu begrenzen. Dadurch sollen Kunden früher als technisch notwendig zu einem Neukauf motiviert werden. Dieses Bestreben passt nicht zur Kreislaufwirtschaft. Deshalb muss für die Kunden ein „Recht auf Reparatur“ geschaffen werden.

Die Kreislaufwirtschaft strebt danach, Produktion und Vertrieb möglichst ressourcenschonend auszurichten und in hohem Maße erneuerbare Ressourcen oder zurückgewonnene Rohstoffe erneut einsetzen. Zudem geht es darum, Abfälle in der Produktion und bei Ge- und Verbrauch zu reduzieren. Außerdem ist die Schadstoffbelastung bei der Herstellung und bei der Nutzung der vermarkteten Produkte (bspw. Emissionen eines Fahrzeugs) zu verringern. Die Kreislaufwirtschaft führt damit zu einer Entkopplung von Wachstum und Ressourcenverbrauch [vgl. Kreutzer 2023, S. 9].

Das Konzept der Kreislaufwirtschaft ist in Insert 1-12 dargestellt

Das Konzept der Kreislaufwirtschaft lautet Cradle to Cradle – „von der Wiege zur Wiege“. Im Gegensatz zum Cradle-to-Grave-Vorgehen versucht das Cradle-to-Cradle-Konzept, die Produkte und deren Verpackungen von der ersten Idee an auf einen biologischen und/oder technischen Kreislauf auszurichten. Die angestrebten geschlossenen Stoffkreisläufe werden erreicht, wenn die eingesetzten Materialien eine gefahrlose und vollständige Rückkehr in die Biosphäre erlauben – oder wenn diese Materialien möglichst hochwertig wiedergewonnen oder weiter genutzt werden können. Die Kernidee des Cradle-to-Cradle-Konzepts – ein Fokus auf Öko-Effektivität statt auf Effzienz – veranschaulicht die obige Abbildung. [Quelle: Kreutzer 2023, S. 8].

Insert 1-12: Das Muster der Kreislaufwirtschaft

1.3.2 Wertschöpfungskette und System von Wertschöpfungsketten

Die **Wertschöpfungskette** (Wertkette) eines Unternehmens umfasst die Wertschöpfungsaktivitäten in der Reihenfolge ihrer operativen Durchführung. Diese Tätigkeiten schaffen Werte, verbrauchen Ressourcen und sind in Prozessen miteinander verbunden.

Die in Insert 1-13 gezeigte Darstellung der Wertschöpfungskette geht auf Porter [1986] zurück und unterscheidet *Primäraktivitäten* und *Sekundäraktivitäten.*

- **Primäraktivitäten** *(Kernprozesse)* sind Eingangslogistik, Produktion, Ausgangslogistik, Marketing und Vertrieb sowie Kundendienst.
- **Sekundäraktivitäten** *(Unterstützungsprozesse)* stellen Beschaffung, Forschung und Entwicklung (F&E), Personalmanagement und Infrastruktur dar.

Das Grundmodell von Porter bezieht sich in seiner Systematik allerdings schwerpunktmäßig auf die Wertschöpfungskette von Betrieben des verarbeitenden Gewerbes. Die Wertkette ist aber nicht nur von Branche zu Branche unterschiedlich, sondern häufig auch von Unternehmen zu Unternehmen innerhalt einer Branche.

Ein wesentlicher Ausgangspunkt, um Nachhaltigkeitspotenziale zu erkennen und auszuschöpfen, ist die Wertschöpfungskette des eigenen Unternehmens. Die Wertschöpfungskette bzw. Wertkette (engl. Value Chain) eines Unternehmens umfasst die Wertschöpfungsaktivitäten in der Reihenfolge ihrer operativen Durchführung. Diese Tätigkeiten schaffen Werte, verbrauchen Ressourcen und sind in Prozessen miteinander verbunden. Aus der Kostenstruktur und aus dem Differenzierungspotenzial aller Wertaktivitäten lassen sich bestehende und potenzielle Wettbewerbsvorteile eines Unternehmens ermitteln. Durch die „Zerlegung" eines Unternehmens in seine einzelnen Wertschöpfungsaktivitäten kann jede dieser Aktivitäten auf ihren aktuellen und ihren potenziellen Beitrag zur Wettbewerbsfähigkeit des Unternehmens hin durchleuchtet werden

[Quelle: Porter 1986, S. 19].

Insert 1-13: Wertschöpfungskette für Industriebetriebe nach Porter

Entscheidend für das Unternehmen ist nun die Frage, ob die vorhandenen Ressourcen zielorientiert eingesetzt werden. Dies gilt einmal nach innen, d. h. hinsichtlich der Optimierung ihres Beitrags zur Wertschöpfung des Unternehmens und andererseits nach außen, also in Bezug auf die Entwicklung und den Erhalt von Wettbewerbsvorteilen und den damit verbundenen Nutzenpotenzialen.

Die Idee der strategischen Kostenanalyse auf Wertkettenbasis gründet demzufolge auf der Tatsache, dass die einzelnen Wertaktivitäten einerseits Abnehmernutzen schaffen und andererseits Kosten verursachen. Als strategische Richtung von Wertschöpfungsmodellen kommen daher grundsätzlich Kostenminimierung oder Nutzen- bzw. Erlösmaximierung in Frage. Wird **Kostenminimierung** als Zielsetzung gewählt, werden im Rahmen der Wertkettenanalyse Rationalisierungspotenziale gesucht und als Konsequenz Prozesse bzw. Wertschöpfungsstufen eliminiert. Ist die Wertkettenanalyse wiederum eher **Nutzen- bzw. Erlöszielen** verpflichtet, so werden insbesondere jene Aktivitäten verfolgt, die sich möglicherweise positiv auf das Erlöswachstum auswirken [vgl. Lippold 2021, S. 94].

Die Wertschöpfungsketten von Unternehmen sind vielmehr häufig in vielfältiger Weise mit den vor- und nachgelagerten Wertketten von Lieferanten und Abnehmern verknüpft. Diese bilden zusammen ein Wertschöpfungsnetz beziehungsweise ein **System von Wertschöpfungsketten** (siehe Insert 1-14).

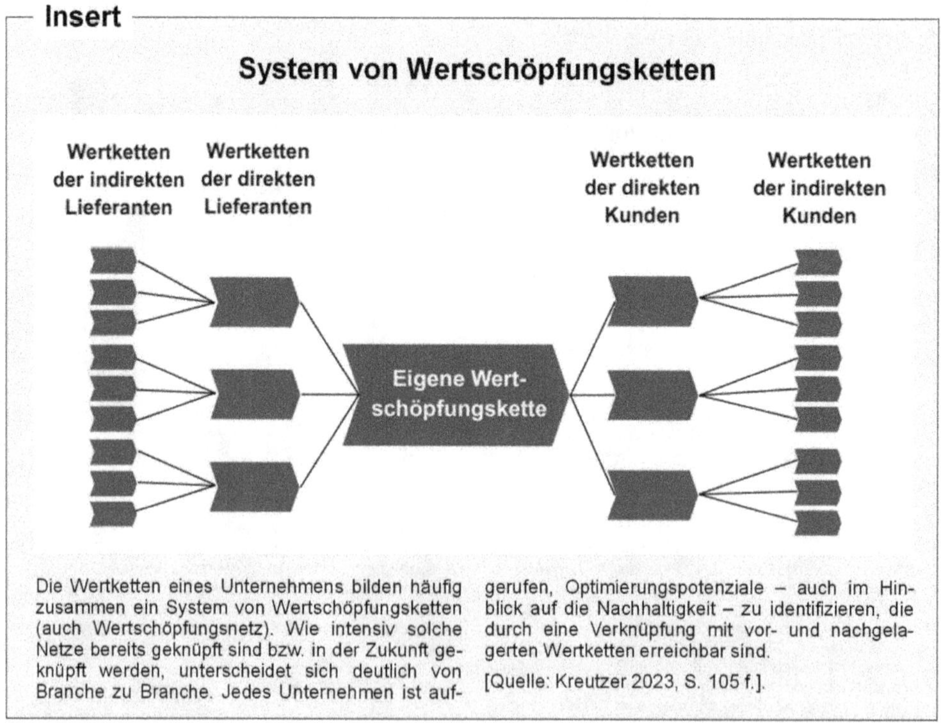

Insert 1-14: System von Wertschöpfungsketten

Wie intensiv solche Netze bereits geknüpft sind bzw. in der Zukunft geknüpft werden, unterscheidet sich deutlich von Unternehmen zu Unternehmen und von Branche zu Branche. Hier ist jedes Unternehmen gefragt, Optimierungspotenziale – besonders auch im Hinblick auf die **Nachhaltigkeit** – zu identifizieren, die durch eine Verknüpfung mit vor- und nachgelagerten Wertketten erreichbar sind.

Durch die fortschreitende Digitalisierung der Prozesse wird die Verknüpfung der einzelnen Wertketten wesentlich erleichtert.

Die **Wertkettenanalyse** kann sich bei größeren Unternehmen auf eine Produktgruppe, einen Dienstleistungsbereich oder auf einzelne strategische Geschäftseinheiten konzentrieren. Erst ein solcher Fokus ermöglicht es, spezifische Ansatzpunkte zur Verbesserung der eigenen Wettbewerbsposition zu ermitteln.

Zur Wertschöpfungskette sowie zur Wertkettenanalyse siehe ausführlich Abschnitt 2.1.4.2.

Um Nachhaltigkeit im Unternehmen zu erreichen, ist die gesamte Wertschöpfungskette auf die Kreislaufwirtschaft auszurichten. Zumeist kommt die Wertschöpfungskette eines Unternehmens allerdings nicht isoliert zum Einsatz.

1.3.3 Gängige Wertschöpfungsketten

Geschäftsprozesse, die zu Prozessketten verknüpft sind, haben einen Output, der idealerweise einen höheren Wert für das Unternehmen darstellt als der ursprünglich eingesetzte Input. Zu den bekanntesten Wertschöpfungsketten zählen:

- **CRM (Customer Relationship Management)** beschreibt die Geschäftsprozesse zur Kundengewinnung, Angebots- und Auftragserstellung sowie Betreuung und Wartung.
- **PLM (Product Lifecycle Management)** beschreibt die Geschäftsprozesse von der Produktportfolio-Planung über Produktplanung, Produktentwicklung und Produktpflege bis zum Produktauslauf sowie Individualentwicklungen.
- **SCM (Supply Chain Management)** beschreibt die Geschäftsprozesse vom Lieferantenmanagement über den Einkauf und alle Fertigungsstufen bis zur Lieferung an den Kunden ggf. mit Installation und Inbetriebnahme.

Wichtige Beiträge für die organisatorische Gestaltung der Geschäftsprozesse leisten prozessorientierte ERP-Systeme *(ERP = Enterprise Resource Planning)*.

ERP-Systeme sind integrierte Standardsoftwaresysteme, deren Teilsysteme zwar funktional ausgerichtet sind, über eine gemeinsame Datenbasis aber die Integration dieser Teilsysteme ermöglichen. Typische Einsatzfelder sind Produktionsplanung und -steuerung (PPS), Einkauf- und Materialwirtschaft bzw. Logistik, Vertrieb, Kostenrechnung und Controlling sowie Personal.

Das bekannteste ERP-System ist SAP R/3, das sowohl in Deutschland als auch international in diesem Anwendungsgebiet Marktführer ist.

Insert 1-15 gibt einen Überblick über die Marktanteile im deutschen und im weltweiten ERP-Markt. ERP-Systeme drängen Individualsoftware, die eigens für ein bestimmtes Anwendungsgebiet entwickelt wird, immer stärker zurück. Maßgebend dafür sind die hohen Entwicklungs- und Wartungskosten sowie die mangelnde Portierbarkeit von Individualsoftware über die Unternehmensgrenzen hinaus.

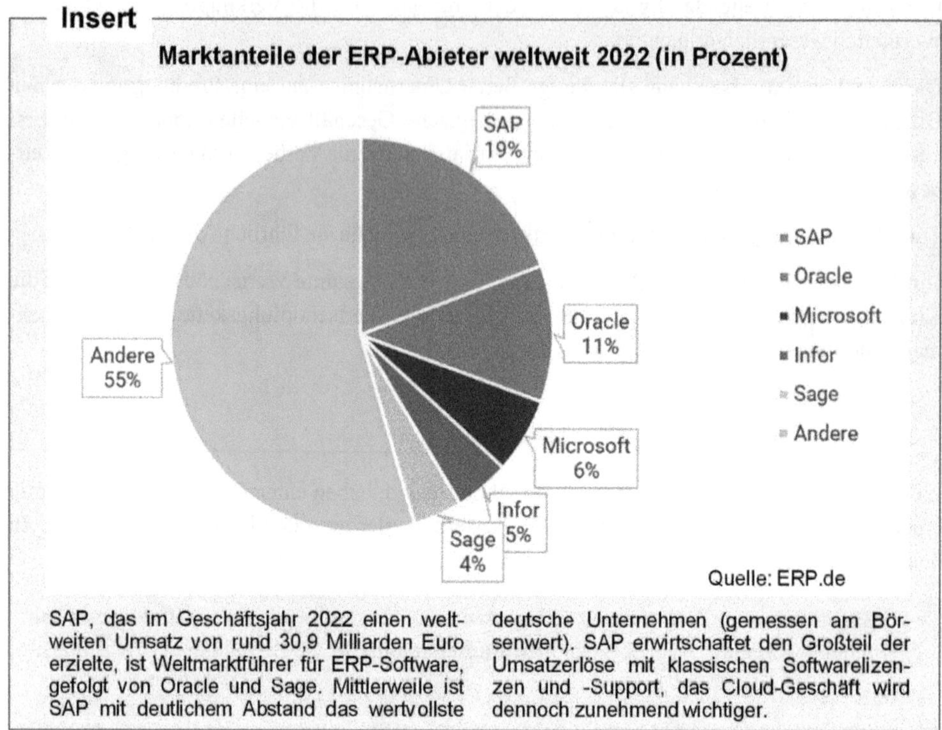

SAP, das im Geschäftsjahr 2022 einen weltweiten Umsatz von rund 30,9 Milliarden Euro erzielte, ist Weltmarktführer für ERP-Software, gefolgt von Oracle und Sage. Mittlerweile ist SAP mit deutlichem Abstand das wertvollste deutsche Unternehmen (gemessen am Börsenwert). SAP erwirtschaftet den Großteil der Umsatzerlöse mit klassischen Softwarelizenzen und -Support, das Cloud-Geschäft wird dennoch zunehmend wichtiger.

Insert 1-15: Marktanteile im ERP-Markt 2022

ERP-Systeme wurden zunächst nahezu ausschließlich für Großunternehmen konzipiert, heute gewinnen sie auch in mittleren Betrieben zunehmend an Bedeutung. In Abbildung 1-08 ist der Zusammenhang zwischen internen und externen Informationssystemen skizziert.

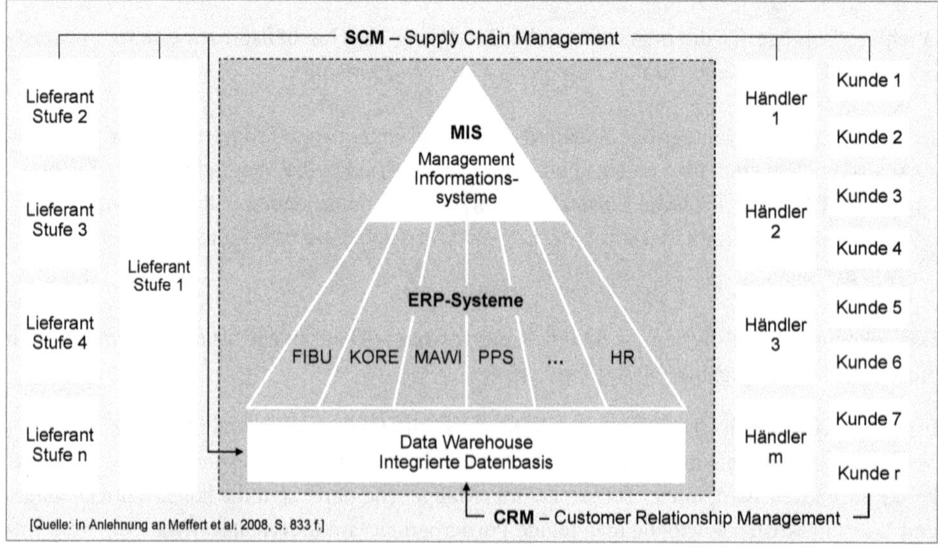

Abb. 1-08: Zusammenhang zwischen internen und externen Informationssystemen

1.4 Nachhaltigkeit und Digitalisierung

1.4.1 Digitalisierung der Wertschöpfungskette

Der Aspekt der Verknüpfung verschiedener Wertketten durch eine Digitalisierung der Fertigungstechnologien stellt im Prinzip den Kern der Entwicklungen von **Industrie 4.0** dar.

Insert 1-16 soll ein wenig zur Aufhellung der komplizierten Begriffswelt rund um Industrie 4.0 beitragen. Siehe in diesem Zusammenhang auch die Ausführungen zu Industrie 4.0 in Abschnitt 2.1.2.4.

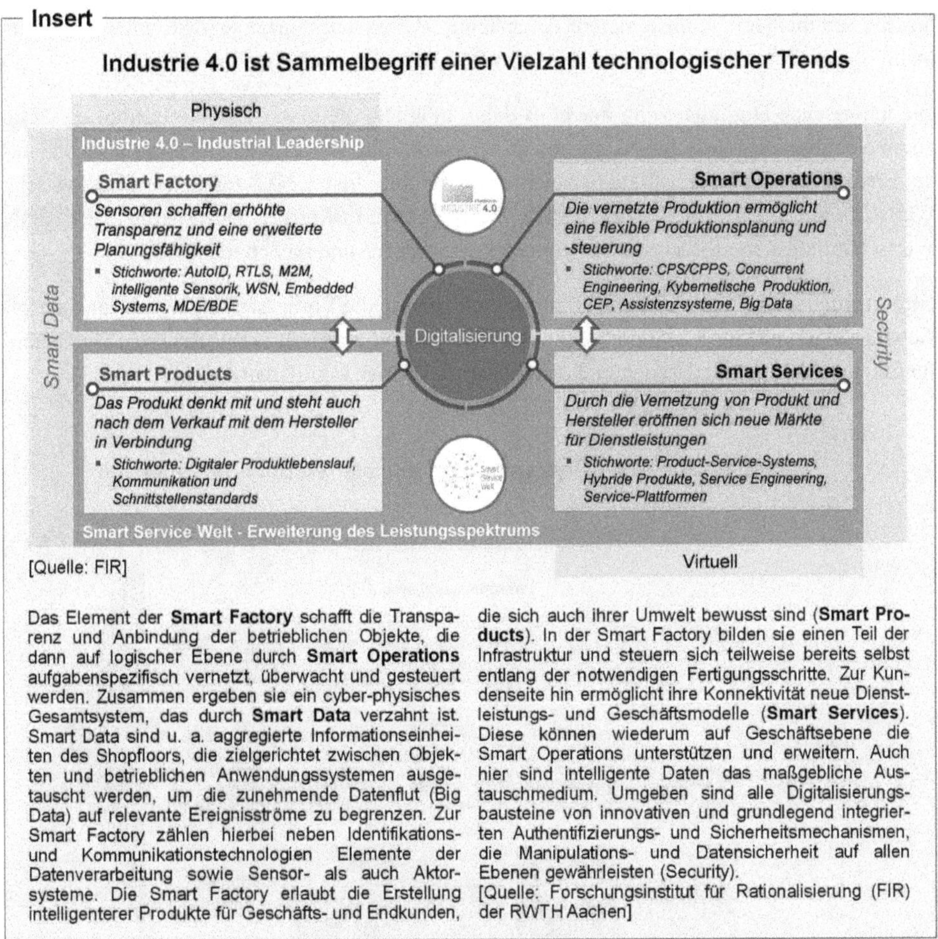

Das Element der **Smart Factory** schafft die Transparenz und Anbindung der betrieblichen Objekte, die dann auf logischer Ebene durch **Smart Operations** aufgabenspezifisch vernetzt, überwacht und gesteuert werden. Zusammen ergeben sie ein cyber-physisches Gesamtsystem, das durch **Smart Data** verzahnt ist. Smart Data sind u. a. aggregierte Informationseinheiten des Shopfloors, die zielgerichtet zwischen Objekten und betrieblichen Anwendungssystemen ausgetauscht werden, um die zunehmende Datenflut (Big Data) auf relevante Ereignisströme zu begrenzen. Zur Smart Factory zählen hierbei neben Identifikations- und Kommunikationstechnologien Elemente der Datenverarbeitung sowie Sensor- als auch Aktorsysteme. Die Smart Factory erlaubt die Erstellung intelligenterer Produkte für Geschäfts- und Endkunden, die sich auch ihrer Umwelt bewusst sind (**Smart Products**). In der Smart Factory bilden sie einen Teil der Infrastruktur und steuern sich teilweise bereits selbst entlang der notwendigen Fertigungsschritte. Zur Kundenseite hin ermöglicht ihre Konnektivität neue Dienstleistungs- und Geschäftsmodelle (**Smart Services**). Diese können wiederum auf Geschäftsebene die Smart Operations unterstützen und erweitern. Auch hier sind intelligente Daten das maßgebliche Austauschmedium. Umgeben sind alle Digitalisierungsbausteine von innovativen und grundlegend integrierten Authentifizierungs- und Sicherheitsmechanismen, die Manipulations- und Datensicherheit auf allen Ebenen gewährleisten (Security).
[Quelle: Forschungsinstitut für Rationalisierung (FIR) der RWTH Aachen]

Insert 1-16: Die Begriffswelt rund um Industrie 4.0

Grundlage von **Industrie 4.0** bildet die Organisation und Steuerung der gesamten Wertschöpfungskette über die Lebensdauer eines Produktes. Dieser Zyklus orientiert sich an den zunehmend individualisierten Kundenwünschen und erstreckt sich von der Idee über die Entwicklung, Fertigung, Auslieferung, Nutzung und Wartung bis hin zum **Recycling** einschließlich der damit verbundenen Dienstleistungen. Basis ist die Verfügbarkeit aller relevanten Informationen in Echtzeit durch Vernetzung aller an der Wertschöpfung beteiligten Instanzen sowie die Fähigkeit aus den Daten den zu jedem Zeitpunkt optimalen Wertschöpfungsfluss abzuleiten. Durch die Verbindung von Menschen, Objekten und Systemen entstehen dynamische, echtzeitoptimierte und selbst organisierende, unternehmensübergreifende Wertschöpfungsnetzwerke, die sich nach unterschiedlichen Kriterien wie bspw. Kosten, Verfügbarkeit und Ressourcenverbrauch optimieren lassen.

Der noch junge Begriff der Industrie 4.0 hat inzwischen eine ganze Begriffswelt um sich versammelt, die vom Internet der Dinge (IoT) über Big Data bis zu cyber-physischen Systemen reicht. Ohne weitere Strukturierung lässt sich somit alles und im Endeffekt doch nichts unter diesem Sammelbegriff subsumieren, da er keine Abgrenzung einzelner Aktivitäten mehr erlaubt.

Die umfassende Digitalisierung macht es daher möglich, die klassische Wertschöpfungskette durch eine digitale Wertschöpfungskette zu ergänzen. Dies ist vor allem auch im Hinblick auf die Erreichung von Nachhaltigkeitszielen unverzichtbar. Insert 1-17 zeigt, wie die physische Wertschöpfungskette durch eine **digitale Wertschöpfungskette** ergänzt wird. Die digitale Wertschöpfungskette fördert die IT-Vernetzung im Innen- und Außenverhältnis.

Gleichzeitig ist eine digitale Wertschöpfungskette häufig die Voraussetzung, um Potenziale zur Gewinnsteigerung, zur Kostenreduktion sowie zur **Nachhaltigkeit** im System von Wertschöpfungsketten überhaupt erkennen und handhaben zu können [vgl. Kreutzer 2023, S. 113].

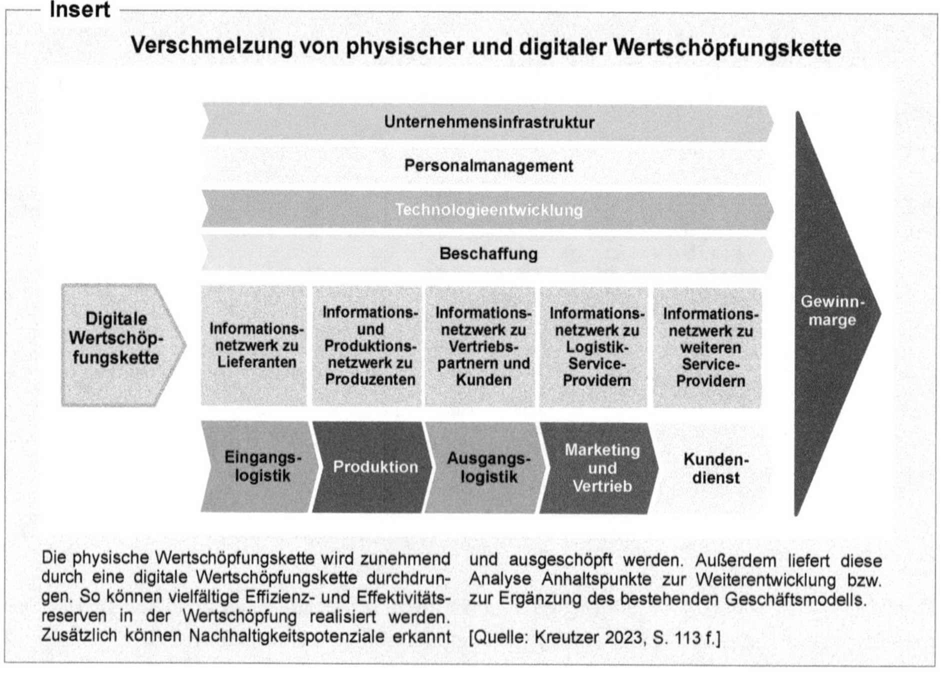

Die physische Wertschöpfungskette wird zunehmend durch eine digitale Wertschöpfungskette durchdrungen. So können vielfältige Effizienz- und Effektivitätsreserven in der Wertschöpfung realisiert werden. Zusätzlich können Nachhaltigkeitspotenziale erkannt und ausgeschöpft werden. Außerdem liefert diese Analyse Anhaltspunkte zur Weiterentwicklung bzw. zur Ergänzung des bestehenden Geschäftsmodells.

[Quelle: Kreutzer 2023, S. 113 f.]

Insert 1-17: Verschmelzung von physischer und digitaler Wertschöpfungskette

In der **realen Wirtschaft** basiert die Wertschöpfungskette (Wertkette) auf dem Ansatz von Porter [1986]. Danach werden die Prozesse eines Unternehmens in Kernprozesse (Primäraktivitäten) und in Sekundäraktivitäten (Unterstützungsprozesse) unterteilt. Die einzelnen Wertaktivitäten sind demnach die Prozessketten, aus denen das Unternehmen ein für seine Kunden „wertvolles Produkt“. Dabei sind die Kernprozesse die strategisch besonders relevanten Wertaktivitäten.

In der **digitalen Wirtschaft** kann ein Unternehmen nicht nur durch physische Aktivitäten Kundenwerte auf der realen Ebene erzeugen, sondern auch über eine Wertschöpfung auf der elektronischen Ebene. Die **Wertkette in der digitalen Wirtschaft** basiert nach Weiber/Kollmann [1997, 1998] auf der neuen Dimension von Informationen als eigenständige Quelle von Wettbewerbsvorteilen. Diese elektronischen Wertschöpfungsaktivitäten liegen in dem besonderen Umgang mit Informationen. Die entsprechenden Wertaktivitäten können beispielsweise in der Sammlung, Systematisierung, Auswahl, Zusammenfügung und Verteilung von Informationen liegen. Durch diese spezifischen Wertschöpfungsaktivitäten, die nur in der digitalen Wirtschaft zu finden sind, ergeben sich innovative Geschäftsideen, die in entsprechende Geschäftsmodelle umgesetzt werden können [vgl. Kollmann 2016, S. 9 ff.].

Kollmann [2016, S. 11] führt als Beispiel für die elektronische Wertkette *amazon.com* an. Hier ist es nicht das Objekt „Buch“, das den Mehrwert schafft, sondern die Art und Weise der elektronischen Auswahl und Bestellung im Internet. Es handelt sich um ein Informationsprodukt (Überblick, Auswahl, Vermittlung, Abwicklung), so dass *amazon.de* mit seinem E-Shop ein Unternehmen der digitalen Wirtschaft darstellt. Das bedeutet aber nicht, dass das Unternehmen keine realen Ressourcen wie Personal, Logistik etc. benötigt und damit auch keine reale Wertkette besitzt. Diese haben jedoch nur einen Unterstützungscharakter, um die elektronische Wertschöpfungskette anbieten zu können.

Anders sieht es jedoch beispielsweise bei Anbietern wie *seat.com* aus. Hier gelten die oben beschriebenen Zusammenhänge nicht, denn der Wert für den Kunden wird durch das reale Produkt „Auto“ geschaffen. Der E-Shop ist *nur* ein weiterer Distributionskanal, der das Bestellverfahren vereinfacht. Damit hat der E-Shop eine Unterstützungsfunktion im Rahmen der realen Wertkette. Ein eigenständiger Wert für den Kunden wird nicht geschaffen wird. Mit anderen Worten, das Auto wird nicht aufgrund des Internetauftritts gekauft. Somit ist seat.com auch kein Unternehmen der digitalen Wirtschaft [vgl. Kollmann 2016, S. 11].

Die Digitalisierung verändert uns. Sie wird die Entwicklung und den Fortbestand unserer Unternehmen maßgeblich bestimmen. Doch geht es nicht auch umgekehrt? Unsere Unternehmen sollten die digitale Transformation nutzen und möglichst nach ihrem Willen formen. Dazu ist das Wissen über entsprechende Werkzeuge erforderlich.

Und dazu sind Unternehmenslenker erforderlich, die diese Werkzeuge zwar nicht verstehen müssen, aber in ihrer Wirkung beurteilen können. Gesucht werden Manager, die den digitalen Wandel in diesem, in ihrem Sinne steuern und die Mitarbeiter mit auf den chancenreichen Weg der digitalen Transformation nehmen. Die Brisanz und Dringlichkeit dieses Appels wird deutlich, wenn man sich den vergleichsweise niedrigen Digitalisierungsgrad Deutschlands in Europa anschaut (siehe Insert 1-18).

Insert

Länder nach ihrem Ranking im Digital Quality of Life Index 2020 (1 = Maximalwert)*

Rang	Land	Wert
1	Dänemark	0,79
2	Schweden	0,79
3	Kanada	0,78
4	Frankreich	0,77
5	Norwegen	0,75
6	Niederlande	0,74
7	UK	0,74
...		
16	Deutschland	0,69

* berücksichtigt Faktoren wie Bezahlbarkeit und Qualität des Internets sowie elektronische Infrastruktur, Sicherheit und Verwaltung

Quelle: Surfshark

statista

Deutschland belegt nur Platz 16 im Digital Quality of Life Index 2020 und zeigt damit abermals, dass die Digitalisierung hierzulande noch in den Kinderschuhen steckt. In dem von Surfshark erstellten Ranking schneidet die Bundesrepublik vor allem in den Kategorien "Digitale Infrastruktur" (23), "Internet Bezahlbarkeit" (24) und "Internet Qualität" (32) bestenfalls mittelmäßig ab. Im Vergleich zu anderen europäischen Nationen besteht in Deutschland dahingehend deutlicher Nachholbedarf, wie die Statista-Grafik zeigt. Sogar einige osteuropäische Länder wie Polen, Rumänien und Tschechien fahren in puncto Verbindungsqualität und Geschwindigkeit des Internets stärkere Ergebnisse ein, trotz der unterlegenen Wirtschaftsleistung. Positiv sticht die digitale Verwaltung in Deutschland heraus, viele Online-Services der Behörden funktionieren einfach, barrierefrei und transparent – hier belegt die Bundesrepublik den siebten Rang. Der Surfshark Digital Quality of Life Index misst die Qualität des digitalen Lebens in 85 verschiedenen Ländern weltweit und berücksichtigt dabei Faktoren wie Internet-Qualität und –Bezahlbarkeit sowie digitale Infrastruktur, Sicherheit und Verwaltung. Dabei werden die Faktoren in Relation zu wirtschaftlichen Indikatoren wie BIP, Durchschnittsgehalt und Preise für mobiles und Breitbandinternet gesetzt. Der errechnete Wert liegt zwischen 0 und 1 – dass kein Land einen Wert über 0,8 aufweisen kann, verdeutlicht, dass es auch in den weitentwickelten Staaten noch Luft nach oben gibt. [Quelle: Statista 2020]

Insert 1-18: Digitalisierungsgrad deutscher Unternehmen nach Unternehmensgröße 2018

1.4.2 Digitalisierung und digitale Transformation

Die Digitalisierung ist eine der größten Herausforderungen für unsere Unternehmen. Das ist die einhellige Meinung aller derjenigen, die in der Wirtschaft Verantwortung tragen.

Doch was genau ist eigentlich **Digitalisierung**? Was bezeichnen wir mit **digitaler Transformation**? Dazu drei Erklärungsansätze:

Erstens: Bei der Digitalisierung im engeren Sinne werden analoge in digitale Objekte, also in eine **Folge von Nullen und Einsen** umgewandelt. Diese Definition ist natürlich zu kurz gegriffen und meint eigentlich nichts anderes als IT (Informationstechnik).

Zweitens: "Digitalization is the use of digital technologies **to change a business model** and provide new revenue and value-producing opportunities; **it is the process of moving to a digital business**" [Quelle: Gartner Group]. Hier ist also die Veränderung des Geschäftsmodells der wesentliche Bestandteil der Definition.

Drittens: Einen Schritt weiter geht der Begriff „digitale Transformation", der stärker den durch digitale Technologien hervorgerufenen Wandel betont. Die digitale Transformation ist durch **fünf Handlungsfelder** gekennzeichnet [vgl. Kofler 2018]:

- Veränderung der Geschäftsmodelle
- Gestaltung des Kundenerlebnisses
- Weiterentwicklung interner Strukturen und Abläufe
- (Weiter-)Entwicklung digitaler Produkte
- Dienstleistungen sowie Etablierung einer Kultur und Infrastruktur, die Veränderungen, Kreativität, Innovation und Nachhaltigkeit ermöglichen.

Kollmann [2020, S. 4] spricht in diesem Zusammenhang vom **3-P-Modell für die digitale Strategie** mit Prozessen, Produkten und Plattformen:

- **Digitale Prozesse.** Automatisierung vorhandener Geschäftsprozesse zur Effizienz- und Effektivitätssteigerung der derzeitigen Informations-, Kommunikations- und Transaktionsprozesse. Beispiele: Tracking, interaktives Bestellwesen, Digital Customer Journey, Dynamic Pricing, Yield Management.
- **Digitale Produkte.** Digitalisierung und Ergänzung von vorhandenen Produkten und Services mit einer elektronischen Wertschöpfung. Beispiele: Embedded Software, Sensoren, Internet der Dinge, künstliche Intelligenz, Fernwartung.
- **Digitale Plattformen:** Aufbau von zugehörigen oder neuen digitalen Markt- und Kundenplattformen für die Abdeckung vor- oder nachgelagerter Handelsprozesse. Digitale Plattformen haben sich als überlegenes Geschäftsmodell im Netz erwiesen.

Der dritte, weiter gefasste Erklärungsansatz ist die Grundlage der Ausführungen zur Digitalisierung in diesem Lehrbuch.

1.4.3 Digitalisierung und Klimaschutz

Die Bundesregierung hat für Deutschland das Ziel gesetzt, ab dem Jahr 2045 nicht mehr Treibhausgase auszustoßen, als an anderer Stelle gebunden werden. Der weit überwiegende Großteil der Unternehmen unterstützt dieses Ziel, lediglich acht Prozent der Unternehmen in Deutschland können oder wollen Klimaneutralität bis 2045 nicht realisieren. Jedes hundertste Unternehmen sieht sich heute bereits als klimaneutral. Die **Digitalisierung** wird dabei eine große

Rolle spielen: Jedes Unternehmen, das eine konkrete Nachhaltigkeitsstrategie verfolgt (52 Prozent) oder plant (37 Prozent), integriert darin digitale Technologien (siehe Insert 1-19).

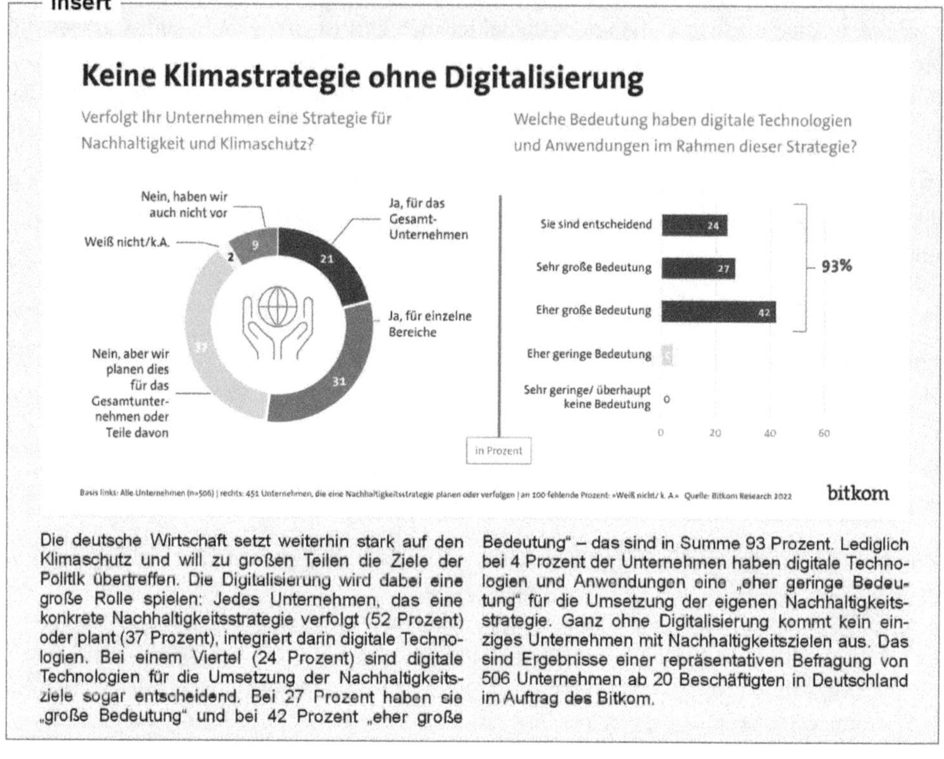

Die deutsche Wirtschaft setzt weiterhin stark auf den Klimaschutz und will zu großen Teilen die Ziele der Politik übertreffen. Die Digitalisierung wird dabei eine große Rolle spielen: Jedes Unternehmen, das eine konkrete Nachhaltigkeitsstrategie verfolgt (52 Prozent) oder plant (37 Prozent), integriert darin digitale Technologien. Bei einem Viertel (24 Prozent) sind digitale Technologien für die Umsetzung der Nachhaltigkeitsziele sogar entscheidend. Bei 27 Prozent haben sie „große Bedeutung" und bei 42 Prozent „eher große Bedeutung" – das sind in Summe 93 Prozent. Lediglich bei 4 Prozent der Unternehmen haben digitale Technologien und Anwendungen eine „eher geringe Bedeutung" für die Umsetzung der eigenen Nachhaltigkeitsstrategie. Ganz ohne Digitalisierung kommt kein einziges Unternehmen mit Nachhaltigkeitszielen aus. Das sind Ergebnisse einer repräsentativen Befragung von 506 Unternehmen ab 20 Beschäftigten in Deutschland im Auftrag des Bitkom.

Insert 1-19: Keine Klimastrategie ohne Digitalisierung

Die Klimaeffekte von Digitalisierungsmaßnahmen sind für die überwiegende Mehrheit der Unternehmen bereits sichtbar: Bei 77 Prozent ist der CO_2-Ausstoß durch den Einsatz von Technologien und Anwendungen insgesamt gesunken. Gefragt danach, welche Technologien im eigenen Unternehmen einen Beitrag zu mehr Nachhaltigkeit und Klimaschutz leisten könnten, ganz unabhängig davon, ob sie bereits eingesetzt werden, nennt die Mehrheit (71 Prozent) Cloud Computing: Der Betrieb von Servern, Speichern und Anwendungen in einem großen Rechenzentrum ist in der Regel effizienter als der Betrieb dieser Infrastruktur vor Ort in jedem einzelnen Unternehmen (siehe Insert 1-20).

Grundsätzlich sehen drei Viertel der Unternehmen der deutschen Wirtschaft in der Digitalisierung vor allem eine Chance für Nachhaltigkeit und Klimaschutz. Dabei lohnt sich der Einsatz digitaler Technologien nicht nur durch Effizienzgewinne: 89 Prozent der befragten Unternehmen meinen, dass Firmen, die in digitale Technologien investieren, langfristig einen Wettbewerbsvorteil haben. 91 Prozent fordern, die Ausbildung von IT-Fachkräften um Klima- und Nachhaltigkeitsaspekte zu ergänzen. 82 Prozent wünschen sich insgesamt mehr Beratungsangebote, wie digitale Technologien für mehr Nachhaltigkeit genutzt werden können [vgl. Bitkom 2022a].

Insert

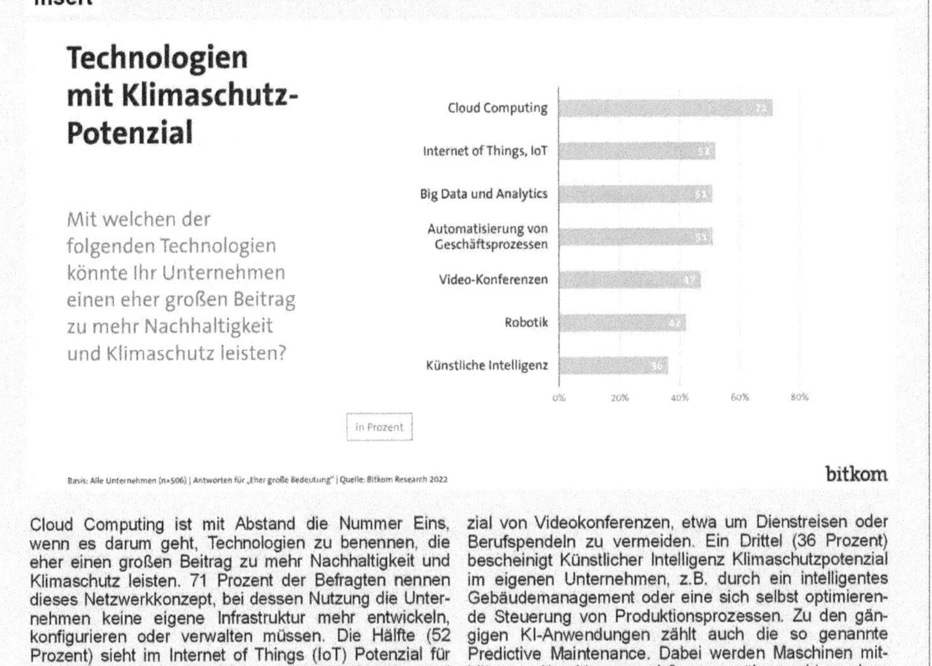

Cloud Computing ist mit Abstand die Nummer Eins, wenn es darum geht, Technologien zu benennen, die eher einen großen Beitrag zu mehr Nachhaltigkeit und Klimaschutz leisten. 71 Prozent der Befragten nennen dieses Netzwerkkonzept, bei dessen Nutzung die Unternehmen keine eigene Infrastruktur mehr entwickeln, konfigurieren oder verwalten müssen. Die Hälfte (52 Prozent) sieht im Internet of Things (IoT) Potenzial für mehr Klimaschutz: Die Vernetzung von Geräten und Maschinen über das Internet hilft, die Energieeffizienz zu steigern. Ebenso viele heben Big Data und Analytics sowie die Automatisierung von Geschäftsprozessen hervor (je 51 Prozent). 47 Prozent betonen das Potenzial von Videokonferenzen, etwa um Dienstreisen oder Berufspendeln zu vermeiden. Ein Drittel (36 Prozent) bescheinigt Künstlicher Intelligenz Klimaschutzpotenzial im eigenen Unternehmen, z.B. durch ein intelligentes Gebäudemanagement oder eine sich selbst optimierende Steuerung von Produktionsprozessen. Zu den gängigen KI-Anwendungen zählt auch die so genannte Predictive Maintenance. Dabei werden Maschinen mithilfe von Algorithmen und Sensoren überwacht, so dass die KI schon vor einem drohenden Ausfall auf eine notwendige Wartung oder den Austausch von Teilen hinweist – damit werden der effiziente Betrieb und die Langlebigkeit der Maschine erhöht.

Insert 1-20: Technologien mit Klimaschutzpotenzial

Die Digitalisierung hilft also, schädliche Emissionen in anderen Bereichen zu vermeiden. Man spricht in diesem Zusammenhang auch vom **CO_2-Handabdruck** (engl. *carbon handprint*). Andererseits trägt die Informationstechnologie (IT) maßgeblich zu den weltweiten CO_2-Emissionen (**CO_2-Fußabdruck**) bei. Fortschreitende Digitalisierung und weltweites Bevölkerungswachstum führen weiterhin zu einem starken Anstieg der Nutzung von IKT-Produkten und -Dienstleistungen. Der Energiebedarf des eigenen IT-Betriebs stellt einen wesentlichen Emissionsfaktor dar. Rechenzentren sind hierbei für etwa ein Drittel der gesamten Emissionen der Informations- und Kommunikationstechnologie (IKT) verantwortlich. Angesichts der Notwendigkeit, die weltweiten Treibhausgasemissionen massiv zu senken, trägt der IKT-Sektor eine doppelte Verantwortung: Mit Hilfe der Digitalisierung Emissionen in anderen Bereichen zu vermeiden (Handabdruck) und dabei gleichzeitig den eigenen CO_2-Emissionen (Fußabdruck) zu reduzieren [vgl. Bitkom 2022b].

Und wenn es noch eines weiteren Beweises dafür bedarf, welchen Einfluss die Digitalisierung auf das nachhaltige Wirtschaften der deutschen Unternehmen hat, dann ist es die Tatsache, dass 2022 über die Hälfte der befragten Green Start-ups ein rein digitales Geschäftsmodell verfolgten. Lediglich ganze 11 Prozent der Green Start-ups bevorzugen dagegen noch ein rein analoges Geschäftsmodell (siehe Insert 1-21).

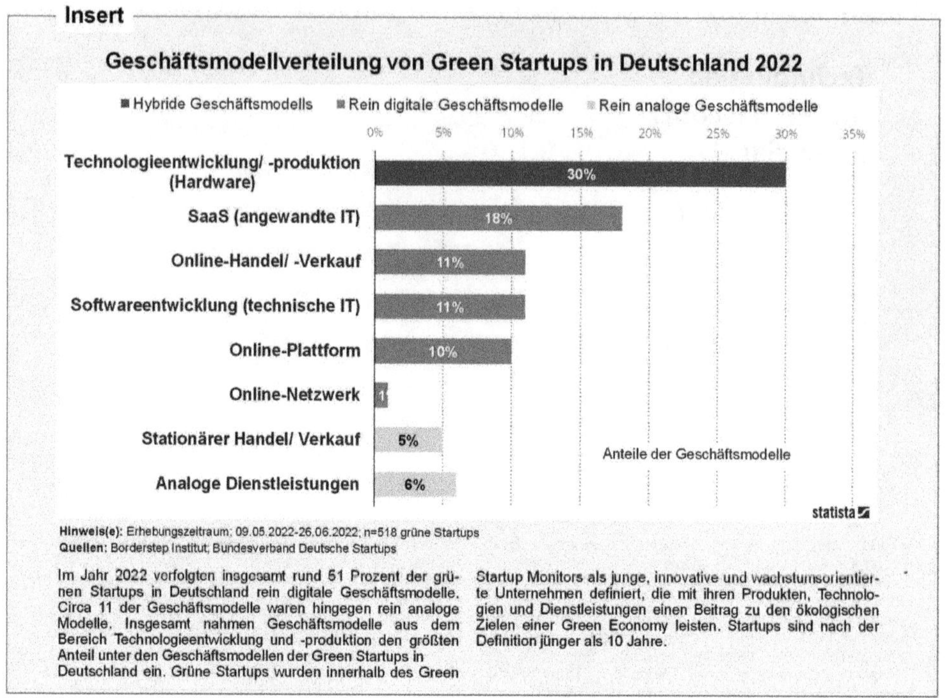

Insert 1-21: Geschäftsmodellverteilung von Green Start-ups in Deutschland 2022

1.4.4 Digitalisierung und Generationenwechsel

Ohne Frage stellt die digitale Transformation für alle Organisationen, die sie zu bewältigen haben, auch eine große **personelle Herausforderung** dar. In vielen Büros treffen häufig mehr als zwei Generationen aufeinander, die sich zwar grundsätzlich positiv gegenüberstehen, sich jedoch in ihren Wertvorstellungen und Arbeitsverhalten deutlich voneinander unterscheiden. Eine junge, medienaffine Generation, die soziale Vernetzung praktiziert und vehement Wissens-Transparenz fordert, prallt auf ältere Generationen, die im Modus der Wettbewerbsorientierung ausgebildet und unter starkem Wettbewerbsdruck sozialisiert wurden [vgl. Gebhardt et al. 2015; Werle 2015].

Um welche Generationen handelt es sich dabei? Was unterscheidet sie voneinander? Gibt es Wertekonflikte zwischen den Generationen?

Zur besseren Illustration und thematischen Einführung sind in der Abbildung 1-09 die unterschiedlichen positiven und negativen wertebezogenen Ausprägungen verschiedener Generationen hinsichtlich ihres Verhaltens am Arbeitsplatz aufgeführt. Die hier dargestellte Generationeneinteilung stammt zwar aus den USA, sie lässt sich aber durchaus auf den europäischen Kulturkreis übertragen [vgl. Bartscher et al. 2012, S. 31 f.].

Während die **Traditionalisten** längst aus dem Arbeitsleben ausgeschieden sind, gibt es heute im Schwerpunkt zwei Gruppen, die im Rahmen der digitalen Transformation aufeinandertreffen.

		„Digital Immigrants"		„Digital Natives"	
	Traditionalisten Geburtsjahrgänge bis 1945	**Baby Boomer** Geburtsjahrgänge von 1945 bis 1965	**Generation X** Geburtsjahrgänge von 1965 bis 1980	**Generation Y / Millennials** Geburtsjahrgänge von 1980 bis 1995	**Generation Z** Geburtsjahrgänge ab 1995
Verhalten am Arbeitsplatz	+ verlässlich + gründlich + loyal + fleißig + beständig + hierarchietreu - konfliktscheu - systemkonform - wenig veränderungs-bereit	+ kundenorientiert + leistungsbereit + ehrgeizig + motiviert + beziehungsfähig + kooperativ - egozentrisch - eher prozess- als ergebnisorientiert - kritikempfindlich - vorurteilsbeladen	+ flexibel + technik-affin + unabhängig + selbstbewusst + kreativ - ungeduldig - wenig sozial - zynisch - wenig durch-setzungsfähig	+ teamorientiert + optimistisch + hartnäckig + kühn + multitaskingfähig + technologisch fit - unerfahren - anleitungs-bedürftig - strukturbedürftig - antriebsschwach - illoyal	+ Hohe Akzeptanz/ Toleranz von Diversitäten + selbstüberzeugt + technologisch fit + selbstorganisa-tionsfähig - Verantwortung wird abgegeben (z.B. an die Helicopter-Eltern) - geringere Sorgfalt - rudimentäres Google-Gedächtnis
Einstellung zur Arbeit	Pflicht und Wert	Herausforderung und Selbstfindung	Job und Spaß	Sinn und Team	Arbeit ist Spaß, Arbeit ist unsicher und Arbeit ist unklar
Einstellung zur Autorität	Gehorsam	Hassliebe	Unbeeindrucktheit	Höflichkeit	Indifferent
Lebens-philosophie		„Leben, um zu arbeiten"	„Arbeiten um zu leben"	„Erst leben, dann arbeiten"	„Leben und arbei-ten als fließender Prozess"

[Quelle: in Anlehnung an Oertel 2007, S. 28 f. und Ciesielski/Schutz 2016, S. 41 ff.]

Abb. 1-09: Arbeitsverhalten verschiedener Generationen

Das sind auf der einen Seite die **Baby Boomer** und die **Generation X**. Beide Generationen sind vor 1980 geboren und haben meist eine Organisation aufgebaut und den Erfolg der Vergangenheit erarbeitet. Dabei haben sie häufig ihr Lebenskonzept den organisationalen Anforderungen untergeordnet und zumeist verantwortungsvolle Positionen in den Unternehmen eingenommen. Als Belohnungskonzept dienen beiden Generationen Machtbefugnisse, Privilegien sowie materielle Anreize. Entscheidungen, die von hierarchisch übergeordneten Ebenen getroffen werden, stellen diese Generationen nicht infrage. Der Einfachheit halber werden Baby Boomer und die Generation X zusammen auch als **Digital Immigrants** bezeichnet, denn sie begegneten den Digitaltechnologien erst im Erwachsenenalter.

Auf der anderen Seite sind es Angehörige der **Generationen Y oder Z** (auch Gen Y und Gen Z genannt). Sie sind nach 1980 geboren, sehr technikaffin und mit Internet und mobiler Kommunikation aufgewachsen. Beide Generationen werden daher auch als **Digital Natives** bezeichnet. Diese Gruppe fühlt sich vergleichsweise freier und unabhängiger. Sie verehrt und bewundert machtbeflissene Vorgesetzte in geringerem Ausmaß und strebt vor allem nach Selbstwirksamkeit und Partizipation auf Augenhöhe. Ein Arbeitsethos, der auf Fleiß, Disziplin und Gehorsam basiert, wird tendenziell abgelehnt. Ziele und Aufgaben werden mehr nach

Sinnhaftigkeit und persönlichem Lerninteresse beurteilt. Für Digital Natives ist es motivierend, berufliches Schaffen mit individuellem Lebenssinn zu verknüpfen [vgl. Keese 2014].

Sie denken anders als vorhergehende Generationen, agieren anders, nicht nur im Umgang mit digitalen Medien. Viele Angehörige dieser neuen Generation verfolgen auch andere persönliche Ziele in ihrer Lebensplanung. Deren Motivation lässt sich entsprechend tendenziell immer weniger mit herkömmlichen materiellen und immateriellen Anreizen wecken.

In Bezug auf Nachhaltigkeit bleibt die Frage zu klären, ob es signifikante Unterschiede bei den Generationen in ihrer Einstellung und in ihrem Verhalten zum Nachhaltigkeitsthema gibt.

Seit den Schulstreiks von **Fridays For Future** und nicht zuletzt durch die **Klimakleber** ist die Klimabewegung verstärkt in den Fokus der gesellschaftlichen Debatte gerückt. Bemerkenswert hierbei ist, dass viele dieser Bewegungen von Personen bzw. Aktivisten aus der **Generation Z** durchgeführt werden. Überhaupt engagiert sich diese Generation vermehrt an Nachhaltigkeits- und Klimadebatten. Bei der Frage nach der Bereitschaft ihr Verhalten anzupassen, um die Nachhaltigkeit zu fördern, liegt die Generation Z allerdings etwas überraschend an letzter Stelle eines Generationenvergleichs (siehe Insert 1-22).

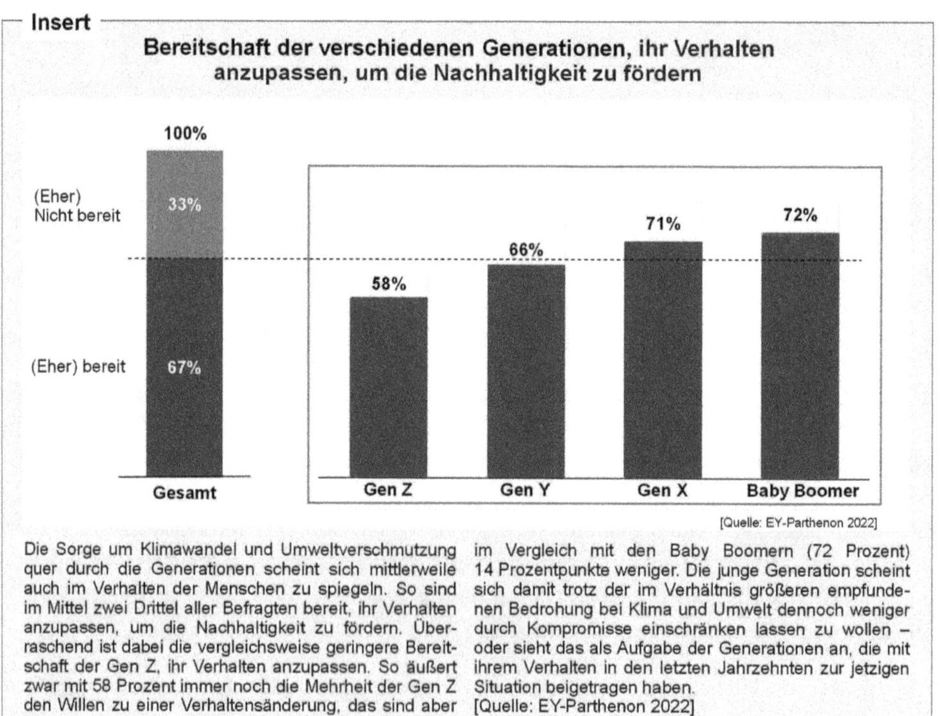

Die Sorge um Klimawandel und Umweltverschmutzung quer durch die Generationen scheint sich mittlerweile auch im Verhalten der Menschen zu spiegeln. So sind im Mittel zwei Drittel aller Befragten bereit, ihr Verhalten anzupassen, um die Nachhaltigkeit zu fördern. Überraschend ist dabei die vergleichsweise geringere Bereitschaft der Gen Z, ihr Verhalten anzupassen. So äußert zwar mit 58 Prozent immer noch die Mehrheit der Gen Z den Willen zu einer Verhaltensänderung, das sind aber im Vergleich mit den Baby Boomern (72 Prozent) 14 Prozentpunkte weniger. Die junge Generation scheint sich damit trotz der im Verhältnis größeren empfundenen Bedrohung bei Klima und Umwelt dennoch weniger durch Kompromisse einschränken lassen zu wollen – oder sieht das als Aufgabe der Generationen an, die mit ihrem Verhalten in den letzten Jahrzehnten zur jetzigen Situation beigetragen haben.
[Quelle: EY-Parthenon 2022]

Insert 1-22: Anpassungsbereitschaft der verschiedenen Generationen

1.5 Nachhaltigkeit und Künstliche Intelligenz

Die Schlagworte Klimaschutz, Nachhaltigkeit und Digitalisierung sind allgegenwärtig. Sie sind zentrale Aufgaben und Herausforderungen unserer Zeit. Die digitale Transformation schafft für alle Branchen und Organisationen neue Möglichkeiten zur Effizienzsteigerung und auch zum Klimaschutz.

Einen ganz besonderen Stellenwert unter den verschiedenen digitalen Tools nimmt die **Künstliche Intelligenz (KI)** ein. KI spielt bei diesem Transformationsprozess eine Schlüsselrolle. Ihr Einsatz verspricht zudem einen nicht unbeträchtlichen Beitrag zur Vermeidung von Abfällen und zur Verringerung von Treibhausgasen.

Richtig eingesetzt, kann KI also einen ökologischen Mehrwert bieten. Die Studie „Nachhaltigkeit durch KI" des KI-Fortschrittszentrums der Fraunhofer Institute IPA und IAO vermittelt einen umfassenden Überblick über die vielfältigen Anwendungsfelder, in denen KI einen konkreten Beitrag zur Erreichung von Nachhaltigkeitszielen leisten kann [vgl. Koch et al. 2022].

ChatGPT, der Chatbot, der KI einsetzt, um mit Nutzern über textbasierte Nachrichten und Bilder zu kommunizieren, hat einer regelrechten KI-Boom in Deutschland ausgelöst: Der Anteil der Unternehmen, der inzwischen KI oder Machine Learning einsetzt, hat sich im Vergleich zum Vorjahr von 13,8 auf 26,8 Prozent verdoppelt. Ein weiteres Drittel plant den Einsatz von KI für die Zukunft. Das ist ein Anstieg um signifikante 24 Prozentpunkte [vgl. Schmidt 2024].

Mehr zum Einsatz der Künstlichen Intelligenz in Deutschland zeigt die Digitalisierungsumfrage der DIHK Ende 2023 unter 4.114 Unternehmen. (siehe Insert 1-23).

1.5.1 Grundlagen der Künstlichen Intelligenz

Für den Begriff „Künstliche Intelligenz (KI)" bzw. „Artificial Intelligence (AI)" gibt es bis heute gibt es keine einheitliche Definition. Dies mag daran liegen, dass KI ein multidisziplinäres Forschungsfeld beschreibt, das eine Vielzahl von Methoden, Verfahren und Tools (kurz: Technologien) zusammenfasst. Was sie vereint, ist die Ambition, Systeme zu entwickeln, die menschliche Kognition nachempfinden und sogar übertreffen [vgl. Friedrich et al. 2021, S. 27].

Eine praktikable Begriffsbestimmung legen Kreutzer/Sirrenberg [2019, S. 3] vor:

> **Künstliche Intelligenz** bezeichnet die Fähigkeit einer Maschine, kognitive Aufgaben auszuführen, die wir mit dem menschlichen Verstand verbinden. Dazu gehören Möglichkeiten zur Wahrnehmung sowie die Fähigkeiten zur Argumentation, zum selbstständigen Lernen und damit zum eigenständigen Finden von Problemlösungen.

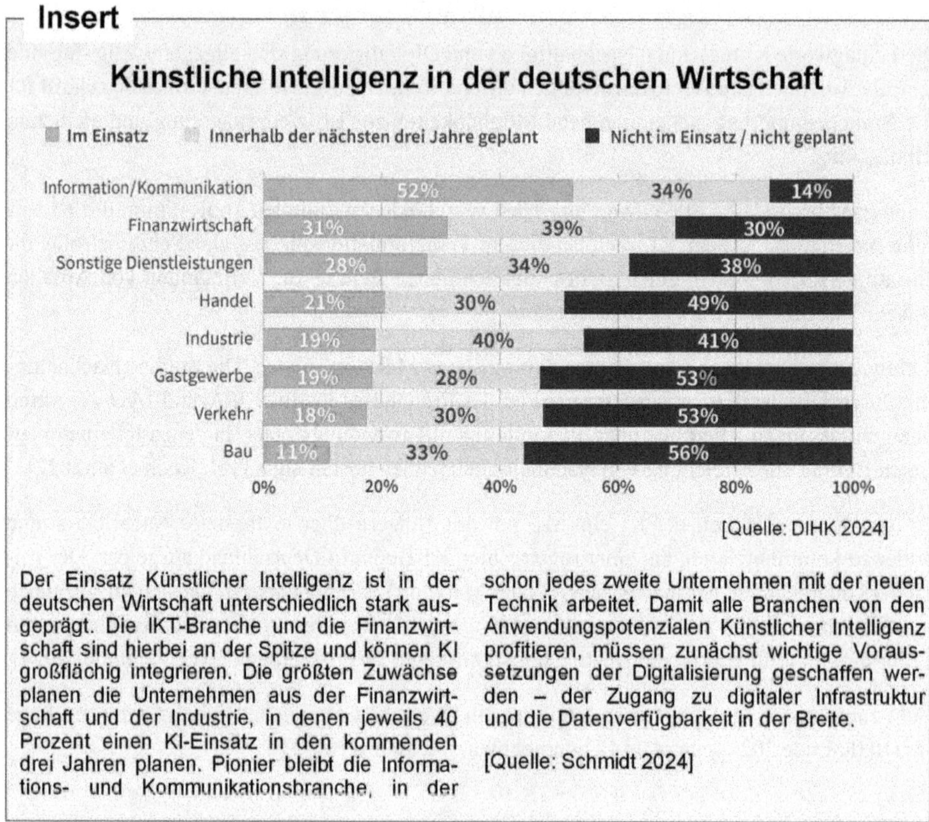

Der Einsatz Künstlicher Intelligenz ist in der deutschen Wirtschaft unterschiedlich stark ausgeprägt. Die IKT-Branche und die Finanzwirtschaft sind hierbei an der Spitze und können KI großflächig integrieren. Die größten Zuwächse planen die Unternehmen aus der Finanzwirtschaft und der Industrie, in denen jeweils 40 Prozent einen KI-Einsatz in den kommenden drei Jahren planen. Pionier bleibt die Informations- und Kommunikationsbranche, in der schon jedes zweite Unternehmen mit der neuen Technik arbeitet. Damit alle Branchen von den Anwendungspotenzialen Künstlicher Intelligenz profitieren, müssen zunächst wichtige Voraussetzungen der Digitalisierung geschaffen werden – der Zugang zu digitaler Infrastruktur und die Datenverfügbarkeit in der Breite.

[Quelle: Schmidt 2024]

Insert 1-23: Künstliche Intelligenz in der deutschen Wirtschaft

KI-Funktionalitäten können in vier Bereiche unterteilt werden [vgl. Koch et al. 2022, S. 12 unter Bezugnahme auf Schmid et al. 2021]:

- Erkennen bzw. Wahrnehmen,
- Verarbeiten und Verstehen,
- Handeln bzw. Reagieren sowie
- Kommunizieren.

KI-Einsatzfelder lassen sich grob klassifizieren in [vgl. Kreutzer/Sirrenberg 2019, S. 26 f.]:

- Sprachverarbeitung,
- Bildverarbeitung,
- Expertensysteme und
- Robotik.

Aus Insert 1-24 wird deutlich, dass es sich bei Künstlicher Intelligenz um eine Querschnittstechnologie handelt – so wie Computer, Automobile, Telefonie und Internet. Daher werden KI-Anwendungen alle Branchen, alle Funktionen und alle Stufen der Wertschöpfung durchdrungen – früher oder später, mehr oder weniger umfassend [vgl. Kreutzer/Sirrenberg 2019, S. 27].

Weitere Begriffe für wesentliche Bestandteile der Künstlichen Intelligenz sind:

- **Maschinelles Lernen** (engl. *Machine Learning*) als Sammelbegriff für selbstlernende Algorithmen
- **Tiefes Lernen** (engl. *Deep Learning*) als Teilsystem zur Unterstützung des Maschinellen Lernens (u.a. mit der Verwendung von **Neuronalen Netzen**).

Die Abgrenzungen zwischen den in der Abbildung gezeigten Anwendungsbereichen der Künstlichen Intelligenz verschwinden immer mehr. Dies wird am Beispiel eines autonom fahrenden Fahrzeugs deutlich:

- Gibt der Fahrer sein Reiseziel per Sprachbefehl ein und bestätigt das Auto das Fahrtziel über eine natürliche gesprochene Sprache wie: „Das Ziel Königswinter wurde erfasst", so erfolgt bei Ein- und Ausgabe eine Sprachverarbeitung.
- Ein autonom oder teilautonom fahrender Pkw muss kontinuierlich eine Vielzahl von Bildinformationen aus verschiedenen Kameras verarbeiten. Nur so werden rote Ampeln, Stopp-Schilder und Geschwindigkeitsbeschränkungen sowie Fußgänger, Fahrradfahrer und weitere Verkehrsteilnehmer erkannt. Grundlage hier-für ist eine Bildverarbeitung.
- Während der Reise kann sich der Fahrgast über die günstigsten Tankstellen, touristische Attraktionen und interessante Restaurants und Hotels informieren lassen. Es kommen Expertensysteme zum Einsatz.
- Schließlich stellt das gesamte Fahrzeug mit den integrierten Technologien (u. a. Sprach- und Bilderkennung) einen besonders leistungsstarken Roboter dar. Er hat die Aufgabe, die Fahrgäste und/oder Dinge sicher und ökonomisch von A nach B zu transportieren. Viele KI-Anwendungen stellen folglich schon heute Mischformen der vorgestellten Einsatzfelder der Künstlichen Intelligenz dar.

[Quelle: Kreutzer/Sirrenberg 2019, S. 26 f.]

Insert 1-24: Einsatzfelder der Künstlichen Intelligenz

1.5.2 KI-Anwendungsfälle im Nachhaltigkeitsbereich

Fragt man die Unternehmen nach ihrer Motivation für den Einsatz bereits implementierter und geplanter KI, so ergibt sich ein differenziertes Bild:

Insert 1-25 führt Gründe auf, weshalb sich Unternehmen für den Einsatz von KI entschieden haben und warum dieser in Zukunft geplant ist. Kosteneinsparungen, Qualitätsverbesserungen, Zeitersparnisse und Wettbewerbsvorteile sind die dominierenden Entscheidungskriterien für Unternehmen. 25,7 Prozent der Unternehmen geben an, KI bereits für Kosteneinsparungen eingesetzt zu haben und 23 Prozent äußern, dies noch in Planung zu haben. Kosteneinsparungen stellen somit einen entscheidenden Faktor dar, dicht gefolgt von den Zielen der Verbesserung der Qualitätseigenschaften des Produktes und der generellen Zeiteinsparung in der Produktion. Bezüglich der Motivation zur betrieblichen Ressourceneinsparung von Material, Energie, Wasser und Treibhausgasen ist bemerkenswert, dass bei jeder Ressource der Prozentwert der Unternehmen, die noch in der KI-Planungsphase sind, deutlich über dem entsprechenden Wert der Unternehmen mit KI-Anwendungserfahrung liegt. Das lässt auf die zunehmende Bedeutung von KI-Anwendungsszenarien in Bezug auf Ressourcen und den Wandel zu einem erhöhten Bedarf an Ressourceneffizienz schließen [vgl. Friedrich et al. 2021, S. 48 ff.].

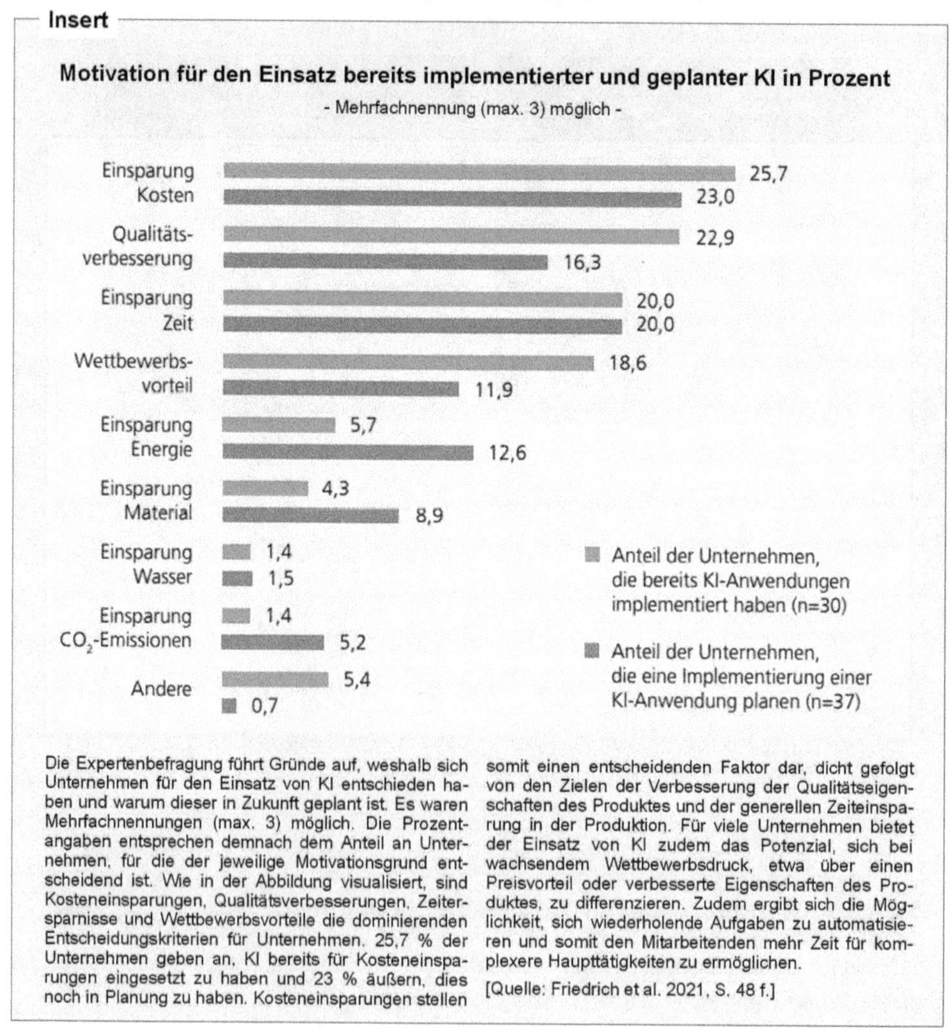

Die Expertenbefragung führt Gründe auf, weshalb sich Unternehmen für den Einsatz von KI entschieden haben und warum dieser in Zukunft geplant ist. Es waren Mehrfachnennungen (max. 3) möglich. Die Prozentangaben entsprechen demnach dem Anteil an Unternehmen, für die der jeweilige Motivationsgrund entscheidend ist. Wie in der Abbildung visualisiert, sind Kosteneinsparungen, Qualitätsverbesserungen, Zeitersparnisse und Wettbewerbsvorteile die dominierenden Entscheidungskriterien für Unternehmen. 25,7 % der Unternehmen geben an, KI bereits für Kosteneinsparungen eingesetzt zu haben und 23 % äußern, dies noch in Planung zu haben. Kosteneinsparungen stellen somit einen entscheidenden Faktor dar, dicht gefolgt von den Zielen der Verbesserung der Qualitätseigenschaften des Produktes und der generellen Zeiteinsparung in der Produktion. Für viele Unternehmen bietet der Einsatz von KI zudem das Potenzial, sich bei wachsendem Wettbewerbsdruck, etwa über einen Preisvorteil oder verbesserte Eigenschaften des Produktes, zu differenzieren. Zudem ergibt sich die Möglichkeit, sich wiederholende Aufgaben zu automatisieren und somit den Mitarbeitenden mehr Zeit für komplexere Haupttätigkeiten zu ermöglichen.

[Quelle: Friedrich et al. 2021, S. 48 f.]

Insert 1-25: Motivation für den Einsatz von Künstlicher Intelligenz

Künstliche Intelligenz (KI) ist schon lange in unserer Industrie angekommen. Die Optimierung von Fertigungsprozessen durch den Einsatz von KI ist nahezu Standard in Unternehmen. Dies ist auch das Ergebnis einer **Literaturrecherche**, bei der 99 Veröffentlichungen mit einem

Bezug zu KI-Anwendungen für die Verbesserung der ökologischen in Unternehmen identifiziert wurden [vgl. Koch et al. 2022, S. 14].

Grundlage der Zuordnung ist die Prozessstruktur der Wertschöpfungsketten nach Porter. Danach fällt der Löwenanteil (60 Prozent) auf die Produktion (siehe Insert 1-26).

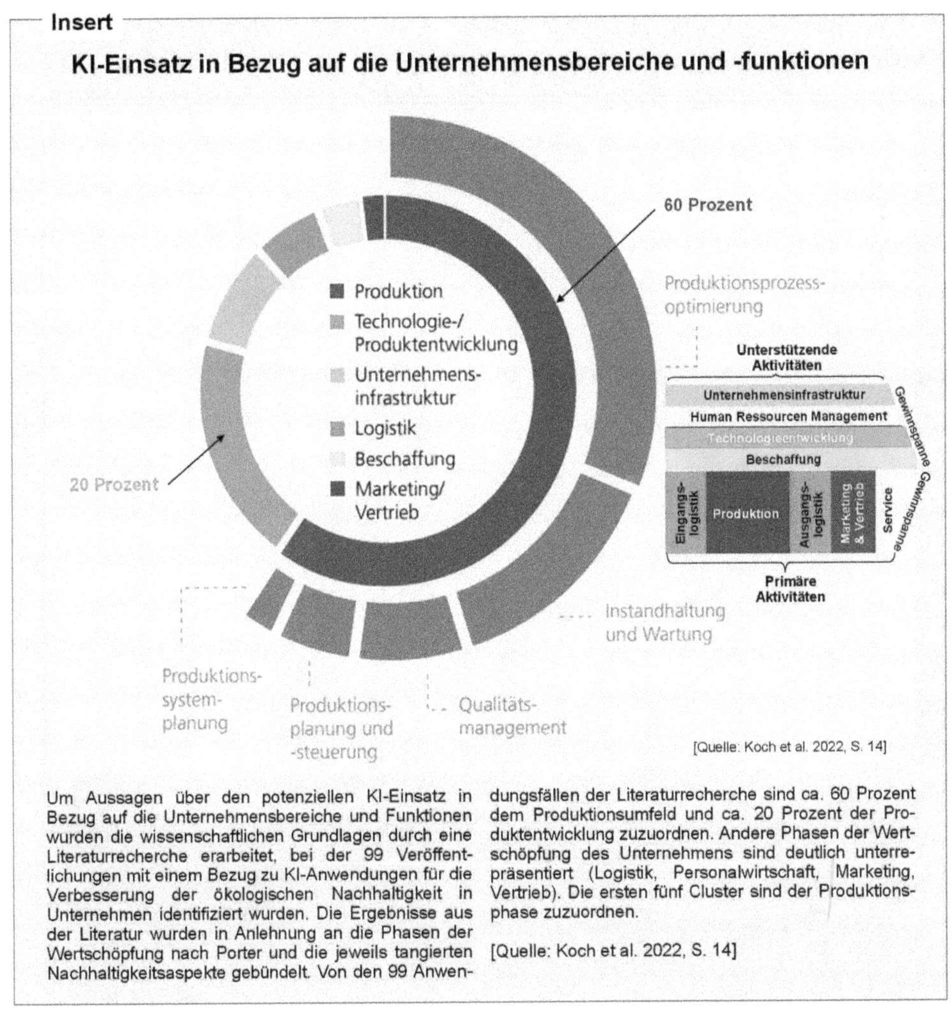

Um Aussagen über den potenziellen KI-Einsatz in Bezug auf die Unternehmensbereiche und Funktionen wurden die wissenschaftlichen Grundlagen durch eine Literaturrecherche erarbeitet, bei der 99 Veröffentlichungen mit einem Bezug zu KI-Anwendungen für die Verbesserung der ökologischen Nachhaltigkeit in Unternehmen identifiziert wurden. Die Ergebnisse aus der Literatur wurden in Anlehnung an die Phasen der Wertschöpfung nach Porter und die jeweils tangierten Nachhaltigkeitsaspekte gebündelt. Von den 99 Anwendungsfällen der Literaturrecherche sind ca. 60 Prozent dem Produktionsumfeld und ca. 20 Prozent der Produktentwicklung zuzuordnen. Andere Phasen der Wertschöpfung des Unternehmens sind deutlich unterrepräsentiert (Logistik, Personalwirtschaft, Marketing, Vertrieb). Die ersten fünf Cluster sind der Produktionsphase zuzuordnen.

[Quelle: Koch et al. 2022, S. 14]

Insert 1-26: KI-Einsatz in Bezug auf die Unternehmensbereiche und -funktionen

Auch im Bereich der Nachhaltigkeit bietet der KI-Einsatz Potenziale, die derzeit aber noch ungenutzt sind. So sind Marketing/Vertrieb und personale Funktionen bei den Ergebnissen der Literaturrecherche ebenso deutlich unterrepräsentiert wie Eingangs- und Ausgangslogistik. Insbesondere entlang der gesamten Wertschöpfungskette kann der KI-Einsatz zu deutlichen Effekten bezüglich der Nachhaltigkeit führen.

Ein Beispiel dafür ist das deutsche **Lieferkettengesetz**, das sogar einen neuen KI-Boom ausgelöst hat. Das Lieferkettensorgfaltspflichtengesetz (so der sperrige volle Name) sorgt dafür, dass Unternehmen ihre Zulieferer unter die Lupe müssen. Menschenrechtsverletzungen und Umweltsünden sollen so aufgedeckt werden. Unmittelbar vom Lieferkettengesetz betroffen sind zum Jahreswechsel zunächst Unternehmen mit mehr als 3.000 Mitarbeitern, die Grenze sinkt ab 2024 auf 1.000 Mitarbeiter.

Das Lieferkettengesetz sorgt bei vielen Mittelständlern aufgrund des zusätzlichen Aufwands für Ärger, bei Start-ups hingegen für Aufschwung. Mit digitalen Tools wollen sie bei der Umsetzung der neuen Regeln unterstützen. Kern der von ihnen angebotenen KI-Software ist eine automatisierte Auswertung lokaler Online-Medien und sozialer Netzwerke. Darüber hinaus soll die Software mit digitalen Formularen und Vorlagen die Kommunikation mit Lieferanten vereinfachen. Auch weisen KI-basierte Analysen die Einkäufer auf gefährliche Abhängigkeiten hin [vgl. Ermisch 2022].

1.6 Nachhaltigkeitsorientierung der Kunden

In diesem Abschnitt geht es um die Frage, wie das Verhältnis der Kunden zur Nachhaltigkeit aussieht. Wie reif sind die Verbraucher für einen nachhaltigen Verbrauch?

1.6.1 Nachhaltigkeit als Kaufkriterium

„Wie wichtig ist Ihnen Nachhaltigkeit bei Ihren Kaufentscheidungen für folgende Produkte?“ Diese Frage wurde 1022 Personen ab 18 Jahren gestellt, um die Bedeutung der Nachhaltigkeit beim Einkauf in verschiedenen Branchen zu ermitteln (siehe Insert 1-27).

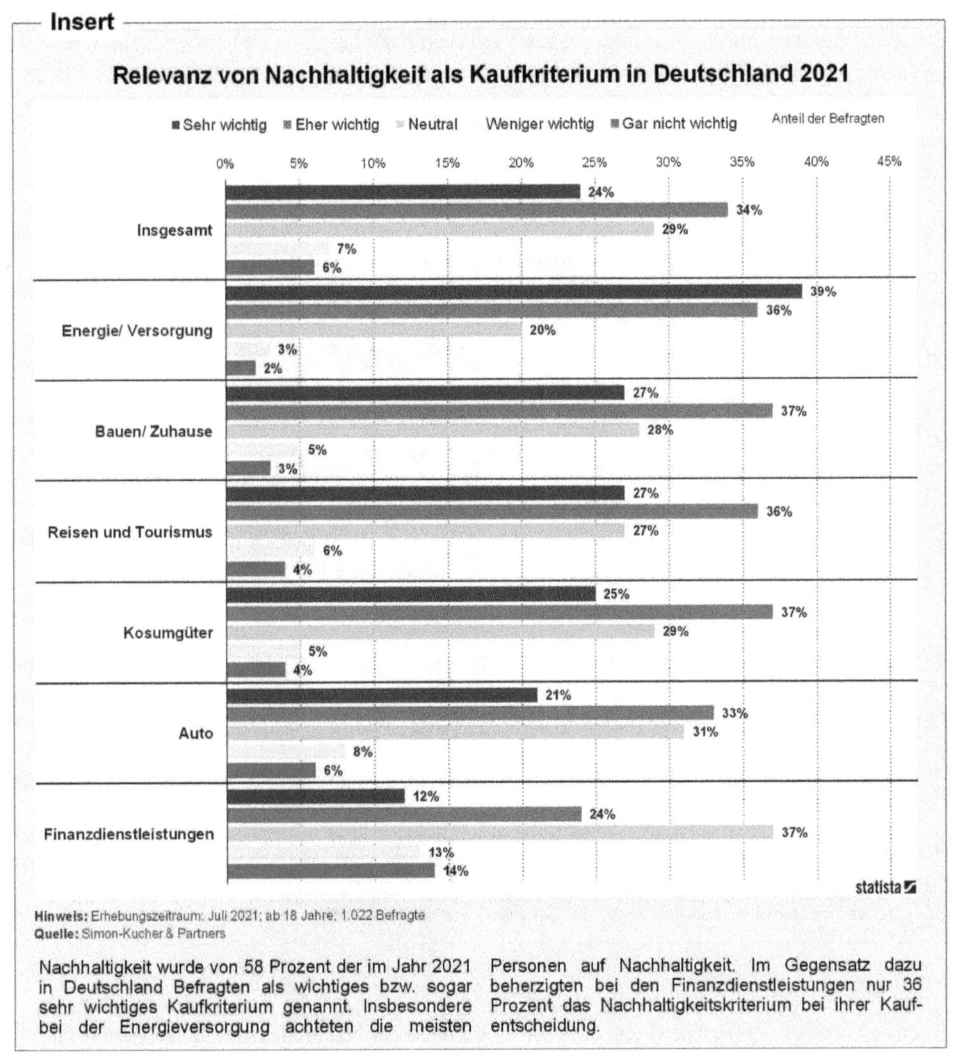

Insert 1-27: Relevanz von Nachhaltigkeit als Kaufkriterium

Insgesamt sagen zwar 58 Prozent der Befragten, dass ihnen Nachhaltigkeit als Kaufkriterium „eher wichtig“ oder „sehr wichtig“ ist. Aber nach Branchen weist die Bewertung deutliche Unterschiede auf. Die größte Bedeutung (wichtig und eher wichtig) wird diesem Kriterium bei erwartungsgemäß bei Energie/Versorgung (75 Prozent) zugemessen. Mit Abstand folgen nahezu fast gleichauf das Bauwesen (64 Prozent), Reisen und Touristik (63 %) sowie der Konsumgüterbereich (62 Prozent). Weniger wichtig als Kaufkriterium ist die Nachhaltigkeit bei Automobilen (54 Prozent) und bei Finanzdienstleistungen (36 Prozent).

In einem ähnlichen Umfeld ist eine Befragung aus dem Jahr 2023 einzuordnen. Hier wurden 1016 Personen nach ihrer Einstellung zum Thema Nachhaltigkeit gefragt (siehe Insert 1-28).

Die Hälfte der Befragten ist überzeugt: „Nachhaltigkeit darf kein Luxus sein.“ 42 Prozent ist der Meinung, dass durch eigenes tägliches Verhalten dazu beigetragen werden kann, Umweltprobleme anzugehen. Immerhin sind knapp 40 Prozent dafür, dass Unternehmen für die Lösung globaler Umweltprobleme verantwortlich sind, während nur etwa ein Fünftel hier die Regierung in der Verantwortung sieht.

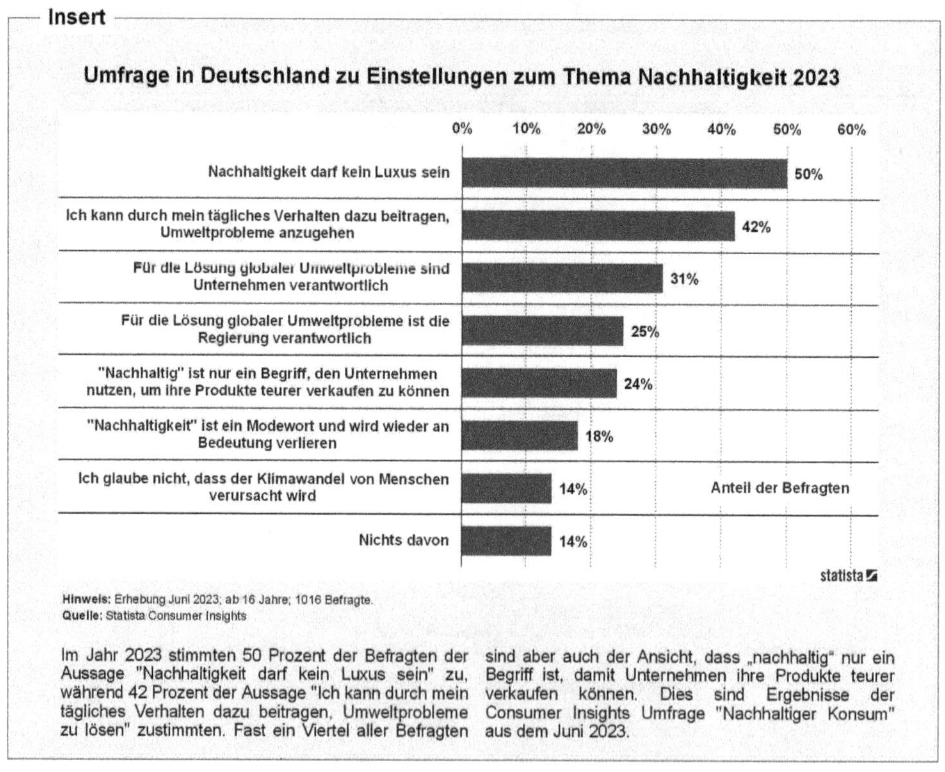

Insert 1-28: Umfrage in Deutschland zu Einstellungen zum Thema Nachhaltigkeit 2023

Auch aus Insert 1-29 wird deutlich, dass der Stellenwert der Nachhaltigkeit in den letzten Jahren eine zunehmende Relevanz eingeräumt wird. So hat sich die Zahl der Personen, die der Aussage „Beim Kauf von Produkten ist es mir wichtig, dass das jeweilige Unternehmen sozial und ökologisch verantwortlich handelt“ meist oder voll und ganz zustimmen, von 2017 bis 2021 um insgesamt knapp sechs Millionen zugenommen hat. Gleichzeitig ist die Anzahl jener Menschen, die dieser Aussage überhaupt nicht zustimmen können, im selben Zeitraum um 1,6 Millionen zurückgegangen.

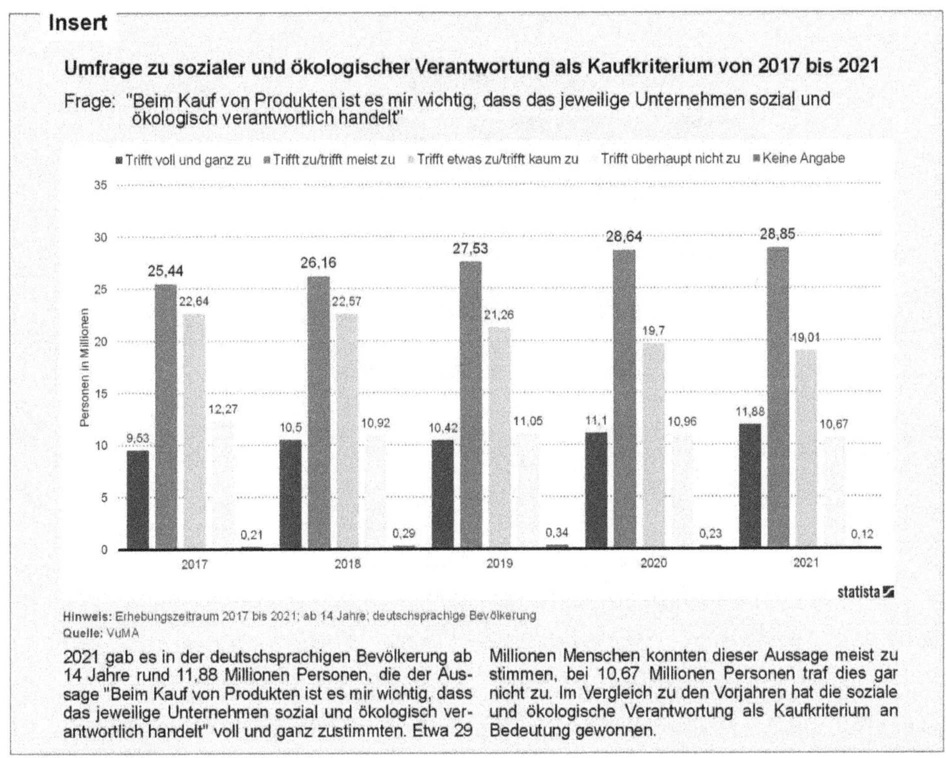

Insert 1-29: Umfrage zu sozialer und ökologischer Verantwortung als Kaufkriterium

1.6.2 Nachhaltigkeit bei Produkten des täglichen Bedarfs

Nachhaltigkeit spielt für deutsche Verbraucher auch angesichts finanzieller Belastungen und steigender Energiekosten weiterhin eine zunehmend wichtige Rolle. Für 63 Prozent der Verbraucher ist Nachhaltigkeit auch in der aktuellen Situation ziemlich wichtig oder sehr wichtig bei der Kaufentscheidung.

Das ist das Ergebnis einer von der Unternehmensberatung Deloitte im August 2022 durchgeführten Studie, die 1.500 repräsentativ ausgewählte Personen über 18 Jahren zu ihrem Einkaufserhalten befragt hat. Die Studie analysiert die Trends im Nachhaltigkeitsbereich und gibt Handlungsempfehlungen für Unternehmen aus der Konsumgüterindustrie und dem Einzelhandel.

Die Studienergebnisse belegen zugleich, dass Nachhaltigkeit für die ältere Generation besonders wichtig ist (siehe Insert 1-30).

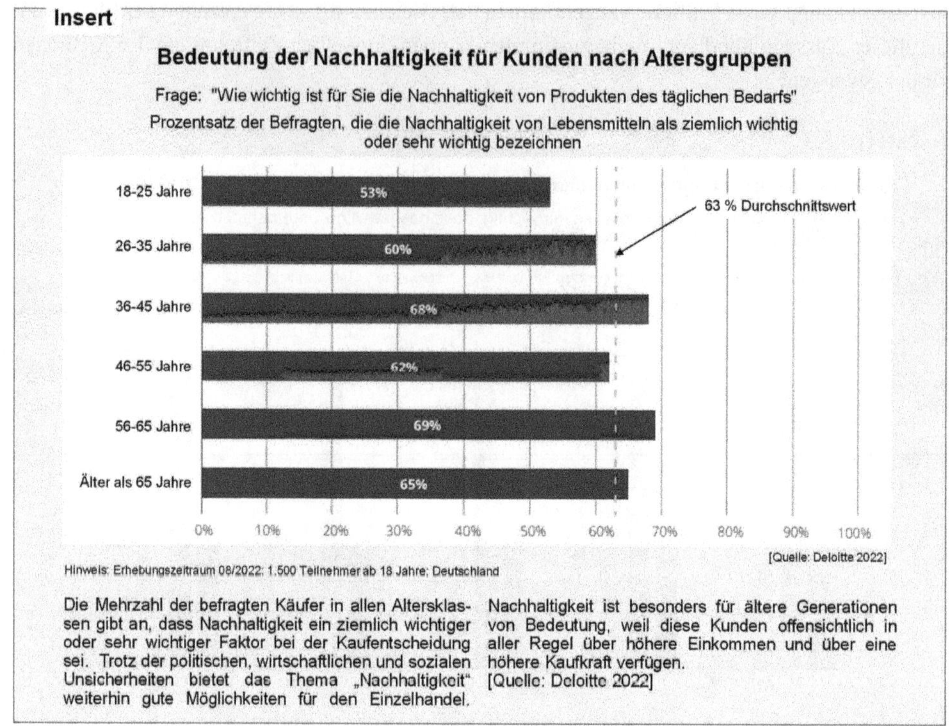

Insert 1-30: Bedeutung der Nachhaltigkeit für Kunden nach Altersgruppen

Die Gewinnung und Herstellung von qualitativ hochwertigen Nahrungsmitteln sollte unter humanen Bedingungen ressourcenschonend stattfinden und darf Ökosysteme nicht überlasten. Im Gegenteil, diese müssen langfristig lebens- und nutzungsfähig gehalten werden. Entsprechend darf die Nutzung von Böden und Gewässern möglichst wenig von Dünge- und Pestizidmitteln belastet werden und mit wechselnden Anbausorten und intelligenten Saatkonzepten Böden gleichermaßen ertragreich wie fruchtbar gehalten werden. Im Bereich der Fisch- und Fleischwirtschaft sind Maßnahmen wie Fangquoten und Reduktion von Tierhaltung beziehungsweise Massentierhaltung opportun [vgl. Lünendonk 2024, S. 30].

1.7 Nachhaltigkeitsorientiertes Führungssystem

Der zentrale Erfolgsfaktor jedes Unternehmens, das eine Marketing-Ausrichtung verfolgt, ist die **konsequente Kundenorientierung**. Eine wesentliche Komponente ist dabei ein **kundenorientiertes Führungssystem**, das aber nicht nur eine Ausrichtung der Führungsstruktur und des Führungspersonals am Kundennutzen vorsieht, sondern gleichzeitig auch die Mitarbeiterauswahl und -entwicklung am Kundennutzung und seiner Erfüllung orientiert [vgl. Becker 2019, S. 977 f.].

Das kundenorientierte Führungssystem ist hier mit einem **nachhaltigkeitsorientierten Führungssystem** gleichzusetzen, denn im Mittelpunkt der angesprochenen Kundenorientierung steht der Nachhaltigkeitsaspekt und dessen **Nutzen** für den Verbraucher.

1.7.1 Nachhaltigkeit als Nutzenfaktor

Das **Bewusstsein für Nachhaltigkeit** hat in den letzten 10 bis 15 Jahren den Mainstream und damit den Konsumenten erreicht. Klimawandel, Verkehrsemissionen, Carbon-Footprint, Plastikvermeidung, Relevanz des Tierwohls und viele andere Themen sind für eine Mehrheit der Konsumenten inzwischen relevant geworden. Auch aus der eigenen Verantwortlichkeit heraus sind nachhaltige Produkte und auch Dienstleistungen zu einem wichtigen **Nutzenaspekt** für jeden Verbraucher geworden. So hat die Europäischen Investitionsbank (EIB) in einer Studie festgestellt, dass fast zwei Fünftel aller Europäer zu Verhaltensänderungen bereit sind. Viele glauben überdies fest daran, dass sie mit persönlichen Verhaltensänderungen etwas bewirken können.

Allerdings gibt es weltweit unterschiedliche Ansichten zur besten Lösung gegen die Klimakrise. In Europa setzen 39 Prozent auf **radikale Verhaltensänderungen** (Konsum, Verkehr usw.). Die Befragten in China (32 Prozent) und den Vereinigten Staaten (31 Prozent) sehen darin lediglich die zweitwirksamste Lösung.

Für die Menschen in China (35 Prozent) und den Vereinigten Staaten (34 Prozent) sind **technologische Innovationen** (Digitalisierung, Entwicklung erneuerbarer Energiequellen usw.) das wirksamste Mittel. Hingegen finden das nur 29 Prozent der Europäerinnen und Europäer [Quelle: 3. Ergebnisreihe der EIB-Klimaumfrage 2020–2021].

Unternehmen stehen somit vor der Herausforderung, ihre Aktivitäten nach Nachhaltigkeitsgesichtspunkten umfassend neuzuformieren. Die Orientierung der Konsumenten in Richtung Nachhaltigkeit bedeutet prinzipiell die Abkehr von den Werten der Maximierungskultur und die Zuwendung zu den Werten der Besinnungskultur [vgl. Kreutzer 2023, S. 45].

Rochus Winkler [2021] hat diesen „Kulturwandel" in der Absatzwirtschaft treffend formuliert:

„Psychologisch ist die Auseinandersetzung mit Nachhaltigkeit und Ökologie eine Vermittlungsform, die nach den letzten Jahren des Maximierungskonsums entstand. Konsumieren um jeden Preis und nach dem Motto „Ich – Jetzt – alles – zu jeder Zeit" ist spätestens mit Corona in sich zusammengebrochen. Denn parallel zur „Maximierungskultur" entwickelte sich eine

„Besinnungskultur", in der wir nach neuen Leitmotiven und letztlich nach dem Sinn des eigenen Lebens suchten."

Diese neue Wertorientierung ist in Abbildung 1-10 dargestellt.

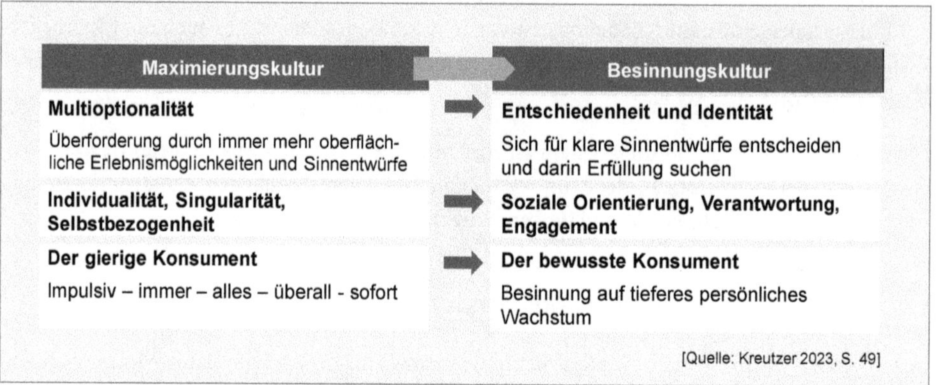

Abb. 1-10: Von der Maximierungskultur zur Besinnungskultur

Wichtig ist nun allerdings, dass der Nutzenfaktor, der mit einem nachhaltigen Angebotsprogramm verbunden ist, nicht nur vom engsten Führungskreis, sondern von allen Mitarbeitern getragen und kommuniziert wird. **Nachhaltigkeitsorientierte Marketing- und Unternehmenspolitik** muss durch eine bewusste **Innen- und Mitarbeiterausrichtung** begleitet und gefördert und damit abgesichert werden. Das kommt dann auch der kundenorientierten Denk- und Handlungsweise aller Mitarbeiter im Unternehmen und damit der Zufriedenheit aller Kunden zu Gute [vgl. Becker 2019, S. 978].

Eine Nachhaltigkeitsorientierung, die lediglich Marketing- und Kommunikationsaktivitäten umfasst und nicht von den Mitarbeitern selbst getragen wird, ist daher nicht nachhaltig. Früher oder später werden die Kunden erkennen, dass die Nachhaltigkeitsbotschaften nur oberflächlich sind. Sie werden als **Greenwashing** entlarvt, wenn der Kern der Unternehmensprozesse nicht der Nachhaltigkeitstransformation unterzogen wird. Wenn ein Fashion-Anbieter lediglich eine Collection anbietet, die aus natürlichen Materialien besteht, während das Geschäftsmodell im Kern in ressourcenraubendem Fast-Fashion-Zyklen verankert bleibt, werden sich die Konsumenten mittelfristig von der Marke abwenden [vgl. Kreutzer 2023, S. 50].

Nachhaltigkeit als Nutzenfaktor hat in den letzten Jahren zunehmend an Bedeutung gewonnen. Vor allem aus Sicht der **jungen Zielgruppen** – als Konsumenten und Arbeitnehmer gleichermaßen – müssen Unternehmen und Marken Umweltverantwortung übernehmen und dies zeigen. Allerdings bietet das Thema neben großen Chancen auch Stolpersteine. In Zeiten von Umweltskandalen, Greenwashing und wachsendem Umweltbewusstsein werden Konsumenten gegenüber Nachhaltigkeitsaussagen von Marken und Unternehmen immer skeptischer (siehe Insert 1-31). Um sich nachhaltig profilieren zu können, brauchen Unternehmen eine Strategie, die glaubwürdig und nachvollziehbar ist und so zu relevanten Ergebnissen führt [vgl. Kreutzer 2023, S. 51].

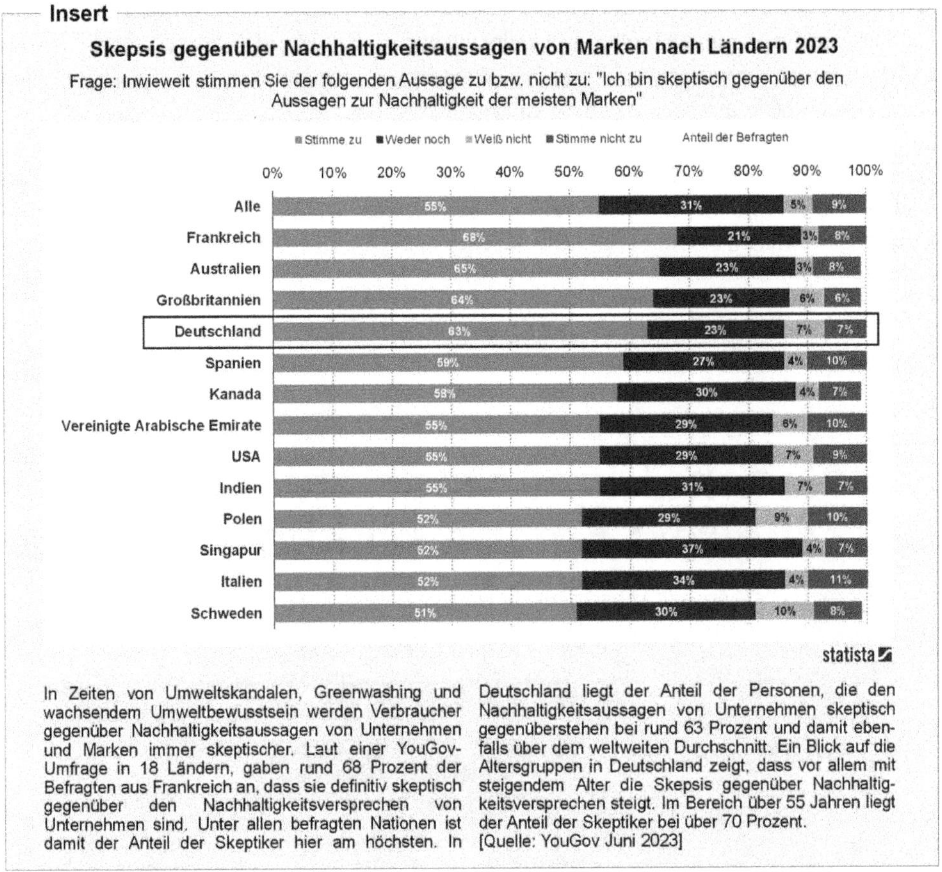

Insert 1-31: Skepsis gegenüber Nachhaltigkeitsaussagen von Marken nach Ländern 2023

1.7.2 Nachhaltigkeit als Kostenfaktor

Nachhaltigkeit ist aber nicht nur ein Nutzenfaktor, sondern in aller Regel auch ein Kostenfaktor. Dabei soll hier – in Bezug auf Nachhaltigkeit – zwischen internen und externen Kosten unterschieden werden.

Zu den **internen Kosten** sind jene anfänglichen Kosten zu zählen, die mit der Umsetzung einer umweltfreundlicheren Strategie verbunden sind und die mittel- und langfristig gedeckt werden müssen. Dazu zählen beispielsweise [vgl. Guerrero 2023]:

- Installation von Photovoltaik-Anlagen
- Einrichtung einer Flotte von Elektrofahrzeugen für die Auslieferung von Bestellungen
- Umstellung auf ein umweltfreundlicheres Heizungssystem

Im Vordergrund stehen aber die **Kosten für die Herstellung** umweltfreundlicher und nachhaltiger Produkte. Die Produktion solcher Güter sind in der Regel teurer, da sie andere Rohstoffe oder einen umfangreichen Verarbeitungsprozess erfordert. Darüber hinaus müssen längere Produktionszeiten berücksichtigt werden, um energieintensive Prozesse zu vermeiden. Gleichzeitig ist die Nachfrage nach nachhaltigen Produkten immer noch geringer, da sie in vielen Fällen teurer sind als herkömmliche Produkte. Eine geringere Nachfrage bedeutet eine geringere Produktion und damit höhere Kosten pro Einheit. Da aktuell die Preise für nachhaltige Produkte die Zahlungsbereitschaft der Kunden übersteigen (siehe dazu ein Beispiel aus dem Modebereich in Insert 1-32), müssen Überlegungen angestellt werden, um ein Gleichgewicht zwischen Kosten und Vorteilen eines Engagements für Nachhaltigkeit zu erreichen [vgl. Guerrero 2023].

Zu solchen Überlegungen siehe Abschnitt 3.4.3.

Insert

38 Prozent der im Rahmen der Statista Global Consumer Survey befragten Modefans gaben an, dass ihnen nachhaltige Mode zu teuer sei, ein Umstand, der zum Teil mit der durch die Pandemie verursachte finanziellen Unsicherheit erklärbar sein dürfte. Auch mangelndes Vertrauen in entsprechende Kennzeichnungen und Siegel ist ein Grund für die Deutschen, auf faire Mode zu verzichten. 23 Prozent der Teilnehmer:innen führten an, dass Nachhaltigkeit oft nur eine Masche sei und keine wirklich fairen Bedingungen dahinter stünden. Der mangelnde Chic fair produzierter Kleidungsstücke war noch für 14 Prozent der Befragten ein Grund für den Verzicht auf Öko-Mode, während 18 Prozent aus Gewohnheit lieber bei bewährten Marken blieben.

Insert 1-32: Nachhaltiges Modebewusstsein scheitert am Preisschild

Umweltschädliche Aktivitäten von Unternehmen im Rahmen der Produktion (z. B. durch Einleitung von Abwässern, Emission von Rußpartikel), bei der Nutzung von Produkten (PKWs oder LKWs in der Logistik) oder bei der Inanspruchnahme von Dienstleistungen (z.B. Geschäftsreisen per Flugzeug) führen zur Beeinträchtigung von Dritten. Diese Auswirkungen werden als **externe Effekte** bezeichnet. Diese Effekte führen zu **externen Kosten**, solange ein Unternehmen die negativen Auswirkungen seines Handelns auf Dritte nicht kompensieren muss. Externe Kosten entstehen also überhaupt erst dann, wenn in den Wirkungsbereich anderer Akteure eingegriffen wird, ohne dass hierfür eine entsprechende Kompensation erfolgt. Wenn also Unternehmen als Verursacher umweltschädlicher Effekte diese **Kosten externalisieren**, so machen sie Gewinn auf Kosten der Gesellschaft (Beispiele: Enron, Lehman Brothers, Tepco, Gammelfleisch-Produzenten etc.) [vgl. Dyckhoff/Souren 2008, S. 64 f; Schneider/Schmidpeter 2015, S. X; Kreutzer 2023, S. 58]

1.7.3 Von der Geschäftsidee zum Geschäftsmodell

Im Mittelpunkt notwendiger Überprüfungen im Hinblick auf ein anzustrebendes Gleichgewicht zwischen Kosten und Vorteilen eines Engagements für Nachhaltigkeit steht das bestehende **Geschäftsmodell.**

Mit dem Begriff **Geschäftsmodell** (engl. *Business Model*) werden die Grundlagen des betrieblichen Produktions- und Leistungssystems eines Unternehmens bezeichnet. Durch ein Geschäftsmodell wird abgebildet, welche Inputgüter in das Unternehmen fließen und wie diese durch innerbetriebliche und kooperative Aktivitäten in vermarktungsfähige Leistungen transformiert werden [vgl. Freiling 2006, S. 212 und Becker 2019, S. 979].

Im Weiteren soll aber einer Definition gefolgt werden, die in kompakterer Weise den inhaltlichen Dimensionen des Geschäftsmodells gerecht wird: *„A business model describes the rationale of how an organization creates [value creation], delivers [value delivery]and captures value [value capture]"* (Osterwalder/Pigneur 2011, S. 14). Ein Geschäftsmodell beschreibt also das Grundprinzip, nach dem ein Unternehmen Werte schafft, diese an den Kunden vermittelt und erfasst. Die drei Hauptkomponenten eines Geschäftsmodells sind demnach [vgl. Freiling/Harima 2019, S. 121 f. und Becker 2019, S. 980]:

- **Value Creation** beleuchtet mit der **Wertschöpfungsarchitektur** eines Unternehmens die wertschöpfenden Prozesse sowie die internen und externen Leistungsträger.
- **Value Delivery** nimmt mit der **Value Proposition** die Kundenperspektive ein und zeigt, wie mit dem Angebot gegenüber den Zielkunden ein im Wettbewerbsvergleich überragender Wert geschaffen wird.
- **Value Capture** behandelt als dritte Komponente das **Erlösmodell** und damit die Unternehmensperspektive. Es erklärt, aus welchen Quellen ein Unternehmen seine Erlöse erwirtschaftet.

Das Geschäftsmodell knüpft unmittelbar an die **Geschäftsidee** an. Aus diesen drei konstitutiven Komponenten setzt sich jede Geschäftsidee zusammen:

- Bedürfnis(befriedigungs)idee
- Technisch-organisatorische Problemlösungsidee
- Kaufmännische Umsetzungsidee

In einem nächsten Schritt werden die einzelnen Komponenten in ein Geschäftsmodell zusammengeführt (siehe 1-11).

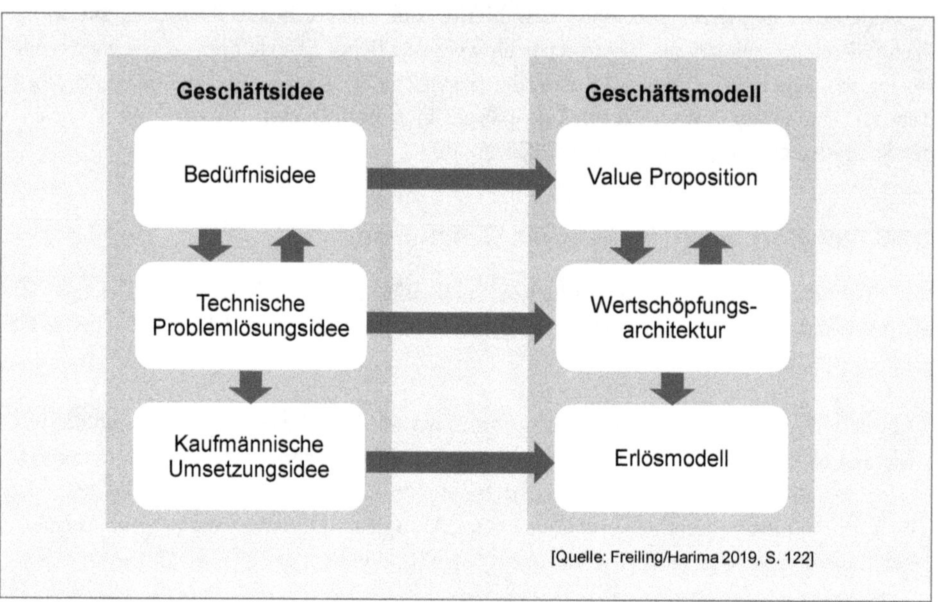

Abb. 1-11: Die Verzahnung von Geschäftsidee und Geschäftsmodell

Dabei wird die Bedürfnisidee zur Value Proposition weiterentwickelt. Aus der technischen Problemlösungsidee wird die Wertschöpfungsarchitektur konzipiert und die kaufmännische Umsetzungsidee zum Erlösmodell ausgebaut. Die Value Proposition beantwortet die Fragen: „Was bieten wir an, und wer ist der Kunde?“ Die Wertschöpfungsarchitektur gibt Antworten auf die Frage beantwortet die Frage „Wie wird das Wertangebot erstellt? Das Erlösmodell stellt die Frage nach dem „Wieviel“ mit Blick auf die Einnahmen und Ausgaben [vgl. Freiling/Harima 2019, S. 122f.].

Unternehmen erweisen sich in aller Regel immer dann als erfolgreiche Verteidiger einer Markt- und Wettbewerbsposition, solange sie sich auf dem Gebiet evolutionärer Marktveränderungen bewegen. Mit **evolutionären Innovationen** verbessern sie etwas Bestehendes (Produkte, Prozesse, etc.) kontinuierlich entlang der Kundennutzen-Kurve. Ein Produkt wird also stetig erweitert und verbessert, so dass sich der Nutzen für den Kunden erhöht. Anbieter und Nachfrager sehen darin einen Fortschritt, der – sobald weitere Anbieter folgen – zu einer positiven Entwicklung des Marktes führt. Allerdings wird diese iterative Verbesserung typischerweise auch dann noch weitergeführt, wenn der Markt diese Verbesserung nicht mehr braucht. Existentiell wird es für Unternehmen mit ihren etablierten Geschäftsmodellen immer dann, wenn disruptive Innovationen den Markt grundlegend verändern, wie zum Beispiel die radikale Ablösung

(**Disruption**) des Handys durch ein Smartphone oder eine analoge Kamera durch eine Digitalkamera [vgl. Becker 2019, S. 980}.

Disruption bezeichnet eine revolutionäre Veränderung des Marktes, indem alte Produkte oder Prozesse (typischerweise) vollständig von neuen und besseren Produkten/Prozessen ersetzt werden.

Der Begriff *Disruption* geht zurück auf Clayton M. Christensen [2011], der in *„The Innovator's Dilemma"* die disruptive von der evolutionären Innovation abgegrenzt hat.

Insert 1-33 stellt das Phänomen des *„Innovator's Dilemma"* illustrativ dar.

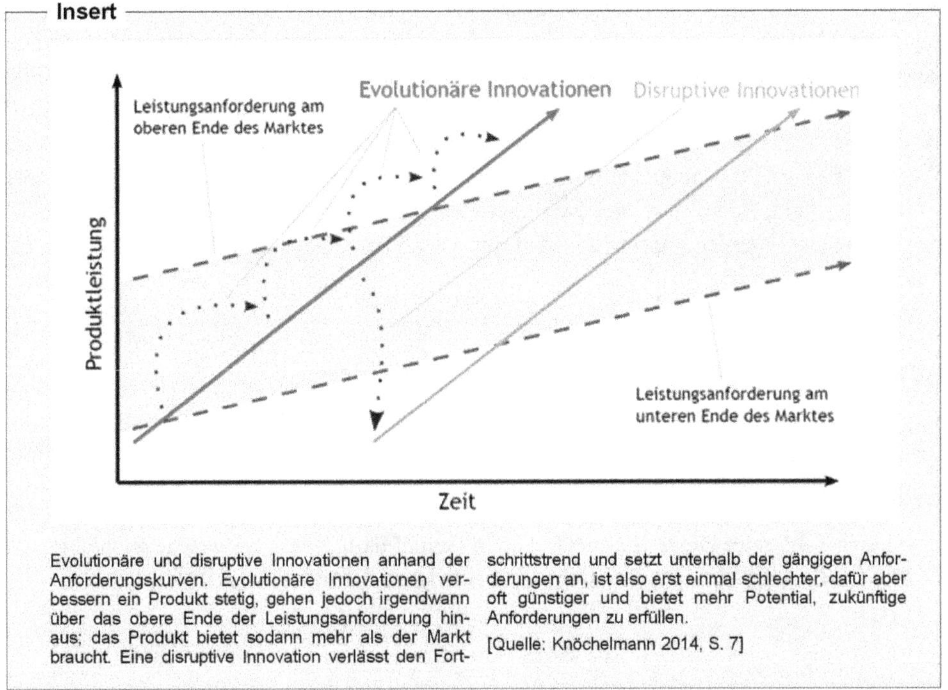

Evolutionäre und disruptive Innovationen anhand der Anforderungskurven. Evolutionäre Innovationen verbessern ein Produkt stetig, gehen jedoch irgendwann über das obere Ende der Leistungsanforderung hinaus; das Produkt bietet sodann mehr als der Markt braucht. Eine disruptive Innovation verlässt den Fortschrittstrend und setzt unterhalb der gängigen Anforderungen an, ist also erst einmal schlechter, dafür aber oft günstiger und bietet mehr Potential, zukünftige Anforderungen zu erfüllen.

[Quelle: Knöchelmann 2014, S. 7]

Insert 1-33: Evolutionäre und disruptive Innovationen anhand der Anforderungskurven

Disruptiv sind dagegen jene potenziellen Innovationen, die nicht sofort Fortschritt bewirken, da sie sich nicht an einer bestehenden Nutzenkurve orientieren. Neue Produkte, die eine disruptive Innovation darstellen, sind bei Launch oft schlechter als das Marktangebot. Da sie allerdings vom gängigen Kundennutzen abweichen und Vorteile aufweisen, die von den meisten Anbietern und Nachfragern noch nicht als solche angesehen werden, eröffnen sie einen neuen Markt. Zudem werden diese neuen Entwicklungen anfänglich von den etablierten und marktbeherrschenden Unternehmen nicht richtig eingeschätzt oder sogar verhindert, eben weil sie den eigenen Markt gefährden.

Der neue Markt wird aber bei Erfolg der disruptiven Innovation dem „alten" Markt die Teilnehmer entziehen, bzw. Verbraucher und Nachfrager aus verschiedenen Märkten in sich vereinen. Bekanntestes Beispiel hierfür ist der Smartphone-Markt, der durch Apple begründet wurde. Er vereinigte Millionen Verbraucher aus den zum Teil gesättigten Märkten Handy, Notebook, Laptop und Digitalkamera sowie auch mobile Spielekonsole in sich. Der Umkehrschluss ist folglich, dass die Anbieter der bestehenden Märkte ihrer Zielgruppen beraubt werden und so vor einem ausgehöhlten Geschäftsmodell stehen, obwohl sie mit vermeintlich besseren Produkten auftreten können [vgl. Knöchelmann 2014, S. 5 ff.].

Bemerkenswert ist in diesem Zusammenhang, dass nahezu alle bahnbrechenden Technologiesprünge, wie zum Beispiel die Entwicklung von der Schreibmaschine zur Textverarbeitung am Computer oder von der Petroleumlampe zum elektrischen Licht, von den Branchenführern verpasst wurden.

Veränderte Rahmenbedingungen sind immer große Chancen für Start-ups. Ein verändertes Umfeld ermöglicht es ihnen, mit Hilfe von Geschäftsmodell-Innovationen schneller Marktanteile zu gewinnen. Während große Unternehmen mit jahrelang gewachsenen Geschäftsmodellen meist nur langsam auf Veränderungen reagieren können, sind Start-ups schnell und flexibel. Allein mit innovativen Produkten können große Unternehmen dann häufig nicht mehr ihre Wettbewerbsvorteile verteidigen. Ehemals starke Unternehmen, wie AEG, Grundig, Nixdorf Computers, Agfa, Kodak oder auch Nokia gerieten so schnell ins Straucheln. In den vergangenen Jahrzehnten wurden viele neue Arten von Geschäftsmodellen durch den Erfolg einiger Start-ups populär.

Beispiele dafür, wie Unternehmen digitale Technologien einsetzen, um ihre Unternehmen zu transformieren, können in fast jeder Branche gefunden werden.

Experten sprechen sogar davon, dass die Künstliche Intelligenz nunmehr die **Suchmaschine von Google**, die als das lukrativste Geschäftsmodell im Internet überhaupt gilt, disrupten könnte [vgl. Schmidt 2024].

Abbildung 1-12 zeigt einige Beispiele, die ein Gefühl dafür geben, in welche Richtung sich Märkte im Zuge der digitalen Transformation entwickelt haben.

Sektor/Branche	Alt	Neu
Kommunikation	Visitenkarten	Social-Media-Profile
	Brief	E-Mail
	Meeting	Videokonferenz
	Wandtafel	Smartboard
	Mobiltelefon	Smartphone
Mobilität / Antrieb	Kompass	GPS
	Pferdekutsche	Auto (autonome Fahrzeuge)
	Brennstoffmotor	Elektro / Brennstoffzelle
Gesundheit / Hygiene	Sehhilfe (Brille/Kontaktlinse)	Laser Operation
	Besen	Staubsaugerroboter
	Postnatale Untersuchung	Pränatale Untersuchung
	Röntgen	Elektroenzephalografie & MRT
	Holzbein	Biomechanische Prothesen
Entertainment	CD/DVD/Kino	Streaming
	Röhrenfernseher	Flachbildschirm
Dienstleistungen	Ladengeschäft	Onlineshop
	Reisebüro	Buchungsplattform
	Steuererklärung (Papierform)	Digitale Abgabe
	Bargeld	Kreditkarte
	Bankfiliale	Online-Banking
Industrie (allgemein)	Buch (Print)	E-Book
	Dreh-/Fräsmaschine	3D-Drucker
	Fließbandarbeiter	Industrieroboter
Informationen	Akten	Digitale Datenbank
	Zeitung	Presseportal
	Analoge Kamera	Digitale Kamera
	Passwort	Fingerabdruck
	Enzyklopädie	Wikipedia

Abb. 1-12: Digitale Technologien, die Branchen verändert haben (Beispiele)

2. Unternehmensplanung und Nachhaltigkeit

2.1 Analyse – Wo stehen wir?

Ob globaler Smartphone-Hersteller oder Automobilkonzern, ob regionale Einzelhandelskette oder IT-Dienstleister – allen gemeinsam ist diesen Unternehmen, dass sie sich mit den internen und externen Einflussfaktoren, also ihrer Umwelt, auseinandersetzen müssen, um im Wettbewerb zu bestehen. Die meisten Unternehmen bewerkstelligen dies im Rahmen ihrer **Unternehmensplanung**. Im Gegensatz zu Teilbereichsplanungen oder Projektplanungen ist die Unternehmensplanung auf das Verhalten des Unternehmens als *Ganzes* ausgerichtet. Die Fokussierung der Planungsintension auf den *Markt* ist deshalb beabsichtigt, weil der Markt die eigentliche „Front" des Unternehmens darstellt, auf die letztlich alle Unternehmensaktivitäten gerichtet sein müssen, um die gesetzten Ziele zu erreichen. Die marktorientierte Unternehmensplanung definiert somit den entscheidenden **Außenkurs** des Unternehmens [vgl. Becker 1993, S. 4].

2.1.1 Bezugsrahmen und Planungsprozess

Eine erfolgversprechende Unternehmenskonzeption ist das Ergebnis einer systematischen Umwelt- und Unternehmensanalyse, die Chancen und Risiken des relevanten Absatzmarktes einerseits sowie Stärken und Schwächen des Unternehmens andererseits identifiziert und bewertet. Die Verdichtung und Verzahnung dieser Daten und Informationen führt zum **konzeptionellen Kristallisationspunkt**, der den Ausgangspunkt für Zielbildung, Strategiewahl und Vorgehensmodell sowie für die auszuwählenden Maßnahmen darstellt [vgl. Becker 2019, S. 92 f.].

In Abbildung 2-01 sind die Zusammenhänge zwischen Umwelt- und Unternehmensanalyse sowie Marketing- und Unternehmensplanung dargestellt.

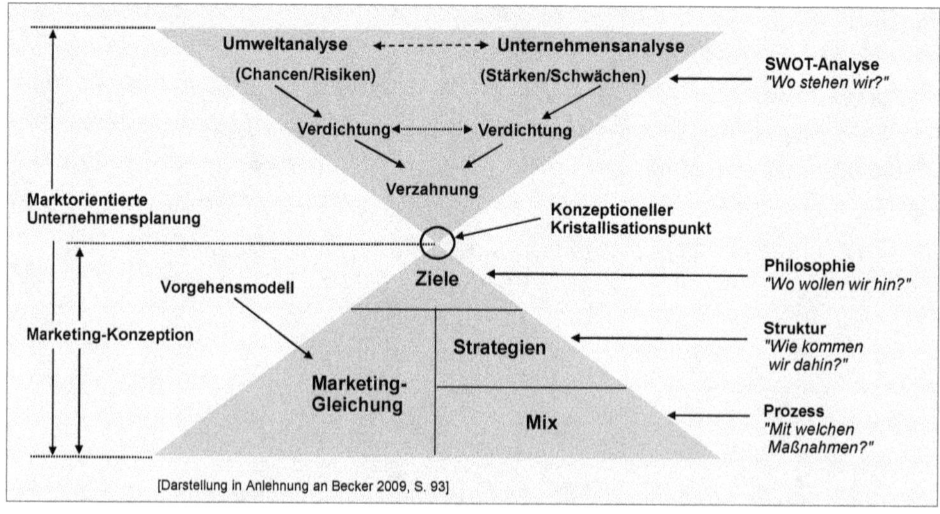

Abb. 2-01: Bezugsrahmen für die marktorientierte Unternehmensplanung

In Insert 2-01 ist ein Beitrag aus der Praxis wiedergegeben, der diese „Sanduhr“ am Beispiel für Start-ups „mit Leben füllt“. An dem Beispiel wird auch die besondere Bedeutung des konzeptionellen Kristallisationspunktes deutlich.

Insert

Was ist eigentlich der konzeptionelle Kristallisationspunkt?

Der Weg zu einer Gewinnerstrategie führt für Start-ups nur über den konzeptionellen Kristallisationspunkt. Gerade bei diesen jungen und noch kleinen Unternehmen, deren Wurzeln in den allermeisten Fällen bei Technikern und Tüftlern zu finden sind, zeigt sich im Bereich der strategischen Planung eine wesentliche strukturelle Schwäche. Eine Schwäche, die sich durch einige wenige Grundüberlegungen und deren Konsequenzen leicht beheben lässt. Im Mittelpunkt steht dabei der konzeptionelle Kristallisationspunkt, der den gezielten Übergang von der heutigen Situation („Present State“) zur gewünschten zukünftigen Situation („Future State“) beschreibt.

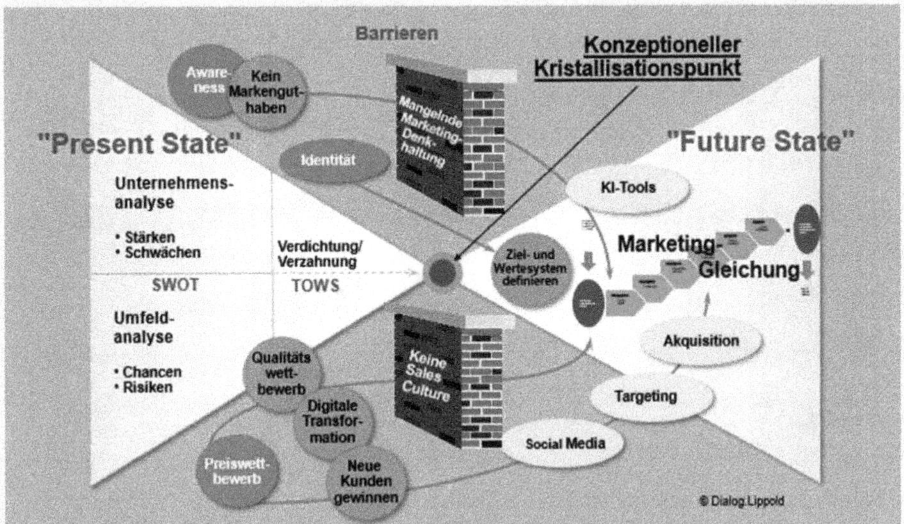

Der konzeptionelle Kristallisationspunkt ist somit das Zentrum einer gezielten Auseinandersetzung mit einem geordneten **Planungsprozess** als Grundlage einer **nachhaltigen Unternehmensstrategie**. Prinzipiell lässt sich jeder Planungsprozess – und so auch die Unternehmensplanung – in vier Schritten beschreiben:
Im ersten Schritt (Wo stehen wir?) geht es um eine Analyse der Ausgangssituation des Unternehmens. Diese Situationsbeschreibung lässt sich unterteilen in die (externe) **Umfeldanalyse** und in die (interne) **Unternehmensanalyse**. In der Umweltanalyse werden Chancen und Gefahren herausgearbeitet. Bei der Unternehmensanalyse stehen die Stärken und Schwächen in Vordergrund. Diese Vorgehensweise ist uns allen als **SWOT-Analyse** bekannt. Wichtig ist aber, die richtigen Schlüsse aus solch einer Analyse zu ziehen. Dazu müssen die in der Analysephase gewonnenen Daten und Informationen **verdichtet und verzahnt** werden.
Der Verdichtungs- und Verzahnungsprozess, der zudem auch eine Gewichtung und abschließende Bewertung der Datenlage beinhalten muss, führt zum **konzeptionellen Kristallisationspunkt**. Er bildet den Ausgangspunkt für die anschließende Zielbildung (2. Schritt), Strategiewahl (3. Schritt) und Maßnahmen-Mix (4. Schritt). Der konzeptionelle Kristallisationspunkt ist so bedeutungsvoll, weil hier Analysedaten zu Ziel- und Strategiedaten umgeformt werden müssen. Er bildet also die Brücke zwischen „Wo stehen wir?“ und „Wo wollen wir hin?“

Gerade in **jungen Firmen** wird dieser Punkt entweder unterschätzt oder gar übersehen – ein Phänomen mit häufig existenziellen Konsequenzen. Diese Leichtfertigkeit hat vielfältige Ursachen, von denen hier nur drei genannt werden sollen:

- Scheinbar niedrige Markteintrittsbarrieren in neuen Marktsegmenten ermöglichen es nahezu jedem Entwickler oder Tüftler seine Idee auftragsunabhängig anzugehen. Der Misserfolg ist vorprogrammiert.
- Die eigenen Möglichkeiten und Ressourcen bei Marketing und Vertrieb werden häufig überschätzt.
- Der ursprünglich veranschlagte Kosten- und Zeitaufwand für Produktentwicklung und -einführung wird regelmäßig überschritten.

Generell ist es also eine falsche Einschätzung dessen, was es für **Start-ups** bedeutet, neue Produkte profitabel zu entwickeln und zu vermarkten. Umso wichtiger ist es, die Meilensteine für den Entwicklungs- und Vermarktungsprozess ständig im Auge zu behalten. Dazu ist es erforderlich, sich immer wieder die beiden Fragen „Wo stehen wir“ und „Wo wollen wir hin?“ zu stellen. Und die **Brücke** zwischen den beiden Fragen bildet der konzeptionelle Kristallisationspunkt.
Fazit: Aus der Analysephase kommt man in die anschließenden Ziel-, Strategie- und Maßnahmenphase nur über den konzeptionellen Kristallisationspunkt.

Insert 2-01: Der konzeptionelle Kristallisationspunkt

Da die verschiedenen Märkte und insbesondere die Absatzmärkte eines Unternehmens keine statischen Gebilde sind, sondern *dynamische* Strukturen aufweisen, gibt es auch nicht *ein* Unternehmenskonzept und damit auch nicht *ein* Erfolgsrezept für das Management, sondern verschiedene Optionen, um auf die unterschiedlichen Rahmenbedingungen zu reagieren.

Die Abfolge des Planungsprozesses orientiert sich an folgenden Phasen [vgl. dazu auch Bidlingmaier 1973, S. 16 ff.]:

- Situationsanalyse (Wo stehen wir?)
- Zielsetzung (Wo wollen wir hin?)
- Strategie (Wie kommen wir dahin?)
- Mix (Welche Maßnahmen müssen dazu ergriffen werden?)

Abbildung 2-02 zeigt diese vier Phasen als Bezugsrahmen der Unternehmensplanung.

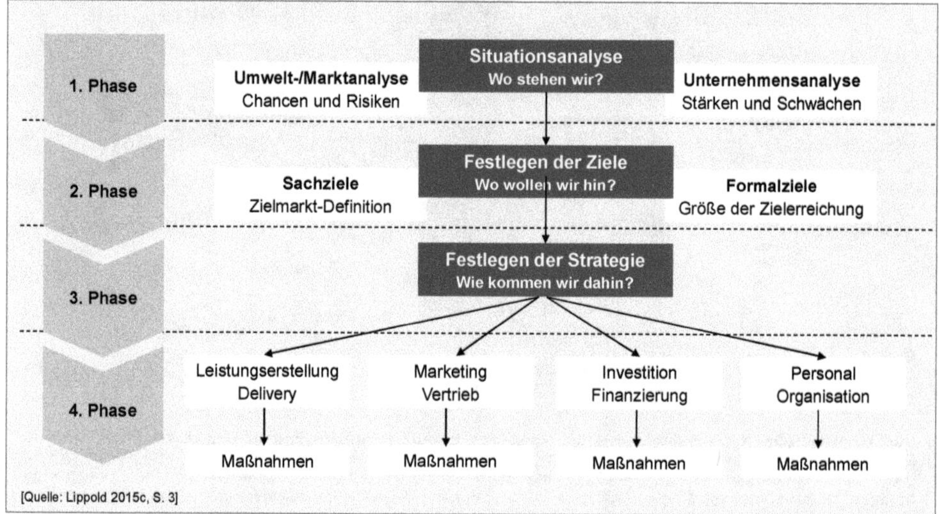

Abb. 2-02: Bezugsrahmen einer Unternehmensplanung

In der ersten Phase geht es um die **Situationsanalyse**, d. h. um eine Analyse der wesentlichen *externen* und *internen* Einflussfaktoren auf das Unternehmen. Die Situationsanalyse gliedert sich in die Umweltanalyse (engl. *External Analysis*) und in die Unternehmensanalyse (engl. *Self Analysis*) [vgl. Aaker 1984, S. 47 ff. und S. 113 ff.].

- Die **Umweltanalyse** betrachtet wichtige unternehmensexterne Rahmenbedingungen und ihre Auswirkungen auf das Unternehmens- und Marketingumfeld. Diese externen Einflussfaktoren bilden das sogenannte **Makro-Umfeld** des Unternehmens. Die Makro-Umwelt kann zwar vom Unternehmen nicht beeinflusst werden. Gleichwohl obliegt der Unternehmensführung die Aufgabe, die dominierenden Trends im Unternehmensumfeld mit seinen **Chancen** und **Risiken** für das Unternehmen frühzeitig zu erkennen und bei der Ziel-, Strategie- und Maßnahmenplanung zu antizipieren.

- Die **Unternehmensanalyse** liefert eine systematische Einschätzung und Beurteilung der strategischen, strukturellen und kulturellen Situation des Unternehmens und bezieht sich damit auf das **Mikro-Umfeld**. Im Rahmen der Unternehmensanalyse geht es darum, die **Stärken** und **Schwächen** des Unternehmens mit dem Ziel aufzuzeigen, über welche Fähigkeiten das Unternehmen insbesondere im Vergleich zu seinen Mitbewerbern verfügt.

Das Ergebnis der Analysephase, die in der Praxis regelmäßig als **SWOT-Analyse** *(Strengths, Weaknesses, Opportunities, Threats)* durchgeführt wird, ist eine Darstellung der Ausgangssituation.

An die umwelt- und unternehmensanalytisch aufbereitete Situationsanalyse schließt sich der **Zielbildungsprozess** als zweite Phase an. Hier werden die wesentlichen Zielgruppen, das Leistungsangebot des Unternehmens und die benötigten Ressourcen vorgeplant.

In der dritten Phase wird auf der Grundlage des unternehmerischen Zielsystems die **Unternehmensstrategie** festgelegt. Sie hat die Aufgabe, unternehmenspolitische Entscheidungen und den entsprechenden Ressourceneinsatz für die Teilbereichsplanungen zu kanalisieren und Erfolgspotenziale aufzubauen bzw. zu erhalten.

In der vierten Phase des Planungsprozesses geht es darum, für die einzelnen **Teilbereiche** des Unternehmens einen Handlungsrahmen zu entwickeln, in dem die für das operative Handeln relevanten **Maßnahmen** und **Prozesse** zusammengefasst und im Sinne bestimmter Anforderungskriterien optimiert werden können. Dabei kann es sich um funktionale Teilbereiche wie Marketing/Vertrieb, Entwicklung/Produktion etc. oder um Geschäftsbereichsplanungen handeln. Zweifellos stehen dabei die marktbezogenen Maßnahmen im Vordergrund.

Im Folgenden werden die vier Phasen ausführlich behandelt. Um die Phasen etwas anschaulicher zu gestalten, werden wiederholt Beispiele und Inserts herangezogen, die für möglichst viele Branchen und Betriebsgrößenklassen repräsentativ sind.

Unter dem besonderen Gesichtspunkt, eine **Nachhaltigkeitsstrategie** zu entwerfen und umzusetzen, bietet gerade die **Status-Quo-Analyse** (Wo stehen wir?) eine wichtige Grundlage, um den bestmöglichen Ausgangspunkt für die Strategie herzustellen.

2.1.2 Umweltanalyse (DESTEP) – Makro-Umfeld

Um eine nachhaltigkeitsorientierte Unternehmensplanung entwickeln und umsetzen zu können, muss das Management zunächst den dynamischen Kontext verstehen, in welchem das Unternehmen agiert, und die wichtigsten Einflussfaktoren dieser Umgebung identifizieren.

Abbildung 2-03 gibt einen Überblick über die verschiedenen Einflussfaktoren.

Die externen Einflussfaktoren, also das Makro-Umfeld des Unternehmens, lassen sich nach dem **DESTEP-Prinzip** in sechs Einflussgruppen unterteilen [vgl. Runia et al. 2011]. DESTEP ist ein englisches Akronym für:

- Einflüsse der **demografischen Umwelt** (engl. *Demographic* environment)
- Einflüsse der **makro-ökonomischen Umwelt** (engl. *Economic environment*)
- Einflüsse der **sozio-kulturellen Umwelt** (engl. *Social-cultural environment*)
- Einflüsse der **technologischen Umwelt** (engl. *Technological environment*)
- Einflüsse der **ökologischen Umwelt** (engl. *Ecological environment*)
- Einflüsse der **politisch-rechtlichen Umwelt** (engl. *Political environment*).

Gebräuchlich ist aber auch das Akronym **PESTLE** (manchmal auch **PESTEL**), das für nahezu die gleichen Inhalte bzw. Abkürzungen steht und lediglich eine andere Reihenfolge verwendet. Der einzige Unterschied besteht darin, dass bei der PESTLE-Systematik die *demografische Umwelt* der *sozio-kulturellen Umwelt* zugeordnet wird und die *politische-rechtlichen Faktoren* in zwei Einflussbereiche aufgeteilt werden.

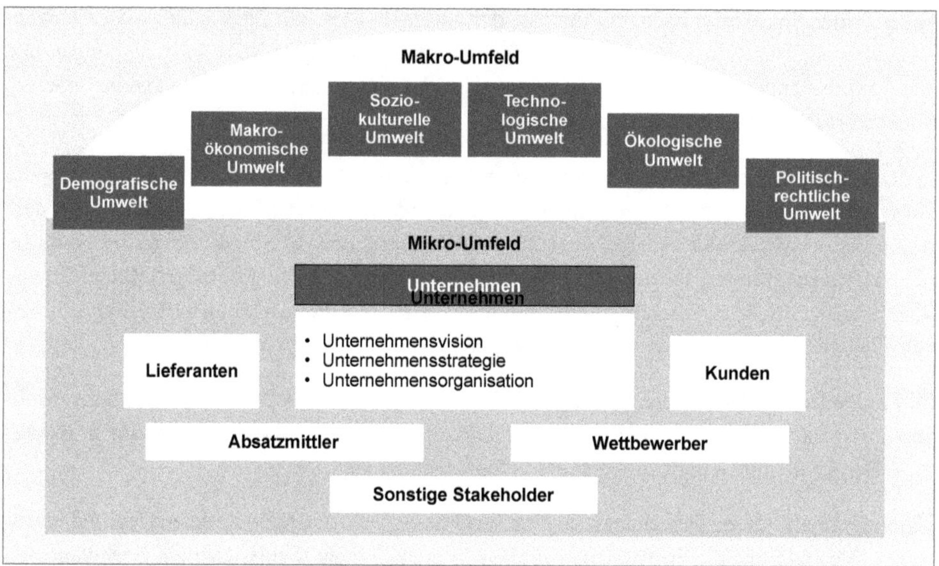

Abb. 2-03: Externe Einflussfaktoren

2.1.2.1 Demografische Einflüsse

Das Wachstum der Weltbevölkerung, die **Alterung und Schrumpfung der Bevölkerung** im Westen, **wachsende Migrationsströme** und demografische Verwerfungen kennzeichnen wichtige demografische Einflüsse. Von Bedeutung sind aber auch die Aufweichung der traditionellen Geschlechterrollen, die zunehmend wichtigere Rolle von Frauen im Erwerbsleben sowie die Aufwertung sozialer und kommunikativer Kompetenzen. Für das Familien- und Erwerbsleben gleichermaßen spielen die **Work-Life-Balance** sowie neue Familien- und Lebensformen eine immer größere Rolle. Angesprochen sind der Trend zur Kleinfamilie und die Zunahme nomadischer Haushaltsformen einerseits sowie die Verschiebung der Aufmerksamkeit von der Arbeits- in die Privatsphäre auf der anderen Seite.

Nach Angaben des Statistischen Bundeamts stieg die Zahl der Menschen im Alter ab 67 Jahren zwischen 1990 und 2021 um 58 % von 10,4 Millionen auf 16,4 Millionen. Bis Ende der 2030er-Jahre wird diese Zahl um weitere 4 Millionen bis 5 Millionen auf mindestens 20,4 Millionen wachsen. Mit anderen Worten, die Altersgruppe ab 67 Jahren wird sich im Zeitraum von 1990 bis 2040 verdoppelt haben [Quelle: Statistisches Bundesamt (Destatis) 2024].

Die *internen* Herausforderungen des Unternehmens, die durch das steigende Durchschnittsalter der Belegschaft induziert werden, berühren insbesondere das Personalmanagement, die Gestaltung interner Prozesse sowie das Produktionsmanagement. Die *externen* Herausforderungen, die durch einen ständig **wachsenden Anteil der älteren Konsumenten** an der Gesamtbevölkerung hervorgerufen werden, betreffen im Wesentlichen die Produktentwicklung sowie das Marketing und den Vertrieb. Hierbei geht es um Produkte und Dienstleistungen, die den spezifischen Bedürfnissen dieser wachsenden Kundschaft entsprechen und die erfolgreich vermarktet werden können. Für Unternehmen z.B., die Innovationen für ihre älter werdende Kundschaft entwickeln und anbieten, stellen sich drei wichtige Fragen [vgl. Kohlbacher et al. 2010, S. 30 ff.]:

- Wie lässt sich der sogenannte **„Silbermarkt“** (Assoziation mit grauem bzw. silbernem Haar, das für Alter steht) segmentieren bzw. in homogene Teilmärkte zerlegen?
- Wie können offene und latente Wünsche und Bedürfnisse potenzieller „Silber“-Kunden durch die Marktforschung erfasst werden und in die Produktentwicklung einfließen?
- Wie müssen Produktentwicklung und Marketing/Vertrieb zusammenarbeiten und ausgerichtet werden, um den Silbermarkt effizient zu bedienen?

2.1.2.2 Makro-ökonomische Einflüsse

In diesem Umweltbereich wird betrachtet, welche Einflussfaktoren auf das Angebots- und Nachfrageverhalten der Güter- und Kapitalmärkte einer Volkswirtschaft wirken. Besonders wichtig sind jene Faktoren, die zur **Verschärfung der Wettbewerbssituation**, d. h. zum Wandel der Konkurrenzverhältnisse im internationalen und globalen Kontext führen. Hierzu zählt insbesondere die Innovation als zentraler Wachstumstreiber und Wettbewerbsfaktor.

Veränderungen der Absatz- und Beschaffungsmärkte und spezifische Branchentendenzen (z.B. Wachstumsrate einer Branche), Einkommensverteilung, Geldvermögen, Sparquote, Inflationsrate, Arbeitslosenquote, Zinsniveau und Kaufkraftentwicklung sind weitere Rahmenbedingungen. In die Kategorie *spezifische Branchentendenzen* fällt auch der Trend zur **Optimierung der Dienstleistungstiefe**, d. h. die Frage, inwieweit bestimmte Aktivitäten der zentralen Dienste (Marketing, Personal, Controlling etc.) ausgelagert und durch andere Unternehmen wahrgenommen werden können (*Outsourcing*). Die zentralen Zielsetzungen in Verbindung mit Outsourcing bestehen darin, sich auf Kernkompetenzen zu konzentrieren und Kosten zu reduzieren.

Das global wachsende Bildungsniveau, die **daten- und wissensbasierte Wertschöpfung** und **lebenslanges Lernen** sind weitere Einflüsse, die in diese Rubrik fallen und unter dem Stichwort „wissensbasierte Ökonomie“ zusammengefasst werden können.

2.1.2.3 Sozio-kulturelle Einflüsse

Die sozio-kulturellen Einflussfaktoren befassen sich mit Trends, die die Werte und Normen von Gesellschaften beeinflussen. Von besonderem Einfluss sind **soziale und kulturelle Disparitäten**. Diese kommen in der zunehmenden Polarisierung zwischen Arm und Reich und in der Konkurrenz und Hybridisierung von Wertesystemen zum Ausdruck. Hinzu kommt, dass sich prekäre Lebensverhältnisse zum Massenphänomen entwickeln.

Ein weiterer wichtiger sozio-kultureller Einflussfaktor ist die **Umgestaltung der Gesundheitssysteme**. Bestimmungsfaktoren hierfür sind die stark wachsenden Gesundheitsausgaben, die Reorganisation des Gesundheitssektors und neue Ansätze in Therapie und Diagnose. Das steigende Gesundheitsbewusstsein und die zunehmende Selbstverantwortung der Bevölkerung führen zu einer vermehrten Privatisierung der Kosten.

Unter den sozio-kulturellen Einflüssen spielt die zunehmende **Urbanisierung** eine wichtige Rolle. Urbane Agglomerationen führen zu Strukturproblemen in ländlichen Regionen. Die Entwicklung angepasster Infrastrukturlösungen und eine nachhaltige Stadtentwicklung mit neuen Wohn-, Lebens- und Partizipationsformen wird unsere Zukunft mitbestimmen.

Nach dem Zukunfts- und Trendforscher Matthias Horx sind es vier sogenannte *Megatrends*, die unser künftiges sozio-kulturelles Umfeld beeinflussen werden (siehe Insert 2-02):

Insert 2-02: Vier Megatrends im sozio-kulturellen Umfeld

2.1.2.4 Technologische Einflüsse

Die technologische Entwicklung ist sicherlich der Einflussfaktor, der unser Umfeld am stärksten formt und gestaltet. Zu den technischen Innovationen zählen die neuen Kommunikationsmittel, die sich auf Inhalt und Umfang der Kundenbeziehungen auswirken. Im Mittelpunkt stehen dabei die enormen Potenziale, die das Internet den Unternehmen und ihren Kunden bietet. Aber auch neue Produktionsverfahren, die gravierende Änderungen im Leistungserstellungsprozess mit sich bringen, sowie vor allem Produkt- und Dienstleistungsinnovationen wirken sich auf den Einsatz des Management-Instrumentariums aus.

Ein Großteil der heute alltäglichen Produkte war vor wenigen Jahrzehnten noch gänzlich unbekannt: Flachbildschirme, Personal Computer, MP3-Player, Digitalkameras, Mobiltelefone und vieles andere mehr. In der Unterhaltungselektronik haben digitale Geräte die alte analoge Technik nahezu vollständig abgelöst. Bereits im Jahr 2010 wurden in Deutschland 95 Prozent aller Umsätze in Höhe von 13,4 Milliarden Euro mit digitalen Geräten gemacht. Der Anteil analoger Geräte lag bei nur noch fünf Prozent. [Quelle: Bitkom-Pressemitteilung vom 10.08.2010].

Interessanterweise ist ein Teil dieser neuen Geräte bereits wieder vom Markt verschwunden. Der Grund: Das Smartphone, das in zweifacher Hinsicht eine besondere Rolle als Markttreiber übernommen. Zum einen treibt es dem Markt durch die Vernetzung zu anderen Geräten zu völlig neuen Nutzungsmöglichkeiten an. Zum anderen löscht es Produkte aus, die für sich genommen den Lebenszyklus bei weitem noch nicht überschritten hatten (siehe Insert 2-03).

Während der Wachwechsel in der Unterhaltungselektronik damit abgeschlossen scheint, steht gleichzeitig ein neuer Innovationsschub durch die **vierte industrielle Revolution** bevor.

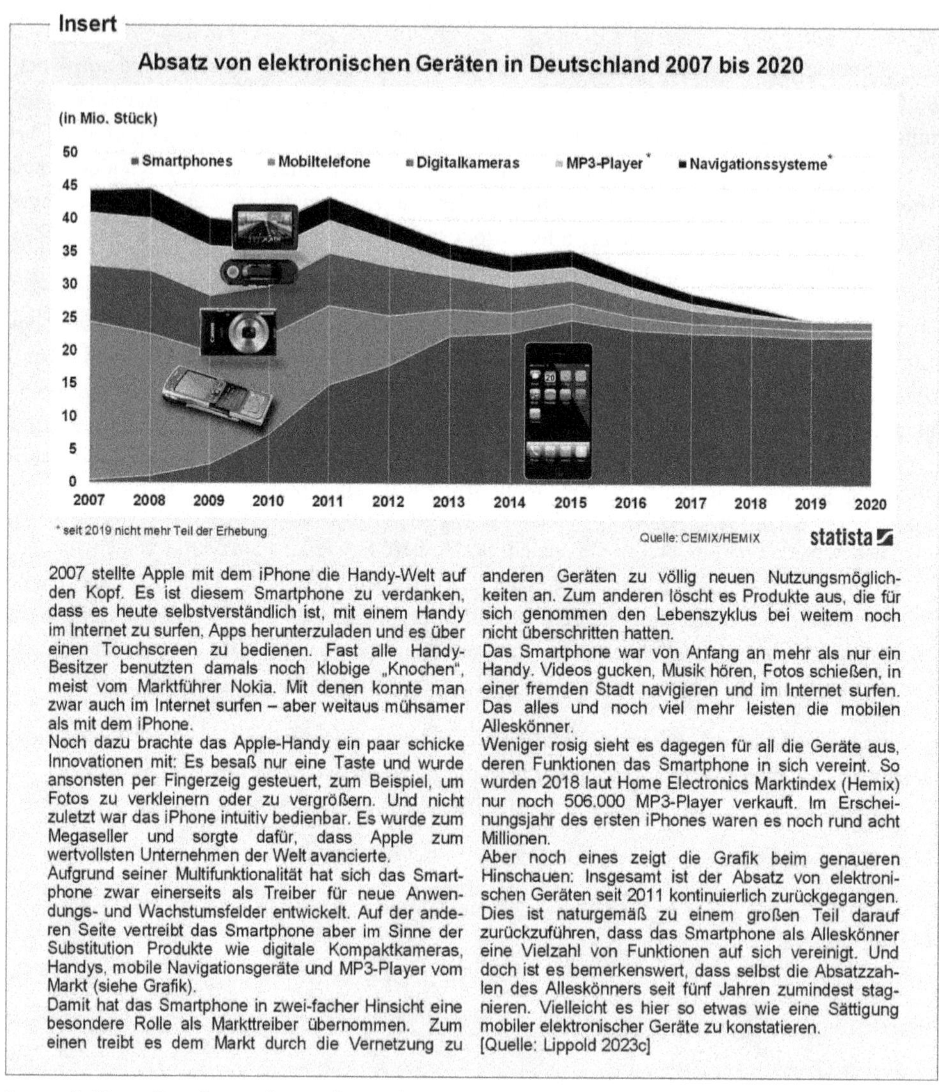

2007 stellte Apple mit dem iPhone die Handy-Welt auf den Kopf. Es ist diesem Smartphone zu verdanken, dass es heute selbstverständlich ist, mit einem Handy im Internet zu surfen, Apps herunterzuladen und es über einen Touchscreen zu bedienen. Fast alle Handy-Besitzer benutzten damals noch klobige „Knochen", meist vom Marktführer Nokia. Mit denen konnte man zwar auch im Internet surfen – aber weitaus mühsamer als mit dem iPhone.

Noch dazu brachte das Apple-Handy ein paar schicke Innovationen mit: Es besaß nur eine Taste und wurde ansonsten per Fingerzeig gesteuert, zum Beispiel, um Fotos zu verkleinern oder zu vergrößern. Und nicht zuletzt war das iPhone intuitiv bedienbar. Es wurde zum Megaseller und sorgte dafür, dass Apple zum wertvollsten Unternehmen der Welt avancierte.

Aufgrund seiner Multifunktionalität hat sich das Smartphone zwar einerseits als Treiber für neue Anwendungs- und Wachstumsfelder entwickelt. Auf der anderen Seite vertreibt das Smartphone aber im Sinne der Substitution Produkte wie digitale Kompaktkameras, Handys, mobile Navigationsgeräte und MP3-Player vom Markt (siehe Grafik).

Damit hat das Smartphone in zwei-facher Hinsicht eine besondere Rolle als Markttreiber übernommen. Zum einen treibt es dem Markt durch die Vernetzung zu anderen Geräten zu völlig neuen Nutzungsmöglichkeiten an. Zum anderen löscht es Produkte aus, die für sich genommen den Lebenszyklus bei weitem noch nicht überschritten hatten.

Das Smartphone war von Anfang an mehr als nur ein Handy. Videos gucken, Musik hören, Fotos schießen, in einer fremden Stadt navigieren und im Internet surfen. Das alles und noch viel mehr leisten die mobilen Alleskönner.

Weniger rosig sieht es dagegen für all die Geräte aus, deren Funktionen das Smartphone in sich vereint. So wurden 2018 laut Home Electronics Marktindex (Hemix) nur noch 506.000 MP3-Player verkauft. Im Erscheinungsjahr des ersten iPhones waren es noch rund acht Millionen.

Aber noch eines zeigt die Grafik beim genaueren Hinschauen: Insgesamt ist der Absatz von elektronischen Geräten seit 2011 kontinuierlich zurückgegangen. Dies ist naturgemäß zu einem großen Teil darauf zurückzuführen, dass das Smartphone als Alleskönner eine Vielzahl von Funktionen auf sich vereinigt. Und doch ist es bemerkenswert, dass selbst die Absatzzahlen des Alleskönners seit fünf Jahren zumindest stagnieren. Vielleicht es hier so etwas wie eine Sättigung mobiler elektronischer Geräte zu konstatieren.

[Quelle: Lippold 2023c]

Insert 2-03: Das Smartphone als Treiber in zweifacher Hinsicht

Grundlegende technische Fortschritte waren in der Vergangenheit stets die Folge einer zentralen Erfindung. Die Dampfmaschine brachte die erste industrielle Revolution. Elektrizität und Fließband läuteten die zweite Revolution ein und die Automatisierung durch IT und Elektronik löste die dritte industrielle Revolution aus. Als Fortsetzung dieser Entwicklung wurde in Deutschland mit der kommenden Verzahnung von Industrie und Informationstechnik der Begriff **Industrie 4.0** als vierte industrielle Revolution eingeführt.

Allerdings dürfen die so beschriebenen vier industriellen Revolutionen nicht mit den sogenannten **Kondratieff-Wellen** verwechselt werden. Insert 2-04 verdeutlicht den Unterschied zwischen den industriellen Revolutionen und den langfristigen Konjunkturbewegungen, die von Nicolai D. Kondratieff analysiert wurden.

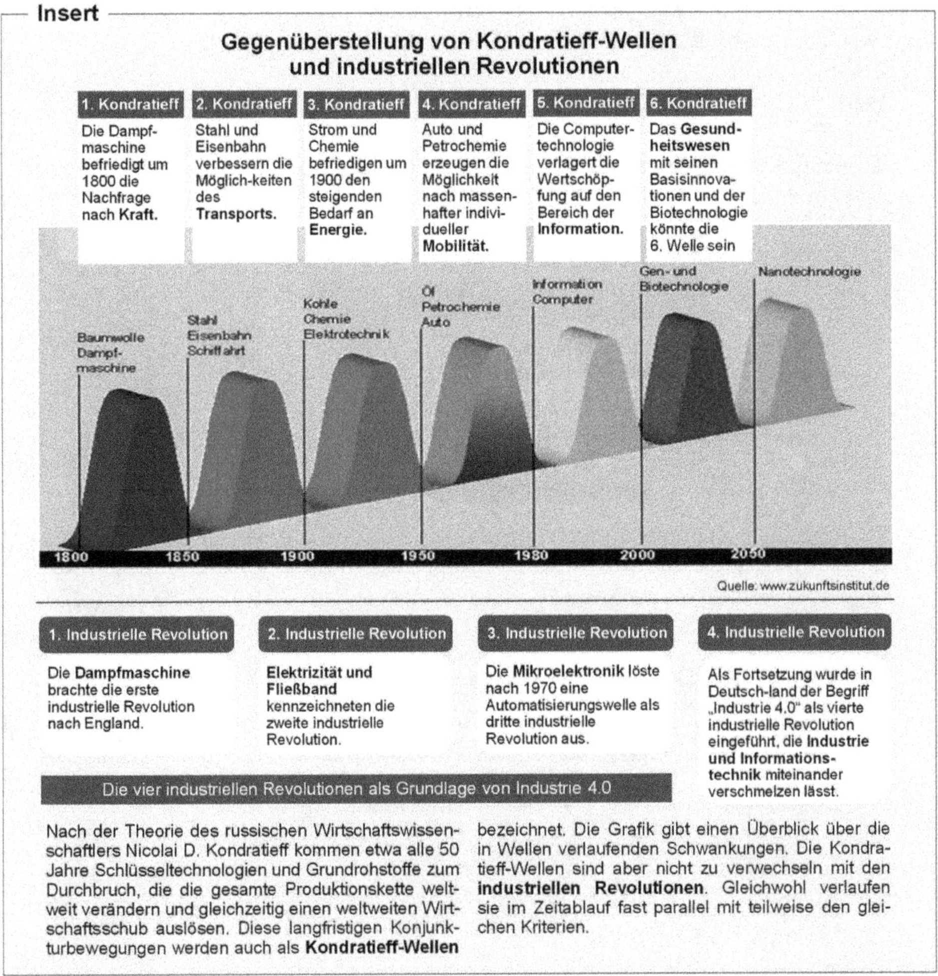

Insert 2-04: Gegenüberstellung von Kondratieff-Wellen und industriellen Revolutionen

Aktuell finden entscheidende technische Fortschritte auf mindestens vier zentralen Gebieten parallel statt, deren Kombination die Wirtschaft wahrscheinlich tiefer und schneller verändert als die bisher beobachteten industriellen Revolutionen: Das Internet der Dinge, Roboter, künstliche Intelligenz (KI) und 3D-Druck. Im Hintergrund kommen noch Big Data und die Umstellung auf das Cloud-Computing hinzu, das als Infrastrukturtechnik oft als Basis für die Digitalisierung der Wirtschaft dient. Alle Entwicklungen zusammen treiben also nicht nur die Transformation der Industrie an, sondern eigentlich des gesamten Wirtschaftsprozesses [vgl. Kollmann/Schmidt 2016, S. 12].

Als *der* wesentliche Treiber für den Erhalt und Ausbau der Wettbewerbsfähigkeit Deutschlands wird aber **Industrie 4.0** angesehen. Darunter wird eine intelligente Vernetzung der Produktion mit modernster Informations- und Kommunikationstechnik verstanden, um daraus bessere Absatzchancen für höherwertige Produkte, Dienstleistungen bzw. deren Kombinationen zu erzielen. So ist es kein Wunder, dass in Industrie 4.0 einer der größten Wachstumstreiber unserer

Volkswirtschaft gesehen wird und das fast zwei Drittel der deutschen Industrieunternehmen im Zuge von Industrie 4.0 ihre Geschäftsmodelle verändern (siehe Insert 2-05).

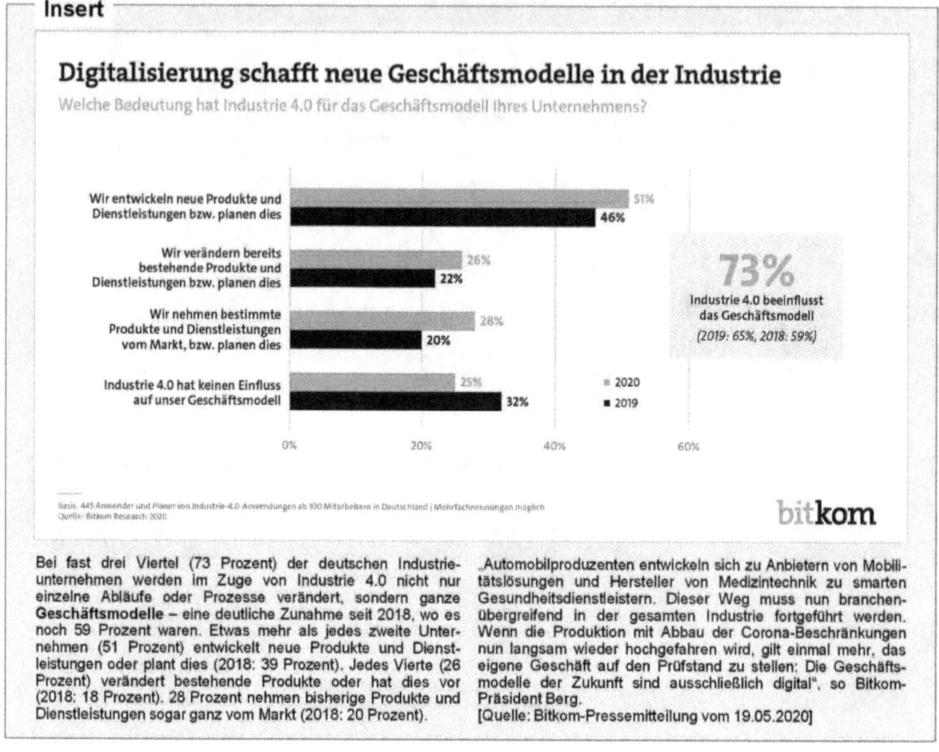

Bei fast drei Viertel (73 Prozent) der deutschen Industrieunternehmen werden im Zuge von Industrie 4.0 nicht nur einzelne Abläufe oder Prozesse verändert, sondern ganze **Geschäftsmodelle** – eine deutliche Zunahme seit 2018, wo es noch 59 Prozent waren. Etwas mehr als jedes zweite Unternehmen (51 Prozent) entwickelt neue Produkte und Dienstleistungen oder plant dies (2018: 39 Prozent). Jedes Vierte (26 Prozent) verändert bestehende Produkte oder hat dies vor (2018: 18 Prozent). 28 Prozent nehmen bisherige Produkte und Dienstleistungen sogar ganz vom Markt (2018: 20 Prozent).

„Automobilproduzenten entwickeln sich zu Anbietern von Mobilitätslösungen und Hersteller von Medizintechnik zu smarten Gesundheitsdienstleistern. Dieser Weg muss nun branchenübergreifend in der gesamten Industrie fortgeführt werden. Wenn die Produktion mit Abbau der Corona-Beschränkungen nun langsam wieder hochgefahren wird, gilt einmal mehr, das eigene Geschäft auf den Prüfstand zu stellen: Die Geschäftsmodelle der Zukunft sind ausschließlich digital", so Bitkom-Präsident Berg.
[Quelle: Bitkom-Pressemitteilung vom 19.05.2020]

Insert 2-05: Wachstumspotenzial durch Industrie 4.0

2.1.2.5 Ökologische Einflüsse

In Verbindung mit den Umbrüchen bei **Energie und Ressourcen** sowie **Klimawandel und Umweltbelastung** haben in diesem Einflussbereich folgende Trends eine besondere Bedeutung für die nachhaltige Unternehmensführung:

- Wachsender Energie- und Ressourcenverbrauch
- Verknappung der natürlichen Ressourcen in Verbindung mit steigenden Energiekosten
- Einsatz erneuerbarer Energien
- Neue Antriebstechnologien im Automobilbereich
- Zunehmende Umweltverschmutzung in Verbindung mit steigenden CO_2-Emissionen und Temperaturen
- Engpässe in der Ernährungsversorgung in Ländern der Dritten Welt
- Umweltpolitische Interventionen staatlicher Institutionen
- Strategien zur Minderung und Anpassung an den Klimawandel.

Besondere Relevanz kommt der **Entwicklung alternativer Energiequellen** wie Wind- und Solarenergie bzw. der Schaffung energieeffizienter Technologien zu (siehe Insert 2-06).

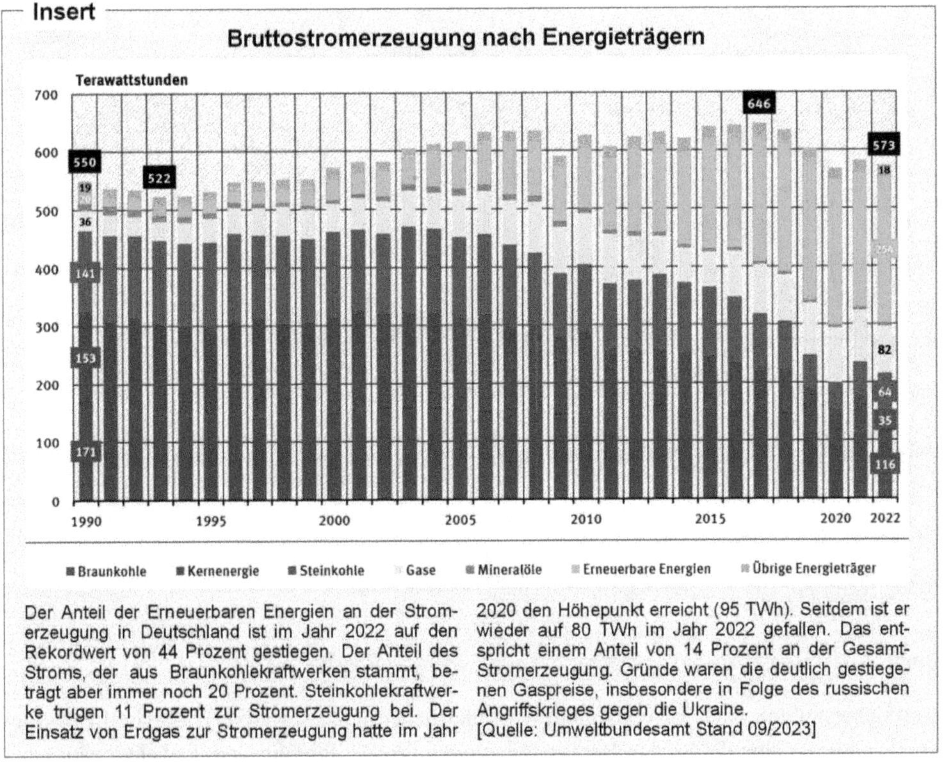

Der Anteil der Erneuerbaren Energien an der Stromerzeugung in Deutschland ist im Jahr 2022 auf den Rekordwert von 44 Prozent gestiegen. Der Anteil des Stroms, der aus Braunkohlekraftwerken stammt, beträgt aber immer noch 20 Prozent. Steinkohlekraftwerke trugen 11 Prozent zur Stromerzeugung bei. Der Einsatz von Erdgas zur Stromerzeugung hatte im Jahr 2020 den Höhepunkt erreicht (95 TWh). Seitdem ist er wieder auf 80 TWh im Jahr 2022 gefallen. Das entspricht einem Anteil von 14 Prozent an der Gesamt-Stromerzeugung. Gründe waren die deutlich gestiegenen Gaspreise, insbesondere in Folge des russischen Angriffskrieges gegen die Ukraine.
[Quelle: Umweltbundesamt Stand 09/2023]

Insert 2-06: Bruttostromerzeugung nach Energieträgern

Ein ausschließlicher Blick auf die erneuerbaren Energien (Wasserkraft, Windenergie, Biomasse, biogener Anteil des Abfalls, Photovoltaik, Geothermie) zeigt, dass die Stromerzeugung aus diesen Energieträgern seit 1990 auf fast das 14-fache stieg.

Diese Entwicklung ist besonders auf die Einführung des Erneuerbare-Energien-Gesetzes (EEG) zurückzuführen und hat nach Angaben des Bundesumweltamts ganz wesentlich zum Rückgang der fossilen Bruttostromerzeugung beigetragen (siehe Insert 2-07).

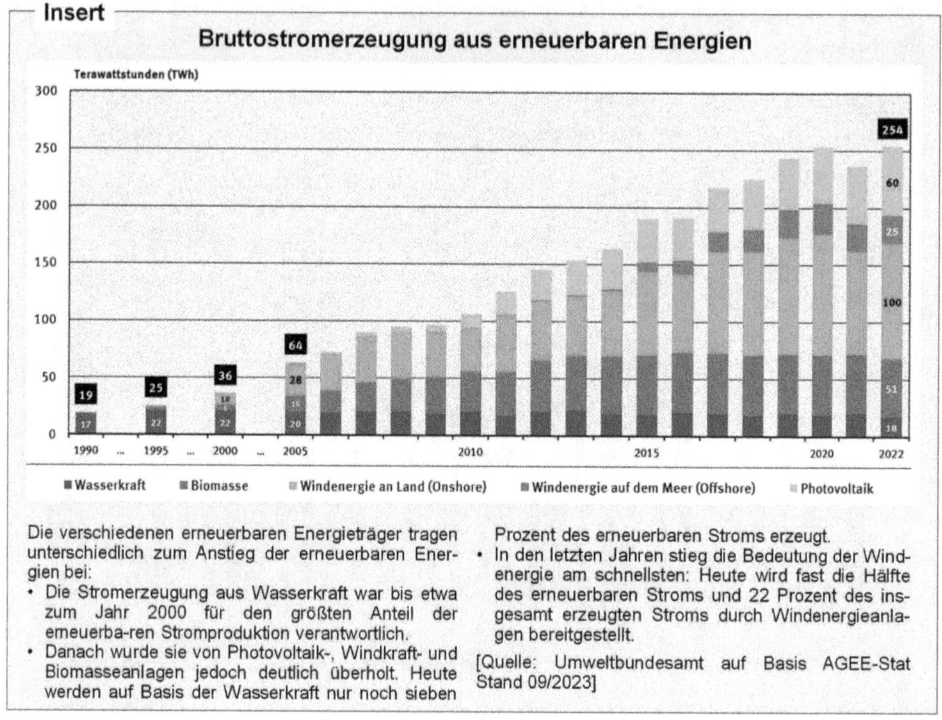

Die verschiedenen erneuerbaren Energieträger tragen unterschiedlich zum Anstieg der erneuerbaren Energien bei:

- Die Stromerzeugung aus Wasserkraft war bis etwa zum Jahr 2000 für den größten Anteil der erneuerba-ren Stromproduktion verantwortlich.
- Danach wurde sie von Photovoltaik-, Windkraft- und Biomasseanlagen jedoch deutlich überholt. Heute werden auf Basis der Wasserkraft nur noch sieben Prozent des erneuerbaren Stroms erzeugt.
- In den letzten Jahren stieg die Bedeutung der Windenergie am schnellsten: Heute wird fast die Hälfte des erneuerbaren Stroms und 22 Prozent des insgesamt erzeugten Stroms durch Windenergieanlagen bereitgestellt.

[Quelle: Umweltbundesamt auf Basis AGEE-Stat Stand 09/2023]

Insert 2-07: Bruttostromerzeugung aus erneuerbaren Energien

Die Sicherstellung einer zuverlässigen, wirtschaftlichen und **umweltverträglichen Energieversorgung** ist eine der großen Herausforderungen des 21. Jahrhunderts. Dabei werden nach der beschleunigten Energiewende in Deutschland (Ausstieg aus der Kernenergie) die erneuerbaren Energien eine herausragende Rolle spielen.

Die Schaffung energieeffizienter Technologien in Verbindung mit **Antriebstechniken**, die sich hinsichtlich Energieart oder konstruktiver Lösung von den auf dem Markt verbreiteten Antriebstechniken unterscheiden, gehört ebenfalls zu den wichtigen Aufgabenfeldern industrieller Forschungsabteilungen. So arbeitet die Automobilindustrie intensiv an neuen Antriebstechnologien und energiesparenden Kompaktwagen.

Auch die Entsorgung chemischer und nuklearer Abfälle und die **Verschmutzung der Umwelt** durch biologisch nicht abbaubare Materialien stellt die Industrie vor erhebliche Herausforderungen. Die Einhaltung von Umweltrichtlinien stellt zwar zunächst eine Belastung dar, sie bietet aber auch die Chance, neue Absatzpotenziale zu erschließen.

Vor allem der **Energiesektor** mit stationären und mobilen Quellen emittiert in Deutschland Treibhausgase, besonders Kohlendioxid. Relevant sind aber auch die Emissionen der Industrie, der Gebäude, des Verkehrs und der Landwirtschaft, letztere insbesondere durch die Freisetzung von Methan und Lachgas (siehe Insert 2-08).

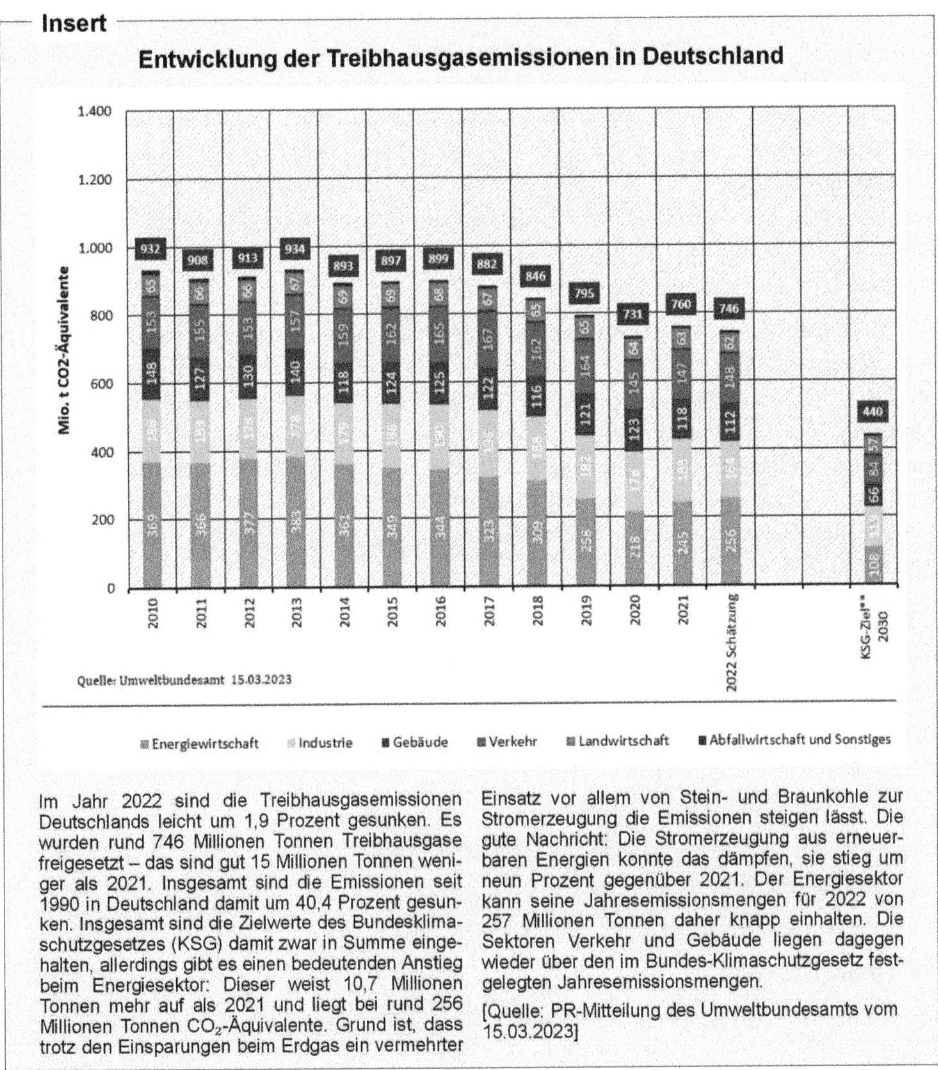

Im Jahr 2022 sind die Treibhausgasemissionen Deutschlands leicht um 1,9 Prozent gesunken. Es wurden rund 746 Millionen Tonnen Treibhausgase freigesetzt – das sind gut 15 Millionen Tonnen weniger als 2021. Insgesamt sind die Emissionen seit 1990 in Deutschland damit um 40,4 Prozent gesunken. Insgesamt sind die Zielwerte des Bundesklimaschutzgesetzes (KSG) damit zwar in Summe eingehalten, allerdings gibt es einen bedeutenden Anstieg beim Energiesektor: Dieser weist 10,7 Millionen Tonnen mehr auf als 2021 und liegt bei rund 256 Millionen Tonnen CO_2-Äquivalente. Grund ist, dass trotz den Einsparungen beim Erdgas ein vermehrter Einsatz vor allem von Stein- und Braunkohle zur Stromerzeugung die Emissionen steigen lässt. Die gute Nachricht: Die Stromerzeugung aus erneuerbaren Energien konnte das dämpfen, sie stieg um neun Prozent gegenüber 2021. Der Energiesektor kann seine Jahresemissionsmengen für 2022 von 257 Millionen Tonnen daher knapp einhalten. Die Sektoren Verkehr und Gebäude liegen dagegen wieder über den im Bundes-Klimaschutzgesetz festgelegten Jahresemissionsmengen.

[Quelle: PR-Mitteilung des Umweltbundesamts vom 15.03.2023]

Insert 2-08: Entwicklung der Treibhausgasemissionen in Deutschland

2.1.2.6 Politisch-rechtliche Einflüsse

Die neue politische Weltordnung ist gekennzeichnet durch den Aufstieg Chinas und Indiens zu wirtschaftlichen Weltmächten und durch eine Krise der westlichen Demokratien. Die Rede ist bereits von Globalisierung 2.0 mit einer Verlagerung der ökonomischen Machtzentren, einer volatilen Ökonomie und einer entfesselten Finanzwelt mit globalisierten Kapitalströmen. Damit ist zugleich auch die globale Risikogesellschaft angesprochen, die durch asymmetrische Konflikte, Zunahme von Naturkatastrophen und global organisierte Verbrechen und Cyberkriminalität gekennzeichnet ist. Mit einer wachsenden Störanfälligkeit technischer und sozialer Infrastrukturen geht auch der Ruf nach mehr Kontrolle einher.

In Deutschland existiert eine Vielzahl von Gesetzen, die das Wettbewerbsverhalten, die Produktstandards, den Urheber- und Markenschutz aber auch den Verbraucherschutz regeln und damit von erheblicher Bedeutung für die Unternehmen sind. Die Liberalisierung des europäischen Strommarkts und die Deregulierung des Telekommunikationsmarktes sind Beispiele für politisch-rechtliche Einflüsse, die dem Marketing-Management vieler Unternehmen neue Chancen und Perspektiven eröffnet haben. Aber auch kommunalpolitische Rahmenbedingungen und die spezifische(n) Standortsituation(en) des Unternehmens, die durch die (jeweilige) regionale Infrastruktur bestimmt wird (werden), zählen zu den politisch-rechtlichen Einflussfaktoren.

Alle genannten Megatrends haben zum Teil gravierende Auswirkungen auf das Kaufverhalten und erzeugen vielfältige Marktchancen. Neue oder erweiterte Zielgruppen (Senioren, Frauen im Beruf, Single-Haushalte) haben bei vielen Produkten abweichende Bedürfnisse, die das Marketing berücksichtigen muss. An dieser Stelle wird sehr deutlich, dass sich bei den soziokulturellen Einflüssen (insb. Alterung) deutliche Überschneidungen zu den demografischen Einflüssen zeigen. Diese Überlappung ist aber kein Einzelfall, denn alle Komponenten der Makro-Umwelt sind untereinander vernetzt und können sich gegenseitig beeinflussen [vgl. Runia et al. 2011, S. 59].

Speziell unter dem Gesichtspunkt der **Nachhaltigkeit** muss die Geschäftsführung in erster Linie folgende **rechtlichen Rahmendingen** beachten [siehe hierzu und im Folgenden Kreutzer 2023, S. 67 ff.]:

- Green Deal der Europäischen Kommission
- Orientierung an den ESG-Kriterien
- Corporate Sustainability Reporting Directive (CSRD)
- Lieferkettengesetz
- Kreislaufwirtschaftsgesetz und Verpackungsgesetz
- Ökodesign-Richtlinie
- Klimaschutzgesetz (KSG)

Im Rahmen des **Green Deal der Europäischen Kommission** soll der Übergang zu einer modernen, ressourceneffizienten und wettbewerbsfähigen Wirtschaft sichergestellt werden. Hierbei werden folgende Ziele angestrebt:

- Bis 2050 sollen in der EU keine **Netto-Treibhausgase** mehr ausgestoßen werden.
- Das **Wachstum** der EU soll **von der Ressourcennutzung abgekoppelt** werden.

Im ESG-Bereich rücken die **ESG-Kriterien bei Anlageentscheidungen** immer mehr in den Mittelpunkt. Um Investitionsentscheidungen zu erleichtern, wird auf Nachhaltigkeits-Rating-Agenturen zugegriffen. Ein Nachhaltigkeits-Rating wird allerdings nicht im Auftrag der Emittenten, sondern im Auftrag der Investoren erstellt. Es werden ESG-Fonds und ESG-ETFs aufgelegt und ESG-ETF-Sparpläne konzipiert. Der Schlüsselbegriff hierzu lautet: nachhaltige Vermögensbildung.

Die 2021 im Entwurf veröffentlichte **Corporate Sustainability Reporting Directive (CSRD)** weitet die nichtfinanzielle ESG-Berichterstattung für in der EU ansässige Unternehmen ab 2024 deutlich aus. Danach werden alle europäischen Unternehmen mit mehr als 250 Mitarbeiter sowie kleine und mittelgroße kapitalmarktorientierte Unternehmen dazu zu verpflichtet, jährlich einen Nachhaltigkeitsbericht abzugeben. Die Anzahl der berichtspflichtigen Unternehmen wird so von ursprünglich circa 11.600 Unternehmen auf EU-weit 49.000 steigen. Ab Januar 2024 müssen Unternehmen, die bereits der Non-Financial Reporting Directive unterliegen, mit der Datensammlung für das Folgejahr beginnen. Bis Januar 2028 kommen jeweils weitere Unternehmen hinzu [Quelle: Capgemini 2024].

Zum derzeitigen Stand der betroffenen IT-Abteilungen, die alle Daten zusammenführen und ein vollständiges Bild über die Emissionen des Unternehmens haben, siehe Insert 2-09.

Insert

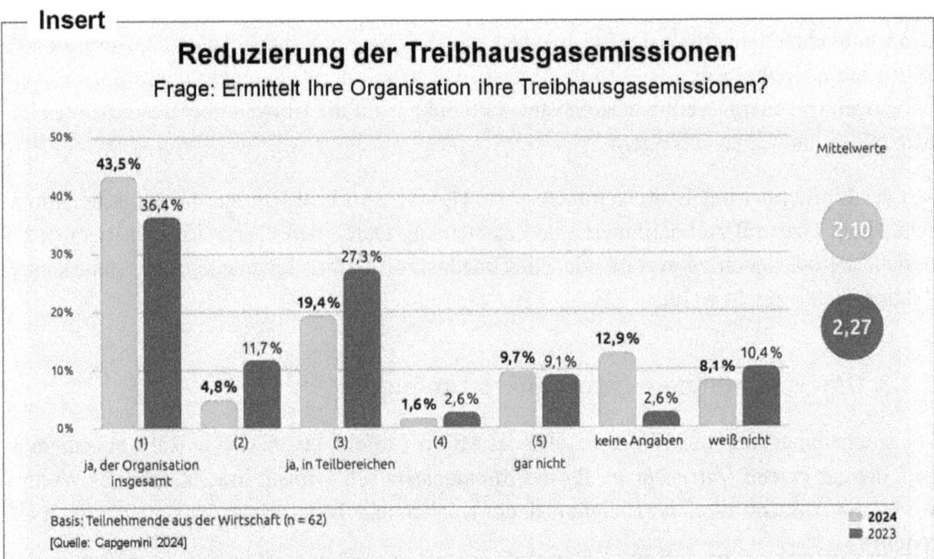

Mehr als die Hälfte der Studienteilnehmenden aus der Wirtschaft gibt an, dass ihr Unternehmen von der CSRD betroffen ist. Der Stellenwert des Reportings für diese Organisationen ist hoch: Auf einer Skala von 1 (hohe Bedeutung) bis 5 (keine Bedeutung) liegt er im Schnitt bei 2. Alle betroffenen Unternehmen haben mit der Vorbereitung der Nachhaltigkeitsberichterstattung angefangen. Denn die Datenerhebung und -berechnung ist extrem umfangreich und beinhaltet nicht nur die eigenen Treibhausgasemissionen, sondern auch diejenigen, die bei der Produktion und dem Transport von Vorprodukten entstehen, sowie die Emissionen, die bei der Verwendung freigesetzt werden. Insgesamt müssen Angaben zu fast 1.200 Datenpunkten veröffentlicht werden. Mit 17 Prozent hat ein hoher Anteil der Befragten diese Vorarbeiten schon abgeschlossen und kann ab Anfang Januar die erforderlichen Daten erfassen und auswerten. Alle anderen müssen zunächst die Voraussetzungen dafür schaffen. Etwa jeder vierte Studienteilnehmende aus der Wirtschaft gibt an, die Treibhausgasemissionen zumindest in Teilbereichen zu erheben. Dabei kann es sich um eigene Messungen handeln, aber auch um Informationen von Geschäftspartnern. Alle Daten zusammengeführt und ein vollständiges Bild über die Emissionen des Unternehmens haben inzwischen knapp 44 Prozent der Teilnehmenden, im Vorjahr waren es erst 36 Prozent. Die Quote ist umso höher, je größer das Unternehmen ist. Sehr hoch erscheint mit mehr als 20 Prozent allerdings auch der Anteil der Befragten, die zu diesem Thema keine Auskunft geben wollen oder können. Dieses Ergebnis deutet darauf hin, dass Nachhaltigkeitsberichterstattung in der Vorbereitungsphase wenig kommuniziert wird. Im Durchschnitt sind CIOs etwas schlechter informiert als Führungskräfte aus dem Business.

[Quelle: Capgemini 2024]

Insert 2-09: Reduzierung der Treibhausgasemissionen

Das **Lieferkettengesetz (LkSG)** bzw. das Lieferkettensorgfaltspflichtengesetz definiert unternehmerische Sorgfaltspflichten zur Vermeidung von Menschenrechtsverletzungen in Lieferketten. Das Ziel dieses Gesetzes ist die Verbesserung der internationalen Menschenrechtslage. Hierzu werden für das Management von Lieferketten konkrete Anforderungen festlegt. Durch das Lieferkettengesetz zwingt der Gesetzgeber die Unternehmen, der sozialen und ökologischen Nachhaltigkeit einen besonderen Stellenwert einzuräumen. Zusätzlich werden die Unternehmen angehalten, die ESG-Kriterien systematisch zu berücksichtigen.

Eine zentrale Grundlage für eine nachhaltige Unternehmensführung ist auch das **Kreislaufwirtschaftsgesetz (KrWG)**. Vorrangiges Ziel des Gesetzes ist folglich die Reduzierung der Abfallmengen. Das **Verpackungsgesetz** greift umfassend in die unternehmerischen Gestaltungsmöglichkeiten bei Verpackungen ein. Hierdurch sollen die Auswirkungen von Verpackungsabfällen auf die Umwelt vermieden oder verringert werden.

Um Unternehmen innerhalb der EU zu einem nachhaltigeren Design anzuhalten, wurde bereits 2005 eine **EU-Ökodesign-Richtlinie** verfasst. Diese soll dazu beitragen, die negativen Auswirkungen von energieverbrauchsrelevanten Produkten auf die Umwelt über den gesamten Lebenszyklus hinweg zu verringern.

Mit der Einführung des **Klimaschutzgesetzes (KSG)** wird beabsichtigt, die deutsche Klimaschutzpolitik zentral zu koordinieren und zu steuern.. Durch den übergreifenden Rahmen für bestehende oder noch zu ergreifende Einzelmaßnahmen sollen letztendlich die Emissionsreduktionsziele erreicht werden.

2.1.3 Unternehmensanalyse – Mikro-Umfeld

Die unternehmensinternen Einflüsse, also das Mikro-Umfeld, lassen sich in Rahmenbedingungen, die das eigene *Unternehmen* für das *Management* setzt, sowie in Einflüsse des Wettbewerbs, der Absatzmittler, der Lieferanten, der Kunden und Teilbereiche der Öffentlichkeit unterteilen.

Unternehmen. Die Auswirkungen der *Unternehmensstrategie* in Verbindung mit evtl. geplanten Unternehmenszusammenschlüssen oder Veränderungen im Produktportfolio sind für die Unternehmensführung ebenso von Bedeutung wie die Frage nach der *Unternehmensvision*, also der langfristigen Vorstellung von der Unternehmensentwicklung. Auch die Ausgestaltung der *Unternehmensorganisation* (Führungsstrukturen, Aufbau-, Ablauf- und Prozessverantwortlichkeiten) bestimmt die Agenda des Managements.

Kunden. Es ist keine Frage, dass die Analyse der Kundenmärkte und der Kundenbeziehungen ganz oben auf der Agenda des Managements steht. Nachhaltiger Unternehmenserfolg ist nur über die Befriedigung der Kundenwünsche zu erzielen. Das setzt die wirksame Kommunikation des Kundennutzens und des Kundenvorteils voraus.

Wettbewerb. Der Wettbewerbsvorteil ist eine zentrale Maxime des Marketings. Um einen Wettbewerbsvorteil zu erzielen, muss das eigene Angebot im Markt so positioniert werden, dass es sich von dem des Wettbewerbs differenziert. Eine Analyse des Konkurrenzangebotes ist daher eine wichtige Voraussetzung, um eine erfolgreiche Wettbewerbsstrategie zu entwickeln und durchzusetzen.

Lieferanten. Lieferanten sind ein wichtiges Bindeglied in der Wertschöpfungskette des Unternehmens. Qualität, Mengen und Termintreue sind wichtige Kriterien bei der Lieferantenauswahl und haben mittelbaren Einfluss auf die Absatzgestaltung. In vielen Bereichen (z. B. Automobilindustrie) hat sich die *Zulieferindustrie* zum kritischen Erfolgsfaktor entwickelt.

Absatzmittler. Als Absatzmittler sind schwerpunktmäßig der *Handel* (B2C), *Vertriebspartner* (B2B), *Logistikunternehmen* aber auch *Finanzinstitutionen* wie Banken und Versicherungen zu verstehen. Sie übernehmen im Rahmen der betrieblichen Wertschöpfungskette Aufgaben der Produktverteilung und -vermittlung oder machen durch die Bereitstellung von Finanzmitteln Transaktionen erst möglich [vgl. Kotler et al. 2011, S. 219].

Öffentlichkeit. Zum Mikro-Umfeld des Unternehmens gehören auch einzelne Gruppierungen der Öffentlichkeit, denen das Unternehmen gegenübersteht. Solche Gruppierungen werden als *Anspruchsgruppen* (engl. *Stakeholder*) bezeichnet und haben ein gezieltes Interesse oder einen Einfluss auf das Handeln des Unternehmens. Die wohl bedeutendste Anspruchsgruppe für das Management bilden die *Medien*.

2.1.4 Analysetools – Instrumente der Analyse

Nachdem die externen und internen Einflussfaktoren des Unternehmens analysiert sind, geht es nun darum, Verbesserungspotenziale zu identifizieren. Hierzu werden folgende Analyse-Tools vorgestellt, die sich durch Benutzerfreundlichkeit und einen recht hohen Anwendungsnutzen auf dem Gebiet der Situationsanalyse eines Unternehmens auszeichnen [zu den verschiedenen Tools, die in der Analysephase eingesetzt werden können, siehe ausführlich Lippold 2023, S. 60 ff. und Kerth et al. 2011]:

- SWOT/TOWS-Analyse
- Wertkettenanalyse
- 7-S-Modell
- Five-Forces-Modell
- Analyse der Kompetenzposition
- Stakeholderanalyse
- Ressourcenanalyse
- Benchmarking

Von besonderer Bedeutung für die Vorbereitung von **Nachhaltigkeitsstrategien** sind dabei die **SWOT/TOWS-Analyse**, die **Wertkettenanalyse** und die **Stakeholderanalyse.** Diese drei Tools werden im Folgenden vorgestellt.

2.1.4.1 SWOT/TOWS-Analyse

Eines der bekanntesten Hilfsmittel zur Systematisierung der Situationsanalyse eines Unternehmens (Wo stehen wir?) ist die **SWOT-Analyse.** Hier werden in einem ersten Schritt Stärken (engl. *Strengths*) und Schwächen (engl. *Weaknesses*), die in der Unternehmensanalyse identifiziert wurden, gegenübergestellt und eine **Stärken-Schwächen-Analyse** erstellt. Stärken machen ein Unternehmen wettbewerbsfähiger. Dazu zählen die besonderen Ressourcen, Fähigkeiten und Potenziale, die erforderlich sind, um strategische Ziele zu erreichen. Schwächen sind dagegen Beschränkungen, Fehler oder Defizite, die das Unternehmen vom Erreichen der strategischen Ziele abhalten. Dieser Teil der SWOT-Analyse, der sich aus einer kritischen Betrachtung des *Mikro*-Umfeldes ergibt, ist gegenwartsbezogen.

Der zweite Schritt der SWOT-Analyse bezieht sich auf das *Makro*-Umfeld des Unternehmens. Er ist in die Zukunft gerichtet und stellt die identifizierten Chancen und Möglichkeiten (engl. *Opportunities*) den Risiken bzw. Bedrohungen (engl. *Threats*) gegenüber (**Chancen-Risiken-Analyse**). Möglichkeiten bzw. Chancen sind alle vorteilhaften Situationen und Trends im Umfeld eines Unternehmens, die die Nachfrage nach bestimmten Produkten oder Leistungen unterstützen. Bedrohungen bzw. Risiken sind dagegen die ungünstigen Situationen und Trends, die sich negativ auf die weitere Entwicklung des Unternehmens auswirken können. Das Ergebnis dieser beiden Analysen ist ein möglichst vollständiges und objektives Bild der Ausgangssituation (Wo stehen wir?).

Die SWOT-Analyse (siehe Abbildung 2-04) ist eines der ältesten Tools für die Strategieentwicklung. Sie stellt eine gute Übersicht und Zusammenfassung der Ausgangssituation sicher. Das SWOT-Tool bietet allerdings keine konkreten Antworten, sondern stellt lediglich Informationen zusammen, um darauf aufbauend Strategien zu entwickeln. Darüber hinaus sind positive Nebeneffekte bei der Durchführung der SWOT-Analyse – wie Kommunikation und Zusammenarbeit – mindestens ebenso wichtig wie die erzielten Ergebnisse [vgl. Andler 2008, S.178].

Abb. 2-04: Das Grundmodell der SWOT-Analyse

Während die SWOT-Analyse rein deskriptiver Natur ist, wird mit der **TOWS-Analyse** die Entwicklung strategischer Stoßrichtungen angestrebt. Die TOWS-Analyse kann somit als Weiterentwicklung der SWOT-Analyse angesehen werden. Sie zeigt, wie die unternehmensinternen

Stärken und Schwächen mit den externen Bedrohungen und Chancen kombiniert werden können, um daraus vier grundsätzliche Optionen zu entwickeln:

- **SO-Strategien** basieren auf den vorhandenen Stärken eines Unternehmens und zielen darauf ab, die Chancen, die sich im Unternehmensumfeld bieten, zu nutzen.
- **ST-Strategien** basieren ebenfalls auf den vorhandenen Stärken. Sie haben aber das Ziel, diese Stärken zu nutzen, um drohende Risiken abzuwenden oder doch mindestens zu minimieren.
- **WO-Strategien** sollen interne Schwächen beseitigen, um die bestehenden Chancen nutzen zu können. Auf diese Weise sollen die betreffenden Schwächen in Stärken transformiert werden, um dann mittelfristig eine SO-Position zu erlangen.
- **WT-Strategien** haben schließlich das Ziel, die Gefahren im Umfeld durch einen Abbau der Schwächen zu reduzieren. Die Kombination aus Schwächen und Risiken ist zweifellos für ein Unternehmen die gefährlichste Konstellation, die es zu vermeiden gilt.

Die TOWS-Struktur kann hilfreich bei der Strukturierung und Entwicklung alternativer Strategien sein. Daher ist der TOWS-Ansatz vom Einsatzbereich her gesehen nicht den „Tools der Situationsanalyse", sondern eher den „Tools zur Strategiewahl" zuzurechnen.

In Abbildung 2-05 ist das TOWS-Diagramm dargestellt, das die vier Kombinationen und strategischen Richtungen beschreibt.

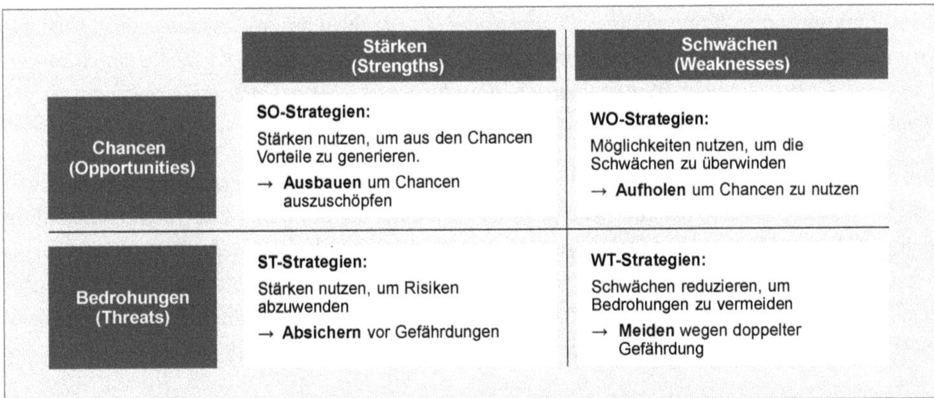

Abb. 2-05: Das TOWS-Diagramm

Die SWOT/TOWS-Analyse kann auch einen wichtigen Beitrag bei der Ausgestaltung von Handlungsoptionen zur **Nachhaltigkeitsstrategie** liefern.

Insert 2-10 gibt ein Beispiel für die Synthese von Chancen/Risiken sowie von Stärken/Schwächen im Umfeld der Auslotung von Nachhaltigkeitspotenzialen in der eigenen Wertschöpfungskette.

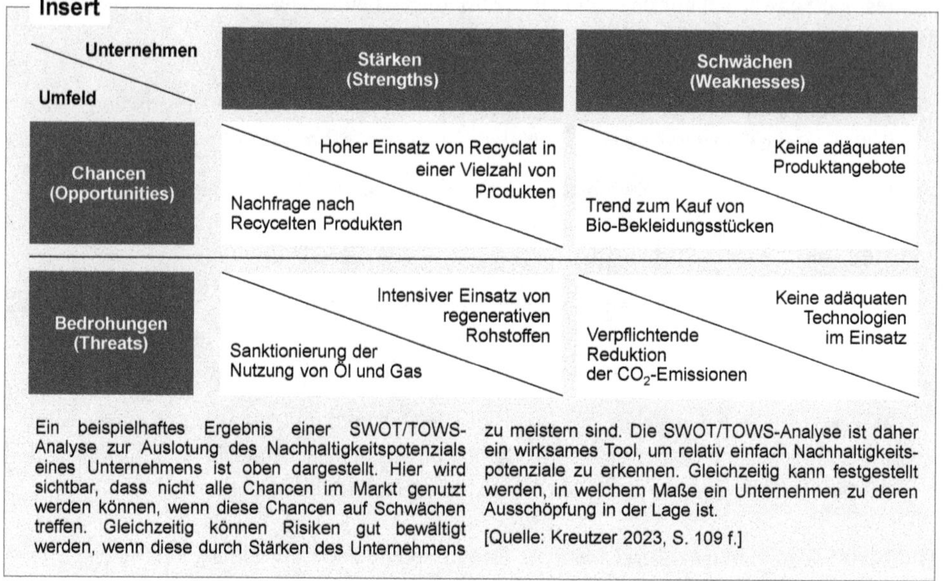

Ein beispielhaftes Ergebnis einer SWOT/TOWS-Analyse zur Auslotung des Nachhaltigkeitspotenzials eines Unternehmens ist oben dargestellt. Hier wird sichtbar, dass nicht alle Chancen im Markt genutzt werden können, wenn diese Chancen auf Schwächen treffen. Gleichzeitig können Risiken gut bewältigt werden, wenn diese durch Stärken des Unternehmens zu meistern sind. Die SWOT/TOWS-Analyse ist daher ein wirksames Tool, um relativ einfach Nachhaltigkeitspotenziale zu erkennen. Gleichzeitig kann festgestellt werden, in welchem Maße ein Unternehmen zu deren Ausschöpfung in der Lage ist.

[Quelle: Kreutzer 2023, S. 109 f.]

Insert 2-10: Synthese von Chancen/Risiken sowie von Stärken/Schwächen

2.1.4.2 Wertkettenanalyse

Das Konzept der Wertkette (engl. *Value chain*) entspricht im Kern der traditionellen betrieblichen Funktionskette *Beschaffung – Produktion – Absatz*. Neu am Wertketten-Konzept ist der Grundgedanke, „... *den Leistungsprozess zum Gegenstand strategischer Überlegungen zu machen und die Prozesse der Wertkette als Quellen für Kosten- oder Differenzierungsvorteile gegenüber Wettbewerbern zu betrachten*“ [Bea/Haas 2005, S. 113].

Bei der Wertkettenanalyse geht es zunächst darum, Ursachen und Ansatzpunkte zur Erzielung von **Wettbewerbsvorteilen** für das eigene Unternehmen zu ermitteln. Die Wertkettenanalyse richtet sich auf den Kern des Geschäftsmodells. Zu den zentralen Elementen der Wertkette eines Geschäftsmodells zählen insbesondere die Primäraktivitäten, da diese bevorzugt zur Differenzierung des Angebots beitragen. Zusätzlich ist ein Augenmerk auf die Felder der Wertkette zu legen, die mit besonders hohen Kosten einhergehen.

Die Wertketten*analyse* untersucht alle kosten- und gewinntreibenden Prozesse und Teilprozesse und gibt Antwort auf die Frage: Wo entstehen welche Kosten und welcher Mehrwert wird dabei geschaffen? Die Wertkettenanalyse basiert auf der Annahme, dass jedes vorherige Glied (Aktivität) in der Wertkette einen Mehrwert bzw. eine Wertschöpfung für das nachfolgende Glied bietet. Wertschöpfung bezeichnet den Prozess des Schaffens von Mehrwert, der wiederum die Differenz zwischen dem Wert der Abgabeleistungen und der übernommenen Vorleistungen darstellt [vgl. Müller-Stewens/Lechner 2001, S. 287].

Unter dem besonderen Gesichtspunkt der **Nachhaltigkeit** lassen sich nunmehr folgende Aktivitäten einleiten [vgl. Kreutzer 2023, S. 104]:

- Analyse und Ausschöpfung von **Nachhaltigkeitspotenzialen** innerhalb der eigenen Wertschöpfungskette
- **Qualitätssicherung**

In der Kategorie der Qualitätssicherung ist auch die **Ermittlung und die Überprüfung der Ausschöpfung von Nachhaltigkeitspotenzialen** angesiedelt. Die Schritte zur Ausschöpfung selbst sind direkt in die Kernprozesse und die flankierenden Unterstützungsprozesse zu integrieren. Bei der Einordnung der Aktivitäten zu einer dieser Kategorien sind jeweils die spezifische Unternehmenssituation sowie die jeweils analysierte Branche zu berücksichtigen.

Das oben dargestellte Grundmodell von Porter bezieht sich in seiner Systematik allerdings schwerpunktmäßig auf die Wertschöpfungsketten von Betrieben des verarbeitenden Gewerbes. Die gezeigte Zuordnung ist also nur beispielhaft und variiert nicht nur von Branche zu Branche, sondern auch von Unternehmen zu Unternehmen. Die Zuordnung zu flankierenden Prozessen und Kernprozessen muss daher in jedem Unternehmen nach den jeweiligen Prioritäten vorgenommen werden. Wertketten geben Auskunft darüber, wo Wettbewerbsvorteile errungen werden können und weisen auch den Weg zu neuen Wettbewerbsvorteilen. Sie zeigen darüber hinaus auch Ansatzpunkte für **Wertschöpfungspartnerschaften**, die im Einzelfall signifikante Umsatz- bzw. Kosteneinsparungspotenziale generieren können (siehe Abbildung 2-06).

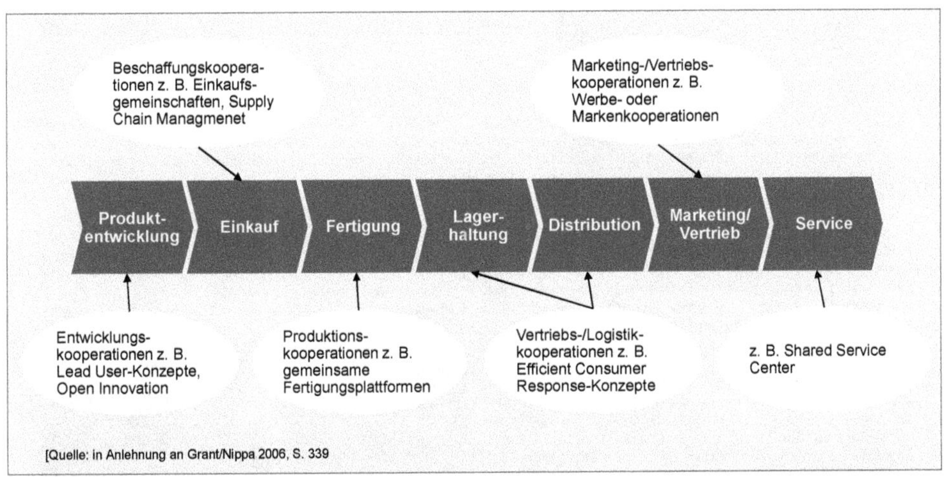

[Quelle: in Anlehnung an Grant/Nippa 2006, S. 339

Abb. 2-06: Ansatzpunkte für Wertschöpfungspartnerschaften

Die Wertschöpfungskette ist eine Ansammlung von Tätigkeiten, durch die Produkte bzw. Dienstleistungen entwickelt, produziert, kommuniziert, vertrieben und ausgeliefert werden. Die Ausgestaltung der Wertkette wirkt sich unmittelbar auf die erreichbare **Gewinnspanne** des Unternehmens aus. Diese ergibt sich aus der Differenz zwischen dem erzielten Umsatz und den eingesetzten Kosten. Jede Art von Aktivitäten entlang der Wertkette kann also eine Quelle von Wettbewerbsvorteilen sein. Hierbei ist der Hebel bei den Kernprozessen besonders groß [vgl. Kreutzer 2023, S. 104 f.].

Ein interessantes Beispiel für eine alternative Wertkette in der Möbelbranche bietet Ikea. Die in Insert 2-11 dargestellte Wertkettenanalyse zeigt sehr deutlich die Stärken von Ikea im

Vergleich zu herkömmlichen Möbelanbietern, in dem einzelne Prozesse der Wertschöpfungskette auf den Kunden verlagert werden.

Sobald das Prozessmodell, die Prozessschritte und Sequenzen für die Wertketten bestimmt sind, müssen jeder Aktivität als Kettenglied die vollen Kosten und andere angebrachte Leistungsindikatoren zugefügt werden. Dabei sind (Aktivitäts-) Einzelkosten wie Löhne und Betriebsmittel den entsprechenden Aktivitäten direkt zuzurechnen. (Aktivitäts-) Gemeinkosten wie Gehälter im Support-Bereich oder Anlagen sind anteilig jenen Aktivitäten zuzuordnen, die sie verursachen. Allerdings ist bei dieser Kostenzuordnung, die sowohl in absoluten Zahlen als auch in Prozentangaben erfolgen kann, keine rechnerische Präzision erforderlich [vgl. Bea/Haas 2005, S. 325].

Insert

Alternative Wertketten in der Möbelbranche

	Einkauf/ Fertigung	Montage	Transport	Ausstellungsort	Lieferzeit	Anlieferung
Etablierter Möbelanbieter	Kleine Lose → hohe Kosten	Lohnintensiv → hohe Kosten	Großvolumen → hohe Kosten	Zentrale Lage → hohe Kosten	Lang, kleines Lager → geringe Kosten	Fuhrpark, Schreiner → hohe Kosten
IKEA	Große Serien → geringere Kosten	Übernimmt Kunde → kaum Kosten	Kompaktverpackungen → geringere Kosten	Randgebiet → geringere Kosten	Kurz, großes Lager → hohe Kosten	Übernimmt Kunde → kaum Kosten

[Quelle: in Anlehnung an Runia et al. 2011, S. 13]

Dramatische Verschiebungen der relativen Kostenposition ergeben sich meist dort, wo ein Unternehmen mit einer **alternativen Wertkette** arbeitet, die sich stark von denen der Konkurrenten unterscheidet. Ein sehr gutes Beispiel dafür ist das Geschäftsmodell von Ikea.

Ikeas Wertschöpfung liegt im massenhaften Verkauf kostengünstig produzierter Waren. Als Kunden werden Menschen angesprochen, die „nicht so viel im Portemonnaie haben" (Firmengründer Kamprad). Doch das ist nur die halbe Wahrheit: Die ökonomische Grundlage Ikeas liegt in gezielter **Kostenoptimierung aller Prozesse** im Unternehmen.

Dabei werden nicht nur die Herstellprozesse bis hin zu den Lieferanten optimiert, sondern auch die Logistik und der Service. Das Unternehmen stellt enge Beziehungen zu seinen Kunden her, die es in seine Prozesse mit einbezieht. So entstand schon in Ikeas Anfangsjahren die innovative Idee, dass die Kunden ihre Pakete selbst dem Lagerregal entnehmen und zuhause auch selbst montieren bzw. aufbauen. Auslöser war das Problem nicht ausreichenden Servicepersonals für die übergroße Nachfrage nach Ikea-Produkten im ersten Möbelhaus Schwedens. Darüber hinaus gelang es Ikea, Differenzierungsvorteile mit einem einfachen (aber ansprechenden) Design in Verbindung mit traditionellen skandinavischen Werkstoffen und Materialien aufzubauen und gleichzeitig Größenvorteile in Entwicklung, Produktion, Logistik und Marketing auszuspielen.

Ikea ist damit ein Beispiel für ein Unternehmen mit einer Strategie, die aus vielen verschiedenen, aber konsistent zusammenpassenden Teilen besteht, die in der Gesamtheit von Mitbewerbern nur schwer nachzuahmen ist.
[Quelle: in Anlehnung an Kern 2012]

Insert 2-11: Alternative Wertketten in der Möbelbranche

In Abbildung 2-07 ist ein fiktives Beispiel aus dem verarbeitenden Gewerbe für die Zuordnung von Kosten zu einzelnen Teilprozessen in Form von Prozentangaben dargestellt.

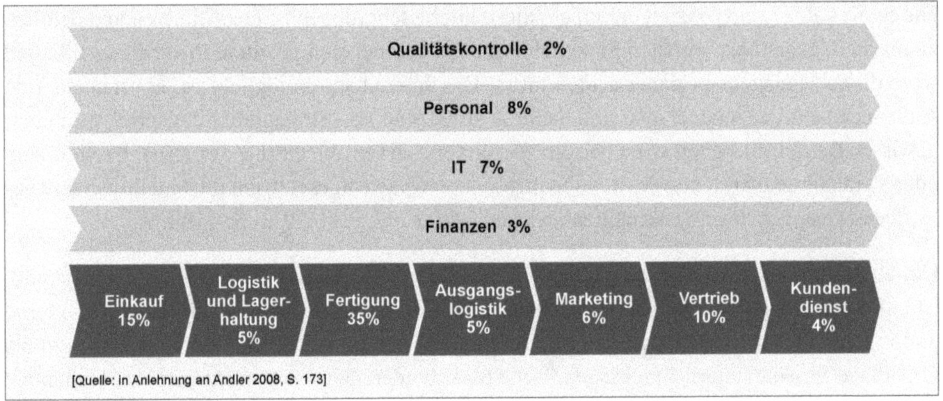

Abb. 2-07: Beispiel für die Kostenverteilung einer Wertschöpfungskette in der Industrie

Die Grenze zwischen den primären Aktivitäten (Kernaktivitäten) und den sekundären Aktivitäten (Supportaktivitäten) ist fließend und hängt hauptsächlich von der Branche und den jeweiligen Unternehmen ab. Eine Aktivität, die wettbewerbsrelevant oder einfach nur überlebenswichtig ist, wird generell als Kernaktivität bezeichnet. Hier wird die Abschätzung des Beitrags einzelner Ressourcen bzw. Ressourcenkombinationen zur gesamten Wertschöpfung des Unternehmens noch relativ einfach sein. Schwieriger ist die qualitative und quantitative Evaluierung von Ressourcen und Prozessen, die im Rahmen der Wertkette des Unternehmens unterstützende Aktivitäten darstellen und damit auf verschiedenen Stufen der Kette in unterschiedlichem Ausmaß wirken. Aber auch hier sollte das Zurechnungsproblem pragmatisch angegangen werden.

Aktivitäten verursachen nicht nur Kosten, sie stiften in aller Regel auch **Nutzen**. Dessen Erfassung ist ebenso wichtig wie die der Kosten, da nicht selten Aktivitäten zur Diskussion stehen, deren Beibehaltung oder Eliminierung in Abhängigkeit vom Kosten-Nutzen-Verhältnis getroffen wird. Dieses Vorgehen ist allerdings bei den Support-Aktivitäten nur mit gewissen Einschränkungen möglich. Hier sollte man insbesondere beachten, dass es trotz des allgemein herrschenden Faibles für Kosteneinsparungen im „Overhead" ein Niveau gibt, unter dem weitere Kostensenkungsmaßnahmen nur noch Nachteile und negative Auswirkungen auf den Kundennutzen hat [vgl. Andler 2008, S. 172].

Um den Beitrag von Ressourcen bzw. Wertaktivitäten im Rahmen des Wertschöpfungsprozesses und damit die Effizienz von einzelnen Prozessen richtig einschätzen zu können, müssen Vergleiche herangezogen werden. In diesem Zusammenhang bedient man sich u.a. des Instruments des *Benchmarkings*, das Gegenstand des nächsten Abschnitts ist.

2.1.4.3 Stakeholderanalyse

Stakeholder sind Personen oder Personengruppen, die Interessen oder Ansprüche gegenüber einem Unternehmen haben (z. B. Aktionäre (Shareholder), staatliche Stellen, Arbeitnehmer, Gewerkschaften, Verbände, Kunden, Lieferanten). Solche **Anspruchsgruppen** können Einfluss auf Entscheidungen im Unternehmen nehmen und im Gegenzug Ressourcen zur Zielerreichung und Strategieverwirklichung bereitstellen.

Die **Stakeholderanalyse** zielt darauf ab, diese Interessengruppen zu identifizieren und deutlich zu machen, gegenüber welchen Stakeholdern das Unternehmen positioniert werden sollte und worauf das Management dabei achten muss. Das Instrument ermöglicht es, konsequent eine Außenperspektive einzunehmen und dadurch zu Beginn von Strategiefindungsprozessen einer gewissen Betriebsblindheit vorzubeugen. Besonders bei sensiblen Projekten (z. B. Integrations- oder Veränderungsprojekte) wird die Stakeholderanalyse eingesetzt, um die beteiligten und betroffenen Gruppen angemessen einzubeziehen [vgl. Kerth et al. 2011, S. 148 f.].

Um zu bestimmen, welche Stakeholder von besonderer Bedeutung für ein Unternehmen sind, ist auf deren Ansprüche und Beiträge abzustellen. Dabei bietet sich eine Einteilung in interne und externe Anspruchsgruppen an. Abbildung 2-08 zeigt eine allgemeine Übersicht, die als Grundlage für eine unternehmensspezifische Stakeholderanalyse herangezogen werden kann.

Stakeholder		Beitrag für das Unternehmen	Anspruch an das Unternehmen	Sorge/Risiko gegenüber dem Unternehmen
Interne Anspruchs-gruppen	Eigenkapitalgeber (Shareholder)	Eigenkapital	Einkommen, Gewinn	Wertverlust
	Management	Kompetenz, Leistung, Engagement	Gehalt, Tantieme	Arbeitsplatzverlust
	Mitarbeiter	Arbeitskraft	Soziale Sicherheit	Arbeitsplatzverlust
	Fremdkapitalgeber	Fremdkapital	Zinsen	Schuldnerausfall
Externe Anspruchs-gruppen	Lieferanten	Termingerechte Lieferung, gute Qualität	Einkommen, Gewinn	Forderungsausfall
	Kunden	Kauf, Markentreue, Referenz	Gute Produkte, günstiges Preis-Leistungsverhältnis	Überteuerter Preis, schlechte Qualität
	Staat, Politik	Infrastruktur, Rechtssicherheit	Steuern, Sozialleistungen sichere Arbeitsplätze	Regelverstöße
	Gesellschaft	Akzeptanz, Image	Unterstützung (Stichwort: CSR)	Abwälzung Kosten

[Quelle: in Anlehnung an Ulrich/Fluri 1995, S. 79]

Abb. 2-08: Beiträge und Ansprüche der Stakeholder

Um die relevanten Stakeholder mit ihren unterschiedlichen Zielen, Erwartungen, aber auch mit ihrem jeweiligen Einflusspotenzial frühzeitig erkennen zu können, schlägt Kreutzer vor, das **Stakeholder-Onion-Modell** einzusetzen [vgl. Kreutzer 2023, S. 314 ff.].

Mit dem in Insert 2-12 gezeigten „Zwiebel"-Modell können die Beziehungen der Stakeholder zu einem Projektziel – hier der nachhaltigen Unternehmensführung – visualisiert werden. Um eine möglichst hohe Transparenz zu erreichen, sind zur Beschreibung der jeweiligen Beziehungen im Stakeholder-Onion-Modell weitere Informationen zu ergänzen. Hierzu werden im Zwiebel-Modell die verschiedenen Ringe von innen nach außen analysiert. Diese Ringe haben dem Modell seinen Namen gegeben (Onion für „Zwiebel"). Bei der Besetzung der Stakeholder ist es wichtig, dass die Beziehungen der Interessengruppen zum Projekt zunächst aufgrund der Intensität der jeweiligen Betroffenheit analysiert werden. Schließlich sind es häufig Interessengruppen mit wenig Macht und Einfluss (etwa die Mitarbeiter), die im Zuge eines Projektes am stärksten gefordert und betroffen sind.

In einer weiteren Informationsebene können die verschiedenen Rollen der Stakeholder herausgestellt werden. Einige Rollen können einen Prozess aktiv managen oder steuern. Andere Rollen sind für die Implementierung zuständig oder üben eine beratende Funktion aus. Eine weitere Gruppe von Stakeholdern ist dagegen über anstehende Veränderungen nur zu informieren. Shareholder beispielsweise und ggf. auch der Betriebsrat müssen gravierende Maßnahmen ggf. erst freigeben [vgl. Kreutzer 2023, S. 315].

Insert

Das Stakeholder-Onion-Modell

Fünf Schritte zum Einsatz des Onions-Modells

1. Schritt:

Zunächst wird am unteren Rand eines Blattes ein kleiner Kreis gezeichnet. Dieser visualisiert das Produkt, die Dienstleistung oder das Thema, das erarbeitet werden soll. Hier steht die nachhaltige Transformation im Mittelpunkt.

2. Schritt:

Um diesen ersten Kreis wird ein zweiter Kreis gelegt. In diesem werden die Interessengruppen angesiedelt, die von den zu entwickelnden Produkten, Dienstleistungen, den zu verändernden Prozessen oder generell dem Thema „Nachhaltigkeit" unmittelbar betroffen sind. Entweder sind die hier anzusiedelnden Stakeholder in den Prozess der Erarbeitung oder in den Prozess der Implementierung unmittelbar eingebunden. Beim Prozess der nachhaltigen Transformation sind dies intern zunächst die Mitarbeiter und Führungskräfte sowie extern vor allem die Interessenten und Kunden.

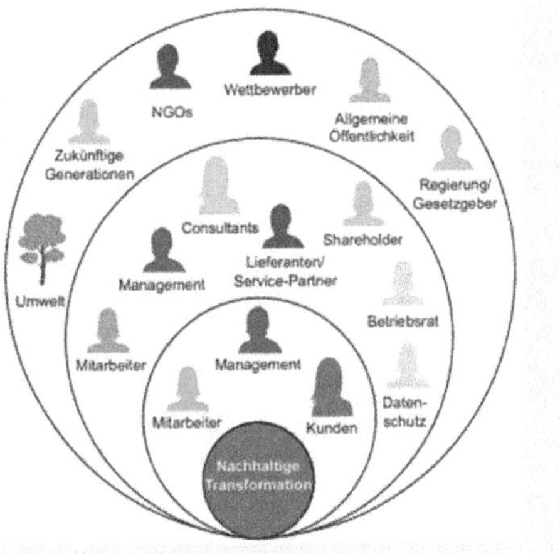

3. Schritt:

In einem dritten Kreis werden die Stakeholder positioniert, die in die Entwicklung bzw. Umsetzung involviert sind. Dies können zunächst weitere Mitarbeiter und Führungskräfte sein. Diese sind zwar nicht unmittelbar in den Prozess der Transformation eingebunden, werden aber gleichwohl von dieser in ihrer täglichen Arbeit beeinfusst. Zusätzlich fnden sich hier Servicepartner (bspw. Consultants, IT-Dienstleister) sowie Lieferanten (bspw. für Recyclat, regenerative Energie, ökologische Materialien), deren Input für den Transformationsprozess unverzichtbar ist. In diesem Kreis sind auch die Shareholder anzusiedeln. Diese bestimmen mit der Bereitstellung oder auch der Vorenthaltung finanzieller Ressourcen, ob eine nachhaltige Transformation gelingen werden kann.

4. Schritt:

Im vierten Kreis sind die Stakeholder zu positionieren, die sich außerhalb des Unternehmens befinden, aber immer noch sehr wichtig für den Erfolg des Prozesses sind. Dazu gehören u. a. Regierungen und die Gesetzgeber. Auch die allgemeine Öffentlichkeit sowie die Wettbewerber sind in diesen Kreis aufzunehmen. Auch die zukünftigen Generationen sowie einschlägige NGOs sind hier zu integrieren. Hier könnte, sollte bzw. müsste als eigenständiger Stakeholder die Umwelt angesiedelt werden!

[Quelle: Kreutzer 2023, S. 109 f.]

Insert 2-12: Das Stakeholder-Onion-Modell

2.2 Ziele – Wo wollen wir hin?

Nachdem die externen und internen Einflussfaktoren des Unternehmens analysiert und ggf. Verbesserungspotenziale identifiziert worden sind, ist der *konzeptionelle Kristallisationspunkt* (siehe 2.1.1) erreicht. Im nächsten Schritt muss erarbeitet werden, wie und wohin das Unternehmen geführt werden soll. Dabei sind definierte Ziele unerlässlich: Sie steuern die Aufmerksamkeit der Beteiligten in eine einheitliche Richtung und helfen ihnen dabei, ihre Aktivitäten zu fokussieren und untereinander abzustimmen.

2.2.1 Zielsystem des Unternehmens

Im Sinne einer konsequenten Unternehmensführung ist eine klare und detaillierte Zielplanung erforderlich. Daher ist die Kenntnis der Unternehmensziele unerlässlich für das gesamte Unternehmen. Unternehmensziele haben zwar Gemeinsamkeiten mit Visionen (z. B. das Merkmal Zukunft), der Kern des Unternehmensziels ist aber seine Messbarkeit, die es erlaubt, geschäftliche Entwicklungen den tatsächlich erreichten Ergebnissen gegenüberzustellen.

Unternehmensziele beeinflussen die langfristige Entwicklung eines Unternehmens und sind Ansporn im Sinne von Gewinn, Umsatz, Ertrag, Ausgaben, Kosten, Liquidität [vgl. Menzenbach 2012, S. 9 unter Bezugnahme auf Rückle 1994, S. 56 ff.].

Die Unternehmensziele sind eingebettet in das **Zielsystem des Unternehmens**. Der Aufbau eines solchen Zielsystems lässt sich aus Gründen der Anschauung als Art Pyramide darstellen (siehe Abbildung 2-09). Die Spitze der Zielpyramide bilden übergeordnete Wertvorstellungen des Unternehmens. Diese wiederum bilden die Grundlage für die Definition des Unternehmenszwecks, aus dem dann die eigentlichen konkreten Unternehmensziele abzuleiten sind. Die Unternehmensziele sind sodann die Orientierungsgrößen für die nachgelagerten Bereichs- und Aktionsfeldziele [vgl. Becker 2019, S. 28].

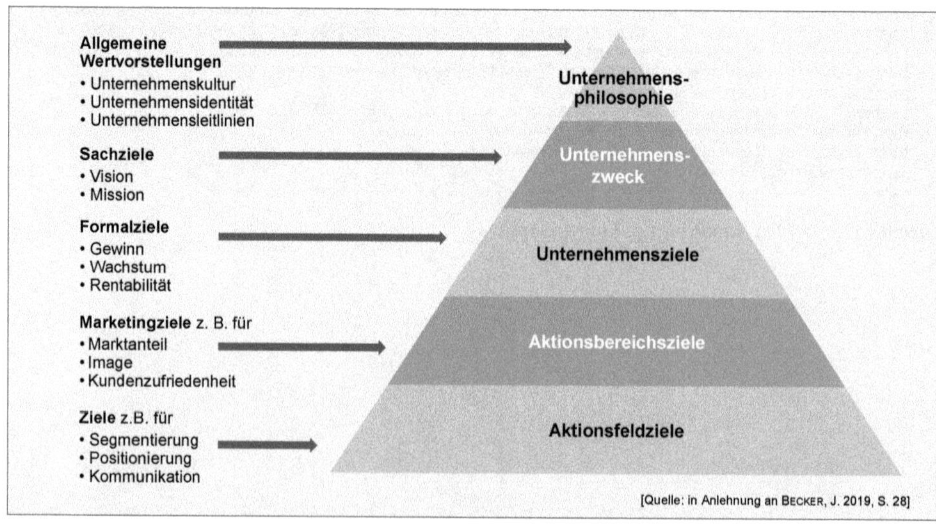

Abb. 2-09: Die Zielpyramide des Unternehmens

2.2.2 Allgemeine Wertvorstellungen

Die **allgemeinen Wertvorstellungen** stehen an der Spitze des Zielsystems. Sie sind Ausdruck dafür, dass Unternehmen neben ihrer einzelwirtschaftlichen Verantwortung auch eine gesamtwirtschaftliche Aufgabe zukommt.

Die **allgemeinen Wertvorstellungen** (engl. *Basic Beliefs*) reichen von „Fragen bzw. entsprechenden Festlegungen zur Position (Engagement) gegenüber Gesellschafts-, Wirtschafts- und Wettbewerbsordnung bzw. -politik bis hin zu Grundprinzipien (Verhaltensweisen) für dem Umgang mit Mitarbeitern, Kunden, Kapitaleignern, Lieferanten, Konkurrenten und Öffentlichkeit" [Becker 2019, S. 29].

Solche grundlegenden Wertaussagen bilden den Rahmen für die **Unternehmensphilosophie** mit den Elementen:

- **Unternehmenskultur** (engl. *Corporate Culture*)
- **Unternehmensidentität** (engl. *Corporate Identity*)
- **Unternehmensleitlinien** (engl. *Corporate Guidelines*)
- **Unternehmensethik** (engl. *Business Ethics*)
- **Unternehmensverantwortung** (engl. Corporate (Social) Responsibility).

Betrachtet man die Unternehmenskultur als *Fundament* der Unternehmensphilosophie, dann bilden die vier CI-Komponenten quasi den *Aufbau* und werden unter dem *Dach* der **Corporate Identity** zusammengefasst. Abbildung 2-10 veranschaulicht diese Sichtweise und liefert eine kurze Darstellung und Beschreibung der Ziele der vier CI-Komponenten.

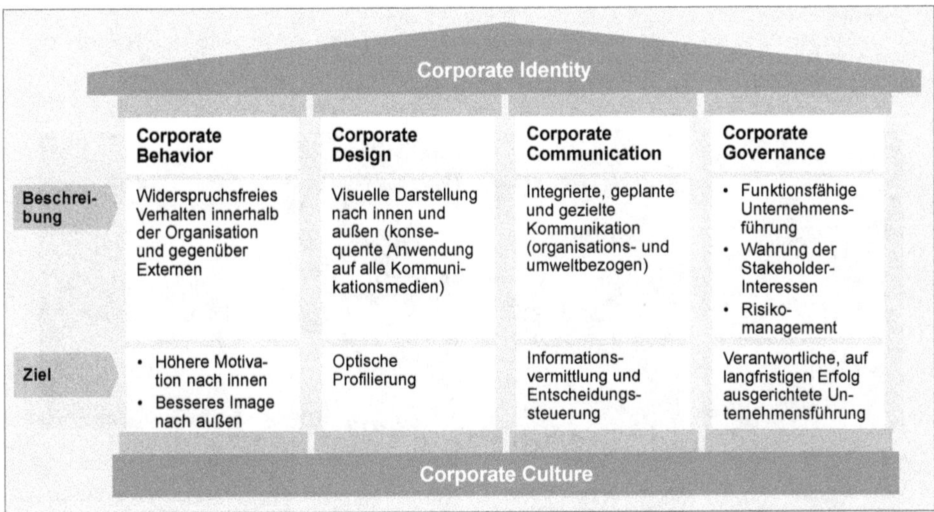

Abb. 2-10: Die CI-Komponenten

Die **Unternehmenskultur** besteht aus einem unsichtbaren Kern aus grundlegenden, kollektiven Überzeugungen, die das Denken, Handeln und Empfinden von Führungskräften und Mitarbeitern maßgeblich beeinflussen und die insgesamt typisch für das Unternehmen sind (innere Haltung). Diese grundlegenden Überzeugungen beeinflussen die Art, wie die **Werte** nach außen gezeigt werden (äußere Haltung). Diese Regeln zeigen sich an **Artefakten** wie Ritualen, Statussymbolen, Sprache, Kleidung etc. [vgl. Sackmann 2004, S. 24 ff.].

Zu einer ausführlichen Betrachtung der Unternehmenskultur unter Nachhaltigkeitsaspekten siehe Abschnitt 1.2.3.

Unternehmenskultur und Unternehmensidentität finden ihren Niederschlag in den **Unternehmensleitlinien**. Derartige Leitbilder steuern die nachgeordneten Zielsetzungen und Strategien und schaffen Orientierungshilfen für das Verhalten der Mitarbeiter gegenüber den *Anspruchsgruppen* (engl. *Stakeholder*) des Unternehmens (Kunden, Lieferanten, Wettbewerber, Öffentlichkeit). Leitbilder werden daher auch als *Verhaltensrichtlinien* (engl. *Policy*) bezeichnet [vgl. Bea/Haas 2005, S. 69 f.].

Viele Unternehmen fassen ihre Leitlinien in Broschüren, Handbüchern oder Websites zusammen. Bekannte Beispiele hierfür sind

- der internationale Verhaltenskodex der KPMG,
- die Ikea-Mission,
- die zehn Unternehmensleitsätze von Schöller,
- die Corporate Responsibility-Policy von Aldi,
- das Mission Statement von Coca Cola oder
- die globalen Unternehmenswerte von Capgemini.

Insert 2-13 zeigt beispielhaft das Unternehmensleitbild der Beiersdorf AG.

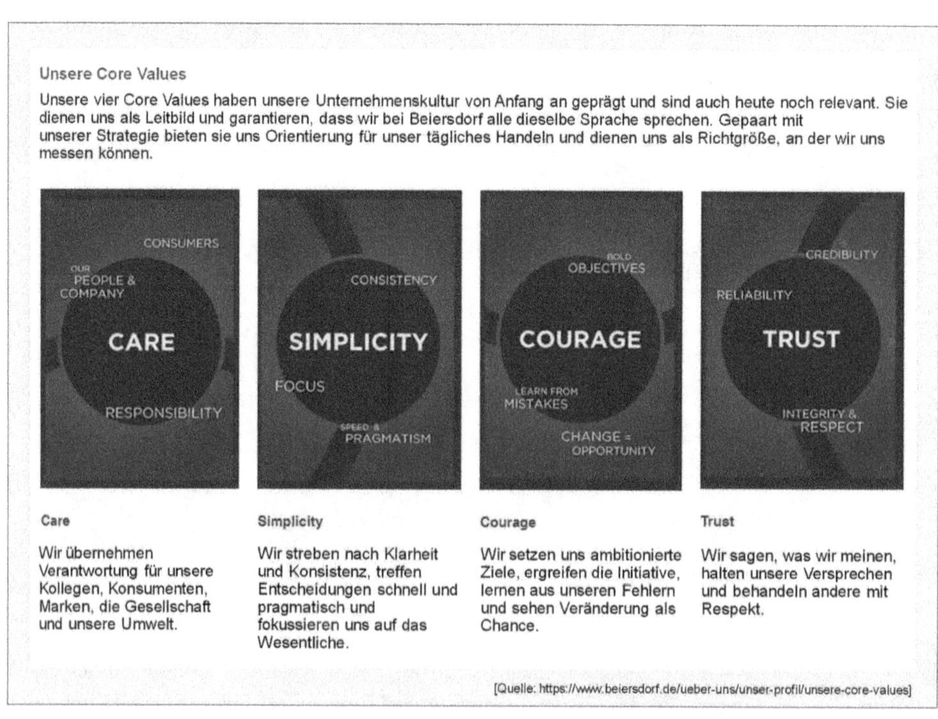

Unsere Core Values

Unsere vier Core Values haben unsere Unternehmenskultur von Anfang an geprägt und sind auch heute noch relevant. Sie dienen uns als Leitbild und garantieren, dass wir bei Beiersdorf alle dieselbe Sprache sprechen. Gepaart mit unserer Strategie bieten sie uns Orientierung für unser tägliches Handeln und dienen uns als Richtgröße, an der wir uns messen können.

Care

Wir übernehmen Verantwortung für unsere Kollegen, Konsumenten, Marken, die Gesellschaft und unsere Umwelt.

Simplicity

Wir streben nach Klarheit und Konsistenz, treffen Entscheidungen schnell und pragmatisch und fokussieren uns auf das Wesentliche.

Courage

Wir setzen uns ambitionierte Ziele, ergreifen die Initiative, lernen aus unseren Fehlern und sehen Veränderung als Chance.

Trust

Wir sagen, was wir meinen, halten unsere Versprechen und behandeln andere mit Respekt.

[Quelle: https://www.beiersdorf.de/ueber-uns/unser-profil/unsere-core-values]

Insert 2-13: Unternehmensleitbild der Beiersdorf AG

Mit der Frage, welchen moralischen Wertvorstellungen Unternehmen genügen sollten, beschäftigt sich die **Unternehmensethik**. Dabei geht es um die Verantwortung, die Unternehmen gegenüber der Gesellschaft, den Mitarbeitern, den Kunden und der Umwelt tragen. Wie können wirtschaftlicher Erfolg und moralische Aspekte miteinander in Einklang gebracht werden?

Es können drei inhaltliche Schwerpunkte der gesellschaftlichen **Unternehmensverantwortung** identifiziert werden [vgl. Becker 2019, S. 29 unter Bezugnahme auf Steinmann/Schreyögg 2000, S. 75 ff. und Macharzina/Wolf 2008, S. 1053 ff.]:

- Berücksichtigung der **Interessen aller Bezugsgruppen** des Unternehmens (engl. *Stakeholder*) bei unternehmerischen Entscheidungen
- Herbeiführen eines **Ausgleichs konkurrierender Interessen** durch die Unternehmensführung
- **Erzielung eines ausreichenden Gewinns** für die Wahrnehmung sozialer Aktivitäten,

2.2.3 Unternehmenszweck

Der Unternehmenszweck ist quasi der *„Starting point"* jeder Unternehmensplanung. Er gibt dem Unternehmen den **Handlungsrahmen** und auch die **Handlungsrichtung** vor [vgl. Becker 2019, S. 39].

Der Unternehmenszweck gibt vor, welche Art von Leistungen das Unternehmen im Markt erbringen und anbieten soll. Er gibt Antwort auf die Frage: „Was ist unser Geschäft und was wird zukünftig unser Geschäft sein?" Die damit angesprochene *Mission* einerseits und *Vision* andererseits müssen durch bestimmte Leistungen verwirklicht und „gelebt" werden, damit sie zu starken Marken-, Produkt- bzw. Unternehmenskompetenzen sowie zu *Wettbewerbsvorteilen* führen.

Die **Vision** gilt als der „Ursprung der unternehmerischen Tätigkeit" und als „generelle Leitidee". Sie beschreibt die Seele des Unternehmens und soll ein positives und damit wünschenswertes Zukunftsbild eines Unternehmens zeichnen [vgl. Bleicher 2001, S. 99].

Die **Mission** trifft Aussagen über die Kernkompetenz bzw. den Wettbewerbsvorteil, den das Unternehmen mit seinen Produkten, Dienstleistungen oder Lösungen erzielen kann. Sie beschreibt, welche Kundenbedürfnisse befriedigt, welche Kundengruppen bedient und durch welche Aktivitäten, Technologien und Fähigkeiten das Unternehmen den Kunden einen Wert bieten kann [vgl. Menzenbach 2012, S. 8 unter Bezugnahme auf Welge/Al-Laham 2008, S. 195].

Im Zusammenhang mit dem Begriff *Unternehmenszweck* hat in jüngster Zeit ein weiterer Anglizismus Beachtung gefunden: **Purpose** (engl. *Zweck, Sinn*). Purpose stellt mehr den **intrinsischen Aspekt** des Unternehmenszwecks in den Vordergrund. Damit wird die Sinnfrage, die insbesondere die jungen Generationen Y und Z angesichts ihrer täglichen Arbeit wiederholt stellen, zum gemeinsamen, verbindenden Gedanken zwischen Arbeitnehmern und dem Unternehmen.

Dazu heißt es in der FAZ-Spezialbeilage „Purpose driven – Marken in der Verantwortung“ vom 30.11.2023: *„Die Selbsterklärungen von Unternehmen haben Zuwachs bekommen. Zu Mission [und] Vision hat sich der Purpose gesellt. Sie bilden das Dreigestirn, das immer öfter Unternehmen sowie Mitarbeitenden und Kundschaft die Richtung weist.“*

Und Kreutzer [S. 94] postuliert: *„Purpose, Vision und Mission dürfen nicht nur Wandschmuck in den Chefetagen sein, sondern müssen zum Leitbild für alle Führungskräfte und Mitarbeiter des gesamten Unternehmens werden. Dafür ist es unabdingbar, dass das Top-Management auf die Umsetzung des Purpose hinarbeitet – und zwar für alle erlebbar. ... Das bedeutet, dass die monetären und nicht monetären Anreize des Unternehmens an Ergebnisse gekoppelt werden, die auf dem Weg zur Nachhaltigkeit hilfreich und notwendig sind.“*

Entscheidend dabei ist die Erkenntnis, dass Gewinn- und Gemeinwohlorientierung kein Gegensatz ist. Eine klare Haltung zum Thema **Nachhaltigkeit** ist die Grundlage für ein Unternehmensleitbild, das sowohl der Öffentlichkeit, den Kunden, den Lieferanten als auch den Shareholdern deutlich macht, wofür ein Unternehmen wirklich steht und welchen Zweck es dabei erfüllt. Die Haltung sollte sich dabei nicht nur auf Öffentlichkeit und Shareholder beschränken, sondern fest bei allen Mitarbeitern und damit in der Unternehmenskultur verankert sein. Die Zielgruppe des Unternehmens erfährt diese Haltung am stärksten an allen **Touchpoints** der Marke. Damit ein solches, Purpose getriebenes Leitbild nicht als **Fake Purpose** oder **Green Washing** entlarvt wird, müssen zudem das gesamte Produkt- und Leistungsprogramm des Unternehmens zur kommunizierten Haltung passen. Denn schwierig wird es für das Unternehmen immer dann, wenn Unstimmigkeiten zwischen der gelebten Haltung und der Außendarstellung auftreten. Die Folgen liegen auf der Hand:

Negatives Image und ein gravierender **Reputations- und Vertrauensverlust** bei der Zielgruppe. Experten behaupten sogar, dass dann der Versuch, das alte Image wieder herzustellen, womöglich sogar teurer ist, als es eine Umstellung auf eine nachhaltige Unternehmens- und Markenführung gewesen wäre [vgl. Kloster 2022].

Doch trotz der besten Absichten verfehlen Marken immer wieder ihr Ziel. Um solch ein Scheitern zu vermeiden, schlägt Kantar [2024] vor, dass sich das Unternehmen bzw. die Marken drei Dinge fragen sollten:

- **Ist der Zweck echt?** Jede Diskrepanz zwischen der Absicht einer Marke und ihrem Verhalten wird öffentlich zur Sprache gebracht.
- **Ist der Zweck sinnvoll?** Es muss ein Bedürfnis in der Zielgruppe erfüllt werden.
- **Passt der Zweck zur Marke?** Verbraucher wissen intuitiv, wann sich ein Zweck einfach nicht richtig anfühlt.

Die wichtigsten Fragen zur **Mission**, die die „klare Absicht des Unternehmenszwecks“ beschreibt, zur **Vision** als „ehrgeizige Zukunftsvorstellung“ eines Unternehmens sowie zum **Purpose** liefert Abbildung 2-11 mit dem Dreigestirn Mission, Vision und Purpose [vgl. Becker 2019, S. 43 ff.].

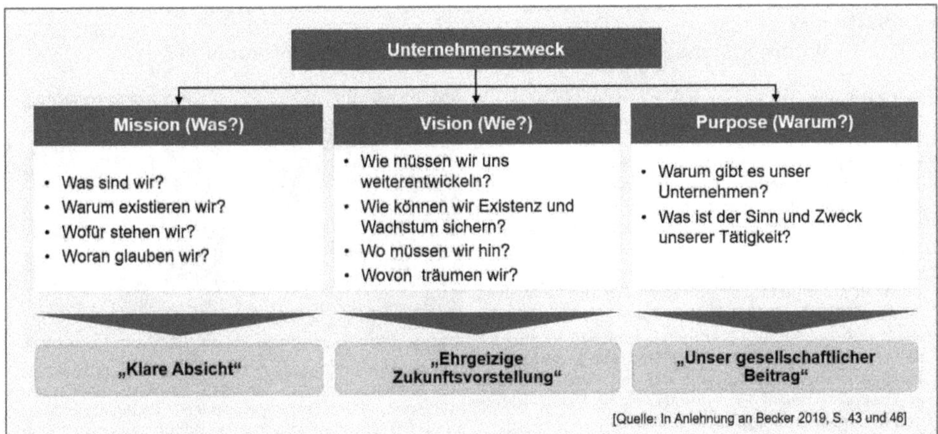

Abb. 2-11: Das Dreigestirn: Mission, Vision und Purpose

Insert 2-14 zeigt die Unterschiede zwischen dem Unternehmenszweck und Purpose in einem Blog-Beitrag ausführlich auf.

2.2.4 Unternehmensziele

In jedem Unternehmen gibt es eine Vielzahl von Zielen: Bereichsziele, Marketingziele, Personalziele etc. Entscheidend ist, dass es sich dabei nicht um autonome Ziele handelt. Sie müssen vielmehr aus den obersten Unternehmenszielen abgeleitet werden. Daher ist die Kenntnis der **Unternehmensziele** (engl. *Objectives* oder *Corporate Goals*) unerlässlich für Management und Mitarbeiter. Das unternehmerische Zielsystem wird sehr häufig in Form einer Pyramide dargestellt (siehe Abbildung 2-09). Als typische Unternehmensziele werden genannt:

- Gewinn/Rentabilität
- Marktanteil/Marktposition
- Umsatz/Wachstum
- Unabhängigkeit/Sicherheit, soziale Verantwortung, Nachhaltigkeit
- Prestige/Image.

Die Diskussionen darüber, welche Ziele im Rahmen dieses Zielkatalogs die höchste Priorität haben, führen in aller Regel zu dem Ergebnis, dass *Gewinn- bzw. Rentabilitätsziele* eine dominierende Bedeutung haben [vgl. Becker 2019, S. 16].

Ziele erfüllen ihre Steuerungs- und Koordinationsfunktion umso besser, je klarer und exakter sie bestimmt werden. Daher müssen zweifelsfreie Angaben über

- Zielinhalt,
- Zielausmaß und
- Zeitspanne der Zielerfüllung

vorliegen. Ist der Zielbildungsprozess nicht auf messbare Größen ausgerichtet, verliert eine zielgesteuerte Führung von vornherein an Effizienz [vgl. Bidlingmaier 1973, S. 138].

Insert

Unternehmenszweck oder Purpose – Was ist der Unterschied?

Seit geraumer Zeit hat ein bemerkenswerter Anglizismus die Unternehmenswelt erreicht: Purpose, was übersetzt so viel heißt wie Zweck oder Sinn. Ganz offensichtlich steht dahinter die Überlegung aus dem Generationenvergleich, dass die Generationen Y und Z zunehmend die zu erledigenden Aufgaben hinterfragen, weil sie die Sinnhaftigkeit darin erkennen wollen. Die jungen Generationen beschäftigt also ganz offensichtlich sehr viel stärker Sinn und Zweck ihrer Tätigkeit als frühere Generationen. Für Digital Natives ist es motivierend, berufliches Schaffen mit individuellem Lebenssinn zu verknüpfen. Und das ist gut so, denn der Mensch braucht Orientierung und einen stabilen Kern, um erfolgreich mit den Veränderungen in unserer Umwelt, im Freundes- und Familienkreis und in der Arbeit umgehen zu können.

Diese Erkenntnis trifft aber nicht nur für **Individuen**, sondern auch für **Unternehmen** zu. Daher gilt es als ausgemacht, dass ein Unternehmen heute einen Purpose – also eine Mission und eine Vision – braucht. Denn Unternehmen, die ihren Purpose kennen, kennen ihren Zweck und ihre Bestimmung.

Doch bei genauer Betrachtung ist Purpose so etwas wie „neuer Wein in alten Schläuchen". Schließlich hat die Betriebswirtschaft mit dem Begriff **Unternehmenszweck** schon vor viel längerer Zeit genau diesen Purpose geschaffen. Der Unternehmenszweck gibt nämlich vor, welche Art von Leistungen das Unternehmen im Markt erbringen und anbieten soll. Er gibt Antwort auf die Frage. „Was ist unser Geschäft und was wird zukünftig unser Geschäft sein?" Damit angesprochen ist die **Mission** und die **Vision** des Unternehmens.

Die **Vision** gilt als der „Ursprung der unternehmerischen Tätigkeit" und als „generelle Leitidee". Sie beschreibt die Seele des Unternehmens und soll ein positives und damit wünschenswertes Zukunftsbild eines Unternehmens zeichnen.

Die **Mission** trifft Aussagen über die Kernkompetenz bzw. den Wettbewerbsvorteil, den das Unternehmen mit seinen Produkten, Dienstleistungen oder Lösungen erzielen kann. Sie beschreibt, welche Kundenbedürfnisse befriedigt, welche Kundengruppen bedient und durch welche Aktivitäten, Technologien und Fähigkeiten das Unternehmen den Kunden einen Wert bieten kann. Und doch lässt sich diesem „neuen Wein" etwas Gutes abgewinnen – in zweierlei Hinsicht:

Zum einen stellt Purpose mehr den **intrinsischen Aspekt** in den Vordergrund. Damit wird die Sinnfrage zum gemeinsamen, verbindenden Gedanken zwischen Arbeitnehmern und dem Unternehmen. Sie ziehen gemeinsam an einem Strang. Materielle Anreize reichen Studien zufolge nicht mehr aus, um für qualifizierte Bewerber attraktiv zu sein. Aber ohne eine sinnstiftende Gemeinsamkeit würden sich nicht nur Digital Natives gar nicht erst bewerben, sondern auch langfristig orientierte Investoren würden das Unternehmen meiden. Zum anderen sollte der intrinsische Aspekt des Purpose den Unternehmen Anlass geben, den Unternehmenszweck im Hinblick auf Mission und Vision zu schärfen. Themen wie **endliche Ressourcen** und **Nachhaltigkeit** sind in Zeiten von *Fridays for future* häufig noch zu wenig im Unternehmenszweck verankert. [Quelle: Blog-Lippold]

Insert 2-14: Unternehmenszweck oder Purpose – Was ist der Unterschied?

Insbesondere größere Unternehmen sind in mehrere **Geschäftsbereiche** untergliedert, so dass die Unternehmensziele weiter heruntergebrochen werden müssen. Sollten keine Geschäftsbereiche vorliegen, so werden die Unternehmensziele zumindest in **Funktionsbereichsziele** (engl. *Functional Objectives*) bzw. **Aktionsbereichsziele** wie z. B. Marketingziele, Personalziele oder Finanzierungsziele zerlegt [vgl. Bea/Haas 2005, S. 70 f.].

Die oben beschriebenen Unternehmens- und Marketingziele sind sogenannte Formalziele. **Formalziele** legen die Dimensionen der Zielerreichung (Gewinn, Umsatz etc.) und das Ausmaß ihrer Erfüllung (Maximierung, Minimierung) fest.

Sachziele dagegen definieren den Markt bzw. Marktsegmente, in denen das Unternehmen tätig sein will [vgl. Bidlingmaier 1973, S. 25].

Theodore Levitt weist in seinem berühmt gewordenen Beitrag zur *„Marketing-Kurzsichtigkeit"* (engl. *Marketing Myopia*) darauf hin, dass Entscheidungen über Sachziele besonders weitreichende, wenn nicht gar existenzielle Auswirkungen haben. So gingen z. B. die amerikanischen Eisenbahnen davon aus, ausschließlich im Eisenbahngeschäft tätig zu sein. Sie übersahen, dass ihr Geschäft nicht nur das Transportgeschäft zur Schiene, sondern auch das zu Wasser und zu Luft ist. So mussten sie trotz steigender Nachfrage nach Transportleistungen immer mehr Umsatzrückgänge und damit einen zunehmenden Bedeutungsverlust hinnehmen [vgl. Levitt 1960, S. 45 ff.].

Die besondere Tragweite des Sachziels zeigte sich auch bei der Entwicklung des Daimler-Konzerns in den 90er Jahren. Unter dem Vorstandsvorsitzenden Edzard Reuter definierte sich Daimler als „Integrierter Technologiekonzern" mit den Sparten Automobil (Mercedes-Benz), Elektrotechnik (AEG, Olympia) und Luft- und Raumfahrt (MBB, Fokker, Dornier). „Zurück zur Kernkompetenz Automobil" hieß die Devise unter Reuters Nachfolger Jürgen Schrempp, der die Elektronik- und Luftfahrtsparte verkaufte und mit dem amerikanischen Automobilkonzern Chrysler fusionierte. Hier wurde also das Sachziel innerhalb sehr kurzer Zeit grundlegend verändert.

Der Unternehmenszweck bzw. das Sachziel findet häufig – gepaart mit einer konsequent kundenorientierten Kernaussage – seinen Niederschlag in der Kommunikationspolitik als sogenannte **Tagline**, die häufig im „Untertitel" der Unternehmensmarke geführt wird. Beispiele für solche Taglines sind [siehe auch Becker 2019, S. 40]:

- Mercedes: „Ihr guter Stern auf allen Straßen"
- BMW: „Freude am Fahren"
- Audi: „Vorsprung durch Technik"
- Deutsche Bank: „Leistung aus Leidenschaft"
- Commerzbank: „Die Bank an Ihrer Seite"
- Dr. Oetker: „Qualität ist unser Rezept"
- IBM: "Solutions for a small planet"
- Lufthansa: "The better way to fly"
- Avis: "We try harder"

Beispiele für Taglines speziell mit Nachhaltigkeitshintergrund sind:

- Zalando: „Reimagining fashion for the good of all"
- BASF: "We treat people fairly and with respect" (codes of conduct)

2.2.5 Nachhaltigkeitsziele

Um die Nachhaltigkeit zum integralen Bestandteil der Unternehmens-DNA zu machen, ist es sicherlich sinnvoll, die **17 Sustainable Development Goals (SDG)** der Vereinten Nationen aus dem Jahr 2015 als Ausgangspunkt für die Festlegung der unternehmenseigenen Nachhaltigkeitsziele zu nehmen. Aufbauend auf den SDGs schlägt Karl Isler [2023] folgende Nachhaltigkeitsziele für Unternehmen vor:

- **Klimaschutz und Reduzierung von Treibhausgasemissionen** (z.B. durch den Einsatz erneuerbarer Energien, Verbesserung der Energieeffizienz, Förderung von Elektromobilität und Umstellung auf klimafreundliche Produktionsverfahren)
- **Ressourceneffizienz und Kreislaufwirtschaft** (z.B. durch Minimierung der Abfälle, Wieder4verwendung oder Recycling der Ressourcen)
- **Soziale Verantwortung und faire Arbeitsbedingungen** (z.B. durch Beachtung ökologischer Nachhaltigkeit und Übernahme sozialer Verantwortung durch Gewährleistung fairer Arbeitsbedingungen, Förderung von Vielfalt und Inklusion am Arbeitsplatz und Unterstützung lokaler Gemeinschaften)
- **Nachhaltige Lieferketten und verantwortungsvolle Beschaffung** (z. B. durch Einwirkung auf Lieferanten ethische Standards einzuhalten, um negative Auswirkungen auf Menschen und Umwelt zu vermeiden)
- **Förderung von Innovation und Technologien für Nachhaltigkeit** (z.B. durch Entwicklung neuer Lösungen und Einsatz innovativer Technologien, die zu einer nachhaltigen Entwicklung beitragen)
- **Transparenz und Berichterstattung über Nachhaltigkeitsleistungen** (z.B. durch regelmäßige Messung, Überwachung und öffentliche Kommunikation der Nachhaltigkeitsleistungen)

2.3 Strategie – Wie kommen wir dahin?

2.3.1 Notwendigkeit der Strategieentwicklung

Im letzten Schritt der Unternehmensplanung werden die Strategien festgelegt und durch entsprechende Maßnahmen umgesetzt. Dieser interne Prozess der Strategieentwicklung lässt sich sehr gut am Beispiel des unternehmerischen Umgangs mit den Möglichkeiten der Digitalisierung aufzeigen. So besteht bspw. Einigkeit darüber, dass das übergeordnete Ziel der digitalen Transformation die Sicherung der Zukunftsfähigkeit der allermeisten Unternehmen ist. Nun gilt es aber, eine übergeordnete Strategie dazu zu entwickeln. Selbst wenn – aufgrund der individuellen Branchenzugehörigkeit – keine digitalen Produkte in das Produktportfolio passen, so können in sehr vielen Fällen digitale Services in das Kerngeschäft übernommen und integriert werden. Dazu bedarf es aber einer Strategie, die hierzu den entsprechenden Rahmen vorgibt [vgl. Becker, J. 2019, S. 5 und S. 140].

Strategien bilden den Rahmen für das unternehmerische Handeln und sind ein zentrales Bindeglied *(„Scharnierfunktion“)* zwischen den Zielen und den laufenden operativen Maßnahmen. Eine Strategie umfasst alle Maßnahmen zur Erreichung eines unternehmerischen Ziels. Die Strategie ist somit der Weg zum Ziel, die Marschroute.

Der ursprünglich militärisch besetzte Begriff „Strategie“ hat seine Wurzeln im griechischen *stratos* (das Heer) und *again* (das Führen). Mitte des 20. Jahrhunderts wurde der Strategiebegriff im Rahmen der Spieltheorie in die Betriebswirtschaftslehre eingeführt. Unternehmensstrategien enthalten Handlungspläne, die dem Management für alle denkbaren Situationen die für richtig erachtete Handlungsmöglichkeit anbieten [vgl. Menzenbach 2012, S. 9 unter Bezugnahme auf Welge/Al-Laham 2008, S. 198].

Ziele bestimmen die Frage des *„Wohin“*, **Strategien** konkretisieren die Frage des *„Wie“*. Strategien bestimmen die grundsätzliche Ausrichtung eines Unternehmens im Markt. Sie legen zugleich fest, welche Ressourcen zu ihrer Verfolgung aufgebaut und eingesetzt werden sollen. Die besonderen Merkmale strategischer Entscheidungen sind [vgl. Hungenberg/Wulf 2011, S. 107 ff.]:

- Strategien beanspruchen eine längerfristige Gültigkeit und geben unter den sich ständig ändernden Rahmenbedingungen einen stabilen Entwicklungspfad vor.
- Strategien sind darauf ausgerichtet, den langfristigen Erfolg eines Unternehmens zu sichern.
- Strategien zielen darauf ab, Erfolgspotenziale und Wettbewerbsvorteile aufzubauen und zu verteidigen.
- Strategien werden in größeren Unternehmen zumeist auf drei Ebenen gestaltet: auf der Ebene des Gesamtunternehmens (= Unternehmensstrategie bzw. Unternehmensentwicklungsstrategie), auf Geschäftsfeldebene (= Geschäftsfeldstrategie) und auf Ebene einzelner Funktionsbereiche (z. B. Marketing- oder Personalstrategie).

Die Trennung von Zielen (*Philosophie*), Strategien *(Struktur)* und Maßnahmen-Mix *(Prozess)* lässt sich in der Praxis kaum durchhalten. Zu eng sind die **Verflechtungen zwischen Strategie- und Prozessebene.** So ist es weder möglich, Strategien und Maßnahmen eindeutig voneinander zu trennen, da ein und dieselbe Entscheidung sowohl strategisch als auch maßnahmenorientiert ausgerichtet sein kann [vgl. Backhaus 1990, S. 206], noch lässt sich eine eindeutige Zuordnung der Instrumentalbereiche (Maßnahmen-Mix) zur strategisch-strukturellen Ebene bzw. zur taktisch-operativen Ebene vornehmen. Becker [2019, S. 485] räumt sogar ein, dass der Maßnahmen-Mix auch als „taktische Komponente der Strategie" aufgefasst werden kann.

2.3.2 Überblick Strategiearten

In der Literatur findet sich eine Vielzahl von Strategien – Strategien, die alle den Weg zum Ziel aufzeigen sollen. Um eine gewisse Systematik in diese vielen Strategiearten zu bringen, werden sie im Folgenden anhand von verschiedenen Merkmalen „sortiert", ohne dass damit ein Anspruch auf Vollständigkeit und Überschneidungsfreiheit erzielt werden kann [siehe hierzu auch Bea/Haas 2005, S. 168 ff.].

Nach der groben **Richtung der Unternehmensentwicklung** aus Sicht der Investitionstätigkeit kann unterschieden werden zwischen:

- Wachstumsstrategie
- Stabilisierungsstrategie (Halten/Konsolidieren)
- Desinvestitionsstrategie, auch: Schrumpfungsstrategie (Veräußern/Liquidieren).

Ein „Klassiker" unter den Strategiearten sind die **Wachstumsstrategien** von Igor Ansoff:

- Marktdurchdringungsstrategie (engl. *Market penetration*)
- Marktentwicklungsstrategie (engl. *Market development*)
- Produktentwicklungsstrategie (engl. *Product development*)
- Diversifikationsstrategie (engl. *Product diversification*).

Nach dem **organisatorischen Geltungsbereich** werden folgende Strategien abgegrenzt:

- Gesamtunternehmensstrategie (engl. *Corporate strategy*)
- Geschäftsbereichsstrategie (engl. *Corporate unit strategy; Business strategy*)
- Funktionsbereichsstrategie (engl. *Functional area strategy; Funktional strategy*).

Ein weiterer Strategie-Klassiker" sind die **Wettbewerbsstrategien** von Michael E. Porter:

- Qualitätsführerschaft/Präferenzstrategie (engl. *Differentiation*)
- Kostenführerschaft/Preis-Mengen-Strategie (engl. *Overall cost leadership*)
- Nischenstrategie (engl. *Focus*).

Zu den **Markteintrittsstrategien** zählen:

- Pionierstrategie
- Folgerstrategie (früher Folger/später Folger).

Nach dem **Grad der Eigenständigkeit** können folgende Strategien unterschieden werden:

- Autonomiestrategie
- Kooperationsstrategie
- Integrationsstrategie.

Zu den **funktionalen Strategien** zählen u.a.:

- Beschaffungsstrategie
- Produktionsstrategie
- Marketingstrategie
- Personalstrategie
- Finanzierungsstrategie
- Entwicklungsstrategie (F&E-Strategie)

Als **querschnittsorientierte Strategien** können u.a. bezeichnet werden:

- Nachhaltigkeitsstrategie
- IT-Strategie
- Digitalisierungsstrategie
- Technologiestrategie
- Innovationsstrategie.

Nach dem **regionalen Geltungsbereich** sind folgende *Marktarealstrategien* [Becker, J.] zu zählen:

- Lokale Strategie
- Regionale Strategie
- Überregionale Strategie
- Nationale Strategie
- Multinationale Strategie
- Internationale Strategie
- Globale Strategie.

Mit der **Segmentierung** befassen sich folgende *Marktparzellierungsstrategien* [Becker, J.]:

- Gesamtmarktabdeckung
- Marktspezialisierung
- Leistungsspezialisierung
- Selektive (differenzierte) Spezialisierung
- Nischenspezialisierung.

Zu den **Portfoliostrategien** können gerechnet werden:

- Lebenszyklus/Erfahrungskurve
- BCG-Matrix/McKinsey-Matrix/ADL-Matrix.

Im Folgenden werden die Grundlagen einer **Nachhaltigkeitsstrategie** vorgestellt.

2.3.3 Grundlagen Nachhaltigkeitsstrategie

2.3.3.1 CO_2-Bilanz als Einstieg in die Nachhaltigkeitsstrategie

Der Klimawandel ist eines der größten Themen unserer Zeit. Er wirkt sich auf alle Lebensbereiche aus und erfordert einen ganzheitlichen Wandel zur Nachhaltigkeit. Insbesondere Unternehmen und Organisationen stehen vor der Herausforderung, nachhaltig zu wirtschaften und Nachhaltigkeit als festen Bestandteil in ihr jeweiliges Geschäftsmodell zu integrieren. Um einen Überblick über den Ausstoß der eigenen Emissionen und deren Auswirkungen auf das Klima zu erhalten, sind die Unternehmen aufgefordert, ihre eigene CO_2-Bilanz zu erstellen. Die **CO_2-Bilanz** (engl. *Corporate Carbon Footprint*) ist eine Methode zur Quantifizierung der Treibhausgasemissionen eines Unternehmens. Als Bestandsaufnahme aller Aktivitäten, die Kohlenstoffemissionen verursachen, hilft sie den Firmen dabei, den Einfluss ihrer Aktivitäten auf den Klimawandel zu verstehen. Die CO_2-Bilanz ist somit der erste Schritt für den Aufbau einer ganzheitlichen Nachhaltigkeitsstrategie und bildet die Grundlage für alle anschließenden Reduktionsmaßnahmen [vgl. Planted 2024a].

Es gibt drei Geltungsbereiche, in denen Unternehmen oder Organisationen Treibhausgase emittieren. Diese Geltungsbereiche werden als "**Scopes**" bezeichnet. Mit Hilfe dieser Unterteilung können die verschiedenen Quellen von Treibhausgasemissionen eines Unternehmens unterschieden und getrennt bewertet werden (siehe Insert 2-15).

Mit der CO_2-Bilanz lässt sich feststellen, in welchen Bereichen Emissionen anfallen und wie die Emissionen im nächsten Schritt reduziert werden können. Darauf aufbauend können die betroffenen Unternehmen Strategien zur Energieeffizienz, zu alternativen Transportmittel, zu nachhaltige Lieferketten und zu erneuerbaren Energien. Darüber hinaus müssen die Emissionen aktiv reduziert werden. Mit der CO_2-Bilanz können die Unternehmen ihre Fortschritte bei der Emissionen-Reduktion überwachen, messen und ihre Strategien optimieren. Schließlich kann das Unternehmen seine Fortschritte bei der CO_2-Reduktion auch öffentlich machen und damit einen Reputationsgewinn verbuchen. Gleichzeitig wird das Bewusstsein seiner Beschäftigten für nachhaltiges Handeln gestärkt [vgl. Planted 2024].

Bei der **Berichterstattung** müssen die Scope 1- und 2- Emissionen bilanziert werden. Die Bilanzierung der Scope 3-Emissionen ist optional. Diese Unterscheidung ist darauf zurückzuführen, dass die Scope 1-Emissionen aus Quellen stammen, die direkt im Besitz oder im Geltungsbereich des Unternehmens sind (z. B. eigener Heizkessel oder Fuhrpark). Scope 2-Emissionen sind indirekte Treibhausgasemissionen aus eingekaufter Energie, wie Strom, Wasserdampf, Fernwärme oder -kälte, die außerhalb der eigenen Systemgrenzen von Unternehmen erzeugt aber von ihnen verbraucht wird. Scope 3- Emissionen dagegen resultieren aus Aktivitäten, die nicht direkt zu Ihrem Unternehmen gehören (z.B. aus Geschäftsreisen oder dem Abfallmanagement).

Anhang dieser vielfältigen Aktivitäten wird deutlich, dass die CO_2-Bilanz eine wichtige Maßnahme für Unternehmen ist, um die eigenen Emissionen aktiv reduzieren und nachhaltiger handeln zu können. Aufbauend auf der Bilanz können Firmen ihre Emissionsquellen identifizieren, analysieren, Einsparpotenziale strategisch aufbauen und ihren Fortschritt messen, überwachen und kommunizieren [vgl. Planted 2024a]

Insert

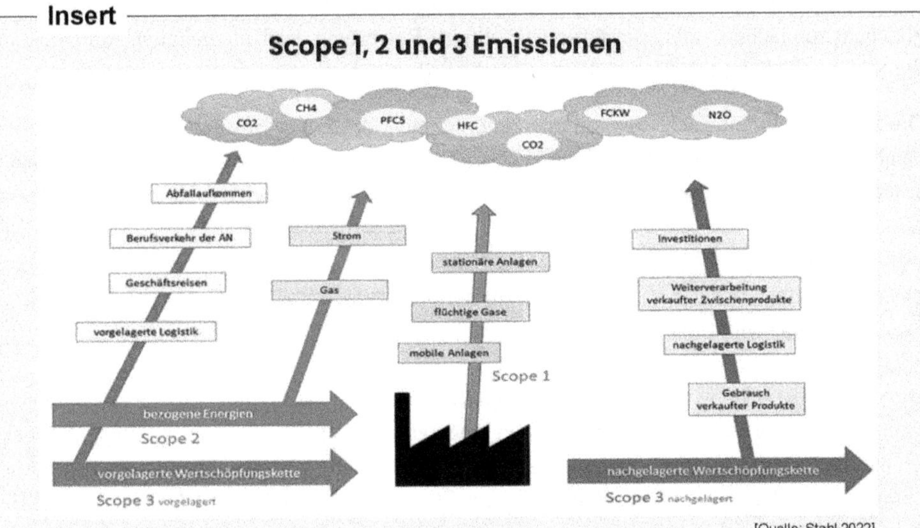

[Quelle: Stahl 2022]

Scope 1 Emissionen sind direkte Emissionen, die durch die Verbrennung von fossilen Brennstoffen in der Produktion oder durch Prozesse im Unternehmen selbst entstehen. Beispiele dafür sind die Emissionen aus Energieträgern am Standort, die Verbrennung von Kraftstoffen in Fahrzeugen (eigener Fuhrpark) oder der Betrieb von Öfen, Heizkesseln oder Maschinen. Da die Kontrolle dieser Emissionen innerhalb des Unternehmens liegt, können sie relativ einfach gemessen und kontrolliert werden.

Scope 2 Emissionen sind indirekte Emissionen, die durch den Zukauf von Energie oder Strom verursacht werden. Ein Beispiel für Scope 2 Emissionen sind Emissionen, die durch die Verbrennung von Kohle oder Gas in Kraftwerken entstehen, die das Unternehmen zur Stromerzeugung nutzt. Durch den Kauf von erneuerbaren Energien können die Emissionen gesenkt werden. Verfügt ein Unternehmen über eigene Anlagen zur Erzeugung von Strom, fallen die damit verbundenen Emissionen in Scope 1.

Scope 3 Emissionen sind indirekte Emissionen, die durch Prozesse entstehen, die außerhalb des Unternehmens stattfinden, aber im Zusammenhang mit der Produktion und dem Betrieb des Unternehmens stehen. Im Vergleich zu Scope 1 und 2 sind die Emissionen oft schwieriger zu messen und zu kontrollieren. Beispiele dafür sind Emissionen, die durch die Herstellung von Materialien oder die Nutzung von Produkten oder Dienstleistungen, die das Unternehmen kauft, entstehen. Unterschieden wird bei Scope 3 in vor- und nachgelagerte Emissionen:

- **Vorgelagerte Emissionen** umfassen alle Emissionen innerhalb der Wertschöpfungskette, die mit Dienstleistungen und eingekauften Waren zusammenhängen
- **Nachgelagerte Emissionen** sind indirekte Emissionen innerhalb der Wertschöpfungskette, die bei den vom Unternehmen verkauften Waren oder Dienstleistungen auftreten, sobald sie das Unternehmen verlassen haben.

[Quelle: Planted 2024]

Insert 2-15: Scope 1, 2 und 3 Emissionen

2.3.3.2 EU-weite Berichtspflicht über das Nachhaltigkeitsengagement

Mit Einführung der **EU-weiten Berichtspflicht** über das Nachhaltigkeitsengagement von Unternehmen werden ab dem Jahr 2025 etwa 50.000 Großunternehmen zur Offenlegung ihrer Nachhaltigkeitsmaßnahmen verpflichtet. Mit der **Corporate Sustainability Reporting Directive (CSRD)** ändert sich der Umfang und die Art der Nachhaltigkeitsberichterstattung von Unternehmen tiefgreifend. Damit ersetzt die Richtlinie die ehemalige Regelung zur nichtfinanziellen Berichterstattung (NFRD).

Ziel der CSRD ist es, die Klima- und Nachhaltigkeitsberichterstattung transparent und vergleichbar zu machen. Interessensgruppen soll eine Bewertung des Unternehmens mit Blick auf die Risiken für Klima und Umwelt erleichtert werden.

Die neue Regelung bezieht sich auf alle Unternehmen, die an der Börse notiert sind (mit Ausnahme von Kleinstunternehmen). Zudem sind alle nicht kapitalmarkt-orientierten Unternehmen von der CSRD erfasst, wenn sie zwei der drei folgenden Anforderungen erfüllen:

- Bilanzsumme > 20 Millionen Euro
- Nettoumsatzerlöse > 50 Millionen Euro netto
- Zahl der Beschäftigten > 250

Die neue CSRD-Richtlinie folgt einer **doppelten Wesentlichkeitsperspektive** (engl. *Double Materiality*). Danach müssen Unternehmen einerseits die Wirkung von Nachhaltigkeitsaspekten auf die wirtschaftliche Lage des Unternehmens festhalten. Andererseits müssen sie die Auswirkungen des Betriebs auf Nachhaltigkeitsaspekte verdeutlichen. Die CSRD fordert in der Berichterstattung Angaben zu:

- Nachhaltigkeitszielen,
- der Rolle von Vorstand und Aufsichtsrat,
- den wichtigsten nachteiligen Wirkungen des Unternehmens und
- zu noch nicht bilanzierten immateriellen Ressourcen.

Zudem wird mit der neuen CSRD-Richtlinie die Möglichkeit ausgeschlossen, nichtfinanzielle Informationen in einem separaten nichtfinanziellen Bericht zu veröffentlichen. Nachhaltigkeitsinformationen sind zukünftig ausschließlich im Lagebericht offenzulegen [vgl. Planted 2024b].

2.3.3.3 Status Quo der Nachhaltigkeitsstrategie deutscher Unternehmen

Geschäftsmodelle, die auf nachhaltigen Lösungen basieren, sind langlebiger und versprechen deutliche Umsatzpotenziale. Der Weg hin zu einer grünen Wirtschaft – einer **Green Economy** – ist allerdings langwierig und schließt mehrere Handlungsfelder mit ein. Es geht um Schonung natürlicher Ressourcen und um Reduzierung der Umweltbelastung, um Lebensqualität und Wohlstand vor allem für die nachfolgenden Generationen zu sichern.

Für die Unternehmen, welche die Prinzipien der Green Economy verfolgen, bringt ökologisches Wirtschaften zunehmend einen Wettbewerbsvorteil mit sich. So orientierte sich im Jahr 2022 bereits ein Viertel der gegründeten Start-ups an den Prinzipien einer Green Economy.

Die Bundesregierung strebt für Deutschland ab dem Jahr 2045 eine Treibhausgasneutralität an.

Wie stehen die Unternehmen zu dieser Zielsetzung in Sachen Nachhaltigkeit? Antworten auf die Fragen „Möchte Ihr Unternehmen künftig komplett klimaneutral sein? Wenn ja: bis wann?“ liefert eine repräsentative Befragung von 506 Unternehmen ab 20 Beschäftigten in Deutschland. Danach wollen 45 Prozent der Unternehmen bereits bis zum Jahr 2030 klimaneutral sein.

Weitere 37 Prozent streben dies bis 2040 an. Die Mehrheit der Unternehmen unterstützt folglich das politische Ziel.

Besonders aufschlussreich und differenziert sind die Gründe, warum Unternehmen nachhaltiger werden möchten. Da hier Mehrfachnennungen möglich waren, lässt sich der „einzig wahre“ allerdings nicht ermitteln.

Immerhin führen 63 Prozent der befragten Unternehmen, die bereits eine Nachhaltigkeitsstrategie verfolgen oder dies planen, als Ziel an erster Stelle den Klimaschutz an. 60 Prozent wollen mit gutem Beispiel vorangehen und sehen hierdurch wohl auch positive Auswirkungen auf die eigene Reputation. 52 Prozent möchten ganz konkret ihr Image verbessern und 32 Prozent wünschen sich, als Arbeitgeber attraktiver zu werden. Auf den Erhalt der eigenen Wettbewerbsfähigkeit zielen 39 Prozent ab. Diese Unternehmen sehen damit offensichtlich den Vorteil, mit einer geplanten oder einer bereits vorhandenen Nachhaltigkeitsstrategie den Erwartungen ihrer Kundschaft besser entsprechen können. 28 Prozent der befragten Unternehmen erwarten ein Einsparungspotenzial durch nachhaltiges Agieren. 25 Prozent weisen darauf hin, dass nachhaltiges Handeln schlichtweg von ihren Geschäftspartnern verlangt wir. Den „Druck von außen“ passen sich 33 Prozent der Unternehmen an, um entsprechenden staatlichen Vorgaben zu entsprechen. Den Druck ihrer Stakeholder sehen 21 Prozent durch Inhaber bzw. Investoren und 20 Prozent durch die eigenen Mitarbeiter (Insert 2-16).

Aus Sicht der befragten 502 Unternehmen ist die Politik gefordert, wenn es um die Förderung von Nachhaltigkeit und Klimaschutz durch Digitalisierung geht. So wünschen sich 96 Prozent der Unternehmen, dass die Politik den Ausbau erneuerbarer Energien fördert. 79 Prozent der Unternehmen wünschen sich von der Politik mehr Beratungsangebote, um durch Digitalisierung klimaneutral zu werden.

Mehr als die Hälfte (58 Prozent) der Unternehmen fordert, dass der Staat mit gutem Beispiel vorangeht und auf Nachhaltigkeit bei der Beschaffung von IT-Dienstleistungen und digitalen Geräten im öffentlichen Sektor achtet. 52 Prozent fordern finanzielle Anreize zur Investition in digitale Technologien, die für mehr Nachhaltigkeit sorgen [Quelle: Bitkom-Pressemitteilung vom 27. Juli 2022].

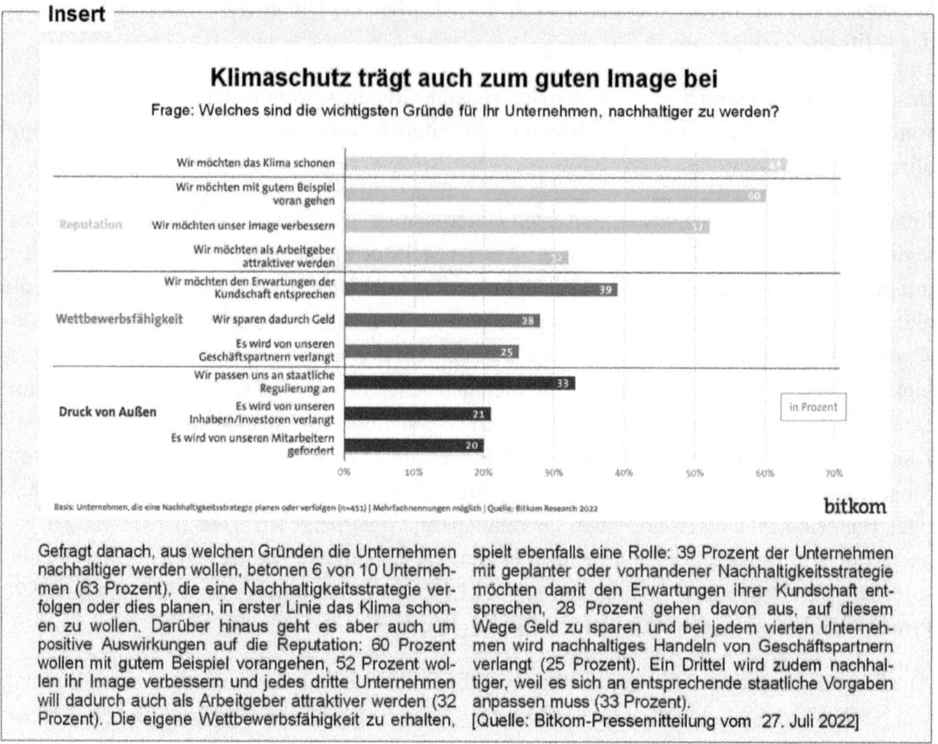

Gefragt danach, aus welchen Gründen die Unternehmen nachhaltiger werden wollen, betonen 6 von 10 Unternehmen (63 Prozent), die eine Nachhaltigkeitsstrategie verfolgen oder dies planen, in erster Linie das Klima schonen zu wollen. Darüber hinaus geht es aber auch um positive Auswirkungen auf die Reputation: 60 Prozent wollen mit gutem Beispiel vorangehen, 52 Prozent wollen ihr Image verbessern und jedes dritte Unternehmen will dadurch auch als Arbeitgeber attraktiver werden (32 Prozent). Die eigene Wettbewerbsfähigkeit zu erhalten, spielt ebenfalls eine Rolle: 39 Prozent der Unternehmen mit geplanter oder vorhandener Nachhaltigkeitsstrategie möchten damit den Erwartungen ihrer Kundschaft entsprechen, 28 Prozent gehen davon aus, auf diesem Wege Geld zu sparen und bei jedem vierten Unternehmen wird nachhaltiges Handeln von Geschäftspartnern verlangt (25 Prozent). Ein Drittel wird zudem nachhaltiger, weil es sich an entsprechende staatliche Vorgaben anpassen muss (33 Prozent).
[Quelle: Bitkom-Pressemitteilung vom 27. Juli 2022]

Insert 2-16: Klimaschutz trägt auch zum guten Image bei

2.3.3.4 Fallstricke der Nachhaltigkeit

Offensichtlich hat sich „Nachhaltigkeit" immer mehr zu einem omnipräsenten **Mainstream-Thema** entwickelt. Auslöser hierfür sind neben den zunehmenden Unwetterkatastrophen eine mediale Aufladung durch die Protestaktionen von Fridays For Future, Last Generation und Extinction Rebellion. Hierdurch entwickeln sich aber auch bei den Kunden Schuldgefühle. Sie spüren einen moralischen Druck, Plastik zu vermeiden, den Fleischkonsum zu reduzieren und weniger oder keine Flugreisen mehr anzutreten (Stichwort „Flugscham"). Trotzdem fällt es der großen Mehrheit (immer noch) schwer, sich von eingefahrenen Gewohnheiten zu lösen und Verzicht zu üben. Immerhin muss man sich Nachhaltigkeit erst einmal leisten können. So bleiben die vermeintlichen Lösungswege widersprüchlich und die Faktenlage unübersichtlich [vgl. Kreutzer 2023, S. 209 ff.]

Insert 2-17 zeigt einige Fallstricke der Nachhaltigkeit und die entsprechenden psychologischen Zusammenhänge [vgl. Ziems et al. 2023]

Insert

Fallstricke der Nachhaltigkeit

Fallstrick 1: Entlarvung und kritische Sensibilisierung
Es gibt viele Produkte, deren Neu-Ausrichtung für Nachhaltigkeit erst recht ihr bislang schädliches oder ethisch bedenkliches Potenzial ins Bewusstsein rückt: Beispielsweise das Label „ohne Küken-Töten" auf der Eierverpackung oder der Hinweis auf eine Conscious-Collection, die Kinderarbeit bei der Textilproduktion vermeidet. Doch damit rückt der Horror der Massentierhaltung und ausbeuterische Arbeitsbedingungen in den Textilfabriken wieder in das Bewusstsein der Konsumierenden.

Fallstrick 2: Ankündigungsfalle
Während die Unternehmen mit einigem Stolz ihre Nachhaltigkeits-Fortschritte verkünden wollen – beispielsweise mit Ankündigungen wie „CO2 neutral bis 2035" oder „vollständig recyclebare Verpackung außer dem Plastikanteil" –, entsteht bei Verbraucherinnen und Verbrauchern paradoxerweise der Eindruck, das ginge alles viel zu langsam, da würde nur angekündigt und die Schritte wären viel zu halbherzig.

Fallstrick 3: Schwache Proofpoints und Greenwashing
Wenn Ikea damit wirbt, dass seine Einkaufstaschen und Tupperdosen aus recycletem Kunststoff produziert sind, oder wenn der Energieanbieter Vattenfall neue Windparks vorzeigt, dann wird das von vielen Konsumierenden als schwacher Proofpoint angesehen. Denn: Betreibt Vattenfall nicht noch immer Braunkohlekraftwerke in Ostdeutschland? Ist IKEA nicht zuletzt mit der Rodung sibirischer Urwälder aufgefallen? Wird hier nicht ein großes Greenwashing aufgefahren?

Fallstrick 4: Siegeleritis
Viele Unternehmen versuchen, ihre Nachhaltigkeitsbemühungen mit diversen Siegeln zu untermauern. Die Siegel-Hitparade wird von Fair Trade, FSC oder utz angeführt. Das Problem dabei: Leider ist inzwischen ein gewisser Wear-Out-Effekt bei der Siegeleritis entstanden. Die Konsumierenden bemerken eine Inflation der Zertifizierungen – gegebenenfalls sind Siegel auch bestechlich oder Kriterien der Zertifizierung werden manipuliert.

Fallstrick 5: Nachhaltigkeitsfokus überschattet Kategoriemotive
Insbesondere Start-ups, die ihre Produkt-Positionierung auf Nachhaltigkeits-Stories basieren, laufen Gefahr, dass sie die Ansprache kategorialer Grundmotive verfehlen. Ein Beispiel: Die vegane Schokolade aus Fair-Trade-Produktion mag zwar in der Nachhaltigkeitsdimension und nach den ESG-Kriterien alles richtig machen. Doch der gewünschte cremige Schokoladengenuss stellt sich nicht ein. Die Schokolade schmeckt vertrocknet und sandig-herb – wie ein Produkt aus der früheren sozialistischen DDR-Mangelwirtschaft.

Fallstrick 6: „Woke" Demonstration der guten Tat und die Bullerbü-Falle
Einige hauptsächlich englische und amerikanische Schokoladen- und Kaffee-Marken haben sich einer konsequenten Teilhabe an organischer und nachhaltiger Produktion verschrieben. Wer diese Marken konsumiert, ist Teil des Herstellungs-Zyklus des perfekten Produkts. Für „normale" Mainstream-Konsumierende entsteht jedoch leicht ein abgehobener Eindruck: Der urige Kakao-Bauer hegt und pflegt die Pflanzen, als wären es seine Kinder. Der CEO der Kaffeerösterei fährt in die Plantage, um den Kindern Schulunterricht zu geben. Im exotischen Dschungel kommt ein Hauch von Bullerbü-Romantik auf ...

Orientierung im Labyrinth der Nachhaltigkeit
Die genannten Beispiele und psychologischen Zusammenhänge zeigen: Es gibt viele Fallstricke, aber auch viele Opportunities, Nachhaltigkeit für die Unternehmen und die Unternehmenskommunikation richtig zu spielen. Jede Branche, jedes Unternehmen, jede Marke und jedes Produkt steht dabei vor neuen Herausforderungen.

[Quelle: Ziems et al. 2023]

Insert 2-17: Fallstricke der Nachhaltigkeit

2.4 Entwicklung von Nachhaltigkeitsstrategien

Um Nachhaltigkeitspotenziale für das eigene Unternehmen auszuschöpfen bzw. zu entwickeln, bieten sich grundsätzlich zwei Wege an, die sich aber nicht gegenseitig ausschließen müssen [vgl. Kreutzer 2023, S. 1001 ff.]:

- Fokussierung auf einzelne Bereiche der Wertschöpfungskette
- Entwicklung neuer Geschäftsmodelle für die Kreislaufwirtschaft

2.4.1 Fokussierung auf einzelne Bereiche der Wertschöpfungskette

Für Unternehmen, die ihre Nachhaltigkeitsstrategie auf einzelne Bereiche der Wertschöpfungskette fokussieren, bietet sich eine Vielzahl von Handlungsoptionen an. Sie beginnt beim nachhaltigen Design sowie der Ausgestaltung des Angebotsprogramms und zieht sich über das Lieferantenmanagement, die Produktionsprozesse bis hin zur Ausgestaltung von Logistik und Vertrieb.

2.4.1.1 Nachhaltiges Design

Das **nachhaltige Design** (auch Sustainable Design, Eco Design, Öko-Design bzw. Green Design) berücksichtigt im Sinne des **Product Lifecycle Management** bereits in der Kreativphase alle Ressourcen, die für den gesamten Lebenszyklus benötigt werden. Hierzu zählen alle Geschäftsprozesse von der Produktplanung und -entwicklung, über die Produktion, die Verpackung, die Logistik bis zur Produktpflege und Entsorgung. Es erfolgt also schon bei der Ideenfindung ein Blick auf den gesamten Lebenszyklus unter dem Aspekt der Nachhaltigkeit.

Um Unternehmen zu einem nachhaltigeren Design anzuhalten, wurde innerhalb der EU bereits 2005 eine **Ökodesign-Richtlinie** verfasst. Durch diese Richtlinie soll der Markt für effiziente und umweltfreundliche Produkte gestärkt werden. Gleichzeitig sollen negative Auswirkungen von energieverbrauchsrelevanten Produkten auf die Umwelt über den gesamten Lebenszyklus hinweg entgegengewirkt werden.

Die Ökodesign-Richtlinie setzt dabei bereits in der Phase der Produktgestaltung an, da hier der Großteil der von Produkten ausgehenden Umweltwirkungen vorbestimmt wird. In Deutschland wird die EU-Richtlinie durch das **Energieverbrauchsrelevante-Produkte-Gesetz (EVPG)** umgesetzt. Darunter fallen alle Produkte mit einem jährlichen Verkaufsvolumen in der EU von mindesten 200.000 Stück.

Ein solches Ökodesign lässt sich mit folgenden Kriterien beschreiben [vgl. Kreutzer 2023, S. 117]:

- Ressourcensparend
- Langlebig
- Reparaturfähig
- Recyclingfähig – Upcycling oder Downcycling

2.4.1.2 Nachhaltiges Angebotsprogramm

Nach der Entwicklung von Ökodesign bei den einzelnen Produkten und Dienstleistungen stellt sich die Frage, wie das eigene Angebot insgesamt nachhaltiger ausgerichtet werden kann. Dazu ist es zunächst erforderlich, die **Hauptverursacher schädlicher Emissionen** zu identifizieren. Kohlendioxid ist das bei weitem bedeutendste Klimagas. Laut einer Berechnung des Umweltbundesamtes betrug 2022 der Kohlendioxid-Anteil an den gesamten **Treibhausgas-Emissionen** 89,4 Prozent.

In Insert 2-18 sind die sechs Sektoren des Klimaschutzgesetzes (Energiewirtschaft, Industrie, Gebäude, Verkehr, Landwirtschaft, Abfallwirtschaft) mit ihren Treibhausgasemissionen, die in 2022 insgesamt 746 Millionen Tonnen betrugen, dargestellt.

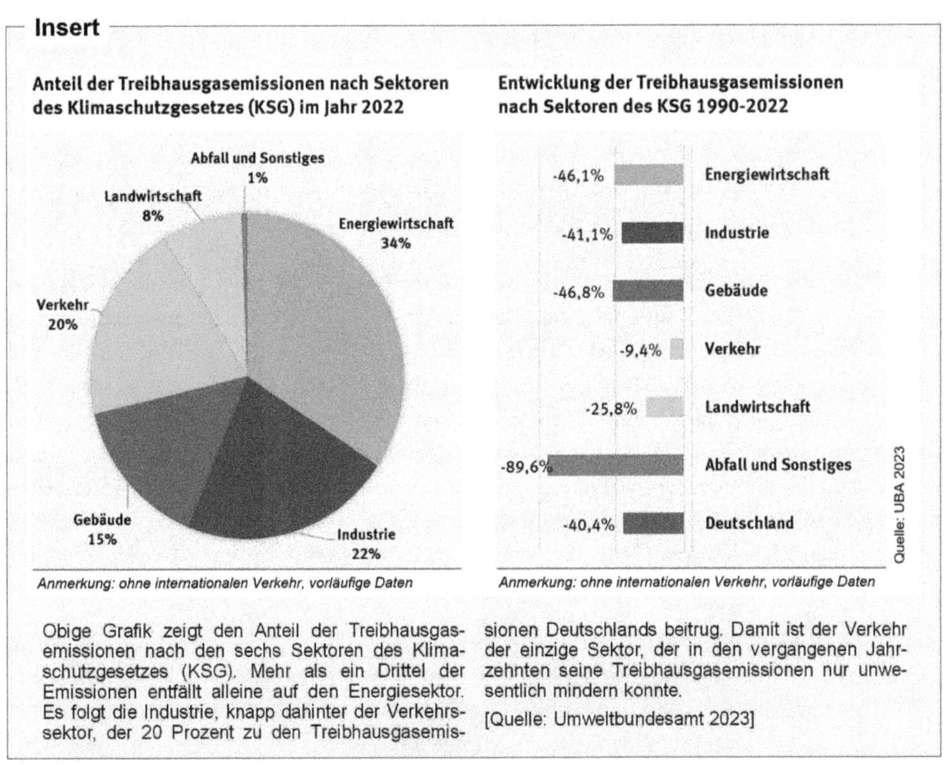

Obige Grafik zeigt den Anteil der Treibhausgasemissionen nach den sechs Sektoren des Klimaschutzgesetzes (KSG). Mehr als ein Drittel der Emissionen entfällt alleine auf den Energiesektor. Es folgt die Industrie, knapp dahinter der Verkehrssektor, der 20 Prozent zu den Treibhausgasemissionen Deutschlands beitrug. Damit ist der Verkehr der einzige Sektor, der in den vergangenen Jahrzehnten seine Treibhausgasemissionen nur unwesentlich mindern konnte.

[Quelle: Umweltbundesamt 2023]

Insert 2-18: Anteile und Entwicklung Treibhausemissionen in Deutschland

Hauptverursacher Nummer Eins ist mit deutlichem Abstand die **Energiewirtschaft**. Dieser Sektor produziert 34 Prozent der gesamten deutschen Treibhausgasemissionen. Dabei spielen vor allem die Kohlekraftwerke eine große Rolle. Der gesamte Energiesektor ist die größte Quelle anthropogener Treibhausgasemissionen. Er beinhaltet neben stationäre und mobile Quellen und den diffusen Emissionen aus Brennstoffen auch die energetischen Emissionen der Industrie, letztere allein schon mit 16,2 Prozent Anteil an den Gesamtemissionen.

Die **Industrie** liegt nach der Energieerzeugung an zweiter Stelle der Verursacher schädlicher Emissionen steht. Die größten Industrieanlagen in Deutschland sind Stahlwerke und Raffinerien. Bei der Produktion von Gütern und Waren entstehen Treibhausgasemissionen und Luftschadstoffe. Vor allem die Metallindustrie (z.B. Eisen und Stahl), die Herstellung mineralischer Produkte (z.B. Zement) und die chemische Industrie mit der Herstellung von Grundchemikalien sind dafür verantwortlich. Von Bedeutung sind die Treibhausgase Kohlendioxid (CO_2) und Lachgas, die sowohl energie- als auch prozessbedingt entstehen können, wobei die CO_2-Emissionen aus Brennstoffen in der Quellgruppe „Energie" erfasst werden.

Auf Platz drei der größten CO_2-Verursacher kommt dann auch schon der **Verkehr**. Hierbei macht der Individualverkehr auf den Straßen den Löwenanteil aus. Deshalb steht das Thema der Nachhaltigkeit in der **Automobilbranche** seit vielen Jahren auf der Agenda. Die umfassende Ausrichtung auf die Elektromobilität soll einen entscheidenden Beitrag zur Reduktion schädlicher Emissionen leisten. Eine besondere Bedeutung kommt dabei der reinen Nutzungsphase eines Automobils zu. So wird durch einen Blick auf die tatsächliche Nutzung von PKWs deutlich, dass die PKWs in Deutschland ca. 96 Prozent der Zeit ungenutzt auf der Straße stehen.

Den vierten Platz nimmt die **Gebäudewirtschaft** ein. Auf das Konto des Bausektors gehen in der EU die Hälfte der gesamten Rohstoffgewinnung und über 35 Prozent des gesamten Abfallaufkommens. Alleine in Deutschland fallen bei Errichtung, Umbau, Renovierung oder Abbruch von Bauwerken jährlich rund 200 Millionen Tonnen mineralischer Bauabfälle an.

Die **Landwirtschaft** nimmt nach Energie, Industrie, Gebäude und Verkehr die fünfte Stelle der Verursacher schädlicher Emissionen ein. Ackerbau und Viehzucht sind für etwa acht Prozent der Treibhausgasemissionen in Deutschland verantwortlich. Wiederkäuende Rinder, Mist- und Güllelagerung sowie stark gedüngte Felder setzen die Gase Methan und Lachgas, aber auch Ammoniak frei. Die Landwirtschaft produziert die Grundlagen für unsere Lebensmittelproduktion, unter anderem sind das Getreide, Ölpflanzen (Sonnenblumen, Raps), Fleisch, Milch, Eier und auch die Futtermittel für die Tiere. Abgegeben werden die Emissionen in allen Bereichen des landwirtschaftlichen Betriebes: Von den Tieren selbst, von Mist und Gülle, von den Feldern, auf denen Dünger und Gülle ausgebracht wird. Emissionen, die beim Betrieb landwirtschaftlicher Maschinen oder durch das Heizen von Ställen anfallen, werden dem Energiebereich zugerechnet.

Die Emissionen der **Abfallwirtschaft** bleiben erneut unter der im Bundes-Klimaschutzgesetz (KSG) festgelegten Jahresemissionsmenge. Der Trend wird im Wesentlichen durch die sinkenden Emissionen aus der Abfalldeponierung infolge des Verbots der Deponierung organischer Abfälle bestimmt.

Neben den sechs Sektoren des Klimaschutzgesetzes soll hier auch noch ein Blick auf die Finanzwirtschaft geworfen werden. Dabei geht es aber nicht um Treibhausgasemissionen, sondern um das Angebotsprogramm des Finanzsektors. Schließlich richten auch **Finanzdienstleister** ihr Angebot immer stärker an Nachhaltigkeit aus. Bei den einschlägigen Angeboten wird von **Impact Investing** gesprochen. Der Begriff Impact Investing bezieht sich auf Investitionen in Unternehmen, Organisationen und Fonds, die außer einer Rendite auch eine messbare positive soziale oder ökologische Wirkung zu erzielen sollen. Auf der Grundlage der gegenwärtigen Emissionen bieten sich für Unternehmen einzelner Sektoren diverse nachhaltige Aktivitäten mit entsprechenden Aussichten zur Reduktion schädlicher Emissionen (siehe dazu Insert 2-19).

Insert

Nachhaltige Produkte und Dienstleistungen im Angebotsprogramm

Sektor	Bereich	Nachhaltige Aktivitäten (Beispiele)
Industrie	Stahlindustrie	Grüner Stahl (klimaneutrale Stahlproduktion)
	Automobilbranche	• Elektrifizierung des Antriebsstrangs • Dekarbonisierung der Materialproduktion (kohlenstofffreie Wertschöpfungskette) • Product as a Service (z.B. Car Sharing)
Landwirtschaft und Lebensmittelsektor	Landwirtschaft	• Ökologische Landwirtschaft (z.B. Verzicht auf Pestizide) • Wassermanagement (z.B. Tröpfchen-Bewässerung) • Verringerung der Emission von Treibhausgasen • Förderung der Biodiversität
	Lebensmittelsektor	• Umstellung von vegetarischen auf vegane Rezepturen • Reduktion von Fleischproduktion und Fleischverarbeitung
Dienstleistungs-sektor	Finanzdienst-leistungen	Produkte des Impact Investing z.B. • Mikro-Finanzfonds (Kleinkredite an Personen in Schwellen- oder Entwicklungsländern) • Social Impact Fonds (Kredite für nachhaltige Geschäfts-modelle) • Green Bonds (Nachhaltige Anleihen) • Green Loans (Grüne Kredite)
Bausektor	Hochbau	• Nachhaltiges Bauen nach dem Cradle-to-Cradle-Prinzip • Einsatz von recycelbaren und auch chemisch unbedenklichen Baumaterialien • Gebäude werden zu langfristigen Rohstofflagern und Materialspeichern

Wenn von Angebotsprogramm gesprochen wird, geht es um die Frage, welche Produkte und Dienstleistungen im Hinblick auf Nachhaltigkeitsziele weiterentwickelt bzw. neu in das eigene Angebot aufgenommen werden sollen. Wie eine nachhaltige(re) Ausrichtung des Angebotsprogramms erfolgen kann, wird vorstehend an ausgewählten Beispielen demonstriert.

[Quelle: in Anlehnung an Kreutzer 2023, S. 120 ff.]

Insert 2-19: Nachhaltige Produkte und Dienstleistungen im Angebotsprogramm

2.4.1.3 Nachhaltiges Lieferantenmanagement

Das **Lieferkettengesetz** (siehe Abschnitt 2.1.2.6) hat ein professionelles Lieferantenmanagement immer mehr in den Blickpunkt gerückt. Die eingebundene Lieferkette bestimmt in hohem Maße den ökologischen Fußabdruck eines Unternehmens.

Heute sind Lieferanten zunehmend gefordert, neben dem ökologischen auch den sozialen Unternehmenserfolg abzusichern. Deshalb besteht das Ziel des Lieferantenmanagements heute nicht mehr allein darin, eine ausgewogene Lieferantenstruktur aufzubauen. Zusätzlich sind heute bei der Auswahl und Einbindung von Lieferanten die Anforderungen des Lieferkettengesetzes zu berücksichtigen. Heute muss sich das Lieferantenmanagement immer stärker auch an Nachhaltigkeitsfaktoren orientieren. Im Mittelpunkt steht dabei eine **lieferkettengesetzbezogene Warengruppenanalyse** (siehe Abbildung 2-12).

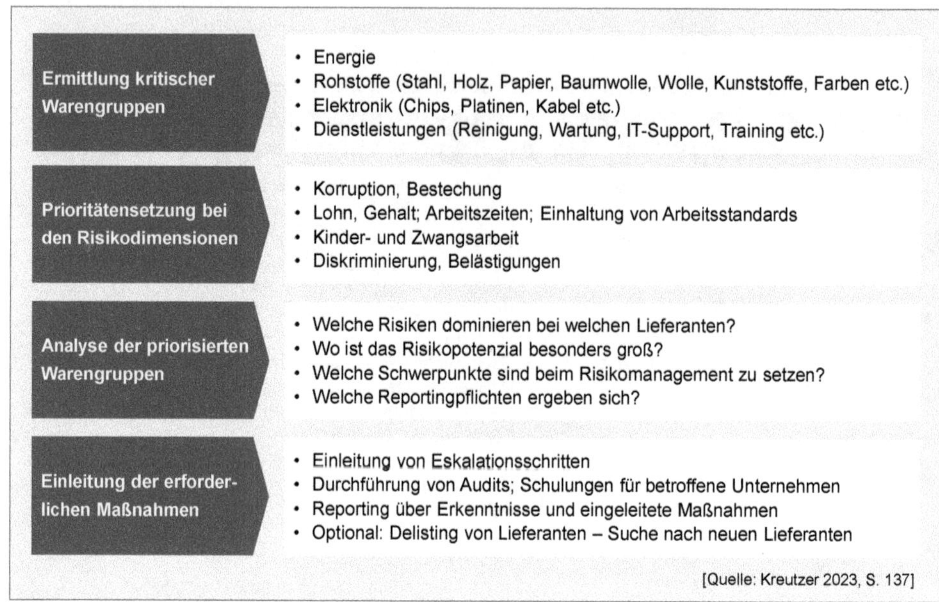

Abb. 2-12: Lieferkettengesetzbezogene Warengruppenanalyse

2.4.1.4 Nachhaltige Produktionsprozesse

Um die eigenen Herstellungsprozesse nachhaltiger auszugestalten, kann ein Stufenkonzept zur nachhaltigeren Produktion eingesetzt werden. Das Konzept umfasst drei Phasen mit den folgenden sieben Stufen und berücksichtigt die OECD-Indikatoren für eine nachhaltige Fertigung [vgl. Kreutzer 2023, S. 142].

Abbildung 2-13 visualisiert die einzelnen Stufen [vgl. OECD 2022].

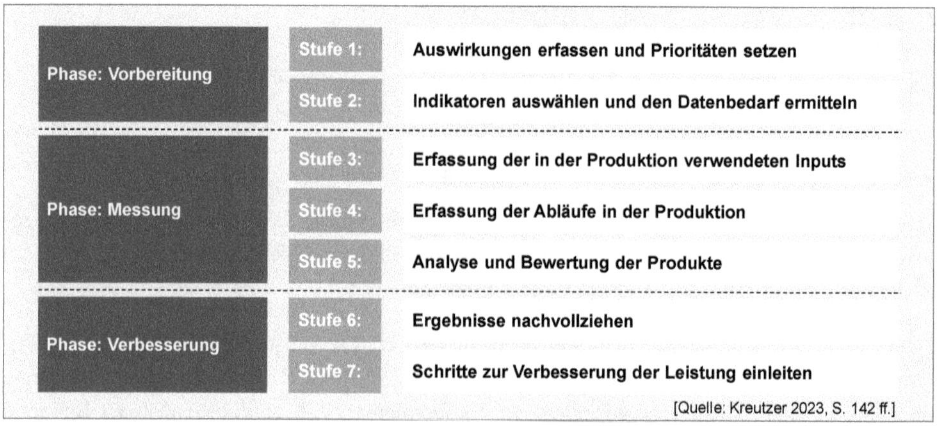

Phase: Vorbereitung	Stufe 1:	**Auswirkungen erfassen und Prioritäten setzen**
	Stufe 2:	**Indikatoren auswählen und den Datenbedarf ermitteln**
Phase: Messung	Stufe 3:	**Erfassung der in der Produktion verwendeten Inputs**
	Stufe 4:	**Erfassung der Abläufe in der Produktion**
	Stufe 5:	**Analyse und Bewertung der Produkte**
Phase: Verbesserung	Stufe 6:	**Ergebnisse nachvollziehen**
	Stufe 7:	**Schritte zur Verbesserung der Leistung einleiten**

[Quelle: Kreutzer 2023, S. 142 ff.]

Abb. 2-13: OECD-Stufenkonzept zur Erreichung einer nachhaltigen Produktion

2.4.1.5 Nachhaltige Logistikprozesse

Logistikprozesse sind bedeutsame „Ressourcenfresser“ und Emissionstreiber. Der Einsatz von Verkehrsmitteln auf der Straße, der Schiene, dem Wasser und in der Luft verbraucht Ressourcen und verursacht beträchtliche Emissionen. Es wird geschätzt, dass Transporte ca. ein Viertel der Treibhausgasemissionen in der EU verursachen. Die hohe Vernetzung der globalen Wertschöpfungsketten ist ein wesentlicher Treiber der nationalen und internationalen Logistik [vgl. Kreutzer 2023, S. 154].

Somit ist die Logistikbranche aufgefordert, klima-, umwelt- und sozialverträgliche Logistiklösungen bereitzustellen. Um die Ziele für die Emissionen des Sektors einzuhalten und damit eine nachhaltige Verkehrswende einzuleiten, müssen dem Umweltbundesamt zur Folge verschiedene Hebel gleichzeitig bedient werden. Die notwendigen Maßnahmen lassen sich **acht zentralen Bausteinen** zuordnen, die ordnungsrechtliche, ökonomische sowie infrastrukturelle Instrumente enthalten. Jeder einzelne Baustein ist für einen klimaverträglichen Verkehr unverzichtbar, dessen konkrete Ausgestaltung aber ist flexibel [Quelle: Umweltbundesamt].

In Insert 2-20 sind die acht Bausteine für mehr Klimaschutz im Verkehr zusammengestellt.

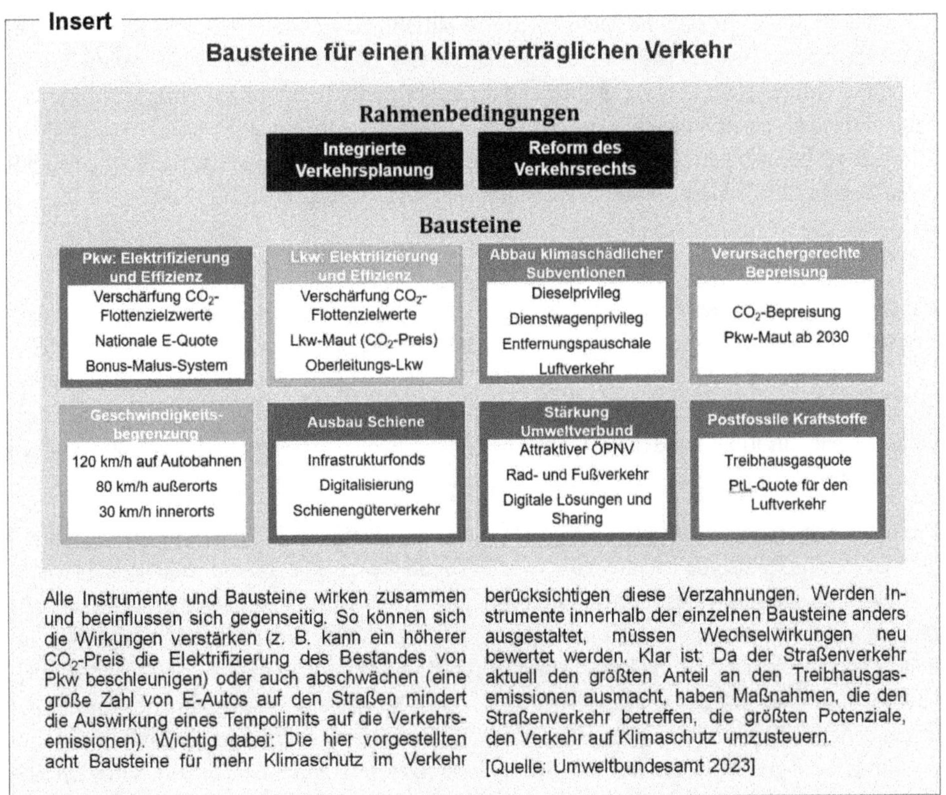

Insert 2-20: Bausteine für einen klimaverträglichen Verkehr

2.4.2 Fokussierung auf nachhaltige Geschäftsmodelle

Konventionelle, also nicht-nachhaltige Geschäftsmodelle sind darauf ausgerichtet, möglichst kurzfristig ein Maximum an Wertschöpfung aus den natürlichen und sozialen Ressourcen zu erzielen. **Nachhaltige Geschäftsmodelle** verfolgen dagegen die Zielsetzung, neben langfristigem ökonomischem Wert auch Beiträge für die natürliche Umwelt und zum sozialen Zusammenhalt zu leisten. Die Verbindungen werden gerade auch durch Nachhaltige Geschäftsmodelle verbessern diese Verbindungen und sind damit ein wichtiger Bestandteil für eine lebenswerte Zukunft. Der Übergang von bestehenden Geschäftsmodellen zu nachhaltigen Geschäftsmodellen ist dabei nie abgeschlossen. Nachhaltige Geschäftsmodelle sind entsprechend auch nicht absolut nachhaltig, sondern relativ zu anderen Geschäftsmodellen nachhaltiger. Geschäftsmodelle können aber nicht nur nachhaltiger, sondern auch immer stärker technikbasiert (digitaler), oder immer menschlicher, oder immer kundenorientierter, oder immer wirtschaftlicher ausfallen [vgl. Ahrend 2022, S. 3].

Für die Definition nachhaltiger Geschäftsmodelle werden zusätzlich – neben den ökonomischen – auch die ökologischen und die sozialen Elemente einbezogen. Dazu zählen insbesondere die Vermeidung oder Minderung von Umweltschäden und -risiken sowie ökologischen Knappheiten einerseits und die Mehrung von Wohlfahrt sowie die Minderung sozialer Nachteile andererseits. Grundsätzlich zielen nachhaltige Geschäftsmodelle entweder auf die **Green Economy** und/oder auf die **Social Economy**. Dadurch schafft ein nachhaltiges Geschäftsmodell naturgemäß einen höheren Wert für die einbezogenen Anspruchsgruppen. Es hat im Vergleich zu nicht-nachhaltigen Geschäftsmodellen mit ähnlicher Angebotsausrichtung einen höheren Nutzen für die Umwelt und das Gemeinwohl [vgl. Ahrend 2022, S. 13].

2.4.2.1 Zur Typologisierung nachhaltiger Geschäftsmodelle

Ein Geschäftsmodell stellt ein konkretisierendes Abbild der Unternehmensstrategie dar. Angesichts der Vielzahl und Vielfalt möglicher nachhaltiger Geschäftsmodelle eignet sich die typologische Methode als Differenzierungsgrundlage. Nach dem Grad der Abstraktion der Erkenntnisse ist die typologische Betrachtungsweise in der Mitte zwischen der generalisierenden Methode („Generalisation") und der individualisierenden Methode („Individuation") einzuordnen [vgl. Knoblich 1977, S. 63].

Zielsetzung der typologischen Ordnung des Untersuchungsobjekts ‚Nachhaltiges Geschäftsmodell' ist es, eine Reihe von nachhaltigen Geschäftsmodellen, die in zusammenhängenden Merkmalsausprägungen übereinstimmen, zu bestimmten Geschäftsmodelltypen zusammen zu fassen. Da ein Typus allgemein den Bedeutungsinhalt eines Musters hat, in dem nur das Wesentliche Ausdruck findet, ist ein Geschäftsmodelltyp ein Repräsentant mehrerer Geschäftsmodellarten im Hinblick auf das als wesentlich Erachtete. Die Zusammenstellung einer Anzahl unterschiedlicher Typen zu einem Spektrum von Typen ergibt eine Typologie. Ziel für die Entwicklung der Typologie ist eine möglichst repräsentative Abbildung von existierenden Geschäftsmodellen in wenigen voneinander abgrenzbaren und nachvollziehbaren Typen. Dabei sollten die Typen möglichst überschneidungsfrei voneinander sein. Die Herleitung der Typologie erfolgt entweder auf Basis von empirischen Beobachtungen oder auf Basis konzeptioneller Unterscheidungen. Mit Typologien wird es möglich, anwendungsorientierte Gestaltungshinweise zu erarbeiten. In der Literatur ist eine Vielzahl verschiedener Geschäftsmodelltypologien zu finden. Im Folgenden soll die **Typologie von Ahrend** als Grundlage für die Beschreibung und Gestaltung von nachhaltigen Geschäftsmodellen genommen werden (siehe hierzu Arend 2022, S. 18 ff.). Die Auswahlkriterien für die praktischen Beispiele als Grundlage für die Typen sind [vgl. Ahrend 2022, S. 117]:

- Geschäftsmodelle mit einem **ökologischen Nutzen**
- Geschäftsmodelle mit einem **sozialen Nutzen**

2.4.2.2 Typologie nachhaltiger Geschäftsmodelle nach Ahrend

Die Typologie nachhaltiger Geschäftsmodelle von Ahrend umfasst sieben Typen und 29 Segmente (siehe Insert 2-21).

Insert

Typologie nachhaltiger Geschäftsmodelle (nach Ahrend)

Geschäftsmodelltypen	Merkmal
Gesundheit	▪ Personenbezogene Gesundheitsdienstleistungen ▪ Nicht-Personenbezogene Gesundheitsdienstleistungen ▪ Telemedizin ▪ Medizinprodukte ▪ Arzneimittel ▪ Bessere Lebensmittel
Empowerment	▪ Zugang zu Infrastruktur (insbesondere Ernährung, Wasser und Bildung) ▪ Zugang zu Finanzdienstleistungen ▪ Zugang zu Produkten und Dienstleistungen
Sozialer Zusammenhalt	▪ Zusammenhalt durch Wohlfahrt ▪ Zusammenhalt durch gute Arbeitsbedingungen ▪ Zusammenhalt durch Integration
Ökoeffektivität	▪ Nachhaltige Infrastruktur ▪ Nachhaltige Investitionsgüter und industrielle Vorleistungen ▪ Nachhaltige Konsumprodukte ▪ Digitalisierung und 3-D-Druck
Ökoeffizienz	▪ Verlängerter Lebenszyklus ▪ Verbrauchseinsparungen bei Energie und Wasser ▪ Renaturierung
Sharing Economy	▪ Sharing-Ansätze für Privatkunden ▪ Sharing-Ansätze für Geschäftskunden ▪ Genossenschaften ▪ Crowdinnovation und Shared Information
Motivation und Bildung	▪ Nachhaltige Finanzierung und Geldanlage ▪ Finanzierung junger Unternehmen und Projekte ▪ Nachhaltige Versicherungen ▪ Nachhaltige Beratungsleistungen für Unternehmer ▪ Transparenz und nachhaltige Handelsplätze ▪ Bildung für nachhaltige Entwicklung

Reihenfolge der Darstellung orientiert sich an der Bedürfnispyramide von Maslow. Oben stehen jene nachhaltigen Geschäftsmodelle, die die menschliche Gesundheit sowie Hunger und Armut adressieren. Es folgen die nachhaltigen Geschäftsmodelle für die Stärkung des sozialen Zusammenhalts. Erst dann kommen die gleichwohl wichtigen nachhaltigen Geschäftsmodelle, die sich primär mit ökologischen Themen befassen. Dazu zählen die nachhaltigen Geschäftsmodelle zur Verbesserung der Ökoeffektivität und der Ökoeffizienz. Zuletzt, entsprechend der Selbstverwirklichung bei Maslow, kommen die Typen Motivation und Bildung sowie Sharing Economy. [Quelle: Ahrend 2022, S. 119]

Insert 2-21: Detaillierung der Typologie nachhaltiger Geschäftsmodelle

2.4.3 Nachhaltige Geschäftsmodelltypen

2.4.3.1 Geschäftsmodelle vom Typ ‚Gesundheit'

Nachhaltige Geschäftsmodelle im Bereich **Gesundheit** können einen wichtigen Beitrag für jeden Menschen leisten. Die Entwicklung neuer Medikamente oder eine verbesserte ärztliche Versorgung können das Leben verlängern. Mit der zunehmenden Ökonomisierung des Gesundheitssystems sind auch Veränderungen für die Patienten verbunden. Die Aufenthaltsdauer wird kürzer, die Pflege konzentriert sich auf wesentliche Aufgaben. Entsprechend bieten sich Geschäftsmodelle an, die das Patientenwohlbefinden adressieren [vgl. Ahrend 2022, S. 136 ff.]:

- **Personenbezogene Dienstleistungen.** Sie reichen von der Anamnese durch den Hausarzt über die ambulante Behandlung durch Ärzte und Pflege bis hin zu der stationären Versorgung in einem Krankenhaus.
- **Nicht-personenbezogene Leistungen.** Dies sind solche Leistungen, die für eine Vielzahl von Menschen erbracht werden (z. B. gesundheitliche Aufklärung und Bildung, allgemeine Hygiene und Abfallentsorgung).
- **Telemedizinische Gesundheitsdienstleistungen** (Überbrückung räumlicher Distanzen bei Diagnostik, Konsultation und medizinischen Notfalldiensten)
- **Medizinprodukte** (das sind „Instrumente, Apparate, Geräte, Software, Implantate, Reagenzien, Materialien oder andere Gegenstände, die für Menschen bestimmt sind und allein oder in Kombination einen oder mehrere spezifische medizinischen Zwecke erfüllen sollen)
- **Arzneimittel** (Originalpräparate, Generika (Nachahmer-Präparate nach Ablauf des Patentschutzes) und Me-too Präparate (Nachahmer-Präparate mit leicht verändertem Wirkstoff)
- **Bessere Lebensmittel** und Geschäftsmodelle der nachhaltigen Landwirtschaft

2.4.3.2 Geschäftsmodelle vom Typ ‚Empowerment'

Die nachhaltigen Geschäftsmodelle vom Typ **Empowerment** haben das Ziel, benachteiligte Bevölkerungsgruppen zu befähigen. Mit ihren Wurzeln in Schwellenmärkten haben es verschiedene Innovationsansätze unter dem Schlagwort **frugale Innovationen** in westliche Märkte geschafft. Von der ursprünglichen Konzentration auf Schwellenländer Kunden, werden diese heute angewendet, um globale Lösungen zu entwickeln.

Durch **Frugal Engineering** entstehen Innovationen, die mit dem in Forschung und Entwicklung weit verbreiteten Paradigma „immer mehr, immer besser" bricht. Es sollen einfache, technisch anspruchsvolle Lösungen entstehen, um neue (Preis-)Segmente zu erschließen. Dieses gilt es mit drastischer Kostenreduktion, Konzentration auf Kernfunktionen und optimiertem Leistungsniveau zu erreichen. Frugale Innovationen sind somit qualitativ hochwertige Lösungen, die passgenau auf die Bedürfnisse einer kostensensitiven Zielgruppe zugeschnitten sind. Der Wunsch nach Einfachheit bzw. nach einer erschwinglichen Lösung bei guter Qualität ist der Kerngedanke frugaler Innovationen (siehe Insert 2-22).

Frugale Innovationen legen den Fokus auf die Kunden im Einstiegssegment, die sich einfache, robuste und zugleich erschwingliche Lösungen wünschen. Für Unternehmen bedeutet dies eine Abkehr vom gängigen Mindset, das Innovationen mit neuen Funktionen und technischen Finessen verbindet. Stattdessen gilt es, clevere Ansätze zu finden, mit denen die bewusste Beschränkung gelingt: auf Leistungsmerkmale, die für die jeweilige Zielgruppe unerlässlich sind, und ausgewählte Highlights, die eben diese Kunden begeistern. Ziel ist eine eindeutige Positionierung zwischen komplexen, hochpreisigen Angeboten und Billiglösungen, die Kosten durch Abstriche an der Qualität einsparen. Frugale Innovationen bieten keine großen Gewinnmargen, punkten aber durch die Größe des Zielmarktes und Synergie-Effekte zum bestehenden Lösungsangebot. Dass das Umdenken hin zum „Less is More" sich auszahlt, zeigen viele prominente Beispiele erfolgreicher Innovatoren aus der Praxis.
[Quelle: Fraunhofer 2024]

Insert 2-22: Frugal Innovation

Mit frugalen Innovationen können die Voraussetzungen und die Möglichkeiten von Individuen und Gruppen verbessert werden, damit diese Entscheidungen für eine Verbesserung der Lebensqualität treffen können. Die Kern-Bereiche der Teilhabe für jeden Menschen sind ein

- ausreichender Zugang zu Ernährung und sauberem Wasser,
- ein Einkommen über der Armutsgrenze sowie der
- Zugang zu Elektrizität, Wärme, Entsorgung, Abwassersystemen, Kommunikation, Mobilität und Wohnungen.

Ein wichtiger Bereich für nachhaltige Geschäftsmodelle im Bereich Empowerment liegt darüber hinaus in der Schaffung von Zugangsmöglichkeiten zur Gesundheitsversorgung und -vorsorge in Entwicklungsländern. Zu einer ausreichenden Infrastruktur zählen auch Sicherheit sowie der Zugang zu Bildung und Kultur [vgl. Ahrend 2022, S. 155 ff.].

2.4.3.3 Geschäftsmodelle vom Typ ‚Sozialer Zusammenhalt'

Die nachhaltigen Geschäftsmodelle vom Typ **Sozialer Zusammenhalt** lassen sich als sozialeffiziente Geschäftsmodelle bezeichnen. Sie leisten einen Beitrag für die Verbesserung der sozialen Situation oder für die Minderung negativer sozialer Effekte. Dabei wirken sie im Vergleich zum Typus Empowerment nicht grundlegend, d. h. sozialeffektiv, sondern lediglich ergänzend. Zu diesen nachhaltigen Geschäftsmodellen zählen solche, die einen Beitrag zum Zusammenhalt der Menschen durch **Wohlfahrt** von Menschen, Verbesserung der **Arbeits-**

bedingungen und Unterstützung der **Integration** von Menschen leisten. Ahrend [2022, S. 168] spricht in diesem Zusammenhang auch vom *„sozialen Klebstoff"*.

Eine umfangreiche Liste zu möglichen nachhaltigen Geschäftsmodellen bietet Ahrend [2022, S. 169 f.] an. Zur Gruppe der Geschäftsmodelle, die einen Beitrag zur **Wohlfahrt von Menschen** leisten, zählen u.a.:

- Stärkung des Zusammenhalts durch Wohlfahrt in den Bereichen Kultur und Medien, Sport, Freizeit und Geselligkeit, Wissenschaft und Forschung, Bildung und Erziehung, Soziale Dienste, Umwelt- und Naturschutz, Internationale Solidarität, Bürger- und Verbraucherinteressen, Wirtschaftsverbände und Berufsorganisationen, Kirchen und religiöse Vereinigungen
- Kursangebote für Malerei, Bildhauerei, Gesang, Musikinstrumente, Schauspiel, Theater, darstellende Kunst, kreatives Schreiben, Film, Fotografe, Sprachen, etc.

Die Stärkung des Zusammenhalts durch **gute Arbeitsbedingungen** kann u.a. durch folgende Geschäftsmodelle erreicht werden:

- Beratung bei der Verbesserung von Arbeitsinhalten, Vergütung und Arbeitszeit
- Angebot von Coaching- und Mentoring-Leistungen
- Herstellung, Vertrieb und Betrieb von Hardware und Software für mehr Produktivität
- Angebot von Leistungen im Arbeitsschutz, Arbeitssicherheit und Datenschutz
- Angebot für die Verbesserung der Entwicklungsverträglichkeit der Beschaffung von Unternehmen, z. B. der Fairness der Herstellung von Vorprodukten und Rohstoffen
- Angebote von Beratungsleistungen für eine verbesserte Wirkung von Arbeit auf die Gesundheit
- Angebote für das betriebliche Gesundheitsmanagement (u. a. Betriebsärztlicher Dienst)
- Herstellung, Vertrieb und Betrieb von Tools für Telearbeitsplätze

Geschäftsmodelle für die Stärkung des **Zusammenhalts durch Integration** sind u.a.:

- Bildungsangebote für Arbeitslose und Flüchtlinge
- Angebote für die Vermittlung von Arbeitssuchenden
- Angebote für die Unterstützung und Begleitung von Existenzgründern
- Betrieb eines Integrationsunternehmens (auch für Menschen mit Behinderungen)
- Angebote für Flüchtlinge (z. B. Wohnungen, Übersetzungen)
- Angebote für die Integration weiterer benachteiligter Gruppen
- Zertifizierungsanbieter für Kursangebote, Dienstleister und Hersteller
- Angebot von sozialen und/oder fachlichen Netzwerken, Interessensvertretungen oder Kommunikationsplattformen für Unternehmen und Kunden
- Angebot von Beratungsdienstleistungen für soziale Unternehmen

2.4.3.4 Geschäftsmodelle vom Typ ‚Ökoeffektivität'

Zielsetzung **ökoeffektiver Geschäftsmodelle** liegt in der **Verringerung des Bedarfs** an genutzten Ressourcen und an verbleibenden Reststoffen. Die Verbesserung der Ressourceneffektivität dient dabei als nachhaltiges Geschäftsmodell für Dienstleister und Zulieferer, aber auch für die Hersteller selbst als Thema für die Weiterentwicklung von Geschäftsmodellen. Neben der Minderung des Ressourcenbedarfs können derartige Verbesserungen auch zu reduziertem Aufwand und damit zu erhöhter Wettbewerbsfähigkeit führen.

Für den Typus Ökoeffektivität bieten sich u. a. folgende nachhaltige Geschäftsmodelle an [vgl. Ahrend 2022, S. 190]:

- Herstellung, Vertrieb und Betrieb von ökoeffektiven Produkten für Unternehmen aus den Bereichen Chemie (wie **leistungsfähige Batterien**, Anwendungen der **Nanotechnologie**), Maschinen- und Fahrzeugbau (wie **Elektrofahrzeuge, umweltfreundliche Schiffsantriebe**), Baustoffe (wie neuartige **Dämmstoffe, Leichtbautechniken, ökoeffektive Fenster**) oder Elektrotechnik (wie ressourceneffektive IT (**„Green IT"**), Telekommunikation (z. B. **Breitband-Internet**))
- Herstellung, Vertrieb und Betrieb von Komponenten für eine ökoeffektive Massenmobilität wie **Schienenfahrzeuge, strombetriebene/Hybrid-Flugmaschinen** und weitere Mobilitätsangebote
- Herstellung, Vertrieb und Betrieb von Komponenten für einen ökoeffektiven motorisierten Individualverkehr inkl. **eMobility-Fahrzeuge und Systeme, ökoeffektive Motoren, alternative Antriebskonzepte, Verkehrs- und Parksteuerung, Telematik-Systeme** (Mono-/Multimodal), **Car2X-Lösungen** (Kommunikation zwischen Fahrzeugen zur Fahrtenoptimierung)
- Herstellung, Vertrieb und Betrieb von **Sensoren für die Messung von Emissionen, Luftgüte und weiteren Umweltdaten**
- Herstellung, Vertrieb bzw. Betrieb von ökoeffektiven Produkten für Privatkunden (B2C), wie langlebige, reparaturfreundliche, recyclingfähige, umweltfreundliche und/ oder fair hergestellte Produkte (z. B. **nachhaltige Mode, nachhaltige Kosmetik, nachhaltige Möbel, nachhaltiges Spielzeug**)
- Erbringung von Dienstleistungen für ökoeffektiv ausgerichtete Unternehmen (z. B. **Ecodesign**)
- Erbringung von ökoeffektiven Dienstleistungen für Unternehmen, z. B. **ressourcenschonende und abfallarme Produktionsverfahren**
- Konzeption und Erbringung von ökoeffektiven Dienstleistungen für Privatkunden (z. B. **nachhaltiger Tourismus**)
- Entwicklung von ökoeffektiven Produkten mit dem Fokus auf die Nutzung **nachwachsender Rohstoffe** inkl. Systeme zur Herstellung von **Bio-Methan und Biotreibstoffen**
- Herstellung, Vertrieb und Betrieb von Produkten, die nach ihrem Nutzungsende dem **Recycling** oder **Upcycling** zugeführt werden können

Neben den genannten Geschäftsmodellen sollen an dieser Stelle noch einige neue nachhaltige Geschäftsmodelle vom Typ ‚Ökoeffektivität', die zugleich aus der Digitalisierung stammen, besonders genannt werden [vgl. Ahrend 2022, S. 205]:

- **Online-Handel** für die Minimierung von unnötiger Herstellung für Auslagen und Lager
- **Print-On-Demand**-Geschäftsmodelle, bei denen der (Buch-)Druck nur auf Bedarf erfolgt, und nicht auf Vorrat.
- Nutzung von **elektronischen Medien** statt physischer Medien (Streaming statt CDs, e-Paper statt Zeitung, Pay-TV statt Videoleihe, Online-Werbung statt Anzeigen) zur Minderung von Ressourcenbedarf
- **Cloud-Computing** zum Ersatz einer dezentralen Server- und Speicher-Infrastruktur
- **Augmented Reality**-Lösungen zum Ersatz von Reisen
- Mobilitätsvermeidung durch **Online-/Videokonferenzsysteme**
- Angebote der **virtuellen Realität** (gerade auch im Bereich Telemedizin)
- **Industrie 4.0-Technologien** für eine fehlerfreie Individualisierung trotz Großserienproduktion
- Herstellung von **Sensoren für die Messung von Umweltdaten**
- Nutzung von Dienstleistungen anstatt von Produkten
- Einsatz **Künstlicher Intelligenz**

Insert 2-23 zeigt, welche digitalen Technologien die deutschen Unternehmen im Jahr 2022 im Einsatz haben.

Insert

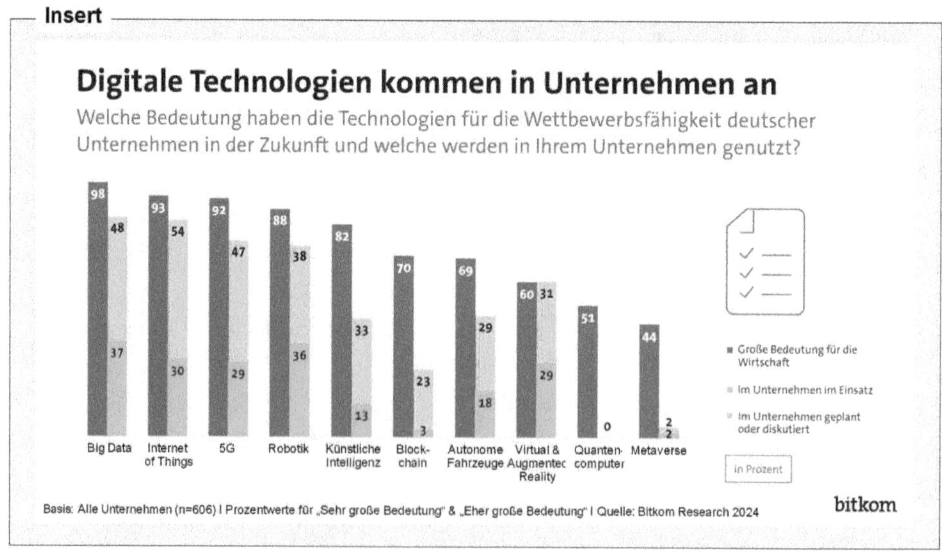

Insert 2-23: Welche Technologien werden in Ihrem Unternehmen genutzt?

2.4.3.5 Geschäftsmodelle vom Typ ‚Ökoeffizienz'

Während die Geschäftsmodelle vom Typ Ökoeffektivität die Verringerung des Ressourcenbedarfs zum Ziel hat, richten sich die **ökoeffizienten Geschäftsmodelle** auf die Verringerung des **Verbrauchs** an (fossilen) Ressourcen wie Materialien, Energie und Wasser. Im Vergleich zu ökoeffektiven Geschäftsmodellen steht bei den ökoeffizienten Geschäftsmodellen nicht die Entwicklung und Herstellung von neuen Produkten im Vordergrund, sondern die Optimierung der **Produktnutzung** und der Wiederbenutzung von Teilen oder ganzer Produkte.

Ökoeffiziente Geschäftsmodelle haben folgenden Fokus [vgl. Ahrend 2022, S. 222 ff.]:

- **Verlängerung des Produktlebenszyklus** durch Wiederbenutzung eines Produkts (Reparatur, Wartung und Instandhaltung, Recycling oder Upcycling)
- **Verbrauchseinsparungen bei Energie und Wasser** bei der Nutzung von Produkten und ggf. Ersatz durch erneuerbare Energien
- **Renaturierung** durch Stärkung und Erneuerung von Naturräumen (Entsiegelung, Wiederaufforstung von Wäldern, nachhaltige Waldbewirtschaftung, Reaktivierung von Mooren, Feuchtgebieten, Reinigung und Schutz von Meeren und Seen)

Einige Beispiele für ökoeffiziente Geschäftsmodelle sind [vgl. Ahrend 2022, S. 224 f.]:

- Angebot von Produkten und Leistungen für die **Reduzierung des Ressourcenverbrauchs** in der Produktion, in der Logistik und in der Produktnutzung
- Betrieb von Systemen für die **Mülltrennung** (inkl. Partizipation der Kunden am Einspareffekt aus der Mülltrennung)
- Betrieb von **Online-Plattformen** für den Handel mit Abfall- und Beiprodukten
- **Recycling und Upcycling** von Produkten, Materialien und Rohstoffen
- Vertrieb von Produkten und Leistungen für die **Verbesserung der Energieeffizienz** (u. a. Energieberatung, Gebäudesanierungen, Optimierung der Smart Home-Technik)
- Bereitstellung und Vertrieb von **regenerativem Strom** und von regenerativ erzeugter Wärme
- Vertrieb von Produkten und Leistungen für ein **effizienteres Wassermanagement** (wie Wasserdrosselung, -wiederverwendung)
- Vertrieb und Betrieb von Produkten und Leistungen für **effizientere Mobilität** (u. a. Mobilitätsmanagement, Navigationssysteme für die Routenoptimierung)
- Vertrieb und Betrieb von **energieeffizienten Rechenzentren**
- Vertrieb und Betrieb von **emissionsmindernden Anlagen** bzw. Hilfsmitteln (z. B. Entschwefelungsanlagen, Partikelfilter, Katalysatoren) in bestehenden Systemen
- **Meerwasserentsalzung** mit regenerativen Energien
- Schutz der **Biodiversität** und von Ökosystemen
- **Wiederaufforstung** und **Renaturierung** von Mooren und Biotopen

2.4.3.6 Geschäftsmodelle vom Typ ‚Sharing Economy'

Bei der **Sharing Economy** steht die **Nutzenorientierung** im Vordergrund. Statt dem Besitzen von Gütern wird die Nutzungsmöglichkeit verkauft. Voraussetzungen sind die Bereitschaft zu teilen und neue technologische Möglichkeiten wie z.B. mobiler Internetzugang und Soziale Netzwerke). Die Sharing Economy ist somit eine Wirtschaft, die auf verteilten Netzwerken von miteinander verbundenen Personen produzieren, konsumieren, finanzieren und lernen können und Gemeinschaften im Gegensatz zu zentralisierten Institutionen aufbaut und die Art und Weise verändert, wie wir produzieren, konsumieren, finanzieren und lernen können. Die Vorteile der Sharing Economy liegen vor allem in reduzierten Kosten für die gemeinsame Nutzung sowie in den mit der geringeren notwendigen Stückzahl verbundenen Einsparungen von Ressourcenbedarf und negativen Umweltwirkungen. [vgl. Ahrend 2022, S. 242 ff.].

Für künftige nachhaltige Geschäftsmodelle bestehen Ansatzpunkte für den privaten Konsum sowie im Unternehmensumfeld. Für das private Sharing zeigt Insert 2-24 eine Reihe von Beispielen.

Insert

Die Nutzer von Sharing-Plattformen sind hauptsächlich an drei Diensten interessiert: Unterkunftsplattformen (67 Prozent) gefolgt von Transportplattformen (54 Prozent) und Bekleidungsseiten (47 Prozent). Für gute Marketingkampagnen ist es hilfreich, wenn Online-Sharing-Plattformen wissen, welche Vorteile sie den Nutzern bieten können. Nach den Untersuchungen von Capterra gibt es einige Hauptgründe, warum die Nutzer der Plattformen diese im Vergleich zum Kauf eines brandneuen Produkts bei einem traditionellen Dienstleistungsanbieter bevorzugen: Sie sind billiger (52 Prozent) und **nachhaltig** (44 Prozent), so die Nutzer.

Insert 2-24: Welche Sektoren der Sharing Economy deutsche Konsumenten derzeit nutzen

Weitere Ansatzpunkte für nachhaltige Geschäftsmodelle der Sharing Economy sind u. a. folgende [vgl. Ahrend 2022, S. 245]:

- Angebot von (Online-)Plattformen für die **gemeinsame Nutzung bzw. das Teilen von Produkten** und Ressourcen, wie z. B. Musik und Software
- Angebot von **Produkten für Miete bzw. Leihe** für den temporären Bedarf, wie z. B. Autos, Anhänger, Fahrräder, Bau-/Gartenmaschinen, Arbeitsplätze, Kunstwerke
- Online-Plattformen für **Open Innovation**, für **Shared Information** und für externes und unternehmensinternes **Crowdsourcing von Ideen**
- Informationsmakler für die Erbringung von **Sharing Economy-Leistungen**
- Angebot von sozialen und/oder fachlichen **Netzwerken, Interessensvertretungen** oder **Kommunikationsplattformen für Unternehmen** und Kunden der Sharing Economy

2.4.3.7 Geschäftsmodelle vom Typ ‚Motivation und Bildung'

Jedes nachhaltige Geschäftsmodell ist per se schon ein positives Beispiel für unternehmerisches Handeln und kann damit zur Nachahmung motivieren. Neben solchen allgemeinen Vorbildern gibt es aber auch zahlreiche Geschäftsmodelle, die ganz speziell die **Motivation** für nachhaltiges Handeln zum Inhalt haben.

Mehr Nachhaltigkeit des Typs **Motivation und Bildung** bei Unternehmern oder Konsumenten gibt es in folgenden Bereichen [vgl. Ahrend 2022, S. 257]:

- **Finanzwirtschaft** (nachhaltige Geldanlage und Finanzierung)
- **Versicherungen** mit nachhaltigem Hintergrund
- **Beratungsleistungen** mit nachhaltigem Hintergrund für Unternehmen
- **Online-Plattformen** für Transparenz über Themen der Nachhaltigkeit
- **Handelsplätze** mit nachhaltigem Sortiment
- **Bildungsangebote** für nachhaltige Entwicklung

Ansatzpunkte für Geschäftsmodelle vom Typ **Motivation und Bildung** in diesen Bereichen sind u. a. folgende nachhaltige Angebote [vgl. Ahrend 2022, S. 257]:

- Angebot von nachhaltigen Bankdienstleistungen
- Angebot von nachhaltigem Asset Management (Finanzierung und Geldanlage)
- Angebot von nachhaltigen Versicherungen
- Angebot von Finanzierungsleistungen für nachhaltige Unternehmer
- Angebot von Finanzierungsleistungen für nachhaltige Gründer und Start-ups
- Angebot von nachhaltigen Beratungsleistungen für Unternehmer
- Angebot von Ratings für nachhaltige Investitionen

- Angebot von Informationsportalen für Transparenz über nachhaltige Themen
- Angebot von Online- und Offline-Handelsplätzen für nachhaltige Produkte
- Angebot von Online- und Offline-Handelsplätzen mit lokalen und. regionalen Produkten
- Bildungsangebote für nachhaltige Entwicklung wie Studiengänge und Weiterbildungskurse
- Angebot von Beratungsdienstleistungen für nachhaltige Unternehmen mit der Ausrichtung auf Motivation und Bildung
- Forschung und Entwicklung mit Bezug zu nachhaltigen Finanzdienstleistungen, nachhaltigen Dienstleistungen für Unternehmer sowie zu Bildung für nachhaltige Entwicklung

2.5 Praktizierte Nachhaltigkeitsstrategien

Nachhaltigkeitsstrategien können der Gruppe der querschnittsorientierten Strategien zugerechnet werden. Im Gegensatz zu den zuvor besprochenen Strategien lassen sich für querschnittsorientierte Strategien keine Normstrategien bzw. Regeln oder dergleichen ausmachen. Ebenso fehlt es gewissermaßen an einen bestimmten Lösungsschema bzw. Gliederungsrahmen.

Querschnittsorientierte Strategien besitzen daher auch keinen „Tool-Charakter" und können somit auch nicht beliebig abstrahiert und vervielfältigt werden, wie dies beispielsweise bei Portfolio-, Wettbewerbs- oder Wachstumsstrategien der Fall ist.

Aus diesem Grunde werden in diesem Abschnitt einige konkrete Nachhaltigkeitsstrategien, d.h. bereits praktizierte Strategien ausgewählter Unternehmen vorgestellt.

Dabei handelt es sich um folgende Beispiele [siehe auch www.plant-values]:

- **Grohe:** Nachhaltigkeit plausibel am Kernthema Wasser und in Produkten verankert
- **Kärcher:** Strukturierte Nachhaltigkeitsstrategie und intensive Stakeholder-Einbindung
- **Vaude:** Gemeinwohlorientierte Nachhaltigkeitsstrategie, ganzheitlich verankert
- **Microsoft:** Nachhaltigkeitsstrategie mit Fokus Klimaschutz

Gerade solche Beispiele können der Unternehmensführung helfen, Hinweise für die Erstellung einer eigenen Nachhaltigkeitsstrategie zu bekommen. Dies ist deshalb so wichtig, weil solche Strategien die unterschiedlichsten Ausrichtungen haben können.

2.5.1 Nachhaltigkeitsstrategie von Grohe

Die Grohe AG ist ein Hersteller von Badlösungen und Küchenarmaturen. Seit 2014 gehört Grohe zur Lixil-Gruppe, die Wassertechnologien und Gebäudeausstattung anbietet. Grohe beschäftigt rund 2.400 Mitarbeiter bei einem Jahresumsatz von 1,28 Milliarden Euro. Grohe Produkte basieren auf den Markenwerten Qualität, Technologie, Design und Nachhaltigkeit. Die Grohe AG ist als deutscher Weltmarktführer im Bereich Sanitärtechnik bei DDW gelistet.

Die Nachhaltigkeitsstrategie der Grohe AG ist in Insert 2-25 beschrieben

Insert

Die Nachhaltigkeitsstrategie von Grohe

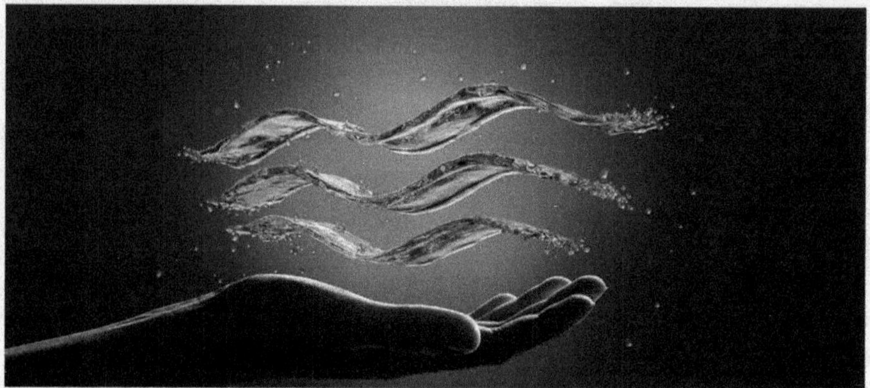

Strategie
Die Strategie greift das Kernthema des Unternehmens auf: **Wasser**. Neben eigenen Einsparungen kann Grohe wesentlich auf die Ressourcennutzung der Kunden einwirken. Aus diesem Grund liegt ein besonderes Augenmerk auf der Entwicklung wassersparender Technologien.

Kernbotschaften der Strategie
Die Strategie knüpft an die Mission von Grohe an, "die Zukunft des Wassers zu gestalten".

Handlungsfelder
Grohe hat drei inhaltliche Handlungsfelder ("strategische Säulen der Nachhaltigkeit" genannt) für Nachhaltigkeit festgelegt:
- Globale Sanitärversorgung & Hygiene
- Wasser sparen & nachhaltiger Umweltschutz
- Vielfalt & Integration

Ziele
- Netto-Null-Emission bis 2050
- Wasserentnahme: Senkung um 20 %
- Stufenweise Steigerung der weltweiten Abfall-Recyclingquote auf 99 %
- Verbesserung der Energieeffizienz um 20 %
- Senkung der Treibhausgasemissionen um 20 %
- Reduktion der unfallbedingten Ausfalltage um 60 %

Initiativen der Nachhaltigkeitsstrategie
- Grohe goes zero: Klimaneutralität erreichen
- Less plastic initiative: Umstellung auf plastikfreie Verpackung der Produkte
- Universal design Konzept: Entwicklung von Produkten für alle Altersklassen und auch für Krisensituationen
- Toilettenlösung für Entwicklungsländer

Verankerung von Nachhaltigkeit
Durch folgende Maßnahmen oder Zuteilung von Verantwortlichkeit wird Nachhaltigkeit verankert:
- Verantwortlich für die Nachhaltigkeitsstrategie ist der Vorstandsvorsitzende.
- Das Sustainability Council berät den Vorstand.
- Ein Nachhaltigkeitsbericht nach dem Standard DNK informiert öffentlich über Fortschritte und Nachhaltigkeitsindikatoren.
- Seit dem Jahr 2000 in der "Sustain Ability Policy" verankert.

[Quelle: www.plant-values.de]

Insert 2-25: Die Nachhaltigkeitsstrategie von Grohe

2.5.2 Nachhaltigkeitsstrategie von Kärcher

Kärcher ist ein Hersteller von Reinigungsgeräten und Reinigungssystemen. Es ist zudem bis heute ein Familienunternehmen, beschäftigt rund 15.330 Mitarbeitende und hatte 2022 einen Umsatz von 3,161 Milliarden Euro.

Insert 2-26 beschreibt die Nachhaltigkeitsstrategie von Kärcher.

Insert

Die Nachhaltigkeitsstrategie von Kärcher

Strategie
Seit 2014 verfolgt Kärcher das Nachhaltigkeitsprogramm "Sustainability Excellence". Dieses baut auf eine umfassende Stakeholder-Befragung auf. Das Programm umfasst 14 übergeordnete Ziele, die in 6 Handlungsfelder geteilt sind. Damit soll sichergestellt werden, dass der Verantwortung für aller wichtigen Themen nachgekommen wird: Umwelt, Produkte, Lieferkette, Unternehmen, Gesellschaft, Mitarbeitende.

Kernbotschaften der Strategie
"be the difference"
Der CSR-Claim ist abgeleitet vom Marken-Claim "Kärcher. Makes a difference". Das heißt, Kärcher möchte selbst den Unterschied machen und zum Benchmark bezüglich Nachhaltigkeit in der Branche werden.

Handlungsfelder
Kärcher hat drei Handlungsfelder für Nachhaltigkeit festgelegt. Sie übernehmen Verantwortung für:
- Natur, Kultur und Gesellschaft.
- Produkte und Lieferkette.
- die Mitarbeiter.

Drei Initiativen und Ziele

1. **Zero Emissions** (Fokusthema Klimaschutz)
Ab 2021 sollen die Werke weltweit klimaneutral sein durch Effizienz, Ökostrom und Kompensation.
- Ab 2021 sollen Geschäftsreisen national und international klimaneutral sein durch Reduzierung und Kompensation.

2. **Reduce, Reuse, Recycle** (Fokusthema ist Kreislaufwirtschaft)
- Bis 2025 sind die Produktverpackungen auf Nachhaltigkeit optimiert.
- Bis 2025 stammen 50% des Plastiks in Endkunden-Hochdruckreinigern aus Rezyklat.
- Ab 2020 wird die Vermeidung und Wiederverwendung von Ozeanplastik unterstützt.
- Bis 2025 entsteht eine Pilotproduktion ohne Plastikabfälle.
- Bis 2025 ist Nachhaltigkeit wesentlicher Bestandteil neuer Geschäftsmodelle.

3. **Social Hero** (Fokusthema ist Gesellschaftliches Engagement und Lieferantenprüfung)
- Bis 2025 ist das gesellschaftliche Engagement auf ‚Werterhalt' konzentriert.
- Bis 2025 wird ein pro-aktives Lieferanten-Risikomanagement für Nachhaltigkeit etabliert.

Verankerung von Nachhaltigkeit
- Seit 2013 existiert ein CSR Steuerkreis.
- Ein Nachhaltigkeitsbericht informiert öffentlich über Fortschritte, erfüllt aber keinen Standard.

[Quelle: www.plant-values.de]

Insert 2-26: Die Nachhaltigkeitsstrategie von Grohe

2.5.3 Nachhaltigkeitsstrategie von Vaude

Die Vaude GmbH & Co. KG ist ein deutsches Familienunternehmen, das Outdoorbekleidung und Outdoorausrüstung herstellt. Der Umsatz von Vaude belief sich im Jahr 2022 auf insgesamt knapp 150 Millionen Euro. Das Unternehmen wird geführt von der Tochter des Gründers und beschäftigt circa 1.500 Mitarbeitende.

Insert 2-27 verdeutlicht die Nachhaltigkeitsstrategie von Vaude.

Insert

Die Nachhaltigkeitsstrategie von Vaude

Strategie

Seit den späten 1990er Jahren engagiert sich Vaude intensiv für Nachhaltigkeit. Vaudes Anspruch ist es weniger eine Nachhaltigkeitsstrategie zu entwerfen. Stattdessen soll viel mehr Nachhaltigkeit im gesamten Unternehmen verankert werden. Deswegen ist Nachhaltigkeit bei Vaude Kernbestandteil der Unternehmensstrategie. Dies drückt Vaude entsprechend selbst so explizit aus. Um ihre Entwicklung zu strukturieren, orientiert sich Vaude an der Gemeinwohlökonomie und den SDGs und ist dabei eines der wenigen größeren Unternehmen mit einer Gemeinwohlbilanz. Die Unternehmensstrategie umfasst 10 Handlungsfelder von denen schließlich sieben einen deutlichen Nachhaltigkeitsbezug haben.

Kernbotschaften der Strategie

"Als nachhaltigster Outdoor-Ausrüster Europas leisten wir einen Beitrag zu einer lebenswerten Welt, damit Menschen von morgen die Natur mit gutem Gewissen genießen können. Wir setzen weltweit Zeichen und Standards in Sachen Nachhaltigkeit." Die Unternehmensvision drückt demzufolge das Engagement für Nachhaltigkeit im Kern aus. Entsprechend positioniert sich Vaude als Vorreiter bezüglich Nachhaltigkeit.

(Keine) Handlungsfelder

Vaude hat folgerichtig keine klaren Handlungsfelder für Nachhaltigkeit aufgestellt. Da sie Nachhaltigkeit in jeder Geschäftstätigkeit leben wollen, finden sich alle Nachhaltigkeitsthemen in der Unternehmensstrategie wieder. Diese ist in vier Bereiche gegliedert:

- Finanzen
- Markt und Kunden
- Prozesse
- Potenziale

Ziele

Den Bereichen der Unternehmensstrategie folgend haben fünf der sechs Unternehmensziele einen Nachhaltigkeitsbezug.

- Wir sind transparent und glaubwürdig.
- Wir haben einzigartige, nachhaltig innovative Produkte.
- Unser Unternehmen ist klimaneutral und wir machen Vaude fit für den Klimawandel.
- Wir realisieren hohe Umwelt Standards in der Lieferkette.
- Unsere Mitarbeiter sind zufrieden und wir sind ein attraktiver Arbeitgeber.

Initiativen der Nachhaltigkeitsstrategie

- Eine Kooperation mit dem WWF, bei der 1% der Einnahmen der Green Shape Produkte an Umweltschutzprojekte fließt.
- Vaude hat sich intensiv bei der Entwicklung des staatlichen Siegels "Grüner Knopf" engagiert.

[Quelle: www.plant-values.de]

Insert 2-27: Die Nachhaltigkeitsstrategie von Grohe

2.5.4 Nachhaltigkeitsstrategie von Microsoft

Microsoft ist ein internationales Technologie- und Softwareunternehmen mit Sitz in den USA. Es beschäftigt weltweit 221.000 Mitarbeitende und erwirtschaftete 2023 einen Umsatz von 211,9 Mrd. US-Dollar.

Die Nachhaltigkeitsstrategie von Microsoft ist in Insert 2-28 beschrieben

Insert

Die Nachhaltigkeitsstrategie von Microsoft

Strategie
Microsoft hat angekündigt, bis 2050 alle CO2-Emissionen zu kompensieren, die im Laufe der Unternehmensgeschichte entstanden sind. Microsoft hat seine Nachhaltigkeitsstrategie eindeutig auf Klimaschutz fokussiert. Seit den Anfängen 2009 drehten sich Nachhaltigkeitsthemen um Erneuerbare Energien, effiziente Häuser, energieeffiziente Rechenzentren und CO2-Kompensation. Damit hat sich Microsoft konsequent auf die Aspekte konzentriert, die wesentlich sind für ein Technologie-Unternehmen dieser Größe.

Kernbotschaften der Strategie
Microsoft hat seiner Nachhaltigkeitsstrategie keine eindeutige Botschaft gegeben. Dafür finden sich diverse Botschaften, die den Kern der Bemühungen ausdrücken:
- "Comitting to carbon negative by 2030"
- "Building a planetary computer"
- "Comitting to zero waste"

Handlungsfelder
Microsoft hat mit Klimaemissionen, Ökosystemen, Wasser und Abfall vier Handlungsfelder für Nachhaltigkeit festgelegt.

Ziele
- Microsoft will "Zero Waste" bis 2030 für die Bereiche Operatives, Produkte und Verpackungen umsetzen.
- Bis 2030 will Microsoft klimaneutral sein.
- Es sind Investitionen von 1 Mrd. US-Dollar in einen neuen Climate Innovation Fund geplant.
- Die Kunden sollen auf dem Weg zur Klimaneutralität eingebunden und gefördert werden, selbst klimaneutral zu werden.
- Es wird die Mitentwicklung und Mitfinanzierung (1 Million US-Dollar) eines "Planetary Computer" umgesetzt. Dies ist eine Plattform, die Daten zu Ökosystemen zusammenbringen und auswerten kann.

Initiativen der Nachhaltigkeitsstrategie
- AI for Earth ist eine sehr große prominente Initiative.
- Darüber hinaus existieren dutzende weitere Initiativen in den vielen Geschäftsbereichen von Microsoft.

Verankerung von Nachhaltigkeit
- Die Verantwortung für Nachhaltigkeit ist jeweils direkt in den Management Boards der Geschäftseinheiten von Microsoft aufgehängt.
- Es werden jährlich mehrere Nachhaltigkeitsberichte veröffentlicht, jeweils für die Geschäftseinheiten wie Devices, Software etc.
- Microsoft ist Unterzeichner des "Business Ambition Pledge" der UN und verpflichtet sich damit, öffentlich ihren Teil beizutragen, dass das Klima sich nicht über 1,5° erwärmt.

[Quelle: www.plant-values.de]

Insert 2-28: Die Nachhaltigkeitsstrategie von Grohe

2.6 Nachhaltigkeit und Wirtschaftlichkeit – (k)ein Widerspruch?

Nachhaltigkeit und die Absicht, Gewinne zu erzielen, stehen oft im Widerspruch zueinander. Noch immer verbinden wir die Verantwortung für unseren Planeten mit dem Gefühl von Einschränkung, Verzicht und Kosten. Doch ist das wirklich so?

Zweifellos ist die Transformation zu einer nachhaltigen Welt eine der größten Herausforderungen, vor der unsere Gesellschaft, unsere Unternehmen derzeit stehen. Doch vielleicht ist die Herausforderung gar nicht so groß, wie wir vielleicht vermuten. Die gute Nachricht ist nämlich, dass uns bereits heute alle **Tools und Technologien** zur Verfügung stehen, um den Wandel zu nachhaltigen Unternehmen erfolgreich zu meistern.

Nehmen wir zum Beispiel die Investitionen in **Photovoltaik-Anlagen**. Solche Anlagen rechnen sich in der Regel nach sechs bis sieben Jahren, so dass mit diesen wirtschaftlich sinnvollen Investitionen langfristig ein enormer Kostenblock im Energiebereich eingespart wird. Ähnliches gilt bei der Umstellung auf **Elektrofahrzeuge**. Eine neue Ausgestaltung des Fuhrparks führt nicht nur zu einer verbesserten CO_2-Bilanz, sondern hilft auch, die Kosten zu verringern.

Unternehmen haben aber nicht nur ihre Absatzmärkte im Auge. Sie stehen ebenso auf dem **Arbeitsmarkt** im harten Wettbewerb um gute Fachkräfte. Diese zu gewinnen und dauerhaft an das Unternehmen zu binden, ist eine der wichtigsten Aufgaben für das Management in den nächsten Jahren. Dazu erwarten Mitarbeiter und Mitarbeiterinnen vollends die Umsetzung einer Nachhaltigkeitsstrategie.

Diese Erwartungshaltung ist in der **Generation Z** besonders ausgeprägt. Dieser Generation ist bewusst, dass sie die Folgen des Klimawandels tragen wird. Von dem Unternehmen, für das sie arbeitet, erwartet sie daher ein klares Bekenntnis zur ökologischen Verantwortung.

Unternehmen, die langfristig wettbewerbsfähig bleiben wollen, sollten demnach **Nachhaltigkeit als Bestandteil ihrer DNA** betrachten. Maßnahmen, die auf einer Nachhaltigkeitsstrategie basieren, tragen ganz entscheidend zu mehr Wirtschaftlichkeit, Absicherung gegenüber Risiken und einer verbesserten Wettbewerbsposition bei. Dabei sind die technologischen Innovationen und ihre intelligente Umsetzung ein wichtiger Schlüssel für Unternehmen, um die ökologischen, wirtschaftlichen und sozialen Herausforderungen zu meistern und mit den unternehmerischen Zielen in Einklang bringen zu können.

Eine auf Nachhaltigkeit basierende Unternehmensstrategie sollte bei Ausschreibungen und Angeboten die **Lebenszykluskosten** immer mitberücksichtigen. Mit Hilfe der Lebenszykluskostenrechnung lassen sich Produkte unter Berücksichtigung aller relevanten Kosten auf ihre Wirtschaftlichkeit hin vergleichen. Umweltfreundliche Produkte erweisen sich dabei in den allermeisten Fällen – selbst bei höheren Anschaffungskosten – als die langfristig wirtschaftlichere Variante. Insbesondere bei der Berechnung und Überwachung von großen und langfristigen Investment-Entscheidungen spielt die Lebenszyklusanalyse eine besonders wichtige und unter Nachhaltigkeitsgesichtspunkten erhellende Rolle.

3. Marketing- und Vertriebsmanagement

3.1 Marketing und Nachhaltigkeit

Marketing zählt zu den Kernkompetenzen jedes Unternehmens. Dennoch ist sein Stellenwert für den Unternehmenserfolg in den letzten Jahren kontinuierlich gesunken. Vielerorts ist der Marketingbereich zur reinen Werbeabteilung degradiert. Marketing ist aber nicht nur Werbung oder Kommunikation, sondern eine Denkhaltung, welche die Kundenbedürfnisse in den Mittelpunkt unternehmerischen Handelns stellt. Und diese Denkhaltung muss sich die Unternehmensführung zwingend zu eigen machen.

Marketing ist viel zu wichtig, um es einer einzelnen Person oder einer Abteilung zu überlassen. Die Unternehmensführung – natürlich in enger Zusammenarbeit mit der Marketing- und Vertriebsleitung – muss die kundenorientierten Zügel in der Hand haben. Der Kunde bzw. dessen Aufträge sind die Existenzberechtigung eines jeden Unternehmens. Daher ist es so wichtig, dass die Unternehmensführung die Marketing-Prozesse kennt. Gleichzeitig muss das Marketing erkennen, dass sich **Nachhaltigkeit** von einer Modeerscheinung zu einem **relevanten Erfolgsfaktor** entwickelt hat. Wenn das Marketing das Mega-Thema Nachhaltigkeit aufgreift, marketingstrategisch einordnet und mit Hilfe der Digitalisierung umsetzt, wird ihm auch die so wichtige **Renaissance** gelingen. Dies haben inzwischen auch viele Marketer verstanden und mit **Nachhaltigkeitsmarketing** einen Begriff geprägt, bei dem Unternehmen ihre Geschäftsmodelle unter Berücksichtigung von ökologischen, sozialen und wirtschaftlichen Aspekten vermarkten. Nachhaltigkeitsmarketing wird auch als **Green Marketing** oder als **Eco-Marketing** bezeichnet.

3.1.1 Marketingrelevanz nachhaltiger Themen

Das Nachhaltigkeitsmarketing hat zum Ziel, das Umweltbewusstsein der Kunden zu fördern und zu betonen, dass das eigene Unternehmen eine nachhaltige Entwicklung durch das Angebot umweltfreundlicher Produkte und Lösungen unterstützt.

Nachhaltigkeitsmarketing ist ein wichtiger Ansatz, um die eigenen ökologischen, sozialen und wirtschaftlichen Ziele zu erreichen, die Zielgruppen effektiver anzusprechen und einen positiven Beitrag zur Gesellschaft zu leisten. In Zeiten des wachsenden Umweltbewusstseins und der Forderung nach nachhaltiger Entwicklung ist es neben den produzierenden Unternehmen sowohl für stationären Einzelhandel also auch für Online-Händler unerlässlich, Nachhaltigkeitsmarketing in ihre jeweiligen Geschäftsstrategien zu integrieren [vgl. VersaCommerce 2024].

Das Handelsblatt Research Instituts (HRI) und die Zeitschrift „absatzwirtschaft" haben zu Beginn 2023 insgesamt 105 **Marketingverantwortliche** nach den relevantesten Marketingthemen befragt. Das Ergebnis: Das Thema **Nachhaltigkeit** ist nicht nur im Marketing angekommen, sondern hat sogar die höchste Priorität (Insert 3-01).

Je wichtiger die Nachhaltigkeitsthematik für das gesamte Unternehmen wird, desto umfangreicher sind auch die Handlungsfelder für das Marketing. Es bewegt sich dabei im Spannungsfeld zwischen ambitionierten Unternehmen, die ihre Leistungen fair kommunizieren wollen, und Unternehmen, die Nachhaltigkeit als reine Werbefloskel behandeln [vgl. Plant Values 2024].

Insert 3-01: Die Top 10 der wichtigsten Marketing-Themen 2023

Insgesamt sind es mindestens sieben Handlungsfelder, die das Nachhaltigkeitsmarketing in den Fokus nehmen sollte [vgl. Deloitte 2022]:

- Analyse der Kundenbedürfnisse und Segmentierung des Zielmarkte
- Positionierung werteorientierter Themen, die vom Kunden besonders geschätzt werden
- Nachhaltige Markenführung
- Preiskonzepte an der Elastizität der Nachfrage ausrichten
- Transparente Kommunikation über die betriebliche Wertschöpfungskette
- Kommunikations- und Vertriebskanäle an Nachhaltigkeitsthemen ausrichten
- Nachhaltige Betreuung bestehender Kundenbeziehungen

3.1.2 Nachhaltigkeitsmarketing und digitale Transformation

Mit der **digitalen Transformation** und ihrer richtigen unternehmensstrategischen Einordnung und Umsetzung als die zweite wichtige gesellschaftliche und wirtschaftliche Chance der Gegenwart kommt dem Marketing künftig eine noch größere Bedeutung zu. Voraussetzung ist, dass das oberste Management die damit verbundenen Herausforderungen aufgreift und aktiv gestaltet.

Die wohl größte Herausforderung besteht darin, aus den unendlich vielen Online-Prozessen, der E-Mail- und Telefon-Kommunikation sowie aus den sozialen Medien jene Informationen zu gewinnen, die für die Entscheidungsfindung und -unterstützung der richtigen **nachhaltigen Produkt- und Markenstrategie** wichtig sind. Das Internet ist aber nicht nur interaktiver, sondern auch mobiler geworden. Eine Vielzahl von technischen Erfindungen, medialen und sozialen Plattformen sowie mobilen Dienstleistungen prägen unser aller Lebensstil und sind vor allem bei jungen Zielgruppen ("Digital Natives") kaum noch wegzudenken. So werden die Präferenzen von Käufern in Echtzeit auswertbar und mit einer speziellen Location, in der sich die Person gerade aufhält, kombiniert. Damit können dynamische Impulse hinsichtlich Einkaufsstätte, Preis oder Produktverfügbarkeit mobil übermittelt werden, um so den entscheidenden Kaufimpuls – genau im passenden Moment und am richtigen Ort – zu geben.

Mit dem Internet als Übertragungskanal und mit der Digitalisierung der Medien können die Kunden ihre Bedürfnisse nach Unterhaltung, Information, Kommunikation, Konsum, Sozialisierung – und auch Nachhaltigkeit – einfach und schnell befriedigen. Noch nie gab es so viele und extrem leicht zugängliche Möglichkeiten, sich zu informieren, sich unterhalten zu lassen und gleichzeitig zu kommunizieren. Mit der technologischen Entwicklung und der Möglichkeit, auf beliebigen Endgeräten neuartige Kommunikationskonzepte (z. B. lokalisierte und personalisierte Markenbotschaften) und sogar Geschäftsmodelle zu begehen, ist die strategischen Markenführung noch vielfältiger und größer geworden. Aber nicht nur der Markt für Informations- und Werbegüter ist für den Einzelnen komplett unübersichtlich geworden, auch für die Botschaft der Marke als digitalisiertes Positionierungselement ist es noch schwerer und komplexer geworden, zum Konsumenten durchzudringen.

3.1.3 Greenwashing

Ein ganz wichtiger Aspekt des Nachhaltigkeitsmarketings ist die **Glaubwürdigkeit**. Dazu braucht es aber unbedingt einer offenen und ehrlichen Kommunikation. In Zeiten, in denen es ohne Schwierigkeiten möglich ist, seinem Unmut über eine Enttäuschung öffentlich Luft zu machen, sollte Ehrlichkeit gegenüber den Verbrauchern ohnehin eine Unternehmensmaxime sein. Bereits wenige unzufriedene Kunden können heute über die verschiedensten Medien – vor allem Soziale Netzwerke – einen beträchtlichen Imageschaden herbeiführen. Um derartige Enttäuschungen von vorneherein zu vermeiden, sollte die ganzheitliche Konsistenz des Nachhaltigkeitsansatzes zwingend berücksichtigt werden. Ein nachhaltiges Produkt, das einer nicht-nachhaltigen Wertschöpfungskette entstammt, trägt kaum zur Glaubwürdigkeit eines Unternehmens bei. Andernfalls setzen sich Unternehmen schnell dem Vorwurf des **Greenwashing** aus [vgl. Mattscheck 2024].

Greenwashing ist der Versuch von Unternehmen, sich mit Mitteln der Kommunikation ein nachhaltiges Image zu verschaffen, ohne dabei systematische, nachhaltige Geschäftsaktivitäten im operativen Geschäft tatsächlich umzusetzen.

Dieser Begriff, den man landläufig auch mit „Schönfärberei“ bezeichnen kann, ist 56 Prozent aller Teilnehmer einer repräsentativen Befragung bekannt. Die Umfrage fand im August/September unter 1.002 Teilnehmern im Alter zwischen 16 und 65 Jahren statt [Quelle: Statista Research Department vom 22.01.2024].

Aus Kundensicht ist Greenwashing problematisch, weil es dem eigentlichen Zweck nachhaltigen Marketings – nämlich als Orientierungshilfe zu fungieren – genau entgegenläuft. Selbst für kritische Konsumenten dürfte es in solchen Fällen schwierig werden, die Wahrheit hinter den versprochenen Leistungen herauszufinden. Sollte das Marketingversprechen jedoch als Greenwashing aufgedeckt werden, dann wirkt die Kunden-Awareness für die Reputation und den wirtschaftlichen Erfolg eines Unternehmens umso verheerender [siehe Insert 3-02].

Das alte Image wiederherzustellen wird dann womöglich sogar teurer, als es eine Umstellung von vornherein auf eine ehrliche nachhaltige Unternehmens- und Markenführung gewesen wäre [vgl. Mattscheck 2024].

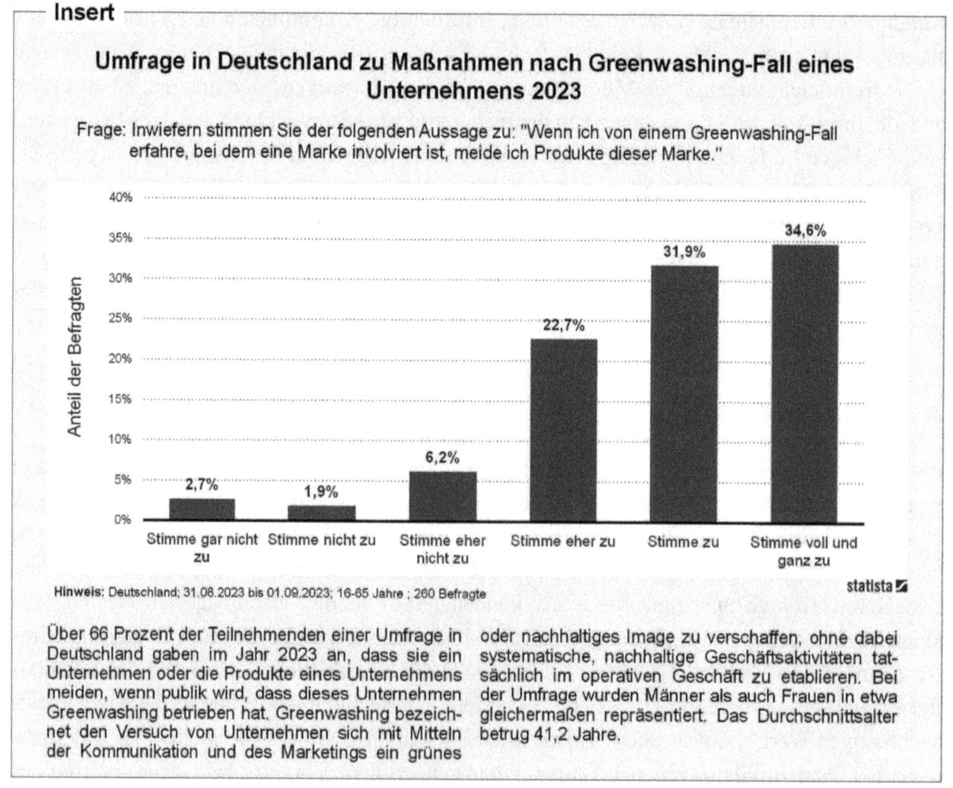

Insert 3-02: Umfrage zum Greenwashing

„Beispielsweise kommunizieren H&M und Zara ihre nachhaltige Verantwortung als Textilhändler, obwohl sie Tonnen von nicht verkaufter Kleidung verbrennen oder zu unglaublich günstigen Preisen anbieten. Jährlich landen allein in Deutschland rund 230 Millionen Textilien auf dem Müll, im Schredder oder werden als Billigware ins Ausland verkauft. Trotz dieser offensichtlichen Praxen ist der Ruf der großen Textilhändler noch nicht ruiniert, wohingegen die Reputation des Automobilherstellers VW nach dem Abgasskandal in eine Krise absackt: Das Unternehmen rutschte im Nachhaltigkeits-Markenranking von Platz 16 im Jahr 2015 auf Platz 103 im Jahr 2017. Es wird deutlich, dass Skandale um „Green Washing" Konsument*innen verunsichern und das Vertrauen in vermeintlich nachhaltige Marken mindert. Somit stellt sich die Frage, was Marken konkret unternehmen müssen, um sich glaubwürdig nachhaltig zu positionieren, um das Vertrauen zu den Verbraucher*innen (wieder) herzustellen" [Diescher 2021].

In Insert 3-03 sind sechs Dimensionen des „bewussten" Greenwashings veranschaulicht.

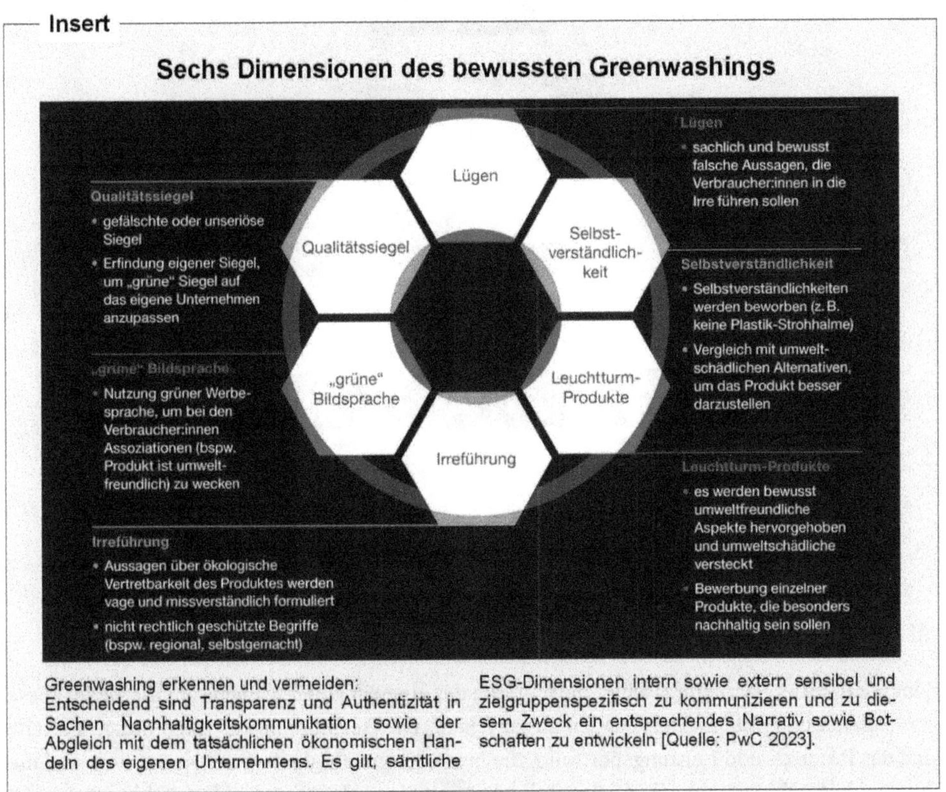

Insert 3-03: Sechs Dimensionen des bewussten Greenwashings

Besonders im Online-Marketing gibt es viele Möglichkeiten zu „tricksen". Oft lockt das schnelle Geld. Manchmal ist es aber auch die Unwissenheit über rechtliche Rahmenbedingungen. Allerdings: Unwissenheit schützt vor Strafe nicht! Zu verschiedenen Beispielen für unlautere Methoden im Online-Marketing wie

- E-Mailings an potenzielle Kunden ohne deren Einwilligung,
- Gekaufte oder gefälschte Bewertungen,
- Falsche Verprovisionierung beim Affiliate-Marketing-Programm

siehe Mattscheck 2024.

3.2 Marketing-Wertschöpfungskette und Marketing-Gleichung

Die Aufgaben von Marketing und Vertrieb zählen nach dem Grundmodell von Porter zu den Primäraktivitäten und damit zu den Kernprozessen eines Unternehmens (siehe auch die Wertkettenanalyse in Abschnitt 2.1.4.2). Die Primäraktivitäten lassen sich ebenso wie die Prozesse der Sekundäraktivitäten weiter unterteilen in Prozessphasen, Prozessschritte etc. Auf diese Weise können Prozesse auf unterschiedlichen Ebenen in verschiedenen Detaillierungsgraden betrachtet werden. Für die erste Unterteilung in Prozessphasen erhält man das in Abbildung 3-01 dargestellte Schema.

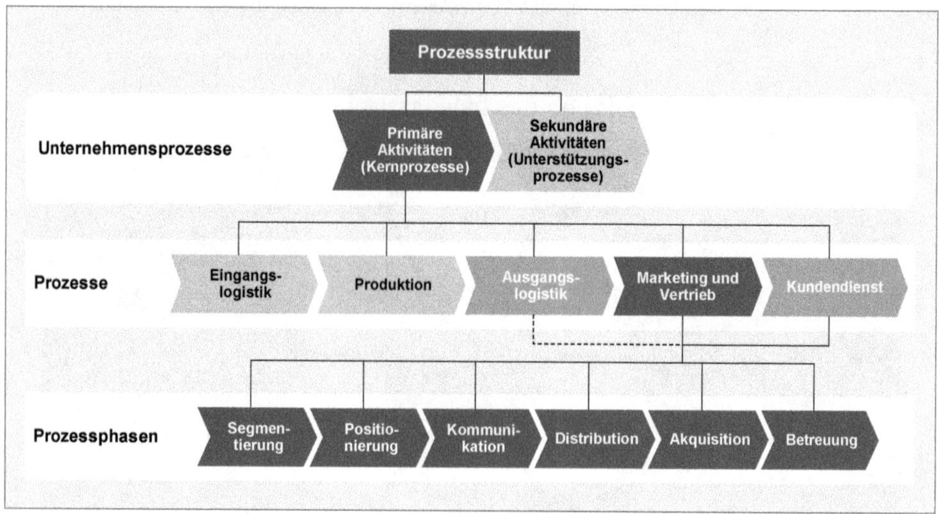

Abb. 3-01: Prozessstruktur der Marketing-Wertschöpfungskette

3.2.1 Wettbewerbsvorteil als Dreh- und Angelpunkt aller Marketingaktivitäten

Zentrale Idee des Marketings ist es, die Vorteile des eigenen Unternehmens auf die Bedürfnisse vorhandener und potenzieller Kunden auszurichten. Die Bestimmungsfaktoren dieser Vorteile sind das Produkt- und Leistungsportfolio, die besonderen Fähigkeiten, das Know-how und die Innovationskraft, kurzum, die Differenzierungsvorteile und damit das Akquisitionspotenzial des Unternehmens. Bereits Wroe Alderson, einer der herausragenden Marketing-Theoretiker des 20. Jahrhunderts, nimmt in seinem umfassenden Entwurf zu einer generellen Marketing-Theorie die zentrale Idee der erst Jahrzehnte später voll entfachten Diskussion um die Erzielung von Wettbewerbsvorteilen vorweg:

„Der Ansatz der Differenzierungsvorteile, ..., geht davon aus, dass niemand in einen Markt eintritt, wenn er nicht die Erwartung hat, einen gewissen Vorteil für seine Kunden bieten zu können und dass Wettbewerb in dem dauernden Bemühen um die Entwicklung, Erhaltung und Vergrößerung solcher Vorteile besteht.“ [Alderson 1957, S. 106 zit. nach Kuß 2013, S. 233].

Der Differenzierungsvorteil ist der Vorteil, den das Unternehmen gegenüber den Wettbewerbern hat. Dieser Wettbewerbsvorteil (an sich) ist aber letztlich ohne Bedeutung. Entscheidend ist vielmehr, dass der Wettbewerbsvorteil auch von den Kunden wahrgenommen wird. Erst die Akzeptanz im Markt sichert den nachhaltigen Gewinn. Genau diese Lücke zwischen dem Wettbewerbsvorteil an sich und dem vom Markt honorierten Wettbewerbsvorteil gilt es zu schließen. Damit sind gleichzeitig auch die beiden Pole aufgezeigt, zwischen denen die Marketing-Wertschöpfungskette einzuordnen ist. Eine Optimierung des Marketingprozesses führt somit zwangsläufig zur Schließung der Lücke [vgl. Lippold 2010a, S. 3 f.].

3.2.2 Konzeption und Aktionsfelder der Marketing-Gleichung

Voraussetzung für die angestrebte Optimierung ist, dass der Marketingprozess in seine Aktionsfelder Segmentierung, Positionierung, Kommunikation, Distribution, Akquisition und Betreuung zerlegt wird und diese jeweils einem zu optimierendem Kundenkriterium („Variable") zugeordnet werden:

- **Segmentierung** zur Optimierung des Kundennutzens
- **Positionierung** zur Optimierung des Kundenvorteils
- **Kommunikation** zur Optimierung der Kundenwahrnehmung
- **Distribution** zur Optimierung der Kundennähe
- **Akquisition** zur Optimierung der Kundenakzeptanz
- **Betreuung** zur Optimierung der Kundenzufriedenheit.

Entsprechend lässt sich folgende Gleichung im Sinne einer Identitätsbeziehung ableiten:

Honorierter Wettbewerbsvorteil =
fachlicher Wettbewerbsvorteil + Kundennutzen + Kundenvorteil + Kundenwahrnehmung + Kundennähe + Kundenakzeptanz + Kundenzufriedenheit

Dabei geht es nicht um eine mathematisch-deterministische Auslegung des Begriffs *„Gleichung"*. Angestrebt wird vielmehr der Gedanke eines herzustellenden Gleichgewichts (und Identität) zwischen dem Wettbewerbsvorteil an sich und dem vom Kunden honorierten Wettbewerbsvorteil. Abbildung 3-02 veranschaulicht diese Überlegung.

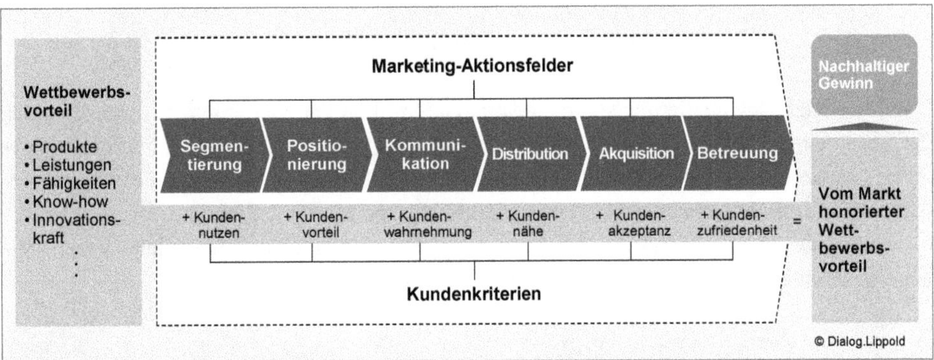

Abb. 3-02: Die Marketing-Gleichung im Überblick

3.3 Segmentierung – Optimierung des Kundennutzens

Der Markt ist keine homogene Einheit. Er besteht aus einer Vielzahl von Käufern, die sich in ihren Wünschen, Einstellungen, Kaufmotiven und Verhaltensweisen z. T. deutlich voneinander unterscheiden. Unterteilt man die Menge der potenziellen Kunden derart, dass sie in mindestens einem relevanten Merkmal übereinstimmen, so erhält man Kundengruppen, die als Teilmärkte bzw. Segmente bezeichnet werden. Eine solche Segmentierung ist immer dann anzustreben, wenn die Marktsegmente einzeln effektiver und effizienter bedient werden können als der Gesamtmarkt [vgl. Kotler et al. 2007, S. 357].

Im Rahmen des Vermarktungsprozesses ist die Segmentierung, d. h. die Auswahl attraktiver Marktsegmente für die Geschäftsfeldplanung der Unternehmen, das erste wichtige Aktionsfeld. Von besonderer Bedeutung ist dabei das Verständnis für eine kundenorientierte Durchführung der Segmentierung, denn der Vermarktungsprozess sollte grundsätzlich aus Sicht der Kunden beginnen. Daher steht die Kundenanalyse, die sich mit den Zielen, Problemen und Nutzenvorstellungen der potenziellen Kunden befasst, im Vordergrund der Segmentierung. Die hiermit angesprochene Rasterung der Kundengruppen erhöht die Transparenz des Marktes, lässt Marketing-Chancen erkennen und bietet die Möglichkeit, Produkt- und Leistungsmerkmale feiner zu differenzieren [vgl. Kotler 1977, S. 165].

3.3.1 Führungsrelevante Aufgaben und Ziele der Segmentierung

Ein Marktsegment ist eine Zielgruppe mit einer weitgehend homogenen Problemlandschaft und Nutzenvorstellung [vgl. Tüschen 1989, S. 44].

An jedes Segment ist somit die Forderung zu stellen, dass es in sich betrachtet möglichst gleichartig (homogen) und im Vergleich zu anderen Segmenten möglichst ungleichartig (heterogen) ist. Dementsprechend sollte ein hohes Maß an Identität zwischen einer bestimmten Art und Anzahl von Käufern (Zielgruppe) einerseits und dem angebotenen Produkt einschließlich seines Vermarktungskonzeptes andererseits erzielt werden [vgl. Becker 2019, S. 248].

Aufgabe der Segmentierung ist es, alle relevanten Zielgruppen und deren Nutzenvorstellung über die angebotenen Produkte und Leistungen zu bestimmen. Die Segmentierung hat demnach die Optimierung des Kundennutzens zum Ziel:

Kundennutzen = f (Segmentierung) → optimieren!

Durch die Marktsegmentierung soll die heterogene Struktur der Käufer aufgelöst werden, d.h. der Markt eines Unternehmens ist in homogene Käufergruppen zu zerlegen, um ihn entsprechend bearbeiten zu können [vgl. Strothmann/Kliche 1989, S. 67]. Bei der Segmentierung handelt es sich um einen kreativen Akt, der letztlich Zielgruppen mit möglichst homogenem Bedarf und einheitlichem Kaufverhalten identifizieren soll. Eine wesentliche Hilfestellung leisten hierbei die vielfältigen Methoden der Marktforschung.

Das Grundprinzip der Marktsegmentierung soll am Markt für Zahnpasta näher erläutert werden. Der Zahnpasta-Markt bot den Käufern vor einigen Jahrzehnten nur relativ wenige verschiedene Produkte. Heute ist er längst ein stark segmentierter Markt geworden. Es gibt Zahnpasta für Kinder, für Raucher, für Menschen, die weiße Zähne haben wollen, für Menschen mit empfindlichen Zähnen, für gesundheits- oder umweltbewusste Menschen und so weiter. Ausgehend von den unterschiedlichen Bedürfnissen der Verbraucher wurde der Gesamtmarkt für Zahnpasta also von den Anbietern in verschiedene Teilmärkte zerlegt.

Vom Aufgabenablauf bzw. Prozess her betrachtet, lässt sich die Marktsegmentierung in die Marktsegmenterfassung (Informationsseite) und in die Marktsegmentbearbeitung (Aktionsseite) einteilen. Auf der Informationsseite stehen das Kaufverhalten der Konsumenten bzw. Unternehmen und dessen Analyse über die Marktforschung im Vordergrund. Die Aktionsseite ist geprägt von der Segmentauswahl sowie der segmentspezifischen Bearbeitung, die jedoch den anderen Aktionsfeldern des Vermarktungsprozesses vorbehalten ist (siehe Abbildung 3-03).

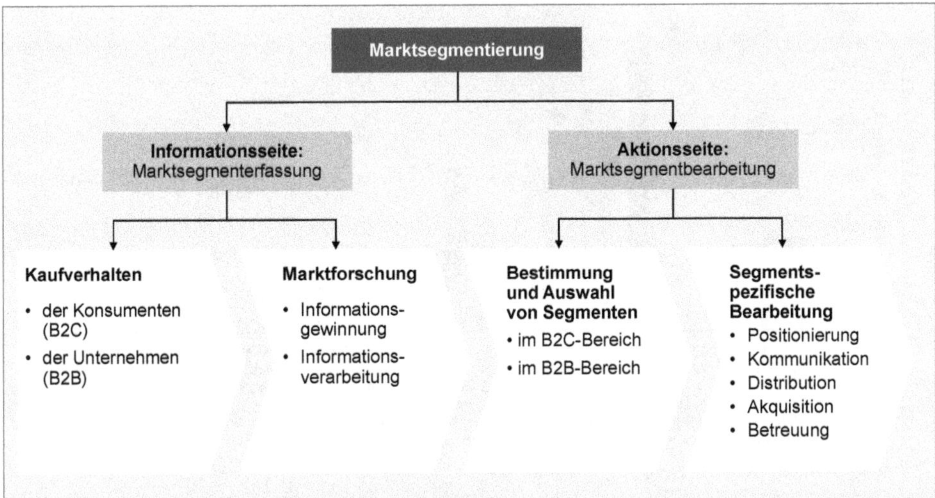

Abb. 3-03: Prozess der Marktsegmentierung

Die Marktsegmentierung soll sicherstellen, dass jedes Produkt, jeder Preis, jede Werbemaßnahme etc. speziell auf die Bedürfnisse bzw. Nutzenvorstellungen des Empfängers abgestimmt werden, denn „Marketing for everybody is marketing for nobody".

3.3.2 Kaufverhalten und Segmentierung im B2C-Bereich

Die Kenntnis der Bedürfnisse, Wünsche, Motive, Einstellungen und Nutzenvorstellungen der Zielkunden ist die wichtigste Voraussetzung für eine effektive und effiziente Durchführung der Segmentierung. Von besonderer Bedeutung sind dabei die Einflussfaktoren, die auf das Kaufverhalten von Konsumenten wirken, sowie der Prozessverlauf über Auswahl, Kauf und Nutzung der angebotenen Produkte.

Inwieweit das Thema Nachhaltigkeit für den Konsum von bestimmten Warengruppen von besonderer Bedeutung ist, hat das Institut für Handelsforschung (IFH Köln) im Auftrag der KPMG 500 Konsumenten repräsentativ befragt. Danach wird deutlich, dass bei **Lebensmitteln** am stärksten auf Nachhaltigkeit geachtet wird. 18 Prozent der Befragten gaben bei dieser Warengruppe an, *stets* auf Nachhaltigkeit zu achten; weitere 54 Prozent versuchen dies nach eigener Aussage zumindest. [siehe Insert 3-04].

Fazit: Das Thema Nachhaltigkeit ist bei den Konsumenten angekommen, denn über alle Warengruppen hinweg zeigt sich, dass lediglich zwei bis drei Prozent der Konsumenten bewusst *keine* nachhaltigen Produkte kaufen.

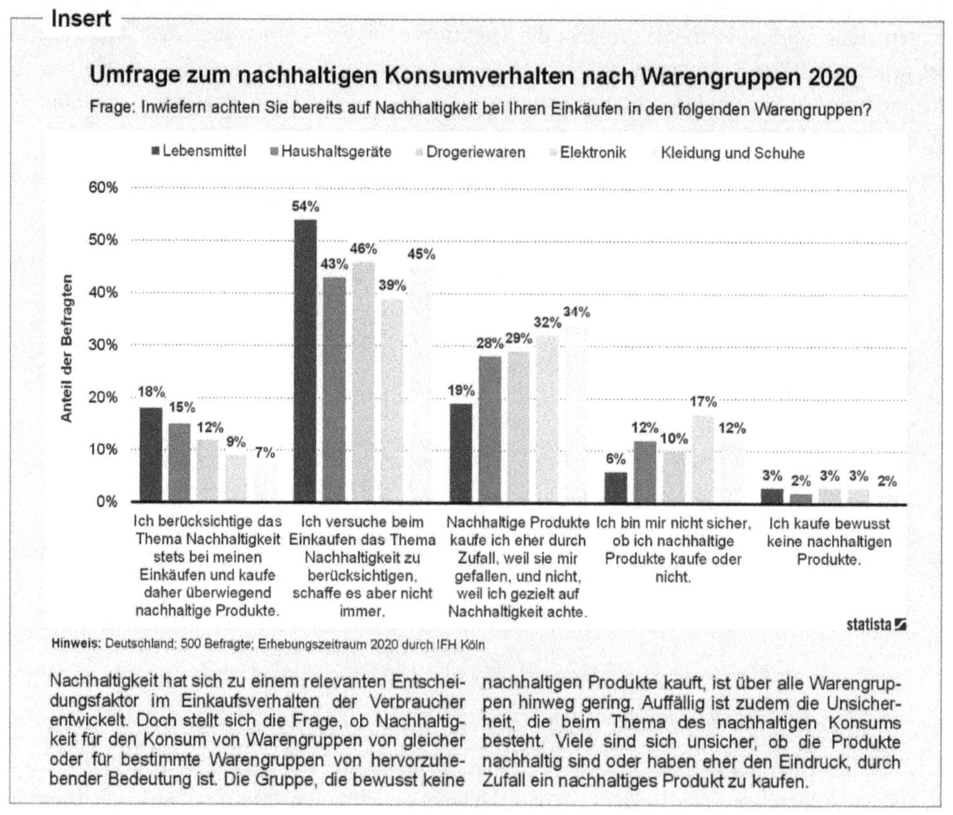

Nachhaltigkeit hat sich zu einem relevanten Entscheidungsfaktor im Einkaufsverhalten der Verbraucher entwickelt. Doch stellt sich die Frage, ob Nachhaltigkeit für den Konsum von Warengruppen von gleicher oder für bestimmte Warengruppen von hervorzuhebender Bedeutung ist. Die Gruppe, die bewusst keine nachhaltigen Produkte kauft, ist über alle Warengruppen hinweg gering. Auffällig ist zudem die Unsicherheit, die beim Thema des nachhaltigen Konsums besteht. Viele sind sich unsicher, ob die Produkte nachhaltig sind oder haben eher den Eindruck, durch Zufall ein nachhaltiges Produkt zu kaufen.

Insert 3-04: Umfrage zum nachhaltigen Konsumverhalten nach Warengruppen 2020

Zur Aufteilung des Gesamtmarktes in intern homogene und extern heterogene Marktsegmente bedarf es der Auswahl geeigneter Segmentierungskriterien, die einerseits leicht erfassbar sind und andererseits eine sinnvolle Abgrenzung, Beschreibung und Bearbeitung von Marktsegmenten ermöglichen [vgl. Meffert et al. 2008, S. 189].

Die Vielzahl der in Theorie und Praxis angebotenen **Segmentierungskriterien** soll hier wie folgt gruppiert werden:

- **Soziodemografische Kriterien** (Alter, Geschlecht, Familienstand, Zahl der Kinder, Haushaltsgröße, Beruf, Ausbildung, Einkommen)
- **Psychografische Kriterien** (Lebensstil, soziale Orientierung, Risikoneigung, Wahrnehmungen, Motive, spezifische Einstellungen, Kaufabsichten)
- **Geografische Kriterien** (Bundesländer, Stadt-/Landkreise, Gemeinden, Stadt-/Ortsteile, Wohngebiete, Straßen)
- **Verhaltensorientierte Kriterien** (Preisverhalten, Mediennutzung, Einkaufsstättenwahl, Kaufhäufigkeit, Kaufvolumen, Markenwahl, Markentreue)
- **Nutzenorientierte Kriterien** (Preisnutzen, Qualitätsnutzen, Imagenutzen, Servicenutzen).

3.3.2.1 Zielgruppensegment LOHAS

Für das Nachhaltigkeitsmarketing (engl. *Green Marketing*) im B2C-Markt ist ein Segment besonders wichtig: die Zielgruppe der **LOHAS**. Dieses Akronym steht für **L**ifestyle **o**f **H**ealth **a**nd **S**ustainability. Konsum und Freizeitverhalten dieses Zielgruppensegments unterscheidet sich in vielen Dimensionen deutlich von derjenigen der weiteren Bevölkerung. LOHAS sind aber keine Konsumverweigerer, sondern es geht ihnen um vollen Genuss – aber mit gutem Gewissen. Nicht Konsumverzicht, sondern ein bewusster, verantwortungsvoller Konsum, für den auch gerne mehr Geld ausgegeben wird, steht im Mittelpunkt dieser Zielgruppe. LOHAS fühlen sich dem Prinzip der Nachhaltigkeit verpflichtet. Gleichzeitig legen sie Wert auf einen gehobenen Lebensstil und eine überzeugende Ästhetik der Angebote [vgl. Kreutzer 2023, S. 206].

Die **Altersverteilung** der LOHAS in der Gesamtbevölkerung in Deutschland zeigt, dass erst ab der Altersgruppe von 50 bis 59 Jahren der Anteil der LOHAS größer ist als der Anteil dieser Altersgruppe an der Gesamtbevölkerung. Mit zunehmendem Alter steigt somit auch der Anteil von LOHAS an der Gesamtbevölkerung.

Bei den unter 50-Jährigen liegt der Anteil deutlich unter dem entsprechenden Anteil der Gesamtbevölkerung [siehe Insert 3-05].

Im Jahr 2023 waren rund 37,1 Prozent der LOHAS Männer. In der Gesamtbevölkerung lag deren Anteil bei rund 49,3 Prozent. Bei den Frauen ist der Anteil der LOHAS mit 62,9 Prozent im Vergleich zum Anteil an der Bevölkerung mit 50,7 Prozent wesentlich höher [Quelle: Statista 2024a].

Aufschlussreich ist auch der Blick auf die **Werteorientierungen** der LOHAS in Deutschland [Quelle: Statista 2024b]:

Hier zeigt sich bei dieser Zielgruppe – im Vergleich zur Gesamtbevölkerung – ein deutlich höheres Interesse an sozialer Gerechtigkeit und an engen Beziehungen zu Freunden und zu anderen Menschen. Natur, Familie, aber auch eine große Unabhängigkeit, eine glückliche Partnerschaft und die Auseinandersetzung mit Sinnfragen des Lebens sind weitere Merkmale, die den LOHAS wichtiger sind als dem Durchschnitt der Gesamtgesellschaft. Das geht auch mit Spaß und einer Neugier einher, Neues zu erleben. Es ist daher wichtig, diese Aspekte in der Kommunikation mit dieser Zielgruppe zu berücksichtigen [vgl. Kreutzer 2023, S. 207].

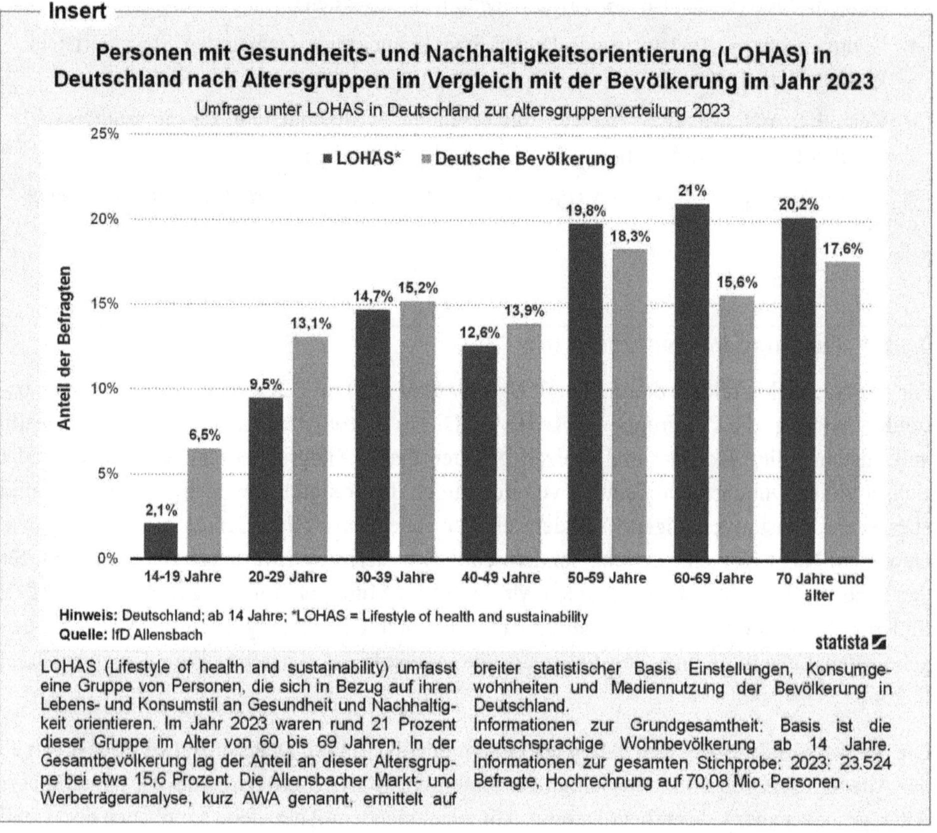

Insert 3-05: Umfrage unter LOHAS in Deutschland zur Altersgruppenverteilung 2023

Insgesamt kann man bei den LOHAS eine viel größere Aufgeschlossenheit und ein größeres Interesse an Menschen und Umwelt feststellen als beim Durchschnitt der Gesamtbevölkerung. Die bestätigt sich auch im **Einkaufsverhalten** der LOHAS. Im Jahr 2023 haben 84,5 Prozent der LOHAS die Aussage „Bei Nahrungsmitteln achte ich vor allem auf die Qualität und nicht so sehr auf den Preis“ als zutreffend bewertet. In der Gesamtbevölkerung lag dieser Anteil lediglich bei etwa 37,8 Prozent. In die gleiche Richtung geht die Merkmalsaussage „Ich bin bereit, für umweltfreundliche Produkte mehr zu bezahlen“. Dies haben 77,9 Prozent der LOHAS mit zutreffend bewertet, hingegen lediglich 34 Prozent – also die Hälfte – der Gesamtbevölkerung. Bei den weiteren abgefragten Statements zum Einkaufverhalten zeigen sich ebenfalls signifikante Abweichungen zwischen den Angaben der LOHAS und denen der Gesamtbevölkerung [Quelle: Statista 2024c].

Bei der Abfrage nach den **Interessengebieten** wird nochmals sichtbar, wie deutlich sich die Gruppe der LOHAS von der Gesamtbevölkerung unterscheidet. Bei den LOHAS dominieren die Interessensgebiete „Gesunde Ernährung, gesunde Lebensweise“, „Natur und Umweltschutz“ und „Urlaub und Reisen“. Gleichzeitig vereinigen diese drei Interessensgebiete auch einen deutlich höheren Prozentsatz auf sich als dies bei der Gesamtbevölkerung der Fall ist (siehe Insert 3-06) [Quelle: Statista 2024d].

Die von Statista [2024a-d] veröffentlichten Ergebnisse zur LOHAS-Zielgruppe wurden von der Allensbacher Markt- und Werbeträgeranalyse (AWA) ermittelt. Dazu hat das Markt- und Meinungsforschungsinstitut auf breiter statistischer Basis Einstellungen, Konsumgewohnheiten und Mediennutzung der Bevölkerung in Deutschland untersucht.

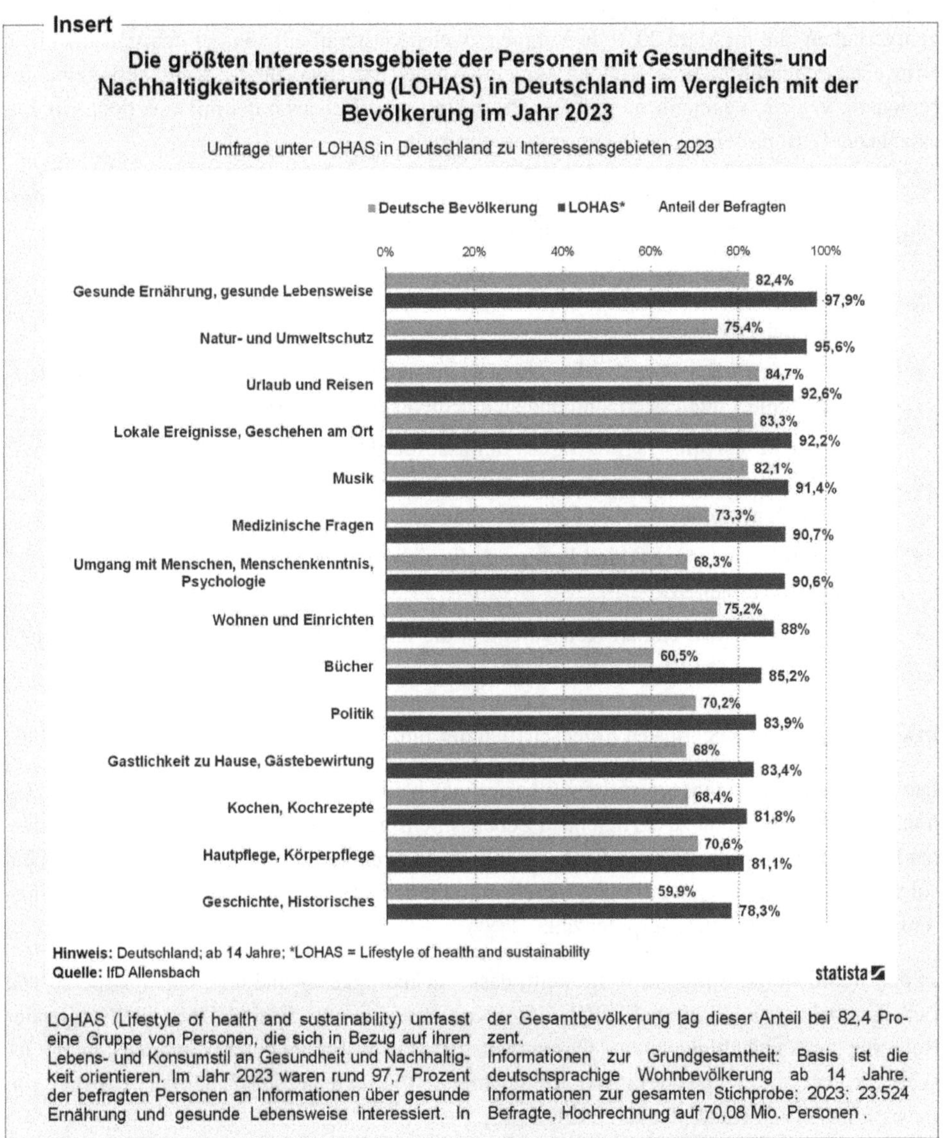

Insert 3-06: Umfrage unter LOHAS in Deutschland zu Interessensgebieten 2023

3.3.2.2 Nachhaltiges Segmentierungsmodell der Universität St. Gallen

Eine neue **Typologie von Kundensegmenten** der Universität St. Gallen segmentiert Kunden danach, wie nachhaltig und gesund sie sich ernähren und beschreibt die einzelnen Segmente anhand ihrer demografischen Eigenschaften und ihrem Interesse an einer gesunden nachhaltigen Ernährung. Der Segmentierungsansatz ermöglicht Lebensmittelherstellern und -händlern eine zeitgemäße Sortimentsgestaltung und eine gezielte Ansprache der betreffenden Kundensegmente [vgl. Rudolph et al. 2021, S. 34-43].

Grundlage der Analyse bildet eine Befragung von 841 Konsumenten zu ihrem Ess- und Verzehrverhalten, die im März 2019 im Rahmen zweier Masterarbeiten in der deutschsprachigen Schweiz durchgeführt wurde. Kundensegmente wurden basierend auf den Kaufhäufigkeiten für regionale, vegane, vegetarische und Bio-Produkte sowie Lebensmittel mit funktionalem Zusatznutzen (z.B. proteinreiche Lebensmittel) ermittelt.

Die Kundensegmente wurden mittels **Cluster-Analyse** gebildet. Dabei setzte sich eine Fünf-Cluster-Lösung durch [vgl. Rudolph et al. 2021, S. 37 ff]:

- Cluster 1 (**die Ignoranten**) bilden Personen, die selten bis nie nachhaltige und gesunde Lebensmittel verzehren.
- Cluster 2 (**die Fitness-Freaks**) besteht aus Konsumenten, die vor allem an Gesundheitstrends und Sport interessiert sind und sich dementsprechend ernähren.
- Cluster 3 (**die Pseudo-Nachhaltigen**) umfasst nachhaltigkeitsorientierte Konsumenten, die allerdings nicht bereit sind, der Umwelt zuliebe auf Fleisch zu verzichten und bei ihrer Ernährung wenig auf ihre Gesundheit achten.
- Cluster 4 (**die Bewussten**) sind Personen, die sich überwiegend nachhaltig und gesundheitsfördernd ernähren.
- Cluster 5 (**die Ökos**) enthält Konsumenten, die ihre gesamte Ernährung an Nachhaltigkeits- und Gesundheitstrends ausrichten.

Insert 3-07 fasst die wichtigsten Eigenschaften der fünf Kundensegmente zusammen.

Die traditionelle Kundensegmentierung basiert auf häufig auf soziodemografischen Merkmalen. Eine Segmentierung zusätzlich nach Lebensstilen, Verhaltensweisen oder nutzenorientierten Kriterien beim Einkauf kann die Aussagekraft deutlich verbessern. Gleichzeitig bietet eine solche tiefergehende Segmentierung Lebensmittelherstellern und -händlern ein höheres Differenzierungs- und Profilierungspotenzial.

In der Studie wurde weiterhin festgestellt, dass Nachhaltigkeits- und Gesundheitsaspekte von Lebensmitteln für 80 Prozent aller Schweizer Konsumenten wichtig sind. Doch trotz steigender Relevanz der Nachhaltigkeits- und Gesundheitstrends ist weiterhin guter Geschmack guter Geschmack über alle Segmente hinweg die wichtigste Produkteigenschaft bei der Auswahl von Lebensmitteln [vgl. Rudolph et al. 2021, S. 40].

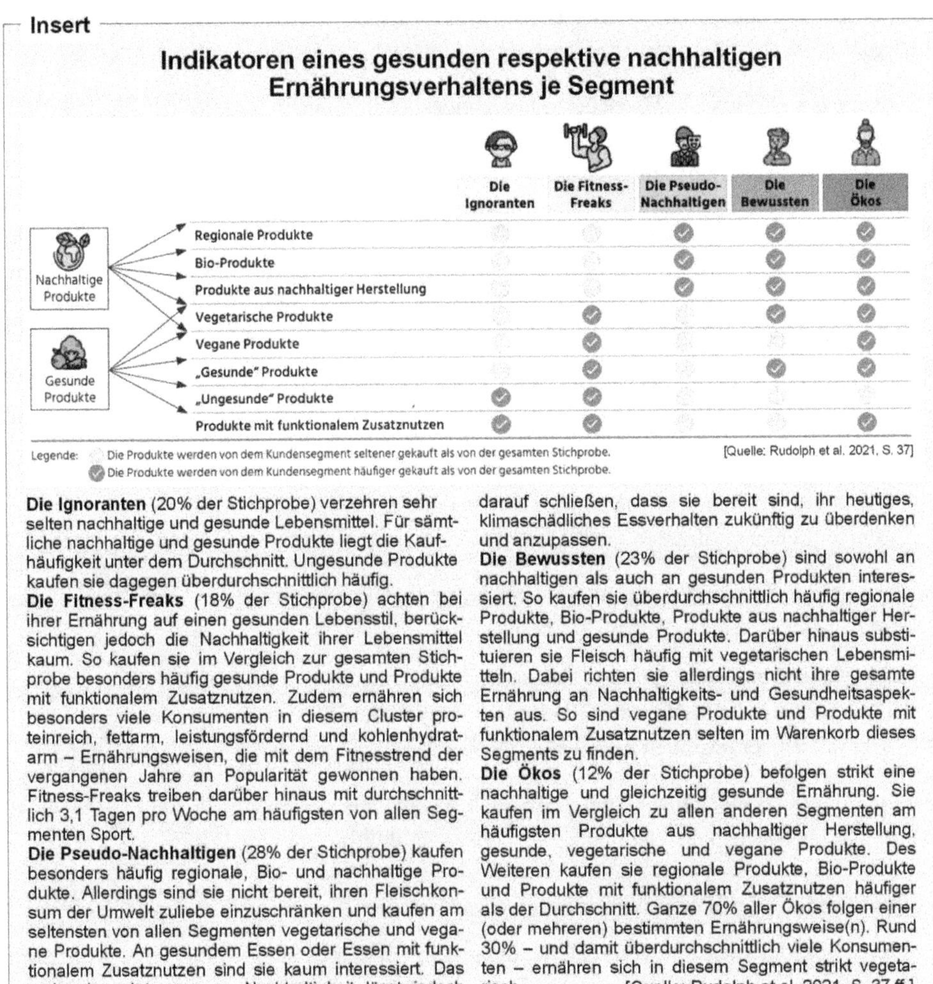

Insert

Indikatoren eines gesunden respektive nachhaltigen Ernährungsverhaltens je Segment

		Die Ignoranten	Die Fitness-Freaks	Die Pseudo-Nachhaltigen	Die Bewussten	Die Ökos
Nachhaltige Produkte	Regionale Produkte			✓	✓	✓
	Bio-Produkte			✓	✓	✓
	Produkte aus nachhaltiger Herstellung			✓	✓	✓
	Vegetarische Produkte		✓		✓	✓
Gesunde Produkte	Vegane Produkte		✓			✓
	„Gesunde" Produkte		✓		✓	✓
	„Ungesunde" Produkte	✓	✓			
	Produkte mit funktionalem Zusatznutzen	✓	✓			✓

Legende: Die Produkte werden von dem Kundensegment seltener gekauft als von der gesamten Stichprobe.
✓ Die Produkte werden von dem Kundensegment häufiger gekauft als von der gesamten Stichprobe.

[Quelle: Rudolph et al. 2021, S. 37]

Die Ignoranten (20% der Stichprobe) verzehren sehr selten nachhaltige und gesunde Lebensmittel. Für sämtliche nachhaltige und gesunde Produkte liegt die Kaufhäufigkeit unter dem Durchschnitt. Ungesunde Produkte kaufen sie dagegen überdurchschnittlich häufig.
Die Fitness-Freaks (18% der Stichprobe) achten bei ihrer Ernährung auf einen gesunden Lebensstil, berücksichtigen jedoch die Nachhaltigkeit ihrer Lebensmittel kaum. So kaufen sie im Vergleich zur gesamten Stichprobe besonders häufig gesunde Produkte und Produkte mit funktionalem Zusatznutzen. Zudem ernähren sich besonders viele Konsumenten in diesem Cluster proteinreich, fettarm, leistungsfördernd und kohlenhydratarm – Ernährungsweisen, die mit dem Fitnesstrend der vergangenen Jahre an Popularität gewonnen haben. Fitness-Freaks treiben darüber hinaus mit durchschnittlich 3,1 Tagen pro Woche am häufigsten von allen Segmenten Sport.
Die Pseudo-Nachhaltigen (28% der Stichprobe) kaufen besonders häufig regionale, Bio- und nachhaltige Produkte. Allerdings sind sie nicht bereit, ihren Fleischkonsum der Umwelt zuliebe einzuschränken und kaufen am seltensten von allen Segmenten vegetarische und vegane Produkte. An gesundem Essen oder Essen mit funktionalem Zusatznutzen sind sie kaum interessiert. Das vorhandene Interesse an Nachhaltigkeit lässt jedoch darauf schließen, dass sie bereit sind, ihr heutiges, klimaschädliches Essverhalten zukünftig zu überdenken und anzupassen.
Die Bewussten (23% der Stichprobe) sind sowohl an nachhaltigen als auch an gesunden Produkten interessiert. So kaufen sie überdurchschnittlich häufig regionale Produkte, Bio-Produkte, Produkte aus nachhaltiger Herstellung und gesunde Produkte. Darüber hinaus substituieren sie Fleisch häufig mit vegetarischen Lebensmitteln. Dabei richten sie allerdings nicht ihre gesamte Ernährung an Nachhaltigkeits- und Gesundheitsaspekten aus. So sind vegane Produkte und Produkte mit funktionalem Zusatznutzen selten im Warenkorb dieses Segments zu finden.
Die Ökos (12% der Stichprobe) befolgen strikt eine nachhaltige und gleichzeitig gesunde Ernährung. Sie kaufen im Vergleich zu allen anderen Segmenten am häufigsten Produkte aus nachhaltiger Herstellung, gesunde, vegetarische und vegane Produkte. Des Weiteren kaufen sie regionale Produkte, Bio-Produkte und Produkte mit funktionalem Zusatznutzen häufiger als der Durchschnitt. Ganze 70% aller Ökos folgen einer (oder mehreren) bestimmten Ernährungsweise(n). Rund 30% – und damit überdurchschnittlich viele Konsumenten – ernähren sich in diesem Segment strikt vegetarisch. [Quelle: Rudolph et al. 2021, S. 37 ff.]

Insert 3-07: Kundensegmentierung für eine nachhaltige und gesunde Ernährung

3.3.3 Kaufverhalten und Segmentierung im B2B-Bereich

Das Kaufverhalten von Organisationen (Unternehmen und Behörden) weicht in vielerlei Hinsicht vom Kaufverhalten der Konsumenten ab. Unternehmen erwerben Roh-, Hilfs- und Betriebsstoffe, technische Anlagen, Ersatzteile, Werkzeugmaschinen, Produktkomponenten, Telekommunikationseinrichtungen und gewerbliche Dienstleistungen, um eigene Produkte und Dienstleistungen zu erstellen. Behörden bzw. öffentliche Institutionen kaufen Güter und Dienstleistungen ein, um die ihnen übertragenen Aufgaben zu erstellen. Das Verständnis für die Besonderheiten organisationaler Kaufentscheidungen ist für die Marktsegmentierung im B2B-Bereich eine wichtige Voraussetzung.B2B-Märkte sind in bestimmten Merkmalen anders ausgeprägt als B2C-Märkte. Die Besonderheiten ergeben sich aus der Markt- und Nachfragestruktur, aus dem spezifischen Wesen des organisationalen Einkaufs sowie aus der Komplexität im organisatorischen Zusammenspiel zwischen Lieferanten und Kunden.

Nachhaltigkeit ist für viele Menschen ein wichtiges Kaufargument, das im B2C-Geschäft bereits gut ankommt. Mittlerweile trifft das Kaufargument auch im B2B-Bereich als strategisches Mittel zur Kundenbindung auf gesteigertes Interesse.

Schließlich erwartet der Endabnehmer **Nachhaltigkeit in der gesamten Wertschöpfungskette**, an der ja auch immer mehrere B2B-Unternehmen beteiligt sind. Erst Unternehmen, die die ganzheitliche Verantwortung für ihr Geschäftsgebaren und damit auch für ihre Businesspartner übernehmen, handeln wirklich nachhaltig [vgl. Inside Business 2024].

Die Argumentation für ein nachhaltiges Marketing hat erhebliche Vorteile, z. B. durch [vgl. Visable 2024]:

- verringerten Verbrauch von Energie und Rohstoffen
- verbesserte Wirkungsgrade von technischen Anlagen
- weniger Lenkungsabgaben (z. B. für CO_2-Zertifikate).

Auch sprechen Industrieunternehmen auf Verbesserungen besonders oft an, wenn diese positiven Effekte messbar sind. Zeigen lässt sich das mit:

- Energieverbrauchsanzeigen bei Maschinen
- Tools für ressourceneffizientes Planen von Produktionsprozessen
- Nachweisen der positiven betriebswirtschaftlichen Wirkung.

Darüber hinaus ergibt sich auch ein gewisser Imagegewinn, der durch den Kauf nachhaltiger Waren und Dienstleistungen auf die Geschäftspartner abfärbt.

3.3.3.1 Beteiligte am organisationalen Kaufprozess

Während Konsumenten ihre Kaufentscheidungen in der Regel individuell fällen, wirken im B2B-Bereich – je nach Art des zu beschaffenden Produkts oder der zu beauftragenden Dienstleistung – einzelne oder mehrere Personen als Entscheider oder Entscheidungsbeteiligte mit. Die beteiligten Personen können folgende Rollen einnehmen:

- **Initiator** (engl. *Initiator*)
- **Informationsselektierer** (engl. *Gatekeeper*)
- **Beeinflusser** (engl. *Influencer*)
- **Entscheider** (engl. *Decider*)
- **Einkäufer** (engl. *Buyer*)
- **Benutzer** (engl. *User*).

Die genannten Rollen müssen nicht alle zwingend bei einem Kaufprozess eingenommen werden. So ist es bei reinen oder modifizierten Wiederholungskäufen vornehmlich der Einkäufer, der einen starken Einfluss ausübt. Bei Investitionsprojekten oder anderen größeren Beschaffungsvorhaben werden dagegen zumeist alle genannten Rollen besetzt sein.

Der Kaufprozess im B2B-Bereich läuft grundsätzlich rationaler, systematischer, formeller und langfristiger ab als im B2C-Bereich. Doch ebenso wie bei Konsumgütern gibt es auch bei der Vermarktung von industriellen Gütern und Dienstleistungen keinen festgeschriebenen Prozess. Zur besseren Veranschaulichung ist es aber auch hier hilfreich, den organisationalen Kaufprozess in Phasen zu unterteilen. Das in Abbildung 3-04 dargestellte Phasenmodell ist idealtypischer Art; es können Phasen wegfallen, übersprungen werden oder auch die Reihenfolge kann variieren [vgl. Homburg/Krohmer 2009, S. 146].

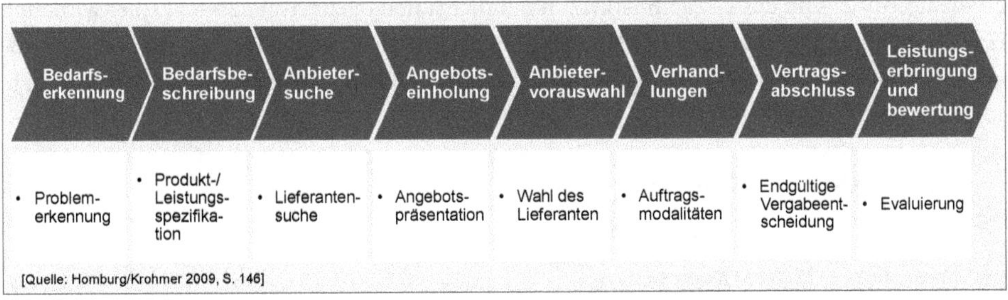

Abb. 3-04: Phasen des organisationalen Kaufprozesses

3.3.3.2 Segmentierungsansätze im B2B-Bereich

Auch im B2B-Bereich ist der Markt kein monolithischer Block. Er umfasst mehr Einsatz- und Anwendungsfelder, mehr Käufergruppen, mehr Anwendungsfunktionen und mehr technologische Gestaltungsmöglichkeiten, als ein Unternehmen überhaupt abdecken kann [vgl. Tüschen 1989, S. 38]. Der Gesamtmarkt aller Kundenunternehmen und Organisationen muss also in Teilmärkte (Segmente) aufgeteilt werden, damit diese individuell mit Marketingmaßnahmen bearbeitet werden können. Die Aufteilung hat so zu erfolgen, dass die einzelnen Segmente Unternehmen und Organisationen enthalten, die ähnliche Eigenschaften aufweisen und nach gleichen Gesichtspunkten einkaufen. Die Marktsegmentierung muss sicherstellen, dass Produkte und Leistungen, Preise, Vertriebswege und Kommunikationsmaßnahmen zu den spezifischen Anforderungen der identifizierten Kundengruppen passen. Damit wird deutlich, welche bedeutende Rolle die Segmentierung des Zielmarktes auch im B2B-Marketing einnimmt.

Für den Industriegüterbereich, dem sicherlich größten Anwendungsfeld des B2B-Marketings, wird hier ein Ansatz vorgestellt, der die Segmentierung auf zwei wesentliche Kategorien von Segmentierungskriterien reduziert.

Es handelt sich hierbei zum einen um den segmentierungs-strategischen Gesichtspunkt der Abgrenzung von Organisationsgruppen anhand von Organisationscharakteristika (organisationsbezogene Kriterien) und zum anderen um den segmentierungs-taktischen Gesichtspunkt des tatsächlichen Organisationsverhaltens bei der Kaufentscheidung [vgl. Becker 2019, S. 280

Damit sind zugleich auch die beiden Segmentierungsstufen genannt [vgl. auch Wind/Cardozo 1974]:

- **Makrosegmentierung** zur Abgrenzung von Kundengruppen mit homogener Problemlandschaft und Nutzenvorstellung (→ segmentierungs-strategischer Aspekt) und
- **Mikrosegmentierung** zur Auswahl und Ansteuerung der an der Kaufentscheidung beteiligten Personen innerhalb der ausgewählten Kundengruppe (→ segmentierungs-taktischer Aspekt).

Die (strategisch ausgelegte) **Makrosegmentierung** konzentriert sich problembezogen auf eine effiziente Aufteilung des Gesamtmarktes in möglichst homogene Teilmärkte. Dabei wird eine Beschreibung und Abgrenzung der Kundengruppen mit Hilfe folgender organisationsbezogener Kriterien vorgenommen, die in etwa den „demografischen" Kriterien im B2C-Bereich entsprechen [vgl. Lippold 1998, S. 111]:

- **Vertikale Märkte** (Branchen)
- **Horizontale Märkte** (Funktionen)
- **Räumliche Märkte** (Regionen)
- **Betriebsgröße** (Umsatz, Anzahl der Beschäftigten, Bilanzsumme etc.).

Diese Segmentierungskriterien definieren und beschreiben den „strategischen Aktivitätenraum" des Unternehmens [vgl. Becker 1993, S. 244].

Wichtig bei der Durchführung der Segmentierung ist, dass sich die Unternehmen nicht nur in ein oder zwei Kriterien (Dimensionen) festlegen. Erst eine mehrdimensionale Marktausrichtung kann der Gefahr einer möglichen Verzettelung der knappen Entwicklungs- und Marketingkapazitäten begegnen. Umgekehrt kann die mehrdimensionale Segmentierung aber auch dazu führen, dass das Potenzial eines aus der Schnittmenge mehrerer Merkmale gewonnenen Marktsegments für eine intensive Bearbeitung nicht ausreicht [vgl. Lippold 1993, S. 227].

Der **Mikrosegmentierung** (Segmentierung Unternehmensebene) liegt eine andere logische Dimension zugrunde als der Makrosegmentierung. Während in der Makrosegmentierung die strategisch bedeutsame Auswahl des zu bearbeitenden Marktausschnitts (Zielgruppe) getroffen wird, legt die Mikrosegmentierung fest, welche Zielpersonen innerhalb der zuvor definierten Zielgruppe angesprochen werden sollen.

Als Kriterien zur Abgrenzung der Mikrosegmente können Merkmale der an der Kaufentscheidung beteiligten Personen, wie Stellung in der Hierarchie, Zugehörigkeit zu bestimmten Funktionsbereichen oder persönliche Charakteristika, herangezogen werden. Für das B2B-Marketing sind folgende Zielpersonenkonzepte denkbar [vgl. Lippold 1998, S. 130 ff.]:

- **Hierarchisch-funktionales Zielpersonenkonzept** (z.B. Einkäufer, Einkaufsleiter, Leiter Materialwirtschaft, ...)
- **Buying-Center-Konzept** (Initiator, Gatekeeper, Influencer, Decider, Buyer, User)
- **Kommunikationsorientiertes Zielpersonenkonzept** (Indifferente, Sensibilisierte, Interessierte, Engagierte).

3.4 Positionierung – Optimierung des Kundenvorteils

Die Positionierung (engl. *Positioning*) ist das zweite wichtige Aktionsfeld im Vermarktungsprozess. Sie zielt darauf ab, innerhalb der definierten Segmente bzw. Geschäftsfelder eine klare Differenzierung gegenüber dem Produkt- und Leistungsangebot des Wettbewerbs vorzunehmen. Die Einbeziehung des Wettbewerbs und seiner Stärken und Schwächen ist also ein ganz entscheidendes Merkmal der Positionierung. Auch hier ist in besonderem Maße die Unternehmensführung gefragt, die strategisch wichtigen Fragen der richtigen Positionierung des Produktportfolios zu begleiten.

3.4.1 Führungsrelevante Aufgaben und Ziele der Positionierung

Jedes Unternehmen tritt in seinen Marktsegmenten in aller Regel gegen einen oder mehrere Wettbewerber an. In dieser Situation reicht es nicht aus, ausschließlich nutzenorientiert zu argumentieren. Neben den reinen Kundennutzen muss vielmehr der Kundenvorteil treten. Der Kundenvorteil definiert sich als der Vorteil, den der Kunde beim Erwerb des Produktes gegenüber dem Wettbewerbsprodukt hat. Wer überlegenen Nutzen (= Kundenvorteil) bieten will, muss die Bedürfnisse, Probleme, Ziele und Nutzenvorstellungen des Kunden sowie die Vor- und Nachteile bzw. Stärken und Schwächen seines Produktangebotes gegenüber denen des Wettbewerbs kennen. Die Positionierung zielt also auf die Optimierung des Kundenvorteils ab:

Kundenvorteil = f (Positionierung) → optimieren!

Die zentrale Frage der Positionierung lautet: Warum sollten Kunden bei uns und nicht beim Mitbewerber kaufen? Was unterscheidet unser Angebot von dem des Wettbewerbers? Was macht unser Angebot einzigartig?

Es geht allerdings nicht so sehr um die Herausarbeitung von Wettbewerbsvorteilen *an sich*. Entscheidend sind vielmehr jene Produkt- und Leistungsvorteile, die für den **Kunden** interessant sind und einen besonderen Wert für ihn haben. Ein Unternehmen kann diesen Wert, dieses *„Mehr an Nutzen bieten, indem es besser, neuer, schneller oder preisgünstiger ist"* [Kotler et al. 2007, S. 400]. Produktvorteile müssen also ein Bedürfnis bzw. ein Problem der Zielgruppe befriedigen bzw. lösen. Produktvorteile, die diesen Punkt nicht treffen, sind von untergeordneter Bedeutung. Unternehmen, die es verstehen, sich im Sinne des Kundenproblems positiv vom Wettbewerb abzuheben, haben letztendlich die größeren Chancen beim Produktverkauf.

Da heute Unternehmen stärker als Ganzes und mit ihrer gesellschaftlichen Verantwortung wahrgenommen werden, geht es nicht nur um den unmittelbaren Kundennutzen, sondern auch um ein **gutes Image**, das **Vertrauen** aufbaut. Kunden, denen nachhaltige Produkte wichtig sind, wollen beim Kauf ein gutes Gefühl haben. Eine erfolgreiche **Nachhaltigkeitspositionierung** gelingt nur, wenn die Unternehmensführung konkrete Ziele im Blick hat und diese in die Unternehmensprozesse implementiert. Sie entscheidet, welche Nachhaltigkeitsziele relevant für das Unternehmen sind. Eine erfolgreiche Nachhaltigkeitspositionierung braucht eine klare Strategie, die aber auch von der Belegschaft mitgetragen wird. Dabei stehen Nachhaltigkeit und Gewinnerzielung nicht im Widerspruch (siehe Insert 3-08).

Jedes Unternehmen hat seine DNA, also eine Kultur, die oft sehr stark durch die Unternehmensführung geprägt ist. Dazu gehören die Werte, die Mitarbeiter und Mitarbeiterinnen leben und auf denen aufgebaut werden kann. Bei einer stärkeren Ausrichtung auf nachhaltige Ziele, muss zunächst innen angesetzt werden. Ein „grünes Bewusstsein" entsteht bei den Mitarbeitern nicht per Knopfdruck. Die Positionierung zu verändern ist ein ständiger Prozess und bedeutet, sich dem Idealbild schrittweise anzunähern. Ein Imagewandel zieht sich über mehrere Jahre hin und verlangt Kontinuität und eine Verankerung in der Unternehmenskultur. Die Ziele dienen als mittel- und langfristige Wegweiser zur Neuausrichtung. Sie müssen realistisch und messbar sein. Um die Neuausrichtung einer Firma für Mitarbeiter und die Öffentlichkeit glaubhaft und nachvollziehbar zu machen, müssen verschiedene Phasen durchlaufen werden.

[Quelle: INEBB 2024]

Insert 3-08: Leitfaden zur Nachhaltigkeitspositionierung

Grundsätzlich gibt es zwei Möglichkeiten, die Stärken von Unternehmen in Kundenvorteile umzusetzen: Entweder mit dem **Produktvorteil** oder mit dem Kosten- bzw. **Preisvorteil**. Die Positionierung von Produktvorteilen ist häufig sehr viel schwieriger als die von Preisvorteilen, da der Preis- oder Kostenvorteil ceteris paribus objektivierend wirkt. Das Kriterium der produktbezogenen Differenzierung kann daher nur der Alleinstellungsanspruch sein, denn die Einzigartigkeit wird im Wettbewerbsvergleich ebenfalls objektivierend beurteilt. Prinzipiell bietet jeder Produktparameter Chancen, Kundenvorteile zu erzielen. Entscheidend für die Durchsetzung von Kundenvorteilen ist, dass sich der Kommunikationsinhalt auf Einzigartigkeit, Verteidigungsfähigkeit und auf jene Produkteigenschaften konzentrieren sollte, die der Kunde besonders hoch gewichtet.

Positionierung ist also die Schaffung einer klaren Differenzierung aus Kundensicht. Das führt zu einer Konzentration auf jene Produkt- und Leistungsmerkmale, die aus Kundensicht eine klare Differenzierung gegenüber dem Wettbewerb bewirken. Damit führt die Positionierung zur Bestimmung des Kommunikationsinhaltes, denn jegliche Kommunikation mit dem Kunden sollte auf dessen Vorteil ausgerichtet sein [vgl. Große-Oetringhaus 1986, S. 3 und 41].

Nachdem der Unterschied zwischen Kundennutzen und Kundenvorteil herausgearbeitet worden ist, sind in diesem Kontext noch weitere Begriffe, die teilweise synonym zum Kundenvorteil verwendet werden, abzugrenzen [vgl. Backhaus/Voeth 2010, S. 19 ff.]:

- Ein **Netto-Nutzen-Vorteil** ist dann gegeben, wenn der Nutzen für den Nachfrager größer ist als der Preis. Bei diesem Konstrukt fehlt allerdings die Wettbewerbskomponente.
- Das Akronym **USP** (Unique Selling Proposition) beschreibt das **Alleinstellungsmerkmal** eines Produktes. Der USP betont zwar den Wettbewerbsbezug, nicht aber von dem Preis, den der Nachfrager zu zahlen hat.
- **Value Proposition** ist der Wert (engl. *Value*) von Nutzenelementen, die ein Nachfrager im Austausch für den gezahlten Preis bekommt. Die Differenz zwischen Wert und Preis entspricht dem Netto-Nutzen-Vorteil.
- Beim **Wettbewerbsvorteil**, der sich neben Produkt- bspw. auch aus Kosten- oder Standortvorteilen zusammensetzen kann, dominiert die Wettbewerbskomponente die Kundenkomponente. Der Wettbewerbsvorteil an sich zählt nicht, entscheidend ist, dass er auch vom Kunden wahrgenommen wird. Damit wirken Wettbewerbsvorteile nur mittelbar.
- Das Konstrukt des **komparativen Konkurrenzvorteils** (KKV) fasst beide Perspektiven, also die Kundenkomponente und die Wettbewerbskomponente zusammen. Der KKV besteht aus einer (kundenorientierten) Effektivitätsposition (mit den Merkmalen Bedeutsamkeit und Wahrnehmung) und einer (wettbewerbsorientierten) Effizienzposition (mit den Merkmalen Verteidigungsfähigkeit und Wirtschaftlichkeit).

Obwohl der KKV, der speziell für das Industriegütermarketing entwickelt worden ist [Backhaus], sicherlich das umfassendste Konstrukt in diesem Kontext darstellt, soll hier weiterhin an der einfacheren Begrifflichkeit des Kundenvorteils festgehalten werden.

3.4.2 Das Produkt als Positionierungselement

Das entscheidende Differenzierungsinstrument und damit die Grundlage für die Positionierung ist das **Produkt**. Dabei wird hier die Auffassung vertreten, *„dass alles, was vermarktet werden kann, ein Produkt ist"* [Kotler/Blümel 1992, S. 621]. Nach diesem weit gefassten Begriffsverständnis werden neben Sachleistungen also auch Dienstleistungen (und sogar Personen und Ideen, die sich „vermarkten" lassen) als Produkte angesehen. Die verschiedenen Differenzierungsmöglichkeiten durch das Produkt stehen im Vordergrund der nachfolgenden Betrachtung. Wenn nicht anders erwähnt, wird aber weiterhin begrifflich zwischen Produkt (im Sinne von Sachgut) und Dienstleistung unterschieden.

Am Anfang steht also immer ein Produkt (oder eine Dienstleistung, ein Unternehmen, eine Person, eine Idee). Die Positionierung steht allerdings – genau genommen – nicht für dieses Produkt, sondern für das, was bei den Kunden und Interessenten im Kopf entsteht. Produkte werden also im Denken der Verbraucher positioniert, damit diese sich leichter tun, Produkte zu klassifizieren.

3.4.2.1 Differenzierung als Grundlage der Positionierung

Ein Unternehmen sollte ein Marktsegment letztlich nur dann als attraktiv für sich einschätzen, wenn es sich aufgrund seiner eigenen Leistungspotenziale einen oder mehrere Wettbewerbsvorteil(e) verspricht. Hierzu ist es im Rahmen der Positionierung erforderlich, sich ein genaues Bild über die Erfolgs- oder Schlüsselfaktoren – bezogen auf die Anforderungen der jeweiligen Marktsegmente – zu verschaffen. Solche Erfolgsfaktoren wirken stark *differenzierend* und zeigen Potenziale auf, um sich vom Wettbewerb innerhalb der Segmente abheben zu können. Spekulationen bei der Ermittlung der gegenwärtigen Position sollten dabei möglichst ausgeräumt werden. Hier kann der Einsatz qualitativer und quantitativer Marktforschungsmethoden (strukturierte Analysen der eigenen Stärken und Schwächen sowie der Wettbewerber, Marktveränderungen und Differenzierungsmerkmale etc.) hilfreiche Dienste leisten. Besonders wichtig ist dabei nicht nur die eigene „Nabelschau", sondern eben auch die Analyse der Stärken und Schwächen des Wettbewerbs. Um die Wahrnehmung der Marktposition des Unternehmens und der wichtigsten Wettbewerber festzustellen, müssen die wichtigsten Zielgruppen (Kunden, Meinungsbildner, Konsumenten etc.) verschiedene, für die Positionierung relevante Leistungsfaktoren bewerten. Bei diesen Erhebungen steht die subjektive Wahrnehmung der Befragten im Vordergrund.

(1) Differenzierung im B2C-Bereich

Eine der Hauptaufgaben für das Marketing besteht demnach darin, diese **Alleinstellungsmerkmale** (engl. *Unique Selling Proposition – USP*) ausfindig zu machen, gegenüber dem Markt zu kommunizieren und damit Präferenzen zu bilden. Die Differenzierungsmöglichkeiten können je nach Branche sehr unterschiedlich sein. In einigen Branchen können solche Kundenvorteile relativ leicht gewonnen werden, in anderen ist dies nur sehr schwer möglich. Dennoch gelingt es erfahrenen Marketingunternehmen immer wieder, für ihre Produkte – seien sie noch so homogen – Differenzierungen herauszuarbeiten [vgl. Kotler et al. 2007, S. 400 und 407].

Ersatzweise können aber auch Produktmerkmale herangezogen werden, die für sich genommen zwar keinen Alleinstellungsanspruch rechtfertigen, sehr wohl aber in ihrer Kombination einen Kundenvorteil darstellen.

Das Produkt bietet grundsätzlich vielfältige **Differenzierungsmöglichkeiten**. Es kann mit unterschiedlichen Ausstattungselementen angeboten werden, als Basisversion oder mit vielen Extras. Die besondere Qualität, die Haltbarkeit bzw. Nutzungsdauer oder die Zuverlässigkeit sind weitere Differenzierungsmöglichkeiten. Doch nicht nur der reine funktionale Nutzen, sondern auch Design oder Service, die Verpackung, der Name oder die Farbe bieten vielfältige Möglichkeiten, sich vom Wettbewerb abzuheben.

Abbildung 3-05 macht deutlich, dass es neben dem reinen Produktkern noch viele weitere Differenzierungsmöglichkeiten gibt.

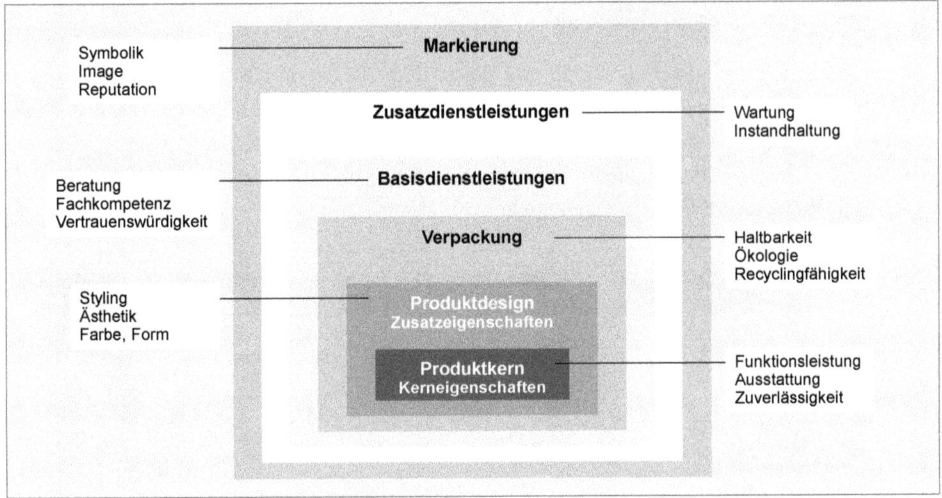

Abb. 3-05: Differenzierungsmöglichkeiten durch das Produkt

Fasst man die einzelnen Differenzierungsmöglichkeiten tabellarisch zusammen, so lassen sich unter den Rubriken Produkt, Service, Mitarbeiter, Distributionssystem und Identitätsgestaltung die in Abbildung 3-06 dargestellten Dimensionen und Ausprägungen einordnen.

Produkt	Service	Mitarbeiter	Distributionssystem	Identitätsgestaltung
• Produktausstattungselemente • Produktleistung • Leistungskonformität • Haltbarkeit • Zuverlässigkeit • Instandsetzbarkeit • Styling, Design	• Auftragshilfen • Zustellung • Installation • Kundenschaltung • Kundenberatung • Instandsetzung/ -haltung • Hotline	• Fachkompetenz • Höflichkeit • Vertrauenswürdigkeit • Zuverlässigkeit • Geistige Beweglichkeit • Kommunikation	• Distributionswege • Abdeckungsgrad des Distributionssystems • Fachkompetenz der Systemmitglieder • Leistung des Distributionssystems	• Symbole • Medien • Atmosphäre • Ereignis-Sponsoring

[Quelle: Kotler et al. 2007, S. 407]

Abb. 3-06: Differenzierungsinstrumente und deren Ausgestaltungsmöglichkeiten

Ein besonderes Augenmerk soll dabei auf den Servicebereich als Differenzierungsinstrument gerichtet werden. Eigentlich ist der Kundenservice eine Domäne im B2B-Marketing, wo z. B. im Anlagenbau oder im Systemgeschäft Installation, Instandsetzung, Kundenschulung und -beratung wesentliche Elemente der Gesamtleistung darstellen. Im B2C-Bereich dagegen ist – gerade in Deutschland – oft von der „Service-Wüste" die Rede. Deshalb liegen gerade hier die größten Verbesserungspotenziale. **Customer Relationship Management** und **Customer Contact Management** sind hierzu die Stichworte und werden in Abschnitt 3.8 Betreuung ausführlich behandelt.

Die aufgezeigten Differenzierungsmöglichkeiten machen deutlich, wie vielfältig die Gestaltungsansätze für das B2C-Marketing sind, um Erfolgsfaktoren und damit Kundenvorteile für eine erfolgreiche Positionierung herauszuarbeiten.

(2) Differenzierung im B2B-Bereich

Für den Industriegüterbereich (und damit im Wesentlichen auch für das B2B-Marketing) schlagen Backhaus/Voeth einen Ansatz vor, der die besonderen Ressourcen, Fähigkeiten und Kompetenzen des Anbieters zur Positionierung berücksichtigt. Als Differenzierungsmöglichkeiten werden dabei Potenzialunterschiede, Prozessunterschiede und Programmunterschiede im Vergleich zum Wettbewerb herangezogen (siehe Abbildung 3-07).

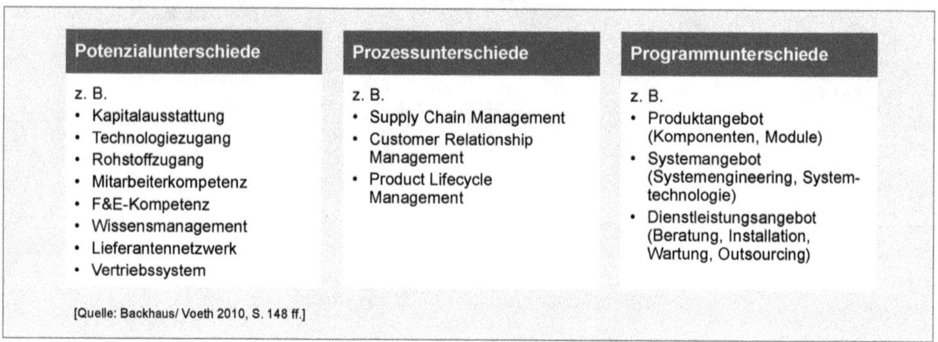

Abb. 3-07: Differenzierungsmöglichkeiten im Industriegüterbereich

Zu den Potenzialunterschieden als Quelle für den Kundenvorteil zählen z. B. ein patentrechtlich geschütztes Wissen ebenso wie der Zugang zu dominanten Technologien, ein exklusives Vertriebssystem oder besonders fähige Mitarbeiter.

Wettbewerbsrelevante Prozessunterschiede ergeben sich insbesondere beim Management der **Supply Chain**, bei den Prozessketten des **Product Lifecycle** sowie beim **Customer Relationship Management**. Hier stellt sich allerdings die Frage, wie solche Prozessketten im Hinblick auf Effektivität und Effizienz und vor allem im Vergleich zum Wettbewerb gemessen bzw. beurteilt werden sollen.

In den Programmunterschieden dokumentiert sich der vom Kunden wahrgenommene Marktauftritt eines Anbieters. Unternehmen, die bspw. nur als Komponentenlieferant, nur als Systemanbieter oder nur als Dienstleister auftreten, werden sich im Markt ggf. anders positionieren als Unternehmen, die über die vollständige Programmbreite verfügen.

Darüber hinaus bieten die spezifischen Wettbewerbsverhältnisse und Kundenanforderungen innerhalb einer Branche weitere Differenzierungsmöglichkeiten.

3.4.2.2 Nachhaltige Markenführung

Eine starke **Marke** (engl. *Brand*) bietet dem Käufer ein „Mehr" als die reine Produktleistung, also eine Zusatzleistung (engl. *Added Value*). Sie bietet dem Käufer Orientierung, Transparenz, Entscheidungshilfe, Identifikation und strahlt Vertrauen aus. Zudem verspricht die Marke eine konstante Qualität. Für den Anbieter bietet eine starke Marke die Möglichkeit, sich vom Wettbewerb zu differenzieren, eine Präferenzbildung und Profilierung beim Konsumenten zu erzeugen und damit einen Wettbewerbsvorteil zu erzielen. Kurzum: Das **Markenmanagement** bzw. die **Markenführung** ist eine Grundvoraussetzung für die Positionierung.

Nachhaltige Markenführung zeichnet sich primär dadurch aus, dass sie im Gegensatz zum konventionellem Markenmanagement die drei Säulen der Nachhaltigkeit – also ökonomische, soziale und ökologische Dimension – als Differenzierungsfaktor im Markenkonzept darstellt [vgl. Balderjahn 2013, S. 166 f.].

Die Marke bietet einen Herkunftsnachweis und stellt durch den rechtlichen Schutz eine exklusive Nutzung für den Anbieter sicher. Zusätzlich lässt sich eine Marke in Form eines ökonomischen Marktwerts bewerten. Damit wird die Marke zu einem Vermögensgegenstand (engl. *Asset*) des Unternehmens und kann bei richtiger Führung zu seiner Wertsteigerung beitragen [vgl. Meffert et al. 2008, S. 349].

Die **Marke** (engl. *Brand*) ist ein in der Psyche des Konsumenten und sonstiger Bezugsgruppen der Marke fest verankertes, unverwechselbares Vorstellungsbild von einem Produkt oder einer Dienstleistung. Die der Marke zugrundeliegende Leistung wird dabei in einem möglichst großen Absatzraum über einen längeren Zeitraum in gleichartigem Auftritt und in gleichbleibender oder verbesserter Qualität angeboten [vgl. Meffert et al. 2002, S. 6].

Als Marke können Namen, Begriffe, Zeichen, akustische Signale, Abbildungen, Symbole oder eine Kombination aus diesen zum Zwecke der Kennzeichnung der Produkte eines Anbieters und der Differenzierung gegenüber Wettbewerbsangeboten fungieren (und geschützt) werden. Der Schutz der Marke gegen Verwendung durch ein anderes Unternehmen erfolgt über die Eintragung eines Warenzeichens in das Markenregister. Als Markenname wird der „artikulierbare“ Teil der Marke bezeichnet (Melitta, Lufthansa, SAP, Nivea, Du darfst). Das Markenzeichen ist der erkennbare, nicht jedoch verbal wiedergebbare Teil der Marke, z.B. ein Symbol (Mercedes-Stern), eine Gestaltungsform (Adidas-Streifen), eine charakteristische Schrift (Schriftzug von Coca Cola) oder Farbe (Magenta der Deutschen Telekom). Hinsichtlich des Aufbaus und der Pflege von Marken – also des Markenmanagements – lassen sich folgende Markenstrategien im vertikalen Wettbewerb unterscheiden:

- **Handelsmarkenstrategie**, d. h. der Handel übernimmt die Funktion des Markenführers (z.B. Edeka-Eigenmarke „Gut & Günstig“)
- **Herstellermarkenstrategie**, d. h. der Hersteller ist verantwortlich für die Markenführung (Normalfall).

Bei den Herstellermarken unterscheidet die Gesellschaft für Konsumforschung (GfK) heute – unter dem speziellen Aspekt der Nachhaltigkeit – zwischen fünf Kategorien, die an die Bedürfnispyramide von Maslow angelehnt sind (siehe Insert 3-09):

- **Preismarken** (besonders günstiger Preis steht im Vordergrund)
- **Funktionsmarken** (große bekannte Marken mit Tradition)
- **Hybridmarken** (Funktionsmarken mit Zusatznutzen Nachhaltigkeit)
- **Sozialmarken** (Marken mit deutlich nachhaltiger Ausrichtung)
- **Visionsmarken** (Marken mit Engagement über das nachhaltige Produkt hinaus)

1. **Preismarken**
   sind Marken, bei denen der besonders günstige Preis bei akzeptabler Qualität im Vordergrund steht.
2. **Funktionsmarken**
   Dies sind Dach-Marken, die eine eindeutige, häufig sehr hochwertige funktionale Qualität ausweisen, darüber hinaus jedoch keinen oder kaum zusätzlichen sozialen Nutzen stiften. Hierunter fallen die mit Abstand meisten Herstellermarken. Der Umsatz an den klassifizierten Herstellermarken beträgt 65 Prozent.
3. **Hybridmarken**
   Diese Dachmarken weisen über die funktionalen Produktnutzen hinaus weitere bedeutsame Zusatznutzen auf und/oder sie haben sich auf den Weg zu einer nachhaltigen Ausrichtung gemacht. Die Hybridmarken haben einen Anteil von 28 Prozent.
4. **Sozialmarken**
   Dies sind Dachmarken mit einer deutlich nachhaltigen Ausrichtung, die für Shopper ersichtlich und emotional spürbar ist und eine hohe Relevanz hat. Der Marktanteil der Sozialmarken beträgt drei Prozent.
5. **Visionsmarken**
   Dies sind Dachmarken mit einem klaren Wertekompass, der aktiv vorangetrieben wird. Marken, die aus Sicht der Shopper gut sind und Gutes tun. Der Marktanteil der Visionsmarken beträgt vier Prozent.

[Quelle: Kecskes 2021 mit Ergänzungen von Wiehrdt 2021]

Insert 3-09: Das GfK-Markenkonzept für Food-Marken

Im internationalen Wettbewerb gibt es ebenfalls zwei marken-strategische Stoßrichtungen:

- **Globale Markenstrategie**, d. h. der Anbieter/Hersteller tritt weltweit mit identischen Produktmarken auf (z. B. Heineken, Coca Cola, McDonald's).
- **Gemischte Markenstrategie**, d. h. der Anbieter/Hersteller trägt mit seiner Markenführung z. B. länderspezifischen Sprachgewohnheiten Rechnung (Produkte der Unilever-Speiseeislinie werden in vielen Ländern unter anderen Markennamen verkauft, z. B. Langnese in Deutschland, Miko in Frankreich, Frigo in Spanien, Eskimo u. a. in Österreich und Ungarn, Algida u. a. in der Türkei und Italien, Ola u. a. in Portugal und in den Niederlanden).

Die meisten strategischen Optionen bieten Markenstrategien im horizontalen Wettbewerb:

- **Einzelmarkenstrategie**, d.h. jedes Marktsegment wird nur von einer Marke eines Unternehmens bearbeitet; Beispiele liefern u. a. Gruner + Jahr (als Tochter des Medienkonzerns Bertelsmann), Daimler, Ferrero oder Procter & Gamble;
- **Mehrmarkenstrategie** (engl. *House of Brands*), d.h. ein Unternehmen bietet in einem Markt bzw. Marktsegment mindestens zwei Marken parallel an; Beispiele bieten Henkell mit seinen auf die jeweiligen Preissegmente abgestimmten Sektmarken oder Unilever mit seinem umfassenden Halbfettmargarinesortiment;
- **Markenfamilienstrategie** (engl. *Branded House*), d.h. verschiedene, aber verwandte Produkte werden unter einer Marke zusammengefasst, wobei der Name des Herstellers nicht herausgestellt wird; Beispiele sind Axel Springer Verlag mit den verschiedenen Bild-Objekten, Beiersdorf mit den Produktfamilien Nivea und Tesa sowie Mondelez als internationales Nachfolgeunternehmen von Kraft Foods mit den Schokoladenprodukten von Milka und den verschiedenen Kaffeemarken von Jacobs;
- **Dachmarkenstrategie** (engl. *Corporate/Umbrella Branding*), d.h. alle Produkte eines Unternehmens werden unter einer (Dach-)Marke geführt; Beispiele sind Miele und Bosch im Gebrauchsgüter- und Zuliefererbereich, IBM, Apple und HP im Technologiebereich, wobei hier eine Entwicklung zu Subbrands zu beobachten ist (z. B. Apple iPhone, Apple iPad, HP Deskjet, HP Laserjet);
- **Markentransferstrategie**, d.h. von der Hauptmarke eines bestehenden Produktbereiches werden positive Imagekomponenten auf ein Transferprodukt einer anderen Produktkategorie übertragen; Beispiele: Mövenpick im Nahrungs- und Genussmittelbereich, Porsche-Brillen, Camel-Boots;
- **Co-Branding-Strategie**, d.h. Kombination von mindestens zwei Marken möglichst gleicher Qualität von verschiedenen Herstellern; Beispiel sind Miles & More/Visa-Karte, McDonald's/Disney, Langnese/Milka oder der Allianz/Baedecker-Reiseführer.

Einen Überblick über verschiedene markenstrategische Optionen liefert Abbildung 3-08.

Als **Markenführung** wird der Prozess bezeichnet, den Zweck und die Funktionalität, die zugrunde liegenden Werte sowie die längerfristige Identität einer Marke durch das verantwortliche Management zu definieren. Diese **Markenidentität** soll das eigene Leistungsangebot (Produkt, Dienstleistung, Unternehmen) im Markt positionieren und von Wettbewerbsangeboten und Wettbewerbern abgrenzen.

Der Prozess der Markenführung schließt auch die **Kommunikation** der Markenidentität über verschiedene Kanäle nach innen und außen ein. Im Unternehmen selbst wird angestrebt, dass sich alle Mitarbeiter „markenkonform" verhalten und die definierten Markenwerte tatsächlich auch leben. Im Außenverhältnis soll ein bestimmtes **Markenimage** aufgebaut werden [vgl. Kreutzer 2023, S. 212 f.].

Markenstrategien im vertikalen Wettbewerb	Handelsmarkenstrategie		Herstellermarkenstrategie	
Markenstrategien im horizontalen Wettbewerb	Einzelmarken-strategie	Mehrmarken-strategie	Markenfamilien-strategie	Dachmarken-strategie
	Markentransferstrategie		Co-Branding-Strategie	
Markenstrategien im internationalen Wettbewerb	Globale Markenstrategie		Gemischte Markenstrategie	

Abb. 3-08: Markenstrategische Optionen im Überblick

Bei der Markenführung kommt neben Markenidentität und Markenimage noch ein weiterer Begriff eine ganz besondere Bedeutung: das **Markenvertrauen**. Hierbei geht es um das Vertrauen der Kunden in die Leistungsdimensionen einer Marke.

Bei einer Umfrage im Jahr 2022 wurden 4.000 Personen (18 Jahre und älter) die Frage gestellt: „Welche dieser Leistungsdimensionen einer Marke sind Ihnen am wichtigsten, damit diese Ihr Vertrauen verdient und Sie diese Freunden oder der Familie weiter empfehlen würden?" Die Leistungsdimension **Umweltschutz** erreicht mit nur 13 Prozent der Befragten den vierten Rang (siehe Insert 3-10).

Insert 3-10: Umfrage zu wichtigen Leistungsdimensionen für das Markenvertrauen

Das relativ schlechte Ergebnis lässt sich vielleicht dadurch erklären, dass manche Kunden den Umweltschutz bereits als Bestandteil der hier an erster Stelle stehenden Qualität sieht [vgl. Kreutzer 2023, S. 229].

Wesentlich für eine **grüne Markenführung** ist es, die „grünen" Elemente des eigenen Angebots in einfacher Form zu kommunizieren. Dafür stehen dem Unternehmen eine ganze Reihe von Öko- und Nachhaltigkeitslabel zur Verfügung (siehe Insert 3-11).

Insert

Seit 2001 gibt es ein staatliches Bio-Siegel. Das sechseckige Zeichen mit dem Schriftzug "Bio" steht für die Kriterien der EG-Öko-Verordnung. Das Siegel definiert Mindestkriterien und ist im Wesentlichen vertrauenswürdig.
Darüber hinaus haben die deutschen Bioverbände eigene Kriterien entwickelt, welche Produkte sich mit ihrem Logo schmücken dürfen. Ihre Vorgaben gehen deutlich über die Standards des EU-Bio-Siegels hinaus:

- Die Anbauverbände verlangen unter anderem, dass der Betrieb komplett ökologisch arbeitet. Einzelne Betriebs-zweige (z.B. Tierhaltung) können nicht ausgenommen werden.
- Die Bioverbände in Deutschland erlauben wesentlich weniger Tiere je Hektar als das EU-Siegel.
- Bei den Anbauverbänden dürfen konventionelle Futtermittel gar nicht oder nur in einem sehr begrenzen Rahmen zugefüttert werden. Die EU-Verordnung erlaubt hier größere Anteile.

Die Begriffe "Bio" und "Öko" sind seit 1993 gesetzlich geschützt. Wer mit ihnen wirbt, muss die Voraussetzungen dafür erfüllen: nämlich die Vorgaben der EG-Öko-Verordnung.
Diese schreibt unter anderem vor: den Verzicht auf chemisch-synthetische Pflanzenschutz- und Düngemittel, eine tiergerechte Haltung mit Auslaufmöglichkeiten, ein Verbot von Gentechnik und eine geringe Verwendung von Zusatzstoffen. Außerdem müssen Produktzutaten zu 95 Prozent aus Öko-Betrieben stammen. Auch Mindeststandards bei der Tierhaltung müssen eingehalten werden: So sind etwa Tageslicht und Zugang zu einer Außenfläche verpflichtend. Die Tiere haben mehr Platz als in konventioneller Haltung.
Lebensmittel, die diese Kriterien erfüllen, sind leicht an dem europaweit einheitlichen Bio-Logo oder dem deutschen Bio-Siegel zu erkennen, das dem EU-Siegel gleichgestellt ist. Hersteller, die ein solches Siegel benutzen, werden jährlich kontrolliert [Quelle: Bund 2024].

Insert 3-11: Lebensmittel-Kennzeichnungen

Die Zahl der Menschen, die sich für **Bio-Lebensmittel** entscheiden, wächst von Jahr zu Jahr. Gleichzeitig steigt jährlich auch die Anzahl der Produkte und Unternehmen, die einen Bio-Siegel verwenden. Die große Bandbreite der eingesetzten grünen Labels, bunten Siegel und mehrdeutigen Begriffen erschwert es den Verbrauchern jedoch, den Überblick zu behalten.

Kaum ein Kunde hat heute die Zeit und die Lust, sich bei jedem Kauf eines Produktes bzw. bei der Auswahl einer Dienstleistung jeweils umfassend zu informieren, wie „grün" das betreffende

Angebot ist. Deshalb ist es eine besondere Herausforderung für die grüne Markenführung, „grüne“ Elemente des eigenen Angebots in einfacher Form zu kommunizieren. Hierfür wurden in der Vergangenheit bereits viele Öko- und Nachhaltigkeitslabel entwickelt, um als Nudges bzw. als Signale zu fungieren [vgl. Kreutzer 2023, S. 229].

Im Jahr 2023 hatten bereits über 106.000 Produkte ein Bio-Siegel. Das sind mehr als das 4-Fache gegenüber dem Jahr 2004. Die wichtigsten Warengruppen mit Bio-Siegel sind Heißgetränke, Kräuter/Gewürze sowie Brot und Backwaren (siehe Insert 3-12).

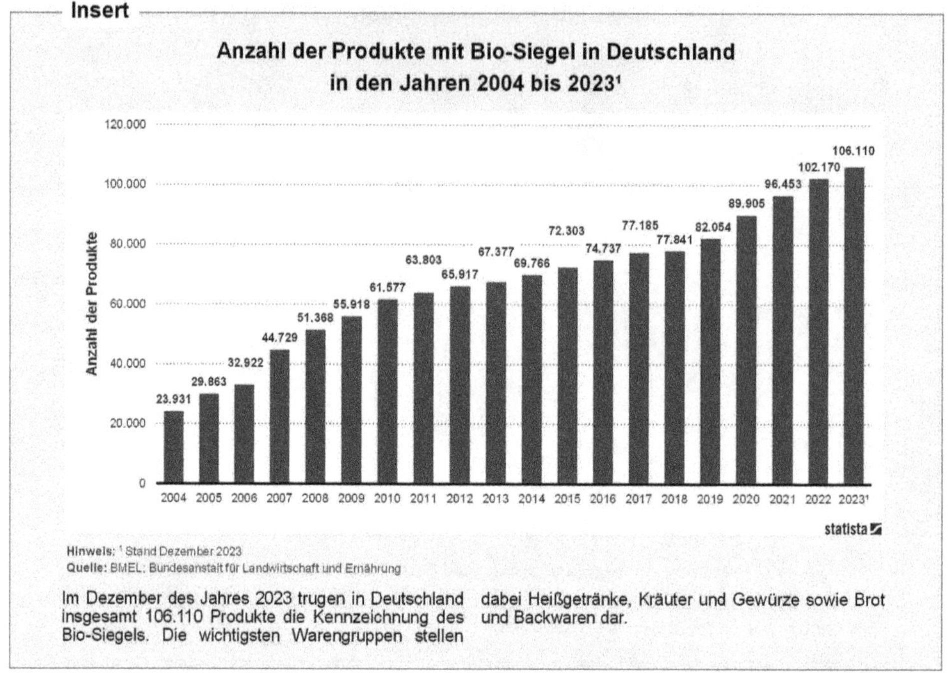

Insert 3-12: Anzahl der Produkte mit Bio-Siegel in Deutschland

In Deutschland hat sich die Nahrungsmittelindustrie lange Zeit sehr schwergetan, den Verbrauchern eine transparente Hilfestellung beim Lebensmitteleinkauf zu geben. Erst durch das Inkrafttreten der Verordnung zum **Nutri-Score** am 6. November 2020 wurde eine rechtssichere Verwendung des anbieterübergreifenden Lebensmittelkennzeichens Nutri-Score in Deutschland möglich. Mit dieser Nährwertkennzeichnung, die in Frankreich entwickelt wurde und in Deutschland für Produzenten freiwillig und kostenlos ist, erhalten die Konsumenten eine Orientierung bei der Lebensmittelauswahl – gut sichtbar auf der Vorderseite von Verpackungen (siehe Insert 3-13).

Der Nutri-Score gibt anhand einer 5-stufigen Farbskala von A bis E Auskunft über den Nährwert eines Lebensmittels. Dabei steht das grüne A für einen eher günstigen, das rote E für einen weniger günstigen Nährwert des jeweiligen Produkts und ermöglicht, Vergleiche innerhalb der jeweiligen Produktgruppe. Der Nutri-Score ist damit eine sinnvolle Ergänzung zu den gesetzlich vorgeschriebenen Angaben wie Zutatenliste und Nährwerttabelle. Die fünfstufige Ampel des Nutri-Scores zeigt Käufern auf der Verpackung an, ob ein Produkt empfehlenswert oder eher zu vermeiden ist. Dies ist eine Form von **Nudging** (= Anstoß zur Verhaltensänderung), weil sich jeder Kunde nach wie vor auch für ein Produkt der Gruppe D oder E entscheiden kann. Der Nutri-Score sagt also nichts darüber aus, ob ein Lebensmittel gesund oder ungesund ist. Hier werden lediglich günstige und ungünstige Nähr- und Inhaltsstoffe bewertet. Der Nutri-Score hilft folglich nur beim Vergleich gleicher Lebensmittel, bspw. Joghurt A und Joghurt B, um hier die bessere Alternative zu finden. Um den Nutri-Score direkt zu nutzen, können sich Unternehmen und ihre Marke(n), die mit dem Nutri-Score gekennzeichnet werden sollen, selbstständig auf einem Onlineportal registrieren [vgl. BMEL 2022; Kreutzer 2023, S. 230 f.].

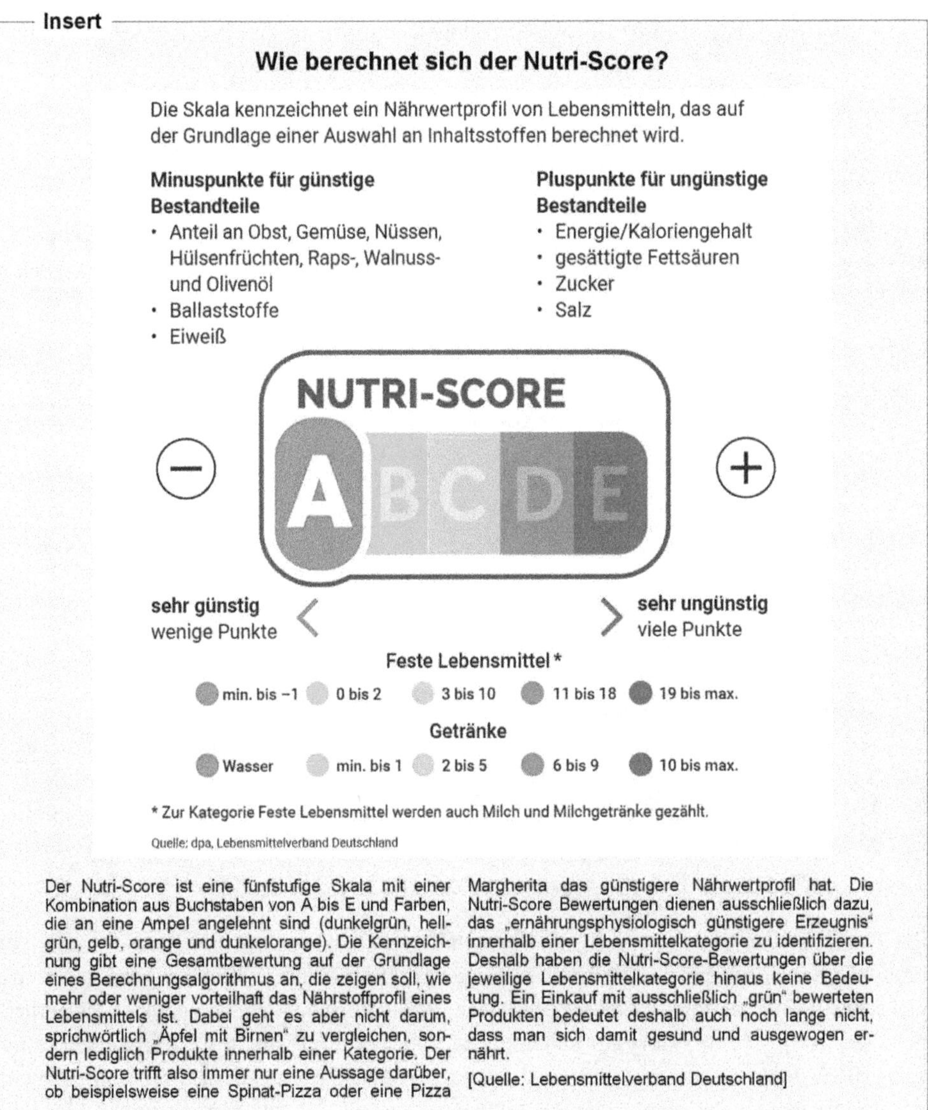

Der Nutri-Score ist eine fünfstufige Skala mit einer Kombination aus Buchstaben von A bis E und Farben, die an eine Ampel angelehnt sind (dunkelgrün, hellgrün, gelb, orange und dunkelorange). Die Kennzeichnung gibt eine Gesamtbewertung auf der Grundlage eines Berechnungsalgorithmus an, die zeigen soll, wie mehr oder weniger vorteilhaft das Nährstoffprofil eines Lebensmittels ist. Dabei geht es aber nicht darum, sprichwörtlich „Äpfel mit Birnen" zu vergleichen, sondern lediglich Produkte innerhalb einer Kategorie. Der Nutri-Score trifft also immer nur eine Aussage darüber, ob beispielsweise eine Spinat-Pizza oder eine Pizza Margherita das günstigere Nährwertprofil hat. Die Nutri-Score Bewertungen dienen ausschließlich dazu, das „ernährungsphysiologisch günstigere Erzeugnis" innerhalb einer Lebensmittelkategorie zu identifizieren. Deshalb haben die Nutri-Score-Bewertungen über die jeweilige Lebensmittelkategorie hinaus keine Bedeutung. Ein Einkauf mit ausschließlich „grün" bewerteten Produkten bedeutet deshalb auch noch lange nicht, dass man sich damit gesund und ausgewogen ernährt.

[Quelle: Lebensmittelverband Deutschland]

Insert 3-13: Wie berechnet sich der Nutri-Score?

Angesichts der wachsenden Anzahl an Siegeln, Labels und Kennzeichen ist es häufig gar nicht so leicht, sich transparent und verlässlich über die Produkte zu informieren, die im Einkaufskorb landen sollen. Eine wohltuende Ausnahme bildet hier die **Initiative Tierwohl** mit der vierstufigen einheitlichen Haltungsform-Kennzeichnung auf Fleischprodukten. Diese Lebensmittelkennzeichnung ist bei fast allen Händlern zu finden – ob im Supermarkt oder beim Discounter – und gibt eine Orientierung, die transparent und verlässlich über die Haltungsbedingungen der Tiere informiert (siehe Insert 3-14).

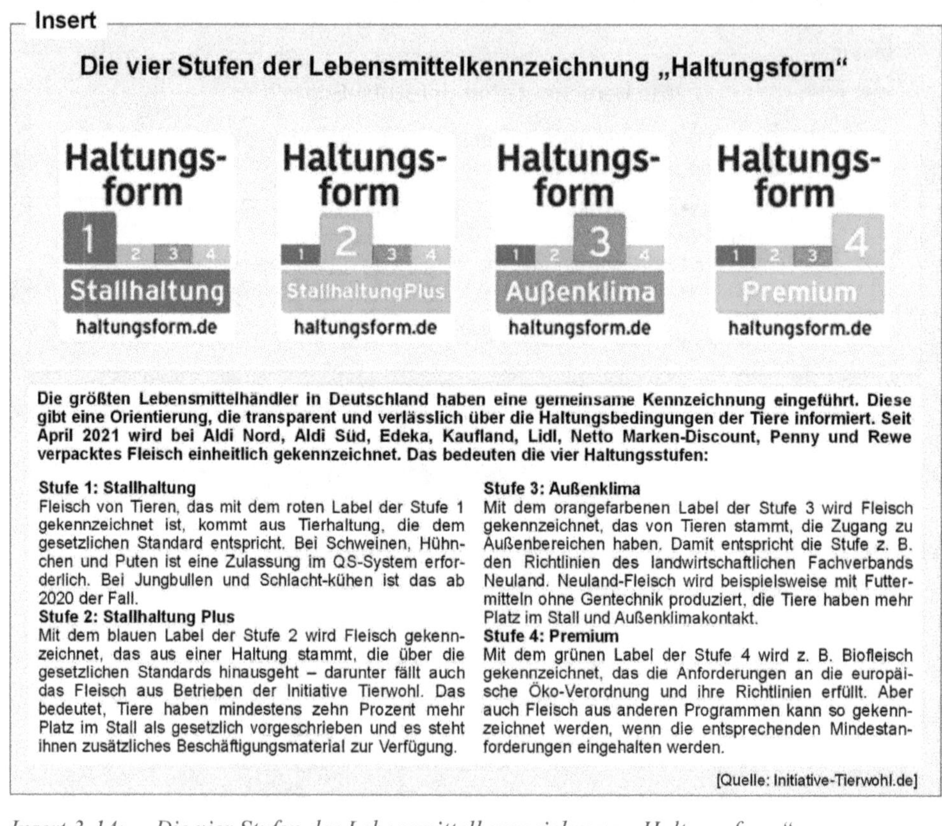

Die vier Stufen der Lebensmittelkennzeichnung „Haltungsform“

Die größten Lebensmittelhändler in Deutschland haben eine gemeinsame Kennzeichnung eingeführt. Diese gibt eine Orientierung, die transparent und verlässlich über die Haltungsbedingungen der Tiere informiert. Seit April 2021 wird bei Aldi Nord, Aldi Süd, Edeka, Kaufland, Lidl, Netto Marken-Discount, Penny und Rewe verpacktes Fleisch einheitlich gekennzeichnet. Das bedeuten die vier Haltungsstufen:

Stufe 1: Stallhaltung
Fleisch von Tieren, das mit dem roten Label der Stufe 1 gekennzeichnet ist, kommt aus Tierhaltung, die dem gesetzlichen Standard entspricht. Bei Schweinen, Hühnchen und Puten ist eine Zulassung im QS-System erforderlich. Bei Jungbullen und Schlacht-kühen ist das ab 2020 der Fall.

Stufe 2: Stallhaltung Plus
Mit dem blauen Label der Stufe 2 wird Fleisch gekennzeichnet, das aus einer Haltung stammt, die über die gesetzlichen Standards hinausgeht – darunter fällt auch das Fleisch aus Betrieben der Initiative Tierwohl. Das bedeutet, Tiere haben mindestens zehn Prozent mehr Platz im Stall als gesetzlich vorgeschrieben und es steht ihnen zusätzliches Beschäftigungsmaterial zur Verfügung.

Stufe 3: Außenklima
Mit dem orangefarbenen Label der Stufe 3 wird Fleisch gekennzeichnet, das von Tieren stammt, die Zugang zu Außenbereichen haben. Damit entspricht die Stufe z. B. den Richtlinien des landwirtschaftlichen Fachverbands Neuland. Neuland-Fleisch wird beispielsweise mit Futtermitteln ohne Gentechnik produziert, die Tiere haben mehr Platz im Stall und Außenklimakontakt.

Stufe 4: Premium
Mit dem grünen Label der Stufe 4 wird z. B. Biofleisch gekennzeichnet, das die Anforderungen an die europäische Öko-Verordnung und ihre Richtlinien erfüllt. Aber auch Fleisch aus anderen Programmen kann so gekennzeichnet werden, wenn die entsprechenden Mindestanforderungen eingehalten werden.

[Quelle: Initiative-Tierwohl.de]

Insert 3-14: Die vier Stufen der Lebensmittelkennzeichnung „Haltungsform“

3.4.3 Der Preis als Positionierungselement

Die Positionierung von Preis- bzw. Kostenvorteilen ist im Gegensatz zur Positionierung von Produktvorteilen ohne große Vorabinvestitionen kurzfristig durchführbar und mit einer sehr viel schnelleren Reaktion der Käufer verbunden. Preispolitische Maßnahmen üben eine erhebliche akquisitorische Wirkung aus und entfalten trotz der kurzfristigen Variabilität auch langfristige Effekte. So wirken insbesondere Preissenkungen nachhaltig auf die Preiswahrnehmung der Nachfrager und sind damit schwer revidierbar. Der größte Positionierungsunterschied liegt aber wohl darin, dass das angebotene Produkt mit seinen Eigenschaften als „positive“ Komponente einer Kaufhandlung wirkt, wohingegen der Preis die „negative“ Komponente bzw. das „Opfer“ zur Erlangung der erwünschten Leistung darstellt [vgl. Meffert et al. 2008, S. 478].

3.4.3.1 Preisfindung

Unter praxisbezogenen Aspekten lassen sich drei grundlegende Methoden der Preisfindung unterscheiden:

- Kostenorientierte Preisfindung
- Kundenorientierte Preisfindung
- Wettbewerbsorientierte Preisfindung.

Kostenorientierte Preisfindung. Im Rahmen der kostenorientierten Preisfestsetzung werden Preise auf der Grundlage von **Kosteninformationen** getroffen. Diese stellen die Kostenrechnung und hier speziell die Kostenträgerrechnung zur Verfügung. Um die Kosten und darauf aufbauend den Angebotspreis zu ermitteln, stehen zwei Kalkulationsverfahren zur Verfügung: die Vollkostenrechnung und die Teilkostenrechnung.

Bei der **Preiskalkulation auf Vollkostenbasis** werden alle im Unternehmen anfallenden fixen und variablen Kosten auf den Kostenträger (das Produkt) verteilt. Der Angebotspreis ergibt sich aus der Summe der Gesamtstückkosten und eines vorher zu bestimmenden Gewinnzuschlags (→ progressive Kalkulation). Diese einfache Zuschlagskalkulation (engl. *Cost-Plus-Pricing*) hat den Nachteil, dass die in den Vollkosten enthaltenen Fix- bzw. Gemeinkosten nicht nach dem Verursachungsprinzip, sondern nach einem mehr oder weniger willkürlichen Verteilungsschlüssel auf die Kostenträger verteilt werden. Hinzu kommt die Gefahr, sich bei der Vollkostenrechnung aus dem Markt zu kalkulieren. Geht nämlich die Absatzmenge zurück, dann müssen bei der Nachkalkulation die fixen Kosten auf eine geringere Stückzahl verteilt werden. Mit höherem Preis sinkt die Absatzmenge und die Stückkosten steigen. Besonders im B2B-Bereich (z. B. bei Anlagen oder Projekten) wird diese Kalkulation bevorzugt [vgl. Becker 2009, S. 517 f.].

Bei der **Preiskalkulation auf Teilkostenbasis** werden demgegenüber nur die variablen Stückkosten berücksichtigt. Das sind die Kostenanteile, die in einem direkten Zusammenhang mit der Entwicklung, Produktion und Vermarktung des Produkts stehen. Zentrales Instrument ist dabei die Deckungsbeitragsrechnung (engl. *Direct Costing*), deren Ausgangspunkt der Preis darstellt (→ retrograde Kalkulation).

Kundenorientierte Preisfindung. Zu den kundenorientierten Preisfestsetzungsmethoden sollen hier das Target Costing, die Conjoint-Analyse sowie die nachfrageorientierte Preisbestimmung erläutert werden.

Ziel des **Target Costing** ist es, den am Markt durchsetzbaren Preis für ein neues Produkt zu ermitteln. Im Gegensatz zum kostenorientierten Ansatz beginnt der Prozess des Target Costing bei den vom Markt akzeptierten Preisen, um anschließend Obergrenzen für die Kosten der Produkterstellung festzulegen. Dieser *Zielverkaufspreis* (engl. *Target Price*) lässt sich mit den Mitteln und Methoden der Marktforschung relativ leicht ermitteln.

Zur zielgruppenspezifischen Bestimmung von Preisbereitschaften und zur Ableitung empirischer Preis-Absatz-Funktionen wird die **Conjoint-Analyse** eingesetzt. Mit dieser empirischen Analysemethode wird versucht, sich über die Nutzenbestimmung einzelner Produkteigenschaften dem optimalen Preis zu nähern. Im Zusammenhang mit der Anwendung der Conjoint-Analyse kann daher auch von einer *nutzenorientierten Preisfindung* gesprochen werden [vgl. Laakmann 1995, S. 211 ff.].

Die **nachfrageorientierte Preisfindung** basiert im Wesentlichen auf den Erkenntnissen der klassischen Preistheorie. Eine allein nachfrageorientierte Preisbestimmung liegt dabei vor allem in den Marktformen des Monopols und des Polypols vor. Das klassische Modell der gewinnmaximalen Preisforderung im Monopol geht auf Cournot [1838] zurück und unterstellt, dass die Preis-Absatz-Funktion (= Nachfragefunktion) mit $p = a - b \cdot x$ und die Kostenfunktion mit $K = K_{fix} + K_{var}$ vorliegen. Der gewinnmaximale Preis ergibt sich als Schnittpunkt zwischen Grenzumsatz und Grenzkosten (Cournot'scher Punkt). Bei atomistischer Konkurrenz im Polypol auf einem vollkommenen Markt existiert im Gegensatz zum Monopol ein bestimmter Gleichgewichtspreis. Die Preis-Absatz-Funktion verläuft wegen des für den einzelnen Anbieter unbeeinflussbaren Preis parallel zur Abszisse, d.h. sie ist unendlich elastisch. Bei linearem Kostenverlauf ist es im Polypol unbedeutend, ob die Zielsetzung Gewinnmaximierung oder Umsatzmaximierung angestrebt wird: Bei allen Zielsetzungen liegt hier die optimale Situation immer an der Kapazitätsgrenze.

Wettbewerbsorientierte Preisfindung. Die klassische Preistheorie berücksichtigt prinzipiell nur bei der Marktform des Oligopols Wettbewerbseinflüsse bei der Preisbestimmung. Danach können drei typische Verhaltensmöglichkeiten des Anbieters im Oligopol unterschieden werden: wirtschaftsfriedliches Verhalten, Koalitionsverhalten und Kampfverhalten [vgl. Gutenberg 1984, S. 266 f.].

In der Praxis haben sich dagegen drei grundlegende Verhaltensmuster bei der wettbewerbsorientierten Preisfindung durchgesetzt [vgl. Eckardt 2010, S. 142]:

- Preisfestsetzung auf Wettbewerbsniveau,
- Preisfestsetzung unter Wettbewerbsniveau und
- Preisfestsetzung über Wettbewerbsniveau.

Bei der **Preisfestsetzung auf Wettbewerbsniveau** (engl. *Me-too-Pricing*) spricht man auch von *Preisfolgerschaft* (→ wirtschaftsfriedliches oder Koalitionsverhalten). Dies erscheint immer dann sinnvoll, wenn eine Orientierung am Marktführer erfolgen muss, die Preiselastizität der Nachfrage gering und eine Präferenzbildung am Markt schwierig ist. Viele Bereiche des Konsumgütermarktes sind von diesem Preisverhalten geprägt (Zigaretten, Schokolade).

Die **Preisfestsetzung unter Wettbewerbsniveau** kann als *Preiskampf* (→ Kampfverhalten) angesehen werden und wird häufig bei neuen Produkten zur schnelleren Marktdurchdringung angewendet. Voraussetzung ist eine hohe Preiselastizität der Nachfrage. Das klassische Beispiel für dieses Preisverhalten sind die Discounter.

Die **Preisfestsetzung über Wettbewerbsniveau**, die zumeist mit einer *Preisführerschaft* (→ wirtschaftsfriedliches Verhalten oder Koalitionsverhalten) verbunden ist, wird insbesondere bei der Einführung innovativer Produkte oder bei prestigeträchtigen Marken mit hoher Präferenzbildung praktiziert (Schmuck, Möbel, Bekleidung).

In Abbildung 3-09 sind die drei grundlegenden Methoden der Preisfindung in einer Übersicht dargestellt.

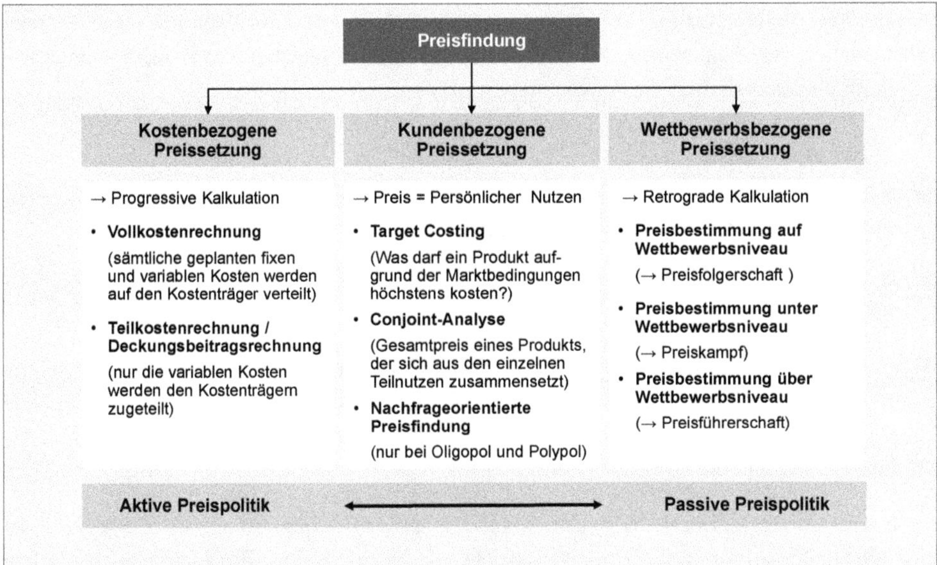

Abb. 3-09: Methoden der Preisfindung

3.4.3.2 Preispositionierungsstrategien

Bei der Entscheidung über die optimale Preisstrategie geht es nicht um die Preise selbst und ihre kurzfristige Wirkung. Vielmehr geht es darum, Preis-Leistungs-Positionen festzulegen, Märkte zu belegen und Kapazitäten auszulasten. Hierbei stehen dem strategischen Preismanagement mehrere Optionen langfristig wirkender Preisentscheidungen zur Verfügung. Diese Optionen lassen sich grundsätzlich in Preispositionierungs- und in Preisdifferenzierungsstrategien einteilen [vgl. Sebastian/Maessen 2003, S. 3].

Abbildung 3-10 gibt einen Überblick über die verschiedenen Preisstrategien.

Preispositionierung	Preisdifferenzierung		
Strategien der Preispositionierung	**Strategien der zeitlichen Preisdifferenzierung**	**Strategien der quantitativen Preisdifferenzierung**	**Räumliche Preisdifferenzierung**
• Hochpreisstrategie (auch Premiumstrategie) • Mittelpreisstrategie • Niedrigpreisstrategie • Discountstrategie	• Penetrationsstrategie • Skimmingstrategie • Preisbündelungsstrategie • Preisvorteilsstrategie • Yield-Management-Strategie	• Rabattstrategie • Bonusstrategie	**Personelle Preisdifferenzierung**

Abb. 3-10: Preisstrategien

Mit der strategischen Preispositionierung wird die grundsätzliche Ausrichtung der Preisstrategie festgelegt, die den Rahmen für nachgeordnete Preisentscheidungen vorgibt. Es handelt sich also nicht um eine isolierte Preisfrage, sondern um eine langfristige Entscheidung über die richtige Kombination von Preis und Qualität auf dem Markt [vgl. Meffert et al. 2008, S. 504].

Aus der **Preispositionierungsmatrix** in Abbildung 3-11 mit dem relativen Preis und der relativen Leistung als Ordinaten ergeben sich die Optionen aus folgenden fünf Positionierungsstrategien für eine dauerhafte Grundausrichtung:

- Niedrigpreisstrategie
- Mittelpreisstrategie
- Hochpreisstrategie (auch Premiumstrategie)
- Übervorteilungsstrategie
- Discountstrategie.

Niedrigpreisstrategie. Die Niedrigpreispositionierung ist eine Kombination aus einer relativ niedrigen Leistungsqualität und einem relativ niedrigen Preis. In diesem unteren Markt zielt die Niedrigpreisstrategie auf die Realisierung des geringsten Preises bei einer Mindestqualität des Produkts (Billigmarken).

Mittelpreisstrategie. Ein etwas höheres Niveau sieht die Mittelpreisstrategie vor. Sie verbindet eine Standardqualität mit mittleren Preisen. Dies ist bspw. im B2C-Bereich beim klassischen Markenartikel der Fall.

Hochpreisstrategie. Bei der Hochpreisstrategie, die auch als Premiumstrategie bezeichnet wird, fällt die Durchsetzung eines relativ hohen Preises mit einer hohen Qualität des Produktangebots zusammen. Hier steht nicht der Preis, sondern der vom Kunden subjektiv empfundene Wert des Produkts (engl. *Value Pricing*) im Vordergrund. Ihre Bedeutung gewinnt die Premiumstrategie dadurch, dass die Stückkosten des Produkts in der Regel unter dem wahrgenommenen Wert und dem daraus resultierenden Premiumpreis liegen. Automobilmarken wie Porsche oder Ferrari sind diesem Bereich zuzuordnen [vgl. Sebastian/Maessen 2003, S. 6 f.].

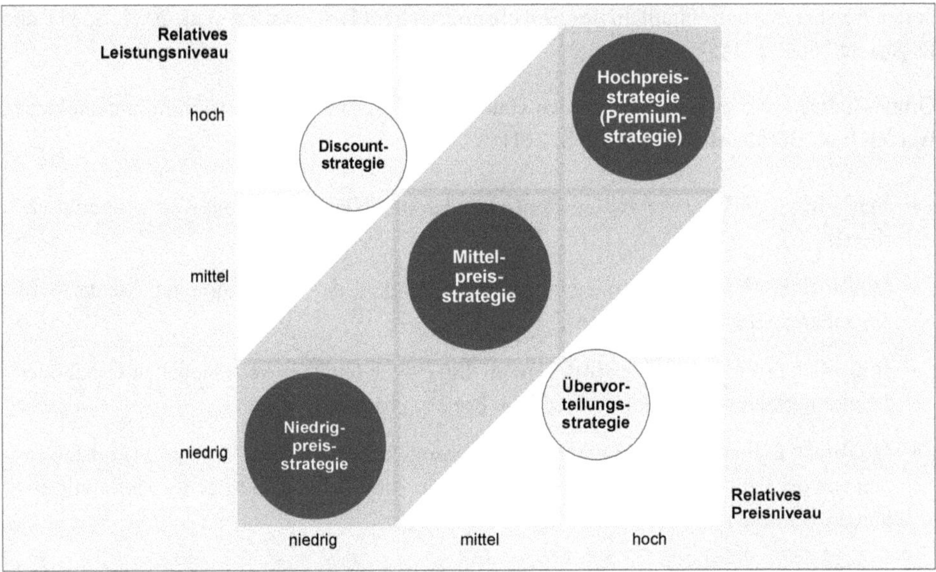

Abb. 3-11: Preispositionierungsstrategien

Neben diesen drei Standardstrategien der Preispositionierung, die im Korridor eines ausgewogenen Verhältnisses zwischen Preis und Leistung angesiedelt sind, besteht die Möglichkeit, diesen Korridor zu verlassen.

Übervorteilungsstrategie. Bei der Übervorteilungsstrategie wird ein im Verhältnis zur angebotenen Leistung höherer Preis verlangt. Ein Kunde, der aus Unkenntnis oder aus Zeitgründen ein solch überteuertes Angebot akzeptiert, wird sich hinterher übervorteilt fühlen und einen Wiederholkauf meiden. Daher sind die Erfolgschancen für diese Strategieoption gering.

Discountstrategie. Ganz anders sieht es dagegen bei der Discountstrategie aus. Hier wird eine gute Leistung zu einem sehr günstigen Preis angeboten. Voraussetzung zur Durchsetzung dieser Strategie sind Mengen- und Lernkurveneffekte mit einhergehender Stückkostendegression. Dies kann bspw. durch ein reduziertes Serviceangebot oder durch eine hohe Effizienz der Prozesse erreicht werden. Beispiele für die erfolgreiche Umsetzung einer Discountstrategie sind Aldi, Lidl, Ikea oder die Luftfahrtgesellschaften Ryanair und EasyJet [vgl. Meffert et al. 2008, S. 506].

3.4.3.3 Preisdifferenzierungsstrategien

Grundlage von Preisdifferenzierungsstrategien ist das Phänomen, dass verschiedene Kunden unterschiedliche Zahlungsbereitschaften für identische bzw. nahezu identische Produkte oder Dienstleistungen aufweisen. Zentrales Ziel der Preisdifferenzierung ist eine Gewinnsteigerung durch **Abschöpfung der unterschiedlichen Zahlungsbereitschaften**. Eine Gewinnsteigerung lässt sich erreichen, indem ausgehend von den beim Einheitspreis kaufenden Nachfragern zwei zusätzliche Nachfragegruppen besser erschlossen werden: Zum einen solche Nachfrager, die bereit wären, einen höheren Preis für das Produkt zu zahlen; zum anderen jene Nachfrager, deren Preisbereitschaft unterhalb des Einheitspreises liegt [vgl. Meffert et al. 2008, S. 511 und Fassnacht 2003, S. 485].

Grundsätzlich kann zwischen folgenden Hauptformen der Preisdifferenzierung unterschieden werden [vgl. Backhaus/Voeth 2010, S. 241]:

- **Zeitliche Preisdifferenzierung** (Preise werden in Abhängigkeit vom Kaufzeitpunkt variiert);
- **Quantitative Preisdifferenzierung** (in Abhängigkeit der abgenommenen Menge wird ein anderer Stückpreis gefordert);
- **Räumliche** (regionale) **Preisdifferenzierung** (von Kunden in verschiedenen Orten oder Ländermärkten werden unterschiedliche Preise gefordert);
- **Qualitative** (personen- oder unternehmensbezogene) **Preisdifferenzierung** (Preise werden von der Erfüllung bestimmter personen- oder unternehmensbezogener Merkmale abhängig gemacht).

Unter Nachhaltigkeitsgesichtspunkten ist die **zeitliche Preisdifferenzierung** von besonderer Bedeutung. Dabei sind vornehmlich die preisstrategischen Optionen bei **Produktneueinführungen** zu diskutieren. Hier sind insbesondere die Penetrationspreis- und die Abschöpfungspreisstrategie zu nennen. Beide Strategien sind schwerpunktmäßig dem B2C-Marketing zuzuordnen.

Bei der **Penetrationspreisstrategie** (engl. *Penetration Pricing*) wird mit einem niedrigen Einführungspreis eine schnelle Marktdurchdringung angestrebt. Ist diese (z. B. durch Präferenzbildung) erreicht, wird der Preis sukzessive angehoben. Der Vorteil dieser Strategie besteht darin, dass für die potentiellen Wettbewerber durch den niedrigen Preis eine Markteintrittsbarriere aufgebaut wird. Die Gefahren liegen darin, dass die Amortisationsdauer der Neuproduktinvestitionen zu lang ist und die später geplanten Preiserhöhungen nur schwer durchsetzbar sind.

Die **Abschöpfungspreisstrategie** (engl. *Skimming Pricing*) geht den umgekehrten Weg. Mit einem relativ hohen Preis in der Produkteinführungsphase, der mit zunehmender Markterschließung und wachsendem Wettbewerbsdruck schrittweise gesenkt wird, sollen möglichst schnell Gewinne abgeschöpft und die Entwicklungskosten wieder eingespielt werden. Das Risiko dieser Strategie liegt darin, dass durch die mit den hohen Preisen verbundenen Ertragschancen schnell Wettbewerber angelockt werden.

In Abbildung 3-12 sind diese beiden Strategien der zeitlichen Preisdifferenzierung den Standardstrategien der Preispositionierung mit ihren idealtypischen Verläufen gegenübergestellt.

Ähnlich gelagert wie die Penetrationspreisstrategie ist die **Preisvorteilsstrategie**. Unternehmen setzen vorübergehend einen besonders vorteilhaften Preis zur Verkaufsförderung ein. Sie schaffen damit eine Preisattraktion für Kunden, ohne die grundlegende strategische Preis-Leistungs-Positionierung zu beeinträchtigen. Dahinter steht die Strategie, sich durch einen vorübergehenden Preisvorteil gegenüber dem Wettbewerb abzuheben, um eine Position der Vorteilhaftigkeit für einen begrenzten Zeitraum zu besetzen [vgl. Sebastian/Maessen 2003, S. 9].

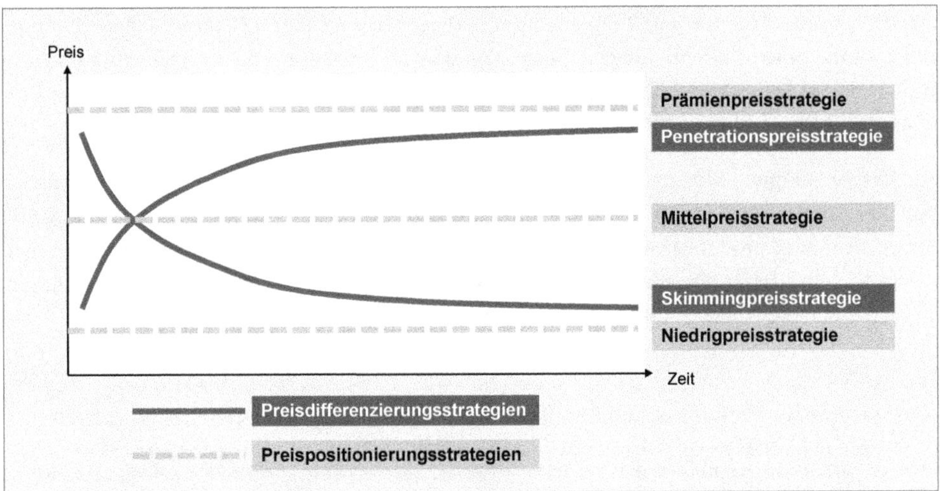

Abb. 3-12: Idealtypische Verläufe von Preisstrategien

Bei der **Preisbündelungsstrategie** (engl. *Bundling Strategy*) werden mehrere Produkte zu einem Paketpreis (Preisbündel) angeboten. Dieses Preisbündel ist günstiger als die Summe der Einzelpreise und stellt somit eine Preisattraktion für den Kunden dar. Insbesondere die Automobilindustrie praktiziert diese Preisstrategie mit Paketen der Fahrzeugausstattung sehr erfolgreich. Auch im Textilhandel werden häufig Produkte nach Themen oder Bedarfsgruppen gebündelt. Da Preisattraktionen und damit auch Preisbündel i. d. R. an eine zeitliche Befristung gebunden sind, kann die Preisbündelungsstrategie als eine Sonderform der zeitlichen Preisdifferenzierung angesehen werden [vgl. Sebastian/Maessen 2003, S. 9 f.].

Ebenfalls als eine Sonderform der zeitlichen Preisdifferenzierung kann die Strategie des **Yield Management**, das speziell für den Dienstleistungssektor konzipiert wurde, angesehen werden. Bei dieser Strategie werden die Preise in Abhängigkeit vom Buchungszeitpunkt und den freien Kapazitäten bestimmt. Eine solche Form der zeitlichen Preisdifferenzierung wird in der Luftfahrt und im Tourismus erfolgreich praktiziert [vgl. Meffert et al. 2008, S. 521].

3.4.3.4 Einordnung der Preispolitik in eine nachhaltige Markenführung

Grundsätzlich lassen sich die oben aufgeführten preispolitischen Überlegungen auch auf ein nachhaltigkeitsorientiertes Markenmanagement übertragen.

Angesichts der aufgezeigten Möglichkeiten der Preisfindung und der zur Auswahl stehenden Preisstrategien stellt sich nun die Frage, welche preisliche Positionierung Unternehmen für ihre nachhaltigen Angebote vornehmen sollten. Zu welchen Preisen werden nachhaltige Angebote positioniert? Wird auf eine **Preisabschöpfungsstrategie** *(Skimming Pricing)* gesetzt, d.h. auf (anfangs) hohe Preise? Oder wird eine **Preisdurchdringungsstrategie** *(Penetration Pricing)* mit niedrigen Preisen verfolgt, um möglichst schnell möglichst viele Kunden vom nachhaltigen Angebot zu überzeugen?

Eine mögliche Antwort darauf kann eine Umfrage zur Preisbereitschaft bei nachhaltigen Produkten geben (siehe Insert 3-15).

Bei der Umfrage, die im Juni 2020 unter 2.002 Personen zwischen 18 und 65 Jahren durchgeführt wurde, ging es um die Fragestellung „Um wieviel Prozent dürfte ein nachhaltig und umweltschonend hergestelltes Produkt maximal teurer sein als ein konventionell erzeugtes Produkt, damit Sie es für einen Kauf in Erwägung ziehen würden?“

Als Ergebnis konnte Statista festhalten, dass rund die Hälfte der Befragten einen Preisanstieg von 20 Prozent oder weniger in Kauf nehmen würden, wenn die Produkte dafür nachhaltig und umweltschonend produziert wurden. Noch aufschlussreicher ist aber die Feststellung, dass rund die Hälfte aller Befragten einen Preisanstieg von mindestens 20 Prozent akzeptieren würden, wenn das entsprechende Produkt nachhaltig und umweltschonend hergestellt ist.

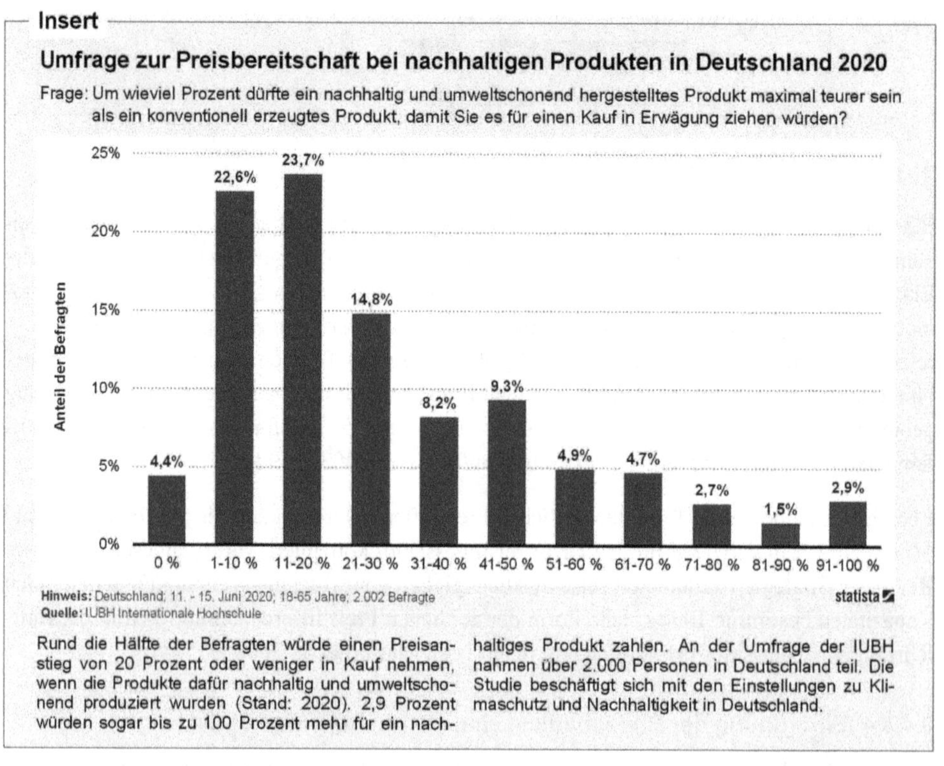

Insert 3-15: Umfrage zur Preisbereitschaft bei nachhaltigen Produkten

Insofern spricht viel für eine **Preisabschöpfungsstrategie** für nachhaltige Produkte. Allerdings hat die Unternehmensberatung Deloitte in ihren repräsentativen Umfragen unter 1.500 Teilnehmern festgestellt, dass die Bereitschaft entsprechende Preisaufschläge zu akzeptieren, bei nachhaltigen Produkten zwischenzeitlich regelrecht eingebrochen sei, obwohl das Bewusstsein für Nachhaltigkeit weiter zunehme. Während 2021 in der Befragung durchschnittlich 67 Prozent höhere Preise akzeptierten, waren es 2022 nur noch 30 Prozent, im Non-Food-Bereich sogar nur 24 Prozent (siehe Insert 3-16).

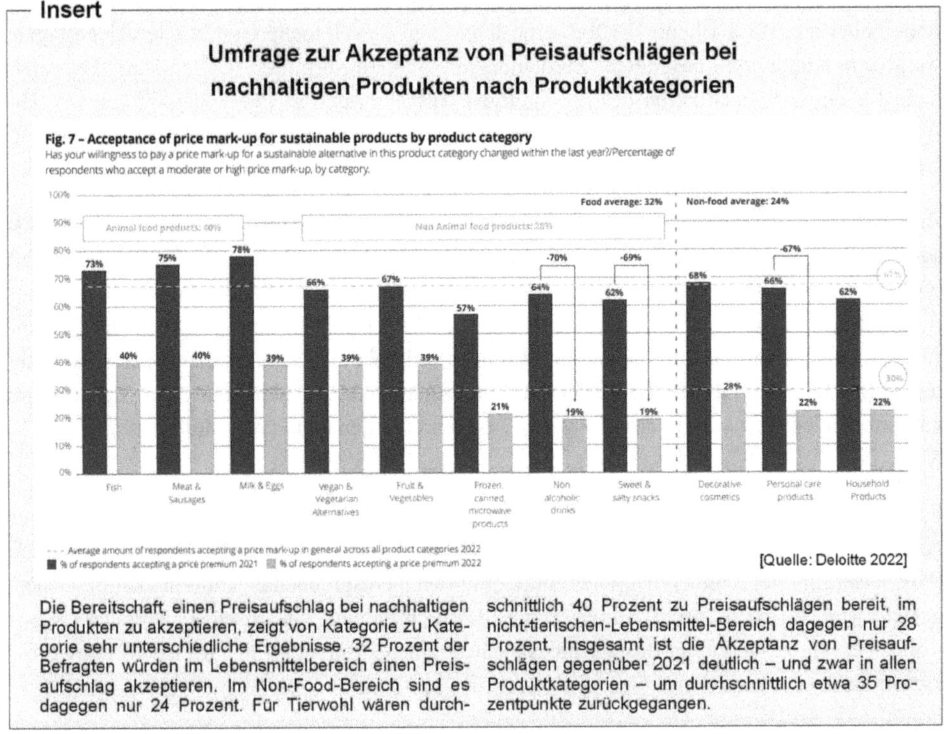

[Quelle: Deloitte 2022]

Die Bereitschaft, einen Preisaufschlag bei nachhaltigen Produkten zu akzeptieren, zeigt von Kategorie zu Kategorie sehr unterschiedliche Ergebnisse. 32 Prozent der Befragten würden im Lebensmittelbereich einen Preisaufschlag akzeptieren. Im Non-Food-Bereich sind es dagegen nur 24 Prozent. Für Tierwohl wären durchschnittlich 40 Prozent zu Preisaufschlägen bereit, im nicht-tierischen-Lebensmittel-Bereich dagegen nur 28 Prozent. Insgesamt ist die Akzeptanz von Preisaufschlägen gegenüber 2021 deutlich – und zwar in allen Produktkategorien – um durchschnittlich etwa 35 Prozentpunkte zurückgegangen.

Insert 3-16: Umfrage zur Akzeptanz von Preisaufschlägen bei nachhaltigen Produkten

Aufschlussreich ist auch die Analyse der Akzeptanz von Preisaufschlägen nach dem Alter. Danach ist festzustellen, dass die Akzeptanz mit zunehmendem Alter der Verbraucher kontinuierlich zurückgeht. Das gilt sowohl für 2021 als auch für 2022. Allerdings ist die Bereitschaft, Preisabschläge zu akzeptieren, auch hier durchweg im Jahr 2022 deutlich geringer als im Jahr 2021 [vgl. Deloitte 2022].

Zu einem ähnlichen Ergebnis kommt der Trendmonitor Deutschland, der 2023 eine Aufpreisbereitschaft für Nachhaltigkeit von nur noch 41 Prozent (gegenüber 46 Prozent in 2021) festgestellt hat [vgl. Trendmonitor Deutschland 2023].

Um die richtigen preispolitischen Entscheidungen zu treffen, muss zunächst einmal festgehalten werden, dass ein nachhaltiges Angebot auch zumeist Mehrkosten zur Folge hat. Insofern ist auch der Preis – nicht zuletzt aufgrund der umwelt- und sozialverträglichen Produktion und Wertschöpfungskette – in der Regel höher angesetzt als bei konventionellen Produkten. Mehrkosten ergeben sich z. B. durch kostenintensivere Herstellungsverfahren, durch eine faire Entlohnung der Lieferanten (insbesondere in Entwicklungsländern) und durch eine gerechte Vergütung der Produzenten, um eine ökologisch einwandfreie Lieferung zu gewährleisten.

Diese Zusatzkosten können erst nachgelagert über den Preis ausgeglichen werden. Zusätzlich muss berücksichtigt werden, dass sich Anbieter von nachhaltigen Gütern bei der Markteinführung zumeist noch in einem Nischenmarkt befinden und damit aufgrund der geringeren Absatzmenge kaum Skaleneffekte nutzen können.

Wenn also die Mehrkosten an den Nachfrager weitergegeben werden und damit der Verkaufspreis höher ausfällt als beim Wettbewerb, dann kann diese Hochpreisstrategie nur gelingen, wenn dem Kunden ein besonderer Zusatznutzen glaubhaft vermittelt werden kann. Entscheidend für die Gewinnsituation des nachhaltigen Anbieters ist die **Preiselastizität der Nachfrage**, denn üblicherweise führt ein Angebotspreis, der über dem Marktpreis liegt, zu einem Nachfragerückgang.

Ziel dieser **Skimmingpreisstrategie** ist es, die hohen Neuproduktinvestitionen möglichst schnell zu amortisieren, indem von den Nachfragern deren hohe Preisbereitschaft abgeschöpft wird. Deshalb kann die Skimmingpreisstrategie auch als Form der zeitlichen Preisdifferenzierung beschrieben werden. Für den nachhaltigen Anbieter geht es also darum, in der Einführungsphase des Neuproduktes einen relativ hohen Preis bei niedrigen Absatzmengen und relativ hohen Stückkosten durchzusetzen, der dann mit zunehmender Erschließung des Marktes und aufkommendem Konkurrenzdruck sukzessiv gesenkt werden kann [vgl. Meffert et al. 2019, S. 515].

Fazit: Zur Durchsetzung des höheren Einführungspreises ist es erforderlich, dass der Faktor Nachhaltigkeit und der damit verbundene Nutzen einen nicht unbeträchtlichen Einfluss auf die Preisbewertung der Kunden hat. Dies sollte durch eine entsprechende Kommunikation sichergestellt werden. **Markteintrittsbarrieren** z. B. durch Patente, spezifisches Know-how, Kontrolle über Absatz- und/oder Beschaffungskanäle können zusätzlich einen frühen Wettbewerbseintritt erschweren.

3.4.4 Positionierung im Einzelhandel

Der Handel hat großen Einfluss auf Sortimentsgestaltung und Warenbeschaffung. Einkaufsentscheidungen haben meist auch Auswirkungen in entfernten Teilen der Erde. Die Lieferkette eines Hemdes z. B. durchzieht mehr als 10 Länder in mehreren Kontinenten, bevor sie in deutschen Läden endet: Die Baumwolle kommt aus China, die Saatgut aus den USA, das Plastik im Hemdkragen aus Portugal, die Bestandteile des Farbstoffes aus mindestens einem halben Dutzend Länder. Die Kragennaht kommt aus Brasilien und die Maschinen für Weben, Schneiden und Nähen aus Deutschland. Das Hemd selbst wird in Malaysia hergestellt [vgl. Prollius 2009, S. 19].

Aber unter welchen Bedingungen wurde das Hemd hergestellt? Um verantwortungsvolle Entscheidungen zu treffen, ist die eigene Positionierung wichtig. Fragen nach Gütesiegeln für die Waren und nach dem Umfang regionaler und saisonaler Produkte werden zunehmend wichtiger (siehe hierzu auch www.siegelklarheit.de). Waren mit Fair Trade, Bio-, Öko-Tex, Energielabel oder anderen Gütesiegeln sowie Produkte aus der Region sollten aktiv beworben werden. Nachhaltigkeitsorientierte Entscheidungen betreffen die gesamte Wertschöpfungskette, also auch den Transport, die Lagerung, Vermarktung [vgl. INEBB 2024].

3.4.4.1 Stationärer Einzelhandel

Die beiden wesentlichen Positionierungselemente aus Herstellersicht sind **Produkt** und **Preis**. Das gilt in gleicher Weise auch für **Handelsbetriebe**, wobei hier das Produkt etwas weiter als **Sortiment** gefasst werden muss. Betrachtet man diese beiden Cluster etwas näher, so kommt zu dem dominierenden Positionierungselement mindestens noch ein zweites Differenzierungsmerkmal hinzu. Unternehmen wiederum, die innerhalb einer Branche die gleiche bzw. eine ähnliche Positionierungskombination verfolgen, werden als **strategische Gruppe** bezeichnet. Wichtige strategische Gruppen im Einzelhandel sind in Insert 3-17 dargestellt.

Insert

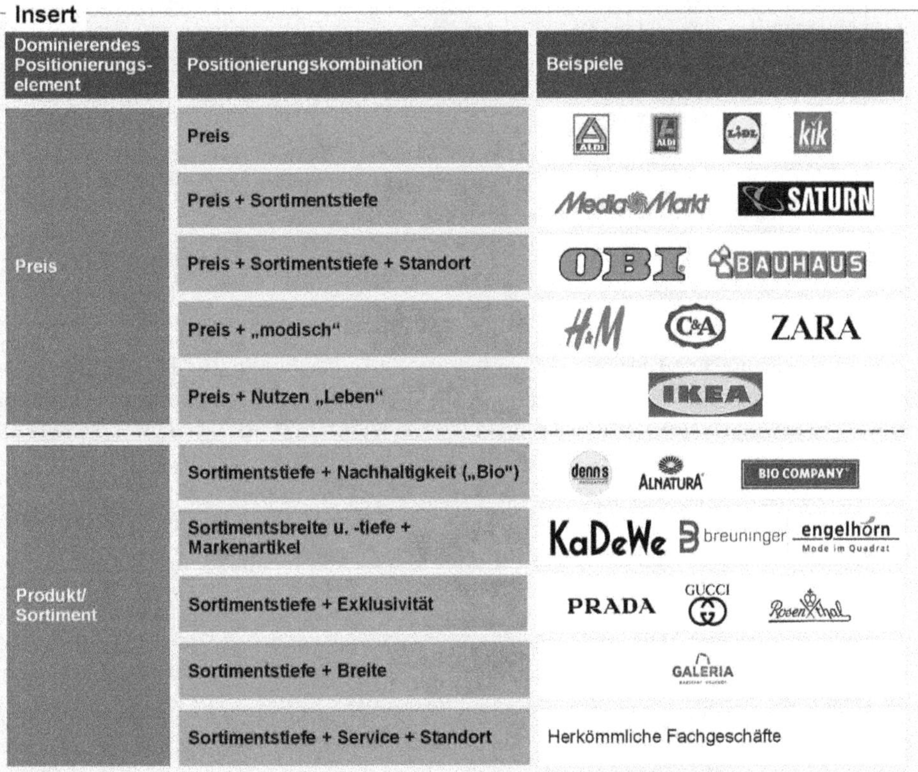

Dominierendes Positionierungs-element	Positionierungskombination	Beispiele
Preis	Preis	ALDI, ALDI, Lidl, kik
	Preis + Sortimentstiefe	MediaMarkt, SATURN
	Preis + Sortimentstiefe + Standort	OBI, BAUHAUS
	Preis + „modisch"	H&M, C&A, ZARA
	Preis + Nutzen „Leben"	IKEA
Produkt/ Sortiment	Sortimentstiefe + Nachhaltigkeit („Bio")	denns, Alnatura, BIO COMPANY
	Sortimentsbreite u. -tiefe + Markenartikel	KaDeWe, breuninger, engelhorn Mode im Quadrat
	Sortimentstiefe + Exklusivität	PRADA, GUCCI, Rosenthal
	Sortimentstiefe + Breite	GALERIA
	Sortimentstiefe + Service + Standort	Herkömmliche Fachgeschäfte

Die empirisch vorgefundenen Positionierungen im Einzelhandel können in zwei Cluster eingeteilt werden: Zum einen handelt es sich um Unternehmen, bei denen der Preis das dominierende Kriterium zur Positionierung ist, und zum anderen sind es Einzelhändler, deren wesentliches Differenzierungsmerkmal das Sortiment ist. Hier kommt zu dem dominierenden Positionierungselement mindestens noch ein zweites Differenzierungsmerkmal hinzu. Eine Ausnahme bilden die führenden Discounter im Lebensmitteleinzelhandel (Aldi, Lidl) sowie im Bekleidungsbereich (KiK), die hauptsächlich auf den Preis zur Erhaltung der Kosten- und damit der Preisführerschaft setzen. Bei den Elektronikmärkten (Media Markt, Saturn) ist eine Positionierungsstrategie in der Kombination Preis plus Sortimentstiefe zu sehen, bei den Baumärkten (Obi, Bauhaus) kommt das Merkmal Standort mit seiner Ausprägung Parkplatzverfügbarkeit hinzu. Die Hauptwettbewerbsvorteile der Vertikalisten im Textileinzelhandel (Zara, C&A, H&M) liegen in der hohen modischen Aktualität sowie in der Profilierung über den Preis. Im Möbeleinzelhandel ist es die Positionskombination von Preis plus „Leben" („Wohnst Du noch oder lebst Du schon?"), die Ikea entscheidende Wettbewerbsvorteile liefert. Sicherlich wird sich auch der Positionierungsansatz Sortimentstiefe plus Markenartikel, wie ihn beispielsweise KaDeWe, Breuninger oder auch Engelhorn betreiben, am Markt halten. Speziell in den Luxussegmenten wird der Markt durch vertikalisierende Herstellermarken dominiert (z. B. Prada, Gucci). Warenhäuser setzen auf eine sortimentsgeprägte Positionierung via Sortimentsbreite, bei der sich allerdings – wie die Probleme bei Galerie Karstadt Kaufhof zeigen – die Komplexität des Kostenmanagements und die damit einhergehenden Probleme mit dem Online-Handel nachteilig auswirken können. [Quelle: in Anlehnung an Burkhardt 2009, S. 9 f.]

Insert 3-17: Positionierungskonzepte im stationären Einzelhandel

Besonders aufschlussreich ist in diesem Zusammenhang die strategische Gruppe der **Bio-Läden**. Der auf einer zunehmenden **Werteorientierung** der Konsumenten basierende Trend zu Bioprodukten und Biokonzepten hat zur relativ neuen Betriebsform „Bio-Supermarkt" geführt.

Die Verbindung von **Sortimentstiefe und Nachhaltigkeit** („Bio“) zeichnet die Positionierungsstrategie erfolgreicher Bio-Unternehmen wie Denn’s, Alnatura oder Bio-Company aus [vgl. Burkhardt 2009, S. 10].

Viele der Maßnahmen zur nachhaltigeren Gestaltung von Logistikprozessen, die in erster Linie die nachhaltigen Herstellerfirmen im Auge haben, tragen auch zu einer höheren Nachhaltigkeit im stationären Einzelhandel bei. Zusätzlich tragen die Handelsunternehmen eine große Verantwortung im Hinblick auf die folgenden Aktivitäten [vgl. Kreutzer 2023, S. 155 f.]:

- Verwendung von umweltfreundliche(re)n Verpackungsmaterialien
- Aufnahme von umweltfreundlichen Produkten in das Sortiment
- Vermeidung von Lebensmittelverschwendung
- Einsatz von energiesparenden Technologien (z.B. energieeffiziente Kühlsysteme)
- Nutzung von Solar- oder Windenergie

Innerhalb des stationären Einzelhandels hat der **Lebensmittelhandel (LEH)** wohl die wichtigste Funktion im Hinblick auf die Durchführung von nachhaltigkeitsorientierten Maßnahmen. Der LEH ist der **zentrale Akteur und Gatekeeper unseres Ernährungssystems**, da er sowohl die Lebensmittelproduktion als auch den Konsum wesentlich beeinflussen kann.

Im Zentrum des modernen Ernährungssystems liegt die Wertschöpfungskette mit Aktivitäten und Akteuren wie in Insert 3-18 dargestellt.

Eine vom Umweltbundesamt beauftragte Studie zur Bewertung der acht umsatzstärksten Unternehmen des Lebensmitteleinzelhandels in Deutschland aus Umweltsicht (Aldi Nord, Aldi Süd, Edeka, Kaufland, Lidl, Netto, Penny und Rewe) hat im internationalen Vergleich keine wesentlichen Unterschiede zwischen den Umweltleistungen der deutschen LEH-Unternehmen und führenden ausländischen LEH-Unternehmen (Coop, Migros, Walmart, Tesco und Carrefour) ergeben [vgl. FiBL 2022, S. 147].

Bei der Preispositionierung nachhaltiger Produkte haben die beiden Discounter Aldi und Lidl – wie fast zu erwarten – nicht auf die Preisabschöpfungsstrategie (Skimming Pricing), sondern vielmehr auf die **Preisdurchdringungsstrategie** (Penetration Pricing) gesetzt. Mit niedrigen Preisen sind sie vorgeprescht, um möglichst schnell möglichst viele Kunden vom nachhaltigen Angebot zu überzeugen. Mit einem Bio-Angebot quer durch das gesamte Sortiment haben die beiden Discounter früher als andere eine signifikante Steigerung der Nachfrage nach Bio-Produkten ausgelöst [vgl. Kreutzer 2023, S. 160].

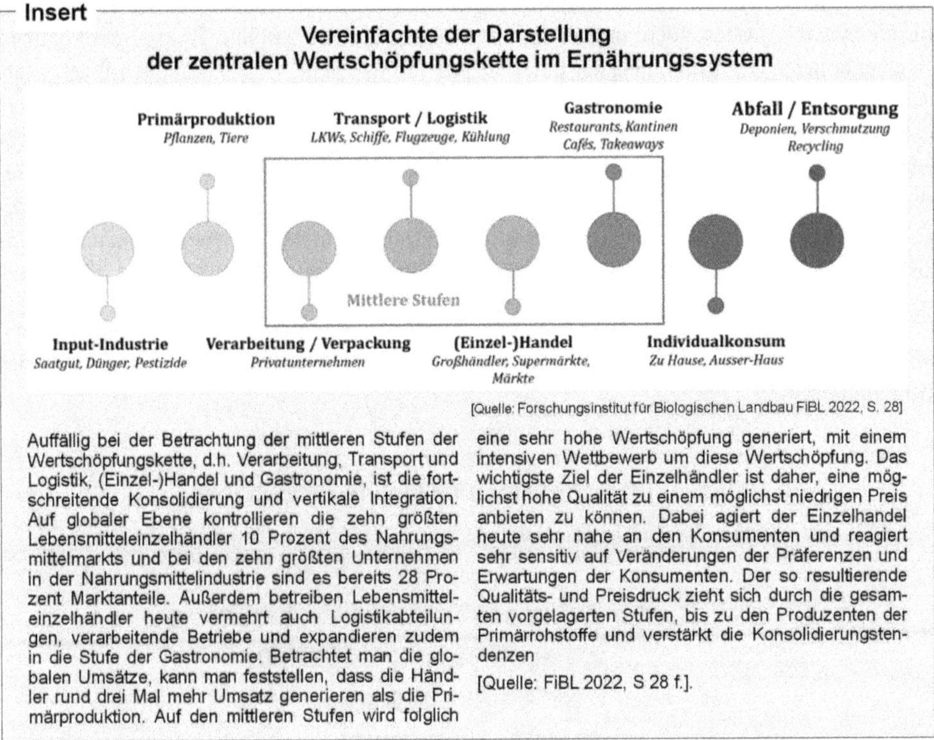

Auffällig bei der Betrachtung der mittleren Stufen der Wertschöpfungskette, d.h. Verarbeitung, Transport und Logistik, (Einzel-)Handel und Gastronomie, ist die fortschreitende Konsolidierung und vertikale Integration. Auf globaler Ebene kontrollieren die zehn größten Lebensmitteleinzelhändler 10 Prozent des Nahrungsmittelmarkts und bei den zehn größten Unternehmen in der Nahrungsmittelindustrie sind es bereits 28 Prozent Marktanteile. Außerdem betreiben Lebensmitteleinzelhändler heute vermehrt auch Logistikabteilungen, verarbeitende Betriebe und expandieren zudem in die Stufe der Gastronomie. Betrachtet man die globalen Umsätze, kann man feststellen, dass die Händler rund drei Mal mehr Umsatz generieren als die Primärproduktion. Auf den mittleren Stufen wird folglich eine sehr hohe Wertschöpfung generiert, mit einem intensiven Wettbewerb um diese Wertschöpfung. Das wichtigste Ziel der Einzelhändler ist daher, eine möglichst hohe Qualität zu einem möglichst niedrigen Preis anbieten zu können. Dabei agiert der Einzelhandel heute sehr nahe an den Konsumenten und reagiert sehr sensitiv auf Veränderungen der Präferenzen und Erwartungen der Konsumenten. Der so resultierende Qualitäts- und Preisdruck zieht sich durch die gesamten vorgelagerten Stufen, bis zu den Produzenten der Primärrohstoffe und verstärkt die Konsolidierungstendenzen

[Quelle: FiBL 2022, S 28 f.].

Insert 3-18: Die zentrale Wertschöpfungskette im Ernährungssystem

3.4.4.2 Online-Einzelhandel

Aufgrund der rasch zunehmenden und immer intensiveren Nutzung des Internets haben sich die digitalen Kommunikationsinstrumente als feste Größe im Kommunikationsmix der Unternehmen durchgesetzt. Inzwischen kaufen zwei Drittel (65 Prozent) der Bundesbürger im Internet ein, europaweit sind es lediglich 45 Prozent.

Insgesamt shoppen 94 Prozent aller Internetnutzer ab 16 Jahren im Netz – das entspricht 55 Millionen Bundesbürgern. Jeder dritte davon (34 Prozent) tut dies mindestens einmal in der Woche. Mehr als jeder zweite Online-Shopper (52 Prozent) kauft mit seinem Smartphone ein. Online-Shops sollten dementsprechend auf mobile Endgeräte zugeschnitten sein, wenn Sie Erfolg haben wollen. Sich mit den Trends der Digitalisierung zu beschäftigen, ist für alle Händler – online wie offline – zwingend erforderlich. Es geht nicht nur darum, neue Services anzubieten, sondern vor allem darum, dem Kunden den Einkauf auf möglichst vielen Kanälen zu ermöglichen. Während der Corona-Krise und den damit verbundenen Einschränkungen des öffentlichen Lebens ist dies einmal mehr deutlich geworden. Die Grenzen zwischen Online und Offline verschwinden im Handel zusehends, E-Commerce, Mobile-Commerce und mittlerweile auch Voice-Commerce erweitern das traditionelle Geschäftsmodell. Technologien wie Künstliche Intelligenz und Big Data bieten für Effizienz und Service große Potenziale [Quelle: Bitkom Studienbericht 2020].

Der in den letzten Jahren stark gestiegene Umsatz im Online-Handel hat allerdings auch Folgen für die Umwelt, insbesondere in Ballungsräumen. So führt das erhöhte Transportaufkommen zu einer höheren Beanspruchung der Infrastruktur. 15 Prozent der online bestellten Waren werden nach Einschätzung der Betreiber von Online-Shops zurückgeschickt. Diese **Retouren** sorgen für mehr Verpackungsmüll, zusätzliche Kosten und belasten die Umwelt. Bei fast jedem zweiten Online-Händler nehmen die Rücksendungen ein solches Ausmaß an, dass sie das Geschäft belasten. 51 Prozent der Befragten Händler berichten von steigenden Kosten durch Rückgaben. Das ist das Ergebnis einer repräsentativen Befragung im Auftrag von Bitkom unter mehr als 500 Handelsunternehmen [Quelle: Bitkom PR-Mitteilung vom 28.10.2021].

Fragt man die Online-Händler nach den Maßnahmen und Services, die sie im Zusammenhang mit Klimaschutz und Nachhaltigkeit planen oder bereits im Einsatz haben, so ergibt sich das Bild in Insert 3-19.

Insert

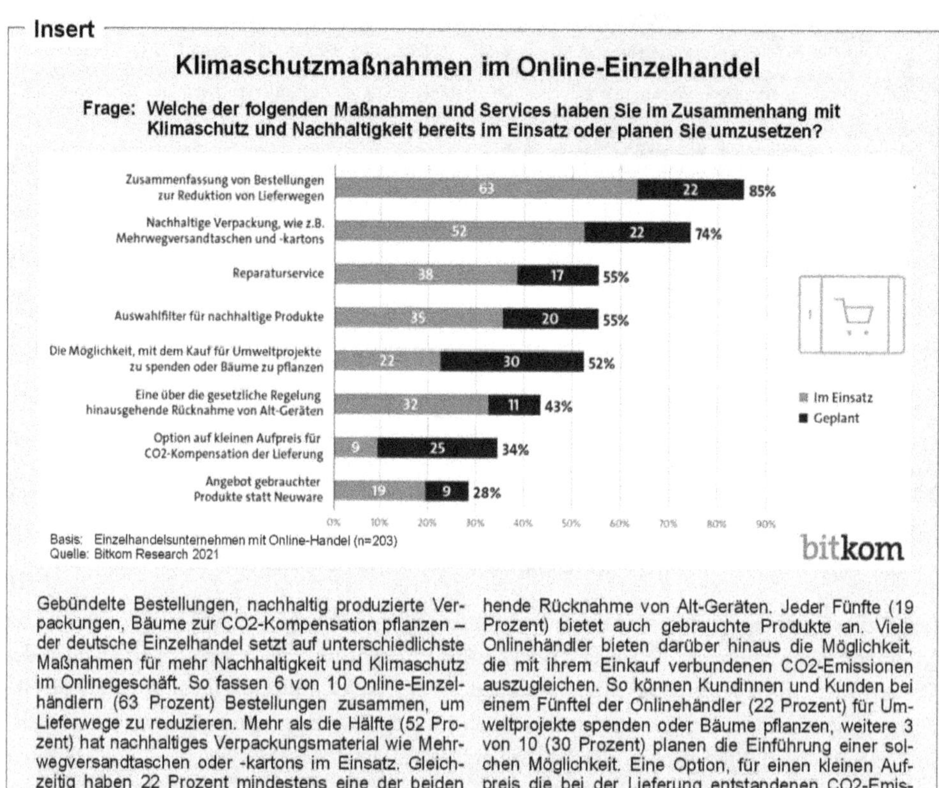

Gebündelte Bestellungen, nachhaltig produzierte Verpackungen, Bäume zur CO2-Kompensation pflanzen – der deutsche Einzelhandel setzt auf unterschiedlichste Maßnahmen für mehr Nachhaltigkeit und Klimaschutz im Onlinegeschäft. So fassen 6 von 10 Online-Einzelhändlern (63 Prozent) Bestellungen zusammen, um Lieferwege zu reduzieren. Mehr als die Hälfte (52 Prozent) hat nachhaltiges Verpackungsmaterial wie Mehrwegversandtaschen oder -kartons im Einsatz. Gleichzeitig haben 22 Prozent mindestens eine der beiden Maßnahmen in Planung. 4 von 10 Onlinehändlern im Einzelhandel (38 Prozent) bieten einen Reparaturservice für defekte Waren an. Bei 35 Prozent gibt es Auswahlfilter für nachhaltige Produkte und 32 Prozent haben eine über die gesetzliche Regelung hinausgehende Rücknahme von Alt-Geräten. Jeder Fünfte (19 Prozent) bietet auch gebrauchte Produkte an. Viele Onlinehändler bieten darüber hinaus die Möglichkeit, die mit ihrem Einkauf verbundenen CO2-Emissionen auszugleichen. So können Kundinnen und Kunden bei einem Fünftel der Onlinehändler (22 Prozent) für Umweltprojekte spenden oder Bäume pflanzen, weitere 3 von 10 (30 Prozent) planen die Einführung einer solchen Möglichkeit. Eine Option, für einen kleinen Aufpreis die bei der Lieferung entstandenen CO2-Emissionen zu kompensieren, bietet zwar erst jeder Elfte (9 Prozent) an, aber jeder Vierte (25 Prozent) plant bereits die Einführung einer solchen Möglichkeit.

[Quelle: Bitkom Research 2021]

Insert 3-19: Klimaschutzmaßnahmen im Online-Einzelhandel

3.5 Kommunikation – Optimierung der Kundenwahrnehmung

Kommunikation im Marketing besteht in der systematischen Bewusstmachung des Kundenvorteils und schließt damit unmittelbar an die Ergebnisse der Positionierung an. Die Positionierung gibt der Kommunikation vor, was im Markt zu kommunizieren ist. Die Kommunikation wiederum sorgt für die Umsetzung, d.h. wie das Was zu kommunizieren ist. Sie führt zum Aufbau eines umfassenden Meinungsbildungsprozesses mit dem Ziel, dass der Kunde von seinem Vorteil bei den kommunizierten Merkmalen überzeugt ist.

3.5.1 Führungsrelevante Aufgaben und Ziele der Kommunikation

Die Kommunikation ist das dritte wesentliche Aktionsfeld im Rahmen des Vermarktungsprozesses und zielt auf die Optimierung der Kundenwahrnehmung ab:

Kundenwahrnehmung = f (Kommunikation) → optimieren!

Kommunikationssignale haben im Marketing die Aufgabe, einen Ruf aufzubauen und innovative Produkt- und Leistungsvorteile glaubhaft zu machen. Unverzichtbare Elemente sind daher Seriosität, Glaubwürdigkeit und Kompetenz in den Aussagen und Darstellungen. Dazu ist es erforderlich, dass die Signale mehrere Quellen (Unternehmens-, Produkt-, Vertriebssignale) haben und in sich konsistent sind. Gleichzeitig muss sich das kommunizierende Unternehmen bewusst machen, dass die Signale auf mehrere Empfänger mit unterschiedlichen Voraussetzungen und Zielen stoßen [vgl. Lippold 1998, S. 166].

Da die digitale Transformation auch die werbliche Kommunikation revolutioniert, ist es für die Unternehmensführung von besonderer Bedeutung, die Unterschiede zwischen der klassischen und der digitalen werblichen Kommunikation zu kennen, um entsprechende Entscheidungen treffen zu können.

Die grüne Kommunikation ein weiterer wichtiger Bereich der grünen Markenführung. Hier wird bewusst nicht nur von Werbung gesprochen, sondern umfassender von Kommunikation. Schließlich fließen Aspekte der Nachhaltigkeit besonders häufig in Maßnahmen der Öffentlichkeitsarbeit (engl. *Public Relations*) ein. PR-Aktivitäten zielen auf alle Stakeholder ab. Selbstverständlich müssen sich „grüne" Aspekte in allen Bereichen der Kommunikation und so auch in der Werbung niederschlagen. Hierfür gilt es, „grüne" Elemente über Labels und Siegel zu kommunizieren. Schließlich muss die Nachhaltigkeitsbotschaft auf dem Produkt und im Geschäft sichtbar werden. Hinzu kommt, dass sich Politik, Gesellschaft und Wirtschaft in vielen Bereichen wünschen, dass die Menschen ein bestimmtes Verhalten zeigen [vgl. Kreutzer 2023, S. 219].

3.5.1.1 Klassische Kommunikation vs. Digitalisierung

Die **klassische Kommunikation** im Marketing richtet sich an eine Zielgruppe, die sich im Rahmen der Marktsegmentierung selektieren lässt. Diese Selektion geht aber nicht soweit, dass jeder Empfänger der Werbebotschaft identifiziert werden kann. Die Zielpersonen bzw. Zielgruppen werden überwiegend durch Massenmedien angesprochen, wobei zum Teil große

Streuverluste in Kauf genommen werden. Die klassische Kommunikation kann daher auch als **Signalisierung**, also als Kommunikation in eine Richtung bezeichnet werden.

Dagegen ist die Botschaft der **digitalen Kommunikation** an einzelne, individuell bekannte Zielpersonen gerichtet. Zumindest wird der Aufbau einer solchen individuellen Beziehung zwischen dem Absender und dem Empfänger der Botschaft angestrebt. Statt einer Signalisierung (also eines Monologs) besteht das Ziel in einer interaktiven Kommunikation, also in einem Dialog. Während die klassische Kommunikation mehr das Ziel verfolgt, Image und Bekanntheitsgrad aufzubauen, wird bei der digitalen Kommunikation eine **Reaktion** (engl. *Response*) des Angesprochenen und eine langfristige Kundenbeziehung angestrebt.

Zur Verdeutlichung sind die wichtigsten Unterschiede zwischen klassischer und digitaler werblicher Kommunikation in Abbildung 3-13 dargestellt.

	Klassische (werbliche) Kommunikation	Digitale (werbliche) Kommunikation
Häufig verwendete Synonyme	(Klassische) Werbung	Internet-Werbung, Online-Werbung, Internet-Marketing, Online-Marketing, Dialog-Marketing
Ziel	• Bekanntheit, Image • Einseitige Transaktion (Kunde kauft Produkt/Leistung)	• Reaktion (Response) • Langfristige Kundenbeziehung (Kundenbindung)
Zielgruppe	Eher Massenmarkt	Eher Einzelperson
Medien	Massenmedien	Internet
Kommunikationsfluss	In eine Richtung	In beide Richtungen (Dialog)
Kommunikationswirkung	• Hohe Streuverluste • Aufbau von Markenimages und -präferenzen	• Geringe Streuverluste • Individuelle Kundenbetreuung, geringe Kosten in Relation zur Wirkung
Erfolgsmessung	Über Befragungen (aufwendig)	Web Analytics (einfach und genau)
Paradigma/Philosophie	• Economies of Scale • Mass Production	• Economies of Scope • Customized Production
Kundenverständnis	• Anonymer Kunde • Relative Unabhängigkeit Verkäufer/Kunde	Interdependenz Verkäufer/Kunde
Marketingverständnis	Transaktionsmarketing	Beziehungsmarketing

[Quelle: in Anlehnung an Holland 2015, S. 8]

Abb. 3-13: Unterschiede zwischen klassischer und digitaler (werblicher) Kommunikation

Werbung im Internet macht zwischenzeitlich mehr als ein Viertel des gesamten Nettowerbekuchens aus und liegt damit nur noch knapp hinter der Fernsehwerbung. Damit verschiebt sich auch bei den Unternehmen die Aufmerksamkeit zunehmend von der klassischen Werbung zur Internet-Werbung. Während früher Werbeflächen rar, Produktionskosten hoch und der finanzielle Aufwand einer einzigen Kampagne enorm war, so bietet das weltweite Web eine bislang nicht gekannte Flexibilität. In der klassischen Werbung hingegen müssen Werbebotschaften und Inhalte einprägsam, zügig und möglichst punktgenau bei den Zielpersonen ankommen, damit sich die Investition in Werbung lohnt. Jeder vergeudete Versuch kostet dem werbenden Unternehmen sehr viel Geld. Diese Umstände haben sich spätestens mit der Einführung des Web 2.0 grundgrundlegend geändert. Im Vergleich zur klassischen Werbung lässt das Internet Versuche zu, ist unglaublich flexibel und ermöglicht sowohl in finanzieller Sicht als auch im Hinblick auf die Kundenansprache einen deutlich größeren Spielraum. Hinzu kommt, dass die sozialen Netzwerke Perspektiven für das Kommunikationsverhalten bieten, die in der klassischen Werbung nicht möglich sind. Der große Vorteil der Internet-Werbung schließlich liegt in den leicht kalkulierbaren Kosten, die sich nicht annähernd auf dem Niveau der Kosten für die klassische Werbung bewegen.

Neben den Veränderungen auf der Angebotsseite findet aber auch ein Wandel auf der Kundenseite statt. Aus dem passiven Umgang mit der klassischen Werbung sind Dank der digitalen Kanäle ein aktives Erfassen und ein effektiver Dialog mit dem werbenden Unternehmen entstanden. Die Bindung, die dadurch zwischen Kunde und Unternehmen entsteht, kann mit den Instrumenten der klassischen Werbung naturgemäß nicht erreicht werden. Damit ist aber nicht das Ende der klassischen Werbung eingeleitet. Der Kunde wünscht sich Flexibilität. Er möchte sowohl digitale als auch klassische Kanäle nutzen. Crossmediale Kampagnen sprechen den Kunden über beide Kommunikationswege an und nutzen damit die Potenziale beider Kommunikationswelten [vgl. Holland 2015, S.7].

3.5.1.2 Nudging und Signaling als Konzepte der grünen Kommunikation

Im Rahmen der „grünen" Kommunikation, die möglichst ohne erhobenen Zeigefinger auskommen sollte, gibt es zwei bewährte Konzepte, um das Verhalten von möglichst vielen Menschen in Richtung Nachhaltigkeit zu lenken. Es handelt sich dabei einerseits um Nudging und andererseits um Signaling.

Um bei einer sanften Verhaltenslenkung erfolgreich zu sein, bietet sich das sogenannte **Nudging** an, das sich wörtlich am besten mit „(an)stupsen" übersetzen lässt. Der Begriff geht auf das Buch von Thaler/Sunstein „Nudge. Wie man kluge Entscheidungen anstößt" zurück. Es geht dabei darum, Zielpersonen sanft und ohne Zwang zu einem gewünschten Verhalten zu bewegen. Das Verhalten soll für sie selbst oder die Gesellschaft als vorteilhaft anerkannt sein. Nudging funktioniert ohne Verbote und verzichtet auch auf finanzielle Anreize, um ein bestimmtes Verhalten zu erzielen. Ein Nudge ist ein solcher „Stups" oder „Schubs", der als Denkanstoß den Entscheidungsprozess beeinflusst und zur Steigerung eines nachhaltigen Konsums wichtig sein kann, ohne dabei die Entscheidungsfreiheit einzuschränken.

Folgende Formen von Nudging können unterschieden werden [vgl. Kreutzer 2023, S. 220 unter Bezugnahme auf Rometsch 2021]:

- Ausweis der **Produktbestandteile** (z. B. Inhaltsstoffe auf der Verpackung deklarieren)
- Ausweis einer **Produktbewertung** (z. B. Ampelskala für die Energieeffizienzklassen)
- Einsatz von **Symbolen**

Für den **Einsatz mit Symbolen** sollen hier beispielhaft aufgeführt werden:

- Kennzeichnung von Dosen oder Flaschen als **Einwegprodukt**:

- Kennzeichnung von Dosen oder Flaschen als **Mehrwegprodukt:**

- Poolsystem mit einem Wertstoffkreislauf für **PET-Getränkeflaschen:**

- Kennzeichnung von Produkten und Verpackungen mit dem **Grünen Punkt**:

- Auszeichnung von umweltschonenden Produkten im Non-Food-Sektor und Dienstleistungen mit dem **Blauen Engel**:

Signaling ist ein Begriff aus der Informationsökonomie und versucht die Probleme der Prinzipal-Agent-Theorie zu lösen. Ausgangspunkt ist dabei die Informationsasymmetrie, die zwischen dem Prinzipal und dem Agenten besteht. Für den Anbieter (Agent) von „grünen" bzw. „nachhaltigen" Angeboten ist es entscheidend, dass er durch Adverse Selection (Negativauslese) des Käufers (Prinzipal) nicht aus dem Marktprozess ausscheidet. Der Grund ist eine Informationsasymmetrie zwischen den beteiligten Marktpartnern vor einer Transaktion. Dieses ungleiche Wissen kann sich auf versteckte Eigenschaften eines Angebots beziehen, die der potenzielle Käufer nicht erkennt.

Das hier zugrunde liegende Informationsproblem kann dadurch überwunden werden, dass die Informationsasymmetrie beseitigt wird. Das kann durch Signaling erreicht werden, indem der besser informierte Marktpartner – also der Verkäufer (Agent) – dem potenziellen Käufer (Prinzipal) signalisiert, dass sein Produkt besser ist als das der Wettbewerber. Das kann der Verkäufer dadurch erreichen, indem er die wahrgenommene Wertigkeit des eigenen Angebotes durch zusätzlich bereitgestellte Informationen erhöht. Allerdings sollten dies „belegbare" Daten sein, um vertrauenswürdig zu sein. Bei nachhaltigen Produkten können dies bspw. Zertifikate sein, die für den Käufer wesentliche Produkteigenschaften sichtbar machen. Beim Signaling handelt es sich demnach um eine informatorische Bringschuld des Anbieters, damit Kunden „gute" Entscheidungen treffen können. Indem der Nutzen von nachhaltigen Angeboten (z.B. durch „Stiftung Warentest" oder „Bio") betont wird, wird die Aufmerksamkeit der Kunden auf die Vorteile von nachhaltigen Produkten gelenkt. Dies kann dazu beitragen, dass Kunden bereit sind, mehr Geld in nachhaltige Produkte zu investieren. Auch durch Kundenbewertungen oder Empfehlungen von anderen Kunden, die bereits nachhaltige Produkte gekauft haben, können weitere Kunden dazu motiviert werden, ebenfalls in nachhaltigere Lösungen zu investieren [vgl. Kreutzer 2023, S. 227 f.].

3.5.1.3 Nachhaltigkeitskommunikation in eigener Sache

Ziel der Kommunikation im Nachhaltigkeitsmarketing ist die systematische Bewusstmachung und Förderung eines verantwortungsbewussten Umgangs der jeweiligen Zielgruppe mit den natürlichen Ressourcen. Das ist die eine, die inhaltliche Seite der Kommunikation bzw. Werbung.

Die andere Seite ist die Frage, inwieweit die Umwelt durch Werbung bzw. Kommunikationskampagnen *selbst* belastet wird (siehe Insert 3-20). Allein für die jährliche Papierproduktion nicht adressierter Werbebroschüren werden hierzulande 42 Milliarden Liter Wasser, 4,3 Milliarden kWh Energie und 1,6 Millionen Tonnen Holz verbraucht [Quelle: Deutsche Umwelthilfe (DUH)].

Andere Werbeformen sind dagegen deutlich klimaverträglicher. So verbraucht die digitale Werbung zum Beispiel kein Holz. Allerdings verbraucht auch sie viel Energie und produziert CO_2. Das liegt auch an den Endgeräten, auf denen die Werbung angezeigt wird.

Ein einziger Werbekontakt (Ad Impression) im Internet verursacht laut Experten einen CO_2-Ausstoß von 0,08 bis 1,09 Gramm. Da derzeit weltweit jährlich Ad Impressions in mittlerer dreistelliger Billionen-Zahl generiert werden, verursacht Display-Advertising weltweit jährlich 3,8 Millionen Tonnen CO_2 und Streaming-Werbung weitere 3,4 Millionen Tonnen CO_2. Dies entspricht dem jährlichen Stromverbrauch von 1,4 Millionen US-Haushalten [vgl. Zunke 2023].

Mit „GreenGRP" existiert eine Nachhaltigkeits-Initiative, der sich bereits viele Medienhäuser und Verlage angeschlossen haben. Über einen GreenGRP-Rechner können Werbetreibende ermitteln, wie groß der CO_2-Fußabdruck einer Kampagne ist – unabhängig davon, ob es sich um eine TV-, Print-, Audio- oder Digital-Kampagne oder eine Kombination mehrerer Werbekanäle handelt. Ins Leben gerufen wurde die offene Initiative von der Mediaagentur Mediaplus. Für die „klimaneutrale" Umsetzung hat man ClimatePartner an Bord. Das auf Klimaschutz spezialisierte Unternehmen berechnet den ökologischen Fußabdruck und ermöglicht es, ihn durch zertifizierte Klimaschutzprojekte zu neutralisieren. Auf diese Weise können Werbetreibende komplette Kampagnen klimaneutralisiert schalten [vgl. Zunke 2023].

Insert

Werbung, CO_2 und ein neues Denken

Im Sommer 2023 ging bei Rewe eine Ära zu Ende. Der Lebensmitteleinzelhändler verabschiedete sich vom gedruckten Papier-Prospekt und brach damit auch mit einer Handelstradition in Deutschland. Die Prospekte sind nun ausschließlich digital zugänglich, Druck und Verteilung entfallen. Laut Rewe werden durch den Papierverzicht mehr als 73.000 Tonnen Papier, 70.000 Tonnen CO_2, 380 Millionen kWh Energie und 1,1 Millionen Tonnen Wasser gespart – pro Jahr. So wie Rewe setzen immer mehr Werbetreibende das Thema Nachhaltigkeit ganz hoch auf ihre Agenda. Das ist eine Entwicklung, die sich kanal- und branchenübergreifend beobachten lässt. Und sie bringt sogar Wettbewerber zusammen.

Sustainability Manager haben somit im Wesentlichen fünf Hebel, an denen sie ansetzen können, damit das Marketing seinen Beitrag zur Erreichung der Nachhaltigkeitsziele leistet:

1. Auf Energieeffizienz bei der Werbe-Produktion achten

Sustainability Manager sollten das Marketing drängen, darauf zu achten, dass bereits bei der Werbe-Produktion CO_2-Emissionen möglichst gering ausfallen und energiesparend produziert werden kann. Anbieter können dazu idealerweise Auskunft geben und bei komplexen Produktionen ihren Werbekunden auch Berater zur Seite stellen, welche die Nachhaltigkeitsaspekte im Blick behalten.

1. Die Digitalisierung der Werbung fördern

Generell ist es ratsam, die Digitalisierung der Werbung zu fördern. Zwar verbraucht auch digitale Werbung Energie, aber sie hat in der Regel eine geringere Umweltauswirkung als gedruckte Materialien und physische Werbeprodukte. Insbesondere der Umstieg von gedruckten Prospekten, Flyern und Werbebriefen auf digitale Formen senkt den CO_2-Fußabdruck.

1. Nachhaltige Werbe-Partner wählen

Bereits bei der Auswahl von Lieferanten und Werbe-Partnern sollte darauf geachtet werden, dass diese ebenfalls nachhaltig agieren. Bei digitaler Werbung ist es zudem hilfreich, wenn entlang der oft hochkomplexen Media-Lieferkette möglichst wenige Technologie-Partner involviert sind, damit sich Energieverbrauch und Emissionen nicht unnötig aufsummieren. Generell müssen auch im Marketing die Lieferketten transparent und nachvollziehbar sein, um die Nachhaltigkeit zu beurteilen.

1. Das Nachhaltigkeitsbewusstsein im Marketing schärfen

Auch wenn die Entwicklung nun endlich begonnen hat: Marketingteams sollten für Umweltfragen weiter sensibilisiert werden. Schulungen und Trainings zur Nachhaltigkeit in der Marketing-Kommunikation können dabei ebenso helfen wie Nachhaltigkeitsseminare. Nicht zuletzt sollten im Marketing Emissionsrechner genutzt werden, mit denen sich der CO_2-Fußabdruck von Werbekampagnen bestimmen und mit geeigneten Umwelt-Projekten kompensieren lässt. Dies macht die Problematik greifbarer und nachhaltige Werbung planbar.

1. Überprüfen und regelmäßig justieren

Nachhaltigkeit im Marketing ist ein Dauerprojekt. Insbesondere im digitalen Marketing entwickeln sich Technologien und Möglichkeiten rasant, was auch die CO_2-Bilanz beeinflussen kann. Die Marketing-Aktivitäten sollten daher regelmäßig in Bezug auf die Nachhaltigkeitsziele überprüft und gegebenenfalls entsprechend angepasst werden.

[Quelle: Zunke 2023]

Insert 3-20: Werbung, CO_2 und ein neues Denken

3.5.1.4 Interne Kommunikation

In den vorangegangenen Abschnitten ist von der Kommunikation, die nach außen gerichtet ist, die Rede. Doch es gibt nicht nur die Kommunikation mit dem Kunden, sondern auch die Kommunikation mit den Mitarbeitern. Diese Kommunikation, die nach innen gerichtet ist, wird häufig auch als **Unternehmenskommunikation** bezeichnet und befindet sich in einem tiefgreifenden Umbruch. Der digitale Wandel verändert das Mediennutzungsverhalten aller Stakeholder und führt zu neuen Herausforderungen. Besonders die klassischen Printmedien werden zusehends von Bildern und Bewegtbildern (Videos, Webcasts, Infografiken etc.) in den Schatten gestellt. Besonders Endgeräte wie Smartphones und Tablets gewinnen über mobil zugängliche Medienkanäle bei Mitarbeitern ohne festen PC-Arbeitsplatz zunehmend an Bedeutung [vgl. Eberle 2016, S. 159].

Nach wie vor bleibt aber – auch im digitalen Zeitalter – der persönliche Dialog zwischen Unternehmensführung und Mitarbeitern die wichtigste Kommunikationsform. Allerdings stößt die direkte Kommunikation bei international agierenden Unternehmen zwangsläufig an Grenzen. Daher sind die konsequente Digitalisierung der internen Kommunikation und der unternehmensweite Einsatz von **Social Media** eine besondere Herausforderung und Zielsetzung für die Unternehmenskommunikation. Aus dem früheren Prinzip „Print Only" wird somit ein „Digital First" und – für schwer erreichbares Personal – in der nächsten Stufe ein „Mobile First". Ebenso wird aus dem gedruckten Mitarbeitermagazin ein multimediales **Mitmach-Magazin** [vgl. Eberle 2016, S. 164 f.].

Vor dem Hintergrund der Nachhaltigkeit als Element der Unternehmenskultur kommt der internen Kommunikation eine ganz besondere Rolle zu, weil sie den Prozess der digitalen Transformation in jedem Unternehmen steuern und inhaltlich begleiten sollte. Damit wird die Unternehmenskommunikation zum *„Treiber einer neuen, crossmedialen Unternehmenskultur"* [Fischer/Knaup 2016, S. 145].

3.5.2 Kommunikationsmedien

3.5.2.1 Klassische Werbeträger

Der nächste Abschnitt befasst sich mit Fragen der Mediadimension, also mit der Auswahl geeigneter Werbeträger. Danach stehen dem Werbeplaner grundsätzlich sowohl klassische als auch Online-Kommunikationsmedien (Werbeträger) zur Verfügung. Hinsichtlich der Bedeutung dieser Werbeträger geben die Marktanteile der einzelnen Medien Auskunft (siehe Insert 3-21).

Der meistgebuchte Werbeträger ist mit deutlichem das Internet (46 Prozent). Vor vier Jahren – also 2018 – betrug dieser Marktanteil 33,1 Prozent und lag damit noch hinter dem Printbereich (35,5 Prozent) an zweiter Stelle.

Überhaupt wird die Abgrenzung der relevanten Medienmärkte zunehmend schwieriger, da sich Medien, Informationstechnologie und Telekommunikation immer stärker aufeinander zu bewegen. Die Annäherung der zugrunde liegenden Technologien (→ Digitalisierung, Streaming-Dienste) und das Zusammenwachsen der Medienmärkte insgesamt wird auch als **Konvergenz** im Informations- und Kommunikationsbereich bezeichnet [vgl. Wirtz 2009, S. 44 f.].

Insert 3-21: Marktanteile der Werbeträger in Deutschland 2022

Die wichtigsten Untergruppen der **Printmedien** bilden Zeitungen und Zeitschriften. Zeitungen werden vorwiegend nach der Erscheinungshäufigkeit (täglich/wöchentlich) und nach dem Verbreitungsgebiet (regional/überregional) differenziert. In Deutschland werden 319 Zeitungen, 17 Wochenzeitungen, 2 Sonntagszeitungen, 2450 Publikums- und 3753 Fachzeitschriften regelmäßig publiziert [Quelle: BDZV 4/2023].

Während Publikumszeitschriften einen gewissen Unterhaltungscharakter aufweisen und sehr breite, aber auch sehr spezielle Lesergruppen ansprechen, dienen die zumeist periodisch erscheinenden Fachzeitschriften eher der Vermittlung von Informationen und Wissen.

Darüber hinaus fungieren Verzeichnis-Medien wie Adressbücher und Kataloge sowie sonstige Printmedien wie Karten und Kalender als Werbeträger. Zeitschriften eignen sich u. a. aufgrund der besseren Druckqualität besser zur Vermittlung emotionaler Sachverhalte als Zeitungen. Zum Aufbau eines Images werden gerne überregionale Tageszeitungen und Publikumszeitschriften belegt.

Fernsehwerbung ist aufgrund ihrer Kombinationsmöglichkeiten aus Bild, Ton und Text sehr vielschichtig und aufmerksamkeitsstark. Das Fernsehen bietet sehr gute Möglichkeiten für emotionale Werbeauftritte und wird erfolgreich für die kurzfristige Bekanntmachung von Produkten, Leistungen und Marken eingesetzt. Die Fernsehwerbung hat in den letzten zwei

Jahrzehnten einen starken Aufschwung erfahren. Insbesondere die zahlreichen privaten Fernsehsender, die sich zu 100 Prozent aus Werbung finanzieren, haben zu diesem Boom beigetragen. Das Werbemittel im Rahmen der Fernsehwerbung ist der TV-Spot, dessen Länge zwischen fünf und 90 Sekunden variieren kann. Die Produktionskosten eines TV-Spots sind deutlich höher als bei einer Printanzeige.

Die Gestaltungselemente der **Hörfunk- oder Radiowerbung** beschränken sich auf das akustisch Wahrnehmbare: Sprache, Rhetorik, Musik, Gesang und Geräusche. Die Zulassung privater Rundfunksender hat das Angebot an Werbezeiten für diesen Werbeträger ebenfalls deutlich steigen lassen. Das Werbemittel der Hörfunkwerbung ist der Radio-Spot, der deutlich günstiger als ein TV-Spot produziert werden kann.

Die **Kinowerbung** hat aufgrund des allgemeinen Rückgangs der Kinobesuche an Bedeutung verloren, obwohl dieser Werbeträger alle Vorteile der Gestaltungsmöglichkeiten auf sich vereinigt, die auch die Fernsehwerbung auszeichnet. Das klassische Werbemittel der Kinowerbung ist der Werbefilm, dessen Spieldauer 44 bis 440 Sekunden dauert. Der Werbefilm bietet daher noch mehr Wirkungsmöglichkeiten als der TV-Spot [vgl. Bruhn 2007, S. 359 f.].

3.5.2.2 Digitale Werbeträger

Die Verlagerung der Werbeaktivitäten von den analogen zu den digitalen Medien ist Insert 3-22 zu erkennen. Die Suchmaschinenwerbung (Internet-Search) und die Display Ads (Bannerwerbung) dominieren das Werbegeschäft.

Die Verlagerung der werblichen Aktivitäten zu den digitalen Medien führt einerseits zu ungeahnten Anwendungsmöglichkeiten und andererseits zu grenzenloser Beliebigkeit und kompletter Unübersichtlichkeit. Etablierte Marken und sogar bestehende Geschäftsmodelle können durch die sich abzeichnenden Veränderungen in ihren Grundfesten erschüttert werden.

Somit wird deutlich, dass die digitale Revolution alle Verantwortungsträger in den Unternehmen umfassend herausfordern wird. Dabei stellt sich nicht so sehr die Frage, ob die digitalen Medien die klassischen Kanäle kontinuierlich verdrängen oder gar ersetzen werden. Wichtig ist vielmehr, für die Online-Medien den Beleg ihrer Wirkung bzw. ihres Wirkungsanteils zu erbringen, denn künftig werden beide Medienwelten noch enger verzahnt. Im Fokus wird also die Messbarkeit der Online-Kampagnen auf die Kommunikationswirkung und damit die unternehmerische Frage nach dem direkten Abverkauf der Produkte und Dienstleistungen stehen. War es früher – vereinfacht ausgedrückt – lediglich der 1.000-Leser-Preis (zur Ermittlung der Streukosten unterschiedlicher Medien), so sind es heute im Zeitalter digitalisierter Marken rund 50 mehr oder weniger aussagekräftige KPI's (Key Performance Indicators) wie Ad-Clicks, Cost-per-Click, Cost-per-Order, Cost-per-Conversion, Teilnahme- oder Einlösequoten, Seitenaufrufe (Page Impressions), Click-Through-Rates oder Transaktionsquoten – um nur einige zu nennen – mit denen sich die Entscheider befassen und in einen übergeordneten, unternehmerischen Zusammenhang stellen müssen.

Das **Internet als Werbeträger** bietet eine Reihe von Vorteilen gegenüber den klassischen Medien. So ist das Kommunikationsangebot im Internet 24 Stunden am Tag und international verfügbar. Als aktives und dialogfähiges Medium ermöglicht es die **direkte Kommunikation** mit den Kunden. Es bietet **rasche Reaktionsmöglichkeiten** und Informationen können jederzeit aktualisiert und modifiziert werden. Mit der Entwicklung des Internets zum Massenmedium haben sich die anfänglichen Unterschiede zwischen Gesamtbevölkerung und Internetnutzern längst nivelliert. Und mit der rasanten Verbreitung der Smartphones ist auch die Zahl der User, die auf mobile Angebote zugreifen, in allen Bevölkerungsgruppen zügig gewachsen.

Laut dem Zentralverband der deutschen Werbewirtschaft e.V. (ZAW) war Internet - Search mit rund 5,35 Milliarden Euro der Werbeträger mit den höchsten Werbeeinnahmen im Jahr 2022. Das Display-Ads-Segment lag mit rund 5,2 Milliarden Euro auf Platz zwei. Fernsehwerbung rankte mit mehr als 4,02 Milliarden Euro auf dem dritten Platz. Die ersten beiden Werbeträger konnten die Einnahmen gegenüber dem Vorjahr steigern, Fernsehwerbung sank deutlich. Bei einem Vergleich der Werbeeinnahmen einzelner Werbeträger im Vergleich mit dem Jahr 2003 bietet sich ein differenzierteres Bild: Die Einnahmen des Werbeträgers Fernsehen konnten in diesen 18 Jahren um rund 207 Millionen Euro gesteigert werden. Die Werbeeinnahmen der Tageszeitungen sind jedoch um mehr als die Hälfte gesunken. Ein ähnliches Bild bietet sich bei den Publikumszeitschriften. Die Gesamtinvestitionen in Werbung, die Honorare, Produktion und Medienkosten umfassen, betrugen im Jahr 2022 vorläufig rund 36,2 Milliarden Euro. Dies entspricht einem Anstieg um 0,3 Prozent im Vergleich zum Vorjahr. Die Nettowerbeeinnahmen der Medien in Deutschland lagen 2022 bei rund 25,7 Milliarden Euro und damit 0,5 Prozent unter dem Vorjahreswert.

Insert 3-22: Werbeeinnahmen der Werbeträger in Deutschland 2022

Das Internet ist das einzige Medium, das unmittelbar Nutzungsdaten liefert, da es ständig Leistungszahlen mitprotokolliert. Die Leistungsmessung kann serverseitig oder nutzerseitig vorgenommen werden [vgl. Schweiger/Schrattenecker 2005, S. 287 ff.]:

Bei der **serverseitigen Methode** werden alle Nutzungsvorgänge über die Verbindungsdaten, die in einem Serverprotokoll, den so genannten **Log-Files**, erfasst werden, aufgezeichnet. Die Auswertung und Analyse der Log-Files liefert eine Fülle von Kennzahlen wie z. B. Anzahl

Visits, Page Impressions, Ad Impressions, Ad Clicks. Allerdings geben diese Kennzahlen keinerlei Auskunft über Anzahl, demografische Struktur und Motive der Besucher.

Die **nutzerseitigen Methoden** setzen dagegen direkt beim Besucher auf und liefern nicht nur Daten über Zahl, Struktur und Motive der User bestimmter Websites, sondern auch eine qualitative Bewertung der besuchten Websites. Zu den nutzerseitigen Methoden zählen klassische Befragungen wie z.B. Telefonumfragen über die am häufigsten besuchten Websites, Online-Befragungen oder Internet-Panels, mit denen täglich aufgezeichnet wird, wer wie lange welche Websites besucht. Zu den wichtigsten nutzerseitigen Kennzahlen von Websites zählen Unique Visitors und Reichweiten.

Hauptvorteile der Internet-Werbung sind die guten Individualisierungsmöglichkeiten und die exakte Werbeerfolgskontrolle in Form von Klickraten und Online-Käufen. Hinzu kommt, dass der Internet-Nutzer die Möglichkeit zur direkten Interaktion mit dem werbetreibenden Unternehmen wahrnehmen kann. Bei den Zielgruppen der Internet-Kommunikation hat man lange Zeit zwischen Nutzern stationärer Angebote und mobiler Angebote unterschieden. Doch da die stationäre und mobile Internetnutzung immer mehr verschmelzen, ist diese Unterscheidung nicht mehr relevant. Aus Verbrauchersicht ist vor allem der unmittelbare Zugriff auf wichtige digitale Informationen wichtig. Aufgrund der zur Verfügung stehenden Gerätevielfalt – vom stationären PC über Laptop, Tablet bis hin zum Smartphone – gibt es für jede Nutzungssituation die passende Zugriffsoption [Quelle: OVK-Report für digitale Werbung 2019/01].

Mit Hilfe **mobiler Dienste** (engl. *Mobile Services*) können nicht nur werbliche Texte und Bilder als SMS (Short Message Services) oder MMS (Multimedia Messaging Services) auf mobile Endgeräte (z. B. Smartphones), von Kunden gesendet werden, auch mobile Web-Anwendungen und Apps erlauben eine personalisierte Zielgruppenansprache. Sie ermöglichen die Kommunikation und Transaktion mit Kunden an jedem Ort und zu jeder Zeit und bieten Mitarbeitern mobile Services wie etwa den Zugriff auf Unternehmensprozesse von unterwegs. Überhaupt zeigt die enorme Bandbreite der mobil genutzten Inhalte, dass sich das Smartphone zum allgegenwärtigen Begleiter in vielen Lebenslagen entwickelt hat.

3.5.3 Kommunikationsinstrumente

Ebenso wie sich die Kommunikationsmedien in klassisch und digital unterteilen lassen, so können die Kommunikationsinstrumente in gleicher Weise gegliedert werden.

Kommunikationsinstrumente lassen sich aber auch in **„Above-the-line"-Instrumente** und in **„Below-the-line"-Instrumente** unterteilen. Allerdings gibt es in der Literatur keine einheitliche Festlegung dieser beiden Begriffe. Die Definitionen reichen von der Unterteilung in „klassische" und „neue" Kommunikationsinstrumente bis hin zu der Festlegung, dass Below-the-line-Kommunikation darauf abzielt, „eine kleine Gruppe von Konsumenten zielgenau, kostengünstig und weitgehend konkurrenzlos zu erreichen" und für sie „keine Werbezeiten in den Massenmedien gebucht werden" [marketinglexikon.ch]. Hier wird einer anderen Einteilung gefolgt, nach der zu den Above-the-line-Instrumenten die (klassische) Werbung, die Online-Werbung die Direktwerbung und die Außenwerbung gehören (also alle Instrumente, in denen die Begrifflichkeit „Werbung" vorkommt). Below-the-line-Instrumente zielen dagegen auf

Maßnahmen ab, die vom Konsumenten (B2C) bzw. den Zielpersonen von organisationalen Beschaffungseinheiten (B2B) nicht ohne weiteres als werbliche Beeinflussung wahrgenommen werden. Dazu zählen die Öffentlichkeitsarbeit, Verkaufsförderung, Product Placement und Product Publicity, Sponsoring, Messen und Ausstellungen sowie das Personal Branding [vgl. auch Eckardt 2010, S. 163 f.].

Abbildung 3-14 verdeutlicht die hier bevorzugte Trennung zwischen Above-the-line- und Below-the-Line-Instrumenten.

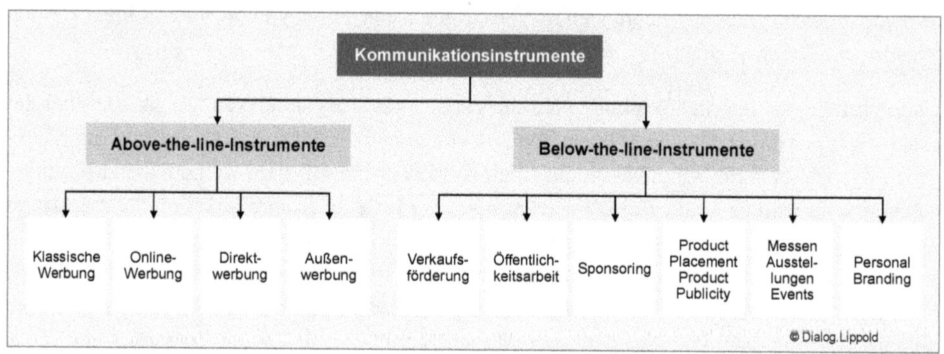

Abb. 3-14: Kommunikationsinstrumente nach der wahrgenommenen Beeinflussung

3.5.3.1 Above-the-line-Instrumente

(1) Klassische Werbung

Lange Zeit war Nachhaltigkeit kaum ein Thema in der Werbebranche. Inzwischen sieht das ganz anders aus. Interessante Initiativen, neue Lösungen und kreative Ideen haben das Thema Nachhaltigkeit in die Werbung gebracht (siehe dazu das Beispiel in Insert 3-23).

Über alle Branchen hinweg hat sich die Werbung in den letzten 10 Jahren von einem Nischendasein zu einem breiten Markt für Nachhaltigkeit entwickelt. So konnten nach Angaben von Nielsen Media bislang über **18.000 Nachhaltigkeitskampagnen** im deutschen Werbemarkt aufgedeckt werden [Für die Analyse hat Nielsen Media die Medienkanäle TV, Radio, Print, Online, Out of Home, Kino, Radio und Direct Mail im Zeitraum vom 1. Januar 2022 bis zum 31. Mai 2023 ausgewertet].

Mit diesen Kampagnen verfolgen die Werbetreibenden das Ziel, einen verantwortungsbewussten Umgang mit den natürlichen Ressourcen zu fördern. Bemerkenswert ist, dass die Werbebudgets hauptsächlich in die klassischen Werbekanäle wie Fernsehen und Print investiert werden. Zu den wesentlichen Inhalten, die das ökologisch nachhaltige Handeln von Unternehmen belegen, gehören die Reduzierung von Plastik, der sparsame Umgang mit Ressourcen, die Nutzung nachhaltiger Energien, Klimaneutralität und Investitionen in nachhaltige Projekte. Darüber hinaus hat die Nielsen-Studie gezeigt, dass die Werbekampagnen vermehrt die Bedeutung der Kreislaufwirtschaft und des Recyclings betonen [vgl. Noack 2023].

Die Werbung ist aufgrund ihrer spezifischen Profilleistung sicherlich das durchschlagskräftigste aller Kommunikationsinstrumente. Kein anderes Instrument ist in der Lage, Produkte und

Leistungen so zu differenzieren – insbesondere auch psychologisch –, dass nachhaltige, vom Kunden wahrgenommene Wettbewerbsvorteile im Markt kreiert werden können [vgl. Becker 2009, S. 565].

Insert

Nachhaltigkeit im Fokus

Mit der Kampagne „Nachhaltigkeit ist Banane" stellt Chiquita sein soziales und ökologisches Engagement vor. Außerdem sensibilisiert die Bananenmarke seine Kunden für nachhaltiges Verhalten im eigenen Alltag. Angelehnt an das augenzwinkernde Selbstverständnis „We are bananas" rückt die Kampagne „Nachhaltigkeit ist Banane" verschiedene Aspekte der Nachhaltigkeit in den Fokus: Neben Fakten und Tipps zu Gleichberechtigung, Energie- und Wassersparen, Recycling sowie Bildungsinitiativen sorgen Prämien dafür, dass die Kampagne diese wichtigen Themen aufmerksamkeitsstark und mit Spaß vermittelt. Zweideutige Aussage, eindeutiges Bekenntnis. Der zentrale Claim der Kampagne lautet „Nachhaltigkeit ist Banane". Inhaltlich lenkt die Kampagne Aufmerksamkeit auf **fünf Themen**, denen besonderes Augenmerk in der Nachhaltigkeitsstrategie des Unternehmens zukommen soll.

Gleichberechtigung. Die Gleichstellung der Geschlechter ist eine große Herausforderung auf den Bananenplantagen in Lateinamerika. Chiquita hat es sich zur Aufgabe gemacht, die Rechte von Frauen zu stärken und sie zu befähigen, diese einzufordern und einen Beruf zu ergreifen.

Energie. Wo es möglich ist, nutzt Chiquita erneuerbare Energien. Darüber hinaus setzt das Unternehmen auf moderne Technologien, etwa bei seiner Containerflotte. Hierdurch wurden der Energieverbrauch und gleichzeitig die CO_2-Emissionen in der Lieferkette deutlich gesenkt.

Wasser. Mittels geschlossener Wasserkreisläufe, den Einsatz so genannter Trockenpackstationen sowie effiziente Bewässerung hat Chiquita seinen Wasserfußabdruck nachhaltig verringert.

Recycling. Beim Recycling, beispielsweise von Papier und Kunststoffen, geht Chiquita neue Wege und engagiert sich für nachhaltige Regularien. Durch einen neuen Stanzprozess bei der Herstellung von Bananenkisten etwa, entstehen 25 % weniger Papierabfall.

Bildung. Als fünften Schwerpunkt kommuniziert das Unternehmen sein Engagement für die Bildung. Ziel ist es, allen Kinder in den Regionen, in denen Chiquita Bananen anbaut, Zugang zu Bildung zu ermöglichen. Mit verschiedenen Fördermaßnahmen unterstützt Chiquita hiermit das nachhaltige Entwicklungsziel für hochwertige Bildung der Vereinten Nationen.

Insert 3-23: Nachhaltigkeit im Fokus

Die klassische Werbung – auch **Mediawerbung** genannt – ist eine Form der unpersönlichen Kommunikation, bei der mit Werbemitteln (z. B. Anzeigen, Rundfunk- oder Fernsehspots) durch Belegung von Werbeträgern (z. B. Zeitschriften, Rundfunk oder Fernsehen) versucht wird, unternehmensspezifische Zielgruppen zu erreichen und zu beeinflussen [vgl. Bruhn 2007, S. 356].

Um Einstellungs- und Verhaltensänderungen bei den Zielgruppen zu erreichen, müssen Werbeaussagen (Werbebotschaften) konkret gestaltet und im Rahmen der sogenannten Copy-Strategie festgelegt werden. Bei den Werbebotschaften werden drei Konkretisierungsebenen unterschieden:

- Gestaltungsart
- Gestaltungsform
- Gestaltungsmittel.

Die **Gestaltungsart** kennzeichnet die „Handschrift" der Werbung und betrifft die Art und Weise der grundsätzlichen Werbeansprache. Werbebotschaften können auf eine mehr rationale, d. h. sachargumentierende Positionierung oder auf eine mehr emotionale, d. h. erlebnisorientierte Positionierung hinzielen [vgl. Kotler et al. 2007, S. 712 f.].

Insert 3-24 zeigt ein Beispiel für eine mehr rationale, „text-lastige" Anzeige der Sparkasse Bremen. Dabei handelt es sich um ein Anzeigenmotiv, das sich auf dem ersten Blick nicht so ohne Weiteres der Finanzbranche zuordnen lässt.

Hinsichtlich der **Gestaltungsform** haben sich verschiedene Grundmuster für die inhaltliche Übersetzungs- bzw. Inszenierungsform der Werbebotschaft herausgebildet [vgl. Becker 2019, S. 577 ff.]:

- **Lebenswelten-orientierte Muster** (sog. „Slice-of-Life"-Technik: Rama am Frühstückstisch, TUI-Reisen: „Sie haben es sich verdient")
- **Symbol-orientierte Muster** (Esso: „Pack den Tiger in den Tank" über Comic-Figuren „Meister Propper" bis hin zu Personen „Ariel-Klementine")
- **Erzählungsorientierte Muster** (Edeka-Theke, DEA: Tanken mit Super-Ingo)
- **Problemlösungsorientierte Muster** (Testsituationen: Before-After-Tests, „Neues aus der Blend-a-med-Forschung").

Bei den **Gestaltungsmitteln** emotionaler Werbebotschaften steht häufig die Verwendung von **Bildern** im Vordergrund, denn an Bilder wird sich besser erinnert als an Wörter. Auch fällt in einer Bild-Text-Anzeige der Blick des Lesers fast immer zuerst auf das Bild. Die direkte Umsetzung von Produkteigenschaften in Bilder lässt sich sehr wirksam mit folgenden Verfahren aus der Imagery-Forschung durchführen [vgl. Kroeber-Riel 1993, S. 126 ff.]:

- **Bildassoziationen** (Marlboro – Freiheit und Abenteuer)
- **Bildanalogien** („Auf diese Steine können Sie bauen", „Berater knacken Nüsse")
- **Bildmetaphern** (Löwe für „Stärke", Stahl für „Unnachgiebigkeit", der rote Teppich für den „exklusiven Weg")
- **Wahrnehmungsschemata** („Kindchenschema", „Busenschema", „lila Kuh")

Weitere effektive Methoden, eine Botschaft bildlich zu übermitteln, sind die Verwendung von Testimonials, Humor oder Erotik („Sex sells").

Bei der **Testimonial-Werbung** wird das Werbeobjekt (Produkt, Dienstleistung, Unternehmen) von einer glaubwürdigen und kompetenten Person präsentiert. Auf diese Weise sollen bei der Zielgruppe Prozesse ausgelöst werden, die eine Identifikation mit der werbenden Person (Prominente, Experten oder typische Verwender) ermöglichen. Eine besonders hohe Identifikation wird bei der Werbung mit Prominenten unterstellt. Hierbei soll die Möglichkeit eines

Bekanntheits- und Imagetransfers auf das Werbeobjekt genutzt werden (Thomas Gottschalk für Haribo) [vgl. Meffert et al. 2008, S. 714 f.].

Insert

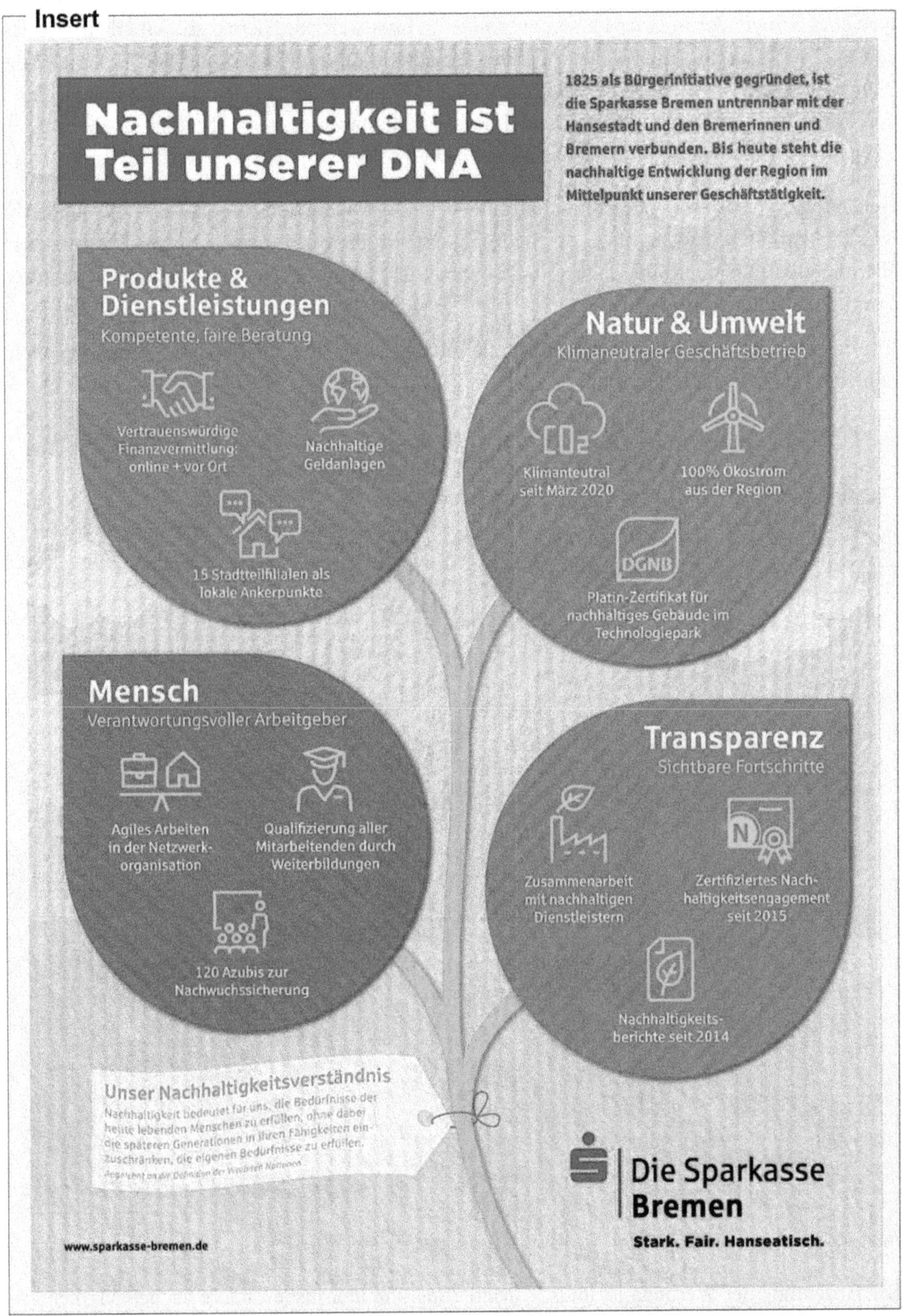

Insert 3-24: „Nachhaltigkeit ist Teil unserer DNA“

In diesem Kontext sei vermerkt, dass die richtige Auswahl der prominenten Persönlichkeit für die Testimonial-Werbung von entscheidender Bedeutung für den späteren Kommunikationserfolg ist. Im Idealfall können die Persönlichkeitsmerkmale als Prominenter, als Experte und als typischer Verwender in einer Person zusammengefasst werden. Hierbei sollten Glaubwürdigkeit und die markenexklusive Verwendung der Person besonders beachtet werden. Die Werbung von Tiger Woods für Accenture (nach seinem Sex-Skandal) sowie der „ubiquitäre Einsatz von Franz Beckenbauer in zahlreichen Kommunikationskampagnen“ [Meffert et al. 2008, S. 715] sind Beispiele dafür, wie man es nicht machen sollte.

Generell gilt aber, dass sich Testimonials im Nachhaltigkeitsbereich besonders eignen und sehr wirkungsvoll sind. Sie strahlen vor allem Glaubwürdigkeit aus. Dabei ist der „Promifaktor“ aber nicht entscheidend. Im Gegenteil, manchmal ist eine unbekannte Person oder ein ganzes Team sogar glaubwürdiger.

Insert 3-25 zeigt zwei Testimonial-Beispiele mit glaubwürdigen und kompetenten, aber nicht unbedingt prominenten Personen.

Insert

Testimonials im Nachhaltigkeitsbereich

Für erfolgreiche Testimonials braucht es nicht zwingend eine prominente Person wie Thomas Gottschalk. Je nach Produkt oder Dienstleistungen kann ein Otto-Normalverbraucher sogar die besser Wahl darstellen. Viele Menschen möchten in Ihrer Entscheidungsfindung unterstützt werden. In der Regel vertrauen wir auf das Urteil von Menschen, denen wir nahestehen. Das kann der Ratschlag der besten Freundin beim Kauf einer neuen Jeans sein oder die Filmempfehlung vom großen Bruder. Doch auch unbekannte Personen oder eine große Anzahl an Menschen mit derselben Meinung können einen starken Einfluss auf uns ausüben. Wir Menschen sind soziale Wesen und orientieren uns gerne an Anderen: Wenn der neu erschienene Kinofilm bereits für Wochen im Vorfeld ausgebucht ist, dann muss er gut sein. Aufgrund dieser Tatsachen sind Testimonials so wirkungsvoll. Je mehr sich der potenzielle Kunde mit der Person, von der das Testimonial stammt, identifiziert kann, desto höher die Erfolgschancen.

[Quelle: https://www.sortlist.de/blog/testimonials/]

Insert 3-25: Testimonials im Nachhaltigkeitsbereich

Die Bedeutung der Werbung ist im B2C-Marketing und hier insbesondere bei den Markenartikeln deutlich höher einzustufen als im B2B-Bereich. Dennoch hat die Werbung auch im B2B-

Marketing ihren Stellenwert. Sie muss allerdings im engen Zusammenhang mit dem Aktionsfeld Akquisition gesehen werden. Hier spielt das Zusammenwirken von unpersönlicher Kommunikation und persönlichem Verkauf eine wesentlich größere Rolle als im B2C-Marketing. Die Aufnahme von Werbebotschaften wird sehr stark von Image- und Kompetenzschwerpunkten bestimmt, die von persönlichen Verkaufs-, Informations- und Beratungsleistungen bei den Zielgruppen geschaffen wurden [vgl. Becker 2019, S. 581].

Hinzu kommt, dass die erheblich geringere Zahl an potenziellen Zielpersonen im B2B-Bereich einen wesentlich gezielteren Einsatz von Werbeträgern und Werbemitteln erfordert [vgl. Godefroid/Pförtsch 2008, S. 368].

Eine Besonderheit im B2B-Marketing ist auch bei den Fragen nach der Gestaltungsart (emotional/rational) und der Gestaltungsform zu beachten (siehe Insert 3-26].

Im B2B-Marketing überwiegen eher die rationale Gestaltungsart und die problemlösungsorientierte Gestaltungsform. Das hängt in erster Linie mit dem Informationsverhalten der in den Unternehmen/ Organisationen agierenden Zielgruppen zusammen. Sie sind aufgrund ihrer Rollen gehalten, sich rational im Sinne der Zielsetzungen des eigenen Unternehmens zu verhalten. [vgl. Becker 2019, S. 581].

Insert 3-26: Nachhaltigkeitswerbung im B2B-Marketing

(2) Online-Werbung

Die verschiedenen digitalen Kommunikationsinstrumente, die für die werbliche Beeinflussung der Kunden zur Verfügung stehen und für die oftmals die Begriffe **Online-Werbung** oder **Internet-Werbung** synonym benutzt werden, sollen hier unter dem Aspekt vorgestellt werden, welche Zielsetzung verfolgt wird: Awareness-Ziele oder Response-Ziele.

Beim Ziel **Awareness** geht es um Image, Bekanntheit oder auch Einstellung. Im Vordergrund steht somit die **Kommunikationsleistung** der Online-Werbung. Hierzu ist es erforderlich, eine möglichst hohe Bruttoreichweite in der Zielgruppe zu verfolgen. Das auszuwählende Kommunikationsinstrument soll kommunizieren und nicht primär zu Klicks anregen. So will man bspw. das Markenimage verbessern oder die Markenbekanntheit steigern.

Lautet das Ziel dagegen **Response**, so wird eine quantitativ messbare Interaktion angestrebt, die den User von der Werbeträgerseite auf die sogenannte „Landing page" bringt (Kampagnen-Sites oder die Homepage des Werbetreibenden). Hier geht es also um die **Interaktionsleistung** der digitalen Werbung. Die Steigerung der Klickrate und des Kaufinteresses steht hierbei im Vordergrund. Was dann nach dem Klick in Teilnahme, Order oder Ähnliches umgewandelt wird, ist eine Frage der überzeugenden Produktleistung und der Landing Page selbst.

Werden nun die vielfältigen digitalen Kommunikationsinstrumente innerhalb der beiden Zielsetzungsgegenpole nach der Nähe zu den Zielen Awareness und Response geordnet, so ergibt sich die Darstellung in Abbildung 3-15.

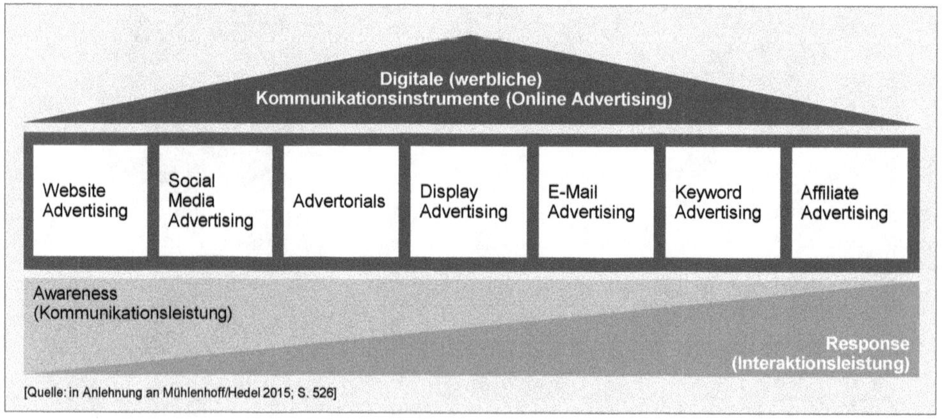

Abb. 3-15: Instrumente der digitalen werblichen Kommunikation

Damit lässt sich der Kunde kommunikativ auf seiner individuellen Reise bis zur Kaufentscheidung begleiten.

Website Advertising. Die Website eines Anbieters hat sich in den letzten Jahren *„zum wichtigsten Kontaktpunkt mit dem Kunden etabliert"* [Wirtz 2013, S. 570]. Die Unternehmenswebsite ist die Mutter aller Online-Plattformen. Hier informieren sich Kunden über potenzielle Anbieter einer Problemlösung, deren Marken und die Eigenschaften einer Leistung. Wird man im Web nicht gefunden, so schwindet das Interesse am Unternehmen. Die Unternehmenswebsite verfolgt das Ziel, Interessenten in Kunden zu verwandeln. Und auch Kunden und sonstige

Stakeholder wollen ihr Unternehmen im Web finden und sich dort weiter informieren. So verwundert es niemanden, dass das Zentrum der Kommunikation heutzutage die Internetseite oder der Online-Shop des Unternehmens ist.

Die Startseite der Website wird als Homepage bezeichnet. Eine zielgruppengerechte Gestaltung und ein Angebot an relevanten und aktuellen Inhalten sind die Bestimmungsfaktoren für eine qualitativ hochwertige Website. Entscheidend dabei ist, dass stets zwei unterschiedliche Zielgruppen parallel zu berücksichtigen sind: einerseits Interessenten, Kunden, Lieferanten oder Bewerber (Stakeholder), andererseits die Leseroboter der Suchmaschinen, welche die Inhalte für die spätere Suche indizieren. Die Struktur des Online-Angebots bestimmt darüber hinaus maßgeblich, wie gut Nutzer auf der Seite navigieren können. Schließlich zeichnet sich gutes Website-Design dadurch aus, dass dem Nutzer eine gute **Zugänglichkeit** (engl. *Accessibility*) zur Website ermöglicht wird. Gleichzeitig muss die Website in allen gängigen Browsern (Internet Explorer, Firefox, Opera, Chrome, Safari) und auf allen gängigen Systemen (auch über mobile Endgeräte) darstellbar sein [vgl. Binckebanck 2015, S. 242].

Social Media Advertising. Social Media Ads spielen aufgrund ihrer hohen Reichweite und vielfältigen Segmentierungsmöglichkeiten eine zunehmend wichtige Rolle, um heute im Internet gefunden und wahrgenommen zu werden. Viele Social Media Plattformen wie Facebook, Twitter oder YouTube besitzen durch die Userprofile und das Tracking des Userverhaltens hervorragende Möglichkeiten, um Zielgruppen für die Werbemaßnahmen der Unternehmen zu identifizieren und nutzbar zu machen. Die Social Media Portale bieten eine Vielzahl attraktiver Anzeigenformate und Anzeigenmechaniken, darunter auch die Aussteuerung nach demografischen und psychografischen Attributen.

Besonders für die Fundierung wichtiger Kaufentscheidungen spielen soziale Medien eine immer größere Rolle, so dass sie vermehrt in den Fokus des Marketing-Managements rücken. Besonders wichtig dabei ist, dass die sozialen Medien und Messenger-Dienste als Stationen *(Touchpoints)* auf der *„Reise der Verbraucher durch die Markenwelt" (Customer Journey)* begriffen werden. Ob sie zur digitalen Bereitstellung von Inhalten *(Content Marketing)*, zur Vermarktung z. B. mit Hilfe von Einflusspersonen *(Influencer-Marketing)* oder zum Kunden-Service genutzt werden, muss dann im Einzelfall entschieden werden. Wichtig für das Verständnis der aktuellen Kommunikation ist, dass es die sozialen Medien sind, die für die unterschiedlichen Vernetzungsebenen sorgen [vgl. Bergemann 2019, S. 312]:

- die Vernetzung der Verbraucher untereinander,
- die Vernetzung von Unternehmen und Verbrauchern und
- die Vernetzung von Unternehmen untereinander.

Naturgemäß war es zuerst der B2C-Bereich, der sich wegen des neuen, attraktiven Zugangs zu seinen Kunden der Nutzung sozialer Medien bediente. Zwischenzeitlich zeigt die Unternehmenspraxis, dass Social Media auch in Industriegüterunternehmen zum Einsatz kommt und auch dort eine hohe Relevanz besitzt. Grundsätzlich ermöglichen soziale Medien einer großen Anzahl an Internetnutzern – in Echtzeit oder zeitversetzt – eigene Inhalte zu erstellen, Inhalte anderer Nutzer oder bestimmter Organisationen zu lesen und diese an andere Nutzer zu verbreiten.

Wie die Ergebnisse einer weltweiten Umfrage unter über 2.000 Marketingleitern zeigen, klafft das Nutzungsverhalten zwischen B2C- und B2B-Firmen allerdings deutlich auseinander. So setzen 56 Prozent aller B2C-Unternehmen Facebook als das bevorzugte Medium ein, während dies im B2B-Bereich lediglich 28 Prozent sind – übrigens mit fallender Tendenz. Dafür präferieren immerhin 48 Prozent aller B2B-Firmen das berufliche Netzwerk LinkedIn, das im konsumentennahen B2C-Bereich lediglich von acht Prozent der Befragten bevorzugt genutzt wird (siehe Insert 3-27).

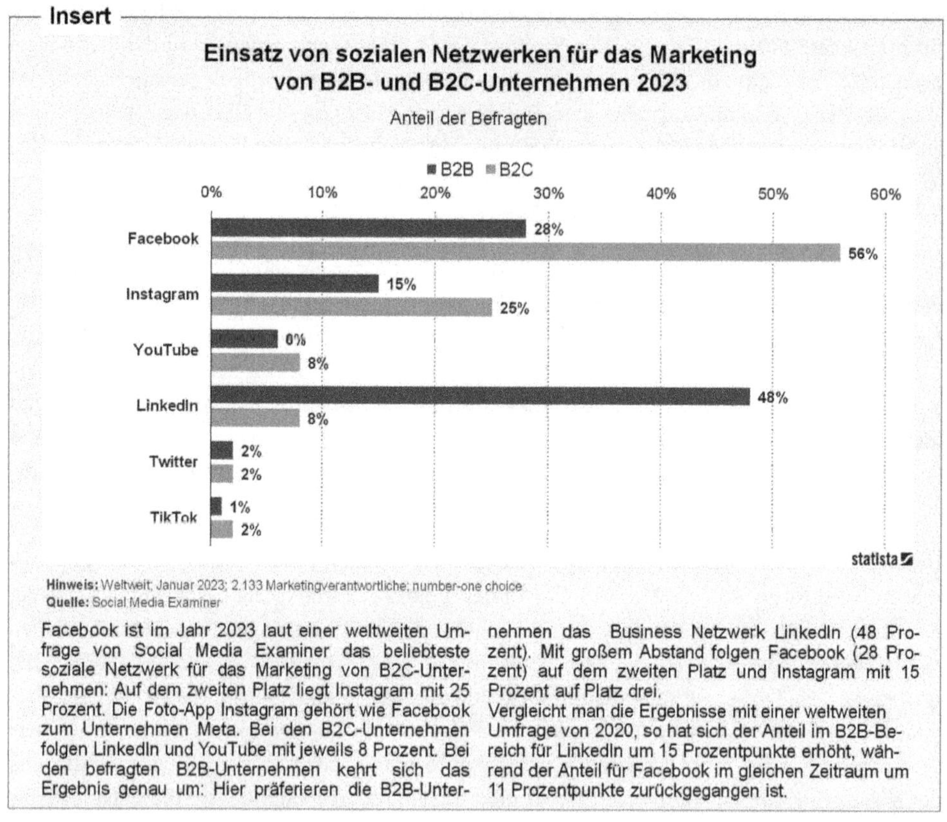

Insert 3-27: Bevorzugte Social-Media-Kanäle von B2C- und B2B-Unternehmen

Die obenstehende Abbildung zeigt aber auch in Ansätzen das zielgruppengerechte Vorgehen bei den Firmen, die erkannt haben, dass ihre geschäftlichen Kunden eben nicht so punktgenau mit Facebook zu erreichen sind und daher eher ein berufliches Netzwerk bevorzugen.

Soziale Netzwerke ermöglichen es registrierten Nutzern, eigene Profile zu erstellen und diese mit anderen Nutzern zu vernetzen. Der Fokus sozialer Netzwerke kann entweder auf privaten Kontakten (beispielsweise Facebook) oder geschäftlichen Kontakten (beispielsweise Xing oder LinkedIn) liegen.

Professionelle Netzwerke wie Xing oder LinkedIn dienen gezielt dem Austausch zwischen Geschäftspartnern, Mitarbeitern sowie zwischen Bewerbern und Unternehmen. Sie bieten die

Vorzüge und Kommunikationsmöglichkeiten eines Social Networks, setzen dabei jedoch im Gegensatz zu Facebook (noch) ganz auf Seriosität der Inhalte. Im deutschsprachigen Raum zählt Xing 21,5 Millionen Nutzer. Ein Teil der Nutzer pflegt den aktiven Kontakt zu anderen Mitgliedern, der andere Teil benutzt das Netzwerk eher als digitales Adressbuch. Xing dient vornehmlich dem **Ausbau des beruflichen Netzwerkes**, der Jobsuche und Kontaktverwaltung. International ist LinkedIn mit seinen weltweit über 930 Millionen registrierten Nutzer wesentlich bedeutungsvoller. Aber auch im deutschsprachigen Raum haben die rund 19 Millionen LinkedIn-Nutzer – wenn man die Anzahl der Visits zugrunde legt – Xing bereits überholt. LinkedIn ist in **drei Säulen** gegliedert: den Bereich *Network*, der dem Auf- und Ausbau des eigenen Netzwerkes dient, den Bereich *Opportunity*, der Unterstützung bei der Weiterbildung und beruflichen Neuorientierung bieten soll, sowie den Bereich *Knowledge*, der den internen Nachrichtendienst und die Wissensvermittlung durch andere Mitglieder umfasst [Quelle: Computerwoche 28.12.2023].

Advertorials. Ein Advertorial ist die redaktionelle Aufmachung einer (getarnten) Werbeanzeige, die den Anschein eines redaktionellen Beitrages erwecken soll (siehe Abbildung 3-46). Der Begriff ist eine Verschmelzung von advertisement & editorial. Auch bei diesem Kommunikationsinstrument liegen die Vorteile gegenüber einer klassischen Werbeanzeige auf der Hand – es handelt sich letztlich um „getarnte" Werbung im Blickfeld des Users. Es bietet dem werbenden Unternehmen die Möglichkeit, den potenziellen Kunden direkt und zielgruppengerecht anzusprechen, denn der Leser bekommt Informationen innerhalb seines gewohnten, redaktionellen Umfeldes präsentiert und ist so wesentlich aufnahmebereiter, als er es bei offensichtlicher Werbung wäre.

Ein weiterer Vorteil eines Advertorials unter dem Gesichtspunkt der Suchmaschinenoptimierung ist die zusätzliche Verlinkung auf die eigene Website, die damit im Ranking nach oben steigt. Allerdings ist hier gegenüber Google eine offensichtliche Kennzeichnung als Sponsored Post erforderlich [vgl. Mühlenhoff/Hedel 2015, S. 527].

Display Advertising. Bei der Display-Werbung – manchmal auch als Display-Marketing bezeichnet – handelt es sich um die Bewerbung von Produkten, Dienstleistungen oder Marken durch visuell ansprechende Werbeanzeigen, die auf digitalen Plattformen präsentiert werden. Diese Anzeigen bestehen aus einer Kombination aus Text und Bild, die die Aufmerksamkeit von Website-Usern auf sich zieht und sie zum Handeln animieren sollen. Display-Werbung versucht, durch ansprechendes Bildmaterial, überzeugende Botschaften und strategische Platzierung Benutzende anzusprechen und Interesse an einer Anzeige zu wecken [vgl. Adobe 2023].

Allgemein bekannte Beispiele für Display-Werbung sind Banner-Werbung und Pop-up-Anzeigen. Durch die Optik dieser Formate können Werbetreibende die Aufmerksamkeit von Website-Usern gewinnen und ihre Botschaften vermitteln.

Display Advertising bildet das Zentrum der Online-Werbung. Die wichtigsten Anzeigenformate sind [vgl. Adobe 2023]:

- **Banner-Werbung.** Rechteckige oder quadratische Anzeigen, die normalerweise auf einer Web-Seite oben, unten oder seitlich platziert sind.
- **Rich Media.** Interaktive Anzeigen, die Elemente wie Animationen, Audio und Videos oder erweiterbare Optionen enthalten.
- **Werbe-Clips.** Anzeigen im Videoformat, die häufig vor, während oder nach Online-Videoinhalten erscheinen.
- **Pop-up-Anzeigen.** Anzeigen, die in eigenen Fenstern oder Überlagerungen über dem Hauptinhalt platziert werden.
- **Belohnungsanzeigen.** Anzeigen, die Benutzenden Anreize bieten, wie z. B. In-Game-Prämien oder Zugriff auf Premium-Inhalte.
- **Interaktive Inhalte.** Anzeigen, die Quiz, Spiele oder Produktkonfiguratoren enthalten.

Als **Abrechnungsmodelle** dominieren einerseits der auf Reichweite/Awareness basierende Tausender-Kontakt-Preis (TKP) und andererseits der auf Interaktion (und damit auf Response) ausgerichtete Cost-per-Click (CPC). Banner haben zudem den großen Vorteil, dass sie in thematisch passenden Umfeldern geschaltet werden und damit zielgruppengenau ausgesteuert werden können.

E-Mail-Advertising. Der „klassische" elektronische Brief wird sowohl individuell zur Erzeugung von Response als auch als Massen-E-Mail insbesondere auch für die Verbreitung von Werbebotschaften (Awareness) eingesetzt. Dies geschieht in der Regel durch die Versendung eines regelmäßigen Newsletters. Dabei verursachen E-Mails im Vergleich zu traditionellen postalischen Mailings einen reduzierten Zeit- und Kostenaufwand. Einen hohen Stellenwert nimmt der Einsatz von E-Mail-Advertising im Rahmen der Kundenbindung, Kundenakquisition und dem Vertrieb ein. Werblich gesehen entspricht dies dem Adresskauf bzw. bezahlten Platzierungen, um dem Instrument auch in der werblichen Ansprache seinen Platz zu geben. Beim E-Mail-Marketing müssen zwingend rechtliche Vorgaben beachtet werden, da es andernfalls schnell zu Abmahnungen und empfindlichen Strafen kommen kann. Denn E-Mails dürfen nur auf ausdrücklichen Wunsch der Kunden und nach deren Zustimmung versandt werden. Neben der Qualität der Adressdaten spielt die Gestaltung des Werbemittels eine entscheidende Rolle. Ein klares und übersichtliches Layout, das dem Leser auf den ersten Blick zu erkennen gibt, welcher Vorteil sich aus dem Beworbenen ergibt. Die grafische Gestaltung sollte dem Corporate Design des Unternehmens entsprechen. Um der bereits angesprochenen Seriosität Ausdruck zu verleihen, sollte auch eine Abmeldemöglichkeit vom Werbemittel integriert sein. Die teilweise übermäßige oder thematisch nicht auf das Interessenspektrum des Empfängers abgestimmte Verwendung (Spam-E-Mails) hat die grundsätzliche Haltung der Nutzer zur Werbeform „E-Mail" in den letzten Jahren erheblich negativ beeinflusst. Wie auch bei allen anderen Werbemaßnahmen sollte beim E-Mail-Marketing der Erfolg verfolgt („getrackt") werden: Öffnungsraten, Klicks, Abmeldungen und Bounces liefern Aufschluss darüber. Anhand der gewonnenen Daten sollte eine Auswertung erfolgen, die wiederum der Optimierung der laufenden sowie der folgenden Kampagnen dient [vgl. Mühlenhoff/Hedel 2015, S. 530].

Keyword Advertising. Keyword Advertising oder auch **Suchmaschinenwerbung** (engl. *Search Engine Advertising – SEA*) ist eine Internet-Werbeform, bei der Textanzeigen auf den Webseiten neben und über den Suchergebnissen, abhängig von den individuellen Schlüsselwörtern (Keywords), angezeigt werden. Die Anzeigen erscheinen jeweils, wenn bei der Websuche ein Suchbegriff benutzt wird, der für das werbetreibende Unternehmen relevant und im Vorfeld definiert worden ist (Beispiel: Ein Hotel schaltet Anzeigen für den Begriff „Ferien"). Die Schaltung erfolgt deshalb unmittelbar durch den Werbetreibenden über den Direktzugriff auf Online-Verwaltungstools mit steuerbarer Zielgruppengenauigkeit. Hierzu erwirbt der Werbetreibende Keywords bei einem Suchmaschinenanbieter. Der Preis des Keywords wird durch einen Bieterprozess gebildet und hängt maßgeblich von dessen Popularität ab. Werben mehrere Werbetreibende mit dem gleichen Keyword, wird die Reihenfolge, in welcher die Werbung angezeigt wird, durch die Zahlungsbereitschaft des Werbetreibenden bestimmt. Dazu legt jeder Anzeigenkunde fest, wie viel er für einen Klick pro Suchbegriff zu zahlen bereit ist. Je mehr Mitbewerber sich für den gleichen Suchbegriff interessieren, desto höher gehen die Gebote und desto teurer wird der Klick [vgl. Binckebanck 2015, S. 249].

Das Search Engine Advertising (SEA) ist die eine Teilkomponente des **Suchmaschinenmarketings** (engl. *Search Engine Marketing – SEM*). Die andere Komponente ist die **Suchmaschinen-Optimierung** (engl. *Search Engine Optimization – SEO*). Mit ihr zielt das Unternehmen darauf ab, die eigene Website möglichst weit vorne in den „organischen" Suchergebnissen zu platzieren. Dadurch wird in der Regel eine Steigerung der Besucherfrequenz und der entsprechend nachgelagerten Maßnahmen (Shop-Verkauf, Anmeldungen etc.) angestrebt. Dabei wird versucht, die eigene Website den Algorithmen der Suchmaschinen bestmöglich anzupassen. Allerdings werden diese Algorithmen und deren genaue Zusammensetzung, die laufend optimiert bzw. verändert werden, von den Suchmaschinen nicht bekannt gegeben.

Affiliate Advertising. Beim Affiliate Advertising handelt es sich mehr um eine Online-Vertriebskooperation als um eine Werbeform im eigentlichen Sinne. Die Teilnehmer dieser Kooperation sind der Merchant (Anbieter) und Affiliate (Partner). Der Merchant stellt dem Affiliate Werbemittel oder Teile seines Angebots zur Verfügung, die dann auf den Webseiten des Affiliate (z. B. Amazon) eingebunden werden. Es entsteht eine Win-Win-Situation für beide Parteien: Der Merchant kann seine Vertriebsreichweite sowie seine Markenpräsenz steigern, der Affiliate erhält dafür eine Provision. Je nach Vereinbarung entstehen dem Merchant nur Kosten für eine von ihm festgelegte Leistung. Dies kann in Form einer Umsatzbeteiligung (Pay per Order), einer Vergütung für einen neuen Besucher (Pay per Click) oder für eine Registrierung (Pay per Lead) erfolgen [vgl. Roddewig 2003, S. 52 f.].

(3) Direktwerbung

Die Entwicklung der **Direktwerbung** begann mit dem reinen Postversandgeschäft (Direct-Mail), wobei Direct-Mail einen Distributionskanal darstellte. Die Versandhändler stellten den Kunden Kataloge oder Prospekte zur Verfügung, aus denen Waren bestellt werden konnten, die dann per Post zugestellt wurden. Direct-Mail bedeutet den Versand von Werbebriefen (Mailings). Aus diesem haben sich die Direktwerbung und daraus schließlich das E-Mail-Advertising (manchmal fälschlicherweise auch als E-Mail Marketing oder Dialog Marketing bezeichnet) entwickelt [vgl. Holland 2015, S. 4].

(4) Außenwerbung

Zur **Außenwerbung** (engl. *Out-of-Home Media*) zählen alle Werbeformen, deren Werbeträger im öffentlichen Raum platziert sind. Bei den Werbenden erfreut sich die Außenwerbung, die ja über einen bestimmten Zeitraum immer präsent ist, zunehmender Beliebtheit. Grundsätzlich können die vielfältigen Ausprägungen dieser Werbeträgergruppe in stationäre und mobile Außenwerbung eingeteilt werden.

Stationäre Außenwerbung umfasst insbesondere Plakatsäulen, Plakatwände, Lichtwerbung an Gebäuden, Prismen-Anlagen, elektronische Videoboards oder Rollenwechselsysteme. Besonderer Beliebtheit erfreuen sich in jüngerer Zeit *Mega-Werbeflächen*, die zumeist an Baugerüsten oder Fassaden angebracht sind. Solche großflächigen Plakate mit einer Größe bis zu 2.000 Quadratmeter bezeichnet man als Riesenposter (engl. *Blow Up's*). Ursprung der stationären Außenwerbung ist die Litfaßsäule, die der Berliner Ernst Litfaß 1855 als Art *„Zeitung für die Straße"* schuf (siehe Insert 3-28).

Zwei Beispiele für die klassische Außenwerbung: die Litfaßsäule (links oben) und ein Riesenposter am Berliner Ernst-Reuter-Platz (rechts oben). Darunter zwei Beispiele der Ambient Media: bedruckte Werbeflächen auf dem Kopf von Zapfpistolen an der Tankstelle (links unten) und Plakatbikes, die Autofahrer davon überzeugen sollen, auf sehr kurzen Strecken lieber mal auf's Rad zu steigen oder zu Fuß zu gehen (rechts unten).

Insert 3-28: Beispiele für Außenwerbung

Mobile Außenwerbung ist vor allem die Verkehrsmittelwerbung. Sie kommt als so genannte Traffic Boards im Außenbereich von Zügen, Bussen, Straßenbahnen, Taxis etc. zum Einsatz. Auch im Innenbereich der Verkehrsmittel können Plakate an Seiten und Heckscheiben befestigt werden. Eine Sonderform der Außenwerbung sind **Ambient Media**. Beispiele sind Werbeflächen auf dem Kopf von Zapfpistolen an der Tankstelle, im Eingangsbereich von Kinos oder Restaurants platzierte Pappaufsteller oder Werbeflächen auf den Klapptischen im Flugzeug [vgl. Meffert et al. 2008, S. 654].

3.5.3.2 Below-the-line-Instrumente

(1) Verkaufsförderung

Das Instrument der Verkaufsförderung (engl. *Sales Promotion*) verfügt flankierend zur klassischen Werbung über vielfältige Möglichkeiten zur Absatzaktivierung am Ort des Verkaufs (engl. *Point of Sale - POS*). Dabei können – vornehmlich für den B2C-Bereich – drei Stufen bzw. Zielgruppen aus Sicht des Anbieters unterschieden werden [vgl. Becker 2019, S. 587]:

- Verkäuferpromotion (engl. Staff Promotion),
- Händlerpromotion (engl. Trade Promotion),
- Verbraucherpromotion (engl. Consumer Promotion).

Bei der **Verkäuferpromotion** stehen Maßnahmen zur Verbesserung der Qualität und zur Motivation des Verkaufspersonals im Vordergrund. Zielgruppe dieser Promotionsmaßnahmen, die von Verkaufstrainings über Verkaufswettbewerbe bis hin zu Verkaufshandbüchern reichen, sind Mitarbeiter der eigenen Verkaufsorganisation.

Die **Händlerpromotion** hat die Festigung der Beziehungen zum Handel zum Ziel. Dieses kann mit Hineinverkaufsmaßnahmen (engl. *Sell-in*) oder mit Herausverkaufsmaßnahmen (engl. *Sell-out*) erreicht werden. Zu den typischen Sell-in-Maßnahmen zählen vor allem finanzielle Anreize wie Listungsgelder, Einführungsrabatte und Werbekostenzuschüsse. Sell-out-Maßnahmen sind Verkaufsförderungsmittel wie Displays, Dekorationsmaterial, Verkostungen oder Regalbeschickung und -pflege [vgl. Becker 2019, S. 591].

Maßnahmen der **Verbraucherpromotion** überschneiden sich zu einem großen Teil mit denen der Online- oder Direktwerbung. Zu den wichtigsten verbrauchergerichteten Maßnahmen zählen u. a. das Couponing (Wertgutschein wie z.B. Rabattmarken zur Einlösung eines erheblich preisreduzierten Produkts), Preisausschreiben, Gewinnspiele und Verbraucherzeitungen.

In Abbildung 3-16 sind die wichtigsten Promotionsmaßnahmen aufgeführt.

Obwohl ein Großteil der Verkaufsförderungsmaßnahmen handelsgerichtet und damit eine Domäne des B2C-Marketings ist, gewinnt diese Form der Absatzaktivierung aber auch im B2B-Bereich zunehmend an Bedeutung. Zu solchen B2B-Verkaufförderungsaktivitäten zählen:

- Prospekte und Kataloge
- Seminare und Vorträge
- Produktinformationsveranstaltungen

- Interessenten-Workshops
- Produktdemos
- Testversionen und Konfiguratoren (z. B. im Softwarebereich)
- Referenzbesuche
- Installations- und Referenzlisten
- User-Clubs.

Konsumgüterhersteller beziehen den POS bewusst in ihre Nachhaltigkeitsphilosophie mit ein. Das kann über Aufsteller, Displays oder Schütten erfolgen. Displays bestehen zum Teil aus Holz und Aufbewahrungsboxen aus recycelten Pappverpackungen. Solche Maßnahmen, die sichtbar nachhaltig sind, sollen den Shopper am POS auch emotional an die Marke binden.

Verkäuferpromotions	Händlerpromotions		Verbraucherpromotions
	Sell-in-Maßnahmen	Sell-out-Maßnahmen	
Beispiele: • Verkäuferbriefe • Verkäuferinformationen • Verkaufstrainings • Verkaufswettbewerbe • Incentives • Verkaufshandbücher	**Beispiele:** • Verkaufsbriefe • Händlerschulungen • Listungsgelder • Einführungsrabatte • Werbekosten-zuschüsse	**Beispiele:** • Displays • Dekorationsmaterial • Regalbeschickung und -pflege • Verkostungen • Probierpackungen	**Beispiele:** • Couponing • Verbraucherzeitungen • Prospekte • Preisausschreiben • Gewinnspiele • Warenproben
Verkäufergerichtete Maßnahmen zur Verbesserung der Verkaufsqualität	**Handelsgerichtete Maßnahmen zur Festigung der Beziehung zum Handel**		**Verbrauchergerichtete Maßnahmen zur Initiierung von Käufen**

Abb. 3-16: Wichtige Promotionsmaßnahmen

(2) Öffentlichkeitsarbeit

Während Werbung und Verkaufsförderung auf die Absatzaktivierung und auf die Kundenbeziehungen ausgerichtet sind, wendet sich die **Öffentlichkeitsarbeit** (engl. *Public Relations – PR)* mit ihren Aktivitäten an alle **Anspruchsgruppen** (engl. *Stakeholder*) des Unternehmens. Ziel der PR ist es, diese Gruppen (z. B. Kunden, Aktionäre, Lieferanten, Mitarbeiter, öffentliche Institutionen) über das Unternehmen zu informieren und auf diese Weise Vertrauen aufzubauen und zu erhalten. Dabei gehen die Anforderungen dieser Anspruchsgruppen heutzutage deutlich über die Profilierung des Produkt- und Leistungsprogramms hinaus und stellen die gesellschaftliche Verantwortung des Unternehmens – **Corporate Social Responsibility (CSR)** – in den Mittelpunkt. So muss eine glaubwürdige und nachhaltige Öffentlichkeitsarbeit (verkürzt auch Pressearbeit genannt) den Nachweis dieser Verantwortung in Form von sicheren Arbeitsplätzen, Engagement für die Umwelt, umweltverträglichen Produkten, Weiterbildungsangeboten u. a. erbringen [vgl. Becker 2019, S. 600 f.].

In der betrieblichen Praxis ist die Öffentlichkeitsarbeit in der Kommunikationsabteilung (Unternehmenskommunikation) organisatorisch verankert und wendet sich an zwei Zielgruppen:

- **Unternehmensinterne Öffentlichkeit** (interne Zielgruppen: Mitarbeiter, Eigentümer, Management, Betriebsrat),
- **Externe Öffentlichkeit** (externe Zielgruppen: Kunden, Presse und Journalisten, Lieferanten, Fremdkapitalgeber, Verbraucherorganisationen, Staat und Gesellschaft).

In Abbildung 3-17 sind wichtige PR-Maßnahmen den entsprechenden Ansprechpartnern der internen und externen Kommunikation zugeordnet. Grundlage und sicherlich das wichtigste Instrument der klassischen PR-Arbeit ist die **Pressemitteilung**.

Neben Pressemitteilungen bilden **Pressekonferenzen** sowie der persönliche Dialog mit Journalisten und Medienvertretern die Grundlage für eine den Unternehmenszielen entsprechende Berichterstattung im redaktionellen Teil der Medien.

Interne Kommunikation	Externe Kommunikation		
Mitarbeiter	**Kunden**	**Presse und Journalisten**	**Geschäftspartner, Investoren etc.**
• Mitarbeiterzeitschriften • Prospekte, Flyer, Broschüren • Handbücher und Dokumentationen • Berichte, Protokolle und Rundschreiben • Briefe und E-Mails • Newsletter und Informationsdienste • Aushänge, Plakate	• Kundenzeitschriften • Produkt- und Image-Broschüren • Prospekte, Flyer • Mailings • Q & A-Papiere • Newsletter und Informationsdienste • PR- und Werbeanzeigen • Plakate • Beilagen für Zeitschriften • Kataloge	• Pressemitteilungen (Pressemeldung, Presseerklärung, Pressebericht, Datenblätter, Factsheets) • Themenexposées • Pressemappen • Pressedienste und Newsletter • PR-Anzeigen • Interviews • Pressekonferenz, -gespräch, -empfang • Journalistenreisen • Presseseminar	• Geschäftsbericht • Umweltbericht • (Image-) Broschüren, Prospekte, Flyer • Mailings • Newsletter und Informationsdienste • PR- und Werbeanzeigen

Abb. 3-17: Wichtige PR-Maßnahmen und ihre Zielgruppen

Die Nutzung von Web 2.0-Applikationen und Suchmaschinen haben aber nicht nur die Möglichkeiten der Kommunikation durch das Internet für Unternehmen und Kunden, sondern auch für die eigenen **Mitarbeiter** des Unternehmens erheblich erweitert. Diese können ihre Meinungen nun auch fernab von Presse- und Kommunikationsabteilungen veröffentlichen. Zukünftig werden also immer mehr Mitarbeiter freiwillig oder unfreiwillig zu Botschaftern ihres Unternehmens bzw. der Unternehmensmarke. Auf diese (weitgehend unkontrollierbaren) Kommunikationswege müssen sich die Verantwortlichen für die Unternehmenskommunikation einstellen und vorbereiten [vgl. Lippold 2011, S. 71].

(3) Sponsoring

In engem Zusammenhang mit der Öffentlichkeitsarbeit hat sich mit dem Sponsoring ein vergleichsweise neues Kommunikationsinstrument etabliert.

Sponsoring bedeutet die systematische Förderung von Personen, Organisationen oder Veranstaltungen im sportlichen, kulturellen, sozialen oder ökologischen Bereich sowie im Bereich der Medien zur Erreichung von Marketing- und Kommunikationszielen.

Anders als bei Spenden beinhaltet Sponsoring das Prinzip von Leistung und Gegenleistung, d. h. der Sponsor stellt seine Fördermittel in der Erwartung zur Verfügung, dass der Gesponserte ihn bei dessen Aktivitäten ausdrücklich nennt. Entsprechend wird von einem Sponsorship gesprochen, wenn Sponsor und Gesponserter ein konkretes Projekt in einem bestimmten Zeitraum gemeinsam durchführen [vgl. Bruhn 2007, S. 411].

Bei der Auswahl des Sponsorings bzw. Sponsorships sollte darauf geachtet werden, dass ein Mindestmaß an Gemeinsamkeit zwischen Sponsor und gesponsertem Bereich gegeben ist, damit sich positive Imagekomponenten übertragen lassen (Imagetransfers). Mögliches Ziel der Sponsoring-Aktivitäten ist die Erhöhung des Bekanntheitsgrades, die Aktualisierung des Images oder die Dokumentation gesellschaftlicher Verantwortung. Folgende Sponsoring-Bereiche kommen in Frage [vgl. Bruhn 2007, S. 414 ff]:

- **Sportsponsoring** (mit Einzelsportlern, Mannschaften, Sportveranstaltungen und Sportarenen als Kommunikationsträger),
- **Kultursponsoring** (mit Künstlern, Kulturgruppen, Kulturorganisationen, Kulturveranstaltungen und Stiftungen als Kommunikationsträger),
- **Soziosponsoring** (mit sozialen, staatlichen, wissenschaftlichen und bildungspolitischen Institutionen als Kommunikationsträger),
- **Umweltsponsoring** (mit lokalen, nationalen und internationalen Umweltschutzorganisationen als Kommunikationsträger),
- **Mediensponsoring** (mit Fernsehen, Rundfunk, Kino und Internet-Unternehmen als Kommunikationsträger).

Sponsoring ist ein vergleichsweise kostengünstiges Kommunikationsinstrument. Durch seine überwiegende Präsenz im Freizeitbereich ist es in besonderem Maße geeignet, die häufig ablehnende Haltung von Konsumenten gegenüber der (klassischen) Werbung zu umgehen. Ein weiterer Vorteil des Sponsorings ist darin zu sehen, dass es die gesellschaftspolitische Verantwortung des Unternehmens (engl. *Corporate Responsibility*) dokumentieren kann, sofern das Verhalten des Unternehmens auch den durch das Sponsoring nach außen dokumentierten Ansprüchen gerecht wird [vgl. Bruhn 2014, S. 237].

(4) Product Placement und Product Publicity

Product Placement und Product Publicity eignen sich als Kommunikationsinstrument below-the-Line in idealer Weise, um den Nachhaltigkeitsgedanken in verschiedenen Medien zu platzieren und zu festigen.

Beim **Product Placement** werden Markenprodukte, -namen oder -logos gezielt in Video- und Filmproduktionen gegen finanzielle oder sachliche Zuwendungen integriert. Vorteil des Product Placements ist die erhöhte Authentizität des Markenauftritts, da der Nachfrager die kommunikative Beeinflussung nicht bewusst wahrnimmt [vgl. Meffert 2008, S. 689].

Mit der aktuellen Fassung des Rundfunkstaatsvertrages (RStV vom 1. April 2010), die an die EU-Richtlinie zu audiovisuellen Mediendiensten anknüpft, wird in Deutschland zum ersten Mal der Einsatz von Product Placement im Fernsehen geregelt. Danach gilt im Kern ein Verbot des Product Placement. Für bestimmte Sendeformen wie Kinofilme, TV-Serien, Fernsehfilme, Sportfilme und Sendungen der leichten Unterhaltung ist der Einsatz allerdings gestattet. In diesen Formaten darf Product Placement bei privaten Sendern gegen Entgelt, bei den öffentlich-rechtlichen Sendern in Form der unentgeltlichen Beistellung von Requisiten erfolgen. Ein striktes Verbot des Product Placement besteht für Nachrichten- und Kindersendungen, Ratgeber- und Verbrauchersendungen sowie politische Sendungen.

Im Kino dagegen ist Product Placement seit jeher erlaubt. Bekannte Beispiele sind der Alpha Romeo Spider in „Die Reifeprüfung“ (1967), die Verwendung des Apple-Logos in „Forest Gump“ (1994), Ray Ban-Sonnenbrillen in „Men in Black“ (1997), diverse James-Bond-Filme sowie die Verwendung von über 60 (!) Marken in „Sex and the City: The Movie“ (2008).

Product Publicity (auch als Produkt-PR bezeichnet) ist eine Sonderform der Öffentlichkeitsarbeit. Sie versucht, ein neues Produkt (Marke) in den redaktionellen Teilen von Publikums- oder Fachmedien einfließen zu lassen (Beispiel: Testberichte in Automobilzeitschriften).

Prinzipiell könnte man Product Publicity sogar als Vorläufer der Öffentlichkeitsarbeit ansehen, denn die ersten PR-Abteilungen sahen anfangs durchaus ihre (alleinige) Aufgabe darin, eine kostenlose Berichterstattung– im Gegensatz zu bezahlten Anzeigen oder Werbespots – in den Medien über ihre Produkte zu erreichen. Heutzutage sind die Ziele und Aufgaben der PR-Arbeit nicht nur auf den Absatzmarkt beschränkt, sondern richten sich an den Erwartungen der verschiedenen Anspruchsgruppen des Unternehmens aus.

(5) Messen, Ausstellungen, Events

Messen und Ausstellungen haben nicht nur im B2C-Bereich, sondern ganz besonders auch im B2B-Marketing einen hohen Stellenwert. Sie ermöglichen eine direkte Kundenansprache und dienen der Bekanntmachung von neuen Produkten ebenso wie der Anbahnung und Pflege von Kunden- bzw. Geschäftsbeziehungen. Die begriffliche Abgrenzung zwischen Messen und Ausstellungen ist nicht trennscharf vorzunehmen.

Messen sind fachlich, zeitlich und geografisch festgelegte Veranstaltungen, bei denen mehrere Anbieter ihr Produkt- und Leistungsangebot den Fachbesuchern (Einkäufern) präsentieren. **Ausstellungen** sind i. d. R. dem breiten Publikum zugänglich und verfolgen vornehmlich Werbe- und Informationsziele; z. T. dienen Ausstellungen – ebenso wie Messen – aber auch dem Produktverkauf [vgl. Becker 2019, S. 538 f.].

Deutschland ist weltweit der größte Messeplatz; von den 10 größten Messegeländen der Welt liegen vier in Deutschland (Hannover, Frankfurt, Köln, Düsseldorf). Jährlich werden in Deutschland zwischen 160 und 180 internationale Messen und Ausstellungen durchgeführt, die von ca. **180.000 Ausstellern** genutzt und rund **10 Mio. Besuchern** besucht werden [Quelle: AUMA 2024].

Hinsichtlich der Breite des Messeangebots kann zwischen Universal- bzw. Mehrbranchenmessen (z. B. Hannover Messe), Branchen- bzw. Fachmessen (z. B. Frankfurter Buchmesse) sowie Kongressausstellungen und Verbraucherausstellungen unterschieden werden. Darüber hinaus ist die Differenzierung in Informationsmessen und in Ordermessen von Bedeutung.

Unabhängig von Breite und Tiefe des Messeangebots wird das Thema **Nachhaltigkeit** zunehmend zum Entscheidungskriterium für Messebesucher und Messeaussteller. Klimaschutz, soziale Gerechtigkeit und Entwicklung der Nachhaltigkeit spielt eine wichtige Rolle am Messeplatz Deutschland. Messestandorte investieren 550 Millionen Euro bis 2027 in ökologische Nachhaltigkeit. Die Messebranche hat sich zum Ziel gesetzt, den eigenen ökologischen Fußabdruck kontinuierlich reduzieren. Nachhaltige Finanzierung, Lebensmittelkontrolle, nachhaltige Mobilität und die Messung von Nachhaltigkeit sind ebenfalls Themen der deutschen Messebranche [Quelle: AUMA-Trends 2023/2024].

Insert 3-29 zeigt ein Beispiel für die Einbindung auch der Zulieferfirmen (hier: Messebauer) in die Nachhaltigkeitsambitionen der deutschen Messewirtschaft.

Ein **Event** soll bestimmten Zielpersonen (Verbraucher, Händler, Einkäufer, Meinungsführer, Mitarbeiter) ziel- und konzeptkonforme Kommunikationsinhalte und Präsentationen emotional und erlebnisorientiert vermitteln.

Events haben keinen direkten Verkaufscharakter. Zielsetzung ist vielmehr, über eine hohe Aufmerksamkeit in einen Dialog mit den Zielpersonen zu treten, emotionale Erlebnisse zu vermitteln und Aktivierungsprozesse anzustoßen. Events haben üblicherweise eine begrenzte Reichweite, können aber – nicht zuletzt auch über die Teilnahme von Multiplikatoren – Grundlage für ein breit gestreutes Kommunikationsprogramm z. B. über Produktneuheiten sein.

Zwischenzeitlich hat das Thema Nachhaltigkeit einen festen Platz im Terminkalender der vielfältigen Event-Arten gefunden. So werden allein in 2024 insgesamt 32 **Nachhaltigkeits-Events** (engl. *Sustainability Events*) durchgeführt. Dieses Angebot macht den transformativen Druck auf unsere Unternehmen deutlich. Dabei sind die Themen der Nachhaltigkeitsveranstaltungen so vielfältig wie relevant. Während der Coronapandemie wurden noch viele Events remote oder hybrid durchgeführt. Der Trend geht inzwischen wieder eindeutig in Richtung zu Präsenzveranstaltungen.

Die jeweilige Veranstaltungsbezeichnung reicht dabei von Sustainability Day, Forum oder Summit über ESG-Tagung und FutureCamp und GreenTech Festival bis hin zum CSR-Kommunikationskongress. Zielgruppe bzw. Zielpersonen sind Nachhaltigkeitsmanager, Unternehmer, Berater, Investoren und Experten, die über Erfahrung in der CO_2-Bilanzierung verfügen und erstmals ihre Scope 3-Emissionen beobachten.

Insert

Beispiel für die Nachhaltigkeitsanzeige einer Messebaufirma

550 Millionen Euro Modernisierungsinvestitionen sind allein bis 2027 am Messeplatz Deutschland geplant, um der Klimaneutralität Schritt für Schritt näher zu kommen. Nächster Meilenstein ist das Jahr 2025, wenn die deutsche Messewirtschaft zu 100 Prozent Ökostrom nutzen wird. Spätestens 2040 – und damit fünf Jahre vor dem nationalen Ziel Deutschlands – will die Messebranche klimaneutral wirtschaften. Die Messebranche verankert Nachhaltigkeit fest in ihren Unternehmen und in der Zusammenarbeit mit ihren Branchenpartnern. Die deutsche Messewirtschaft macht produkt- und dienstleistungsspezifische Nachhaltigkeitskriterien zum Bestandteil ihrer Ausschreibungsprozesse. Messestände, die der Präsentation von Innovationen und Markenwelten dienen, werden als Visitenkarte der ausstellenden Unternehmen angesehen. Die deutsche Messewirtschaft wird ein Portfolio für nachhaltige Messestände erarbeiten und ihren Ausstellern aktiv anbieten. Sie wird darüber hinaus ein Anreizsystem für Aussteller zur Entscheidung für nachhaltige, mehrfach verwendbare Messestände schaffen.
[Quelle: AUMA-Trends 2023/2024]

Insert 3-29: Nachhaltigkeitsanzeige eines Messebauers

(6) Personal Branding

Mit **LinkedIn**, der wohl wichtigsten Business-Plattform, hat sich gleichzeitig auch ein neues Marketing-Instrument in Position gebracht: **Personal Branding**. Während das **Branding** bislang im deutschsprachigen B2B-Marketing überwiegend auf die Unternehmensmarke und auf die Produkte und Dienstleistungen beschränkt war, bietet sich mit Personal Branding zugleich auch die Möglichkeit, das Corporate Branding, also die Unternehmensmarke, zu unterstützen.

Personal Branding ist ein *„bewusster Prozess zur Steuerung der Wahrnehmung der eigenen Person bei einer relevanten Zielgruppe“*. Dabei geht es im Kern um die Fragestellung, wie sich eine Person anderen gegenüber präsentiert und vermarktet. Jede Person, die einen Wertbeitrag für andere leisten möchte (z.B. als Protagonist oder Vorreiter der Nachhaltigkeitsidee), kann Personal Branding betreiben. Der Wertbeitrag kann sich dabei aus den Fähigkeiten, Erfahrungen, Stärken, dem Wissen, dem Netzwerk und der Persönlichkeit im Umgang mit dem Nachhaltigkeitsthema zusammensetzen [vgl. Insight 2024, S. 16].

Im Hintergrund einer Personal Branding-Strategie steht der psychologische Effekt, dass sich Menschen über Menschen identifizieren und auf diese Weise schneller Vertrauen aufbauen können, als dies mit klassischen Firmenlogos der Fall wäre. Die Protagonisten des Personal Branding-Geschäftsmodells gehen daher davon aus, dass marketingtechnisch eine gute Chance besteht, dem Unternehmen über die Personal Brands ihrer Führungskräfte ein Gesicht und einen Wiedererkennungswert zu geben. Früher standen häufig Messen oder Branchenevents mit aufwendig designten Ständen im Vordergrund der Awarenessbildung. Entscheider und Führungskräfte werden heutzutage aber mehr und mehr durch LinkedIn als das vielleicht wirksamste Tool im B2B-Marketing erreicht [vgl. Insight 2024, S. 8 u.17].

Eine vielleicht zu starke Fokussierung auf die Zielgruppe der CEOs, die häufig einen gewissen Neid im CxO-Kreis hervorrufen kann, vor allem aber die zunehmende thematische Verwässerung des Contents von LinkedIn werden von Experten jedoch als gewisse Gefahr für das Geschäftsmodell „Personal Branding" angesehen.

3.6 Distribution – Optimierung der Kundennähe

Die Distribution ist das vierte Aktionsfeld im Rahmen des Vermarktungsprozesses. Sie umfasst im Wesentlichen die Festlegung der Distributionsformen, die Wahl der Distributionskanäle und der jeweils einzuschaltenden Distributionsorgane (Channel Policy). Die Wahl der Distributionsformen, -kanäle und -organe ist häufig eine existenzielle Entscheidung und muss in jedem Fall von der Unternehmensführung getroffen werden.

3.6.1 Führungsrelevante Aufgaben und Ziele der Distribution

Die Distribution zielt auf die Optimierung der Kundennähe:

Kundennähe = f (Distribution) → optimieren!

Die Notwendigkeit zur Optimierung der Kundennähe und dem damit verbundenen Aufbau einer schlagkräftigen Vertriebsorganisation ergibt sich zwangsläufig durch den Wunsch nach Ausweitung des potentiellen Kundenkreises. Die Optimierung hat sich daher an den Zielen des Aktionsfeldes Distribution zu orientieren. Ausgehend von den übergeordneten Umsatz- und Marktanteilszielen können bspw. folgende Zielgrößen zugrunde gelegt werden [vgl. Meffert et al. 2008, S. 563 f.]:

- Erhöhung der Marktabdeckung
- Reduzierung der Distributionskosten
- Erhöhung des Distributionsgrades
- Vermeidung distributionsspezifischer Risiken
- Kontrollierbarkeit der Distributionskanäle.

Beim Aktionsfeld Distribution steht die Frage im Vordergrund, wie die Produkte und Leistungen des Unternehmens am besten an die Kunden herangetragen werden können. Aus Sicht des anbietenden Unternehmens schließen sich an diese Frage drei Basisentscheidungen der Distribution an [vgl. Becker, J. 2019, S. 525 f.]:

- Aufbau und **Management des Distributionssystems** zur Gestaltung der Distributionskanalstruktur
- **Einsatz der Distributionsorgane** zur Auswahl, Steuerung und Motivation der mit der Akquisition zu betrauenden Personen
- **Gestaltung von Logistiksystemen** zur Überbrückung von Raum und Zeit durch Transport, Lagerhaltung und Auftragsabwicklung.

Diese Basisentscheidungen werden im B2C-Marketing teilweise grundlegend anders getroffen als im B2B-Marketing. Während im B2C-Marketing der Handel die Distributionskanäle beherrscht, ist es im B2B-Bereich eindeutig das produzierende Unternehmen. Die Distributionskanäle im B2C-Marketing verlaufen oft über viele Stufen, dafür überwiegt im B2B-Geschäft die Anzahl der Direktverkäufe. Im B2C-Marketing können sich die Kunden häufig aussuchen, über welchen Distributionskanal sie die Produkte beziehen wollen.

Grundsätzlich lässt sich das Aktionsfeld *Distribution* in die akquisitorische und in die physische Distribution unterteilen. Bei der **akquisitorischen Distribution** geht es um Entscheidungen über die Wahl des richtigen Distributionssystems mit seinen Komponenten Distributionsorgane, Distributionskanäle und Distributionsformen. Die **physische Distribution**, die hier als Distributionslogistik bezeichnet wird, befasst sich im Rahmen seiner Subsysteme Lagerhaltung, Transport und Auftragsabwicklung mit den räumlichen und zeitlichen Strukturen der Warenverteilung.

Das (akquisitorische) Distributionssystem (auch als Vertriebssystem bezeichnet) stellt die institutionelle und strukturelle Grundlage des Aktionsfeldes Distribution dar. Die Komponenten des (akquisitorischen) Distributionssystems sind die Distributionsorgane (auch Vertriebs- oder Absatzorgane), die Distributionskanäle (auch Vertriebs- oder Absatzwege) und die Distributionsformen (direkter/indirekter Vertrieb) [vgl. Homburg/Krohmer 2009, S. 830].

Abbildung 3-18 gibt einen Überblick über die Komponenten des akquisitorischen Distributionssystems.

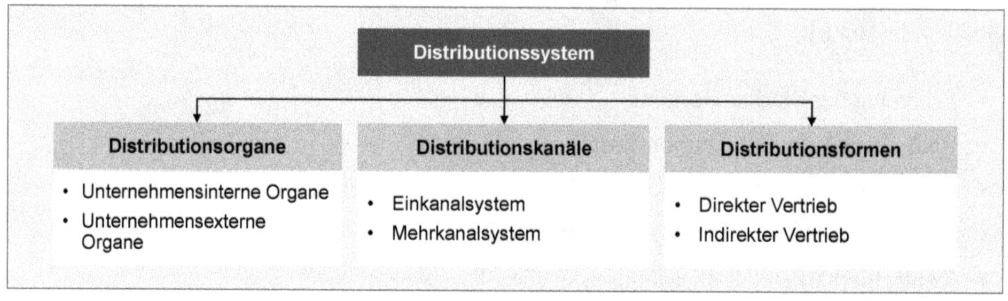

Abb. 3-18: Elemente eines Distributionssystems

3.6.1.1 Distributionsorgane

Zu den Distributionsorganen zählen alle unternehmensinternen und unternehmensexternen Personen, Abteilungen und Institutionen, die an den Vertriebsaktivitäten eines Unternehmens beteiligt sind. Unter räumlich-organisatorischen Gesichtspunkten lassen sich die unternehmensinternen Distributionsorgane in den Vertriebsinnendienst und in den Vertriebsaußendienst unterteilen.

Währung die Abteilungen der **Innenorganisation** in aller Regel zentral organisiert sind, ist der **Vertriebsaußendienst** häufig regional gegliedert und in Niederlassungen zusammengefasst. Er ist in seiner Region verantwortlich für die Akquisition von Neukunden, die Pflege des vorhandenen Kundenstamms, die Betreuung von Vertriebspartnern (z. B. Händler) sowie für das Key Account Management (Betreuung von Groß- bzw. Schlüsselkunden). Bei den vom Unternehmen unabhängigen Distributionsorganen handelt es sich um **Absatzmittler** bzw. -helfer, die rechtlich selbständig sind.

In Abbildung 3-19 sind die wichtigsten Distributionsorgane im Überblick dargestellt.

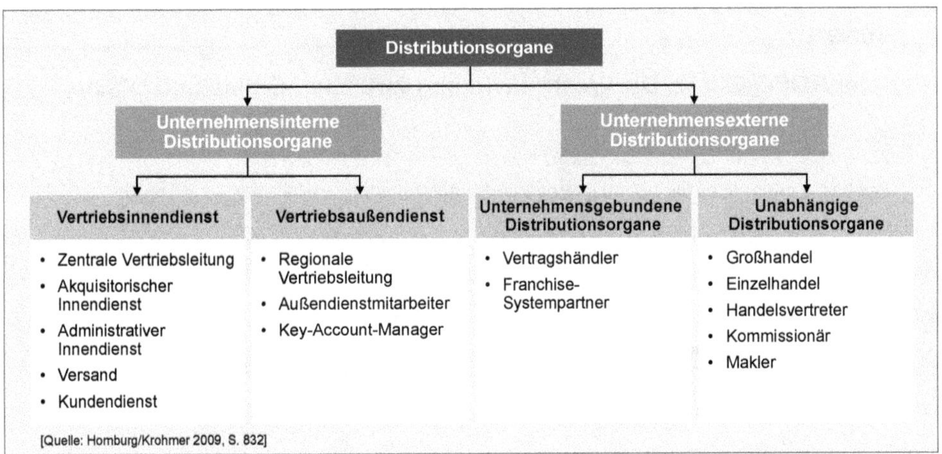

Abb. 3-19: Distributionsorgane im Überblick

3.6.1.2 Distributionskanäle

Distributionskanäle (bzw. Vertriebs- oder Absatzwege) entstehen durch die Auswahl und Kombination der obigen Distributionsorgane. Die Festlegung der Distributionskanäle ist strukturell-bindend, d. h. sie ist kurz- und mittelfristig nur mit erheblichem Organisationsaufwand und entsprechenden Kosten revidierbar. Entscheidungen im Zusammenhang mit der Auswahl der Distributionskanäle haben also **Grundsatzcharakter** [vgl. Becker, J. 2019, S. 528].

Im B2C-Marketing herrschen nach wie vor jene Distributionskanäle vor, in denen der Einzelhandel die führende Rolle bei der Vermarktung einnimmt. Die zunehmende **Konzentration im Einzelhandel** hat in Verbindung mit der wachsenden Attraktivität von Handelsmarken allerdings zu einem intensiven **Regalplatzwettbewerb** insbesondere bei schnelldrehenden Konsumgütern (engl. *Fast Moving Consumer Goods - FMCG*) geführt.

Parallel zu dieser Entwicklung gewinnt das **Internet als Distributionskanal** für Waren und Dienstleitungen ständig an Bedeutung. Dem stationären Einzelhandel macht dies zu schaffen: Die Web-Käufer decken sich in immer mehr Bereichen online mit den gewünschten Produkten ein, den Weg in den Laden finden sie aber immer seltener oder lediglich zum Aussuchen (aber nicht zum Kaufen).

Das Kleid oder die Hose im Geschäft probieren, sich dort von einer kompetenten Fachkraft beraten lassen und dann online bestellen? "Beratungsdiebstahl" ist ein Begriff, der in diesem Zusammenhang häufig fällt. Doch auch umgekehrt kann hieraus ein „Schuh" werden, denn ebenso viele Menschen informieren sich beim Kauf von Schuhen und Mode bevorzugt im Internet, um dann aber lieber im Laden zu kaufen. Interessant ist also, dass das Internet für viele Konsumenten die erste Anlaufstelle (und nicht der Abschluss) im Kaufprozess darstellt. In diesem Zusammenhang (aber auch umgekehrt) spricht man auch vom so genannten **ROPO-Effekt**: „Research Online, Purchase Offline" bzw. „Research Offline, Purchase Online".

Insert 3-30 zeigt, wie hoch der Anteil der Käufe mit dem ROPO-Effekt ist.

In der Praxis verwischen die Grenzen zwischen den Einkaufskanälen immer stärker. Viele Online-Shopper informieren sich im Geschäft, kaufen dann aber im Internet: 50 Prozent der Befragten tun das regelmäßig oder manchmal. Umgekehrt informieren sich auch viele zuerst im Internet, kaufen dann aber im Geschäft: 61 Prozent tun das mehr oder weniger regelmäßig. Weitere 39 Prozent vergleichen zumindest gelegentlich im Geschäft per Smartphone die Preise für ein Produkt oder eine Dienstleistung. Jeder Zweite (52 Prozent) hat schon mal im Gespräch mit einem Verkaufsberater auf ein günstigeres Angebot im Internet verwiesen. Bei den Kunden hat längst ein Denken und Konsumieren über die Einkaufskanäle hinweg eingesetzt. Der sogenannte Cross-Channel-Commerce ist in vollem Gange. Die Chance des Handels besteht darin, diesen neuen Ansprüchen der Verbraucher mit innovativen Lösungen gerecht zu werden. Ziel muss es sein, den Kunden möglichst überall abzuholen.

[Quelle: Bitkom-Pressemitteilung vom 13.08.2015]

Insert 3-30: Der ROPO-Effekt

In der Praxis hat sich eine Vielzahl von Distributionskanälen herausgebildet. Begünstigt durch die Möglichkeiten der Online-Vermarktung nutzen die Unternehmen mehrere Distributionskanäle für den Absatz ihrer Produkte. Solche **Mehrkanalsysteme** (engl. *Multi-Channel*) sind in sehr unterschiedlichen Branchen zu finden (z. B. Fluggesellschaften, Automobilhersteller, Versicherungsgesellschaften).

Immer mehr Verbraucher nutzen immer mehr Kanäle. Angesichts dieser Entwicklung und dem härteren „Kampf um die Regalplätze" gehen viele Unternehmen im B2C-Bereich dazu über, ihre bisherigen Distributionssysteme neu zu formieren. Sie suchen nach alternativen Distributionskanälen und sprechen die Kunden gleichzeitig über Internet, Fachhandel, Discounter oder auch über den Versandhandel an. Vorbei sind deshalb die Zeiten, in denen Händler nur über einen einzelnen Kanal verkaufen. Kunden fordern schon heute intelligente und kundenorientierte Konzepte, die dem Verbraucher an jedem Berührungspunkt seiner „Customer Journey" einen echten Mehrwert bieten – ohne Kanalbrüche.

Allerdings bergen solche Mehrkanalsysteme auch eine Reihe von Konflikten und damit Risiken in sich. **Konflikte** treten immer dann auf, wenn in Wettbewerb stehende Absatzkanäle inkompatible Ziele verfolgen und mit ungenügenden Ressourcen ausgestattet sind. Konflikte können dabei sowohl im horizontalen Wettbewerb als auch im vertikalen Wettbewerb stattfinden. Die Chancen und Risiken von Mehrkanalsystemen sind in Abbildung 3-20 gegenübergestellt.

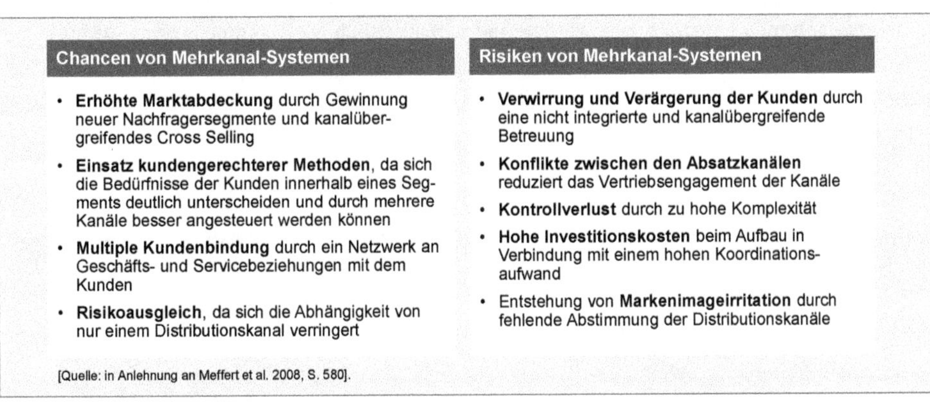

Abb. 3-20: Chancen und Risiken von Mehrkanalsystemen

3.6.1.3 Distributionsformen

Die Distributionsform steht in einem unmittelbaren Zusammenhang mit den Distributionskanälen und betrifft die Auswahlentscheidung zwischen direktem und indirektem Vertrieb.

Der **direkte Vertrieb** ist dadurch gekennzeichnet, dass der Hersteller den Absatz seiner Produkte in eigener Regie, d. h. mit seinen unternehmenseigenen Distributionsorganen durchführt. Der Vertrieb erfolgt über eigene Verkaufsabteilungen, Verkaufsniederlassungen, den eigenen Außendienst mit sog. Reisenden sowie über das Internet. Der direkte Vertrieb ist für die Herstellerunternehmen des B2B-Bereichs erst durch die Möglichkeiten des Internets wieder interessant geworden.

Der direkte Vertrieb ist mit Abstand der wichtigste Distributionskanal im B2B-Marketing. Da der Hersteller in diesem Fall keine Handelsstufe integriert, wird auch vom Null-Stufenkanal gesprochen. Einer der Hauptgründe für den Vertrieb über die eigene Organisation sind die erforderlichen **Kenntnisse** beim Vertrieb von erklärungs- bzw. beratungsintensiven Produkten. Um hochgesteckte Distributionsziele zu erreichen, reicht es somit nicht aus, die Vertriebsorganisationen rein zahlenmäßig auf- bzw. auszubauen. Es ist vielmehr zusätzlich zu gewährleisten, dass die Vertriebsmitarbeiter den hohen Informations- und Beratungsansprüchen mit einem umfassenden Wissensstand und hinreichender **Qualifikation** entsprechen [vgl. Strothmann/Kliche 1989, S. 17 f.].

Demgegenüber schaltet der Hersteller beim **indirekten Vertrieb** bewusst unternehmensfremde, rechtlich selbständige Distributionsorgane ein. Wird nur eine externe Handelsstufe (z. B. nur der Einzelhandel) eingeschaltet, so spricht man von einem einstufigen indirekten Vertrieb. Ein zwei- oder mehrstufiger Vertrieb liegt vor, wenn zwei oder mehrere Handelsstufen für den Absatz eines Produktes in Anspruch genommen werden. Wichtige **Absatzmittler** im B2C-Marketing sind Groß- und Einzelhandel, Handelsvertreter, Kommissionäre und Makler.

Obwohl der direkte Vertriebsweg im B2B-Geschäft vorherrscht, gibt es aus Sicht der Herstellerunternehmen mehrere Optionen, Produkte und Leistungen auch indirekt zu distribuieren. Der indirekte Vertrieb liegt dann vor, wenn in die Distributionskette zwischen Hersteller und Endabnehmer unternehmensfremde, rechtlich und wirtschaftlich selbständige Absatzmittler eingeschaltet werden. So dominiert im B2B-Marketing der **Vertrieb über Großhändler/Distributoren**, über **Value Added Reseller** (VAR), über **Original Equipment Manufacturer** (OEM) oder über **Strategische Allianzen.** Abbildung 3-21 zeigt die wichtigsten Distributionsformen im Überblick.

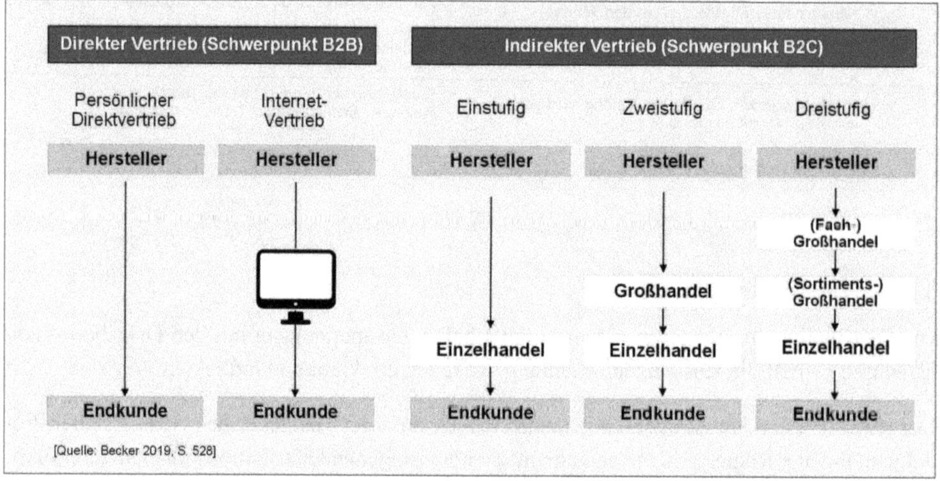

Abb. 3-21: Wichtige Distributionsformen

3.6.2 Nachhaltigkeit der Distributionskanäle

Nach der inhaltlichen Betrachtung von Funktionen und Struktur der Distributionsorgane, -kanäle und -formen geht es nun darum, die Nachhaltigkeit der Distributionskanäle einzuschätzen.

Die Distributionskanäle im B2B-Marketing sind einerseits durch den stationären Einzelhandel und andererseits durch den Online-Handel geprägt. 2021 wurde eine Studie zur **wahrgenommenen Nachhaltigkeit der Vertriebskanäle** durchgeführt. Befragt wurden 2.084 Personen. Die Mehrheit hält stationäre Geschäfte für nachhaltiger (44 Prozent). Lediglich 13 Prozent die Onlineshops. Beide Vertriebskanäle gleichauf sehen 32 Prozent der Befragten (siehe Insert 3-31).

Die geringere Einschätzung der Nachhaltigkeit im Online-Handel wird häufig am **Retourenmanagement** festgemacht. Mit diesem Thema hat sich eine Forschungsgruppe der Universität Bamberg befasst und 411 europäische Online-Händler in 2022 befragt. Ein wesentliches Ergebnis ist, dass Deutschland die höchsten Retourenquote in Europa hat. Das Bamberger Forschungsteam nennt drei Ursachen dafür [vgl. Otto-Friedrich-Universität Bamberg 2022]:

- Viele Deutsche bestellen Waren per Rechnung (28,8 Prozent). Das führt zu höheren Retourenquoten (Rechnungsanteil in der restlichen EU: 9,9 Prozent).
- Deutsche Online-Händler gewähren sehr kulante Rücksenderegeln. Die Rückgabefrist beträgt in der Stichprobe im Schnitt 51,7 Tage (Frist in der restlichen EU: 28,1 Tage).
- In Deutschland ist die Rücksendung in der Regel kostenlos, wie 88,7 Prozent der befragten Online-Händler bestätigten (Kostenlose Rücksendungen in der restlichen EU: 52,4 Prozent).

Daraus ergibt sich schließlich die Frage, welche Umweltauswirkungen mit diesem Retourniervorhalten einhergehen? Die befragten Unternehmen gaben den ökologischen Fußabdruck mit ca. 1500 Gramm CO_2-Äquivalenten für jeden zurückgesandten Artikel an. Danach hätten allein die Retouren des Jahres 2021 in Deutschland ca. 795.000 t CO_2-Äquivalente verursacht. Diese Menge entspricht 5,3 Milliarden Kilometer, die ein PKW durchschnittlich zurücklegt. Allerdings gaben 80 Prozent der befragten Online-Händler an, dass sie den ökologischen Fußabdruck gar nicht erfassen. Den CO_2-Fußabdruck der Rücksendungen messen weniger als fünf Prozent [vgl. Otto-Friedrich-Universität Bamberg 2022].

Eine im Jahr 2021 in Deutschland durchgeführte Umfrage ergab, dass 44 Prozent der Verbraucher den stationären Handel für nachhaltiger hielten als Online-Einzelhandelskanäle, während weitere 32 Prozent physische Geschäfte für genauso nachhaltig hielten wie Online-Shops [Quelle: Statista 2021].

Insert 3-31: Wahrgenommene Nachhaltigkeit von Vertriebskanälen im Einzelhandel

Mit **E-Commerce** (auch Internet-Handel oder Online-Handel) wird die Vermarktung von Produkten und Dienstleistungen über das Internet bezeichnet, wobei der Bestellvorgang via Datenfernübertragung erfolgt.

Der E-Commerce-Markt in Deutschland ist in den letzten Jahren um ein Vielfaches gewachsen und hatte im Jahr 2009 bereits einen größeren Umsatz als der Katalogversandhandel erzielt. Allerdings erfolgt das Wachstum des Online-Handels nicht allein durch Umschichtungen innerhalb des Distanzhandels und damit auf Kosten des traditionellen Versandhandels, sondern vor allem zu Lasten des stationären Einzelhandels. Die umsatzstärkste Warengruppe im

Internet-Handel ist das Segment Bekleidung. Auf Platz zwei folgen Elektronikartikel und Telekommunikation. Vervollständigt wird die Riege der Top drei Sortimentsbereiche durch Bücher und E-Books. Der mit Abstand größte Online-Anbieter ist Amazon, gefolgt von Otto und Zalando (siehe Insert 3-32).

Insert

"Die Zeiten des Wachstums im deutschen Online-Handel sind vorerst vorbei", heißt es in der Pressemitteilung zur 15. Ausgabe der zusammen mit dem EHI erstellten Studie zum deutschen E-Commerce-Markt. Die Einnahmen der 1.000 umsatzstärksten B2C-Onlineshops sind im vergangenen Jahr um 2,8 Prozent zurückgegangen. Gleichwohl hat sich in der Spitzengruppe nur wenig getan. Die Nummer eins auf dem Markt ist weiterhin Amazon. 14,4 Mrd. Euro* Umsatz konnte der Versandhändler 2022 hierzulande erwirtschaften - das entspricht einem Minus von 8,2 Prozent. Mit weitem Abstand folgen otto.de (4,5 Mrd. Euro) und zalando.de (2,6 Mrd. Euro). Neu in den Top 10* ist der Modeshop aboutyou.de (895 Millionen Euro). Das stärkste Wachstum unter den Top-10 verzeichnet apple.com mit einem Plus von 18,2 Prozent,
[Quelle: Statista 2020 vom 10.10.2023]

Insert 3-32: Die größten deutschen Online-Händler

3.7 Akquisition – Optimierung der Kundenakzeptanz

Bei der Systematisierung der Aktionsfelder der hier zugrunde liegenden Marketing-Gleichung bestehen hinsichtlich der persönlichen Akquisition durchaus Abgrenzungsprobleme. So ließe sich die persönliche Akquisition bzw. der persönliche Verkauf auch im Zusammenhang mit der Kommunikation oder mit der Distribution behandeln.

Darüber hinaus kann festgestellt werden, dass sich die Unternehmensführung gerade auch bei mittelständischen Unternehmen in die Akquisitionen, d.h. in den persönlichen Verkauf einschaltet und Verantwortung übernimmt.

3.7.1 Führungsrelevante Aufgaben und Ziele der Akquisition

Ist im Rahmen der Distribution die Kundenkontaktierung optimiert, so geht es in der (persönlichen) Akquisition darum, die vorhandenen Kundenkontakte zu qualifizieren und in Aufträge umzumünzen. Die Akquisition, das fünfte Aktionsfeld im Vermarktungsprozess, zielt damit auf die Optimierung der Kundenakzeptanz:

Kundenakzeptanz = f (Akquisition) → optimieren!

Insbesondere bei erklärungsbedürftigen Produkten und Leistungen zählt der persönliche Verkauf zu den wirksamsten, aber zugleich auch zu den teuersten Kommunikationsinstrumenten.

In vielen Branchen ist die Akquisition, also der **persönliche Verkauf** (engl. *Personal Selling*) hauptverantwortlich für den Markterfolg. Dies gilt aber nicht nur für die Vermarktung der allermeisten Produkte im B2B-Marketing, sondern auch beim Verkauf erklärungs- und beratungsbedürftiger Produkte gegenüber Privatkunden (z. B. Finanzdienstleistungen, Autos, Immobilien). Zudem kommt im B2C-Bereich der persönliche Verkauf überall dort zum Tragen, wo die eigene Vertriebsorganisation im Rahmen der Distributionskanäle direkt auf den nächsten Verwender trifft. So muss ein Markenartikelhersteller bspw. mit dem Zentraleinkauf von Warenhäusern oder Handelsketten über Abnahmemengen sowie Preise und Konditionen verhandeln oder Jahresgespräche über Verkaufsförderungsaktionen führen. Solche Jahresgespräche zielen allerdings nicht auf den direkten Verkauf der Produkte. Sie sind vielmehr eine Vorstufe, um z.B. mit der Listung eines neuen Produkts in den Handelsbetrieben oder im Rahmen einer Weihnachtsaktion erst die Möglichkeit für das Herstellerunternehmen eröffnet, dass die Produkte in die Regale kommen und dann in größeren Stückzahlen verkauft werden können.

In Abbildung 3-22 sind diese Schnittstellen, an denen der persönliche Verkauf auch für den Konsumgüterbereich von Bedeutung ist, besonders gekennzeichnet.

Die Durchführung der Akquisition, also des persönlichen Verkaufs, obliegt in funktionaler Hinsicht der Verantwortung der Verkaufsorganisation. Hier kommt die in der Praxis übliche organisatorische Trennung zwischen Marketing und Vertrieb zum Ausdruck – und zwar sowohl im B2C- als auch im B2B-Marketing.

So wird das Marketing von Konsumgütern vom Produkt- oder Brandmanagement unter Federführung der Marketingleitung wahrgenommen. Die personal- und kostenintensive Verkaufsorganisation, deren Kern sich aus Reisenden und Handelsvertretern des Außendiensts zusammensetzt, ist dagegen dem Vertriebsleiter unterstellt. Um das Kundenpotenzial bei Großkunden (z. B. Warenhäuser oder Ketten) optimal ausschöpfen zu können, sind Key Account Manager in Verbindung mit Category Managern ebenfalls der Vertriebsleitung zugeordnet [vgl. Runia et al. 2011, S. 286].

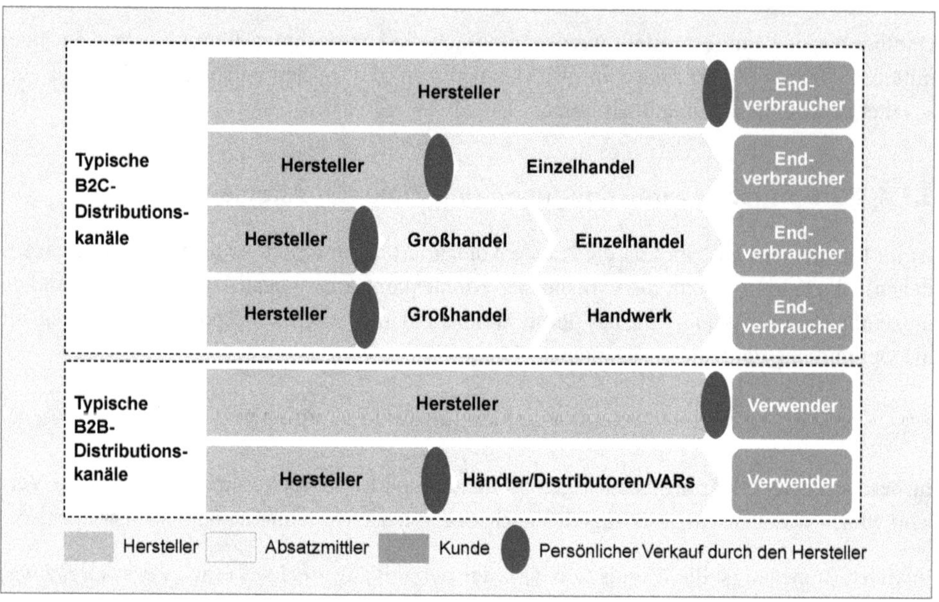

Abb. 3-22: Persönlicher Verkauf durch den Hersteller

Im B2B-Marketing hängt – mehr noch als im B2C-Bereich – die konkrete Ausgestaltung von Marketing und Sales von der Größe des Unternehmens, der Beratungs- und Erklärungsbedürftigkeit der Produkte und Dienstleistungen und der individuellen Kundenstruktur ab. Während die strategischen Marketingfragen zumeist in der Geschäftsführung (teilweise mit externer Unterstützung von Beratern oder des Marketings) behandelt werden, liegen die operativen Marketingaufgaben mit dem Kampagnen- und Event-Management vollständig in der Verantwortung der Marketingleitung. Das Lead- und Kundenmanagement ist – mit Unterstützung der Key-Account-Manager – wiederum der Vertriebsleitung zugeordnet (siehe Abbildung 3-23).

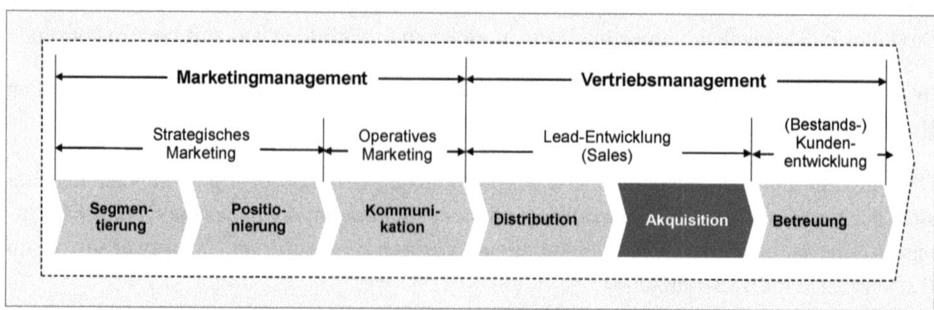

Abb. 3-23: Aufgabenzuordnungen in Verbindung mit der Marketing-Gleichung

Grundsätzlich lässt sich festhalten, dass das Aktionsfeld *Akquisition* eine dominierende Stellung und Bedeutung in Firmenkundenmärkten (B2B) und weniger in Endkundenmärkten (B2C) hat, denn in B2B-Märkten sind Einkaufsentscheidungen deutlich komplexer und von längerer Dauer. Ebenso wie das Marketing sind auch Systematik, Begriffe und Vorgehensweise des klassischen "Verkaufens" sehr stark von der englischsprachigen Literatur geprägt.

3.7.2 Akquisitionszyklus, Akquisitionsprozess und Akquisitionsgespräch

Der **Akquisitionszyklus** (engl. *Sales Cycle*) befasst sich mit den vertrieblichen Aktivitäten innerhalb eines Zeitraumes, der sich vom Erstkontakt mit einem Interessenten bzw. Kunden bis zum Auftragseingang oder der Ablehnung eines Angebotes erstreckt. Der Akquisitionszyklus ist kein standardisierter Prozess, sondern kann von Branche zu Branche, von Unternehmen zu Unternehmen und von Kunde zu Kunde unterschiedlich sein. Die Verschiedenheit betrifft die Inhalte, aber auch die Dauer. So ist ein relativ langer Akquisitionszyklus das besondere Merkmal von stark erklärungs- und unterstützungsbedürftigen Produkten. Neben Entscheidungstragweite und Risiko dürfte die Länge des Akquisitionszyklus auch von der Anzahl der am Entscheidungsprozess beteiligten Personen (bzw. von der Größe des Buying Centers) abhängen. Im Geschäftskundenbereich und bei Systemprodukten kann der Sales Cycle durchaus mehrere Monate oder auch ein Jahr dauern [vgl. Lippold 1993, S. 233].

Die beiden Prozesse, die den Akquisitionszyklus bestimmen, sind der Leadmanagement-Prozess sowie der eigentliche Akquisitionsprozess, wobei die Grenze zwischen dem **Leadmanagement** und den nachfolgenden Sales-Prozessen, die zuweilen auch als **Opportunity Management** bezeichnet werden, nicht klar zu ziehen ist. Abbildung 3-24 gibt einen Überblick über die verschiedenen Begrifflichkeiten und Prozesse im Vertriebsmanagement.

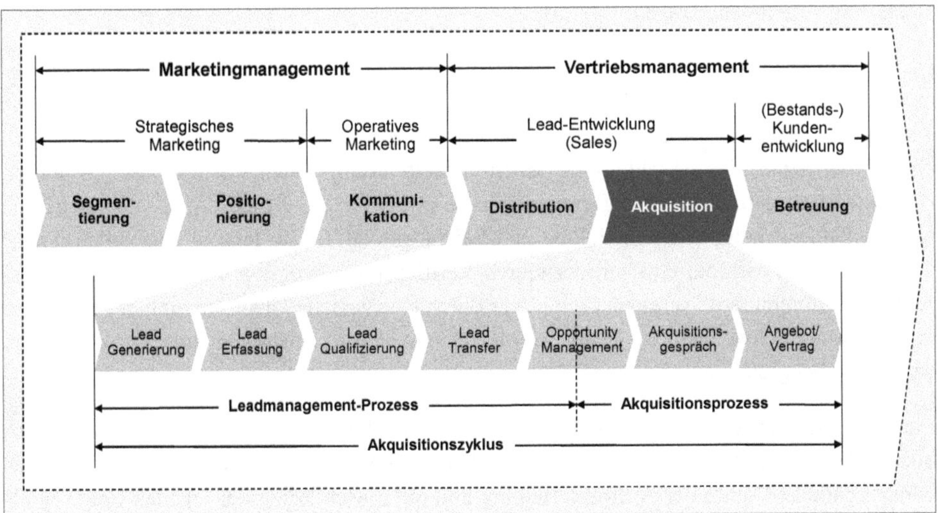

Abb. 3-24: Begrifflichkeiten und Prozesse im Vertriebsmanagement

In Anlehnung an das englische Wort „Lead“, das für Hinweis oder Anhaltspunkt steht, wird die systematische Kundenidentifizierung und -verfolgung als **Leadmanagement** bezeichnet.

Dabei ist das Leadmanagement nicht auf Interessenten bzw. Neukunden beschränkt, denn auch bei bestehenden Kunden können sich neue Geschäftspotenziale ergeben.

Leadmanagement ist die Generierung, Qualifizierung und Priorisierung von Interessenbekundungen der Kunden mit dem Ziel, dem Vertrieb werthaltige Kontakte bereitzustellen [vgl. Leußer et al. 2011, S. 632].

Der **Leadmanagement-Prozess** umfasst folgende Stufen:

- **Lead Generierung**
- **Lead Erfassung**
- **Lead Qualifizierung**
- **Lead Transfer** (Übergang des Leads in den Vertrieb zur Kundengewinnung).

Die erste Phase im Prozess ist die **Lead Generation**. Hier werden erste Informationen von Interessenten gesammelt, die als Ausgangspunkt für eine Kundengewinnung dienen. Zur Erstellung eines Leads kommt es über verschiedene Kontaktkanäle, wie z.B. Web, Telefon, E-Mail, Filialen oder über Marketing-Kampagnen. Initialzündung der Lead Generation ist somit das Kampagnen-Management, für das das Marketing (und nicht der Vertrieb) verantwortlich zeichnet [vgl. Bitkom 2010, S. 18 f.].

Über diese Kanäle erhält das Unternehmen die Daten des Interessenten (Anschrift, Branche, Unternehmensgröße etc.). Je nach Channel der Werbekampagne erfolgt die Antwort des Kunden auf unterschiedliche Weise (Ausfüllen von Web-Formularen oder gedruckten Antwortkarten, Anrufe bei einer Hotline, Besuche in einer Filiale etc.). Diese Daten werden in der **Lead Erfassung** zusammengetragen.

Nach der Lead Erfassung reichert der Vertrieb die Leads mit weiteren Informationen wie demografische und psychografische Daten an. Im Rahmen der **Lead Qualifizierung** erfolgt eine Klassifizierung der Leads nach der Dringlichkeit der Bearbeitung. Besonders wichtig ist auch eine Einschätzung der Abschlusswahrscheinlichkeit. Damit sollen die wirklich ernsthaften Kontakte herausgefiltert werden. Der mangelhafte Erfolg vieler Vertriebsorganisationen gerade im Geschäft mit komplexen Produkten und Leistungen (B2B) ist ganz offensichtlich darauf zurückzuführen, dass ein Großteil der teuren Vertriebsressourcen mit der Verfolgung so genannter „Luftnummern" vergeudet wird. Nur durch eine gezielte Qualifizierung der Kontakte, in der bewusst Schwellenwerte gesetzt werden, lassen sich Akquisitionen kostengerechter und damit rentabel gestalten.

Eine gute Möglichkeit für eine Qualifizierung von Kontakten ist die ABC-Analyse, die in Abbildung 3-25 dargestellt ist. In dem Beispiel dienen der Status des Akquisitionsprozesses, das voraussichtliche Datum der Auftragserteilung und die Einschätzung der eigenen Chancen als Kriterien und damit als Schwellen für die jeweilige Bewertung und Einstufung der Kontakte.

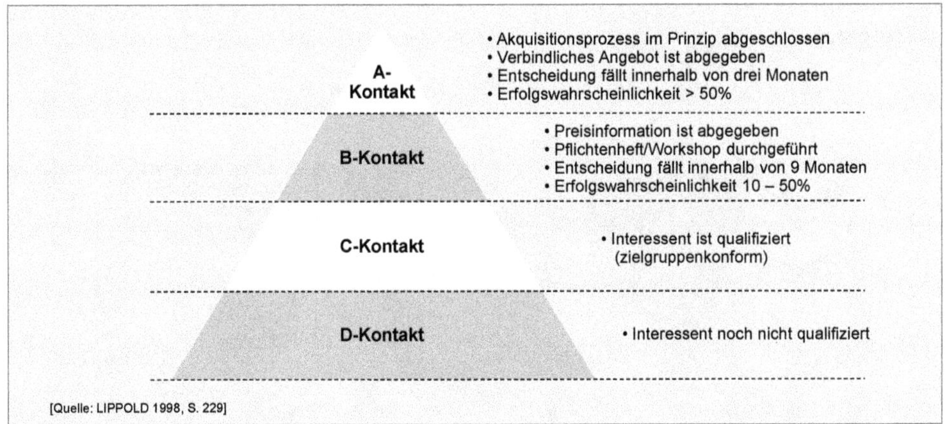

Abb. 3-25: ABC-Analyse bestehender Kontakte im B2B-Bereich (Beispiel)

Die im Marketing generierten und im Vertrieb qualifizierten Kontakte müssen nun in den Sales Prozessen weiterbearbeitet werden. Dazu ist es erforderlich, die Leads an diejenigen Vertriebsmitarbeiter weiterzuleiten, die diese bearbeiten sollen (Lead Transfer).

Heutzutage übernehmen moderne **Customer Relationship Management-Systeme** die Analyse und Verfolgung bestehender Kontakte. Dabei erfolgt die Verwaltung und Dokumentation von Geschäften in Anbahnung nach den einzelnen Stufen (engl. *Stages*) des Sales Cycle. Auf diese Weise ist es möglich, Vertriebsanalysen, Auftragswahrscheinlichkeiten und Erfolgsquotenmessungen je Kontaktstufe vorzunehmen. Ein so eingerichtetes **Pipeline Performance Management** erlaubt überdies periodenspezifische Vertriebsprognosen anhand der Bewertung der ungewichteten oder gewichteten Vertriebspipeline auf jeder Kontaktstufe.

In Insert 3-33 ist der Sales Cycle auf der Grundlage von sieben Kontaktstufen beispielhaft dargestellt. Der Sales Cycle hat die Form eines „Vertriebstrichters" (engl. *Sales Funnel*). Während in Stufe (Stage) 1 sämtliche Kontakte als Leads des Unternehmens erfasst sind, verdünnt sich der Trichter stufenweise bis zur Stufe 7, in der nur noch jene Kontakte enthalten sind, die eine hohe Auftragswahrscheinlichkeit besitzen und bei denen die Akquisition prinzipiell abgeschlossen ist.

Es hat sich dabei durchgesetzt, die einzelnen Kontaktstufen eines Sales Cycle in Form eines „**Vertriebstrichters**" abzubilden. Allerdings ist diese Bezeichnung im Grunde genommen verwirrend, denn bei einem Trichter kommt alles, was man oben in ihn hineingegeben hat, auch unten wieder heraus. Das ist beim Akquisitionsprozess ganz anders, denn auf jeder Kontaktstufe werden Interessenten herausgefiltert und erreichen nicht die nächste Kontaktstufe. Daher wäre „**Vertriebsfilter**" die treffendere Bezeichnung [vgl. Lippold 2016a, S. 274].

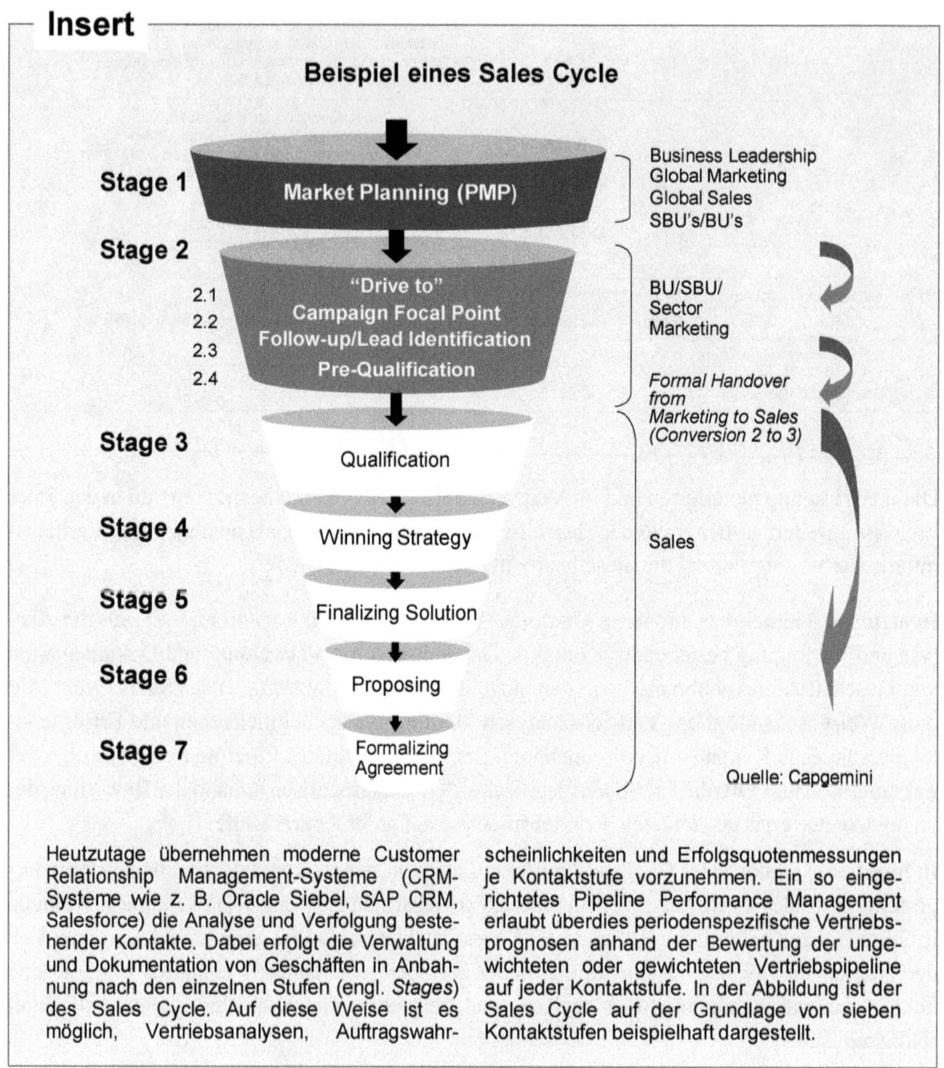

Heutzutage übernehmen moderne Customer Relationship Management-Systeme (CRM-Systeme wie z. B. Oracle Siebel, SAP CRM, Salesforce) die Analyse und Verfolgung bestehender Kontakte. Dabei erfolgt die Verwaltung und Dokumentation von Geschäften in Anbahnung nach den einzelnen Stufen (engl. *Stages*) des Sales Cycle. Auf diese Weise ist es möglich, Vertriebsanalysen, Auftragswahrscheinlichkeiten und Erfolgsquotenmessungen je Kontaktstufe vorzunehmen. Ein so eingerichtetes Pipeline Performance Management erlaubt überdies periodenspezifische Vertriebsprognosen anhand der Bewertung der ungewichteten oder gewichteten Vertriebspipeline auf jeder Kontaktstufe. In der Abbildung ist der Sales Cycle auf der Grundlage von sieben Kontaktstufen beispielhaft dargestellt.

Insert 3-33: Beispiel eines Sales Cycle

Der **Akquisitionsprozess** zählt zum Kern der Geschäftsprozesse eines Unternehmens, weil er sich durch direkten Kundenkontakt oder durch Unterstützung des Kundenkontakts auszeichnet. Die Kommunikation mit dem (potenziellen) Kunden erfolgt über Customer Touch Points wie Verkaufsmitarbeiter aber auch Call Center oder Website. In erster Linie ist der Akquisitionsprozess, so wie er hier dargestellt wird, aber für das B2B-Geschäft relevant. Diese Relevanz gilt aber nicht nur für die eigentliche Vertriebsmannschaft, sondern ganz besonders auch für die Unternehmensführung, die sich sehr häufig in das wichtige, weil existenzielle Vertriebsgeschehen mit einschalten muss.

Im Mittelpunkt des B2B-Akquisitionsprozesses steht das **Akquisitionsgespräch** (auch **Verkaufsgespräch**), das sehr häufig (zumindest in Teilen) mehrfach durchgeführt wird.

Im Folgenden werden sechs Phasen unterschieden (siehe Abbildung 3-26), die im Verkaufsgespräch durchlaufen werden und die einen vorgedachten Gesprächsaufbau im Sinne eines strukturierten Verkaufsgesprächs darstellen [vgl. Heitsch 1985, S. 181 ff.]:

- Gesprächsvorbereitung
- Gesprächseröffnung
- Bedarfsanalyse
- Nutzenargumentation
- Einwandbehandlung
- Gesprächsabschluss.

Wesentlich dabei ist, dass diese Phasen nicht zwingend in obiger Reihenfolge durchlaufen werden müssen. So kann es sein, dass die eine oder andere Phase übersprungen werden kann. Prinzipiell sollte sich aber jeder Verkäufer im Vorfeld eines Akquisitionsgesprächs darüber im Klaren sein, dass die Punkte, die in diesen Phasen zu berücksichtigen sind, im Verkaufsgespräch auch tatsächlich auf ihn zukommen.

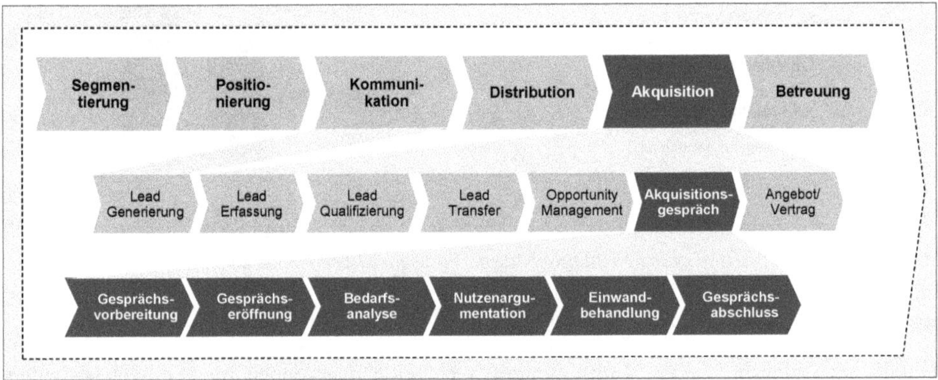

Abb. 3-26: Phasen des Akquisitionsgesprächs

3.7.3 Akquisitionscontrolling

3.7.3.1 Effizienzsteigerung im Vertrieb

Der unternehmenseigene Außendienst zählt zweifellos zu den bedeutendsten Kostenfaktoren im Vermarktungsprozess. Mögliche Ansatzpunkte, um die Wirtschaftlichkeit im Vertrieb zu steigern, sind:

- Straffung der administrativen Abläufe
- Förderung der Zusammenarbeit zwischen Innen- und Außendienst
- Vereinfachung des Berichtswesens
- Einsatz des Internets für vertriebsunterstützende Maßnahmen
- Abbau von Hierarchieebenen.

Jede Stunde, die der Vertriebsmitarbeiter mit vertrieblich unproduktiven Tätigkeiten verbringt, fehlt für die qualifizierte Vertriebsarbeit [vgl. Bittner 1994, S. 180 f.].

Abbildung 3-27 zeigt als Beispiel die Ergebnisse einer Untersuchung, die ein Beratungsunternehmen bereits in den 1980er Jahren durchgeführt hat und zum Anlass nahm, seine Vertriebsorganisation grundlegend neu zu formieren und verstärkt auf den Einsatz moderner IT-Systeme zu setzen [vgl. Lippold 1998, S. 231 ff.].

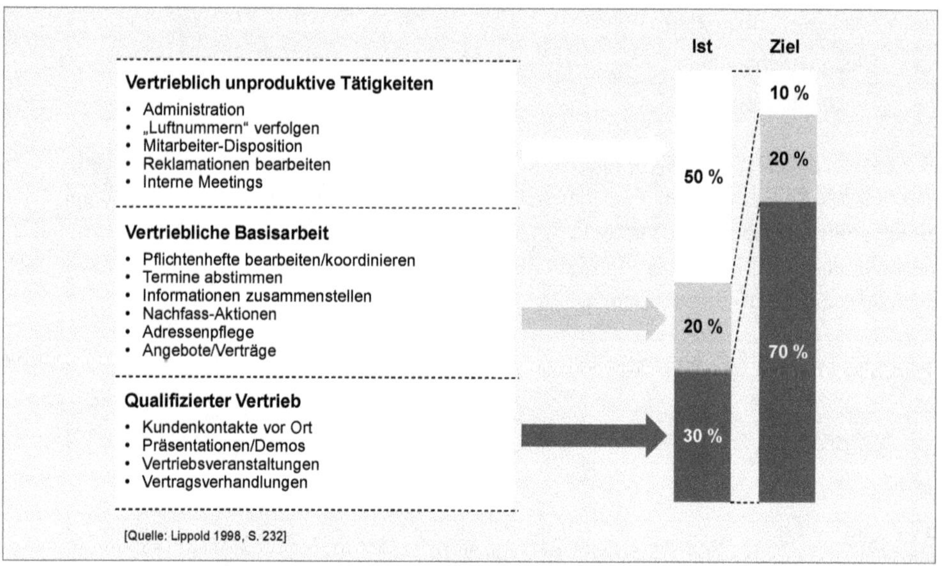

Abb. 3-27: Tätigkeiten eines Vertriebsbeauftragten im High-Tech-Bereich

3.7.3.2 Effektivitätssteigerung im Vertrieb

Um die oben angesprochenen „Luftnummern" rechtzeitig zu erkennen, bietet es sich besonders im B2B-Marketing an, bereits direkt im Verkaufsgespräch oder im Vertriebsaudit Akquisitionsschwellen zu setzen. Mögliche Fragen, welche die Unternehmensführung an das Vertriebsmanagement richten sollte, können sein [vgl. Lippold 1993, S. 233]:

- Stimmt das Anforderungsprofil des Kundenunternehmens grundsätzlich mit dem Profil der angebotenen Produktleistung überein?
- Wann soll das Produkt eingeführt bzw. das Projekt wirklich gestartet werden?
- Ist überhaupt ein Budget (und wenn ja, welches) für die Produktlösung eingeplant?
- Wer entscheidet letztendlich über die Vergabe des Auftrags, d. h. wird in der Endphase des Akquisitionsprozesses auch mit dem richtigen Ansprechpartner verhandelt?

Sollten keine zufriedenstellenden Antworten auf diese oder ähnliche Fragen gegeben werden, so ist die Ernsthaftigkeit des Vertriebskontakts mehr als in Frage gestellt. Ggf. ist der Kontakt aus der Auftragserwartung zu streichen. Der stärkste Hebel zur Steigerung der Wirtschaftlichkeit im Vertrieb ist im Einsatz von Informations- und Kommunikationstechnologien zu sehen. Im Vordergrund stehen hierbei die bereits oben erwähnten CRM-Systeme, die eine konsequente

Ausrichtung des Unternehmens auf ihre Kunden, die systematische Gestaltung der Kundenbeziehung sowie die Verfolgung der Kundenhistorie zum Gegenstand haben.

3.7.3.3 Kennzahlen im Vertrieb

Für den Vertriebsbereich bietet sich eine ganze Reihe wichtiger **Kennzahlen** (engl. *Key Performance Indicators – KPIs*) als Steuergrößen bzw. verdichtete Informationen über quantifizierbare Tatbestände im Akquisitionsprozess an. Allerdings gibt es nicht die „besten Kennzahlen" oder das „beste Kennzahlensystem" – zu unterschiedlich sind Ziele und Strategien einzelner Unternehmen und Branchen. Kennzahlen sind unternehmensindividuell und sollen Potenzial für Verbesserungen aufzeigen und nicht als pure Kontrolle missverstanden werden. Kennzahlen sollten nicht isoliert betrachtet werden. Für eine erfolgreiche Vertriebssteuerung ist es daher wichtig, die für das Unternehmen wirklich relevanten Kennzahlen auszuwählen und zeitnah zur Verfügung zu stellen. Denn mit einem effektiven Vertriebskennzahlensystem besitzt das Unternehmen ein umfassendes Informationsinstrument für sämtliche Absatz-, Kunden-, Wettbewerbs- und Marktsituationen. Vertriebskennzahlen bilden die Zielvorgaben für einzelne Vertriebsprozesse und steuern somit die Vertriebsorganisation als Ganzes als auch den einzelnen Vertriebsbeauftragten [vgl. Bitkom 2006, S. 2 ff.].

Vertriebskennzahlen füllen in erster Linie drei Funktionen aus. Sie dienen

- als die Grundlage für die Vertriebsplanung,
- dem Controlling als Grundlage für das Aufspüren von Verbesserungspotenzialen und
- der Motivation der Mitarbeiter, indem sie die einzelnen Vertriebsleistungen bewerten und vergleichen und damit Basis für die Berechnung von variablen Vergütungsanteilen sind.

Um die Vielzahl der zur Verfügung stehenden Vertriebskennzahlen besser einordnen zu können, sollen eine ausgewählte Anzahl entlang des Akquisitionszyklus mit den Phasen Lead Generierung, Lead Qualifizierung und Akquisitionsprozess aufgeführt werden. Darüber hinaus lassen sich noch Kennziffern aus den anfallenden Akquisitionskosten bilden.

Abbildung 3-28 liefert den entsprechenden Überblick.

Phase des Akquisitionszyklus	Kennziffer	Ziel
Lead Generierung	• Rücklaufquote (Feedback) pro Vertriebs-/ Marketingaktion	• Erfolg der Aktionen erhöhen
	• Prozentualer/absoluter Anteil von Messe-/ Event-/Aktionsaufwendungen am Marketingbudget	• Marketingkosten ergebnisorientiert steuern
	• Veranstaltungsindex bestehend aus Hausmessen/Ausstellungen/Roadshow, Messen, Präsentationen, Demo's etc.	• Erfolgsorientiertes Eventmanagement
	• Adress-/Bedarfs-qualifiziertes Potenzial zu Gesamtpotenzial	• Direktmarketingkosten optimieren
Lead Qualifizierung	• Gewonnene Prospects, d. h. das Verhältnis der Anzahl der bearbeiteten Leads in einer Kategorie mit hoher Abschlusswahrscheinlichkeit zur nächst niedrigeren Stufe	• Messung und Steuerung des Lead-Qualifizierungsprozesses
	• Forecast Sales Pipeline	• Planbarkeit AEs erhöhen
Akquisitionsprozess (Abschluss)	• Realisierte Auftragseingangs-, Umsatz-, DB-Quote, d. h. Anzahl Mitarbeiter zu Auftragseingang, Umsatz, DB	• Erhöhung der Vertriebsproduktivität
	• Angebotserfolgsquote, d. h. die Anzahl der erfolgreichen Angebote im Verhältnis zu allen abgegebenen Angeboten	• Angebotserfolge erhöhen
	• Total Contract Value (TCV) abgegebener Angebote	• Transparenz der TCV-Entwicklung
	• Auftragsverlustquote, d. h. Anzahl der nicht erzielten Aufträge im Verhältnis zu allen abgegebenen Angeboten	• Anzahl der Aufträge aus Angeboten erhöhen
	• Gewährte Rabatte/Erlösschmälerungen zu Brutto-Auftragseingang/Umsatz-Auftragswerten	• Einhaltung geplanter Marktpreise
	• Neukundenquote, d. h. Anzahl der Aufträge bei Erstkunden im Verhältnis zur Anzahl aller Aufträge innerhalb einer definierten Periode	• Entwicklung des Neugeschäfts
	• Entwicklung des Kundenbestands („Schlagzahl")	• Erhöhung der Angebotsattraktivität
	• Abschlussquote (engl. *Conversion rate*), d. h. Anzahl aller erzielten Aufträge im Verhältnis zur Gesamtzahl der Auftragserwartungen innerhalb einer definierten Periode	• Klarheit über die erfolgreichen Zielkundensegmente erhalten
	• Auftragsquote, d. h. Anzahl der erzielten Aufträge pro 10 Kundenbesuche	• Verbesserung der Vertriebseffektivität
	• Zeitlicher Anteil der Vertriebskontakte im Verhältnis zur gesamten verfügbaren Arbeitszeit	• Produktivität der Vertriebsmitarbeiter optimieren

[Quelle: Bitkom 2006, S. 13 ff. ; Görgen 2014, S. 56]

Abb. 3-28: Ausgewählte Akquisitionskennzahlen

3.8 Betreuung – Optimierung der Kundenzufriedenheit

Die Betreuung (auch Kundenbetreuung) ist das sechste und letzte wichtige Aktionsfeld im Rahmen des Vermarktungsprozesses. Die Komponente Betreuung unterscheidet sich insofern von den übrigen Aktionsfeldern der Marketing-Gleichung, weil sie erst nach dem Kauf bzw. nach der Auftragsvergabe zur Wirkung gelangt. Innerhalb des Vermarktungsprozesses ist sie der Post-Sales-Phase zuzuordnen.

3.8.1 Führungsrelevante Aufgaben und Ziele der Betreuung

Da die Marketingaktivitäten eines Unternehmens nicht mit dem Auftragseingang enden, zielt die Betreuung auf die Optimierung der Kundenzufriedenheit ab:

Kundenzufriedenheit = f (Betreuung) → optimieren!

Neben dem Begriff Kundenzufriedenheit wird häufig der Terminus Kundenorientierung als Zielsetzung der Betreuung genannt. Nach allgemeinem Verständnis ist Kundenzufriedenheit nach außen gerichtet (also marktgerichtet), während Kundenorientierung auf die Mitarbeiter eines Unternehmens abzielt und damit eher als interner Erfolgsgarant für das Bestehen eines Unternehmens anzusehen ist. Das bedeutet letztlich, dass die Kundenorientierung (der Mitarbeiter) eines Unternehmens eine der zu schaffenden internen Vorrausetzungen für die Kundenzufriedenheit am Markt ist. Insofern liegt hier eine Mittel-Zweck-Beziehung vor, bei der die Kundenorientierung (und die Zufriedenheit) von Mitarbeitern eine zentrale Einflussgröße der Kundenzufriedenheit ist [vgl. Stock-Homburg 2012, S 275 ff.].

Dem Aktionsfeld *Betreuung* kommt in zweifacher Hinsicht eine besondere Bedeutung zu:

Zum einen ist die vorhandene Kundenbasis immer dann das am leichtesten zu erreichende Absatzpotenzial für das **Folgegeschäft**, wenn es gelingt, die bisherige Beziehung zur Zufriedenheit des Kunden zu gestalten. Im B2C-Marketing lässt sich die Kundenzufriedenheit relativ leicht an den unmittelbaren Wiederholungskäufen festmachen. Im B2B-Marketing mit komplexen Produkten und Leistungen ist dies dann der Fall, wenn das Projekt aufwandsgerecht durchgeführt wird, der Funktionsumfang den Erwartungen entspricht und das Kundenunternehmen auch nach dem erfolgreichen Projekteinsatz das Gefühl hat, jederzeit kompetent (und bevorzugt) betreut zu werden. Mit den daraus resultierenden Folgeaufträgen wächst das Unternehmen mit seinen Kunden. Kurzum: Die verkauften Produkte und Leistungen sollten dem abgegebenen Nutzen- und Qualitätsversprechen entsprechen und damit Wiederholungskäufe initiieren [vgl. Lippold 1998, S. 237 f.].

Zum anderen ist ein gut betreuter Kunde in idealer Weise auch immer eine **Referenz** für das Neugeschäft, d. h. zur Gewinnung neuer Kunden. Besonders im B2B-Bereich sind Referenzen in einem Markt, dessen Entscheidungsprozesse häufig vom Kaufmotiv Sicherheit geprägt sind, in vielen Fällen ein wesentlicher Schritt zur Absicherung der Kaufentscheidung.

In diesem Zusammenhang ist anzumerken, dass dem Aktionsfeld *Betreuung* in der Marketingliteratur im Rahmen des marketingpolitischen Instrumentariums (Marketing-Mix) generell keine sehr große Bedeutung beigemessen worden ist. Im Mittelpunkt stand jahrzehntelang das **Neukunden-Marketing** und nicht das **Bestandskunden-Marketing**. Und das, obwohl eine Studie aus den USA bereits zu Beginn der 1990er Jahre zeigt, dass eine Verhinderung der Kundenabwanderung um fünf Prozent zu einer Steigerung des Gewinns je Kunde von bis zu 85 Prozent führen kann [vgl. Bruhn 2012a, S. 95].

In Abbildung 3-29 sind die beiden grundsätzlichen Kundenstrategien, also das Neukunden-Marketing und das Bestandskunden-Marketing dargestellt. Hierbei sollte aber kein „entweder – oder", sondern ein „sowohl als auch" im Mittelpunkt strategischer Überlegungen stehen.

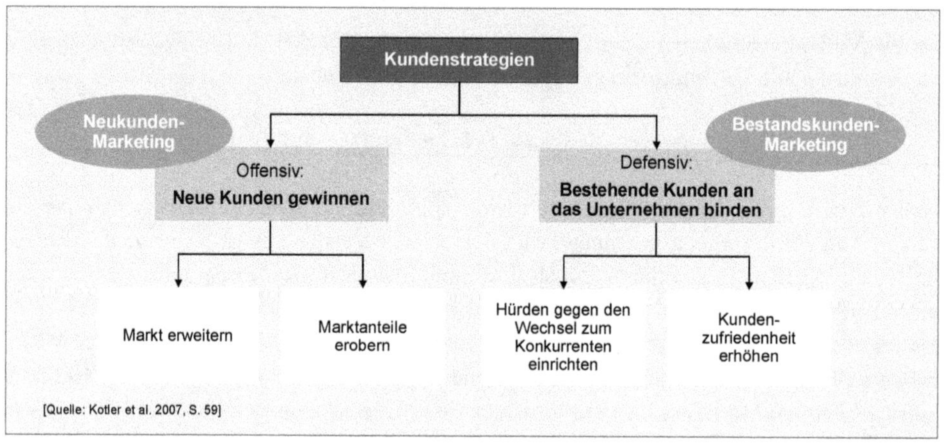

Abb. 3-29: Kundenstrategien

Erst mit dem Aufkommen der Idee des **Customer Relationship Managements** (CRM) ist die Beziehung zu den Bestandskunden stärker in das Bewusstsein der verschiedenen Marketingansätze gerückt. Hier kann vielleicht eine Parallele zum Personalmarketing gezogen werden. Auch das Personalmarketing befasste sich zunächst ausschließlich mit der Personalgewinnung. Erst später ist die Personalbindung als wesentliche zweite Zielsetzung hinzugekommen [vgl. Lippold 2011, S. 8].

3.8.1.1 Kundenmanagement

Angesichts der stärkeren Beachtung des Post-Sales-Geschäfts sind die Unternehmen gefordert, die Rahmenbedingungen zur Umsetzung von Kundenorientierung zu schaffen bzw. zu verbessern. Dazu zählt nicht nur die Auswahl der einzelnen Bausteine der Kundenorientierung, sondern vor allem deren Integration zu einem ganzheitlichen Kundenmanagement. Zu den Bausteinen eines integrierten Kundenmanagements zählen im Wesentlichen:

- ein Kundenbindungsmanagement zur Festigung individueller Kundenbeziehungen
- ein Qualitätsmanagement zur Verbesserung der Produktqualität
- ein Servicemanagement zur Verbesserung der Servicequalität
- ein Beschwerdemanagement zur Vermeidung von Kundenabwanderungen.

In Abbildung 3-30 ist der entsprechende Bezugsrahmen für diese Bausteine dargestellt.

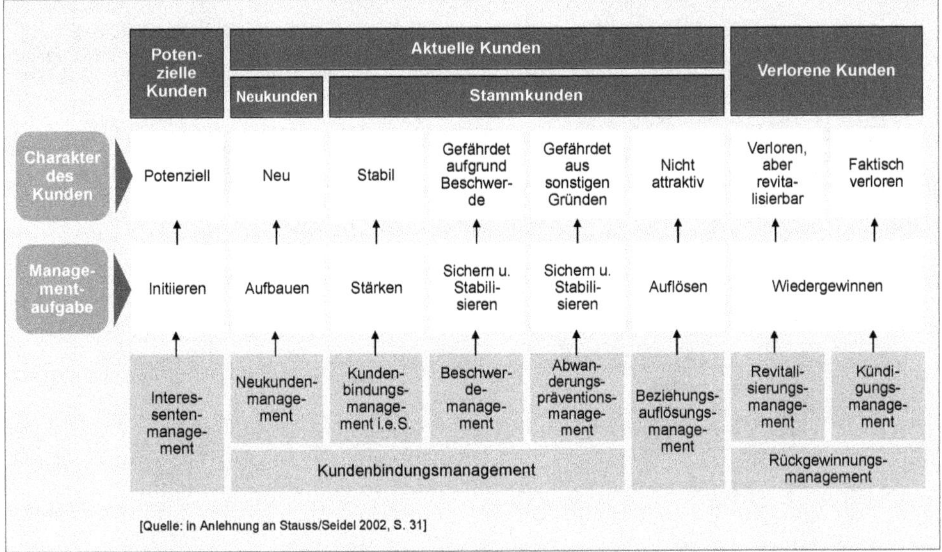

Abb. 3-30: Bausteine eines integrierten Kundenmanagements

Neben den oben genannten inhaltlichen Bausteinen ist der **prozessuale Charakter** kennzeichnend für das Kundenmanagement. Dabei steht die Fokussierung auf Interaktionsprozessen und nicht auf Distributionsprozessen im Vordergrund. Ein weiteres Kennzeichen ist der direkte Fokus auf die einzelne Kundenbeziehung und damit auch die Möglichkeit zur Kundenabgrenzung.

Kundenmanagement beinhaltet die Planung, Steuerung und Kontrolle der kommunikativen Interaktionsprozesse eines Anbieters mit potentiellen oder vorhandenen Kunden zur Generierung und Pflege von Kundenbeziehungen über den gesamten Kundenlebenszyklus hinweg.

Um die einzelnen Ziele und Aktivitäten des Kundenmanagements zu charakterisieren, bietet es sich an, die **Zielgruppen** des Kundenmanagements in potentielle Kunden (Interessenten), Neukunden, Stammkunden und verlorene Kunden zu unterteilen. Ordnet man nunmehr den Zielgruppen die jeweils opportune Managementaktivität zu, so ergibt sich das in Abbildung 3-31 gezeigte Schema.

Mit dem Aktionsfeld *Betreuung* wird ein Handlungsrahmen vorgelegt, der im Sinne einer konsequenten **Kundenorientierung** neben dem **Kundenbindungsmanagement** auch das **Qualitäts-, Service- und Beschwerdemanagement** als Steuerungssysteme mit einbezieht. Aufgabe dieser Steuerungssysteme ist es, unternehmensexterne und unternehmensinterne Faktoren (z. B. Heterogenität der Kundenerwartungen, Breite des Produktangebots) quasi als Störfaktoren in den Griff zu bekommen [vgl. Bruhn 2012a, S. 11 ff.].

	Kundenbindungs-management	Qualitäts-management	Service-management	Beschwerde-management
Analyse	Abwanderungs-analyse	Qualitätsmessung	Servicebedarf	Beschwerde-analyse
Ziele	Festigung individueller Kundenbeziehungen	Verbesserung der Produktqualität	Verbesserung der Servicequalität	Wiederherstellung der Kunden-zufriedenheit
Strategien	Kundenbindungs-strategie	Qualitätsstrategie	Servicestrategie	Festlegung der Beschwerde-prozesse
Umsetzungs-planung	Kundenbindungs-instrumente	Qualitätssicherungs-instrumente	Serviceinstrumente	Instrumente des Beschwerde-managements

[Quelle: in Anlehnung an Bruhn 2012a, S. 20]

Abb. 3-31: Bereiche des Kundenmanagements

3.8.1.2 Kundenwert

Es ist wissenschaftlich und praktisch nachgewiesen, dass der unternehmerische Erfolg durch eine systematische Pflege der Kundenbeziehungen gesteigert werden kann. Höhere Wiederkaufsraten, Weiterempfehlungen (engl. *Reference Selling*), Loyalität, Überkreuz-Verkauf (engl. *Cross Selling*) und eine geringere Preissensibilität sind Belege für die hohe Bedeutung langfristiger Kundenbeziehungen. Der Wert eines Kunden bzw. die monetäre Bewertung von Beziehungsinvestitionen ist somit eine wichtige Steuerungsgröße für das **Kundenbindungsmanagement** [vgl. Bruhn 2012a, S. 245 f. und die dort angegebene Literatur].

Der (monetäre) **Kundenwert** ist die Differenz zwischen den zum Aufbau und zur Aufrechterhaltung einer Kundenbeziehung entstehenden Kosten und den Umsätzen, die vom Kunden über den gesamten Kundenlebenszyklus generiert werden.

Auf der Erlösseite setzt sich der Kundenwert aus folgenden Teilwerten zusammen [vgl. Bauer et al. 2006, S. 49 ff.]:

- **Basiswert** als jährlicher monetärer Mindestbeitrag eines Kunden aus dem Basisgeschäft (z. B. die Grundgebühren bei Mobilfunk- oder Abonnementkunden)
- **Loyalitätswert** als zusätzlicher Wertbeitrag eines Kunden, der durch zusätzliche Intensivierung der Geschäftsbeziehung verursacht wird (z. B. höhere Kaufintensität oder höhere Kauffrequenz)
- **Cross-Selling-Wert**, der beim „Überkreuz-Verkauf" von Produkten und Dienstleistungen für einen anderen Geschäftsbereich entsteht
- **Referenzwert**, der durch Weiterempfehlung von zufriedenen und loyalen Kunden außerhalb der bestehenden Geschäftsbeziehung entsteht
- **Informations- und Kooperationswert**, der durch einen intensiven Informations- und Erfahrungsaustausch zwischen dem Anbieterunternehmen und dem Kunden entsteht und

zu zusätzlichen Wertbeiträgen führt (z. B. Entwicklungskooperation mit Lead Usern oder Effizienzverbesserungen bei Prozessinnovationen).

Umsätze aus dem Basis-, Loyalitäts- und Cross-Selling-Wert entstehen direkt aus Transaktionen und werden daher als **Transaktionswerte** bezeichnet. Im Gegensatz dazu beschreiben der Referenz- sowie der Informations- und Kooperationswert die **Interaktionswerte**, die nur indirekt monetär sind und auf Interaktionen des Kunden mit anderen (potenziellen) Kunden oder auf Kunden-Anbieter-Interaktionen basieren [vgl. Bauer et al. 2006, S. 49].

Der Kundenwert nimmt im Rahmen einer Geschäftsbeziehung eine zentrale Rolle ein, denn der Kunde stellt dem Unternehmen eine existenzkritische Ressource in Form von Umsätzen zur Verfügung. Der Kundenwert kann zur Planung, Steuerung und Kontrolle sämtlicher Marketingmaßnahmen eingesetzt werden, um den richtigen Kunden zum richtigen Zeitpunkt mit den richtigen Argumenten ein entsprechendes Angebot zu unterbreiten. Dabei spielt es keine Rolle, in welcher Phase des Kundenlebenszyklus sich die Kundenbeziehung gerade befindet.

3.8.1.3 Customer Relationship Management

Auch CRM steht für die konsequente Ausrichtung aller Unternehmensprozesse auf den Kunden. Der Kerngedanke des CRM ist das systematische Management der existierenden Kundenbeziehungen mit Hilfe von informationstechnologischen Konzepten.

Customer Relationship Management (CRM) ist eine ganzheitliche, kundenorientierte Philosophie, die sich Informations- und Kommunikationstechnologien bedient, um den Kundenwert zu steigern [vgl. Leußer et al. 2011, S. 18].

Mit CRM-Softwaresystemen zur Archivierung und Verarbeitung von Kundendaten lassen sich besonders wertvolle Kundengruppen identifizieren und mit gezielten Maßnahmen der Kundenbindung an das Unternehmen binden.

Generell beruht der Erfolg von CRM auf der Beantwortung folgender strategischer Fragen [vgl. Rapp 2000, S. 46 f.]:

- Welche Kunden sind die profitabelsten in der Dauer der Kundenbeziehung und wie unterscheiden sich diese in ihrem Verhalten und ihren Prozessen?
- Welche Leistungen und Personalisierungsangebote müssen geboten werden, damit sie dem Unternehmen langfristig verbunden bleiben?
- Wie können ähnliche neue profitable Kunden nachhaltig gewonnen werden?
- Wie lässt sich ein differenziertes Leistungsangebot für unterschiedliche Kunden entwickeln ohne die Kosten zu erhöhen?

Zur Beantwortung der obenstehenden Fragen benötigen Unternehmen differenzierte Daten über ihre Kunden. Dabei geht es nicht mehr um die Optimierung einzelner Verkaufsabschlüsse, sondern um das Denken in langfristigen Geschäftsbeziehungen mit dem Ziel der wertorientierten Unternehmensführung. Die Analyse der Kundenbeziehung besteht demgemäß in der Erfassung und Auswertung des dynamischen Verlaufs aller Kundendaten in der **Kundenhistorie**. Diese sind zumeist in mehr oder weniger strukturierter Form (als numerische Daten, als Fließtext, als Grafiken etc.) in verschiedenen Kunden- oder Produktdatenbanken des Unternehmens vorhanden.

Für Zwecke des Customer Relationship Managements müssen diese Daten in geeigneten IT-gestützten CRM-Systemen zusammengefügt werden, um die notwendigen Kundeninformationen herausfiltern zu können. Wesentliche Instrumente dazu sind Data Warehouse- und Data Mining-Systeme [vgl. Becker, J. 2019, S. 633 und Götz et al. 2012, S. 371].

Beim **Data Warehouse** handelt es sich um ein speziell für die Entscheidungsfindung aufgebautes Informations- bzw. Datenlager (Datenbank), in dem Daten aus unternehmensweiten, operativen IT-Systemen (Call Center, Internet, Vertrieb etc.) gesammelt, transformiert, konsolidiert, gefiltert und fortgeschrieben werden.

Im Prinzip handelt es sich um ein Versandhaus, bei dem die Nutzer Daten bestellen, um bestimmte Aufgaben besser lösen zu können. Für das Kundenmanagement besteht das Data Warehouse aus kundenbezogenen Daten (Bestands-, Potenzial-, Aktions- und Reaktionsdaten), auf die im Idealfall alle Mitarbeiter mit Kundenkontakt zur gleichen Zeit stationär oder während eines Besuchstermins beim Kunden per Notebook oder iPad zugreifen und bei Bedarf aktualisieren können [vgl. Görgen 2014, S. 61].

Das **Data Mining** dient dazu, aus diesem Datenlager mit Hilfe mathematisch-statistischer Verfahren wertvolle Informationen zu extrahieren, um Muster, Abhängigkeiten und Wirkungszusammenhänge aufzuspüren und so aus dem Verhalten der Vergangenheit Aufschluss über das zukünftige Kundenverhalten sowie über das Kundenpotenzial zu erhalten.

Der Begriffsbestandteil Mining hat seinen Ursprung im Bergbau, wo die Gewinnung von Edelmetallen mit einem zum Teil hohen, aber lohnenden Aufwand verbunden ist [vgl. Rapp 2000, S. 73 ff.].

Schließlich noch ein weiterer Aspekt, der beim Auf- und Ausbau eines nachhaltigen CRM zukünftig eine bedeutende Rolle spielen wird: der Trend zur Kommunikation über Social Media. Bereits in wenigen Jahren wird es selbstverständlich sein, Kundenanfragen über Blogs zu beantworten oder Podcasts zur Erläuterung der Produktnutzung online zu stellen. 70 Prozent der Teilnehmer einer Detecon-Studie zum „Kundenservice der Zukunft" glauben, dass Social Media ein bedeutender Servicekanal der Zukunft ist.

3.8.2 Kundenbindungsmanagement

Kundenbindung wird in erster Linie nicht durch die Einführung einzelner Kundenbindungsinstrumente (z. B. Kundenkarten oder Kundenclubs) erreicht, sondern dadurch, dass die Kundenerwartungen aufgrund eines kundenorientierten Angebotes erfüllt werden und der Kunde mit den Leistungen des Anbieters zufrieden ist. Es kann daher ein direkter Zusammenhang zwischen Kundenbindung, Kundenorientierung und Kundenzufriedenheit unterstellt werden, so dass man von der in Abbildung 3-32 abgebildeten Erfolgskette sprechen kann. Als dritter Faktor der Erfolgskette ist die Kundenbindung dem ökonomischen Erfolg direkt vorgelagert, weil sie

Erlös- bzw. Erfolgswirkungen auf Einzelkundenebene zur Folge hat. Insofern ist Kundenbindung für Unternehmen ein zentrales Unternehmensziel [vgl. Bruhn 2012a, S. 96 und Bruhn 2012b, S. 157 f.].

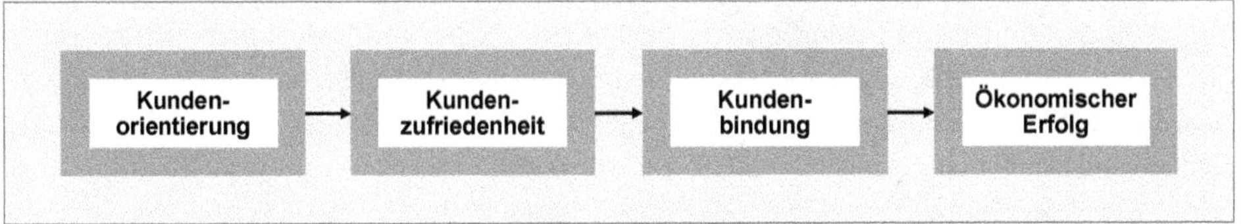

Abb. 3-32: Die Erfolgskette im Kundenmanagement

Von Kundenbindung wird gesprochen, wenn mindestens eine der folgenden Voraussetzungen auf der Kundenseite gegeben ist [vgl. Bruhn 2012a, S. 96]:

- Wiederholkauf (der bisherigen Produkte/Leistungen)
- Cross Buying (zusätzlicher Produkte/Leistungen)
- Weiterempfehlung (der Produkte/Leistungen und/oder des Anbieters)
- Preiserhöhungstoleranz (bei bestehenden Produkten/Leistungen).

Zu den wichtigsten **Kundenbindungsprogrammen im B2C-Bereich**, die sich zumeist überschneiden und sich daher kaum voneinander trennen lassen, zählen u.a.:

- Bonusprogramme
- Kundenkarten
- Couponing (Rabattmarken)
- Kundenclubs
- Kundenzeitschriften
- Online-Marketing/Social Media.

Im Bereich Online-Marketing/Social Media gehören **elektronische Newsletter** zu den beliebtesten Kundenbindungsinstrumenten. Zunehmende Bedeutung erlangen Social-Media-Plattformen und Weblogs, in denen Kunden ihre Produkterfahrungen austauschen können.

Kundenbindungsprogramme im B2B-Marketing zeichnen sich dadurch aus, dass sie sich wesentlich stärker personifizieren lassen. Die Anzahl der Kunden/Organisationen und damit auch die Anzahl der Zielpersonen für Bindungsmaßnahmen sind im Gegensatz zum Endverbraucherbereich zumeist sehr überschaubar. Aus diesem Grunde werden Bonusprogramme, Kundenkarten und das Couponing im B2B-Marketing weniger eingesetzt. Eine Ausnahme bilden die Business-Kunden der großen Luftfahrtgesellschaften (z. B. das Lufthansa Miles-and-More-Programm mit der Senator-Card). Auch andere Unternehmen, die einen Großteil ihres Umsatzes mit B2C-Kunden erzielen, haben Geschäftskundenbereiche eingerichtet (z. B. Vodafone oder BMW), um diese Zielgruppen mit besonderen Bindungsprogrammen gezielter und nachhaltiger betreuen zu können.

Zu den allgemeinen Kundenbindungsmaßnahmen im B2B-Geschäft zählen Kundenveranstaltungen (Event Marketing), Kunst- und Sportveranstaltungen, Kundenclubs sowie Kundenzeitschriften.

4. Personal als Führungs- und Managementaufgabe

4.1 Personalmanagement und Nachhaltigkeit

Nachhaltigkeit im Personalmanagement ist kein bloßes „Anhängsel" einer unternehmensweiten Nachhaltigkeitsstrategie, sondern eher die Grundlage, das Fundament eines nachhaltigen Unternehmens. Schließlich hat das Personalmanagement den direktesten Zugang, um nachhaltiges Denken und Handeln bei den Mitarbeitern und Führungskräften zu fördern [vgl. Grundig 2024].

Im Gegensatz zum klassischen Personalmanagement, das situativ sicherstellt, dass die richtigen Mitarbeiter zur richtigen Zeit am richtigen Ort bereitgestellt sind, ist ein **nachhaltiges Personalmanagement** (auch **Green HR**) auf die Bedürfnisse potenzieller und vorhandener Mitarbeiter ausgerichtet. Ziel ist es, zum einen durch eine entsprechende Attraktivitätswirkung motivierte Mitarbeiter zu gewinnen und zum anderen durch eine effiziente Gestaltung der Arbeitsbedingungen Mitarbeiter langfristig an das Unternehmen zu binden und ihre Entwicklung zu fördern. Nachhaltigkeit ist dabei ein Jobfaktor und ein Entscheidungskriterium für Mitarbeiterfindung und -bindung.

Folgende Aspekte können dabei den Unterschied ausmachen [vgl. Grundig 2023]:

- **Verankerung des Nachhaltigkeitskonzepts in den Kernwerten des Unternehmens:** Ein stimmiges, integriertes Wertegerüst und die darauf aufbauende Vision und Mission (Purpose) dient als Maßstab für das tägliche Handeln.
- **Betonung der Nachhaltigkeit in Jobanzeigen und in der Unternehmensvorstellung:** Nachhaltigkeit in Jobanzeigen signalisieren Bewerbern, ob und wie Nachhaltigkeit im Unternehmen verankert ist.
- **Thematisierung der Nachhaltigkeit in Vorstellungs- und Bewerbungsgesprächen:** Nachhaltigkeitsmaßnahmen sollten fester Bestandteil im Gespräch mit Kandidaten sein.
- **Verantwortungsvolle Bindung und Förderung von Mitarbeitern:** Mitarbeiter langfristig an das Unternehmen zu binden und ihre Entwicklung zu fördern ist das Ziel nachhaltiger HR-Aktivitäten.
- **Paradigmenwechsel in der in der Personalentwicklung anstreben:** Liebegewonnene Prozesse, die aus reinem Vollständigkeits- und Kontrollwahn einst installiert wurden, aber einer Vertrauenskultur diametral entgegenstehen, sollten entschlackt werden.
- **Förderung der physischen und psychischen Gesundheit am Arbeitsplatz:** Ein nachhaltiger Ansatz berücksichtigt das Wohlbefinden der Mitarbeiter und schafft gesunde Arbeitsbedingungen.
- **Angebot an Weiterbildungsmöglichkeiten:** Ein nachhaltiges Personalmanagement investiert in die kontinuierliche Weiterbildung und den Wissenstransfer der Mitarbeiter.

Bei den genannten Maßnahmen kommt dem Personalmanagement eine tragende Rolle zu. Es trägt entscheidend dazu bei, dass das Unternehmen als attraktiver Arbeitgeber wahrgenommen wird.

Aber – und das gehört auch zur Wahrheit - „HR wird ... ihre neue Aufgabe als CSR-Treiber nur dann glaubwürdig vertreten können, wenn sie die übermächtige Bedeutung der von ihr initiierten Methoden und Instrumente (Potenzialanalyse, Stellenbewertungs- und Beurteilungssysteme etc.) sowie ihre eigene damit einhergehende Haltung gegenüber den Menschen kritisch reflektiert. Das erfolgreiche Zusammenwirken von HR und CSR entscheidet sich letztlich an der Haltungsfrage und damit an den in und mit der Organisation geteilten Werten“ [Sutter 2015, S. 651].

4.2 Verhalten von Individuen und Teams

Das Verhalten von Menschen innerhalb und außerhalb von Unternehmen und Organisationen ist ein sehr komplexes Phänomen, das sich ansatzweise durch Faktoren wie Qualifikation, Kompetenzen, Motivation, Wertvorstellungen, Einstellungen, Anreize, Gerechtigkeitsaspekte, Erwartungen, Umweltmerkmale u. ä. erklären lässt. Einige dieser Variablen sollen im Folgenden besprochen werden. Im Einzelnen geht es für die Unternehmensführung darum, bei den Mitarbeitern die Leistungsfähigkeit, die Wertvorstellungen, die Einstellung zu und die Identifikation mit Job und Unternehmen einzuschätzen, um ggf. rechtzeitig eingreifen bzw. gegensteuern zu können.

4.2.1 Werte und Einstellungen

4.2.1.1 Werte

Werte sind jene Zustände des gesellschaftlichen Lebens, die als besonders wichtig oder erstrebenswert erachtet werden. Sie spielen eine bedeutende Rolle für das Verhalten von Individuen, weil sie Wahrnehmungsprozesse sowie Einstellungen und Präferenzen bestimmen. So wird ein Mitarbeiter, welcher der festen Überzeugung ist, dass die Gehaltshöhe durch das Leistungsniveau bestimmt werden sollte, enttäuscht sein, wenn in seinem Unternehmen das Gehaltsniveau allein von der Dauer der Betriebszugehörigkeit abhängt. Aus solch einer Unzufriedenheit ergibt sich möglicherweise eine geringere Motivation des Angestellten, die sich wiederum negativ auf sein Leistungsniveau auswirken kann [vgl. Hungenberg/Wulf 2015, S. 228].

Eine der wichtigsten Aufgaben des HR-Managements in Bezug auf die Verankerung des CSR- und damit des **Nachhaltigkeitskonzepts** in das Unternehmen ist das Herausarbeiten der **Kernwerte** des Unternehmens sowie der darauf aufbauenden Vision und Mission des Unternehmens. Diese Werte sollten mit den ethischen Grundprinzipien des Unternehmens vereinbar sein. Ein in sich stimmiges, integriertes Wertegerüst kann zum Maßstab für das konkrete, alltägliche Handeln werden und die Voraussetzungen dafür schaffen, dass die Mitarbeiter eine entsprechende innere Haltung entwickeln können. [vgl. Sutter 2015, S. 652].

Oftmals sind es die Unternehmenslenker oder Start-up-Gründer, die für eine neue Technologie, neue Unternehmensprozesse oder für Nachhaltigkeitswerte stehen und diese zum Zentrum ihres Geschäftsmodells machen. Kulturprägend wirken aber auch Krisen und einschneidende Veränderungen und die Art und Weise, wie diese gemeistert werden [vgl. Buß 2009, S. 176 ff.].

Allerdings wird häufig nur allzu leicht übersehen, welches Potenzial in solchen Krisen oder Brüchen liegen. Wenn eine werteorientierte Führung die Grundlage für das Einüben einer CSR-orientierten Grundhaltung ist, dann sind Investitionen in krisentaugliche Beziehungen und in eine besondere Zusammenarbeitskultur die richtige unternehmerische Maßnahme. Kultur und Nachhaltigkeitswerte sind dann leichter abrufbar [vgl. Sutter 2015, S. 655].

Des Weiteren sind die Veränderungen der **allgemeinen Wertvorstellungen** (Wertewandel) besonders im Hinblick auf die Einstellung von Menschen zur Arbeit, zum zwischenmenschlichen Umgang in der Arbeitswelt etc. von besonderer Bedeutung für die Unternehmensführung. Grundsätzlich kann festgehalten werden, dass die Pflicht- und Akzeptanzwerte wie Disziplin, Gehorsam und Ordnungsliebe gegenüber den Selbstentfaltungswerten wie Kreativität, Selbstverwirklichung und Freizeitorientierung verloren haben. Somit ist die Unternehmensführung dazu angehalten, den Wertewandel hinsichtlich der Motivation und Eigenschaften wie Loyalität und Disziplin zu berücksichtigen.

4.2.1.2 Einstellungen

Das Verhaltenskonstrukt *Einstellung* wird als innere Denkhaltung gegenüber Sachen, Personen oder Themen definiert. Einstellungen sind verbunden mit einer Wertung oder einer Erwartung. Einstellungen sind in der Regel nicht so stabil wie Werte. Aus Sicht der Unternehmensführung interessieren mit Arbeitszufriedenheit, Job Involvement und Commitment vor allem drei Aspekte der Einstellung des Arbeitnehmers [vgl. Hungenberg/Wulf 2015, S. 229]:

- **Arbeitszufriedenheit** ist die allgemeine Einstellung des Mitarbeiters gegenüber seinem Arbeitsplatz.
- **Job Involvement** (Engagement) beschreibt, wie stark Mitarbeiter sich mit ihrer konkreten Arbeit identifizieren. Untersuchungen haben gezeigt, dass ein hohes Job Involvement mit kürzeren Fehlzeiten und niedrigeren Fluktuationsraten korreliert.
- **Commitment** ist die Identifikation eines Mitarbeiters mit den Zielen einer Organisation und die Absicht, die Mitgliedschaft in der Organisation aufrecht zu erhalten.

4.2.2 Verhalten von Teams

Es gibt heute kein Unternehmen, das auf Teamarbeit verzichten würde. Der Nutzen von Teamarbeit ist unumstritten. Wer aber Teams effektiv einsetzen möchte, der muss ihre besondere Dynamik verstehen. Insofern ist es nur allzu verständlich, dass das Team und seine Möglichkeiten auch immer wieder im Fokus der Unternehmensführung stehen.

Das **Team** ist ein Zusammenschluss von mehr als zwei Personen, die ein gemeinsames Ziel erreichen wollen und dabei auf die Zusammenarbeit untereinander angewiesen sind [vgl. Stock 2003, S. 25].

Hinsichtlich der Begriffe Team und Gruppe kann in Theorie und Praxis eine weitgehend synonyme Verwendung festgestellt werden. Eine Besonderheit der Führung von Teams im Vergleich zur Führung einzelner Mitarbeiter liegt darin, dass sich Teammitglieder durch unterschiedliche Verhaltensweisen auszeichnen. Eine Kategorisierung dieser Verhaltensweisen leistet die Typologie von Stock [2002], die zwei verhaltensbezogene Dimensionen gegenüberstellt: Teamorientierung und Leistungsfähigkeit bzw. -bereitschaft. In Abhängigkeit von deren Ausprägungen lassen sich vier Typen von Teammitgliedern unterscheiden (siehe Abb. 4-01).

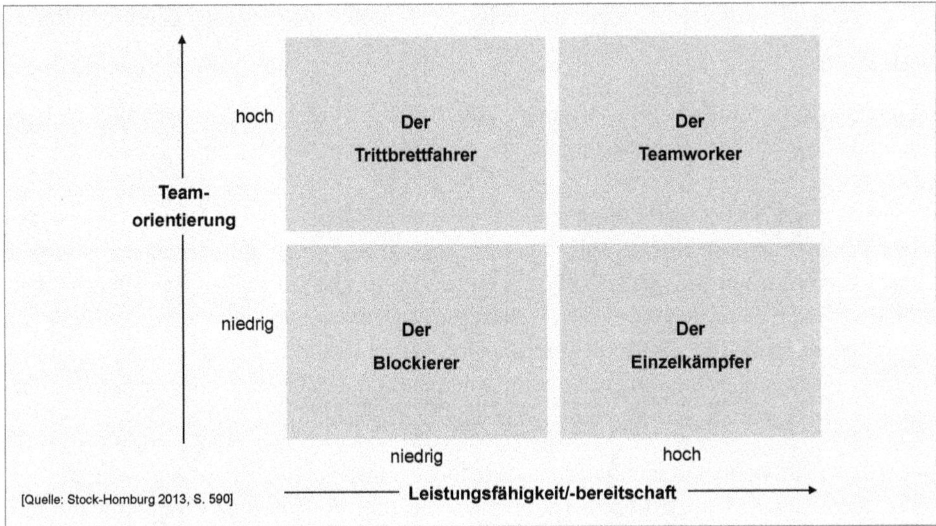

Abb. 4-01: Typen von Teammitgliedern

Für die Teamführung stellt sich die Frage, wie eine Führungsperson mit den unterschiedlichen Typen in ihrem Team umgehen sollte [vgl. Stock-Homburg 2013, S. 589 f.]:

Der **Blockierer** ist sowohl durch eine geringe Teamorientierung als auch durch eine geringe Leistungsfähigkeit bzw. -bereitschaft gekennzeichnet. Teamarbeit ist verpönt, weil diese Leistungsdefizite sehr schnell aufdecken kann. Um ein solches Teammitglied erfolgreich zu führen, muss sowohl an dessen Fähigkeiten als auch an dessen Motivation angesetzt werden.

Beim **Trittbrettfahrer** ist hohe Teamorientierung mit geringer Leistungsfähigkeit bzw. -bereitschaft gepaart. Hier zielt die Teambereitschaft vornehmlich darauf ab, von der Teamleistung zu profitieren, ohne selbst einen großen Beitrag zu leisten. Die Maßnahmen der Teamführung müssen daran ansetzen, die absichtliche, zumeist verdeckte Leistungsreduktion in Verbindung mit einem Rückgang der Teammotivation möglichst gering zu halten.

Der **Einzelkämpfer**, der sich durch eine hohe Leistungsfähigkeit bzw. -bereitschaft auszeichnet, befürchtet, dass durch die Teamsituation die eigene Leistung im Sinne einer „Gleichmacherei auf niedrigem Niveau" beeinträchtigt wird. Ziel der Teamführung muss es hier sein, diesem Teammitglied die Vorteile der Teamarbeit für das Unternehmen und seinen persönlichen Nutzen daraus zu vermitteln.

Der **Teamworker** ist das Teammitglied, das am stärksten zum Teamerfolg beiträgt. Sowohl Leistungsfähigkeit und -bereitschaft als auch Teamorientierung sind hoch ausgeprägt. Die Teamführung ist gut beraten, wenn sie den Teamworker in seiner Leistungs- und Teamorientierung bestärkt und ihm eine Vorbildfunktion für andere Teammitglieder zuweist.

4.3 Aspekte und Dimensionen der Führung

Der Führungsbegriff wird häufig gleichgesetzt mit Management und Leitung. Verallgemeinert wird er anstelle von Unternehmensführung oder Mitarbeiterführung verwendet. Hier soll ausschließlich das Führen von Menschen durch Menschen diskutiert und dargestellt werden. Am geeignetsten (und kürzesten) erscheint deshalb die Definition von Führung durch von Rosenstiel [2003, S. 4]:

Führung ist zielbezogene Einflussnahme. Die Geführten sollen dazu bewegt werden, bestimmte Ziele, die sich meist aus den Zielen des Unternehmens ableiten, zu erreichen.

Anders ausgedrückt bedeutet Führung also **Orientierung geben und in Konfliktsituationen eingreifen**. Die grundsätzlichen Aufgaben eines Managers sind es, ein Unternehmen bzw. eine Organisation zu leiten und die Menschen in diesem System zu führen. Der Bereich der Unternehmensführung beinhaltet dabei die „klassischen" sachbezogenen Führungs-, Leitungs- und Verwaltungsaufgaben aus der Betriebswirtschaftslehre. Mitarbeiterführung ist dagegen die personenbezogene, verhaltenswissenschaftliche Komponente des Managements, die auch als **Personalführung** (engl. *Leadership*) bezeichnet wird [vgl. Staehle 1999, S. 72].

In der Personalführung hat sich – noch vor der fortschreitenden Digitalisierung – ein Wechsel vollzogen. Während bislang Mitarbeiter in erster Linie mit Aufgaben bzw. mit Aufträgen geführt wurden, orientieren sich Führungsentscheidungen heute mehr und mehr an den Ergebnissen. Mitarbeiter werden früh in die Planungs- und Entscheidungsprozesse ihrer Unternehmen eingebunden und bekommen Handlungsspielraum.

Der damit angesprochene Trend zur dezentralen Selbststeuerung der Mitarbeiter trifft bei diesen auf einen fruchtbaren Boden. Zum einen sind viele Mitarbeiter heute beruflich qualifizierter als früher und deshalb in der Lage, dispositive Aufgaben im Sinne einer Ergebnisorientierung zu übernehmen. Zum anderen haben vor allem die Vertreter der jüngeren Generation eine andere Einstellung zu ihrem Beruf: Ein hohes Maß an Selbstständigkeit und Handlungsspielraum gehören zu ihren wichtigsten Motivationsfaktoren. Entsprechend verlagern sich die Aufgaben der Führungskräfte im Wesentlichen in drei Richtungen [vgl. Doppler/Lauterburg 2005, S. 67 f.]:

- **Zukunftssicherung**, d. h. der Vorgesetzte muss die notwendigen Rahmenbedingungen hinsichtlich Infrastruktur und Ressourcen schaffen, damit die Mitarbeiter ihre Aufgaben auch in Zukunft selbständig, effektiv und effizient erfüllen können;
- **Menschenführung**, d. h. die Ausbildung und Betreuung der Mitarbeiter und die Unterstützung bei speziellen Problemen stehen hierbei ebenso im Vordergrund wie die Entwicklung leistungsfähiger Teams und das Führen mit Zielvereinbarungen;
- **Veränderungsmanagement** (engl. *Change Management*), d. h. Koordination von Tagesgeschäft und Projektarbeit, Steuerung des Personaleinsatzes, Bereinigung von Konfliktsituationen, Sicherstellen der internen und externen Kommunikation sowie die sorgfältige Behandlung besonders heikler Personalfälle.

Führung als zielbezogene Einflussnahme ist ein **Prozess**, dessen Umsetzung durch die Wahrnehmung von **Führungsaufgaben** (z. B. Zielvereinbarung, Delegation etc.) erfolgt. **Führungsinstrumente** dienen in der Regel zur Verbesserung der Kommunikation zwischen Führungskraft und den Mitarbeitern. Die Form bzw. die Art und Weise, in der die Führungsaufgaben von den Führungskräften wahrgenommen werden, wird als **Führungsstil** (z. B. kooperativ) bezeichnet. Führungsstile sind somit Verhaltensmuster für Führungssituationen, in denen eine Führungskraft ihre Mitarbeiter führt. Führungsverhalten ist dagegen das aktuelle Verhalten einer Führungsperson in einer konkreten Führungssituation [vgl. Bröckermann 2007, S. 343].

In Abbildung 4-02 sind die Zusammenhänge zwischen Führungsprozess, Führungsaufgaben, Führungsinstrumente und Führungsstil veranschaulicht.

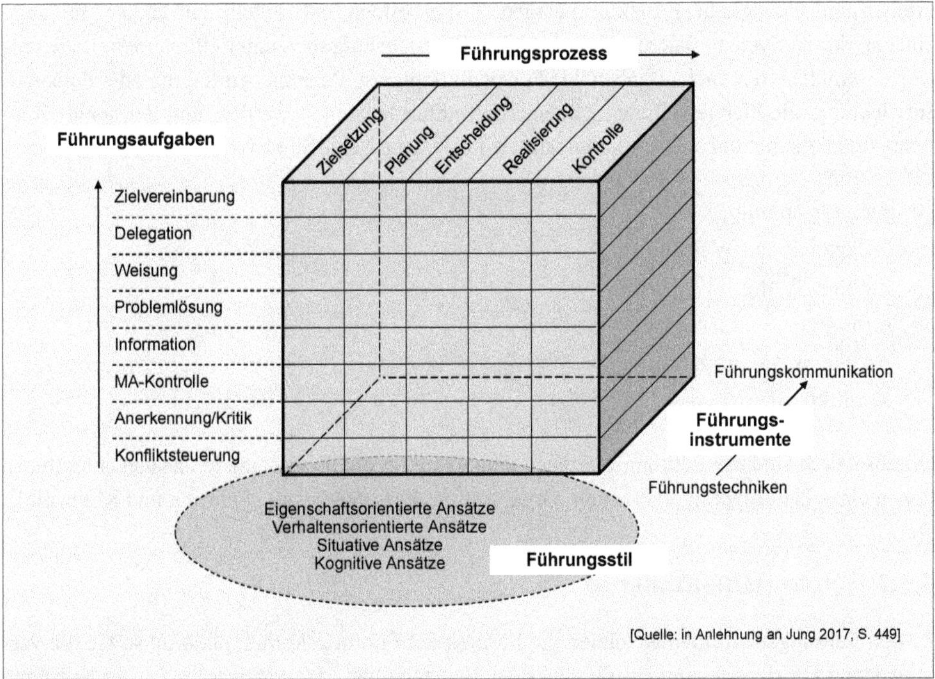

Abb. 4-02: Führungsprozess, Führungsaufgaben, Führungsinstrumente und Führungsstil

Führungsprinzipien kennzeichnen die Art und Weise der Koordination des Verantwortungsbereichs einer Führungskraft. *Führungstheorien* schließlich sind aus der Verhaltensforschung abgeleitete Basisaussagen über die Beziehungen zwischen „Führern“ und „Geführten“ [vgl. auch Scholz 2011, S. 389].

4.3.1 Führungsprozess

Im Rahmen des Personalführungsprozesses sind folgende Phasen angesprochen, die bei der Wahrnehmung der eigentlichen Führungsaufgaben immer wieder durchlaufen werden müssen [vgl. Jung 2017, S. 441 ff.]:

- Zielsetzung (engl. *Target Setting*)
- Planung (engl. *Planning*)
- Entscheidung (engl. *Decision*)
- Realisierung (engl. *Realization*)
- Kontrolle (engl. *Controlling*).

4.3.2 Führungsaufgaben

Die konkrete Anwendung des Führungsprozesses erfolgt durch die Wahrnehmung der Führungsaufgaben, wie z. B. Ziele und Zielvereinbarungen erarbeiten, Mitarbeiter auswählen, beurteilen und entwickeln, Projekte managen, Teams bilden, entwickeln und lenken. Im Zuge einer stärkeren Systematisierung können diese Führungsaufgaben unterteilt werden in die teilweise formalisierten Sachaufgaben wie Personalvergütung, Personalbeurteilung oder Personalentwicklung, die hier jeweils in eigenen Abschnitten behandelt werden, und den mehr situations- und personenbezogenen Aufgaben wie [vgl. Jung 2017, S. 449 ff.]:

- Zielvereinbarung
- Delegation und Weisung
- Problemlösung
- Information und Kontrolle
- Anerkennung und Kritik
- Konfliktsteuerung.

Grundsätzlich sind die Führungsaufgaben eingebettet in die übergelagerten Managementfunktionen eines Unternehmens (Planung, Organisation, Personaleinsatz, Führung und Kontrolle).

4.3.3 Führungsinstrumente

Zu den Führungsinstrumenten zählen die Formen der Führungskommunikation sowie die verschiedenen Führungstechniken, die unter der Bezeichnung *„Management by ...“* – Konzepte im deutschen Sprachraum weite Verbreitung gefunden und teilweise auch als Führungsprinzipien bezeichnet werden.

4.3.3.1 Führungskommunikation

Die Kommunikation ist wohl das wichtigste Führungsinstrument. Führungskommunikation zielt darauf ab, den Informationsaustausch zwischen der Führungskraft und ihren Mitarbeitern zu verbessern. Im Gegensatz zur Mitarbeiterinformation, die nur in eine Richtung wirkt, ist die Kommunikation immer zweiseitig ausgerichtet. Gleichgültig, wie man sich in einer zwischenmenschlichen Situation verhält, ob man spricht oder sich abwendet, es wirkt auf den anderen ein und es findet eine Rückkopplung statt. Untersuchungen belegen, dass wir maßgeblich auch über die Körpersprache, also Gestik, Mimik, Körperhaltung und Bewegungen, sowie auch über

Aussehen und Kleidung kommunizieren. Kommunikation ist also ein Verhalten, das anderen etwas mitteilt [vgl. Bröckermann 2007, S. 365].

Manager müssen permanent kommunizieren, sei es mit Kollegen oder Mitarbeitern, mit wichtigen (Schlüssel-) Kunden (engl. *Key Accounts*), mit Aufsichtsgremien oder Analysten. Kurz gesagt: Kommunikation ist die Kernaufgabe des Managements [vgl. Buss 2009, S. 246].

Im Unterschied zu früher wird bei der **Kommunikation um CSR und Nachhaltigkeit** heutzutage aktiv von allen Stakeholdern **Transparenz** eingefordert. Unternehmen sind allerdings kaum noch in der Lage, die Informationshoheit für sich zu beanspruchen, weil Informationen immer schneller eine relativ große Zuhörerschaft erreichen. Daher sollten Unternehmenslenker ein großes Interesse daran haben, dass sich ein Großteil der Beschäftigten in Bezug auf Nachhaltigkeitskommunikation engagiert. Wenn es dagegen beim obersten Management an glaubwürdiger Kommunikation fehlt, leidet die Reputation des Unternehmens nicht nur nach innen, sondern auch nach außen [vgl. Sutter 2015, S. 656].

Nachhaltigkeitsthemen brauchen die Implementierung einer Kommunikationsstrategie mit besonderem Fokus auf die Mitarbeiter. Die Formen der Kommunikation sind dabei vielfältig: Meetings, Open Space-Veranstaltungen, Intranet, Print und elektronische Newsletters, Video-Clips, Internet mit Blogs, soziale und berufliche Netzwerke usw. … HR sollte dafür sorgen, dass das Nutzen besonders der sozialen und beruflichen Medien Teil der Unternehmenskultur wird. Dies ist schon deshalb zu empfehlen, weil das Verschmelzen von interner und externer Kommunikation durch das Internet zur Normalität geworden ist. Mitarbeiter sind einerseits als Empfänger mit vielfältigen an Botschaften konfrontiert; andererseits sind sie zugleich als Content-Geber Botschafter des Unternehmens [vgl. Sutter 2015, S. 662].

4.3.3.2 Führungstechniken

Eine weitere Gruppe von Führungsinstrumenten zielt auf die bessere Koordination des Verantwortungsbereichs einer Führungskraft ab. Die wichtigsten Führungstechniken (= Prinzipien) für die Koordination der Personalführung sind:

- Führen durch Ziele (engl. *Management by Objectives – MbO*)
- Führen durch Delegation (engl. *Management by Delegation*) und
- Führen durch Partizipation (engl. *Management by Participation*).

(1) Management by Objectives

Das Führen durch Ziele bzw. Zielvereinbarungen ist das bekannteste Führungsprinzip. Auf die Bedeutung der Zielvereinbarung wurde bereits im Zusammenhang mit der Wahrnehmung von Führungsaufgaben eingegangen (vgl. Abschnitt 4.2.2.1).

Grundgedanke dieses Führungsprinzips ist die Frage: Wie stellt die Führungskraft sicher, dass der geführte Mitarbeiter das Richtige tut (Effektivität) und dass er es richtig tut (Effizienz)? Voraussetzung beim MbO ist, dass die Mitarbeiter eine Vorstellung von dem haben, was von ihnen erwartet wird. Den Orientierungsrahmen geben Ziele vor, die in einer Zielvereinbarung festgelegt werden.

Beim MbO werden nicht bestimmte Aufgaben, die nach festgelegten Vorschriften zu erledigen sind, sondern grundsätzlich Ziele vorgegeben. Im Sinne einer besseren Umsetzungswahrscheinlichkeit werden die Ziele gemeinsam von Vorgesetzten und Mitarbeitern erarbeitet, nicht jedoch Regelungen darüber getroffen, wie diese Ziele zu erreichen sind. Insgesamt fordert das MbO einen eher kooperativen Führungsstil, da sich Führungskraft und Mitarbeiter gleichzeitig den erarbeiteten Zielen verpflichtet fühlen sollten [vgl. Jung 2006, S. 501; Bröckermann 2007, S. 330].

(2) Management by Delegation

Der Grundgedanke des Führens durch Delegation ist die weitgehende Übertragung von Aufgaben, Entscheidungen und Verantwortung auf die Mitarbeiterebene. Die Notwendigkeit dieses Führungsprinzips ergibt sich aus der Überlegung, dass eine Führungsperson unmöglich alle Aufgaben selbst erledigen kann. Dies führt im schlimmsten Fall zum Erlahmen aller Prozesse im Verantwortungsbereich der Führungskraft [vgl. Stock-Homburg 2013, S. 546].

Erfolgreiches Delegieren setzt voraus, dass

- die Aufgaben rechtzeitig an die Mitarbeiter übertragen werden, damit die Aufgabenerfüllung termingerecht sichergestellt werden kann,
- gleichzeitig Verantwortung und Kompetenzen übertragen werden, damit die Mitarbeiter auch über die zur Aufgabendurchführung evtl. benötigten Weisungskompetenzen verfügen,
- die Aufgabenstellung eindeutig und klar formuliert ist und damit Unsicherheiten bei der Aufgabenerfüllung vermieden werden sowie
- alle erforderlichen Informationen bereitgestellt werden, damit die Aufgabenerfüllung vollumfänglich erfolgen kann [vgl. Stock- Homburg 2013, S. 546 f.].

(3) Management by Participation

Ein weiteres Führungsinstrument zur besseren Koordination des Verantwortungsbereichs einer Führungskraft ist die Einbindung von Mitarbeitern in den Entscheidungsprozess. Sie dient in erster Linie dazu, weitere Perspektiven der Aufgabenerfüllung zu berücksichtigen sowie die Motivation der Mitarbeiter bei der Umsetzung der Entscheidungen zu erhöhen [vgl. Stock-Homburg 2013, S. 548].

Um diese Vorteile der Partizipation zu gewährleisten, sollten folgende Rahmenbedingungen vorliegen [vgl. Stock-Homburg 2013, S. 550 unter Bezugnahme auf Staehle 1999, S. 536]:

- Die Mitarbeiter haben in Bezug auf die Aufgabenstellung gleiche Ziele.
- Die Mitarbeiter sind aufgrund ihrer Kenntnisse und Erfahrungen in der Lage, zur Entscheidungsfindung beizutragen.
- Die Mitarbeiter haben ein hohes Maß an Eigenständigkeit und Selbstbestimmung.

Alle drei aufgeführten Führungsprinzipien sind nicht isoliert zu betrachten, d. h. sie schließen sich nicht gegenseitig aus. Dies zeigt sich besonders am Führungsprinzip Management by Objectives, das eine Zusammenarbeit und Partizipation z. B. bei der Zielvereinbarung sowie eine Delegation z. B. bei der Aufgabenerfüllung bewusst vorsieht.

Darüber hinaus gibt es noch eine Reihe anderer, weitgehend selbsterklärender Führungsprinzipien wie

- Führung durch Eingriff in Ausnahmefällen (engl. *Management by Exception – MbE*)
- Management durch Systemsteuerung (engl. *Management by Systems – MbS*)
- Management durch Motivation (engl. *Management by Motivation – MbM*)
- Management by Walking Around.

Gerade das **Management by Walking Around**, bei dem der häufige, direkte Kontakt zwischen der Führungskraft und ihren Mitarbeitern im Vordergrund steht, wird aufgrund der hohen Zeitbelastung des Managements zunehmend vernachlässigt. Dabei zählt dieses Führungsprinzip zu den effektivsten überhaupt, um Mitarbeiter zu guten Leistungen zu motivieren und damit zu den gewünschten Ergebnissen zu kommen. Dieses Managementprinzip hat sich vor allem bewährt, wenn es um den Transport von **Werten** geht. Das gilt besonders für den Personalbereich, hat er doch als Frühwarnzentrale die oft nicht leichte Aufgabe, auch auf die leisesten Hinweise auf Diskrepanzen aufmerksam zu machen. Gefragt ist Präsenz und Zuhören auf allen Ebenen. Früher waren es die Raucherzimmer, in denen sich die Mitarbeiter offen besprechen konnten. An ihre Stelle könnten heute sogenannte „Reflexionsräume" treten [vgl. Sutter 2015, S. 663].

4.3.4 Führungsstil

Führungsstil lässt sich als Fundament und Grundlage des *„Führungswürfels"* in Abbildung 5-37 bezeichnen. Der Führungsstil gibt die Form an, in der die Führungskraft ihre Führungsaufgaben im Rahmen der Organisation wahrnimmt. Der Führungsstil ist somit die **Grundausrichtung des Führungsverhaltens** eines Vorgesetzten gegenüber seinen Mitarbeitern [vgl. Lang/Rybnikova 2014, S. 27 f.].

Da der Begriff stellvertretend für die **klassischen Strömungen** der Personalführungsforschung, nämlich für den

- **eigenschaftsorientierter Führungsansatz** (→ Eigenschaftstheorien und -modelle), den
- **verhaltensorientierter Führungsansatz** (→ Führungsstiltheorien und -modelle), den
- **situativer Führungsansatz** (→ situative Führungstheorien und -modelle) sowie für den
- **kognitiven Führungsansatz**

steht, werden die verschiedenen **Führungsstilausprägungen** im Folgenden kurz aufgeführt.

Abbildung 4-03 gibt einen Überblick über die gängigsten theoretisch-konzeptionellen Ansätze in der Personalführung, die im Folgenden kurz vorgestellt werden sollen.

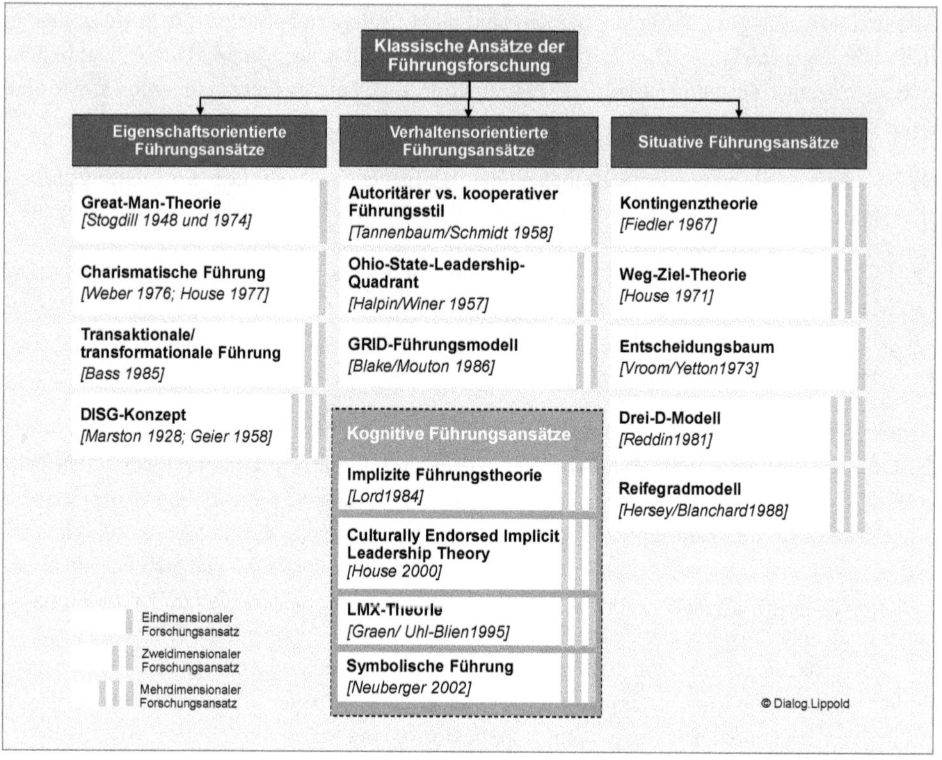

Abb. 4-03: Theoretisch-konzeptionelle Ansätze der Personalführung

4.3.4.1 Eigenschaftsorientierte Führungsansätze

Die **Eigenschaftstheorie** (engl. *Trait Theory*) geht in ihrem Grundkonzept davon aus, dass Führung und Führungserfolg maßgeblich von den Eigenschaften der Führungskraft bestimmt werden. **Eigenschaftsorientierte Führungsansätze** stellen die älteste dieser Strömungen dar. Sie gehen davon aus, dass herausragende menschliche Leistungen letztendlich auf die koordinierende Kraft angeborener oder erworbener Persönlichkeitseigenschaften zurückzuführen sind. In gleicher Weise wie die Eigenschaftstheorie die Persönlichkeitsmerkmale einer Führungskraft in den Mittelpunkt stellt, werden die Merkmale der Geführten und auch die jeweilige Führungssituation als eher nebensächlich angesehen [vgl. Macharzina/Wolf 2010, S. 573]. Zu den wichtigsten Ansätzen der eigenschaftsorientierten Führungstheorie zählen

- die Great-Man-Theorie,
- die Theorie der charismatischen Führung,
- die Theorie der transformationalen/transaktionalen Führung und
- das DISG-Konzept.

4.3.4.2 Verhaltensorientierte Führungsansätze

Verhaltensorientierte Führungsansätze, die in der zeitlichen Entwicklung folgen, haben nicht die Persönlichkeitsmerkmale, sondern das Verhalten der Führungsperson im Fokus. Dabei wird unterstellt, dass der Erfolg einer Führungskraft von seinem Verhalten gegenüber den Mitarbeitern abhängt. Im Mittelpunkt der Verhaltenstheorien stehen die Führungsstile. Außerdem erlaubt die verhaltensorientierte Perspektive die Annahme, dass Führungsverhalten erlern- und trainierbar ist. Verhaltensorientierte Führungsansätze führen den Erfolg auf den **Führungsstil** der jeweiligen Führungskraft zurück. Die Führungsstilforschung versucht, dass hierin begründete Komplexitätsproblem durch die Bildung von Führungsstiltypen zu. Die bekanntesten Führungsstilkonzepte sind

- das autoritäre vs. kooperative Führungsstil-Konzept,
- der Ohio-State-Leadership-Quadrant und
- das Verhaltensgitter-Modell.

4.3.4.3 Situative Führungsansätze

Situative Führungsansätze schreiben den Erfolg einer Führungsperson vornehmlich ihrer situativen Anpassungsfähigkeit zu. Diese Ansätze gehen über die ausschließliche Betrachtung von Persönlichkeitsmerkmalen bzw. Verhaltensweisen hinaus, indem sie unterstellen, dass der erfolgreiche Einsatz bestimmter Merkmale bzw. Verhaltensweisen in Abhängigkeit von der jeweiligen Führungssituation variiert. Die situativen Führungstheorien haben sich bis heute unter den theoretisch-konzeptionellen Führungsforschungsansätzen am stärksten durchgesetzt. Die Situationstheorie der Personalführung geht davon aus, dass die Vorteile des Führungsverhaltens von den jeweiligen situativen Umständen abhängen. Die verschiedenen situativen Ansätze unterscheiden sich dadurch, welche Faktoren („Situationsvariablen“) bei der Gestaltung des Führungsverhaltens zu berücksichtigen sind. Wesentliche Situative Führungsansätze sind

- die Kontingenztheorie,
- die Weg-Ziel-Theorie,
- der Entscheidungsbaum,
- das Drei-D-Modell und
- das situative Reifegradmodell.

4.3.4.4 Kognitive Ansätze der Führungsforschung

Neben diesen drei klassischen Ansätzen der Mitarbeiterführung, die sich primär auf Eigenschaften und (situative) Verhaltensweisen des Führenden konzentrieren, erweitern bzw. verändern die **kognitiven Ansätze** den Blick auf die Führungskraft-Geführten-Beziehung. Bei den kognitiven Ansätzen steht nicht die Frage *„Welcher Führungsstil ist der beste?“* im Vordergrund, sondern die Frage *„Wie wirkt der Führungsstil beim Geführten?“* Zu den wichtigsten kognitiven Ansätzen der Führungsforschung gehören im Einzelnen

- die Implizite Führungstheorie
- die Culturally Endorsed Implicit Leadership Theory
- die Leader-Member Exchange Theorie (LMX-Theory) sowie
- die Symbolische Führung.

4.4 Neue Führungsansätze und -konzepte

Nicht nur die Vielzahl von jährlich erscheinenden Führungsratgebern, sondern auch die Sichtung aktueller Trainingskonzepte macht deutlich, dass das Thema Personalführung und neue Führungskonzepte eine Blütezeit erlebt. Doch wie lässt sich die Flut neuer Führungstheorien und -konzepte erklären? Welches sind Ursachen und gesellschaftliche Kontexte ihrer Entstehung? Welche inhaltlichen Gemeinsamkeiten und welche Unterschiede lassen sich bei den neuen, teilweise sehr modisch klingenden Führungsansätzen ausmachen? Und vor allem: Welchen Nutzen bringen die neuen Konzepte? [vgl. im Folgenden auch Lang/Rybnikova 2014, S. 16 ff.].

4.4.1 Einflussfaktoren neuer Führung

Um die Wurzeln der Vielzahl neuer Führungsansätze und -konzepte, die auch als **New Work-Führungsansätze** bezeichnet werden, erklären zu können, müssen zunächst die verschiedenen Faktoren, die heutzutage auf Führung wirken und diese beeinflussen, aufgezeigt werden.

Führungskräfte müssen über verschiedene Standorte hinweg mit einer zunehmend heterogenen Gruppe von Mitarbeitern kommunizieren und klarkommen. Und gleichzeitig muss Führung die Generationen- und Kulturunterschiede im Umgang mit den Technologien berücksichtigen. Damit sind die wichtigsten Cluster an Einflussfaktoren genannt, die auf heutige Führung einwirken und die im Wesentlichen die inhaltliche Thematik neuer Führungsansätze bestimmen:

- Herausforderungen der VUCA-Welt
- Medien-Mix und Kommunikation über Distanzen
- Generationenwechsel und hybride Arbeitskulturen.

4.4.1.1 Herausforderungen der VUCA-Welt

Wenn die digitale Transformation immer wichtiger und das Veränderungstempo immer schneller wird, formieren sich neue Herausforderungen an das Führen von Mitarbeitern. Wo Manager in früheren Zeiten vor allem aus der Zentrale agieren konnten, vergrößert sich ihr Wirkungsbereich sehr schnell und verteilt sich meist auf mehrere Märkte und teilweise auch Kontinente. Flexibilität wird so zu einem Anspruch an einen Manager. Schon aus ersten Forschungen zu Führungsstilen aus den 1960er Jahren geht hervor, dass es sich bei Führungsstilen stets um dynamische Konstrukte handelt. Führung muss sich also den Gegebenheiten anpassen, muss sich verändern und darf nicht dauerhaft statisch angelegt sein.

Seitdem hat sich vieles verändert. Ging man vor wenigen Jahrzehnten noch davon aus, dass Mitarbeiter eine starke Hand brauchen, ihnen ein klares Ziel und vor allem der Weg dahin vorgegeben werden muss, so berücksichtigen neue Führungsansätze, dass auch gewisse Freiheiten und selbstständiges Handeln durchaus effizienter zum vorgegebenen Ziel führen können. Während klassische Führungstheorien und -konzepte eng mit dem Verhalten und Eigenschaften des Vorgesetzten verknüpft sind, ermöglichen neuere Ansätze eine breitere Perspektive auf Führung, indem sie den Interaktionsprozess zwischen Führungskräften und Mitarbeitern, die

Bedeutung der Mitarbeiter oder den organisationalen Kontext stärker in den Blick nehmen [vgl. Lang/Rybnikova 2014, S. 20].

Heutzutage liegt der Fokus der Führung nicht allein auf dem Führenden, sondern auch auf den Geführten, den Peers, den Arbeitsbedingungen und auch der Arbeitskultur. Neue Führungsansätze betrachten ein viel breiteres Feld und eine größere Vielfalt von Personen national wie international. Gleichzeitig findet sich Führung heute in den verschiedensten Modellen wieder: strategisch, global, komplex, verteilt, relational, sozial-dynamisch [vgl. Lang/Rybnikova 2014, S. 20].

Die Welt der klassischen Führungstheorien mit ihren klaren, eindimensionalen Konzepten, bei denen **Führungseigenschaften**, **Führungsverhalten** und **Führungssituationen** im Vordergrund stehen, wird von einer Führungswelt abgelöst, die sich sehr gut mit dem schon fast geläufigen Akronym VUCA beschreiben lässt. VUCA steht für volatil, unsicher, komplex (engl. *complex*) und mehrdeutig (engl. *ambiguous*). Die eigentliche Herausforderung einer VUCA-Welt besteht nämlich darin, sie anzunehmen und mit ihr mitzugehen. Im Klartext heißt das: Als Organisation mit Schwankungen mitgehen können und die Unsicherheiten akzeptieren [vgl. Ciesielski/Schutz 2016, S. 4].

4.4.1.2 Medien-Mix und Kommunikation über Distanzen

Die neuen Organisationen zeichnen sich vor allem durch den konzentrierten Einsatz moderner Informations- und Kommunikationsmittel bzw. von sozialen Medien (engl. *Social media*) aus. Gleichzeitig findet die Arbeit in geografisch und zeitlich verteilten Strukturen statt. Aufgrund des Mangels an direkten Kontakten erfolgt die wechselseitige Einflussnahme zwischen Führungskräften und Geführten hauptsächlich mit Hilfe dieser neuen Informations- und Kommunikationsmittel (IuK) bzw. sozialer Medien.

Solche Rahmenbedingungen bringen zwangsläufig neue Anforderungen an die Führung mit sich. Traditionelle Führungsmodelle, die auf direkten Interaktionen basieren, sind grundsätzlich nicht geeignet, solche Anforderungen abzudecken. Demnach steht bei den („neuen") Führungskonzepten eine Führung im Mittelpunkt, die mittels moderner IuK bzw. sozialer Medien funktionieren muss [vgl. Wald 2014, S. 356].

Zu den klassischen IuK zählen E-Mail-Dienste, Intranet-Lösungen, Foren und Chats im betrieblichen und überbetrieblichen Rahmen. Während mit diesen klassischen IuK vor allem die von den Unternehmen gesteuerte Informationsbereitstellung und der geregelte Informationsaustausch im Vordergrund stand, vollzog sich hier in den letzten Jahren eine Entwicklung von den klassischen IuK hin zum **„Mitmach-Netz"**, dem Web 2.0 bzw. den sozialen Medien. Informationen werden sowohl durch die Organisationen bereitgestellt als auch durch die Nutzer selbst eingebracht. Statt Software stehen Dienste im Fokus, deren Angebote auf verschiedenen Endgeräten nutzbar sind. Die unmittelbare Interaktion der Nutzer steht im Vordergrund. Daten können neu kombiniert bzw. transformiert werden. Der Schwerpunkt bei Nutzung und Bereitstellung von Informationen liegt beim Anwender. Wurden das Internet bzw. betriebliche Lösungen („Intranet") bislang zur kontrollierten Weitergabe von Informationen genutzt, ist es nun möglich und gewünscht, dass Nutzer, d.h. auch Führungskräfte und Mitarbeiter selbst, Inhalte bereitstellen und diese mit anderen austauschen [vgl. O'Reilly 2005].

Soziale Medien haben in den vergangenen Jahren die Internetnutzung nicht nur geprägt, sondern auch verändert. Sie sind für Millionen von Nutzern aus der alltäglichen Kommunikation nicht mehr wegzudenken und beeinflussen Unternehmen und Organisationen in zunehmendem Maße. Für Unternehmen sind soziale Medien daher in vielen Bereichen zu einem wichtigen Wertschöpfungsfaktor geworden. Facebook, YouTube, Twitter, LinkedIn & Co. bieten Internetnutzern nicht nur einen Unterhaltungswert oder die Möglichkeit, persönliche Kontakte zu knüpfen und zu pflegen, sie ermöglichen auch einen schnellen Zugang zu und den Austausch von Informationen. Und auch für die Fundierung wichtiger Entscheidungen spielen soziale Medien eine immer größere Rolle, so dass sie vermehrt in den Fokus des Managements rücken.

Viele Unternehmen haben soziale Medien zunächst für die externe Kommunikation eingesetzt. Inzwischen nutzen Unternehmen aber auch verstärkt eine Social Software für interne Zwecke, um Austausch und Zusammenarbeit unter den Mitarbeitern zu verbessern. Insbesondere vervollständigen Social Media die E-Mail-Kommunikation, da viele Anfragen auf diesen Kanälen schneller und transparenter beantwortet werden können als über die klassische Mail. Zudem ergänzen Social Media in vielen Unternehmen inzwischen die bislang üblichen Intranets. Ein wichtiger Unterschied zum klassischen Intranet ist dabei die Art und Weise, wie Inhalte entstehen und geteilt werden. Jeder Mitarbeiter kann gleichzeitig Sender und Empfänger sein. Aus dem internen Redakteur wird ein Community-Manager. Eine moderne Unternehmensführung weiß, wo der Mehrwert von Social-Media-Maßnahmen liegt, wie sie diese systematisch planen und dadurch erfolgreich Kunden binden sowie neue Kunden erreichen können.

4.4.2 Ausprägungen neuer Führung

Beispielhaft für die Vielzahl neuer Führungsansätze, die auch kurz als **New Leadership-Ansätze** bzw. **New Work-Führungsansätze** (und manchmal sogar als *„Führungsinstrumente aus dem Silicon Valley"*) bezeichnet werden, sollen einige besonders intensiv diskutierte Konzepte genannt werden:

- **Super Leadership.** Der Super Leadership-Ansatz befasst sich mit den Herausforderungen einer dezentralen Arbeitswelt. Ziel des Führungskonzeptes ist es, Mitarbeiter zur Selbstorganisation bzw. Selbstführung zu motivieren und zu befähigen. Bei diesem Ansatz agiert der Führende als „Super Leader", der seinen Mitarbeitern flexiblere Rahmenbedingungen für eine zweckgerichtete Selbststeuerung schafft.
- **Virtuelle Führung.** Ähnlich ist es bei der virtuellen Führung, deren Notwendigkeit sich aus der Distanz bzw. den fehlenden persönlichen Kontakten zwischen Führenden und Geführten sowie aus einer veränderten Verteilung von Informationen ergibt. Virtuelle Führung wird dabei als sozialer Einflussprozess verstanden, der durch Kommunikation mit neuen Medien vermittelt wird.
- **Agile Führung.** Dieser Führungsansatz wird als Verhalten interpretiert, bei dem die Mitarbeiter selbstbestimmt den Weg zur Aufgabenbewältigung festlegen und somit in Entscheidungen voll eingebunden werden. Wichtig ist dabei, dass hierarchische Strukturen aufgebrochen werden. Mitarbeiter sollen ihre Kompetenzen selber erkennen, einschätzen und sich gegenseitig Feedback geben.

- **Digitale Führung.** Eigentlich gibt es gar keine digitale Führung (und sollte es auch nie geben). Gemeint ist vielmehr das Führen mit digitalen Kompetenzen. Darunter sind in erster Linie der sichere Umgang mit neuen Medien und die interkulturelle Kompetenz zu verstehen. Beide Kompetenzen sollten bei einer Führungskraft mit den Schlüsselkompetenzen Kommunikations-, Entscheidungs- und Teamfähigkeit verbunden sein.
- **Verteilte/geteilte Führung.** Bei der verteilten/geteilten Führung (engl. *Distributed/Shared Leadership*) steht die Frage im Vordergrund, wie Führung in Organisationen aufgeteilt werden soll, um Motivation und Leistung zu optimieren. Dabei steht nicht mehr der Vorgesetzte als Alleinentscheider im Fokus. Vielmehr sollen sich Führender und Geführter vor dem Hintergrund der Zielvorgabe als quasi Gleichberechtigte sehen.

Zur inhaltlichen Darstellung der wichtigsten Ausprägungen dieser New Work-Führungsansätze siehe Lippold 2021, S. 52 ff.].

Alle genannten Führungskonzepte haben zwar ihren Ursprung in neuen Anforderungen (Umgang mit räumlicher Distanz, mit neuen Medien, mit flachen Hierarchien, mit unterschiedlichen Wertvorstellungen verschiedener Generationen etc.), letztendlich sind es aber sehr ähnliche und teilweise überschneidende Ausprägungen eines grundsätzlich neuen Führungsverständnisses, das sich wie folgt skizzieren lässt:

- **Gemeinsames Verständnis** von Zielen und Aufgaben als Basis der Kommunikation
- **Gemeinsame Verantwortlichkeit der Gruppe** für den Prozess und die Entwicklung der eigenen Kooperationsfähigkeiten
- **Gemeinsame, selbstorganisierte Führung**, auf Projekt- als auch auf Abteilungsebene
- Jahresendprozesse **ohne Kalibrierung** der Mitarbeiter
- Hohes Maß an gegenseitigem **Vertrauen**
- Hinterfragen der **Sinnhaftigkeit** von Akzeptanz einer **positiven Fehlerkultur.**

Abbildung 4-04 liefert einen groben Vergleich klassischer und neuer Führungskonzepte.

	Klassische Ansätze	Neuere Ansätze
Einflussausübung	Einseitig	Wechselseitig
Führungshandeln	Führungsstil	Strategien, Taktiken
Machtbeziehung	Herrschaft der Führer	Anteil der Geführten, Machtbalancen
Instrument der Zielerreichung	Erfolg abhängig von Führungsstil	Viele Faktoren, vernetzt, zirkulär, viele Alternativen
Merkmal der Persönlichkeit	Eigenschaften der Führungskraft	Zuschreibung durch Geführte
Gruppenphänomen	Formelle Führung, Statik	Informelle, emergente Prozesse, Dynamik
Führungsansätze	Eigenschaftsansatz, Verhaltensansatz, Situativer Ansatz	New Leadership-Ansätze, Systemische Ansätze, Virtuelle Ansätze

[Quelle: modifiziert nach Lang/Rybnikova 2014, S. 24]

Abb. 4-04: Vergleich klassischer und neuerer Führungskonzepte

4.5 Zur Vereinbarkeit alter und neuer Führungskonzepte

4.5.1 Führungserfolg und Führungsverständnis im Vergleich

Abbildung 4-05 vergleicht die wichtigsten Überlegungen zum Führungserfolg und zum Führungsverständnis der klassischen Führungsansätze mit den entsprechenden Ansichten der New Work-Führungskonzepte.

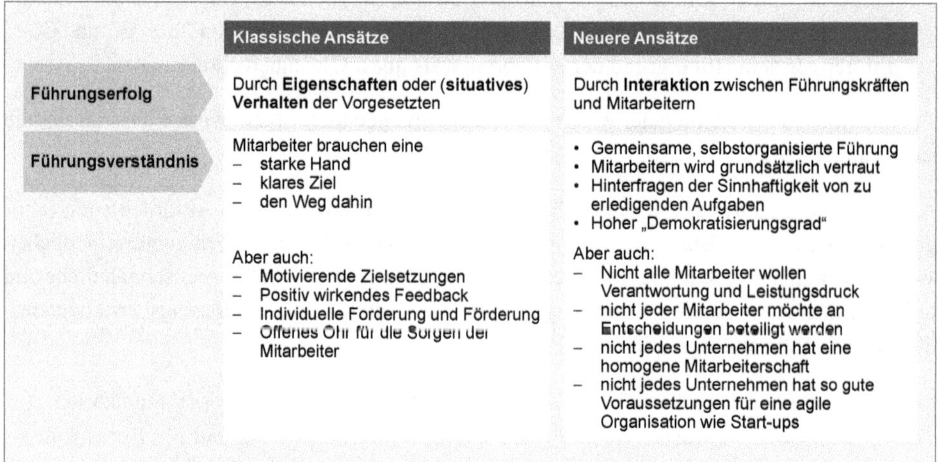

Abb. 4-05: Vergleich von klassischen und New Work-Führungskonzepten

In den neuen Führungskonzepten wird die Führungsrolle also ziemlich anders gesehen als in den klassischen Führungstheorien. Wesentliche Elemente der **Führung** übernehmen selbstorganisierte Teams. Damit liegt einer Organisation, in der praktisch jeder Führung übernehmen kann, eine ganz andere Führungshaltung zugrunde: Mitarbeitern wird grundsätzlich vertraut. Solche Organisationsmodelle entsprechen in ihrer ausgeprägten Form dem **transformationalen und kooperativen Führungsstil**.

4.5.2 New Work und Homeoffice

Homeoffice ist ein Teilaspekt der *Telearbeit*. Dieser Begriff fasst Arbeitsformen zusammen, bei denen Mitarbeiter ihre Arbeit ganz oder teilweise außerhalb der Gebäude des Arbeitgebers verrichten. Oft wird auch von *Mobilarbeit* oder von *mobiler Arbeit* gesprochen. Beim Homeoffice findet diese Arbeit zuhause – also in den Räumen des Arbeitnehmers – statt.

Im Gegensatz zu den klassischen Führungsansätzen sind die New-Work-Konzepte deutlich besser auf den Corona-induzierten Homeoffice-Boom vorbereitet. Schließlich haben die virtuelle Führung, die digitale Führung und vor allem der Super-Leadership-Ansatz einen ihrer Ursprünge in der räumlichen Distanz zwischen Führenden und Geführten. Das Homeoffice spiegelt also genau eine der möglichen Voraussetzungen für diese neuen Führungskonzepte wider.

Besonders eindrucksvoll hat Verena Pausder in ihrem Bestseller „Das Neue Land" die Wirkung von Homeoffice auf New Work beschrieben (siehe Insert 4-01).

Insert

New Work im Neuen Land:

Das Zuhause ist kein unproduktiver Ort

Von *Verena Pausder*

„Ich muss zum Flieger!" Für mich ist das ein Satz aus dem Alten Land. Nicht, dass wir nicht mehr zum Flieger dürfen oder müssen, aber dieses Statussymbol, dieses „ich reise, also bin ich wichtig" – das wird die Pandemiezeit nur schwer überleben.

Es ist nicht mehr nötig, ständig „im Flieger" zu sitzen. Es ist kein Nachweis der eigenen Wichtigkeit mehr, wenn man ständig unterwegs ist. Die wichtigste Frage lautet vielmehr "Musst du da wirklich hin?" Gibt es keine digitale Lösung, um Daten abzurufen und auszuwerten? Und keine virtuelle Möglichkeit, die Ergebnisse zu besprechen? Kein Tool, um den Fortschritt des Projektes nachzuvollziehen? Kein Programm, das nicht auch von zuhause abrufbar ist?

Denn: Das Zuhause ist kein unproduktiver Ort. Nach einer Erhebung der Universität Konstanz, gaben im April 2020 rund die Hälfte der Befragten an, im Homeoffice besser und effektiver zu arbeiten. 35 Prozent der rund 700 Studienteilnehmer hatten vorher sogar noch nie von zuhause gearbeitet.

Und nach einer Studie des Münchner ifo Instituts im Juli 2020 wollen 54 Prozent der Unternehmen weiter auf das Homeoffice setzen. Die Forscher gehen davon aus, dass sich hybride Arbeitsmodelle zwischen Präsentarbeit und Homeoffice immer mehr durchsetzen werden.

Und selbst die traditionsreichen deutschen Konzerne ziehen nach. So hat Siemens im Juli 2020 angekündigt, auch nach der Coronapandemie stark auf mobiles Arbeiten zu setzen. 140.000 der weltweit 240.000 Mitarbeiter*innen sollen künftig an zwei bis drei Tagen pro Woche nicht mehr ins Büro oder ins Werk müssen. Man habe gesehen, wie produktiv und effektiv das mobile Arbeiten sein kann, heißt es bei Siemens.

Und offenbar auch, dass es viele Mitarbeiter*innen zufriedener macht. Es ist eben nicht die entscheidende Frage, ob es Mexikanisch oder Indisch oder beides in der Kantine gibt, sondern ob die Fähigkeiten eines*r Mitarbeiters*in wertgeschätzt werden – und ob die Firma die Entwicklung ihrer Angestellten fördert. Es ist eben viel wichtiger, dass Mitarbeiter*innen mit Führungskräften darüber reden, was sie werden können und nicht, was sie hier für sich herausholen können.

Es geht darum, die Arbeit so zu gestalten, das sie bestmöglich wird. Es geht darum, den eigenen Mitarbeiter*innen mit Respekt und Fairness zu begegnen, ihre Entwicklung zu fördern, mit ihnen gemeinsame Ziele zu definieren, Ihnen mehr zu vertrauen als sie zu kontrollieren, und ihnen die Sinnhaftigkeit der Arbeit, den Purpose ihres, besser zu vermitteln.

Das ist New Work. Und das steht für die Strahlkraft von New Work, die auch das Arbeiten im Neuen Land auszeichnet.

[Quelle: Pausder 2020, S. 122 ff., verkürzt]

Insert 4-01: „Das Zuhause ist kein unproduktiver Ort"

4.5.3 Umsetzung neuer Führungskonzepte in die Praxis

Wirft man einen Blick auf die gegenwärtige Führungspraxis in deutschen Unternehmen, so lässt sich das Aufeinanderprallen von klassischen und neuen Führungskonzepten am besten an den beiden Polen unserer Unternehmenslandschaft illustrieren: Start-ups und Großunternehmen [siehe Lippold 2017, S. 370 ff.].

4.5.3.1 Umsetzung in Start-ups

Start-ups, die häufig (noch) keinerlei Hierarchien kennen, verstehen sich sehr gut darin, alle Eigenschaften der Generation Y (und zunehmend auch der Generation Z) zu nutzen und auch in ihrem Sinne zu bestärken. Wo andere Unternehmen an ihre Grenzen stoßen und mit den Eigenschaften und Ansichten der **Digital Natives** (wie z.B. das permanente Hinterfragen der traditionellen Praxis) nicht umgehen können, werden sie in Start-ups unterstützt. Im Gegenzug sind zumindest die „Ypsiloner" bereit, eine hohe Leistungsbereitschaft zu zeigen. Statussymbole wie Dienstwagen sind von geringerer Bedeutung. Wichtig dagegen ist die intrinsische Motivation der Mitarbeiter. Sie hinterfragen die zu erledigenden Aufgaben und wollen die Sinnhaftigkeit darin erkennen. Ähnliches gilt auch für das Feedback. Zwar suchen Mitarbeiter der Generation Y offensiv das Feedback, jedoch entscheiden sie kritisch, ob sie es annehmen. Für Start-ups ist es wichtig, dass Führungskräfte zwar ein klares Ziel definieren, jedoch nicht den Weg dorthin vorgeben. Dadurch können sich Mitarbeiter mit der Aufgabe identifizieren und sind motivierter. Das steigert wiederum die Zufriedenheit und Loyalität. Bei den Freiräumen, die Mitarbeiter bei diesem „Coaching-Ansatz" genießen, geht **Autorität** nicht verloren. Diese erhält die Führungskraft aber nicht durch Status oder Macht. Vielmehr ist wichtig, dass sie gegenüber dem Mitarbeiter eine natürliche Autorität (besser: **Respekt**) erlangt. Das kann dadurch erreicht werden, dass Mitarbeiter durch die Erfüllung von Zielen auch ihren persönlichen Zielen näherkommen. Dadurch akzeptiert sie die Führungskraft. Wichtig für die jungen Mitarbeiter ist die Authentizität der Führungskraft. Merkt der Mitarbeiter, dass ihm etwas vorgespielt wird, verliert er schnell den Respekt gegenüber seinem Vorgesetzten [vgl. Riederle 2014].

4.5.3.2 Umsetzung in Mittel- und Großbetrieben

Der enorme Erfolg, den Start-ups mit ihren innovativen Führungsstilen haben, bleibt auch **großen Unternehmen** nicht verborgen.

„Wir erleben gerade einen Paradigmenwechsel in deutschen Unternehmen. Entscheidungsfähigkeit und Macht werden zunehmend auf Teams oder Projektgruppen verlagert. Der einzelne kluge Kopf wird Teil von Kooperationsnetzen. Geführte erwarten zunehmend andere Menschenführung, Führungskräfte sind zunehmend auf der Suche nach einem anderen Verständnis von Führung und beide wollen eine neue Führungskultur" [Thomas Sattelberger in Forum Gute Führung 2014, S. 17].

Viele Unternehmen übernehmen gewisse Aspekte der neuen Führungsansätze, die sich aus dem Umgang mit den veränderten Wertvorstellungen der neuen Generationen ergeben (siehe Insert 4-02), und führen sie in den eigenen Organisationen ein.

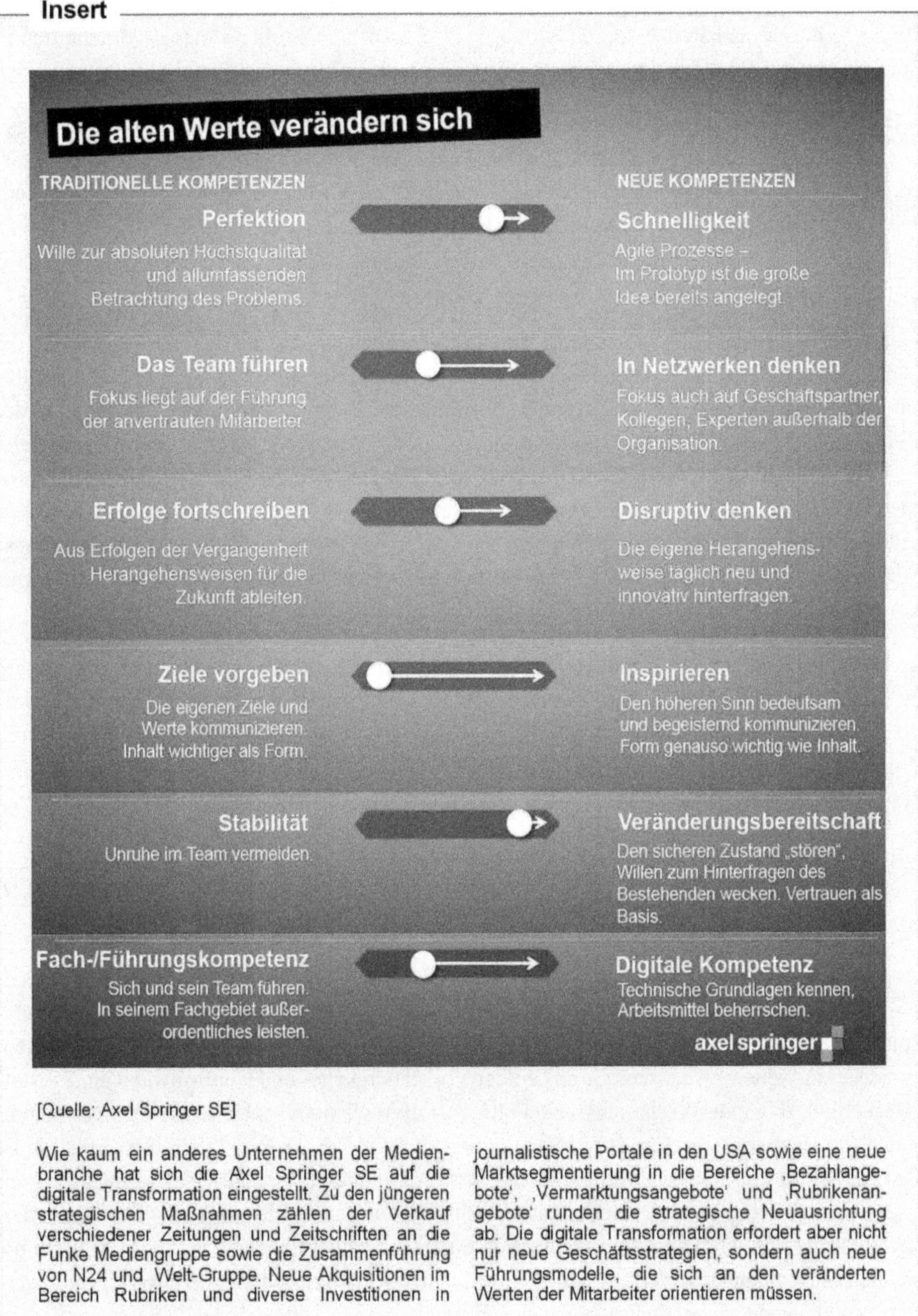

[Quelle: Axel Springer SE]

Wie kaum ein anderes Unternehmen der Medienbranche hat sich die Axel Springer SE auf die digitale Transformation eingestellt. Zu den jüngeren strategischen Maßnahmen zählen der Verkauf verschiedener Zeitungen und Zeitschriften an die Funke Mediengruppe sowie die Zusammenführung von N24 und Welt-Gruppe. Neue Akquisitionen im Bereich Rubriken und diverse Investitionen in journalistische Portale in den USA sowie eine neue Marktsegmentierung in die Bereiche ‚Bezahlangebote‘, ‚Vermarktungsangebote‘ und ‚Rubrikenangebote‘ runden die strategische Neuausrichtung ab. Die digitale Transformation erfordert aber nicht nur neue Geschäftsstrategien, sondern auch neue Führungsmodelle, die sich an den veränderten Werten der Mitarbeiter orientieren müssen.

Insert 4-02: „Die alten Werte verändern sich“

Ein Musterfall dafür ist der Verlag Axel Springer SE, dessen Aktivitäten als beispielhaft im Umgang mit den besonderen Herausforderungen der digitalen Transformation gelten. Im

Rahmen seiner Umstrukturierung vom physischen Print-Verlag zum digitalen Medienkonzern tätigte Axel Springer in den Jahren 2006 bis 2015 mehr als 230 Investments vornehmlich in Start-up-Unternehmen.

Aufgrund der Erfahrungen mit diesen M&A-Aktivitäten wirbt der Konzern mit dem Slogan „Alle Chancen eines Start-ups". Mit dieser Arbeitgeberkampagne will man potenziellen Mitarbeitern zeigen, dass das Unternehmen die Sicherheit und Vorteile eines Konzerns und gleichzeitig die Dynamik und Arbeitskultur eines kleineren Start-ups bietet [vgl. Laudon 2017].

4.5.3.3 Führen mit Begeisterung und Offenheit

Ziel dieser Neuformierung in Richtung digitaler Führung und Nachhaltigkeit muss es sein, die Führungskompetenz dahingehend zu entwickeln, dass mit Begeisterung und Offenheit geführt wird. Begeisterung deshalb, weil selbst begeistert sein und andere begeistern können, zwei der wichtigsten elementaren Führungseigenschaften sind. Begeisterung vor allem auch deshalb, weil die Generation Z (Geburtsjahrgänge ab 1995) in der Führung durch Begeisterung einen ganz wichtigen Schlüssel für oder gegen ein Unternehmen als Arbeitgeber sieht. Offenheit deshalb, weil in einer sich ständig ändernden Umwelt eine permanente Lern- und Veränderungsoffenheit essentiell ist. Offenheit aber auch deshalb, weil organisationale Offenheit und damit Vertrauen die Währung im digitalen Zeitalter und in der digitalen Führungskultur ist.

So beginnen die ersten international ausgerichteten Dienstleistungsunternehmen damit, ihre Personalentwicklung komplett umzustellen und auf sämtliche Rankings ihrer Mitarbeiter künftig zu verzichten. Der Grund: Die jährlichen Gespräche seien mit viel Aufwand, aber wenig Ertrag verbunden. In einem Interview mit der Washington Post erklärte Pierre Nanterme, CEO des IT-Dienstleisters Accenture:

„Manager müssen die richtige Person für die richtige Stelle auswählen und sie mit ausreichend Freiraum ausstatten. Die Kunst guter Führung besteht nicht darin, Angestellte ständig miteinander zu vergleichen" [Zeit-Online am 27.08.2015: So geht gute Führung].

Das bedeutet in der Konsequenz, dass die vielen Year-End-Reviews, die in aller Regel mit einer Kalibrierung der Mitarbeiter (also einem Vergleich bzw. Ranking der Kollegen einer Grade-Stufe) verbunden sind, obsolet werden. Das führt zu einer Entschlackung von liebgewonnenen, organisationsweiten Prozessen, die aus einem Vollständigkeits- und Kontrollwahn einst installiert wurden, aber einer Vertrauens- und Führungskultur diametral entgegenstehen. Das kommt einem Paradigmenwechsel in der Personalentwicklung gleich. Die digitale Transformation ist also ein Leadership- und ein Kultur-Thema. Jede Arbeitskultur braucht ihren eigenen Zugang zu den jeweils passenden Kommunikationstechnologien. Jede Kultur tickt anders, verarbeitet ihre Informations- und Kommunikationsflüsse unterschiedlich. Hier besteht zum Teil ein erheblicher Handlungsbedarf, denn Kultur wird nicht verordnet, sondern muss (vor-)gelebt werden. Letztlich geht es um die Frage, wie es Führungskräfte schaffen können, *„dass die menschliche Lebendigkeit und Intelligenz in ihrer Organisation aktiviert oder erhalten bleibt und dass nicht das Regime der Prozesse, Strukturen und Technologien jegliche Unberechenbarkeit, Unvorhersehbarkeit, Spontanität und damit Kreativität der menschlichen Natur erstickt"* [Ciesielski/Schutz 2015, S. XII].

Ebenso obsolet ist das falsche Konstrukt des Talentmanagements, mit dem heute immer noch standardisierte Führungsklone als künftige Vorgesetzte produziert werden sollen. Den Unternehmen ist im Hinblick auf die digitale Transformation vielmehr zu raten, Führungskräfte hinsichtlich der Eignung für den virtuellen Kontext auszuwählen bzw. entsprechende Personalentwicklungsangebote (Beziehungstraining) anzubieten. Denn im Kern geht es bei der digitalen Führung um Beziehungsarbeit, d.h. um wertebasierte Beziehungen, die aufgebaut, gepflegt und gegebenenfalls auch professionell beendet werden müssen. Allerdings wird das Konzept der Führungskräfteauswahl nur dann funktionieren, wenn ausreichend kompetente Führungskräfte zur Verfügung stehen. Da dies aber in aller Regel nicht der Fall ist, müssen individuelle Talententfaltungsformate erarbeitet werden, um die gewünschten Kompetenzen in soziologisch fassbaren Konfliktsituationen unter Managementanforderungen mit entsprechender Selbstreflexion zu entwickeln.

4.5.3.4 Hybride Führungskraft als Erfolgsfaktor

Um in dem neuen, digital geprägten Umfeld zu bestehen, ist also ganz offensichtlich die **hybride Führungskraft** ein möglicher Schlüssel zum Führungserfolg. Das heißt, für die Führungskraft ist es wichtig, sowohl in der virtuellen als auch in der analogen Welt als ein menschliches Wesen wahrgenommen zu werden, um mit den Mitarbeitern deren Werte teilen zu können. Am Ende sind es die Menschen mit Persönlichkeit, die Präsenz zeigen und eine Identität sichtbar machen, die offline und online zur Kenntnis genommen werden kann. Auf die aktive Gestaltung solcher Identitäten sollte Führung in der digitalen Welt viel Wert legen [vgl. Ciesielski/Schutz 2015, S. 140 ff. und Hildebrandt et al. (2013), S. 163 ff.].

Insert 4-03 zeigt, dass es unterschiedliche Auffassungen darüber gibt, was ein erfolgreicher Führungstyp mitbringen sollte. In jedem Fall ist es aber wichtig, dass die Führungskraft sowohl in der analogen als auch in der virtuellen Welt Präsenz zeigt – und zwar in sozialer, kognitiver und führungstechnischer Hinsicht.

Insert

Gefragt ist die hybride Führungskraft

Immer häufiger wird die Frage gestellt, über welche Eigenschaften Führungskräfte im digitalen Zeitalter verfügen sollten. Aber ist das eigentlich die entscheidende Frage? Ist angesichts des zunehmend digitalen Umfelds nicht vielmehr die Antwort auf die Frage wichtig, welche Voraussetzungen eine Führungskraft heute mitbringen sollte?

Beide Fragen stehen für zwei unterschiedliche Auffassungen darüber, was ein erfolgreicher Führungstyp mitbringen sollte. Beide Auffassungen sollen hier – der Einfachheit halber und holzschnittartig – als „deutsche Führungsauffassung" und als „US-amerikanische Führungsauffassung" bezeichnet werden.

Das **deutsche Führungsmodell** geht von der grundsätzlichen Überlegung aus, dass Führungskräfte, die strategische Entscheidungen im digitalen Umfeld treffen müssen, auch über ein sehr tiefgreifendes Wissen in der Digitalisierung verfügen sollten. Wenn man im digitalen Zeitalter – so die These – seinen Mitarbeitern Orientierung geben und in Konfliktsituationen erfolgreich eingreifen will, dann muss man entsprechende Kompetenzen in der Informatik mitbringen oder sich erarbeiten. Ansonsten kann die digitale Transformation mit seinen Herausforderungen überhaupt nicht angemessen verstanden werden und damit können auch keine zukunftsfähigen Entscheidungen getroffen werden. Soweit die „deutsche" Auffassung, bei der also die Frage nach den **Voraussetzungen** überwiegt. Allerdings habe ich meine Zweifel, ob angesichts der Halbwertszeit digitaler Technik und digitalen Wissens Führungskräfte überhaupt in der Lage sein können, den immer kürzeren Technik- und Wissenszyklen zu folgen.

Im **amerikanischen Führungsmodell** sind es dagegen mehr die **Eigenschaften** wie Befähigung, Leistung, Status oder Charisma, die entscheidend für die Führungszuschreibung sind. Hier ist es relativ unwichtig, in welcher Branche oder in welchem Funktionsbereich die Führungslaufbahn gestartet wurde. Entscheidend ist einzig und allein die zugeschriebene Führungsstärke. Ein Beispiel dafür ist die amerikanische Managerin Meg Whitman, die an vorderster Stelle in so unterschiedlichen Unternehmen wie Procter & Gamble, Disney oder Hewlett Packard ihre Führungs- und Durchsetzungsstärke bewiesen hat. Dieses Führungsmodell ist sicherlich auch ein wenig vergleichbar mit der Besetzung von Ministerposten in den verschiedenen deutschen Ministerien. Generell mag der amerikanische Ansatz in Einzelfällen funktionieren, aber ein grundlegendes Erfolgsmuster für Leadership ist er nicht.

Für mich ist also weder das eine, noch das andere Führungsmodell zukunftsweisend – zumindest nicht in Reinkultur. Mein Favorit ist die **hybride Führungskraft**, die sowohl im digitalen wie auch im analogen Arbeitskontext Präsenz zeigt. Was heißt das? Mitarbeiter müssen ihre Führungskraft sowohl in der analogen als auch in der virtuellen Welt als menschliches Wesen wahrnehmen, mit dem sie bestimmte Werte teilen können. Letztlich sind es immer Persönlichkeiten, die Präsenz zeigen und eine Identität sichtbar machen. Präsenz muss dabei in dreierlei Hinsicht gezeigt werden:

- **Soziale Präsenz** als Fühlen bzw. Mitfühlen,
- **Kognitive Präsenz** als Verstehen und
- **Führungspräsenz**, welche die soziale und die kognitive Präsenz zusammenbindet und damit den Geführten Orientierung sowohl im Analogen als auch im Virtuellen gibt.

Das Rezept bzw. die Gebrauchsanweisung einer hybriden Führungskraft ließe sich auch kurz als „digital (mit)denken – analog lenken" bezeichnen.

[Quelle: Lippold 2022]

Insert 4-03: „Gefragt ist die hybride Führungskraft"

4.5.3.5 Zur Demokratisierung von Führung

Allen neuen Führungsansätzen ist eines gemeinsam: Sie weisen einen deutlich höheren **Demokratisierungsgrad** auf als die klassischen Führungskonzepte.

Die Frage aber ist, ob man deshalb die Führung total „demokratisieren" sollte? Und überhaupt: Wieviel Demokratie verträgt Führung eigentlich? (siehe hierzu Insert 4-04)

Insert

Wieviel Demokratie verträgt Führung?

Klassische Führungstheorien und -konzepte verbinden den Führungserfolg in erster Linie mit dem Verhalten und den (situativen) Eigenschaften des Vorgesetzten. Neuere Ansätze – häufig als New Work bezeichnet – ermöglichen dagegen eine breitere Perspektive auf Führung, indem sie den Interaktionsprozess zwischen Führungskräften und Mitarbeitern, die Bedeutung der Mitarbeiter und den organisationalen Kontext stärker in den Vordergrund rücken. Eines ist dabei allen neuen Ansätzen gemeinsam: Sie weisen einen deutlich höheren Demokratisierungsgrad auf als die klassischen Führungskonzepte.

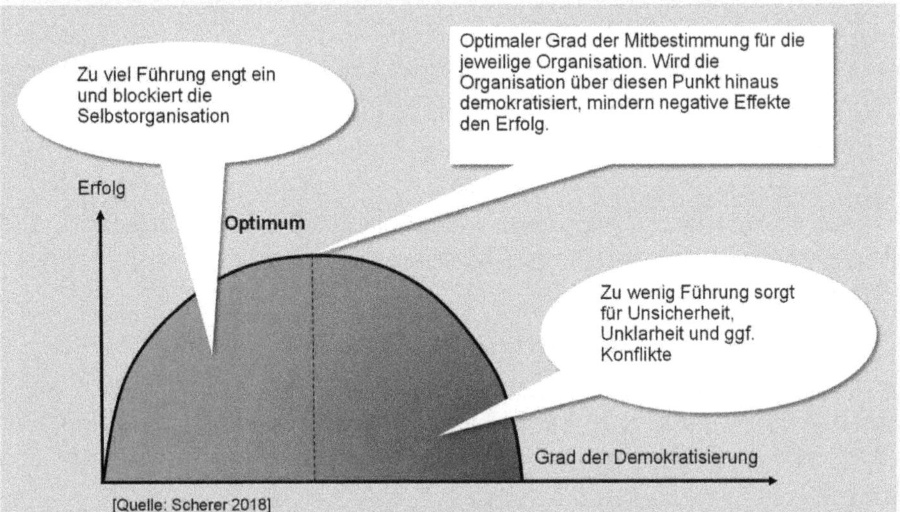

Die Frage aber ist, wie weit diese „Demokratisierung" gehen soll. Wollen wir wirklich nicht mehr von den Vorteilen guter Führung profitieren? Wollen wir auf motivierende Zielsetzungen, positiv wirkendes Feedback, Wertschätzung der Arbeit, individuelle Forderung und Förderung und ein offenes Ohr für die Sorgen der Mitarbeiter verzichten? Wären Fußballmannschaften ohne Trainer wie Pep Guardiola, Jürgen Klopp oder Stefan Kuntz genauso erfolgreich, wenn sie sich selbstorganisieren würden? Wer in einer Organisation arbeitet, in der Führung durch Vorgesetzte positiv wirkt, käme wohl kaum auf die Idee, solche Führungskräfte abzuschaffen.
Bei aller Euphorie über die neuen, progressiven Zusammenarbeitsmodelle sollte die Passung von Führungsstil und Organisationsform immer wieder auf den Prüfstand gestellt werden. Denn es gibt einen Punkt, an dem der **optimale Grad der Mitbestimmung** für die jeweilige Organisation erreicht ist. Die von Thomas J. Scherrer entwickelte Abbildung zeigt sehr anschaulich, dass Demokratisierung keine lineare Funktion ist, die automatisch zu mehr Erfolg führt. Maximale Demokratisierung ist also suboptimal. Wird die Organisation über diesen Punkt hinaus „demokratisiert", kann der Schuss nach hinten losgehen, denn nicht jeder Mitarbeiter möchte Zunahme an Verantwortung und den Leistungsdruck einer Führungsposition übernehmen. Nicht jeder Mitarbeiter möchte an Entscheidungen beteiligt werden und nicht jedes Unternehmen verfügt über eine homogene Mitarbeiterschaft, die bspw. alle derselben Generation (Y) angehört. Außerdem hat nicht jedes Unternehmen so gute Voraussetzungen für eine agile Organisation wie Start-ups. Interessanterweise sehen sich erfolgreiche Trainer nicht als Kollegen, als Kumpel der Spieler, sondern als **Führungsfigur**, die den Spielern Orientierung gibt und auch Demut zeigt. So sagt Stefan Kuntz, der Trainer der erfolgreichen U21-Fußballnationalmannschaft: "Die beste Führungsfigur ist ein Lehrer, der permanent lernt".
Fazit: Führung ist das Bestimmen der Richtung von Bewegung (= Orientierung geben) und erfolgreiches Intervenieren in kritischen Situationen. Zu viel Führung engt ein und blockiert die Selbstorganisation. Zu wenig sorgt für Konflikte und Unklarheit.

[Quelle: Lippold 2022]

Insert 4-04: Optimaler Grad der organisationalen Mitbestimmung

4.5.3.6 Unverhandelbare Führungsaspekte

Eine (Führungs-)Kultur lässt sich nicht verordnen und schon gar nicht in der Form einführen, dass danach der „ganze Laden anders tickt“. Ganz im Gegenteil, eine **Kultur muss (vor-)gelebt** werden und hierzu benötigt man die richtigen Vorreiter. Für diese ist es wichtig, dass sie sowohl in der digitalen als auch in der analogen Welt als Menschen wahrgenommen werden, mit denen die Mitarbeiter bestimmte Werte teilen können (Stichwort: Hybride Führungskraft).

Unabhängig davon, ob man auf transaktionale Führungsansätze einerseits oder auf transformationale, agile, virtuelle oder verteilte Führung andererseits bzw. auf klassisch geführte oder selbstorganisierte Teams setzt, folgende **Kennzeichen einer Führungskultur** sollten nicht verhandelbar sein [vgl. im Folgenden Lippold 2019b]:

(1) Führung nicht durch Status oder Macht, sondern durch Anerkennung und Respekt

Führung durch Status und Macht bedeutet – aus Sicht der Geführten – dass hier Anerkennung von anderen „gegeben“ ist. Gerade bei jüngeren Organisationen wird ein solcher Status besonders hinterfragt, diskutiert und kritisiert. Damit besteht die Gefahr, dass Führung instabil wird. Aus Gründen einer stabilen Führungskultur sollte somit Anerkennung und Respekt auch immer direkt von den geführten Mitarbeitern kommen.

(2) Führung mit Begeisterung, Wertschätzung und Offenheit

Wer selbst begeistert ist und andere begeistern kann, verfügt über zwei der wichtigsten elementaren Führungseigenschaften. Wertschätzung ist das höchste Gut, das die Vorgesetzten ihren Mitarbeitern gegenüber erweisen können. Organisationale Offenheit und damit Vertrauen ist die Währung im digitalen Zeitalter.

(3) Über das Eigeninteresse hinausgehendes Engagement

Ein Mitarbeiterengagement, das weit über das Eigeninteresse hinaus geht und damit der Gesamtheit dient, kann gar nicht hoch genug eingestuft werden. Es hat entscheidenden Einfluss auf Motivation, Anerkennung und Respekt bei allen beteiligten Führungskräften und Mitarbeitern.

(4) Ergebnisse und nicht unbedingt Leistung zählen

Bei der Beurteilung von Führungskräften und Mitarbeitern sollte die allseits bekannte physikalische Messlatte „Leistung ist Arbeit in der Zeiteinheit“ so langsam der Vergangenheit angehören. Entscheidend ist nicht, wie lange jemand täglich am Schreibtisch sitzt, sondern welche Ergebnisse er erzielt hat.

(5) Gemeinsame Erforschung neuer Lösungen und Denkweisen durch die Gruppe

Gute Führung kann auch informell aufgrund von Gruppenprozessen entstehen. Dazu ist eine Interaktions- und Beziehungsqualität erforderlich, die einen konstruktiven und generativen Dialog erlaubt. Zudem ist eine gute Interaktions- und Beziehungsqualität häufig eine Voraussetzung für das Wir-Gefühl einer Gruppe.

4.6 Personalfindung und -bindung als Managementaufgabe

Die beiden Hauptziele der personalen Wertschöpfungskette, nämlich die **Personalgewinnung** und die **Personalbindung**, lassen sich nur dann erreichen, wenn es dem Personalmanagement gelingt, die Vorteile des eigenen Unternehmens auf die Bedürfnisse vorhandener und potenzieller Mitarbeiter (Bewerber) auszurichten. Die Bestimmungsfaktoren dieser Vorteile sind das eigene Leistungsportfolio, die besonderen Fähigkeiten, das Know-how, die Innovationskraft und auch die Unternehmenskultur, kurzum: das **Akquisitionspotenzial** des Unternehmens.

Diese Aufgabenstellung erfordert eine Vorgehensweise, die in enger Analogie zum Vorgehen auf den Absatzmärkten steht. Im Absatzmarketing (also im klassischen Marketing) ist der Kunde mit seinen Nutzenvorstellungen Ausgangspunkt aller Überlegungen. Im Personalmarketing ist der gegenwärtige und zukünftige Mitarbeiter der Kunde. Die Anforderungen der Bewerber (engl. *Applicant*) und der Mitarbeiter (engl. *Employee*) an den (potenziellen) Arbeitgeber (engl. *Employer*) bilden die Grundlage für ein gezieltes **Personalmarketing**. Um im Wettbewerb um die Besten erfolgreich zu bestehen, müssen geeignete Bewerber quasi als **Kunden** genauso umworben werden, wie potenzielle Käufer von Produkten und Dienstleistungen. Daher ist auch die Übertragung von Begriffen wie Positionierung, Segmentierung, Kommunikation oder auch Branding, die allesamt ihren Ursprung und ihre konzeptionellen Wurzeln im klassischen Marketing haben, auf das Personalmarketing eine wichtige Grundlage für den *„War for Talents“*.

4.6.1 Konzeption und Aktionsfelder der Personalmarketing-Gleichung

Aus den beiden Teilzielen der personalen Wertschöpfungskette (*Personalgewinnung* und *Personalbindung*) lassen sich **zwei Zielfunktionen** ableiten, eine zur Optimierung der Prozesskette Personalbeschaffung und eine zur Optimierung der Prozesskette Personalbetreuung. Dieser Optimierungsansatz lässt sich in seiner Gesamtheit auch – analog zur Marketing-Gleichung im Absatzmarketing [vgl. Lippold 2015a, S. 70 ff.] – als (zweigeteilte) Personalmarketing-Gleichung darstellen:

Für den **Personalbeschaffungsprozess**:

> Vom Bewerber honorierter Wettbewerbsvorteil = Wettbewerbsvorteil (an sich) + Bewerbernutzen + Bewerbervorteil + Bewerberwahrnehmung + Bewerbervertrauen + Bewerberakzeptanz

Für den **Personalbetreuungsprozess**:

> Vom Mitarbeiter honorierter Wettbewerbsvorteil = Wettbewerbsvorteil (an sich) + Gerechtigkeit + Wertschätzung + Fairness + Forderung/Förderung + Erleichterung

Abbildung 4-06 veranschaulicht den ganzheitlichen Ansatz der Personalmarketing-Gleichung, indem sie die einzelnen Aktionsfelder in einen zeitlichen und inhaltlichen Wirkungszusammenhang stellt.

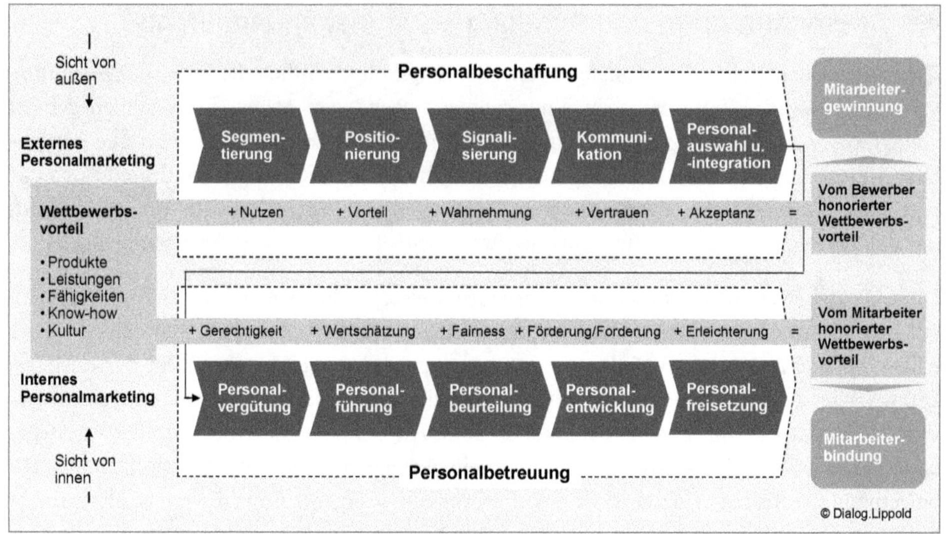

Abb. 4-06: Die Personalmarketing-Gleichung im Überblick

Dem hier verwendeten Personalmarketing-Begriff liegt ein umfassendes **Denk- und Handlungskonzept** zugrunde, dass nicht nur auf die Bedürfnisse der potenziellen, sondern auch auf die Bedürfnisse vorhandener Mitarbeiter ausgerichtet ist. Somit ist auch das Ziel des Personalmarketings zweigeteilt: Zum einen gilt es, bedarfsgerechte und hochqualifizierte Mitarbeiter durch eine entsprechende Attraktivitätswirkung auf dem externen Arbeitsmarkt zu gewinnen. Zum anderen müssen die vorhandenen Mitarbeiter durch eine effiziente Gestaltung der Arbeitsbedingungen als wertvolle Ressourcen an das Unternehmen gebunden werden. Beide Zielsetzungen sind damit an einer Optimierung der personalen Wertschöpfung ausgerichtet.

Nachhaltige Unternehmen integrieren ihre Philosophie in dieses personale Denk- und Handlungskonzept. Personalmarketingveranstaltungen an Schulen und Universtäten eignen sich besonders, die Bedürfnisse der Interessenten nach Wertorientierung mit den Nachhaltigkeitswerten anzusprechen. Glaubwürdig kann dies dadurch gelingen, dass Schüler oder Studierende in Nachhaltigkeitsprojekte eingebunden werden (z.B. durch Bachelor-, Masterarbeiten).

In dem Bewusstsein, dass sich der Arbeitsmarkt zu einem *Käufermarkt* für hoch qualifizierte Fach- und Nachwuchskräfte gewandelt hat, besteht der Grundgedanke des hier skizzierten Personalmarketings darin, das Unternehmen als Arbeitgeber samt Produkt *Arbeitsplatz* an gegenwärtige und zukünftige Mitarbeiter zu „verkaufen“.

Damit dies erfolgreich gelingt, sollte man sich immer wieder die **Analogien zwischen Absatzmarketing und Personalmarketing** – wie in Abbildung 4-07 synoptisch dargestellt – vor Augen führen [vgl. auch Schamberger 2006, S. 11].

	Absatzmarketing	Personalmarketing
Gegenstand	• Produkt • Dienstleistung • Unternehmen	• Arbeitsplatz • Unternehmen (als Arbeitgeber)
Wirkungsrichtung	Extern	• Extern • Intern
Wirkungsfeld	Absatzmarkt	• Arbeitsmarkt • Arbeitsplatz
Zielgruppen	• Neukunden • Altkunden	• Zukünftige Mitarbeiter • Gegenwärtige Mitarbeiter
Aktionsfelder	• Segmentierung • Positionierung • Kommunikation • Distribution • Akquisition • Betreuung	• Segmentierung (des Arbeitsmarktes) • Positionierung (im Arbeitsmarkt) • Signalisierung (im Arbeitsmarkt) • Kommunikation (mit dem Bewerber) • Personalauswahl und -integration • Personalvergütung • Personalführung • Personalbeurteilung • Personalentwicklung • Personalfreisetzung

Abb. 4-07: Vergleich zwischen Absatzmarketing und Personalmarketing

4.6.2 Personalakquisition – Optimierung der Bewerberauswahl

Unter dem Begriff *Personalakquisition* sollen hier die Prozessschritte Segmentierung, Positionierung, Signalisierung und Kommunikation im Bewerbermarkt zusammengefasst werden. Die Akquisition von geeigneten Mitarbeitern kann nur dann erfolgreich sein, wenn das Unternehmen die Bedürfnisse und Anforderungen dieser Zielgruppe kennt, diesen mit seinem Auftritt gerecht wird und dies auch glaubhaft nach außen kommuniziert. Eine gezielte Ansprache wird dann erleichtert, wenn es gelingt, Kriterien aufzustellen, mit deren Hilfe die geeigneten Mitarbeiter identifiziert und von den sonstigen Bewerbern abgegrenzt werden können.

Eine klare Wertorientierung verbunden mit einem schlüssigen Nachhaltigkeitskonzept kann eine besondere Anziehungskraft auf potenzielle Mitarbeiter haben. Gerade in Zeiten des Fachkräftemangels übt eine auf Nachhaltigkeit angelegte Unternehmenskultur eine besondere **Anziehungskraft auf Bewerber** aus. Insbesondere für junge Menschen, die einen Job suchen und einen **sinnvollen Beitrag** zu einem größeren Ganzen leisten wollen, kann der Nachhaltigkeitsaspekt eine bedeutsame Rolle im Auswahlprozess spielen [vgl. Sutter 2015, S. 653].

Ein weiterer Aspekt einer glaubwürdigen Nachhaltigkeitsstrategie ist ein gelebtes **Diversity-Management**. Diskriminierungen aufgrund von Alter, ethnischem Hintergrund, Geschlecht, physischen Qualitäten, sexueller Orientierung, Bildungshintergrund, Religion, Familienstatus, Lebensstil usw. müssen vom Personalmanagement selbstverständlich mit hoher Aufmerksamkeit verfolgt werden. Es gilt die Unterschiedlichkeit der Menschen und damit die Vielfalt an Ideen, Erfahrungen und Blickwinkeln auf die Arbeit zu nutzen. Unternehmen, die sich auf diese Fähigkeit nicht einstellen, laufen Gefahr, wertvolle Mitarbeiter an den Wettbewerb zu verlieren [vgl. Sutter 2015, S. 655].

4.6.2.1 Segmentierung des Arbeitsmarktes

Im Rahmen des Personalbeschaffungsprozesses ist die **Arbeitsmarktsegmentierung** das erste wichtige Aktionsfeld für das Personalmarketing.

Die **Methode der Marktsegmentierung** hat ihren Ursprung im klassischen Marketing. Im Bereich der Personalbeschaffung ist die arbeitsmarktbezogene Segmentierung bislang noch wenig verbreitet [vgl. Stock-Homburg 2013, S. 150 unter Bezugnahme auf Waite 2007, S. 17].

Abbildung 4-08 gibt einen Überblick über die verschiedenen Stufen und Abhängigkeiten der Segmentierung im Personalbereich. Ausgehend von der Personalbedarfsplanung muss zunächst entschieden werden, ob die gesuchte Stelle/Position mit eigenen Mitarbeitern (intern) oder mit neuen Mitarbeitern (extern) besetzt werden soll. Die externe Besetzung setzt im nächsten Schritt eine Arbeitsmarktsegmentierung voraus. Dieser als Makrosegmentierung bezeichneten Phase, die alle in Frage kommenden Bewerberzielgruppen ins Auge fasst und analysiert, folgt die *zielpersonenorientierte* Mikrosegmentierung. Das Ergebnis der Mikrosegmentierung ist ein konkretes **Anforderungsprofil** der gesuchten Stelle. Das Anforderungsprofil ist wiederum Grundlage für die Maßnahmen in den anschließenden Aktionsfeldern *Positionierung*, *Signalisierung* und *Kommunikation*. Letztlich wird dann das Anforderungsprofil der Position mit dem **Fähigkeits- und Erwartungsprofil** des Bewerbers abgeglichen.

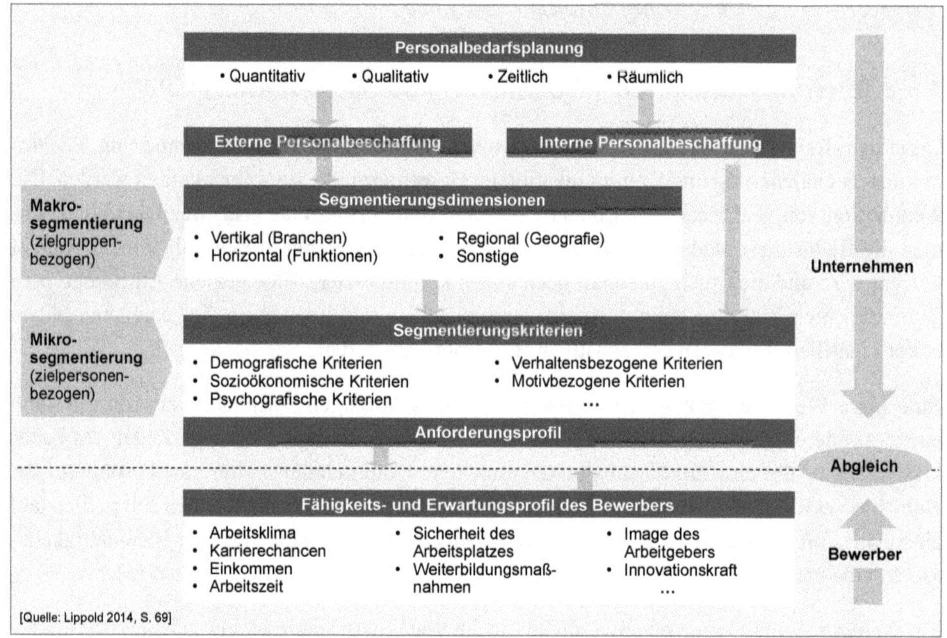

Abb. 4-08: Stufen und Abhängigkeiten in der Arbeitsmarktsegmentierung

Das **Anforderungsprofil** (engl. *Job Specification*) beschreibt die Kriterien, die Bewerber erfüllen müssen und sollen. Ein aus einer offenen Stelle oder anderen Überlegungen abgeleitetes Sollprofil ist die entscheidende Grundlage für einen fundierten, zielorientierten Personalbeschaffungsprozess. Allerdings muss berücksichtigt werden, dass gerade die Prozessbeteiligten mit der vermutlich größten methodischen Kompetenz, nämlich Personalleiter, Personalreferenten oder auch externe Personalberater, die zu besetzende Position zumeist nicht aus eigener täglicher Praxis, sondern nur von Beschreibungen her kennen. Im Gegensatz zu den Fachvorgesetzten, die die zu besetzende Stelle oft sehr gut kennen, haben mitentscheidende Personalfachleute häufig nur eine unklare Kenntnis der konkreten Stellenanforderungen. Damit besteht die Gefahr, dass Auswahl- und Einstellentscheidungen nicht selten intuitiv auf der Basis von Sympathie und Antipathie gefällt werden [vgl. Weuster 2004, S. 32].

Die Segmentierung kann sich auf *eine* Kategorie von Segmentierungskriterien (z. B. verhaltensbezogene Kriterien) beziehen; es können aber auch verschiedene Gruppen von Segmentierungskriterien miteinander kombiniert werden.

Abbildung 4-09 stellt beispielhafte Segmente gegenüber.

Segmentierungs-kategorie	Beispielhafte Segmentierungs-kriterien	Beispielhafte Segmente			
		1	2	3	4
Demografische Segmentierung	• Alter • Geschlecht • Familienstand	Junge Internationale	Reife Erfahrene		
Sozioökonomische Segmentierung	• Berufsgruppe • Beruflicher Lebenszyklus • Einkommen • Position • Vermögen • Bildungsniveau	Technische Fachrichtung Schulabgänger Oberes Management	Kaufm. Fachrichtung Hochschulabsolventen Mittleres Management	Berufserfahrene Unteres Management	
Psychografische Segmentierung	• Bedürfnisbezogene Motive • Kognitive Orientierung • Einstellung zur Arbeit • Aufstiegsstreben	„Auf das richtige Pferd setzen"-Typ Optimistisch Extrovertierte	„Viel verdienen, viel riskieren"-Typ Stille Hoffer	„Die Welt retten"-Typ Pessimisten	„Arbeiten, um zu leben"-Typ
Verhaltensbezogene Segmentierung	• Informationsverhalten • Arbeitsverhalten • Verhalten bei der Stellensuche	Informierte Job Hopper	Traditionelle Loyale	Interessierte Loyale	
Motivbezogene Segmentierung	• Monetäre • Imagebezogene • Karrierebezogene • Arbeitsinhaltsbezogene Motive	Image-orientierte	Karriere-orientierte	Gehalts-orientierte	Selbst-beweisende

[Quelle: Stock-Homburg 2013, S. 152 f.]

Abb. 4-09: Beispielhafte Segmentierungskriterien und Segmente

4.6.2.2 Positionierung im Arbeitsmarkt

Die **Positionierung** (engl. *Positioning*) verfolgt die Aufgabe, innerhalb der definierten Bewerbersegmente eine klare Differenzierung gegenüber dem Stellenangebot des Wettbewerbs vorzunehmen. Die Einbeziehung des Wettbewerbs mit seinen Stärken und Schwächen ist demnach ein ganz entscheidendes Merkmal der Positionierung.

Wer überlegenen Nutzen *(= Bewerbervorteil)* bieten will, muss die Bedürfnisse, Probleme, Ziele und Nutzenvorstellungen des Bewerbers sowie die Vor- und Nachteile bzw. Stärken und

Schwächen seines Angebotes gegenüber denen des Wettbewerbs kennen. Die wesentlichen Fragen in diesem Zusammenhang sind:

- Wie differenziert sich das eigene Stellenangebot von dem des Wettbewerbs?
- Welches sind die wichtigsten Alleinstellungsmerkmale (engl. Unique Selling Proposition) aus Bewerbersicht?

Bei der Beantwortung geht es allerdings nicht so sehr um die Herausarbeitung von Wettbewerbsvorteilen an sich. Entscheidend sind vielmehr jene Vorteile, die für den Bewerber interessant sind. Vorteile, die diesen Punkt nicht treffen, sind von untergeordneter Bedeutung. Unternehmen, die es verstehen, sich im Sinne der Bewerberanforderungen positiv vom Wettbewerb abzuheben, haben letztendlich die größeren Chancen bei der Rekrutierung von geeigneten Bewerbern [vgl. Lippold 2010, S. 10].

Insert 4-05 gibt einen Überblick über die wichtigsten Kriterien, die bei der Arbeitgeberwahl – differenziert nach Generationen – bei einer Befragung von 3.727 Personen Anfang 2022 eine Rolle spielen.

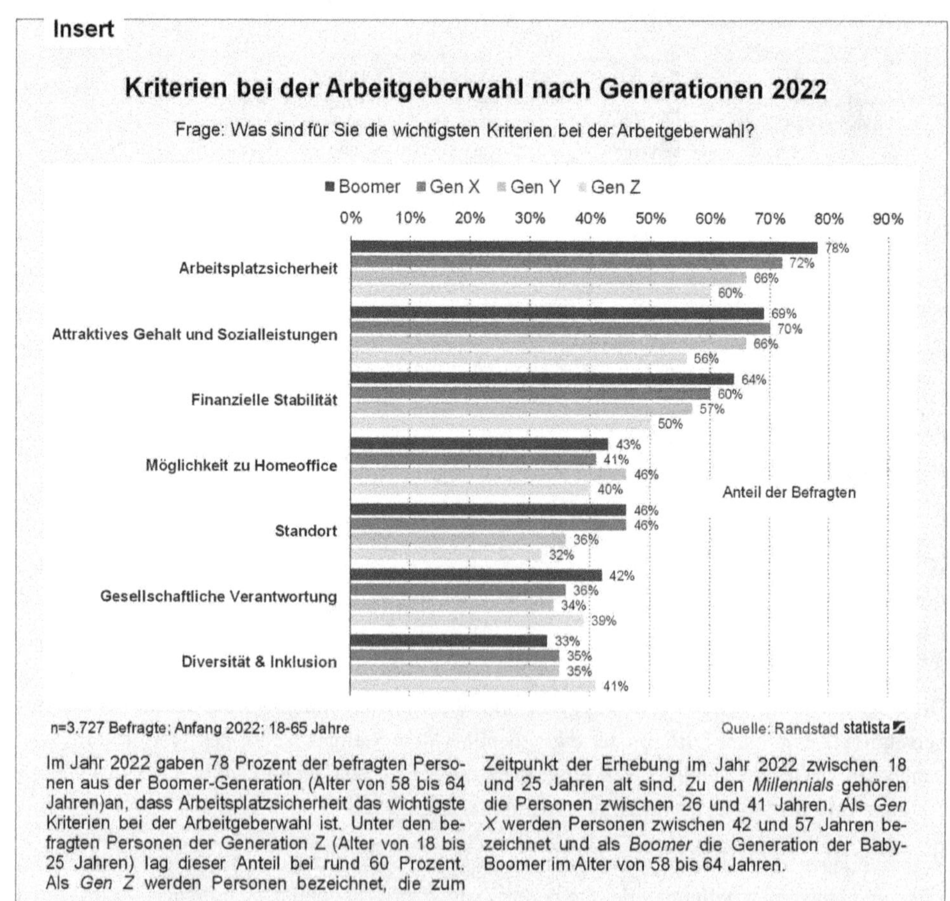

Im Jahr 2022 gaben 78 Prozent der befragten Personen aus der Boomer-Generation (Alter von 58 bis 64 Jahren)an, dass Arbeitsplatzsicherheit das wichtigste Kriterien bei der Arbeitgeberwahl ist. Unter den befragten Personen der Generation Z (Alter von 18 bis 25 Jahren) lag dieser Anteil bei rund 60 Prozent. Als *Gen Z* werden Personen bezeichnet, die zum Zeitpunkt der Erhebung im Jahr 2022 zwischen 18 und 25 Jahren alt sind. Zu den *Millennials* gehören die Personen zwischen 26 und 41 Jahren. Als *Gen X* werden Personen zwischen 42 und 57 Jahren bezeichnet und als *Boomer* die Generation der Baby-Boomer im Alter von 58 bis 64 Jahren.

Insert 4-05: Kriterien bei der Arbeitgeberwahl

Als zweites Kriterium wird die **Vergütung** angeführt. Die Gesamtvergütung, die häufig mit attraktiven Zusatzleistungen wie Aktienoptionen, Prämien oder ähnliches angereichert wird, ist aus der Sicht des potenziellen Kandidaten ein hoher Anreiz, der den einzugehenden Belastungen bei einem Arbeitsplatzwechsel gegenübergestellt wird. Die Höhe des Gehalts spielt zwar weiterhin eine Rolle, die Digital Natives – also die Generationen Y und Z – lassen sich jedoch für Geld nicht kaufen, wenn sie für sich keinen Sinn in einer Arbeit sieht. Aus dem Einstellungsinterview muss klar hervorgehen, welchen Beitrag die angebotene Tätigkeit für die wirtschaftliche und gesellschaftliche Entwicklung leistet.

Die Zielgruppe lebt nach dem Prinzip **YOLO** *(You only live once)*. Für sie ist Arbeitszeit gleich Lebenszeit und sie möchte, dass der Arbeitgeber verantwortungsvoll damit umgeht. Das bedeutet, dass diese Mitarbeiter in der Regel nicht bereit sind, jahrelang Überstunden zu machen, wenn sie sich mit dem Ziel nicht identifizieren. *„Sabbatical is the new company car"* beschreibt die Haltung dieser Generation. Selbstbestimmtheit bei Arbeitsort und Arbeitszeit, Mitarbeit an spannenden Projekten und State-of-the-art-Digitalgeräte sind weit wichtigere Kriterien für diese Generation als ein nach Hierarchiestufen ausgestattetes Büro oder feste Arbeitszeiten [vgl. Creusen et al. 2017, S. 92].

Als unternehmensstrategische Maßnahme mündet die Positionierung ein in die Schaffung einer attraktiven **Arbeitgebermarke** (engl. *Employer Branding*), bei dem Konzepte aus dem Absatzmarketing (besonders der Markenbildung) angewandt werden, um ein Unternehmen als attraktiven Arbeitgeber darzustellen und von anderen Wettbewerbern im Arbeitsmarkt positiv abzuheben (zu positionieren).

Employer Branding verfolgt das Ziel, eine glaubwürdige und positiv aufgeladene Arbeitgebermarke aufzubauen. Diese soll den Arbeitgeber gleichsam profilieren und von anderen Arbeitgebern differenzieren. Dabei sollen Unternehmen ihre „Employer Value Proposition" nicht nur für das Recruiting neuer Talente nutzen, sondern zunehmend auch um die Mitarbeiterbindung und -identifikation einsetzen [vgl. Kunerth/Mosley 2011, S. 19 ff.].

Employer Branding soll den Aufbau der Corporate Brand, also der Unternehmensmarke, unterstützen. **Corporate Branding** ist jedoch durch die Ansprache aller Stakeholder-Gruppen des Unternehmens weiter gefasst und beinhaltet – nach Ansicht des Verfassers – zwangsläufig das Employer Branding vollumfänglich mit.

In Insert 4-06 wird diese Argumentation im Rahmen einer kritischen Auseinandersetzung mit dem neuen „Zauberwort im Personalmarketing" aufgenommen.

Eine gute Positionierung ermöglicht es, Mitarbeiter und Führungskräfte auf die strategischen Ziele des Unternehmens auszurichten und gleichzeitig ihr Bekenntnis (engl. *Commitment*) zum Unternehmen sowie ihre Identifikation mit diesem zu stärken. Das Ergebnis ist ein höheres Mitarbeiterengagement. In der Summe aller Effekte steigert eine fundierte Positionierung die Attraktivität und Wettbewerbsfähigkeit eines Arbeitgebers, seine Reputation bei allen Stakeholder-Gruppen und letztlich seinen Unternehmenserfolg insgesamt.

Das Ergebnis ist ein wettbewerbsfähiges Corporate Branding, dessen Bedeutung insbesondere auch von hochqualifizierten Bewerbern sehr hoch eingeschätzt wird. Ziel der Positionierung ist also ein **konsistenter Arbeitgeberauftritt**, der die Gesamtheit aller medialen Signale (Anzeigen, Homepage, Broschüren, Messestand, Raumdesign u.v.m.) umfasst. Die Gestaltung des Arbeitgeberauftritts sichert einen einheitlichen Gesamteindruck über alle Medien hinweg und sollte mit dem Corporate Branding des Unternehmens übereinstimmen.

Insert

Warum das Employer Branding so überbewertet ist

Employer Branding ist eines der Zauberworte im modernen Personalmarketing. Mit einer starken Arbeitgebermarke soll ein Unternehmen insgesamt als attraktiver Arbeitgeber dargestellt werden, um sich von anderen Wettbewerbern im Arbeitsmarkt positiv abzuheben.

Doch was hat eigentlich eine Arbeitgebermarke (Employer Branding), was die Unternehmensmarke (Corporate Branding) insgesamt nicht hat? Mit anderen Worten: Ein leistungsfähiges Corporate Branding, also eine gut geführte Unternehmensmarke sollte doch alle Merkmale einer starken Arbeitgebermarke mit beinhalten.

Sicherlich, das Employer Branding ist die Markenbildung aus Sicht des Personalmanagements, das zwei Ziele verfolgen sollte:

- Erstens, durch eine entsprechende Attraktivitätswirkung auf dem externen Arbeitsmarkt bedarfsgerechte Mitarbeiter gewinnen. Zielrichtung ist hier also der Bewerber.
- Zweitens, durch eine mitarbeitergerechte und effiziente Gestaltung der Arbeitsbedingungen wertvolle Ressourcen an das Unternehmen binden. Der Fokus liegt hier auf dem Mitarbeiter, der bereits an Bord ist.

Doch ist dazu wirklich die Bildung einer eigenständigen Arbeitgebermarke erforderlich, die sich im Zweifel von der Unternehmensmarke unterscheidet, ja sogar unterscheiden muss?

Wenn die Antwort hierauf ein „Nein“ ist, dann stellt sich zwangsläufig die Frage, warum das Employer Branding eine derartige Hochkonjunktur hat.

Aus meiner Sicht sind es zwei Treiber, die diesen Hype entfacht haben:

Zum einen sind es die Werbeagenturen, die gemerkt haben, dass ihr ureigenstes Thema, nämlich das Corporate Branding, längst ausgelutscht ist. Hier war kein „frisches“ Geld mehr zu verdienen. Also stieg man von einem Gaul ab, der sich nicht länger reiten ließ. Stattdessen sattelte man ein neues Pferd in der Hoffnung, hiermit zu neuen Ufern zu kommen. Doch in Wirklichkeit war es derselbe Gaul.

Alter Wein in neuen Schläuchen oder umgekehrt?

Zum anderen sind es viele Personalberatungen, die neben dem puren Hiring ein Thema gefunden haben, das ein bisschen nach „Beratung“ roch und damit zusätzliche Honorare versprach, ja vielleicht sogar ein neues Geschäftsmodell in Aussicht stellte. Ein solch thematischer Ausflug ist ja auch mal ganz nett – aber eben (für den Kunden) nicht zielführend (weil doppelt gemoppelt!).

Fazit: Ein gutes Unternehmensbranding braucht kein Employer Branding, das ihm an die Seite gestellt wird und sich im Zweifel von ihm unterscheidet. Ein gutes Unternehmensbranding beinhaltet vielmehr das Employer Branding von vornherein. So gesehen ist Employer Branding also nichts anderes als alter Wein in neuen Schläuchen oder neuer Wein in alten Schläuchen – ganz wie Sie wollen.

Insert 4-06: „Warum das Employer Branding so überbewertet ist“

Gleichzeitig soll die Positionierung auf der „Kandidatenseite“ sicherstellen, dass alle **Kontaktpunkte** (engl. *Touch Points*) des Bewerbers mit dem Unternehmen ein einheitliches, positives Bild vom potenziellen Arbeitgeber erzeugen. Die Folge dieser Kontaktpunkte und die Erfahrungen, die der Kandidat bei der Berührung mit dem Unternehmen sammelt, wird auch als **Candidate Journey** bezeichnet.

Die Candidate Journey lässt sich idealtypisch in sechs Phasen unterteilen (siehe Abbildung 4-10).

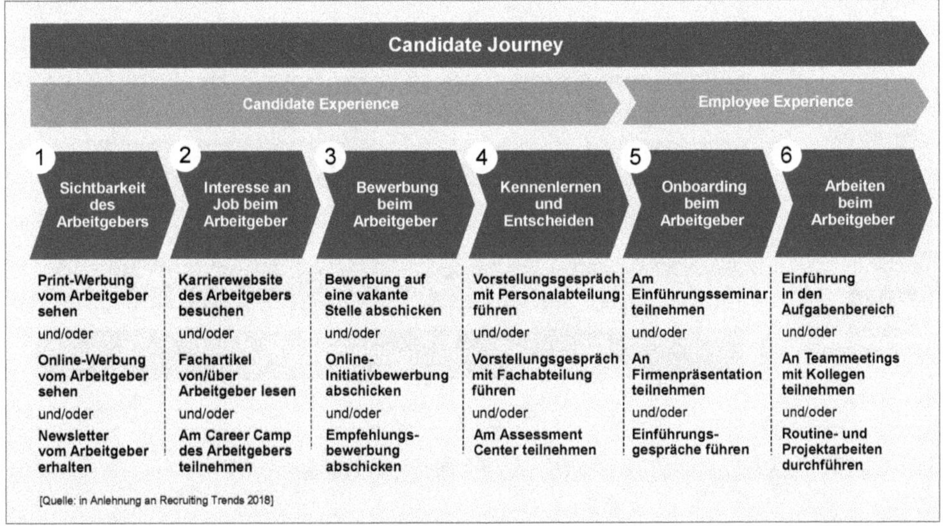

Abb. 4-10: Die Candidate Journey

Die ersten vier Phasen der Candidate Journey beziehen sich auf die **Touch Points**, die der Bewerber als Stellensuchender erlebt. Diese Phasen werden auch als **Candidate Experience** bezeichnet. Hierzu zählen alle Wahrnehmungen und Erfahrungen, die ein Bewerber während der Bewerbungsphase mit einem Unternehmen sammelt. Bei jedem dieser Touch Points besteht die Gefahr, dass der Kandidat den Bewerbungsprozess vorzeitig abbricht, weil seine Erwartungen nicht erfüllt wurden. Daher muss sich das Personalmanagement immer wieder fragen, welche Kontaktpunkte es überhaupt gibt, was für die Bewerber wichtig ist und wo möglicherweise Probleme auftreten können.

Die beiden letzten Phasen dagegen sind die Kontaktpunkte, die für Personen gelten, die bereits „an Bord“ und damit Mitarbeiter sind. Daher werden diese beiden Phasen auch **Employee Experience** genannt. Hierbei geht es also um diejenigen Kandidaten, die sich für das Unternehmen als Arbeitgeber entschieden haben. Employee Experience umschreibt die Summe von Momenten, Interaktionen und Eindrücken, die einen Mitarbeiter innerhalb eines bestimmten Zeitraumes im Unternehmen beeinflussen, von Onboarding-Prozess, über tägliche Routinen bis hin zu Mitarbeiter-Gesprächen und jährlichen Reviews.

Die Candidate Journey wirkt also sowohl nach *außen*, d.h. für Bewerber, als auch nach *innen*, d.h. für Mitarbeiter. Die wichtigste Phase der Candidate Journey ist ganz offensichtlich die vierte Phase, d.h. das gegenseitige Kennenlernen und die sich anschließende Entscheidung von Kandidaten und Unternehmen, ob man zusammenkommt oder nicht.

Damit ist die zweigeteilte Candidate Journey quasi ein **Spiegelbild der zweigeteilten Personalmarketing-Gleichung**. Während bei der Candidate Journey der Blick eines Kandidaten auf den Personalbeschaffungs- und betreuungsprozess im Vordergrund steht, ist bei der

Personalmarketing-Gleichung der Standpunkt des Unternehmens maßgebend. Somit sind Candidate Journey und Personalmarketing-Gleichung zwei Seiten derselben Medaille (siehe Abbildung 4-11).

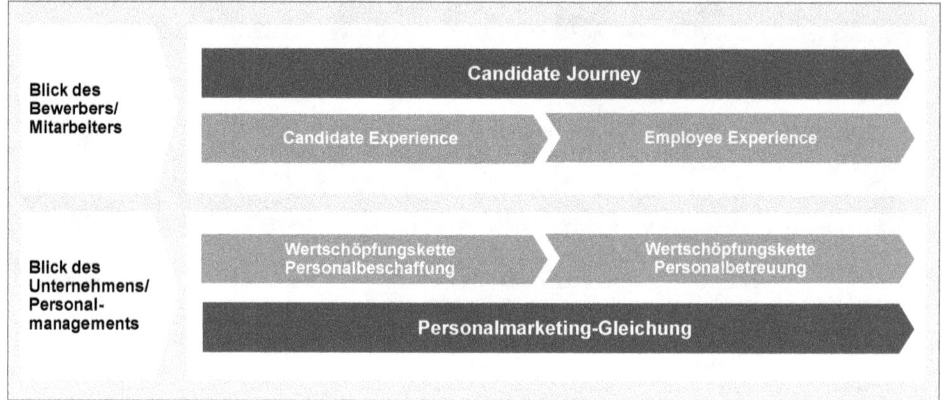

Abb. 4-11: Candidate Journey und Personalmarketing-Gleichung

Eine weitere Möglichkeit zur Positionierung bieten die **netzwerkorientierten Internetplattformen** (engl. *Social Networks*) wie Xing, Facebook, Twitter und LinkedIn. Positiv wirkt sich eine starke Corporate Brand auch auf den Verbleib der Mitarbeiter im Unternehmen aus. Eine geringere Mitarbeiterfluktuation wiederum sichert eine höhere Rendite der Personalentwicklungsmaßnahmen (engl. *Return on Development*). Ein starkes Corporate Branding beugt vor allem auch der Abwanderung von Potenzial- und Leistungsträgern vor. Dieses Phänomen tritt verstärkt auf, sobald die Chancen zum Wechseln zunehmen. Also meistens dann, wenn die konjunkturellen Daten stimmen.

4.6.2.3 Signalisierung im Arbeitsmarkt

Unter *Signalisierung* soll im Personalmarketing die Gestaltung des **äußeren Kommunikationsprozesses** eines Unternehmens verstanden werden. Sie besteht in der systematischen Bewusstmachung des **Bewerbervorteils** und schließt damit unmittelbar an die Ergebnisse der Positionierung an. Die *Positionierung* gibt der *Signalisierung* vor, was im Markt zu kommunizieren ist. Die Signalisierung wiederum sorgt für die Umsetzung, d.h. *wie* das *Was* zu kommunizieren ist.

Zu den **Signalisierungsinstrumenten**, die auf eine generelle Positionierung im Arbeitsmarkt abzielen, zählen in erster Linie die Imagewerbung im Print- und Online-Bereich, die Platzierung von Unternehmens- und Recruitingbroschüren sowie Veröffentlichungen von Fachbeiträgen. Damit übernimmt das *Personalmarketing* im Wesentlichen auch die Signalisierungselemente, die im *Absatzmarketing* verwendet werden: **Unternehmenswebsite**, **Geschäftsberichte**, **Imageanzeigen**, **Fachbeiträge** und **Unternehmensbroschüren**. Speziell für die Positionierung im Arbeitsmarkt kommen **Personalberichte**, **Unternehmens- und Business-TV**, **Mitarbeiterzeitschriften** sowie **Personalimagebroschüren** hinzu. Diese Instrumente dienen mehr oder weniger dem „Grundrauschen“ im Arbeitsmarkt, sie sorgen i. d. R. aber nicht für die zeitnahe Besetzung von vakanten Stellen. Anders sieht es bei **Stellenanzeigen** aus, die sich an den Bewerbermarkt wenden, um unmittelbar für die Besetzung von vakanten Stellen im Unternehmen zu werben.

Im Mittelpunkt der Signalisierungsanstrengungen im Arbeitsmarkt steht naturgemäß das **Recruiting.**

> **Recruiting** beschreibt alle Maßnahmen, um potenzielle Jobinteressierte darüber zu informieren, dass sie als zukünftige Mitarbeiter gesucht werden und sich bei dem Unternehmen bewerben sollen. Dies geschieht hauptsächlich durch Stellenanzeigen über verschiedene Recruiting-Kanäle wie z. B. Internet-Stellenbörsen oder Social Media.

Das **E-Recruiting** (auch *E-Cruiting*) als internet- und intranetbasierte Personalbeschaffung und -auswahl hat sich als ein entscheidendes Signalisierungsinstrument im Arbeitsmarkt etabliert. Der Wirkungskreis des E-Recruiting reicht von der Personalakquisition in Stellenbörsen bis zur Abwicklung des kompletten Bewerbungsprozesses im Inter-/ oder Intranet.

Insert 4-07 gibt einen Überblick über die am häufigsten genutzten Rekrutierungskanäle 2023.

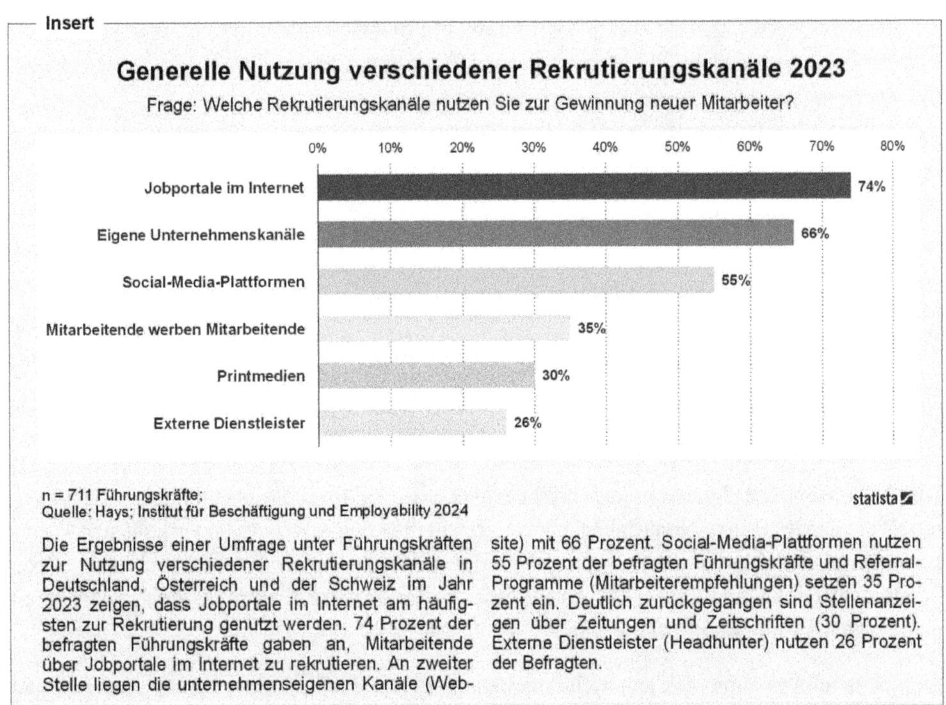

Die Ergebnisse einer Umfrage unter Führungskräften zur Nutzung verschiedener Rekrutierungskanäle in Deutschland, Österreich und der Schweiz im Jahr 2023 zeigen, dass Jobportale im Internet am häufigsten zur Rekrutierung genutzt werden. 74 Prozent der befragten Führungskräfte gaben an, Mitarbeitende über Jobportale im Internet zu rekrutieren. An zweiter Stelle liegen die unternehmenseigenen Kanäle (Website) mit 66 Prozent. Social-Media-Plattformen nutzen 55 Prozent der befragten Führungskräfte und Referral-Programme (Mitarbeiterempfehlungen) setzen 35 Prozent ein. Deutlich zurückgegangen sind Stellenanzeigen über Zeitungen und Zeitschriften (30 Prozent). Externe Dienstleister (Headhunter) nutzen 26 Prozent der Befragten.

Insert 4-07: Generelle Nutzung verschiedener Rekrutierungskanäle 2023

Mit dem Rekrutierungskanal „Eigene Unternehmenskanäle" ist in der Hauptsache das **Active Sourcing** gemeint. Damit wird ein Recruiting Kanal bezeichnet, bei dem Unternehmen aktiv in Talent-Pools, Lebenslaufdatenbanken oder Karrierenetzwerken nach geeigneten Kandidaten suchen. Active Sourcing wird beim Recruiting immer wichtiger, denn der traditionelle Prozess, in dem eine Firma eine Stellenanzeige aufgibt und aus den Bewerbern auswählt, ist häufig wirkungslos, wenn es darum geht, die wahren Motive der Kandidaten bei der Stellensuche zu erkennen. Durch soziale Medien wie Xing und LinkedIn, auf denen die Profile von potenziellen Kandidaten einsehbar sind, wird Active Sourcing zudem immer einfacher [vgl. Creusen et al. 2017, S. 91 f.].

Nach den Umfrageergebnissen der Recruiting Trends 2018 spricht ein Top-1.000-Unternehmen durchschnittlich pro Tag vier Kandidaten aktiv an und beschäftigt im Durchschnitt einen HR-Mitarbeiter, der sich intensiv mit der Direktansprache von Kandidaten befasst. In der IT-Branche spielt das Active Sourcing eine noch wichtigere Rolle. Durchschnittlich werden hier 13 Kandidaten pro Tag aktiv angesprochen und die IT-Unternehmen beschäftigen durchschnittlich zwei HR-Mitarbeiter, die sich intensiv mit der Direktansprache von Kandidaten befassen. Aus Kandidatensicht zeigt sich, dass diese es immer mehr bevorzugen, von einem Unternehmen angesprochen zu werden, als sich selbst initial zu bewerben. Ein professionelles Active Sourcing erfordert von den Unternehmen die Durchführung bestimmter Maßnahmen. Hierzu zählen [vgl. Recruiting Trends 2018]:

- Schulung der Mitarbeiter hinsichtlich der Direktansprache von Kandidaten,
- Definition von Zielgruppen, die vermehrt angesprochen werden sollen,
- Konkrete Ansprachen dieser verschiedenen Zielgruppen,
- Nachfassen bei bereits aktiv angesprochenen Kandidaten,
- Umgang mit negativen und positiven Rückmeldungen festlegen.

Darüber hinaus ist eine festgesetzte Kontaktaufnahme für ein erstes Gespräch und die eventuelle Aufnahme in den Talent-Pool relevant.

4.6.2.4 Kommunikation mit dem Bewerber

Während die Signalisierungsinstrumente nur in eine Richtung wirken, betonen die Kommunikationsinstrumente den Dialog. Es geht im Aktionsfeld *Kommunikation* also um den persönlichen Kontakt des Unternehmens mit dem Bewerber. Häufig wird die Signalisierung auch als *unpersönliche* Kommunikation bezeichnet [vgl. auch Simon et al. 1995, S. 175 ff.].

Für die (persönliche) Kommunikation gibt es – ebenso wie für die (unpersönliche) Signalisierung – ein ganzes Bündel von Maßnahmen. Es reicht über das Angebot von Praktika und Werkstudententätigkeiten über Seminare und Vorträge an Hochschulen bis zur Durchführung von Sommerakademien und Career Camps. Insgesamt werden diese Kommunikationsmaßnahmen dem **Hochschulmarketing** zugerechnet.

Eine Bestandsaufnahme des Hochschulmarketings macht deutlich, dass bei der Auswahl und Entwicklung von Kommunikationsmaßnahmen der Kreativität keine Grenzen gesetzt sind. Oft reichen im Wettbewerb um den geeigneten Bewerber die klassischen Wege der Bewerberansprache nicht mehr aus. Entscheidend aber ist in jedem Fall, dass ein glaubwürdiger Dialog im Vordergrund jeglicher Kommunikation steht. Nur über Glaubwürdigkeit lässt sich das notwendige Vertrauen beim Bewerber aufbauen [vgl. Lippold 2015a, S. 129 f.].

Nach der Form der Kommunikation mit den Bewerbern sind die in Abbildung 4-12 dargestellten Maßnahmengruppen zu unterscheiden [vgl. Lippold 2010b, S. 14]:

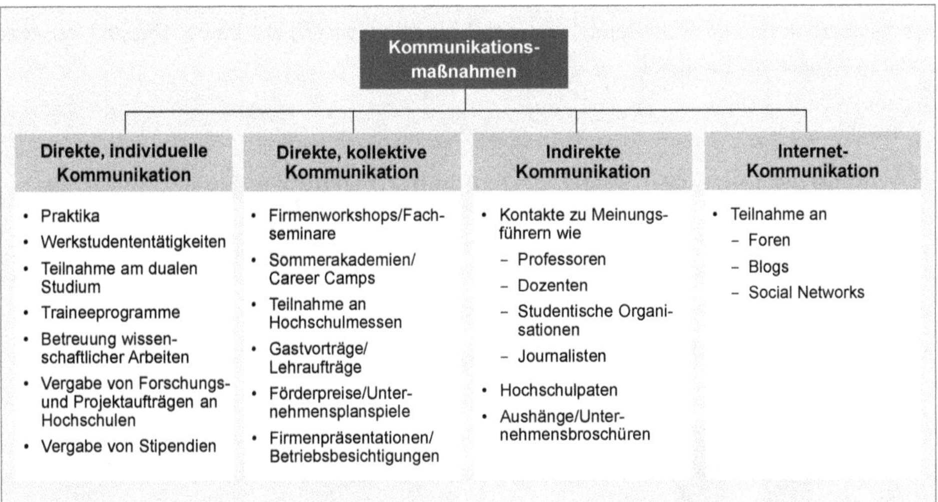

Abb. 4-12: Kommunikationsmaßnahmen

Die **Nutzung des Internets in der Personalbeschaffung** beschränkt sich nicht nur auf den Bewerbungseingang und die Bewerbungsabwicklung sowie auf die Veröffentlichung von Stellenanzeigen auf der unternehmenseigenen Homepage oder in Jobbörsen. Seitdem Foren, Blogs und Social Networks bestehen, haben sich sowohl für Unternehmen, als auch für Bewerber neue Potenziale eröffnet, wenn es um die Suche nach Informationen über die jeweils andere Seite geht. Die Kommunikation verlagert sich also zunehmend vom privaten in den öffentlichen Raum. Im Mittelpunkt stehen die Beziehungsnetzwerke, die aufgrund ihrer besonderen Bedeutung für das Personalmarketing im Folgenden näher beleuchtet werden sollen. Um die Auswirkungen dieses Phänomens für das Personalmarketing einordnen zu können, ist es erforderlich, die Nutzung von Social Media durch die Bewerber einerseits und durch die Unternehmen als Arbeitgeber andererseits zu analysieren. Neben Bewerber und Unternehmen kommt aber noch eine dritte Zielgruppe für das Personalmarketing hinzu: die eigenen Mitarbeiter.

(1) Social Media – Nutzung durch Bewerber

Professionelle Netzwerke wie Xing oder LinkedIn dienen gezielt dem Austausch zwischen Geschäftspartnern, Mitarbeitern sowie – inzwischen deutlich vermehrt – zwischen Bewerbern und Unternehmen. Sie bieten die Vorzüge und Kommunikationsmöglichkeiten eines Social Networks, setzen dabei jedoch im Gegensatz zu Facebook auf Seriosität der Inhalte. So überraschen auch die Ergebnisse einer Befragung unter 3.500 Bewerbern nicht: Rund 26 Prozent der Befragten präferieren Xing, 20 Prozent LinkedIn und lediglich knapp 12 Prozent Facebook (siehe Insert 4-08).

Im deutschsprachigen Raum zählt Xing ca. 16 Millionen Nutzer. Ein Teil der Nutzer pflegt den aktiven Kontakt zu anderen Mitgliedern, der andere Teil benutzt das Netzwerk eher als digitales Adressbuch. Xing dient vornehmlich dem **Ausbau des beruflichen Netzwerkes**, der Jobsuche und Kontaktverwaltung. International ist LinkedIn mit seinen weltweit über 320 Millionen registrierten Nutzer wesentlich bedeutungsvoller. Aber auch im deutschsprachigen Raum haben die rund 12 Millionen LinkedIn-Nutzer – wenn man die Anzahl der Visits zugrunde legt – Xing bereits überholt und im B2B-Bereich hat sich LinkedIn weltweit als das beliebteste Netzwerk etabliert – sogar vor Facebook.

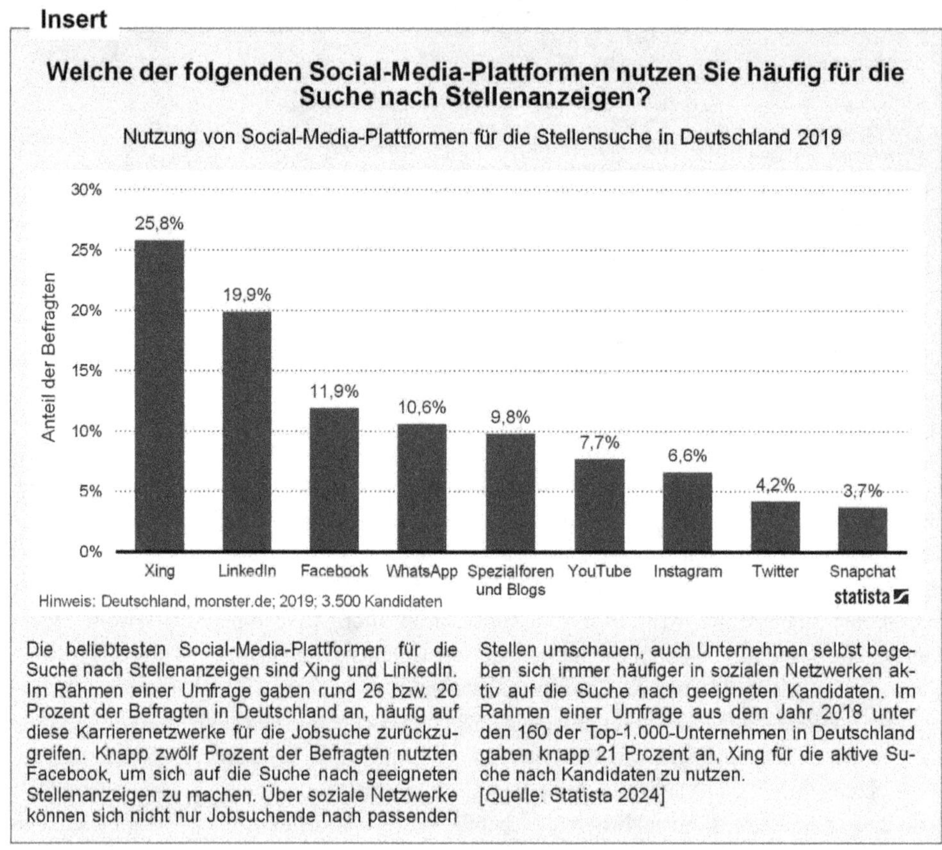

Die beliebtesten Social-Media-Plattformen für die Suche nach Stellenanzeigen sind Xing und LinkedIn. Im Rahmen einer Umfrage gaben rund 26 bzw. 20 Prozent der Befragten in Deutschland an, häufig auf diese Karrierenetzwerke für die Jobsuche zurückzugreifen. Knapp zwölf Prozent der Befragten nutzten Facebook, um sich auf die Suche nach geeigneten Stellenanzeigen zu machen. Über soziale Netzwerke können sich nicht nur Jobsuchende nach passenden Stellen umschauen, auch Unternehmen selbst begeben sich immer häufiger in sozialen Netzwerken aktiv auf die Suche nach geeigneten Kandidaten. Im Rahmen einer Umfrage aus dem Jahr 2018 unter den 160 der Top-1.000-Unternehmen in Deutschland gaben knapp 21 Prozent an, Xing für die aktive Suche nach Kandidaten zu nutzen.
[Quelle: Statista 2024]

Insert 4-08: Beliebteste Social-Media-Plattformen bei Bewerbern

(2) Social Media – Nutzung durch Unternehmen

Die Attraktivität von sozialen Netzwerken liegt für Unternehmen in der Möglichkeit, eine Vielzahl von Menschen dort zu erreichen, wo sie einen Großteil ihrer Internet-Zeit verbringen: Denn Internetnutzer in Deutschland verbringen derzeit fast ein Viertel (23 Prozent) ihrer gesamten Online-Zeit in sozialen Netzwerken. Internet-User sind also durchaus eine attraktive Zielgruppe, um nicht nur den Bekanntheitsgrad von Unternehmen zu steigern und um neue Kunden zu akquirieren bzw. Kundenbeziehungen herzustellen und zu festigen, sondern auch um *neue Mitarbeiter* zu gewinnen.

Zwischenzeitlich wird auch die „zweite Generation" an Social-Media-Plattformen immer populärer, die – häufig auch über eine Mobile App – Trends wie geolokale Dienste oder die zunehmende Visualisierung von Beiträgen aufgreifen und immer spezialisiertere Social-Media-

Maßnahmen möglich machen. Die zielgerichtete Optimierung einer Internetpräsenz auf möglichst weite Verbreitung in Social-Media-Netzwerken bezeichnet man als *Social Media Optimization (SMO)*.

Besonders hoch ist der Anteil der beruflichen Netzwerke beim **Active Sourcing**. Dabei steht die Informationssuche über Bewerber im Vordergrund. Mit anderen Worten, wer sich auf eine Stelle bewirbt, muss damit rechnen, dass neben seinen Bewerbungsunterlagen auch seine Profile in sozialen Netzwerken gründlich geprüft werden. In fast jedem zweiten Unternehmen werden die entsprechenden Seiten im Netz unter die Lupe genommen. Dabei werden Einträge in beruflichen Netzwerken wie Xing oder LinkedIn häufiger ausgewertet als die eher privat ausgerichteten wie Facebook, Twitter oder Instagram.

(3) Social Media – Nutzung durch Mitarbeiter

Die Nutzung von sozialen Netzwerken und Suchmaschinen haben aber nicht nur die Möglichkeiten der Kommunikation durch das Internet für Unternehmen und Bewerber, sondern auch für die eigenen *Mitarbeiter* des Unternehmens erheblich erweitert. Diese können ihre Meinungen nun auch fernab von Presse- und Unternehmensmedien oder Kommunikationsabteilungen veröffentlichen. Auch das Personalmanagement hat ganz offensichtlich erkannt, wie wichtig die Nutzung neuer Medien ist, um die interne Zusammenarbeit und die Verbindung der Mitarbeiter mit ihrer eigenen Organisation (engl. *Connectivity*) zu verbessern. Zukünftig werden also immer mehr Mitarbeiter freiwillig oder unfreiwillig zu Botschaftern ihres Unternehmens bzw. der Unternehmensmarke. Auf diese (weitgehend unkontrollierbaren) Kommunikationswege müssen sich Arbeitgeber einstellen und vorbereiten.

Es ist also zu kurz gesprungen, wenn sich Unternehmen ausschließlich bei der Zielgruppe der potenziellen Bewerber positionieren. Auch andere Zielgruppen wie Mitarbeiter, Analysten, Kunden, Journalisten, Lieferanten, Alumni und sonstige Interessierte (also die *Stakeholder* eines Unternehmens) sind daran interessiert, wie sich das Unternehmen als Arbeitgeber präsentiert oder sich sozial engagiert. Hier müssen also PR-Arbeit und HR-Arbeit Hand in Hand gehen, auch (oder gerade!) wenn ein Arbeitgeber schon längst keine vollständige Kontrolle mehr darüber hat, was über ihn veröffentlicht wird [vgl. Jäger 2008, S. 64 f.].

Letztlich sind es drei Zielgruppen, die das Personalmarketing in Verbindung mit der Nutzung von sozialen Netzwerken berücksichtigen muss: die Bewerber, das Unternehmen in seiner Gesamtheit sowie die eigenen Mitarbeiter.

4.6.3 Personalauswahl und -integration – Optimierung der Akzeptanz

Ziel der Personalauswahl ist es, den geeignetsten Kandidaten für die entsprechende Projektbesetzung zu finden. Ziel der Personalintegration ist es, dem neuen Mitarbeiter die Einarbeitung in die Anforderungen des Unternehmens zu erleichtern. Während die Personalauswahl noch eindeutig der Personalbeschaffungskette zuzuordnen ist, bildet die Personalintegration die Nahtstelle zwischen der Personalbeschaffungskette und der Personalbetreuungskette.

Einige sehr radikale, aber durchaus ernst zu nehmende Empfehlungen für den Personalauswahlprozess speziell von Führungs- und Führungsnachwuchskräften sind in Abbildung 5-16 (etwas verkürzt) wiedergegeben. Der Autor dieser Empfehlungen war Partner und Geschäftsführer eines internationalen Beratungsunternehmens.

Da diese Empfehlungen einen grundlegenden und nach unserer Ansicht auch beispielgebenden Charakter haben, ist der Katalog dem Kapitel vorangestellt.

Im Wesentlichen sind es drei Ausleseschwerpunkte, die die Grundlage für die Entscheidung bei der Auswahl externer Bewerber bilden [vgl. Jung 2006, S. 154]:

- die detaillierte Prüfung der Bewerbungsunterlagen,
- die Durchführung von Bewerbungsgesprächen sowie ggf.
- die Durchführung von Einstellungstests.

Zwar wird kaum ein Unternehmen einen Bewerber ausschließlich aufgrund seiner Bewerbungsunterlagen einstellen, dennoch sind **Bewerbungsunterlagen** – unabhängig davon, ob sie schriftlich oder via Internet eingereicht werden – der Türöffner für das Vorstellungsgespräch.

Das **Screening**, d. h. die strukturierte Analyse der Bewerbungsunterlagen liefert erste Anhaltspunkte über die fachliche und persönliche Eignung des Bewerbers. Dieser Profilabgleich wird heutzutage zumeist anhand von Online-Formularen durchgeführt (Online-Profilabgleich). Einem sorgfältig durchgeführten Screening der Bewerbungsunterlagen kommt auch deshalb eine besondere Bedeutung zu, weil hier regelmäßig das größte Einsparungspotenzial im Zuge des im Allgemeinen sehr zeit- und kostenaufwendigen Personalauswahlprozesses zu finden ist. Daher verwundert es leider kaum, dass besonders die leicht quantifizierbaren Auswahlkriterien wie Schul- und Examensnoten die dominierende Rolle beim Screening spielen und somit häufig nur sehr gute Noten als „Eintrittskarte" zum Vorstellungsgespräch dienen.

Dies hat allerdings den Nachteil, dass „weiche" Kriterien wie Persönlichkeit, Kommunikationsfähigkeit, Motivation und Kreativität, die (erst) im Rahmen des Vorstellungsgesprächs eine Hauptrolle spielen und letztlich die entscheidenden Kriterien für einen „guten" Kandidaten sind, in der Vorauswahl zwangsläufig unter den Tisch fallen.

Überhaupt ist der **„Tunnelblick"** vieler Personalreferenten **auf die Noten** vielfach weder gerechtfertigt noch zielführend für das personalsuchende Unternehmen. Natürlich sind (Abschluss-)Noten nicht unwichtig, sie aber als einziges Zulassungskriterium zum persönlichen Vorstellungsgespräch zu missbrauchen, ist häufig kurzsichtig und wenig dienlich, um die richtigen Kandidaten für den ausgeschriebenen Job zu bekommen. Sportliche Bestleistungen, ein selbstfinanziertes Studium, ein Engagement als Schul- oder Studierendensprecher, Praktika oder Auslandsaufenthalte, die allesamt vielleicht zu einer etwas schlechteren Durchschnittsnote, aber auch zur Entwicklung der individuellen Persönlichkeit beigetragen haben, sollten den Unternehmen doch mindestens genau so viel Wert sein, wie die Noten mit der „Eins vor dem Komma". Persönlichkeit kann man nicht lernen, Sprachen oder Mathematik sehr wohl. Es ist sicherlich legitim, dass jedes Unternehmen nur die Besten, also die sogenannten High Potentials einstellen möchte. Doch wer sind die Besten? Und vor allem: Wer sind die Besten für das jeweilige Unternehmen? Und schließlich: Wozu braucht man unbedingt High Potentials?

Das **Bewerbungsgespräch** (oder **Vorstellungsgespräch** oder **Einstellungsinterview**) ist das verbreitetste Instrument der Personalauswahl. Mit dem Bewerbungsgespräch werden mehrere

Ziele verfolgt: Das Unternehmen wird versuchen, die Einstellungen, Zielvorstellungen und Werte des Bewerbers kennenzulernen und ggf. offengebliebenen Fragen aus den Bewerbungsunterlagen nachzugehen.

Hier geht es vor allem darum, über die offensichtlichen Eigenschaften des bzw. der Kandidaten wie Ausbildung, Noten, Erfahrung und Wissen hinaus möglichst tief in jene Eigenschaften einzutauchen, die das Unternehmen erst später zu spüren bekommt. Dies sind u.a. so wichtige Eigenschaften wie Interessen, Talente, Werte, Gewissenhaftigkeit, Teamorientierung, Intelligenz, Motivation, Loyalität und Lernfähigkeit.

Das Einstellungsgespräch ist mit einem **Eisberg** zu vergleichen: Bestimmte Eigenschaften des Kandidaten sind offensichtlich, die Mehrzahl der Eigenschaften liegt aber unter der Oberfläche (siehe Abbildung 4-13). Die Aussagefähigkeit von Interviews lässt sich durch Steigerung des Strukturierungsgrades sowie durch die Schulung und den Einsatz mehrerer Interviewer erhöhen. Auch ist es durchaus üblich, mehrere Interviews mit unterschiedlichen Gesprächspartnern (auch an verschiedenen Tagen und Orten) durchzuführen. Selbst bei Einstiegspositionen für Hochschulabsolventen sind durchschnittlich drei Bewerbungsgespräche üblich.

Aus den Wertmaßstäben des Unternehmens ergeben sich dann auch die Kriterien, die bei der Entscheidung über die Einstellung von Mitarbeitern herangezogen werden. Grundsätzlich ist darauf zu achten, dass der Rekrutierungsprozess ethisch einwandfrei, glaubwürdig und breit angelegt ist.

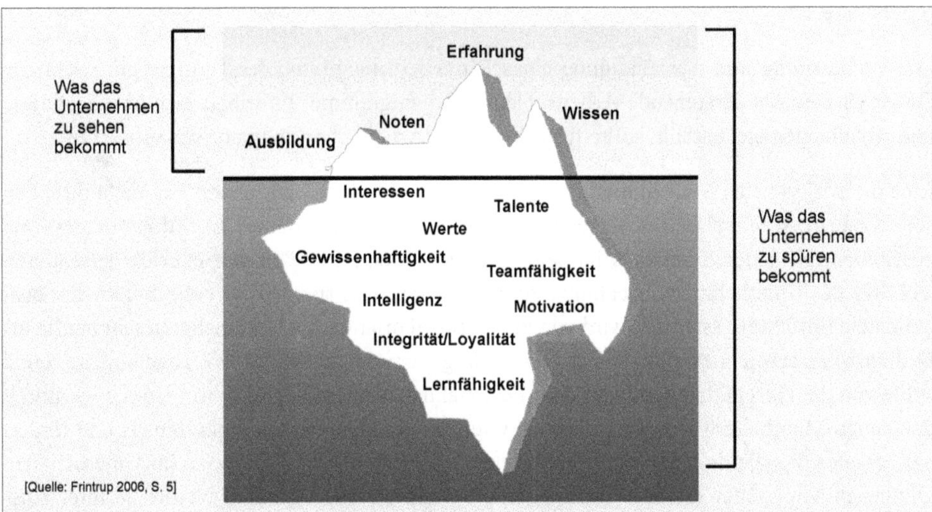

Abb. 4-13: Das Eisberg-Modell des Vorstellungsgesprächs

Der Übergang zwischen den Phasen der Personalbeschaffungskette und den Phasen der Personalbetreuungskette wird durch die Personalintegration gekennzeichnet. Hier treffen Bewerber und Unternehmen nach einem positiv verlaufenen Auswahlprozess aufeinander, um das geschlossene Arbeitsverhältnis in eine für beide Seiten gedeihliche Zusammenarbeit umzusetzen. Die **Personalintegration** beschreibt die Einarbeitung des Mitarbeiters in die Anforderungen des Unternehmens. Sie ist ein wesentlicher Erfolgsfaktor dafür, dass der Neueinsteiger von Beginn an die an ihn gestellten Erwartungen erfüllt. Gleichzeitig erwartet aber auch der Mitarbeiter, dass seine im oben skizzierten Auswahl- und Entscheidungsprozess aufgebaute Erwartungshaltung gefestigt wird. Die Erfahrungen der Integrationsphase entscheiden sehr häufig über die zukünftige Einstellung (Loyalität) zum Unternehmen und prägen den weiteren Werdegang als Mitarbeiter. Daher sollte dem Neueinsteiger gerade in der ersten Zeit ein hohes Maß an Aufmerksamkeit geschenkt werden.

Wie Erfahrungen in der Praxis allerdings immer wieder zeigen, lässt sich bei vielen Unternehmen gerade in der Integrationsphase ein großes Verbesserungspotenzial erkennen. Hier geht es vor allem darum, der besonderen Situation des neuen Mitarbeiters an seinem "ersten Tag" gerecht zu werden. Da der neue Mitarbeiter in aller Regel mehrere Optionen bei der Wahl seines Arbeitgebers hatte, wird er Zweifel hegen, ob er die richtige Entscheidung getroffen hat. Dieses in der Sozialpsychologie als kognitive Dissonanz bezeichnete Phänomen tritt immer dann verstärkt auf, je wichtiger die Entscheidung, je ähnlicher die Alternativen, je dringlicher der Entschluss und je niedriger der Informationsstand ist. Somit kommt dem Arbeitgeber die Aufgabe zu, alle Anstrengungen zu unternehmen, um die kognitive Dissonanz des Mitarbeiters aufzulösen bzw. zu beseitigen. Unzufriedene und enttäuschte Neueinsteiger neigen dazu, das Unternehmen bereits in der Probezeit zu verlassen und dadurch hohe Fluktuationskosten zu verursachen [vgl. DGFP 2006, S. 80].

Typische Einführungsmaßnahmen, um den Grundstein für eine zukünftige und nachhaltige **Mitarbeiterbindung** zu legen, sind Einarbeitungspläne, Einführungsseminare und Mentorenprogramme.

Die Vorbereitung und Aushändigung eines **Einarbeitungsplans**, der Termine mit wichtigen Gesprächspartnern, bestehende Arbeitsabläufe, Organigramme, Informationen über Standorte und Abteilungen etc. enthält, sollte für jeden neuen Arbeitgeber obligatorisch sein.

Eine der wirksamsten Maßnahmen ist es, den neuen Mitarbeiter am ersten Tag nicht direkt an seinen neuen Arbeitsplatz „zu setzen", sondern ihn im Rahmen eines **Einführungsseminars** zusammen mit anderen neuen Mitarbeitern willkommen zu heißen und über die besonderen Vorzüge des Unternehmens nachhaltig zu informieren. Das speziell für neue Mitarbeiter ausgerichtete Einführungsseminar wird von international orientierten Unternehmen sehr häufig als **Onboarding** bezeichnet. Ein solches Onboarding kann durchaus mehrere Tage umfassen und sollte von der Geschäftsleitung und dem Personalmanagement begleitet werden. Es vermittelt den neuen Mitarbeitern Kontakte über die Grenzen der eigenen Abteilung hinaus und fördert ein besseres Verständnis der Zusammenhänge von Personen und Prozesse im Unternehmen. Die neuen Mitarbeiter erfahren dadurch eine besondere Anerkennung, werden in ihrer Auswahlentscheidung bestärkt und für die weitere Arbeitsphase motiviert.

Insert 4-09 zeigt die Beschreibung zweier alternativer Situationen, wie sie neue Mitarbeiter an ihrem ersten Arbeitstag in der neuen Firma erleben können. Diese alternative Situationsbeschreibung bekommt auch aufgrund eines früh ersichtlichen Wertesystems in Verbindung mit dem Nachhaltigkeitsaspekt eine besondere Bedeutung für jeden neuen Mitarbeiter.

Insert

Mein erster Schultag – Schultüte oder Möhre?

Viele von uns kennen die Situation: Es ist der erste Arbeitstag beim neuen Arbeitgeber und man meldet sich beim Empfang an. „Mein Name ist Müller". Und jetzt gibt es in aller Regel zwei grundsätzliche Antwortmöglichkeiten. Die erste Antwort: „Guten Tag Herr Müller. Sie werden schon erwartet. Das Onboarding für neue Mitarbeiter findet in Raum fünf statt." Die zweite Antwortmöglichkeit: „Hm, Herr Müller, zu wem möchten Sie denn?" Und als man dann merkt, dass man gar nicht erwartet wird und sich stattdessen erstmal mit den Prospekten auf dem Ständer im Foyer beschäftigen soll, spätestens dann kommt so etwas wie „kognitive Dissonanz" in einem auf. Schließlich hatte man im Vorfeld, also bei der Suche nach einem neuen Arbeitgeber, mehrere Optionen gehabt – und sich jetzt ganz offensichtlich für die falsche Option entschieden.

Diese Situationsbeschreibung soll deutlich machen, wie wichtig es ist, neue Mitarbeiter mit der ersten Antwortmöglichkeit zu begrüßen. Ein Unternehmen, das seine Mitarbeiter wertschätzt, wird die neuen Mitarbeiter an deren ersten Arbeitstag in den Mittelpunkt stellen. Der erste Arbeitstag ist der wichtigste Arbeitstag für neue Mitarbeiter – ähnlich dem ersten Schultag bei unseren Kindern. Und warum bekommen diese eine prallgefüllte Schultüte mit viel Leckereien und keine Mohrrübe? Richtig, es soll die Vorfreude geweckt werden. Die Schule soll gleich am ersten Tag gefallen und es dürfen beim ABC-Schützen keinerlei Zweifel aufkommen.

Insert 4-09: „Mein erster Schultag – Schultüte oder Möhre"

In Abbildung 4-14 sind die einzelnen Phasen und Vorzüge einer motivierenden Einarbeitung und Einführung neuer Mitarbeiter dargestellt.

Im Anschluss an das Onboarding ist es sinnvoll, dem Neueinsteiger einen Paten (Mentor) an die Seite zu stellen, der die Einarbeitungszeit systematisch begleitet und bei Fragen und Problemen entsprechende Hilfestellung leistet. Ein **Mentorenprogramm** sollte mindestens bis zum Ablauf der Probezeit befristet sein.

Erkennt das Unternehmen oder der neue Mitarbeiter, dass die Erwartungshaltungen nicht erfüllt worden sind bzw. der Mitarbeiter nicht für den Job geeignet ist, so ermöglicht die Probezeit eine sinnvolle Vereinfachung des Trennungsverfahrens [vgl. Jung 2017, S. 183].

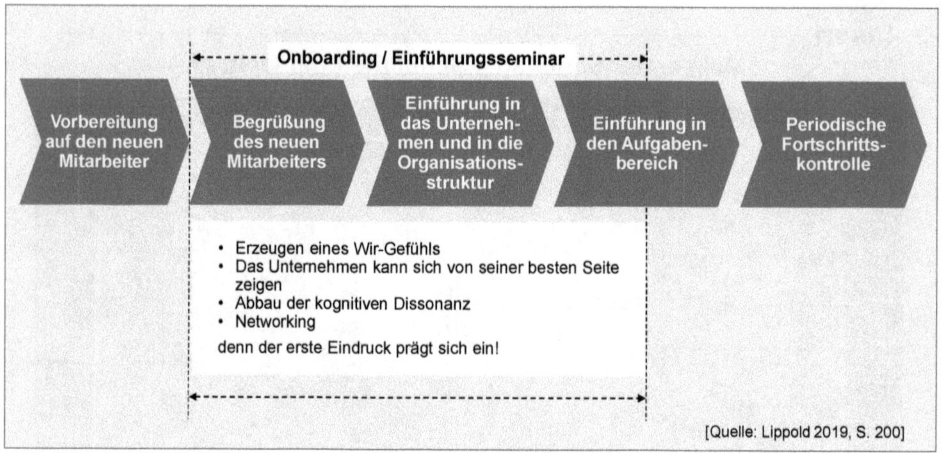

Abb. 4-14: Prozess der Einführung und Einarbeitung neuer Mitarbeiter

4.6.4 Personalbindung

Mitarbeiterbindung in enger Anlehnung an die Nachhaltigkeitsstrategie des Unternehmens bedeutet mehr, als nur dafür zu sorgen, dass die richtigen Mitarbeiter zum richtigen Zeitpunkt zur Verfügung stehen. Es geht um verantwortete Arbeitsbedingungen zur [vgl. Sutter 2015, S. 653]:

- Sicherstellen der Wahrung der Rechte der Arbeitnehmer
- Gewährleistung einer transparenten und fairen Entlohnung
- Schaffung von Rahmenbedingungen für die Entfaltung der Potenziale und für eine gesunde Leistungsfähigkeit.

4.6.4.1 Personalvergütung – Optimierung der Gerechtigkeit

Der zweite Teil der zweigeteilten Personalmarketing-Gleichung, der auf die Personalbetreuung abzielt, beginnt mit der Bereitstellung von markt-, anforderungs- und leistungsgerechten **Anreiz- und Vergütungssystemen** (engl. *Compensation & Benefits*). Die zu zahlende Vergütung als materielle Gegenleistung für die Arbeitsleistung ihrer Mitarbeiter ist für die Unternehmen ein Kostenfaktor. Für den Mitarbeiter ist die ausgezahlte Vergütung Einkommen, aber zugleich ein Leistungsanreiz. Leistungsfördernd ist die Vergütung aber nur dann, wenn sie als gerecht empfunden wird. Die Personalvergütung zielt auf die Optimierung der *Gerechtigkeit*, die als Grundvoraussetzung für die Akzeptanz eines Anreiz- und Vergütungssystems bei den Mitarbeitern gilt. Darüber hinaus gibt es noch eine Reihe weiterer Anreize, die teilweise auch mit der Werteorientierung der jeweiligen Generation zu tun hat (siehe Insert 4-10).

Eine angemessene „Compensation and Benefits"-Strategie ist immer relativ. Die meiste Unzufriedenheit entsteht aus Sicht der Mitarbeiter immer dann, wenn die Vergütungspolitik als intransparent und ungerecht empfunden wird. Das Personalmanagement hat darüber hinaus die Aufgabe, die mit Nachhaltigkeit verbundenen Prinzipien wie Glaubwürdigkeit, Innovationsfähigkeit oder ökologische Nachhaltigkeit umzusetzen Auch drängen die Shareholder zunehmend darauf, dass „Compensation Packages“ an die Nachhaltigkeit der Unternehmenserfolge geknüpft werden [vgl. Sutter 2015, S. 650 u. 661].

Nicht wenige Personalverantwortliche stellen das *Entgelt* – besonders unter dem Aspekt der Mitarbeiterbindung – als den entscheidenden Baustein des betrieblichen Anreiz- und Vergütungssystems heraus. Eine solch eindimensionale Betrachtung wird den unterschiedlichen Verhaltensmotiven der Mitarbeiter jedoch nicht gerecht. Untersuchungen zeigen, dass der entscheidende Bindungsfaktor augenscheinlich nicht so sehr die finanziellen (also materiellen) Anreize, sondern mehr die immateriellen Anreize wie Kommunikation von Karrieremöglichkeiten, Reputation des Arbeitgebers, ausreichende Entscheidungsfreiheit, Trainingsangebot, Work-Life-Balance u. ä. sind. Unternehmen, die hochqualifizierte Menschen gewinnen und an sich binden wollen, müssen Anreize bieten, die über die Bezahlung hinausgehen. Bei Führungsnachwuchskräften bzw. jüngeren Mitarbeitern ist eine **Eindeutigkeit der Werteorientierung** (noch) nicht zu beobachten. Sie bewegen sich eher in Spannungsfeldern wie in der Abbildung dargestellt.

Insert 4-10: Spannungsfelder im Wertewandel

(1) Funktionen der Personalvergütung

Die Gestaltung des Vergütungssystems zählt zu den zentralen Herausforderungen des Personalmanagements. Ein effektives und effizientes Vergütungssystem muss folgenden Funktionen gerecht werden [vgl. Stock-Homburg 2008, S. 328 f. und Locher 2002, S. 17 ff.]:

- **Sicherungsfunktion.** Hauptsächlich das Festgehalt (fixe Basisvergütung) trägt zur Sicherstellung der Grundversorgung des Beraters bei.
- **Motivationsfunktion.** Besonders den variablen Vergütungsbestandteilen wird ein hohes Motivationspotenzial im Beratungsgeschäft beigemessen.

- **Steuerungsfunktion.** Diese Funktion hat die Aufgabe, das Leistungsverhalten der Mitarbeiter auf bestimmte Ziele des Unternehmens (z. B. der verstärkte Umsatz von definierten Service Offerings) auszurichten. Als Steuerungsfunktion eignen sich die Ziele für die variablen Gehaltsanteile.
- **Leistungssteigerungsfunktion.** Stärkere Anreize können dazu führen, dass Mitarbeiter insgesamt ihre Leistung steigern.
- **Selektionsfunktion.** Bei relativ hohen variablen Gehaltsbestandteilen werden tendenziell leistungsorientiertere und risikofreudigere Berater angesprochen. Oftmals bewirken solche stark leistungs- bzw. erfolgsabhängigen Gehälter eine Selbstselektion (engl. *Self Selection*), die dazu führt, dass bestimmte Jobs nur mit besonders risikofreudigen Mitarbeitern besetzt sind.
- **Bindungsfunktion.** Ein als fair und attraktiv wahrgenommenes Vergütungssystem schafft Anreize für Führungskräfte und Mitarbeiter, im Unternehmen zu verbleiben.
- **Kooperationsförderungsfunktion.** Ein Vergütungssystem, das kooperative Verhaltensweisen (wie z. B. Teamarbeit) besonders honoriert, trägt zur Förderung der Zusammenarbeit bei.

(2) Komponenten der Personalvergütung

Die Gesamtvergütung (engl. *Total Compensation*) eines Mitarbeiters setzt sich aus folgenden Komponenten zusammen:

- Fixe und variable Vergütung
- Zusatzleistungen.

Fixe und variable Vergütung

Die **fixe Vergütung** wird als Basisvergütung regelmäßig ausgezahlt und orientiert sich an den Anforderungen des Arbeitsplatzes sowie an der internen Wertigkeit, d. h. an der Bedeutung und am Wertschöpfungsbeitrag des Jobs. Sie stellt eine Mindestvergütung sicher und bildet somit das *Garantieeinkommen* für den Mitarbeiter. In der Regel liegen die Grundgehälter der High Potentials auf nahezu allen Karrierestufen (engl. *Grade* oder *Level*) mehr oder weniger deutlich über den vergleichbaren Grundgehältern der anderen Mitarbeiter.

Im Gegensatz zur fixen ist die **variable Vergütung** eine Einkommenskomponente, die von den individuellen Leistungen der Arbeitnehmer bzw. dem Unternehmenserfolg abhängt. Dieser Vergütungsbestandteil wird also nur unter der Voraussetzung ausgezahlt, dass bestimmte *Ergebnisse* erbracht werden.

Immer mehr Unternehmen gehen dazu über, einen Teil des unternehmerischen Risikos auf die Mitarbeiter zu verlagern. Vor allem im Management-Bereich setzt sich die erfolgsabhängige Vergütung zunehmend durch.

Die variable Vergütung von Führungskräften und Mitarbeitern zählt aber nach wie vor zu den intensiv diskutierten Bereichen der Personalvergütung. Eine Reduktion der fixen Personalkosten sowie eine erhöhte Attraktivität für leistungsstarke, ziel- und risikoorientierte Mitarbeiter und Führungskräfte sind sicherlich die Vorteile der variablen Vergütung. Demgegenüber stehen ein höheres finanzielles Risiko bei persönlichen Leistungsausfällen oder Verfehlen von Unternehmenszielen sowie die Gefahr eines lethargischen Mitarbeiter- und Führungsverhaltens, wenn frühzeitig erkannt wird, dass die persönlichen oder Unternehmensziele nicht (mehr) erreicht werden können [vgl. Stock-Homburg 2008, S. 335].

In Abbildung 4-15 sind die Chancen und Risiken, die sich aus der variablen Vergütung ergeben, sowohl aus Sicht der High Potentials als auch aus unternehmerischer Perspektive gegenübergestellt.

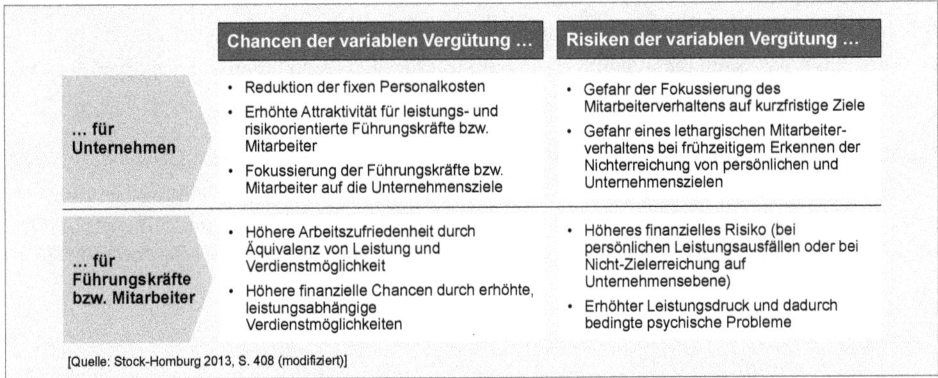

	Chancen der variablen Vergütung ...	Risiken der variablen Vergütung ...
... für Unternehmen	• Reduktion der fixen Personalkosten • Erhöhte Attraktivität für leistungs- und risikoorientierte Führungskräfte bzw. Mitarbeiter • Fokussierung der Führungskräfte bzw. Mitarbeiter auf die Unternehmensziele	• Gefahr der Fokussierung des Mitarbeiterverhaltens auf kurzfristige Ziele • Gefahr eines lethargischen Mitarbeiterverhaltens bei frühzeitigem Erkennen der Nichterreichung von persönlichen und Unternehmenszielen
... für Führungskräfte bzw. Mitarbeiter	• Höhere Arbeitszufriedenheit durch Äquivalenz von Leistung und Verdienstmöglichkeit • Höhere finanzielle Chancen durch erhöhte, leistungsabhängige Verdienstmöglichkeiten	• Höheres finanzielles Risiko (bei persönlichen Leistungsausfällen oder bei Nicht-Zielerreichung auf Unternehmensebene) • Erhöhter Leistungsdruck und dadurch bedingte psychische Probleme

[Quelle: Stock-Homburg 2013, S. 408 (modifiziert)]

Abb. 4-15: Chancen und Risiken der variablen Vergütung

(3) Zusatzleistungen

Diese dritte Komponente der Personalvergütung lässt sich in Sozialleistungen und sonstige Leistungen unterteilen. Für die Unternehmensführung ist es besonders wichtig zu erkennen, welche dieser Zusatzleistungen gezielte Differenzierungsmöglichkeiten gegenüber anderen Arbeitgebern bieten. Denn gerade bei den Zusatzleistungen lassen sich „Goodies" entwickeln, die sich teilweise als „Zünglein an der Waage" für die Gewinnung und Bindung von hochmotivierten und leistungsstarken Mitarbeitern herausstellen können.

Zu den **gesetzlichen Sozialleistungen**, die vom Gesetzgeber unter dem Sammelbegriff der **Sozialversicherung** zusammengefasst werden, zählen die Unfall-, Kranken-, Pflege-, Arbeitslosen- und Rentenversicherung. Während die Beiträge zur Unfallversicherung allein vom Arbeitgeber getragen werden, wird die Finanzierung der übrigen Sozialversicherungen jeweils zur Hälfte vom Arbeitgeber und Arbeitnehmer übernommen.

Tarifliche Sozialleistungen verpflichten Unternehmen zu bestimmten Zahlungen, die in Tarifverträgen geregelt sind. Darüber hinaus gewähren manche Unternehmen bestimmte freiwillige Sozialleistungen (z. B. Zuschüsse für die Altersvorsorge, Ausbildungszuschüsse, Jubiläumsgelder, Umzugsgeld).

Sonstige Zusatzleistungen (wie z. B. Firmenwagen, Sabbaticals, Kinderbetreuung, Firmenhandy, Laptop bzw. Tablet, individuelle Urlaubsregelungen oder Aktien-Optionsprogramme) werden von Unternehmen als freiwillige Gehaltsnebenleistungen (engl. *Fringe Benefits*) nicht nur zur Gewinnung und Bindung von Führungskräften (Partner), sondern auch zur Motivation von leistungsstarken Nachwuchskräften eingesetzt.

Im Prinzip liegen in diesem Bereich die größten Möglichkeiten für das Personalmanagement, um sich gegenüber Wettbewerbern beim „War for talents" positiv abzuheben und dadurch High Potentials zu gewinnen und zu binden.

Unter den sonstigen Zusatzleistungen wird in jüngerer Zeit das **Sabbatical** besonders diskutiert. Hierbei handelt es sich um eine mehrmonatige, teilweise sogar über ein Jahr hinausgehende Unterbrechung der Berufstätigkeit. Immer mehr Unternehmen bieten ihren Führungskräften (bis hin zu Vorständen) längere Auszeiten an. Unter dem speziellen Aspekt der **Work-Life-Balance** kann das Sabbatical somit zu einem strukturellen Bestandteil einer aktiven und vorausschauenden Personalpolitik werden.

Im Zusammenhang mit den freiwilligen Sozialleistungen hat sich mit dem **Cafeteria-System** ein Konzept etabliert, das dem einzelnen Berater innerhalb eines vom Arbeitgeber vorgegebenen Budgets erlaubt, zwischen verschiedenen Zusatzleistungen gemäß seinen eigenen Bedürfnissen auszuwählen, ähnlich der Menüauswahl in einer Cafeteria [vgl. Edinger 2002, S. 7].

Das **Cafeteria-System** besteht aus

- einem **Wahlbudget**, das sich häufig an dem Betrag orientiert, den das Unternehmen bislang für freiwillige Sozialleistungen ausgegeben hat,
- einem **Wahlangebot** mit mehreren Alternativen (z. B. Firmenwagen, Gewinnbeteiligung, Arbeitgeberdarlehen, Kindergartenplatz, Fortbildung, Urlaubstage u. ä.) und aus
- einer periodischen **Wahlmöglichkeit**, da sich die Bedürfnisse des Mitarbeiters im Zeitablauf ändern können [vgl. Jung 2006, S. 901 f.].

Die häufigste Ausprägung des Cafeteria-Modells in deutschen Unternehmen sind so genannte **Flexible Benefits**. Flexible Benefits-Programme sind Pläne, in deren Rahmen die Mitarbeiter aus einem Angebot verschiedener Zusatzleistungen oder durch Gehaltsumwandlung bestimmte Zusatzleistungskomponenten oder -niveaus auswählen können. Betriebliche Altersvorsorge, Hinterbliebenenrente, Todesfallkapital, Berufsunfähigkeitsleistungen, Firmenwagen oder Extraurlaub sind die häufigsten Zusatzleistungen im Rahmen von Flexible Benefits-Programmen [vgl. Rauser Towers Perrin 2006, S. 3 und 17 f.].

Eine besonders attraktive Variante der Zusatzleistungen ist das Modell der **Deferred Compensation**, bei dem der Arbeitnehmer auf einen Teil seiner Gesamtvergütung zugunsten einer Altersvorsorgezusage verzichtet. Die **aufgeschobene Auszahlung** unterliegt damit nicht der sofortigen Versteuerung. Der angesammelte Betrag wird erst bei Eintritt in den Ruhestand besteuert. Als Durchführungsweg bietet sich für den Arbeitgeber die Pensionskasse, der Pensionsfonds oder die Direktversicherung an. Deferred Compensation bietet sowohl dem Arbeitgeber als auch dem Arbeitnehmer erhebliche Vorteile. Für das Unternehmen eröffnen sich neue Möglichkeiten im Rahmen seines Anreiz- und Vergütungssystems, ohne dass zusätzliche Kosten entstehen. Im Gegenteil, durch die aufgeschobene Auszahlung entsteht ein zusätzlicher **Innenliquiditätseffekt**. Für den Mitarbeiter senkt sich die heutige Steuerlast, denn der Umwandlungsbetrag reduziert in voller Höhe sein steuerpflichtiges Einkommen. So werden Vergütungsbestandteile aus der Phase des aktiven Berufslebens, die zumeist durch eine höhere Besteuerung gekennzeichnet ist, in das Rentenalter verlagert, wo die Steuerlast üblicherweise geringer ist. Außerdem kann der Berater auf diese Weise seine Ruhestands- bzw. Risikovorsorge deutlich verbessern. Wenn man in Betracht zieht, dass gewünschte Arbeitgeberleistungen nicht für alle gleich attraktiv sind, sondern sich vorwiegend nach Generationen und nach Lebensphasen unterscheiden, dann ist es gut zu wissen, welche Arbeitgeberleistungen von der Generation Z präferiert werden. Schließlich gehören die jüngeren Talente mehrheitlich der Generation Z an (siehe Insert 4-11).

Insert

Was die neue Generation von ihrem Arbeitgeber wirklich will

Arbeitgeberleistung	„Must-Have“
Überstundenausgleich	81 %
Flexible Arbeitszeiten	67 %
Betriebliche Altersvorsorge	58 %
Gute Anbindung an öffentliche Verkehrsmittel	57 %
Freie Internetnutzung	43 %
Coaching	41 %
Private Smartphone-Nutzung	38 %
Kostenfreie Getränke	35 %
Homeoffice	34 %
⋮	⋮
Eigener Firmenwagen	4 %

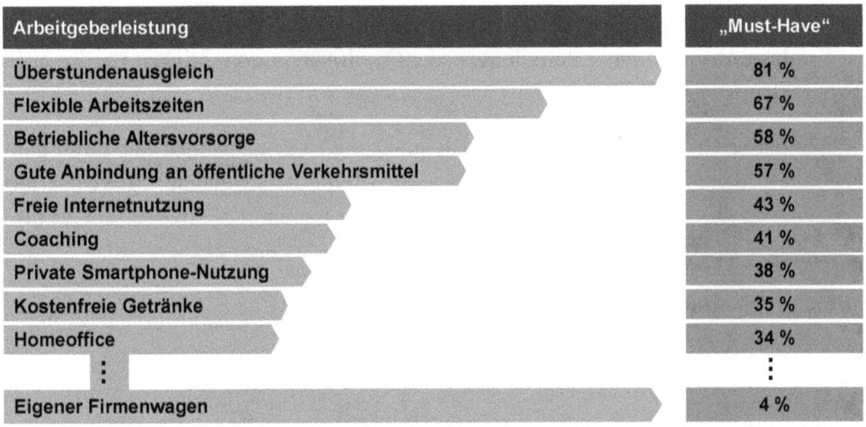

[Quelle: Schlotter 2020, Generationenkompass]

Was früher der Firmenwagen war, ist heute der Überstundenausgleich. Das ist das überraschende Ergebnis einer Studie zur Generation Z und deren Wunsch-Arbeitgeberleistungen.
Der Wettbewerb um qualifizierte Fachkräfte („War for Talents“) ist eine der größten Herausforderungen für unsere Unternehmen. Um hier erfolgreich zu sein, müssen Arbeitgeber wissen, welche Leistungen für diese Zielgruppe wirklich wichtig sind. Nun ist aber zu bedenken, dass sich solche Leistungen nach **Generationen bzw. Lebensphasen** dieser Zielgruppe unterscheiden. Ein 45jähriger Familienvater mit drei Kindern wird sich sicherlich andere Arbeitgeberleistungen wünschen, als eine 23-jährige ledige Hochschulabsolventin mit Masterabschluss.
Anmerkung: Wenn hier von Arbeitgeberleistungen die Rede ist, dann handelt es sich um **zusätzliche Dienst- oder Sachleistungen**, die weder die fixe und variable Vergütung noch die gesetzlichen und tariflichen Sozialleistungen betreffen. Es geht vielmehr um Firmenwagen, Laptops, Aktien-Options-programme, individuelle Urlaubsregelungen oder Ähnliches.
Wenn man also in Betracht zieht, dass gewünschte Arbeitgeberleistungen nicht für alle gleich attraktiv sind, sondern sich vorwiegend nach Generationen und nach Lebensphasen unterscheiden, dann ist es gut zu wissen, welche Arbeitgeberleistungen von den einzelnen Generationen präferiert werden. Für die **Generation Z** – also die Geburtsjahrgänge ab 1995 – gibt es eine eindeutige Rangfolge darüber, welche Leistungen für sie attraktiv sind. Die in der Abbildung gezeigte **Rangliste** ist ein Ergebnis der bundesweiten Studienreihe Generationenkompass 2020. Die Rangfolge dürfte das konservative Personalmanagement durchaus überraschen. War es früher der Firmenwagen, der als Attraktion kaum zu überbieten war, so liegt heute der **Überstundenausgleich** mit großem Abstand an erster Stelle, gefolgt von **flexiblen Arbeitszeiten** und **betrieblicher Altersvorsorge**. Es handelt sich also um Arbeitgeberleistungen, die früher in bestimmten Branchen tabu waren (z.B. in der Unternehmensberatung) oder überhaupt nicht kommuniziert wurden, weil sie als selbstverständlich erschienen. So wird die **freie Internetnutzung** von kaum einem Arbeitgeber explizit nach außen kommuniziert, obwohl sie für 43 Prozent der Generation Z ein „Must-have“ ist. Würde die Rangfolge für unseren 43jährigen Familienvater genauso aussehen? Vermutlich nicht! Das liegt ganz offensichtlich daran, dass jede Generation ihre eigenen Ansprüche an Arbeitgeber stellt.

Insert 4-11: Was die neue Generation von ihrem Arbeitgeber wirklich will

(4) Aspekte der Entgeltgerechtigkeit

Bei der Konzeption von Vergütungssystemen, die sowohl Unternehmens- als auch Mitarbeiterinteressen berücksichtigen sollte, steht ein Kriterium im Vordergrund, das als Grundvoraussetzung für die Akzeptanz bei den Mitarbeitern gilt: **Gerechtigkeit.** Die „faire Vergütung im Vergleich zu Kollegen" zählt zu den allerwichtigsten Treibern der Mitarbeiterbindung (engl. *Retention*) und ist zweifellos der entscheidende Hygienefaktor aller Anreiz- und Vergütungssysteme. Bei Fragen der Vergütung empfindet der Mitarbeiter sein Gehalt ganz subjektiv als gerecht oder auch ungerecht. Eine Aussage über die absolute Gerechtigkeit einer Vergütung kann nicht getroffen werden, lediglich eine Aussage über die relative Gerechtigkeit (im Vergleich zu den Kollegen, zum Branchendurchschnitt, zur Leistung, zum Alter oder auch zur Ausbildung) ist sinnvoll [vgl. Tokarski 2008, S.63].

Die verschiedenen Komponenten der Entgeltgerechtigkeit, wie Sozial-, Markt-, Bedarfs-, Leistungs-, Erfolgs-, Anforderungs-, Verteilungs- oder Qualifikationsgerechtigkeit werden auch als Gerechtigkeitsprinzipien bezeichnet.

Angesichts dieser Vielzahl von nicht überschneidungsfreien Prinzipien ist es nahezu unmöglich, einen allgemein als gerecht empfundenen Maßstab für die Vergütungsdifferenzierung zu finden. Letztendlich sind es aber drei Kernprinzipien der Entgeltgerechtigkeit, die für die Zusammensetzung der Gehaltsstruktur maßgeblich sind [vgl. Lippold 2010b, S. 18]:

- **Anforderungsgerechtigkeit** (im Hinblick auf Qualität, Schwierigkeitsgrad oder Verantwortungsbereich des jeweiligen Jobs)
- **Marktgerechtigkeit** (im Hinblick auf die Vergütungsstruktur der Branche bzw. des Wettbewerbs)
- **Leistungsgerechtigkeit** (im Hinblick auf die Leistung der Mitarbeiter einerseits und des Unternehmens andererseits).

4.6.4.2 Personalbeurteilung – Optimierung der Fairness

Aufgabe und Zielsetzung der Personalbeurteilung ist es, Personalentlohnung, -entwicklung und -einsatz zu objektivieren. Synonym wird – gerade in international agierenden Unternehmen – häufig der Begriff **Performance Management** verwendet. Durch eine Beurteilung können die unterschiedlichen Potenziale der Mitarbeiter besser genutzt und aufeinander abgestimmt werden. Schwachstellen innerhalb der Organisation sollen auf diesem Wege aufgedeckt und behoben werden [vgl. Kiefer/Knebel 2004, S. 24 ff.].

Ausgangspunkt der inhaltlichen Ausformung der Personalbeurteilungsaktivitäten ist die Definition von Domsch/Gerpott [1992]:

> „**Personalbeurteilung** ... ist die geplante, formalisierte und standardisierte Bewertung von Organisationsmitgliedern (Personal, Beurteilte) im Hinblick auf bestimmte Kriterien durch von der Organisation dazu explizit beauftragte Personen (= Beurteiler) auf der Basis sozialer Wahrnehmungsprozesse im Arbeitsalltag."

Durch die systematische Auswertung einer Vielzahl von Beobachtungen und Beurteilungen im Unternehmen lassen sich Erkenntnisse sammeln, die für die verschiedensten Entscheidungen des Personalmanagements erforderlich sind [vgl. Jung 2006, S. 743 ff.; Steinmann/ Schreyögg 2005, S. 794]:

- Durch die Bereitstellung von Daten über die Leistungen/Ergebnisse der Mitarbeiter kann ein **leistungs-/ergebnisgerechtes Entgelt** ermittelt werden.
- Durch die periodische Beurteilung stehen aktuelle Daten zur Personalstruktur zur Verfügung, die im Rahmen der **Personaleinsatzplanung** verwendet werden können.
- Die Personalbeurteilung liefert relevante Informationen zur Bestimmung des **Fort- und Weiterbildungsbedarfs**.
- Die systematische Personalbeurteilung kann als Instrument zur **Unterstützung des Führungsprozesses** dienen.
- Die Leistungs- und Potenzialbeurteilung (inkl. Beurteilungsfeedback) erhöht die **Motivation und Förderung der individuellen Entwicklung** der Mitarbeiter.

Hinzu kommt noch die **Informationsfunktion für die Mitarbeiter**, denn nach § 82 II BetrVG können Arbeitnehmer verlangen, dass mit ihnen die Leistungsbeurteilung und die Möglichkeiten der beruflichen Entwicklung im Unternehmen erörtert werden.

Damit wird deutlich, dass das Aktionsfeld *Personalbeurteilung* eine gewisse Querschnittsfunktion darstellt. So werden die Ergebnisse der Personalbeurteilung zugleich auch für die Personalgewinnung (Personalbedarfsplanung, interne Personalbeschaffung) sowie in den Aktionsfeldern Personalentwicklung, Personalfreisetzung, Personalvergütung und Personalführung verwendet.

(1) Kriterien der Personalbeurteilung

Zu den vorbereitenden Maßnahmen einer Personalbeurteilung gehört die Auswahl und Festlegung der Beurteilungskriterien. Unter der Vielzahl der zur Verfügung stehenden Beurteilungskriterien lassen sich folgende Hauptgruppen einteilen (siehe Abbildung 4-16):

- Systematisierung nach den Bezugsgrößen,
- Systematisierung nach dem zeitlichen Horizont und
- Systematisierung nach dem Grad der Quantifizierung.

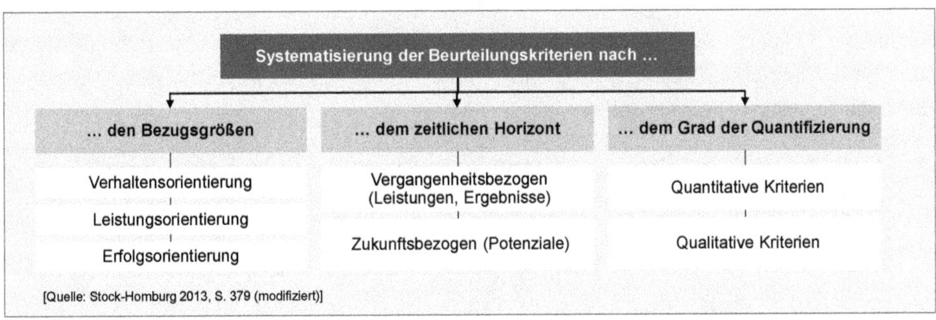

Abb. 4-16: Systematisierung von Kriterien der Personalbeurteilung

(2) Verhalten, Leistung oder Ergebnis als Beurteilungsansatz

Bei diesem Systematisierungsansatz geht es um die drei Bezugsgrößen *Arbeitsverhalten, Arbeitsleistung* und *Arbeitsergebnis* [vgl. Steinmann/Schreyögg 2005, S. 796]:

- **Arbeitsverhalten.** Im Mittelpunkt steht die Beurteilung der Persönlichkeit des Mitarbeiters. Es interessieren vor allem die Input-Eigenschaften des Mitarbeiters wie Loyalität, Dominanz, Intelligenz und Kreativität.
- **Arbeitsleistung.** Der leistungsorientierte Ansatz stellt den Tätigkeitsvollzug, also die Arbeitsleistung des Mitarbeiters, in den Mittelpunkt der Beurteilung. Beurteilt wird also nicht die Persönlichkeit, sondern das im Transformationsprozess konkret beobachtete Leistungsvermögen des Mitarbeiters.
- **Arbeitsergebnis.** Beim ergebnisorientierten Ansatz zählt weder die Persönlichkeit noch das Leistungsvermögen eines Mitarbeiters, entscheidend ist vielmehr das tatsächlich erreichte Ergebnis, d. h. der Output des Transformationsprozesses. Insbesondere das Entscheidungsverhalten von Führungskräften wird heutzutage ausschließlich am erzielten Ergebnis gemessen.

„Voll im Trend" ist der **ergebnisorientierte Ansatz**, also das Ergebnis der Tätigkeit, das anhand von vorab festlegten Zielen eingeschätzt werden soll. Diese dritte Variante hat in den letzten Jahren deshalb erheblichen Zulauf bekommen, weil Mitarbeiter, die früher mit Aufgaben bzw. Aufträgen geführt wurden, heutzutage mehr und mehr an ihren erzielten Ergebnissen gemessen werden. Der Vorteil liegt hier in der leichteren Messbarkeit und Zurechenbarkeit zum Gesamterfolg des Unternehmens. Nachteilig kann sich allerdings auswirken, dass für Mitarbeiter, die nur indirekt für den Unternehmenserfolg verantwortlich sind („Enabler"), keine vernünftigen Ergebniskriterien vorliegen. Allerdings, und das soll hier nicht verschwiegen werden: Der leichteren Mess- und Zurechenbarkeit stehen hier die brutalen Konsequenzen bei Erfolg- oder auch Glücklosigkeit gegenüber. Und auch hier kann ein Beispiel aus der uns allen bekannten Fußballwelt strapaziert werden: Kein Angestellter irgendeines Unternehmens ist so sehr dem (nackten) Ergebnis ausgeliefert wie der Trainer einer Fußballmannschaft – unabhängig von den vielen anderen Faktoren, die vielleicht einen viel größeren (aber eben nicht direkt messbaren) Einfluss auf die Ergebnissituation des Vereins haben.

(3) Performance oder Potenzial als Beurteilungsansatz

Bei diesem Systematisierungsansatz geht es um die Frage, ob Mitarbeiter bzw. Führungskräfte mehr an der erreichten Leistung (Ergebnis, Output) oder mehr an ihrem Leistungsvermögen (Potenzial) gemessen werden sollten.

- Die **Leistungs- bzw. Ergebnisbeurteilung** ist vergangenheitsbezogen und berücksichtigt den „Output" des Mitarbeiters. Das Leistungsergebnis, also das Ausmaß der Erreichung der vorgegebenen Ziele, wird bei diesem Verfahren erfasst und bewertet. Sie ist maßgebend bei der Bewertung der Zielerreichung und damit auch zugleich das entscheidende Kriterium für eine gerechte, differenzierte Vergütung [vgl. Jung 2006, S. 738].

- Die **Potenzialbeurteilung** ist eher zukunftsbezogen und bewertet Qualifikation und Eignung des Mitarbeiters. In die Beurteilung geht vor allem der erwartete zukünftige Beitrag von Führungskräften bzw. Mitarbeitern zur Erreichung der Unternehmensziele ein [vgl. Stock-Homburg 2013, S. 379].

Werden beide Kriterien miteinander kombiniert, so ergibt sich – wie in Abbildung 4-17 dargestellt – eine **Leistungs-Potenzial-Matrix** (engl. *Performance-Potential-Matrix*). In dieser Portfolio-Matrix werden Mitarbeiter bzw. Führungskräfte entsprechend ihrer Leistungsergebnisse und ihrer Potenziale positioniert.
Besondere Aufmerksamkeit sollte das Personalmanagement den *„Solid Performers"* und den *„Promotable Performers"* widmen. Bei diesen Personengruppen besteht offensichtlich der größte Personalentwicklungsbedarf. Die *„Solid Performers"* erbringen zwar eine gute Leistung im Hinblick auf die an sie gestellten Anforderungen, sie verfügen aber über keine hohe Entwicklungsfähigkeit. *„Promotable Performers"* verfügen über ein hohes Entwicklungspotenzial, das aber durch das bisherige Aufgabengebiet nicht ausgeschöpft wird.

Durch geeignete Entwicklungsmaßnahmen, die einerseits den Bindungswillen erhöhen und andererseits Karrieremöglichkeiten aufzeigen, ließen sich beide Personengruppen entsprechend motivieren. Insgesamt ermöglicht die Leistungs-Potenzial-Matrix eine Analyse der Ist-Situation über die Leistungs- und Potenzialträger im Unternehmen. Ungleichgewichte in der Mitarbeiterstruktur lassen sich auf diese Weise aufzeigen [vgl. Kosub 2009, S. 112].

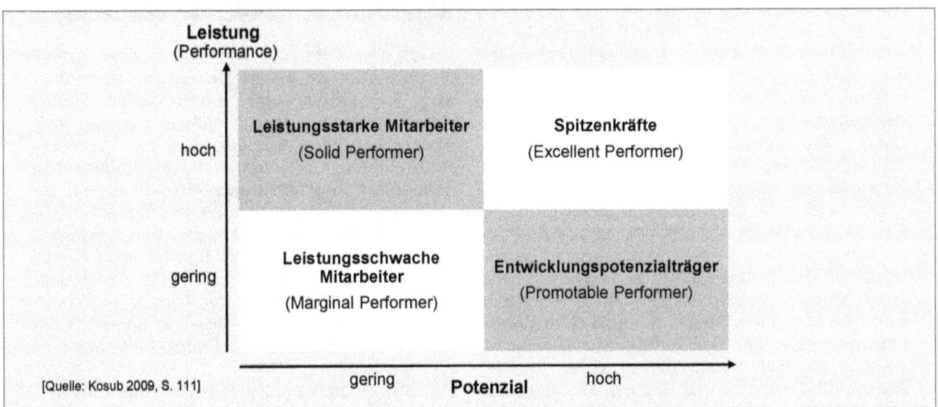

Abb. 4-17: Leistungs-Potenzial-Matrix

Grundsätzlich sollten alle Beurteilende über Kenntnisse und Erfahrungen in der Personalbeurteilung verfügen. Dadurch lassen sich Beurteilungsfehler zwar nicht vollständig vermeiden, jedoch erheblich reduzieren. Jeder Beurteilende unterliegt einer Reihe von subjektiven Einflüssen, die dazu führen, bestimmte Aspekte stärker oder verfremdet zu sehen und andere eher auszublenden. Diese Wahrnehmungsverzerrungen werden durch *intrapersonelle, interpersonelle* und *sonstige* Einflüsse hervorgerufen.

Eine zusammenfassende Darstellung über das Phänomen der Wahrnehmungsverzerrungen liefert Insert 4-12.

Insert

In der Personalbeurteilung üblich:

Wahrnehmungsverzerrungen

Es ist uns allen schon passiert: Wir sind von Dritten beurteilt worden. Im Vorfeld einer Beförderung (Promotion) zum Beispiel, im Rahmen eines Bewerbungs- oder eines Jahresendgesprächs, bei einem Vorgesetztenwechsel, nach Ablauf der Probezeit oder bei Beendigung des Arbeitsverhältnisses bei unserem letzten Arbeitgeber. Doch waren wir mit den Beurteilungsergebnissen auch immer einverstanden? Waren die Beurteilungen gerecht? Warum waren sich die Beurteilenden in ihrer Bewertung nicht immer einig?

Die Rede ist von Wahrnehmungsverzerrungen (auch als Wahrnehmungsfehler bezeichnet). Und diese können fatale Auswirkungen haben: Keine Beförderung, obwohl diese schon längst fällig war, aber mein Vorgesetzter schon immer Männer bevorzugte. Eine fehlgeschlagene Bewerbung, weil der Beurteilende seine selektive Wahrnehmung nicht ausschalten konnte. Oder eine nicht verlängerte Probezeit, weil eine klitzekleine negative Erfahrung alles andere überstrahlt hat.

Müssen wir mit Berurteilungsfehlern leben?

Es ist eine Tatsache, dass die Beurteilenden – trotz einheitlich vorgegebener Kriterien – nicht immer zu den gleichen Ergebnissen kommen. Und das bei teilweise existenziellen oder zumindest wegweisenden Auswirkungen! Warum ist das so? Müssen wir mit solchen Fehlurteilen leben oder lassen sie sich vermeiden oder doch zumindest eindämmen? Was sind die Ursachen solcher Abweichungen? Jeder Beurteilende unterliegt einer Reihe von subjektiven Einflüssen, die dazu führen, bestimmte Aspekte stärker oder verfremdet zu sehen und andere eher auszublenden.

Diese **Wahrnehmungsverzerrungen** werden durch Einflüsse, die sich 1) unmittelbar auf den Beurteilenden zurückführen lassen oder die 2) in der Beziehung zwischen den Beteiligten der Personalbeurteilung begründet sind. Kommen wir zunächst zu den Einflussfaktoren, die unmittelbar auf den Beurteilenden zurückführen bzw. in dessen Persönlichkeitsstruktur begründet sind. Hierzu zählt zunächst die **selektive Wahrnehmung**, bei der der Betreffende aus einer Vielzahl von Informationen nur einen kleinen Ausschnitt bewusst oder unbewusst auswählt und diesen zur Grundlage seines Urteils macht. **Vorurteile und Vermutungen** beruhen auf positiven oder negativen Erfahrungen, die der Beurteilende mit ähnlichen Personen gemacht hat. Sie überdecken die tatsächlichen Fakten und Zusammenhänge. Der **Hierarchieeffekt** liegt dann vor, wenn die Beurteilung umso besser ausfällt, je höher die hierarchische Position des Beurteilten ist. Beurteilende können durch die **Projektion ihres persönlichen Wertesystems** zu einer Fehleinschätzung gelangen. In diesem Fall übertragen sie Vorstellungen und Erwartungen, die sie bei sich selbst wahrnehmen, unreflektiert auf andere. Zu dieser Art von Wahrnehmungsverzerrungen zählen schließlich noch **Tendenzfehler**, die aus den unterschiedlichen Beurteilungsgewohnheiten des Beurteilenden resultieren.

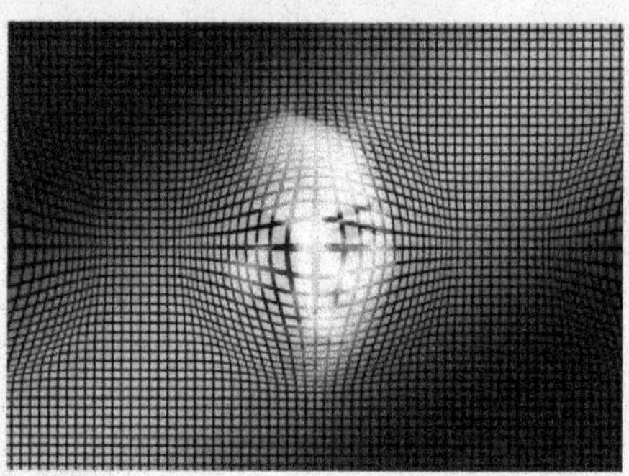

Die zweite Kategorie der Wahrnehmungsverzerrungen liegen in der **Beziehung zwischen den Beteiligten der Personalbeurteilung** begründet sind. Diese Einflüsse machen sich zumeist als Sympathie oder Antipathie bemerkbar machen. Bedeutsam ist der sogenannte **Halo- oder Überstrahlungseffekt**, bei dem die beurteilende Person von einer prägnanten Eigenschaft bzw. einem spezifischen Verhalten auf andere Merkmale des Beurteilten schließt. Beispiel: Stellen Sie sich eine Person mit auffallend guten Umgangsformen vor. Wer sich so benimmt – so schließen wir – muss einfach ein guter und sympathischer Mensch sein. Muss er aber gar nicht ...

Wie lassen sich solche Wahrnehmungsfehler vermeiden?

Es hat sich als hilfreich erwiesen, den Beurteilenden kurz vor einer Personalbeurteilung noch einmal die wichtigsten Einflussfaktoren vor Augen zu führen. Die betroffenen Personen werden diese Effekte in aller Regel reflektieren und bei der dann folgenden Beurteilung einordnen können. Dadurch lassen sich Beurteilungsfehler zwar nicht vollständig vermeiden, jedoch erheblich reduzieren. Grundsätzlich sollten aber alle Beurteilende über (Grund-)Kenntnisse und Erfahrungen in der Personalbeurteilung verfügen.

Insert 4-12: Wahrnehmungsverzerrungen

In der Praxis werden Unternehmensziele zunehmend mit der von Kaplan/Norton [1992] entwickelten **Balanced Scorecard** systematisiert und dann sukzessive auf Bereichs-, Abteilungs- und **Mitarbeiterebene** heruntergebrochen. Grundgedanke der Balanced Scorecard ist die Umsetzung von Visionen und Strategien des Unternehmens in operative Maßnahmen. Das dazu entwickelte Kennzahlenraster der Balanced Scorecard umfasst als Standardmodell insgesamt vier Dimensionen:

- **Finanzwirtschaftliche** Dimension (Sicht des Aktionärs bzw. Investors)
- **Kundenbezogene** Dimension (Sicht des Kunden)
- **Prozessbezogene** Dimension (Sicht nach innen auf die Geschäftsprozesse)
- **Potenzialbezogene** Dimension (Sicht aus der Lern- und Entwicklungsperspektive).

Durch eine **Balanced Scorecard mit Sustainability-Modul** (siehe Insert 4-13) werden diese Perspektiven um eine weitere Dimension erweitert:

- **Umweltbezogene Dimension** (Sicht aus der Nachhaltigkeitsperspektive auf die Gesamtheit der ökologischen und sozialen Effekte des unternehmerischen Tuns)

Durch dieses Modul werden die ökologischen und sozialen Nachhaltigkeitsaspekte systematisch in die Balanced Scorecard einbezogen. Hierdurch werden die drei Säulen des Nachhaltigkeitskonzepts Planet, People und Proft in einem Tool zusammengeführt. Die Ansiedlung der Nachhaltigkeitsziele auf gleicher Ebene wie alle anderen Ziele soll das unternehmerische Bewusstsein für die Nachhaltigkeit fördern. Jedem Unternehmen ist zu empfehlen, eine Balanced Scorecard mit Sustainability-Modul zu entwickeln und zur Gesamtsteuerung des Unternehmens einzusetzen. Hierdurch wird die Balanced Scorecard zu einem KPI-Dashboard, das auch ein Controlling der Nachhaltigkeitsprozesse unterstützt. Durch den Einsatz der Balanced Scorecard soll sichergestellt werden, dass bei der Unternehmensführung mehrere strategische Perspektiven gleichzeitig berücksichtigt werden, die für die Leistungsbewertung eines Unternehmens relevant sind [vgl. Kreutzer 2023, S. 289].

Durch die **ganzheitliche Zielentwicklung** kann jeder einzelne Mitarbeiter seinen Anteil am Erreichen der Team-, Bereichs- und Gesamtunternehmensziele verfolgen. Wenn das strategische Ziel des Unternehmens die Durchsetzung der Nachhaltigkeitsziele auf allen Ebenen ist, könnte ein Facility Manager als persönliches Ziel die Bereitstellung von sanierten, energieeffizienten Gebäuden ableiten.

Mit dieser Kopplung von Führungs- und Anreizsystemen ist eine wichtige Voraussetzung für die Einführung von **variablen, leistungsabhängigen Vergütungsbestandteilen** gegeben. In Kombination mit einem garantierten fixen Vergütungsanteil kann der variable Vergütungsanteil die erbrachten Leistungen angemessen honorieren. Die Höhe des variablen Entgeltbestandteils hängt dabei vom Ausmaß ab, mit dem die in der Balanced Scorecard definierten Zielvorgaben bzw. Kennzahlen erreicht werden. Das variable Entgelt ist bei der beschriebenen Vorgehensweise sowohl vom Grad der individuellen Zielerreichung als auch vom Erfolg auf Gruppen- und Unternehmensebene abhängig. Die Kennzahlen der Balanced Scorecard liefern dabei für alle drei Ebenen die entsprechenden Erfolgsindikatoren.

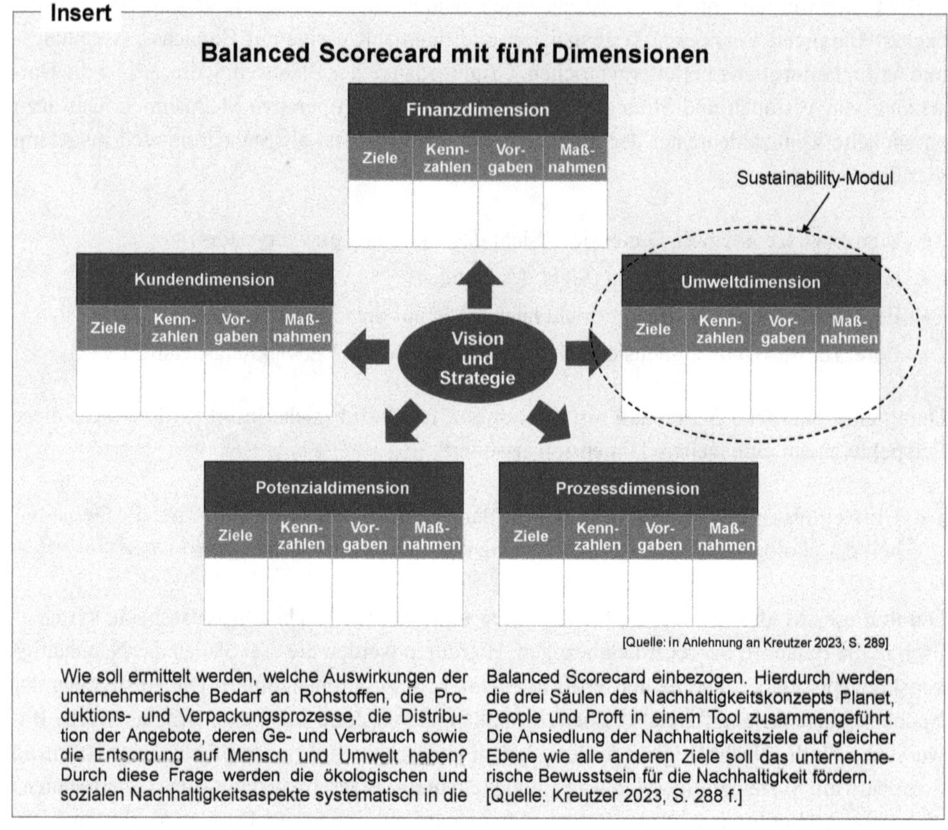

Wie soll ermittelt werden, welche Auswirkungen der unternehmerische Bedarf an Rohstoffen, die Produktions- und Verpackungsprozesse, die Distribution der Angebote, deren Ge- und Verbrauch sowie die Entsorgung auf Mensch und Umwelt haben? Durch diese Frage werden die ökologischen und sozialen Nachhaltigkeitsaspekte systematisch in die Balanced Scorecard einbezogen. Hierdurch werden die drei Säulen des Nachhaltigkeitskonzepts Planet, People und Proft in einem Tool zusammengeführt. Die Ansiedlung der Nachhaltigkeitsziele auf gleicher Ebene wie alle anderen Ziele soll das unternehmerische Bewusstsein für die Nachhaltigkeit fördern. [Quelle: Kreutzer 2023, S. 288 f.]

Insert 4-13: Balanced Scorecard mit fünf Dimensionen

4.6.4.3 Personalentwicklung – Optimierung der Förderung/Forderung

Inhalte der Personalentwicklung sind zum einen die Vermittlung von Qualifikationen im Sinne einer unternehmensgerechten Aus- und Weiterbildung (Forderung) und zum anderen Maßnahmen zur Unterstützung der beruflichen Entwicklung und Karriere (Förderung). Von besonderer Bedeutung ist darüber hinaus die Entwicklung von Führungsnachwuchskräften. Ihre Funktion als Repräsentant, Vorbild, Entscheidungsträger und Meinungsbildner macht die Führungskraft zum Multiplikator in der Personalentwicklung [vgl. Stock-Homburg 2008, S. 153].

In Abbildung 4-18 ist der Zusammenhang zwischen Inhalten und generellen Zielen der Personalentwicklung dargestellt.

Karriere und berufliche Förderung sollten in einem partnerschaftlichen Zusammenwirken zwischen Beschäftigten und ihren Führungskräften besprochen werden. Die Führungskräfte spielen dabei eine Schlüsselrolle für das „Wohlbefinden" der Mitarbeiter und damit für deren Engagement und Bindung an das Unternehmen. Eine klare, wertorientierte Haltung, die auf Glaubwürdigkeit, Verlässlichkeit und Vertrauen aufbaut, ist hierfür die Basis [vgl. Sutter, S. 653]

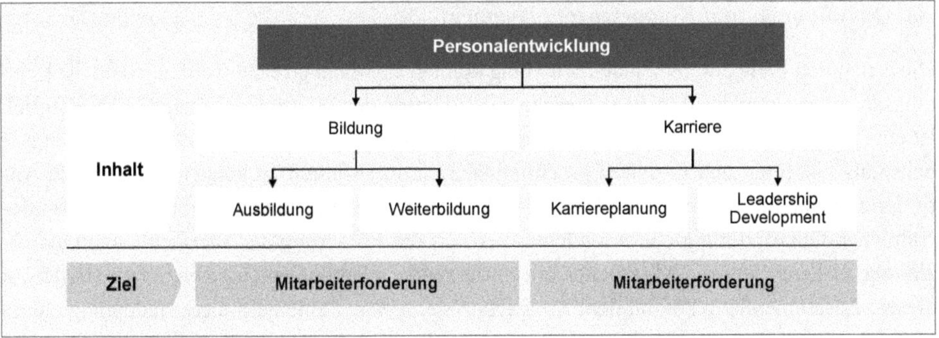

Abb. 4-18: Inhalte und Ziele der Personalentwicklung

Bei Unternehmen lassen sich nach Jung [2006, S. 250 f.] im Allgemeinen **zwei Ansätze der Personalentwicklung** beobachten. Die eine Vorgehensweise versucht, die aktuellen Arbeitsplatzanforderungen mit den entsprechenden Qualifikationen in Einklang zu bringen. Der zweite (und sicherlich effektivere) Ansatz verfolgt das Ziel, über die gegenwärtigen Anforderungen hinaus flexible Mitarbeiterqualifikationen zu schaffen und eine individuelle Personalentwicklung zu praktizieren. Im Vordergrund steht dabei die Vermittlung weitgehend arbeitsplatzunabhängiger Schlüsselqualifikationen, die der Halbwertszeit des Wissens und dem lebenslangen Lernen Rechnung tragen.

Die zentrale Aufgabe der Personalentwicklung liegt darin, die Menschen durch Lernen zu befähigen, sich in der dynamischen Welt der Arbeit zurechtzufinden. Nur mit systematisch betriebener Aus- und Weiterbildung kann es gelingen, über die gesamte Dauer des Berufslebens den sich wandelnden Anforderungen gewachsen zu sein. Systematische Förderung der Eignung und Neigung sichert qualifizierte und motivierte Mitarbeiter. Daneben muss der durch die veränderten Bedürfnisse entstandene **Wertewandel** von der Personalentwicklung aufgenommen und die daraus gewonnenen Erkenntnisse in Bildung und Förderung umgesetzt werden.

Führungsnachwuchsbezogene Ziele der Personalentwicklung sind [vgl. Stock-Homburg 2008, S. 155.]:

- Verbesserung der Karriere- und Aufstiegsmöglichkeiten innerhalb und außerhalb des Unternehmens
- Klarheit über die beruflichen Ziele und Aufstiegsmöglichkeiten im Unternehmen
- Schaffung von Möglichkeiten, um über das fachliche Wissen hinaus betriebsspezifisches Know-how und Flexibilität zur Bewältigung anstehender Veränderungsprozesse zu erlangen
- Steigerung der individuellen Mobilität und Employability auf dem Arbeitsmarkt
- Schaffung von Möglichkeiten zur Selbstverwirklichung z. B. unter dem Aspekt der Übernahme von größerer Verantwortung einerseits und der Work-Life-Balance andererseits.

(1) Qualifikation und Kompetenzmanagement

Die genannten Ziele der Personalentwicklung können erst dann erreicht werden, wenn die Leistungsanforderungen des Arbeitsplatzes die Qualifikation des Mitarbeiters entsprechen. Folglich ist eine genaue Kenntnis der Qualifikationen notwendig, um die Mitarbeiter am richtigen Arbeitsplatz einsetzen und gezielte Fördermaßnahmen durchführen zu können. Da sich die Anforderungen an die funktionelle Flexibilität der Mitarbeiter zunehmend erhöhen, ist neben der fachlichen Qualifizierung ein besonderer Wert auf die Förderung der überfachlichen Qualifizierung zu legen, um die Mitarbeiter mit umfassender Handlungskompetenz auszustatten. In diesem Zusammenhang kommt dem *Kompetenzmanagement* eine besondere Bedeutung zu. Es ermittelt, steuert und entwickelt Kompetenzen, die heute und in der Zukunft für die Umsetzung der Unternehmensziele benötigt werden. Es legt fest, welche Fähigkeiten und Verhaltensweisen verändert bzw. entwickelt werden sollen. Damit weist das Kompetenzmanagement in zwei Richtungen. Zum einen geht es darum, was das Unternehmen oder die Unternehmenseinheit können muss, um seine/ihre Ziele zu erreichen (organisationale Kompetenz). Zum anderen sind die Fähigkeiten, Kenntnisse und Verhaltensweisen von Personen gefragt, die sie benötigen, um ihre individuellen Anforderungen (im Sinne der gesetzten Ziele) zu bewältigen (rollenbezogene Kompetenz) [vgl. Lippold 2010, S. 25].

Den wohl rund um den Kompetenzbegriff wichtigsten Forschungsansatz liefert die **Kompetenzarchitektur** von John Erpenbeck und Volker Heyse. Die Autoren erklären **Kompetenz** als die *„Fähigkeit einer Person zum selbstorganisierten, kreativen Handeln“* [Erpenbeck/ Heyse 2007], wenn sie sich mit einer ungewohnten Situation konfrontiert sieht.

Auf der Grundlage dieses Kompetenzbegriffs haben Erpenbeck/Heyse eine **Kompetenzarchitektur** (siehe Insert 4-14) entwickelt, die im Kern aus vier menschlichen Basiskompetenzgruppen (engl. *key competences*) besteht.

Diese insgesamt vier Basiskompetenzgruppen umfassen nach Erpenbeck die

- Fähigkeiten, das eigene Handeln selbstorganisiert, selbstreflexiv und kritisch zu hinterfragen und eigene produktive, kreativitätsfördernde Einstellungen, Werthaltungen, Ideale usw. zu entwickeln (P)
- Fähigkeiten, selbstorganisiert, aktiv und willensstark erzielte Ergebnisse umsetzen zu können, alles Wissen und Werten integrierend (A)
- Fähigkeiten, mit dem fachlichen und methodischen Wissen gut ausgerüstet und über eigenes Wissen verfügend Probleme selbstorganisiert und schöpferisch bewältigen zu können (F)
- Fähigkeiten, Kommunikations- und Kooperationsprozesse auf interpersonaler und/ oder interorganisationaler Ebene selbstorganisiert so zu optimieren und zu effektivieren, dass Konfliktpotenziale minimiert werden (S).

Den vier Basiskompetenzgruppen (P), (A), (F) und (S) werden sodann aus einer Fülle von über Hunderten Kompetenzbegriffen jeweils 16 sogenannte **Schlüsselkompetenzen** zugeordnet, so dass man letztlich ein „überschaubares und praktikables“ Tableau von 64 Schlüsselkompetenzen erhält.

Insert

Der Kompetenz-Atlas von Erpenbeck/Heyse

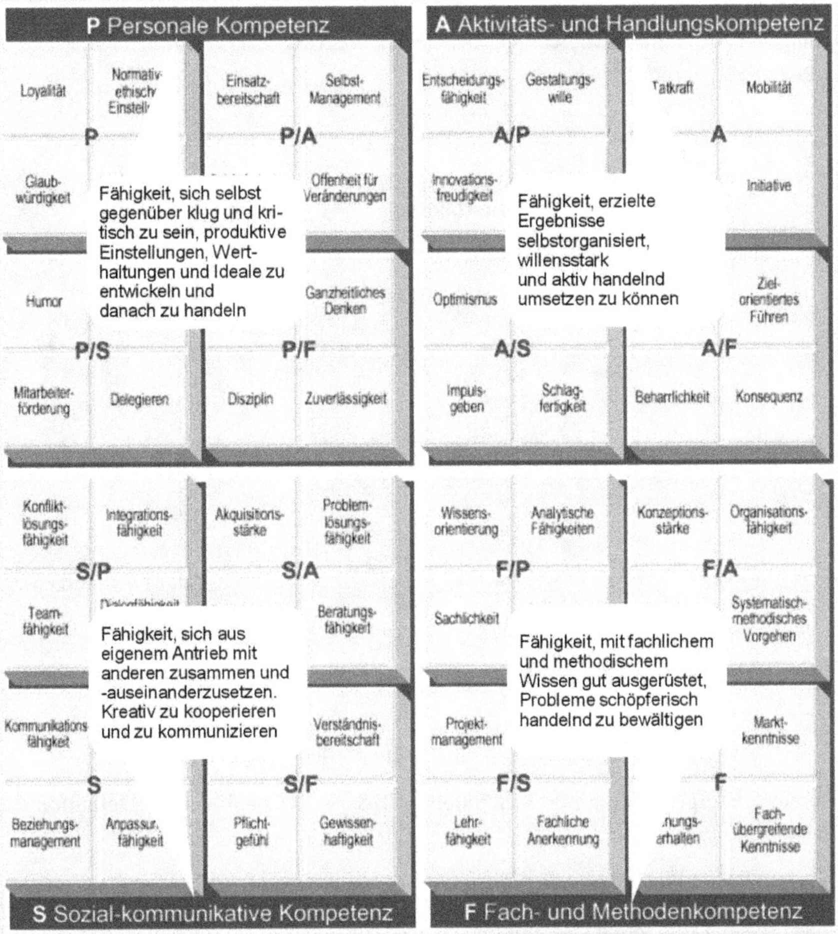

© Prof. Dr. John Erpenbeck, Prof. Dr. Volker Heyse

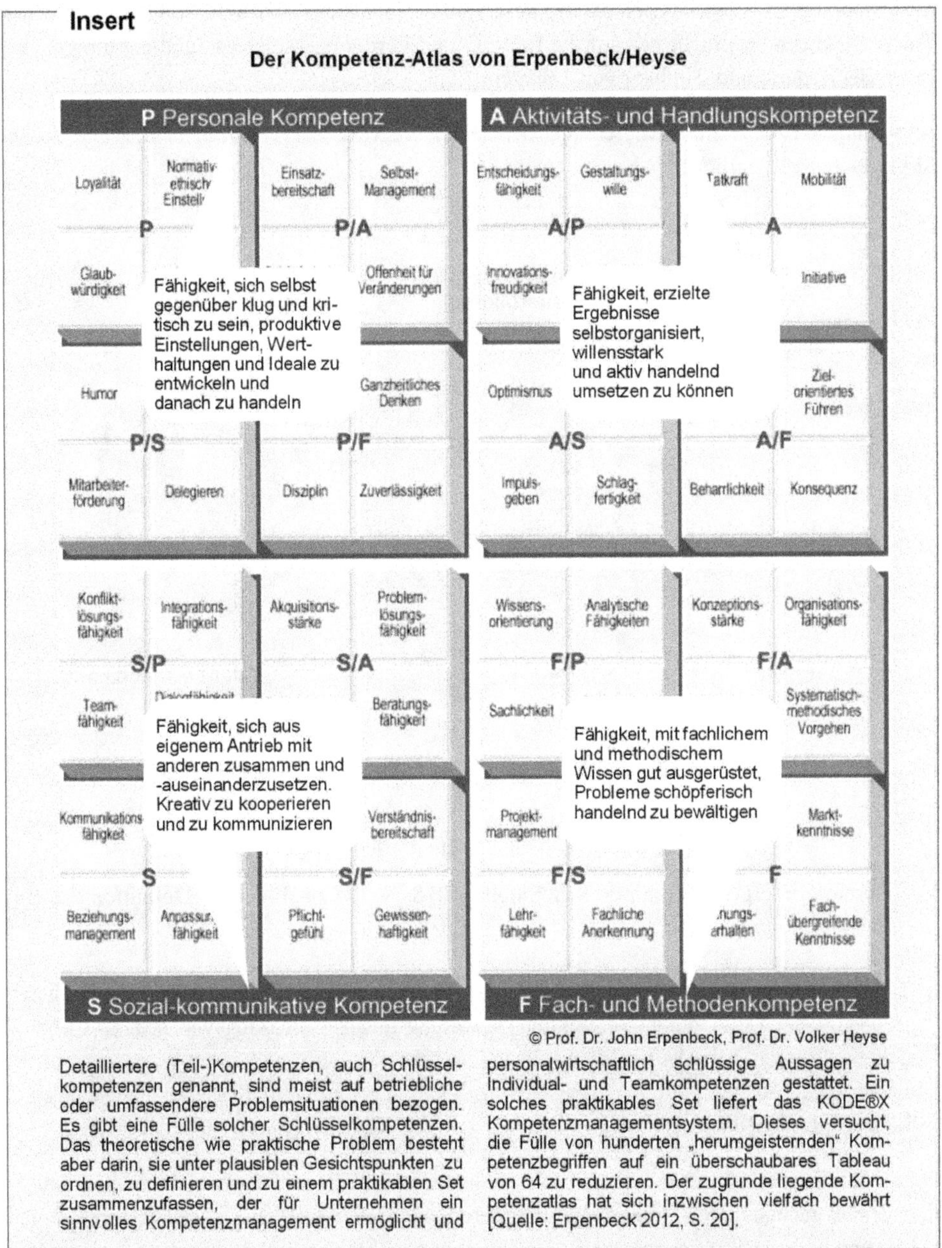

Detailliertere (Teil-)Kompetenzen, auch Schlüsselkompetenzen genannt, sind meist auf betriebliche oder umfassendere Problemsituationen bezogen. Es gibt eine Fülle solcher Schlüsselkompetenzen. Das theoretische wie praktische Problem besteht aber darin, sie unter plausiblen Gesichtspunkten zu ordnen, zu definieren und zu einem praktikablen Set zusammenzufassen, der für Unternehmen ein sinnvolles Kompetenzmanagement ermöglicht und personalwirtschaftlich schlüssige Aussagen zu Individual- und Teamkompetenzen gestattet. Ein solches praktikables Set liefert das KODE®X Kompetenzmanagementsystem. Dieses versucht, die Fülle von hunderten „herumgeisternden" Kompetenzbegriffen auf ein überschaubares Tableau von 64 zu reduzieren. Der zugrunde liegende Kompetenzatlas hat sich inzwischen vielfach bewährt [Quelle: Erpenbeck 2012, S. 20].

Insert 4-14: Der Kompetenz-Atlas von Erpenbeck/Heyse

(2) Talent Management

Talent Management ist nicht identisch mit **Personalentwicklung**. Es beinhaltet zwar wesentliche Elemente der Personalentwicklung, aber es ist zum einen weiter und zum anderen enger gefasst. Während die Personalentwicklung die (Aus-)Bildung und Förderung aller Mitarbeiter einer Organisation umfasst, richtet sich das Talent Management ausschließlich an die

Zielgruppe der „Talente“. Gleichzeitig beschränken sich die Maßnahmen und Konzepte des Talent Managements nicht nur auf die Bildung und Förderung, sondern auch auf die Gewinnung, Beurteilung und Bindung von Talenten.

Abbildung 4-19 soll diese Abgrenzung der beiden Begriffe *Personalentwicklung* und *Talent Management* verdeutlichen.

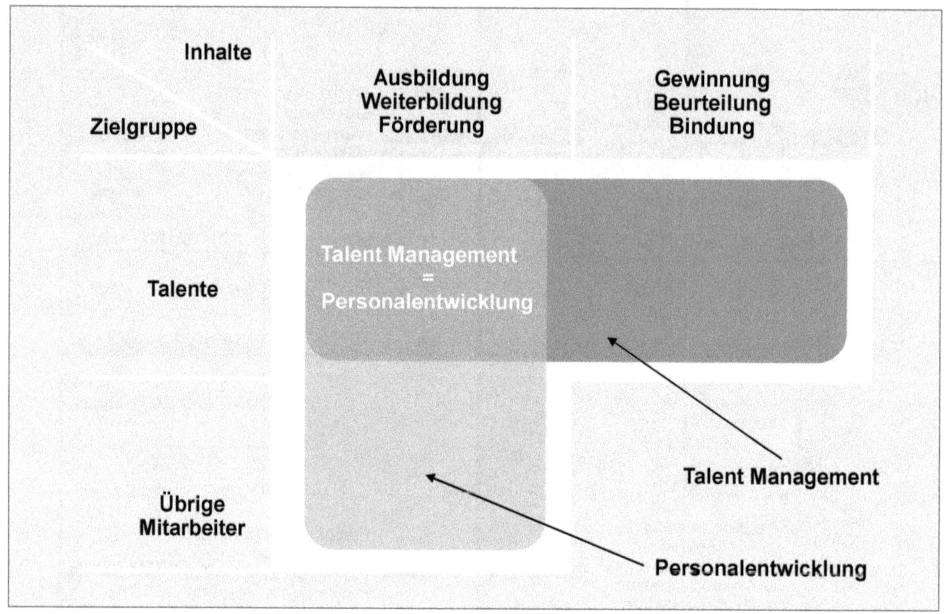

Abb. 4-19: Abgrenzung Talent Management und Personalentwicklung

Vor diesem Hintergrund kommen Ritz/Sinelli [2018, S. 14] zu folgender Definition des Begriffs *Talent Managements*:

> „**Talent Management** bezeichnet jene Organisationskonzepte und -maßnahmen, die sich gezielt mit der Gewinnung, Beurteilung, Erhaltung und Entwicklung von gegenwärtigen oder zukünftigen Mitarbeitenden auseinandersetzen, die aufgrund ihrer vergleichsweise knappen, stark nachgefragten und für die Organisation zentralen Schlüsselkompetenzen als Talente bezeichnet werden.“

Ein so definiertes Talent Management, das sich ausschließlich an Talente richtet, kann definitionsgemäß auch als **High Potential Management** angesehen werden, sofern aus den Talenten zukünftige Führungskräfte erwachsen. Da dies aber ohnehin das Ziel des Talent Managements darstellt, ist das High Potential Management somit eine Sonderform des Talent Managements. Um aber dem begrifflichen Wirrwarr aus dem Wege zu gehen, soll hier das (gebräuchliche) Talent Management verwendet werden.

Ein funktionierendes Talent Management leistet also einen entscheidenden Beitrag dazu, das Potenzial bestehender oder neuer Mitarbeiter zu identifizieren, richtig einzuschätzen und vorausschauend zu entwickeln. Ständige Fortbildungsmaßnahmen, persönliche Coachings und ein praxisnahes Mentoring sind weitere Bausteine, um aus Berufseinsteigern künftige Manager zu entwickeln.

Das Thema **Führungskräfteentwicklung** (engl. *Leadership Development*) steht seit Jahren ganz oben auf der Liste der Top-Themen des Personalmanagements. Es ist ein weiterer Begriff mit vielen Überschneidungen zum Talent Management. Führungskräfteentwicklung zielt auf die Entwicklung der Führungskompetenzen von Managern und Führungsnachwuchskräften ab. Bei der Führungskräfteentwicklung geht es – im Gegensatz zum Talent Management – nicht um die Gewinnung von Führungsnachwuchskräften, sondern ausschließlich um die Förderung, Weiterentwicklung und Bindung von Führungs- und Führungsnachwuchskräften.

(3) Vom Talent Management zum Talent Empowerment

Allerdings wird am derzeitigen Konstrukt des Talent Managements, mit dem heute immer noch standardisierte Führungsklone als künftige Vorgesetzte produziert werden sollen, erhebliche Kritik geäußert:

Führungskräfte müssen vom traditionellen Talent Management weg und hin zu einem zeitgemäßen **Talent Empowerment** gehen. Empowerment ist entscheidend, um Talente mit den richtigen Fähigkeiten anzuziehen, zu fördern, zu engagieren und so die digitale Transformation voranzutreiben! Denn im Kern geht es bei der digitalen Führung um Beziehungsarbeit, d.h. um wertebasierte Beziehungen, die aufgebaut, gepflegt und gegebenenfalls auch professionell beendet werden müssen. Und das bedeutet in letzter Konsequenz, dass individuelle (und keine standardisierte) Talententfaltungsformate erarbeitet werden müssen [vgl. hierzu und im Folgenden Lippold 2020a].

Durch die **Ermächtigung der Mitarbeiter** (engl. *Empowerment*) werden Potenziale gehoben, die in nicht-agilen Organisationen zumeist verloren wären. Das Empowerment ist quasi die Messlatte für New Work. Digitale Talente verfügen über eine Kombination aus spezifischen Soft- und Hard-Skills, die für eine erfolgreiche Umsetzung der digitalen Transformation entscheidend ist. Deshalb sind zumindest in klar abgegrenzten Bereichen die agile Organisation und das agile Lernen den klassischen Organisations- und Denkmustern deutlich überlegen. Der wahrscheinlich wichtigste Schritt hierbei ist, die Lernenden mit ihren individuellen Bedarfen, Vorkenntnissen, Stärken und Ressourcen vorbehaltlos in den Mittelpunkt zu stellen.

Hinzu kommt, dass die Verantwortung in Unternehmen immer seltener bei Einzelpersonen mit zentraler Direktivgewalt liegt. Verantwortung wird zunehmend mehr kollektiv in eingesetzten Teams wahrgenommen, in denen Führungskräfte eher eine moderierende Funktion innehaben. Es geht um gemeinsame, selbstorganisierte Führung. Menschen mit Führungsverantwortung dürfen auch Lernende sein und müssen nicht alles beherrschen. Die Führungskraft im agilen Umfeld setzt sich für eine gemeinsame Vision ein, die so klar formuliert ist, dass der Einzelne seine individuellen Ziele dazu in Bezug setzen kann. Nur mit Kontrollen bekommt man die Komplexität der Arbeitswelt nicht mehr in den Griff. Im New-Work-Prozess müssten Führungskräfte eine neue Rolle lernen und annehmen. Sie müssen Macht weiterreichen, loslassen, stimulieren und einfach auf die Selbstverantwortung der Mitarbeiter vertrauen. Allerdings, und das ist die Erkenntnis einer SRH-Studie, die Studienleiter Carsten Schermuly folgendermaßen formuliert:

"Empowerment ist ansteckend. Positiv, aber auch negativ: Wenn Führungskräfte aus einer höheren Hierarchieebene wenig Bedeutsamkeit, Kompetenz, Einfluss und Selbstbestimmung erleben, weil sie durch Bürokratie oder andere Umstände gegängelt werden, geben sie das an Abteilungs- und Teamleiter weiter – bis runter zu den Praktikanten." [https://newmanagement.haufe.de/organisation/new-work-ist-messbar].

Die Auswahl der potenziellen Führungsnachwuchskräfte sollte sich daher an folgenden drei Kriterien orientieren:

- **Vielfalt statt Konformität:** Gefragt sind keine „abgerundeten" Persönlichkeiten, die keine Schwächen (aber eben auch keine Stärken) haben. Es geht um Kandidaten mit Ecken und Kanten, die eine ausgeprägte Stärke für Führungsaufgaben haben und an deren Ecken und Kanten auch einmal wirksame Vorschläge hängen bleiben.
- **Performance statt Potenzial:** Potenziale sind zunächst immer nur vage Hoffnungen auf Leistungen, die der Aspirant später einmal erbringen könnte – oder auch nicht. Es geht um solche Führungsnachwuchskräfte, die Leistungen gezeigt haben und Ergebnisse gezeigt haben. Das sind zumeist solche Kandidaten, die in Ihrem Lebenslauf Ergebnisse und nicht Positionen angegeben haben.
- **Einstellungen statt Fachwissen:** Fachliche Fähigkeiten sind Voraussetzungen. Wichtiger als Fachkenntnisse sind für eine potenzielle Führungskraft dessen Sensibilitäten, Werte, Verhaltensmuster, Prägungen und die innere Einstellung zur Selbstverantwortung. Hierdurch entscheidet sich, ob die Führungskraft einen substanziellen Beitrag zur Weiterentwicklung des Unternehmens liefern wird oder nicht.

Viele Unternehmen beobachten, dass der Mangel an digitalen Talenten zu einem Verlust von Wettbewerbsvorteilen führt. Den Unternehmen ist zu raten, ihre traditionellen Leadership Praktiken in ein zeitgemäßes Talent Empowerment umzuwandeln. Dabei stehen individuelle Personalentwicklungsangebote mit entsprechenden Beziehungstrainings im Vordergrund – Trainings, bei denen das agile Lernen der zentrale Baustein einer neuen Führungskultur ist. Es handelt sich also um Trainings, die besser auf die Bedürfnisse der heutigen digitalen Talente zugeschnitten sind als die traditionellen Management-Praktiken.

Ein besonderes Augenmerk müssen Unternehmen auf die **Karriereplanung** ihrer Führungsnachwuchskräfte legen. Hierbei geht es darum, die persönlichen und beruflichen Ziele der Potenzialträger mit den Interessen des Unternehmens in Einklang zu bringen. Diese Facette der Personalentwicklung zielt somit auf die **Mitarbeiterförderung und -bindung** ab.

(4) Führungs- und Fachlaufbahn

Mit dem Begriff *Karriere* wird in erster Linie die *Führungs*laufbahn assoziiert. Der Aufstieg im Rahmen einer Führungskarriere bedeutet in der Regel einen Zuwachs an Kompetenz, Status, Macht und Vergütung in Verbindung mit den einzelnen Karriereschritten. In der Praxis gewinnt zunehmend aber auch die *Fach*karriere an Bedeutung. Aus Unternehmenssicht liegt hierbei der Fokus auf der Förderung und Bindung von Spezialisten.

Bei der Karriereplanung sollte das Unternehmen berücksichtigen, dass Mitarbeiter – gleich ob sie eine Führungs- oder eine Fachlaufbahn anstreben – im Hinblick auf ihre Karriere unterschiedliche Ziele verfolgen können. Eine gute Grundlage für eine zielgerichtete Förderung ist daher eine richtige Einschätzung des Unternehmens über die Karriereziele und -motive der betroffenen Nachwuchs- und Führungskräfte. Die Führungskräfteentwicklung ist bei vielen Unternehmen in den Mittelpunkt aller Personalentwicklungsmaßnahmen, teilweise sogar des gesamten Personalmarketings gerückt. Ob als *Talents*, *High Potentials* oder als *Leaders of Tomorrow* bezeichnet, nahezu alle größeren und international agierenden Unternehmen entwerfen derzeit Programme, um die Zielgruppe der Führungsnachwuchskräfte adäquat fördern und binden zu können.

(5) Coaching

Coaching ist ein Mittel zur Förderung der Entwicklung von Führungskräften und Mitarbeitern und vereinfacht in der Regel dadurch angestoßene Veränderungsprozesse. Es wird auf Basis einer tragfähigen und durch gegenseitige Akzeptanz gekennzeichneten Beratungsbeziehung – gesteuert durch einen dafür qualifizierten Coach (m/w) – in mehreren freiwilligen und vertraulichen Sitzungen abgehalten. Der Coach zieht für die einzelnen Sessions diverse Gesprächstechniken und seine professionelle Erfahrung heran, um den Coachee (m/w) dabei zu unterstützen, dessen gesetzten Ziele zu erreichen. Klassisches Coaching wird immer als Begleitprozess verstanden. Der Coachee als Partner auf Augenhöhe legt seine Ziele selbst fest und führt Lösungen (Veränderungen) eigenständig herbei. Ein professioneller Coaching-Prozess ist jederzeit transparent zu gestalten. Der Coach bespricht mit dem Coachee die Vorgehensweise, erklärt Techniken und Tools und beendet jede Sitzung mit der Möglichkeit zu beidseitigem Feedback. Ein Coaching kann generell nur dann erfolgreich sein, wenn der Wunsch nach Unterstützung und die Änderungsbereitschaft beim Coachee vorhanden sind.

Ging man in der Vergangenheit überwiegend von defizitär veranlassten Coachings aus (Negativanlass: Behebung einer bestimmten Problemsituation und dadurch Erreichung von gesetzten Leistungsstandards) setzen sich heute verstärkt der Potenzial- sowie der Präventivansatz durch. Unter dem Potenzialansatz versteht man die effektive Nutzung vorhandener, aber noch nicht ausgeschöpfter Potenziale, oder sogar erst deren Entdeckung. Beim Präventivansatz des Coachings sollen bestimmte, als störend empfundene Verhaltensweisen oder Situationen in Zukunft vermieden werden.

(6) Mentoring

Im Gegensatz zum Coaching ist Mentoring geprägt durch seinen losen Beziehungscharakter, d.h. es besteht kein wie auch immer gearteter Vertrag zwischen den Gesprächsparteien. Der Mentor zeichnet sich durch einen gewissen Erfahrungsvorsprung gegenüber dem Mentee (m/w) aus und berät diesen losgelöst von disziplinarischer Weisungsbefugnis. Für die konkrete Auswahl eines passenden Mentors für einen neu an Bord kommenden Mitarbeiter bedeutet dies, dass der Vorgesetzte nie gleichzeitig auch Mentor sein kann. Der Vorteil an dieser Konstellation liegt darin, dass der Mentee so immer eine Anlaufstelle hat, falls es Probleme oder Herausforderungen gibt, die nicht mit dem Vorgesetzten besprochen werden können oder wollen. Mentoring zeichnet sich vor allem dadurch aus, dass Mentee und Mentor freiwillig miteinander arbeiten. Beim Mentoring handelt es sich um einen langfristig angelegten Entwicklungsprozess, während das klassische Coaching nach einem halben, maximal einem Jahr seinen Abschluss findet. Im Idealfall arbeiten Mentor, Mentee und Vorgesetzter konstruktiv miteinander, tauschen sich aus, beraten sich und bringen das Potenzial des Mentees gemeinsam zur Entfaltung. Mentoring als unterstützende Lernbeziehung hat das Ziel, Wissen und Erfahrung auszutauschen und weiterzugeben. Ferner hilft Mentoring beim Ausbilden von Führungsqualitäten und der Leistungssteigerung. Die Partnerschaft zwischen Mentor und Mentee ist idealerweise geprägt von professioneller Freundschaft, der Mentee empfindet das Mentoring als geschützten Raum, indem er auch seine Ängste und Nöte preisgeben kann. Nicht zuletzt ist der Mentor aufgerufen, seinem Mentee ein Stück weit den Weg zu ebnen, indem er ihn z.B. seinem persönlichen Netzwerk zuführt oder ihn mit erfahrenen, langjährigen Firmenmitgliedern bekannt macht.

(7) Genderspezifische Personalentwicklung

Es ist eine Tatsache, dass Frauen aus familiären Gründen häufiger Abstriche in Bezug auf den eigenen Beruf und die eigene Karriere machen als Männer. Besonders die High Potentials unter den weiblichen Arbeitnehmern werden immer wichtiger und damit begehrter für die Unternehmen. Um Frauen zu binden und besser zu integrieren, sollten Unternehmen neben einer familienfreundlichen Gestaltung der Arbeitszeiten gezielt auf die Förderung der Karriere von weiblichen Arbeitnehmern achten. Besonders interessant ist die Erfahrung, dass Personalentwicklungsmaßnahmen, die gezielt auf Frauen und ihre vielfältigen Lebensmuster zugeschnitten sind, sich in aller Regel auch optimal für Männer erweisen. Das Personalentwicklungsmanagement darf und soll sich sogar an den Frauen orientieren, wenn sie für beide Geschlechter Gültigkeit haben sollen. Überhaupt kann durch geschlechtergemischte Fortbildungen die Zusammenarbeit von Frauen und Männern gefördert werden. Weibliche und männliche Teilnehmer können so voneinander lernen. Die Unterschiede in den Verhaltens- und Denkweisen können während einer Maßnahme thematisiert und einander nähergebracht werden [vgl. Stalder 1997, S. 22].

Es geht aber nicht nur darum, auf welche Personalentwicklungsmaßnahmen Frauen am besten ansprechen. Vielmehr sollten die Rahmenbedingungen so angepasst werden, dass mehr Frauen die Teilnahme an solchen Maßnahmen ermöglicht wird. So werden Weiterbildungen häufig nicht für Teilzeitstellen angeboten, obwohl gerade diese vielfach von Frauen besetzt sind. Fortbildungen, die weit entfernt vom Arbeitsplatz oder Wohnort durchgeführt werden oder gar eine Übernachtung erfordern, sind zumeist Ausschlusskriterien für berufstätige Mütter.

4.6.4.4 Personalfreisetzung – Optimierung der Erleichterung

Das letzte Aktionsfeld im Rahmen der Wertschöpfungskette *Personalbetreuung* stellt die **Personalfreisetzung** dar. Ziel der Personalfreisetzung ist es, eine Überkapazität des Personalbestands zu vermeiden bzw. den Personalbestand abzubauen. Auf diese Situation müssen Unternehmen mit einer erhöhten Flexibilität reagieren. Diese Flexibilität erstreckt sich auf den aktuellen Personalbestand, aber auch auf vorhandene Arbeitszeitstrukturen und Vergütungssysteme, auf die Personalqualifikation, auf die Personalorganisation und auf die Personalführung. Erst wenn sich personelle Überdeckungen nicht mit Hilfe innerbetrieblicher Maßnahmen beseitigen lassen, müssen Freisetzungen durch Beendigung bestehender Arbeitsverhältnisse in

Betracht gezogen werden. Formal gesehen bedeuten Personalfreisetzungen den Abbau einer personellen Überdeckung in quantitativer, qualitativer, örtlicher und zeitlicher Hinsicht.

(1) Flexibilisierung der Arbeitszeiten

Als ein sehr wirksamer Puffer zur Vermeidung von konjunkturell bedingen Personalfreisetzungen ist die **Flexibilisierung von Arbeitszeiten**. Umfragen zeigen zudem, dass das Angebot einer flexiblen Arbeitszeitgestaltung für viele Arbeitnehmer wichtiger als Gehalt und Karrieremöglichkeiten ist. Gerade **jüngere Arbeitnehmer** achten bei der Suche nach einem Arbeitgeber verstärkt auf ein flexibles Verhältnis zwischen Privat- und Berufsleben. Unternehmen, die passgenaue Lösungen für die individuellen Bedarfe ihrer Mitarbeiter anbieten, haben beim Recruiting oftmals die Nase vorn. Gleichzeitig helfen Ihnen Flexible Modelle dabei Beschäftigte langfristig zu binden. Das Kompetenzzentrum Fachkräftesicherung (KOFA) am Institut der deutschen Wirtschaft (Köln) hat Gestaltungsparameter, Vor- und Nachteile sowie den Koordinierungsaufwand der gängigen Arbeitszeitmodelle zusammengestellt und daraus Handlungsempfehlungen abgeleitet (siehe Insert 4-15).

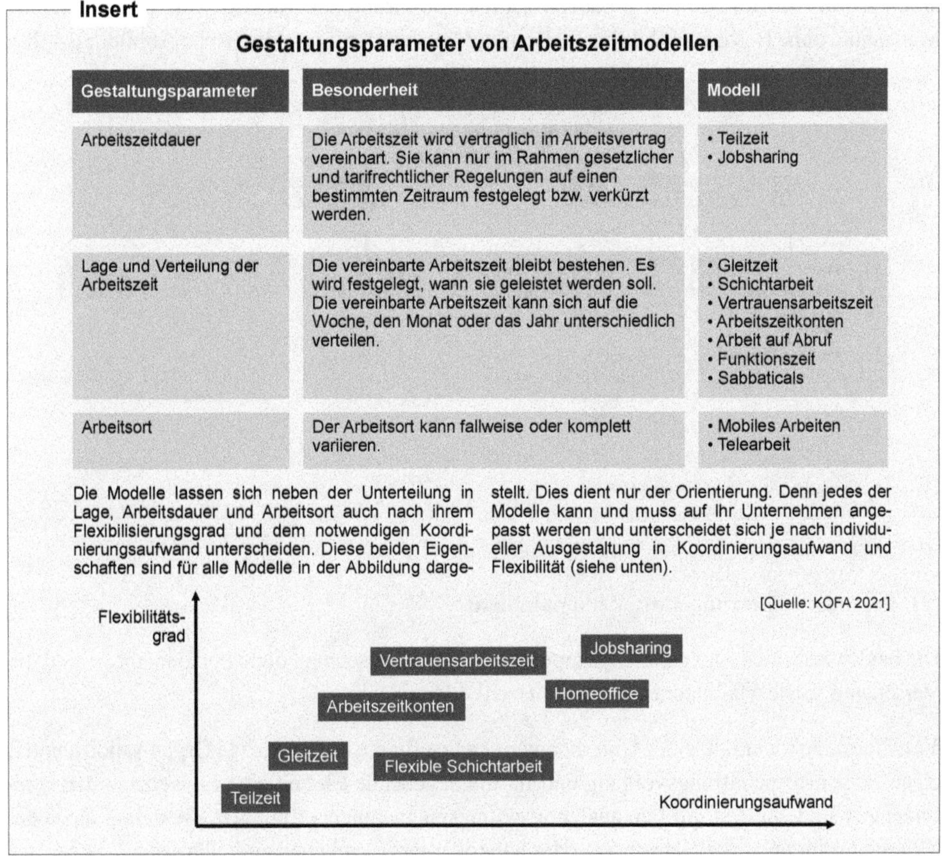

Insert

Gestaltungsparameter von Arbeitszeitmodellen

Gestaltungsparameter	Besonderheit	Modell
Arbeitszeitdauer	Die Arbeitszeit wird vertraglich im Arbeitsvertrag vereinbart. Sie kann nur im Rahmen gesetzlicher und tarifrechtlicher Regelungen auf einen bestimmten Zeitraum festgelegt bzw. verkürzt werden.	• Teilzeit • Jobsharing
Lage und Verteilung der Arbeitszeit	Die vereinbarte Arbeitszeit bleibt bestehen. Es wird festgelegt, wann sie geleistet werden soll. Die vereinbarte Arbeitszeit kann sich auf die Woche, den Monat oder das Jahr unterschiedlich verteilen.	• Gleitzeit • Schichtarbeit • Vertrauensarbeitszeit • Arbeitszeitkonten • Arbeit auf Abruf • Funktionszeit • Sabbaticals
Arbeitsort	Der Arbeitsort kann fallweise oder komplett variieren.	• Mobiles Arbeiten • Telearbeit

Die Modelle lassen sich neben der Unterteilung in Lage, Arbeitsdauer und Arbeitsort auch nach ihrem Flexibilisierungsgrad und dem notwendigen Koordinierungsaufwand unterscheiden. Diese beiden Eigenschaften sind für alle Modelle in der Abbildung dargestellt. Dies dient nur der Orientierung. Denn jedes der Modelle kann und muss auf Ihr Unternehmen angepasst werden und unterscheidet sich je nach individueller Ausgestaltung in Koordinierungsaufwand und Flexibilität (siehe unten).

[Quelle: KOFA 2021]

Insert 4-15: Gestaltungsparameter von Arbeitszeitmodellen

(2) Rahmenbedingungen der Personalfreisetzung

Notwendige Maßnahmen der Personalfreisetzung sind in jedem Fall möglichst frühzeitig einzuleiten. Nur so lässt sich eine bestmögliche Anpassung der bestehenden Arbeitsverhältnisse an die veränderten Rahmenbedingungen erreichen. Auf einschneidende Maßnahmen sollte dabei möglichst verzichtet werden. Kann allerdings auf schwerwiegende Einschnitte nicht verzichtet werden, ist auf die sozialverträgliche Ausgestaltung der Freisetzung zu achten, so dass negative Folgen für den betroffenen Arbeitnehmer gemildert werden können. Eine frühzeitige Information der betroffenen Mitarbeiter und des Betriebsrats ist gemäß § 102 BetrVG obligatorisch. Eine ohne Anhörung des Betriebsrats ausgesprochene Kündigung ist unwirksam [vgl. Scholz 2011, S. 496].

Personalfreisetzung ist nicht in jedem Fall gleichzusetzen mit einer Kündigung; sie besagt lediglich, dass ein weiterer Verbleib des Stelleninhabers auf seiner jetzigen Position auszuschließen ist. Man kann somit zwischen einer Personalfreisetzung mit und ohne Personalabbau unterscheiden. Eine Freisetzungsmaßnahme **mit Personalabbau** ist z. B. die Entlassung von Mitarbeitern. Der Abbau von Überstunden oder die Einführung der Kurzarbeit stellt dagegen eine Maßnahme ohne Bestandsreduktion – also **ohne Personalabbau** – dar (siehe Abbildung 4-20).

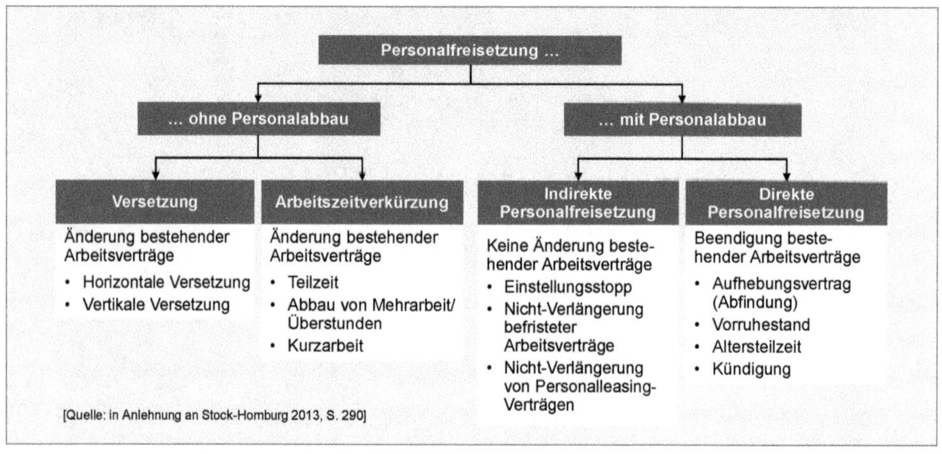

Abb. 4-20: Maßnahmen zur Personalfreisetzung

(3) Personalfreisetzung ohne Personalabbau

Die beiden zentralen Maßnahmengruppen zur Personalfreisetzung ohne Personalabbau sind die Versetzung sowie Maßnahmen zur Arbeitszeitverkürzung.

Versetzungen innerhalb eines Unternehmens stellen für die aufnehmende Organisationseinheit einen Personalbeschaffungsvorgang und für die abgebende Einheit eine Freisetzung dar. Versetzungen sind zumeist mit Personalentwicklungsmaßnahmen verbunden, die darauf abzielen, Mitarbeiter für andere gleichwertige oder höherwertige Tätigkeiten zu befähigen.

Zu den relevanten **Maßnahmen der Arbeitszeitverkürzung** zählen für die meisten Unternehmen **Teilzeitarbeit, Job Sharing, Abbau von Mehrarbeit, Zeitwertkonten** und **Kurzarbeit**. Als besonders attraktive Form der Arbeitszeitflexibilisierung ist das Zeitwertkonto einzustufen.

Hierbei handelt es sich um ein Arbeitszeitkonto, in das der Berater Arbeitsentgelt oder Arbeitszeit einbringen kann, um es damit beispielsweise zur Verlängerung des Erziehungsurlaubs, für eine Fortbildung, für einen vorzeitigen Ruhestand oder für die Teilzeitarbeit zu nutzen. Auch die Umwandlung des Wertguthabens in eine betriebliche Altersversorgung kommt bei einer entsprechenden Vereinbarung in Betracht.

(4) Personalfreisetzung mit Personalabbau

Lässt sich eine Personalbestandsreduktion nicht vermeiden, so hat der Arbeitgeber prinzipiell die Wahl zwischen indirekten und direkten Personalfreisetzungsmaßnahmen. Die indirekte Freisetzung zielt auf einen Personalabbau ab, ohne dass bisherige Arbeitsverhältnisse davon berührt werden. Die direkte Personalfreisetzung ist dagegen immer mit einer Beendigung bestehender Arbeitsverhältnisse verbunden.

Zu den Maßnahmen der indirekten Personalfreisetzung, bei denen es sich um eine Personalflexibilisierung durch Umgehung der Arbeitgeberverantwortung handelt, zählen **Einstellungsbeschränkungen** (um die natürliche Fluktuation zu nutzen), **Nichtverlängerung befristeter Arbeitsverträge** sowie **Nichtverlängerung von Personalleasing-Verträgen**.

Direkte Maßnahmen der Personalfreisetzung zielen darauf ab, einen relativ kurzfristigen Personalabbau herbeizuführen. Im Vordergrund steht dabei die Beendigung bestehender Arbeitsverhältnisse durch einen Aufhebungsvertrag, ein Outplacement, Vorruhestand bzw. Altersteilzeit sowie – als ultima ratio – die Entlassung bzw. Kündigung.

Lässt sich eine Personalbestandsreduktion nicht vermeiden, so ist eine positive Förderung des freiwilligen Ausscheidens durch einen **Aufhebungsvertrag** einer arbeitgeberseitigen Kündigung in aller Regel vorzuziehen. Bei einer Aufhebungsvereinbarung verständigen sich Arbeitgeber und Arbeitnehmer in gegenseitigem Einvernehmen, den Arbeitsvertrag zu einem bestimmten Zeitpunkt aufzulösen. Die Initiative geht hierbei i. d. R. vom Arbeitgeber aus und muss begründet werden. Das Einverständnis eines Arbeitnehmers zu einem Aufhebungsvertrag wird in der Regel über die Vereinbarung einer Abfindungssumme erreicht. Das Unternehmen kann Aufhebungsverträge gezielt anbieten, so dass die Möglichkeit besteht, die Alters- und Qualifikationsstruktur zu lenken und zu verbessern [vgl. Jung 2006, S. 326].

Im Rahmen der Aufhebungsvereinbarung kann auch ein **Outplacement** vereinbart werden, das zusätzliche Leistungen wie Beratung und Hilfe bei der Suche nach einer neuen Stelle beinhaltet. Outplacement, das im angloamerikanischen Raum bereits seit Ende der 60er Jahre praktiziert wird, findet in Deutschland erst seit einigen Jahren zunehmende Verbreitung.

Der **Vorruhestand** bzw. die **vorgezogene Pensionierung** soll älteren Arbeitnehmern das vorzeitige Ausscheiden aus dem Erwerbsleben ermöglichen und damit Arbeitsplätze für junge Arbeitnehmer freimachen. Neben dem Abbau von Überkapazitäten kann somit auch eine Herabsetzung des Durchschnittsalters erreicht werden. Der Vorruhestand ist für die Betroffenen nur dann von Interesse, wenn für sie dadurch keine wesentlichen materiellen Nachteile erwachsen. Vor diesem Hintergrund setzen Unternehmen Anreize in Form von Abfindungen bzw. betrieblicher Altersvorsorge.

Eine besonders bevorzugte Form des „sanften" Vorruhestands ist die **Altersteilzeit**, die sowohl für Arbeitnehmer als auch Arbeitgeber eine ganze Reihe von (primär steuerlichen) Vorteilen beinhaltet. Die Altersteilzeit, deren Durchführung im Altersteilzeitgesetz (AltTZG) geregelt wird, soll Beschäftigten, die mindestens das 55. Lebensjahr vollendet haben, einen gleitenden Übergang vom Erwerbsleben in den Ruhestand ermöglichen. Mit dieser Regelung ist gleichzeitig eine neue Beschäftigungsmöglichkeit für Arbeitslose verbunden, die für den freiwerdenden Arbeitsplatz eingesetzt werden.

(5) Kündigung des Arbeitgebers

Lässt sich eine Aufhebungsvereinbarung nicht ermöglichen, so ist die Kündigung der letzte in Betracht kommende Weg zum Personalabbau. Die Kündigung stellt die bedeutsamste Art der Beendigung von Arbeitsverhältnissen dar. Bestehende Arbeitsrechtsverhältnisse sind in Deutschland durch Vorschriften in verschiedenen Gesetzen sowie durch Tarifverträge und Betriebsvereinbarungen geschützt. Bei Personalfreisetzungen durch Aufhebung des Arbeitsverhältnisses sind besonders das Kündigungsschutzgesetz (KSchG) und Teile des Betriebsverfassungsgesetzes (BetrVG) von Bedeutung.

Eine ordentliche Kündigung bedarf zu ihrer Wirksamkeit keines sachlichen Grundes, wenn sie durch den Arbeitnehmer ausgesprochen wird. Dagegen bedarf es bei der Kündigung durch den Arbeitgeber eines Grundes, der sozial gerechtfertigt ist. Eine ordentliche Kündigung kann gemäß Kündigungsschutzgesetz (§ 1 KSchG) bei folgenden Gründen durch den Arbeitgeber ausgesprochen werden:

- **Betriebsbedingte Gründe** (z.B. bei Rationalisierung, Umstellung oder Einschränkung der Produktion)
- **Verhaltensbedingte Gründe** (z.B. bei Fehlverhalten, Fälschung, Diebstahl, „Krankfeiern", Vertragsverletzungen)
- **Personenbedingte Gründe** (z.B. bei Krankheit mit ungünstiger Zukunftsprognose, mangelnder Eignung, Nachlassen der Arbeitsfähigkeit).

Bei betriebsbedingten Kündigungen handelt es sich in der Regel um eine gruppenbezogene Form der Personalfreisetzung. Verhaltens- und personenbedingte Kündigungen werden hingegen einem einzelnen, konkreten Mitarbeiter ausgesprochen (einzelfallbezogene Personalfreisetzung).

(6) Kündigung des Arbeitnehmers

Trotz bester Betreuungs- und Bindungsmaßnahmen muss immer wieder davon ausgegangen werden, dass ein Teil der High Potentials aus eigenem Antrieb heraus kündigt. Die Ursache für diese **unerwünschte Fluktuation** muss nicht zwangsläufig auf eine mangelhafte Betreuung zurückzuführen sein. Gerade ambitionierte High Potentials, die bei ihrem jetzigen Arbeitgeber nicht unzufrieden sein müssen, kündigen dennoch, weil sie beispielsweise der Annahme unterliegen, dass ein Wechsel des Arbeitgebers karriereförderlich ist und der Nachweis, dass man in unterschiedlichen Unternehmen erfolgreich gearbeitet hat, heutzutage ein „Muss" darstellt. Auch das bessere Angebot eines anderen Unternehmens kann zur freiwilligen Kündigung eines

High Potentials führen. Umso wichtiger ist es für das Personalmanagement, die **wahren Trennungsgründe** in Erfahrung zu bringen [vgl. Weinert 2018, S. 39].

Die **besten und talentiertesten Mitarbeiter** zu verlieren, ist für jeden Arbeitgeber höchst unangenehm. Dabei geht es aber nicht nur um den kurzfristigen Erfolg des Unternehmens oder des Teams, der sich nun nicht mehr einstellen kann. Auch langfristig kann die Reputation des Unternehmens darunter leiden. Schließlich möchte kein Arbeitgeber dafür bekannt sein, sich nicht richtig um seine besten Mitarbeiter zu kümmern. Um hier aber einen entsprechenden Änderungsprozess einleiten zu können, müssen zunächst die Gründe verstanden werden, die Talente zu einer Kündigung veranlassen. Mitarbeitern und besonders High Potentials steht es stets frei, nach Alternativen auf dem Arbeitsmarkt Ausschau zu halten. Ihr Commitment kann daher nicht vorausgesetzt, sondern muss stets aufs Neue gewonnen werden. Wenn das Finden und Binden von talentierten Mitarbeitern zunehmend schwieriger werden, ist es wenig verwunderlich, dass das **Retention Management** an Bedeutung gewinnt.

Wenn High Potentials mit ihrer Arbeit unzufrieden sind und zudem über attraktivere Jobalternativen verfügen, werden sie ihr aktuelles Arbeitsverhältnis kündigen. Dieser Aspekt ist leicht nachzuvollziehen. Top-Talente kündigen aber auch dann aus eigenem Antrieb, wenn sie mit ihrer aktuellen Arbeitsstelle nicht unzufrieden sind oder auch, wenn sie keine Jobalternative haben. Empirische Untersuchungen über maßgebliche Fluktuationsursachen zeigen einen zwar positiven, aber nicht unbedingt starken Zusammenhang zwischen Arbeitsunzufriedenheit und Fluktuation. Gleiches gilt für den Zusammenhang von Jobalternativen und Fluktuation [vgl. Griffeth et al. 2000, S. 479 f.].

Arbeitsunzufriedenheit und sich bietende Beschäftigungsalternativen erklären Fluktuation also nur eingeschränkt. Eine Vielzahl weiterer Faktoren kann ursächlich sein: von der Persönlichkeit des Mitarbeiters und seines Ehepartners über unternehmensbezogene bis hin zu unternehmensexternen Ursachen (z. B. Geburt eines Kindes, berufliche Veränderung des Ehepartners, Hobbys, Einfluss von Bekannten, Krankheit) [vgl. Huf 2012, S. 31].

(7) Entlassungsgespräch und Austrittsinterview

Die Entlassung von Mitarbeitern gehört zu den schlimmsten Pflichten, die eine Führungskraft wahrnehmen muss. Entlassungen gehören zum Führungsgeschäft dazu. Die Frage ist allerdings, wie eine solche Aufgabe anzugehen ist. Das Einfachste ist, die Aufgabe dem Personalmanagement zu überlassen und sich zurückzuziehen oder sich hinter dem Sozialplan zu verstecken. Doch wer seine Führungsaufgabe ernst nimmt und dem Image des Unternehmens nicht schaden will, muss sich persönlich mit dem Betroffenen einlassen – so schwer es einem auch fällt, denn **Entlassungsgespräche gehen unter die Haut** [vgl. Doppler/Lauterburg 2005, S. 44 f.].

Werden sie aber fair, aufrichtig und ohne geliehene Autorität mit der Intention geführt, dass der Betroffene sein Gesicht nicht verliert, dann wird die für das Aktionsfeld Personalfreisetzung angestrebte Erleichterung nicht eine ironische Attitüde, sondern in beidseitigem Interesse die Zielsetzung eines **seriösen Freistellungsprozesses**.

Kommt es im Unternehmen zu einer Personalfreisetzung, so sind auch vom Personalmanagement verschiedene Maßnahmen zu ergreifen. Neben der Erstellung eines Arbeitszeugnisses sollte der ausscheidende Mitarbeiter mit Hilfe eines **Austrittsinterviews** (engl. *Exit Interview*) zu charakteristischen Merkmalen des Unternehmens, zu Stärken und Schwächen in der Personalführung sowie zu seiner subjektiven Bewertung dieser Aspekte befragt werden. Kündigt der Berater, so bietet ein Austrittsinterview zudem die Gelegenheit, Gründe für das geplante Ausscheiden zu erheben. Darüber hinaus dient ein **Exit-Interview** meist auch praktischen Angelegenheiten wie der Information des Arbeitnehmers über weitere Rechte und Pflichten oder der Rückgabe firmeneigener Gegenstände. Mit einem Austrittsinterview lassen sich verschiedene Problembereiche in einem Unternehmen identifizieren. Die erhobenen Daten bilden somit eine wesentliche Grundlage für die Formulierung von Personalentwicklungsmaßnahmen.

Austrittsinterviews können schriftlich oder mündlich durchgeführt werden, es sind dabei freie oder strukturierte Formen der Interviewdurchführung denkbar. Als Interviewer sollte ein unbeteiligter Dritter fungieren (z.B. ein Mitarbeiter des Personalbereichs), nicht der unmittelbare Vorgesetzte oder ein Mitglied der eigenen Arbeitsgruppe. Austrittsinterviews finden in der betrieblichen Praxis bislang nur wenig Anwendung. Eine Ursache hierfür könnte in der möglichen Informationsverfälschung durch den ausscheidenden Mitarbeiter liegen. So besteht bei einer Kündigung die Gefahr, dass der Mitarbeiter Merkmale des Unternehmens übertrieben negativ bewertet oder sich mit seinen Antworten an Vorgesetzten und Kollegen rächt. Kündigt der Mitarbeiter selbst, so könnte er versuchen, sich durch harmlose Antworten der langwierigen Frageprozedur zu entziehen.

Diese Probleme lassen sich durch eine **Standardisierung der Interviews** reduzieren. So stellt ein einheitlich formulierter Interviewleitfaden sicher, dass alle relevanten Themen behandelt werden und nicht nur bestimmte Fragestellungen im Mittelpunkt des Gesprächs stehen. Im Rahmen von Entlassungen erleiden sowohl Arbeitnehmer als auch Arbeitgeber i. d. R. materielle und ideelle Schäden. Der möglichst weitgehende Verzicht auf betriebsbedingte Personalfreisetzungen liegt somit auch im Interesse des Unternehmens. So geht mit der Entlassung eines Mitarbeiters auch wertvolles Know-how verloren, welches bei einem Anstieg des Personalbedarfs durch aufwendige Beschaffungs- oder Entwicklungsmaßnahmen neu erworben werden muss. In der Beratungsbranche müssen für die reinen Kosten der Ersatzbeschaffung (engl. *Replacement costs*) eines neuen Mitarbeiters etwa die Höhe eines halben Jahresgehaltes angesetzt werden [vgl. Lippold 2010b, S. 27].

5. Controlling und Organisation

5.1 Controlling und nachhaltige Unternehmensführung

Die Führungskräfte eines Unternehmens müssen vielfältige **Entscheidungen** treffen: Soll in ein neues Hochregallager investiert werden? Soll das neue Produkt zuerst nur im deutschsprachigen Raum oder doch gleich europaweit auf den Markt gebracht werden? Wie aber kann dies unter Nachhaltigkeitsgesichtspunkten umgesetzt werden? Wie lassen sich Nachhaltigkeitsaktivitäten überwachen und steuern? Wie kann ein Monitoring dazu aussehen und mit welchen Daten kann nach außen belegt werden, wie nachhaltig das eigene Wirtschaften tatsächlich ist? Welche Daten sind zu erheben und zu überwachen, um eine Nachhaltigkeitsstrategie zielgerichtet umsetzen und verwirklichen zu können? [vgl. Mußmann 2018, S. 302].

Um eine nachhaltige Unternehmensführung sicherzustellen, ist ein Nachhaltigkeitsmonitoring und ein Nachhaltigkeitscontrolling erforderlich.

Das **Nachhaltigkeitsmonitoring** (auch **Green Monitoring**) konzentriert sich auf die Überwachung laufender Prozesse. Das **Nachhaltigkeitscontrolling** (auch **Green Controlling**) wiederum soll entscheidungsrelevante Informationen zu allen Bereichen der nachhaltigen Unternehmensführung aufbereiten. Hierzu können Konzepte des Öko-Audits, der Ökobilanz sowie Nachhaltigkeitsanalysen herangezogen werden [vgl. Kreutzer 2023, S. 277 f.].

Vorangestellt werden einige konzeptionelle Überlegungen zum Controlling-Begriff und zu den grundlegenden Funktionen eines modernen Controlling-Ansatzes.

5.1.1 Konzeptionelle Controlling-Funktionen

Im Gegensatz zum deutschen Sprachgebrauch darf der Begriff „to control" oder „Controlling" nicht einfach mit „kontrollieren" oder „Kontrolle" übersetzt werden, sondern bedeutet sinngemäß Beherrschung, Lenkung oder Steuerung eines Vorgangs. Zwar existiert nach wie vor keine einheitliche Definition des Controlling-Begriffs, doch es gibt *drei* grundlegende Perspektiven, die dem modernen Controlling-Ansatz zugrunde liegen [vgl. Weber/Schäffer 2020, S. 22 ff.]:

- Controlling als **Informationsfunktion**. Bei dieser Funktion handelt es sich um die Informationsversorgung mit Daten aus dem Rechnungswesen.
- Controlling als **Steuerungsfunktion**. Zentrales Instrument dazu ist die Planung, deren Kernelement der Zielbildungsprozess ist.
- Controlling als **Kontrollfunktion**. Aus der Verbindung zu den beiden anderen Funktionen erfolgt die Gesamtaufgabe, Abweichungen zwischen Soll und Ist unternehmensweit zu kontrollieren.

5.1.1.1 Controlling als Informationsfunktion

Das zeitlich gesehen **erste Grundverständnis** des Controllings besteht darin, dass es eine betriebswirtschaftliche **Transparenz- und Informationsfunktion** erfüllt. Die Informationsfunktion ist zentral für das Controlling, da auf ihr die übrigen Controlling-Funktionen aufbauen. Konkret handelt es sich dabei um die Informationsversorgung mit Rechengrößen, die aus dem **internen und externen Rechnungswesen** stammen. Das interne Rechnungswesen schafft Entscheidungsgrundlagen für die Führungskräfte im Unternehmen. Ersteller und Adressat des internen Rechenwerks sind identisch. Das ist beim externen Rechnungswesen anders. Das intern erstellte Rechenwerk hat außerhalb des Unternehmens stehende Adressaten und soll diese über die Lage des Unternehmens informieren. Das externe Rechnungswesen basiert daher auf gesetzlichen und anderen externen Regeln. Zwischen internem und externem Rechnungswesen gibt es eine Vielzahl von Verbindungen und Rückwirkungen untereinander. Insbesondere die internationalen Rechnungslegungsnormen **IFRS (International Financial Reporting Standards)** fördern eine Harmonisierung beider Welten des Rechnungswesens [vgl. Behringer 2018, S. 21 ff.].

Externes Rechnungswesen. Den Kern des externen Rechnungswesens bildet die **Finanzbuchhaltung**, die alle Geschäftsvorfälle des Unternehmens dokumentiert und auf Bilanz- und Erfolgskonten bucht. Diese Dokumentation ist in Form der Grundsätze ordnungsmäßiger Buchführung, der handelsrechtlichen Vorschriften zur Erstellung von Jahresabschlüssen (Bilanz sowie Gewinn- und Verlustrechnung) sowie den Bewertungsvorschriften von Vermögensgegenständen und Verbindlichkeiten gemäß des Einkommensteuergesetzes **juristisch reglementiert.**

Das wichtigste Informationsinstrument des externen Rechnungswesens ist der **Jahresabschluss**. Er hat die Aufgabe, die wirtschaftlichen Vorgänge eines Unternehmens in einem komprimierten Zahlenwerk darzustellen. Vier Aufgabenfelder sind dabei zu unterscheiden [vgl. Wöhe et al. 2020, S. 643 ff.]:

- **Einzelabschluss nach HGB**. Hierzu ist jedes deutsche Unternehmen – von kleinen Einzelfirmen abgesehen – verpflichtet.
- **Internationaler Jahresabschluss**. Im Sinne einer internationalen Vergleichbarkeit wurden parallel zu den nationalstaatlichen Rechnungslegungsvorschriften (→ HGB) internationale Standards entwickelt (→ IFRS).
- **Konzernabschluss.** Um einen Einblick in die wirtschaftliche Lage des gesamten Konzerns geben zu können, ist die Konzernmutter verpflichtet, alle Einzelabschlüsse der Tochtergesellschaften zu einem Konzernabschluss zusammenzufassen.
- **Bilanzpolitik und Bilanzanalyse**. Hier geht es um die Frage nach den Wertansätzen für Vermögen und Schulden sowie um eine entsprechende bilanzpolitische Analyse.

Grundelemente des Jahresabschlusses sind die **Bilanz** (zur Information über Vermögen, Schulden und Reinvermögen) sowie die **Gewinn- und Verlustrechnung** (zur Information über Umsatz, andere Erträge, Aufwand und Erfolg). Da im externen Rechnungswesen bzw. der Finanzbuchhaltung „lediglich" die Ein- und Ausgaben eines Unternehmens rechtskonform für die Darstellung in den Jahresabschlüssen verarbeitet werden, jedoch keine Unterscheidung zwischen Aufwendungen und Kosten sowie Erlösen und Leistungen erfolgt, wird dies vom internen Rechnungswesen übernommen [vgl. Hubert 2015, S. 30].

Internes Rechnungswesen. Das interne Rechnungswesen wird auch als **Kosten- und Leistungsrechnung** bezeichnet. In der traditionellen Sicht der **Vollkostenrechnung** werden die anfallenden Kosten möglichst verursachungsgerecht den Kostenträgern (Produkte, Zeiteinheiten) zugeordnet. Daher gliedert sich die Vollkostenrechnung in folgende Teilbereiche:

- **Kostenartenrechnung** (z.B. Personalkosten, Materialkosten, Vertriebskosten)
- **Kostenstellenrechnung** (ordnet die Kosten der Organisationseinheit zu, in der sie entstanden sind)
- **Kostenträgerrechnung** (ordnet die Kosten den Kalkulationsobjekten (zumeist Produkte) zu.

Die Vollkostenrechnung führt allerdings nicht immer zu nachvollziehbaren Ergebnissen, da sie alle Kosten, also die fixen und die variablen Kosten, auf die jeweiligen Kostenträger verrechnet. Als fixe Kosten werden diejenigen bezeichnet, die von der tatsächlichen Beschäftigung unabhängig sind. Auch wenn langfristig alle Kosten – unabhängig davon, ob sie fix oder variabel sind – gedeckt sein müssen, kann es kurzfristig zu Fehlentscheidungen durch die Vollkostenrechnung kommen. Die Probleme entstehen meist dadurch, dass die Gemeinkosten in der Vollkostenrechnung auf Kostenträger geschlüsselt werden. Dadurch kann fälschlich der Eindruck entstehen, dass es sich bei Gemeinkosten um variable Kosten handelt. Da sich die Vollkostenrechnung in solchen Situationen als ungeeignet für die Erstellung von Entscheidungsgrundlagen erweist, wurde die **Teilkostenrechnung** entwickelt, die die fixen Kosten erst in verschiedenen Stufen berücksichtigt (Deckungsbeitragsrechnung).

Moderne Formen der Kosten- und Leistungsrechnung befassen sich nicht nur mit der Erfassung von angefallenen Kosten, sondern sie wollen auch einen Beitrag zur Steuerungsfunktion des Controllings leisten. So strebt die **Prozesskostenrechnung** an, die Gemeinkosten verursachungsgerechter auf die Kostenträger zu verrechnen und dabei schon Potenziale zur Kostenoptimierung aufzuzeigen. Während in der traditionellen Kostenrechnung Kostenstellen verwendet werden, um Gemeinkosten über Hilfs- und Hauptkostenstellen auf Kostenträger zu verrechnen, treten in der Prozesskostenrechnung Prozesse an die Stelle der Kostenstellen.

Das **Target Costing** geht von dem maximal am Markt durchsetzbaren Preis aus und ermittelt die höchstens tragfähigen Kosten. Target Costing (Zielkostenrechnung) ist insofern kein eigenständiges Kostenrechnungssystem. Es dreht vielmehr die traditionelle Sichtweise der Kostenrechnung: Es wird die Frage gestellt, was ein Produkt kosten darf und nicht, was es kostet. Damit bekommt die Kostenrechnung eine Marktorientierung und unterstützt die Verkaufschancen von Neuentwicklungen.

Im Gegensatz zur Kosten- und Leistungsrechnung, die darauf ausgerichtet ist, die richtigen Kosten einer Kostenstelle zuzuordnen oder das richtige Ergebnis eines Produkts oder eines Projekts zu ermitteln, zielt das Controlling darauf ab, dass mit diesen Informationen die richtigen unternehmerischen Entscheidungen getroffen werden.

5.1.1.2 Controlling als Steuerungsfunktion

Das **zweite Grundverständnis** bezieht sich auf die Aufgabe des Controllings, den zielbezogenen **Planungsprozess** für alle Unternehmensbereiche zu steuern. Diese Aufgabe reicht vom Management des Planungsprozesses bis hin zur periodischen Überprüfung der Zieleinhaltung.

Zentrales Instrument der Steuerungsfunktion des Controllings ist die **Planung**. Sie stellt auch die Basis für den Abgleich von Soll und Ist dar. Damit kann das Controlling überprüfen, ob das Unternehmen auf dem richtigen Kurs ist oder ob Maßnahmen zur Korrektur ergriffen werden müssen. Planung befasst sich mit der Gestaltung der Handlungen, die notwendig sind, um vom jetzigen, nicht als optimal empfundenem, Zustand zum gewünschten Zustand zu gelangen. Damit ist sie Kernbestandteil der Steuerungsfunktion des Controllings [vgl. Behringer 2018, S. 63 f.].

Planungsträger sind Controlling und Management gemeinsam, wobei beide unterschiedliche Rollen übernehmen. Das Controlling hat die Kernaufgabe, die **Rationalität der Führung** zu sichern. Dabei spielt die Planung und die auf ihr aufbauende Kontrolle der Unternehmenseinheiten eine wichtige Rolle. Die eigentliche Planung, also die inhaltliche Ausgestaltung des Plans, liegt beim **Management**. Wesentlich ist in diesem Zusammenhang die **Zielsetzung** (Zielgrößen, Zielhöhen), die naturgemäß ebenfalls vom Management wahrgenommen wird (siehe hierzu auch den unternehmerischen Zielsetzungsprozess in Abschnitt 2.2). Der **Controller** übernimmt im Wesentlichen die Aufgaben der Planungsunterstützung und des Planungsmanagements. In der Praxis übernimmt das Controlling die Funktion, die Planung zu organisieren. Controller sorgen für Dateien bzw. Systeme, über die die Planung abgewickelt wird. Sie setzen und überwachen Fristen zur Abgabe, Überarbeitung und Entscheidung der Pläne [vgl. Weber/Schäffer 2020, S. 22 ff.; Behringer 2018, S.63 f.].

Nicht zu unterschätzen ist die Bedeutung der Planung als Messlatte für das Management. Planung hat eine Vorgabefunktion und gibt so den Mitarbeitern auf allen Hierarchieebenen Auskunft darüber, welche Beiträge zum Unternehmenserfolg von ihnen erwartet werden. Abweichungen vom Budget nach oben können mit Belohnungen verbunden sein, z. B. durch die Bindung des Einkommens oder eines **Einkommensbestandteils** an die Erreichung der Budgetvorgaben. Abweichungen vom Budget nach unten können demgegenüber mit Sanktionen verbunden sein. Dies ist insbesondere bei der Festlegung der variablen Vergütung von Bedeutung. Untersuchungen zeigen, dass Geschäftsführer und andere Führungskräfte einen ganz überwiegenden Teil ihrer Vergütung in variabler Form erhalten (siehe hierzu beispielhaft den Zielkatalog in Abschnitt 5.4.3.3).

Damit **Ziele** eine Motivations- und Koordinationsfunktion einnehmen können, sollten sie bestimmten Anforderungen genügen, die im sogenannten SMART-Prinzip verankert sind. **SMART** ist ein Akronym für „**S**pecific **M**easurable **A**ccepted **R**ealistic **T**imely“ und dient als Kriterium zur eindeutigen Definition von Zielen im Rahmen einer Zielvereinbarung. Das SMART-Prinzip ist eine gute Führungshilfe, um die Qualität und Vollständigkeit der festgelegten Ziele zu verbessern. Insofern ist das SMART-Tool eher eine Richtlinie, um die Qualitätsanforderungen für die Zielformulierung einheitlich zu implementieren und Stabilität und Vollständigkeit zu gewährleisten [vgl. Andler 2008, S. 121].

Ein Ziel ist immer dann „smart", wenn es folgende fünf Bedingungen erfüllt:

S – spezifisch: Spezifisch meint, dass Ziele hinsichtlich der betroffenen Bereiche oder Produkte eindeutig definiert sein müssen, d. h. nicht vage formuliert, sondern so präzise wie möglich.

M – messbar: Messbar hebt auf die Operationalisierung der Ziele ab, d. h. die Ziele sollten möglichst in Zahlen festgelegt sein.

A – akzeptiert: Die Ziele müssen mit den Empfängern vereinbart und von diesen akzeptiert werden.

R – realistisch: Realistisch, aber anspruchsvoll besagt, dass die Ziele zum Leistungsvermögen des betroffenen Bereichs passen müssen, gleichwohl idealerweise etwas höher anzusetzen sind als das gegenwärtige Leistungsniveau.

T – terminierbar: Zu jedem Ziel gehört eine klare Terminvorgabe, bis wann das Ziel erreicht sein muss.

5.1.1.3 Controlling als Kontrollfunktion

In dem Bestreben, dem Controlling eine eigenständige Funktion zuzuweisen, ist das **dritte Grundverständnis** entstanden. **Kontrolle** ist zwar nicht die alleinige Aufgabe des Controllings, es ist jedoch ein außerordentlich wichtiges Element der Tätigkeit. Für jedes unternehmerische Handeln hat Kontrolle sogar einen erzieherischen Effekt, da allein durch die Ankündigung von Kontrollen die handelnden Personen ihr Verhalten ändern. Die Kontrollfunktion stellt die **Synthese** zwischen der Informationsfunktion und der Steuerungsfunktion der beschriebenen Controlling-Funktionen dar. Durch die Gegenüberstellung von Soll (Planung aus der Steuerungsfunktion) und Ist (Informationen aus der Informationsfunktion) wird kontrolliert, wie sich die beiden Größen unterscheiden [vgl. Behringer 2018, S. 100 f.].

Die Kontrolle im Controlling ist ein dreistufiger Prozess. Er beginnt mit einem **Soll-Ist-Vergleich**. Es werden geplante Daten mit tatsächlich erreichten Daten verglichen. Dabei geht es um eine rein technische, also rechnerische Betrachtung der Abweichungen.

Die Ursachen werden in der zweiten Phase – der **Abweichungsanalyse** – ermittelt. Es gibt Abweichungen, die auf Preisabweichungen oder auf Mengenabweichungen zurückzuführen sind. Daneben gibt es die Sekundärabweichung, die sich aus der Multiplikation von veränderter Menge oder verändertem Preis ergibt und daher nicht genau klassifizierbar ist.

In der dritten Phase werden dann **Korrekturmaßnahmen** abgeleitet, die dazu beitragen sollen, die Lücke zwischen Soll und Ist wieder zu schließen. In dieser Phase arbeitet das Controlling mit den Bereichen, die kontrolliert werden, eng zusammen. Das Controlling muss dabei als Rationalitätsanwalt im Unternehmen diese Verzerrungen kennen und sie in ihren Empfehlungen berücksichtigen [vgl. Behringer 2018, S. 101].

5.1.2 Nachhaltungsmonitoring und Nachhaltigkeitscontrolling

Controlling dient dazu, betriebliches Handeln zielbasiert zu steuern. Das Monitoring liefert dem Management hierzu die nötigen Grundlagen und zugleich Daten für die Berichterstattung gegenüber Share- und Stakeholdern. **Beim Nachhaltigkeitsmonitoring** geht es somit um die systematische Erfassung von Prozessen, um deren Effekte auf die Nachhaltigkeit des Unternehmens zu dokumentieren. Es soll ermittelt werden, ob die laufenden Prozesse den gewünschten Verlauf nehmen.

Beim **Nachhaltigkeitscontrolling** werden die klassischen ökonomischen Steuerungsgrößen (z. B Gewinn- und Umsatzziele) um soziale und ökologische Indikatoren ergänzt. Hierdurch soll ein transparenter und verantwortlicher Umgang mit allen relevanten Auswirkungen der unternehmerischen Tätigkeiten sichergestellt werden. Eine wichtige Rolle kommt hierbei den Controllern zu, die **als Business-Partner** alle Unternehmensbereiche unterstützen und beraten, damit diese die definierten Nachhaltigkeitsziele erreichen können [vgl. Kreutzer 2023, S. 278].

Die wichtigsten Konzepte des Nachhaltigkeitscontrollings sind nach Kreutzer [2023, S. 279 ff. unter Bezugnahme auf Balderjahn 2021, S. 184 ff.]:

- Öko-Audit
- Ökobilanz
- Nachhaltigkeitsanalyse
- CO_2-Footprint-Berechnung

5.1.2.1 Öko-Audit

Ein **Öko-Audit** ist ein Verfahren, in dessen Verlauf ein Unternehmen sein eigenes Verhalten im Hinblick auf Nachhaltigkeitsziele analysiert. Basierend auf den gewonnenen Ergebnissen können die unternehmerischen Tätigkeiten in den verschiedenen Bereichen optimiert werden.

Inhalt eines Öko-Audits kann die Prüfung folgender Fragen sein [vgl. Baumgarth & Binckebanck 2018, S. 295 ff.]:

- Existiert eine **Verankerungslücke** bei den Nachhaltigkeitswerten?
  Hier ist zu prüfen, ob die verkündeten Nachhaltigkeitswerte mit den von den Mitarbeitern gelebten Überzeugungen und Werten übereinstimmen.
- Ist eine **Umsetzungslücke** festzustellen?
  Dazu wird ermittelt, ob eine konsequente Umsetzung der Nachhaltigkeitsaspekte in allen relevanten Handlungsfeldern (z. B. in das Produktportfolio) erfolgt.
- Gibt es eine **Erlebnislücke**?
  Hier ist zu analysieren, ob die definierten Nachhaltigkeitswerte für die Kunden sichtbar und erlebbar werden.
- Besteht eine **Glaubwürdigkeitslücke**?
  Dabei ist zu untersuchen, ob dem Unternehmen die nach außen gerichtete Kommunikation auch geglaubt wird.

5.1.2.2 Ökobilanz

Die **Ökobilanz** ist ein Verfahren, um Umweltbelastungen zu erfassen, zu analysieren und zu bewerten. Ursprünglich wurde die Ökobilanz vor allem zur Bewertung von Produkten entwickelt und eingesetzt. Heute wird sie auch bei Verfahren, Dienstleistungen und Verhaltensweisen angewendet. Die Ergebnisse von Ökobilanzen, für die auch der Begriff Life Cycle Assessments (LCA) verwendet wird, können zur Prozessoptimierung für eine nachhaltige Produktion genutzt werden. Sie dienen bei der Produktbewertung als Entscheidungshilfe zum Beispiel bei der Vergabe des **Blauen Engels** (siehe auch Abschnitt 3.5.1.2) oder bei Fragestellungen zum Verpackungsgesetz [vgl. Umweltbundesamt 2022].

Insert 5-01 zeigt die Analysefelder, die von der Ökobilanz abgedeckt werden.

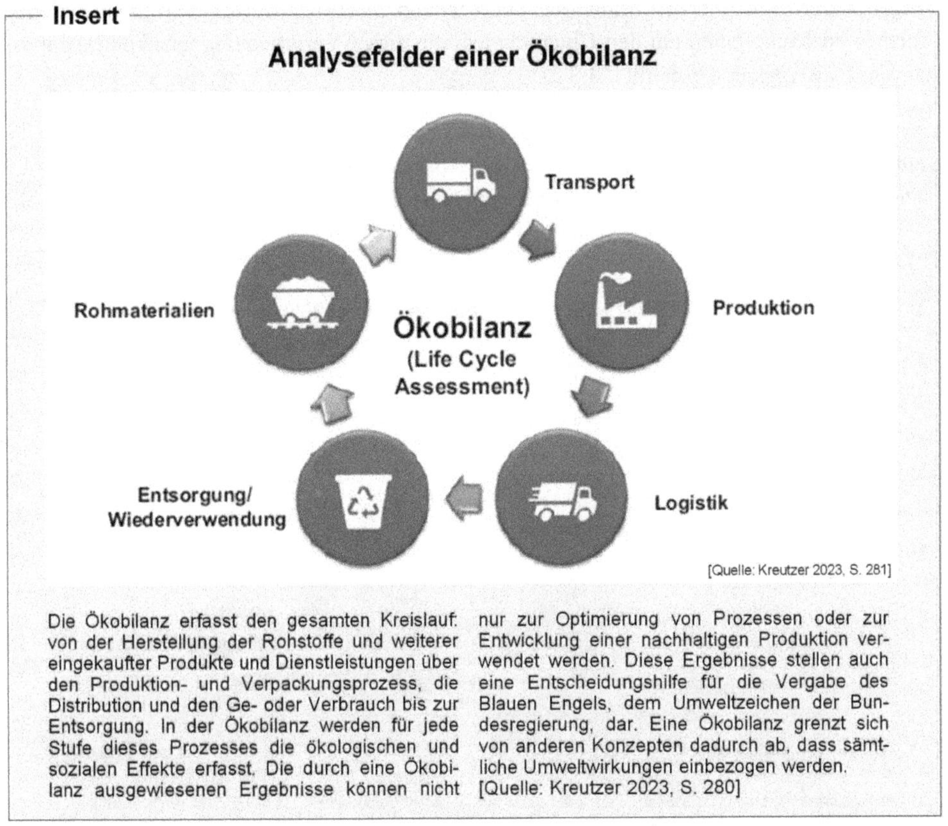

Die Ökobilanz erfasst den gesamten Kreislauf: von der Herstellung der Rohstoffe und weiterer eingekaufter Produkte und Dienstleistungen über den Produktion- und Verpackungsprozess, die Distribution und den Ge- oder Verbrauch bis zur Entsorgung. In der Ökobilanz werden für jede Stufe dieses Prozesses die ökologischen und sozialen Effekte erfasst. Die durch eine Ökobilanz ausgewiesenen Ergebnisse können nicht nur zur Optimierung von Prozessen oder zur Entwicklung einer nachhaltigen Produktion verwendet werden. Diese Ergebnisse stellen auch eine Entscheidungshilfe für die Vergabe des Blauen Engels, dem Umweltzeichen der Bundesregierung, dar. Eine Ökobilanz grenzt sich von anderen Konzepten dadurch ab, dass sämtliche Umweltwirkungen einbezogen werden. [Quelle: Kreutzer 2023, S. 280]

Insert 5-01: Analysefelder einer Ökobilanz

5.1.2.3 Nachhaltigkeitsanalyse

Die **Nachhaltigkeitsanalyse** erfasst und bewertet die ökologischen, gesellschaftlichen und ökonomischen Auswirkungen von einzelnen Produkten bzw. Produktgruppen über deren gesamten Lebenszyklus. Die Analysen können gravierende **Schwachstellen** aufzeigen, die unmittelbar beseitigt werden müssen. Hierzu zählen nach Kreuzer [2023, S. 282] bspw. inakzeptable Arbeitsbedingungen bei der Rohstoffgewinnung oder in eigenen oder fremden

Produktionsprozessen. Auch Recyclingsysteme funktionieren nicht immer so, wie sie sollten (Stichwort „PET-Flaschen").

Außerdem können **Verbesserungspotenziale** ermitteln werden – z. B. um Verpackungen leichter recycelbar zu machen oder auf diese weitgehend zu verzichten. Das Konzept der Nachhaltigkeitsanalyse ist so flexibel angelegt, dass es jeweils auf unterschiedliche Unternehmenssituationen ausgerichtet werden kann. So lässt sich Jahr für Jahr ermitteln, wo sich neue bzw. weitere Handlungsfelder auftun [vgl. Kreutzer 2023, S. 281 f.].

5.1.2.4 CO_2-Footprint-Berechnung

Um den **CO_2-Fußabdruck** des eigenen Unternehmens zu berechnen, sind erhebliche Anstrengungen erforderlich. Trotzdem sind viele Unternehmen hierzu verpflichtet, um ihren Berichtspflichten nachzukommen (zu den Unternehmen, die dieser Verpflichtung nachkommen müssen, siehe ausführlich Abschnitt 2.3.3.2).

Über die bisherige Vorgehensweise der Unternehmen in dieser Sache gibt die repräsentative Studie von Bitkom aus dem Jahr 2022 konkrete Auskunft. In der Studie wurden insgesamt 506 Unternehmen mit mehr als 20 Beschäftigten in Deutschland befragt (siehe Insert 5-02).

Insert

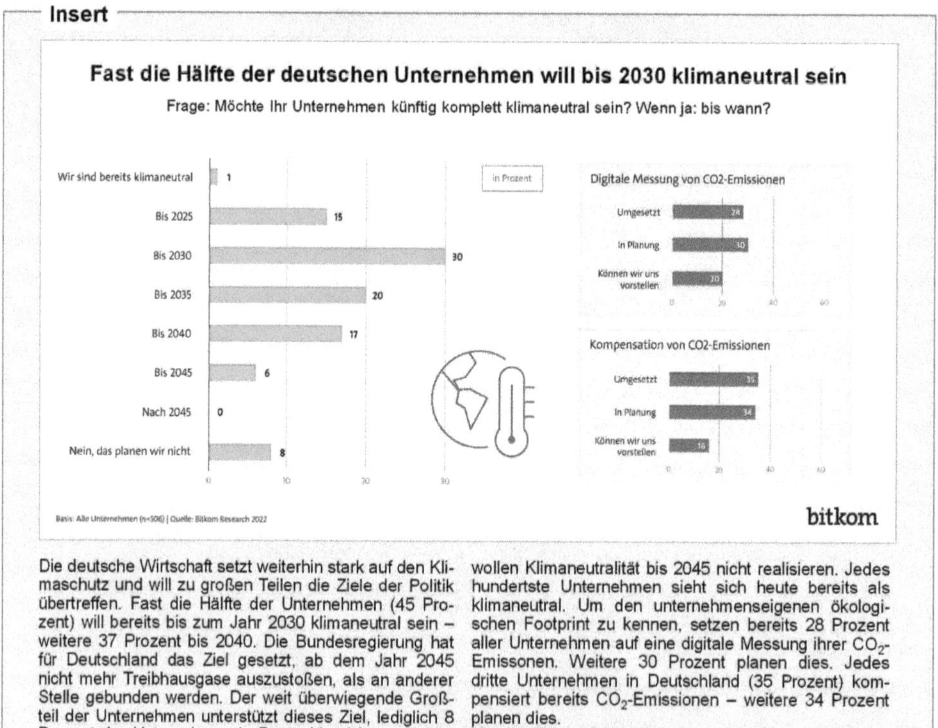

Die deutsche Wirtschaft setzt weiterhin stark auf den Klimaschutz und will zu großen Teilen die Ziele der Politik übertreffen. Fast die Hälfte der Unternehmen (45 Prozent) will bereits bis zum Jahr 2030 klimaneutral sein – weitere 37 Prozent bis 2040. Die Bundesregierung hat für Deutschland das Ziel gesetzt, ab dem Jahr 2045 nicht mehr Treibhausgase auszustoßen, als an anderer Stelle gebunden werden. Der weit überwiegende Großteil der Unternehmen unterstützt dieses Ziel, lediglich 8 Prozent der Unternehmen in Deutschland können oder wollen Klimaneutralität bis 2045 nicht realisieren. Jedes hundertste Unternehmen sieht sich heute bereits als klimaneutral. Um den unternehmenseigenen ökologischen Footprint zu kennen, setzen bereits 28 Prozent aller Unternehmen auf eine digitale Messung ihrer CO_2-Emissonen. Weitere 30 Prozent planen dies. Jedes dritte Unternehmen in Deutschland (35 Prozent) kompensiert bereits CO_2-Emissionen – weitere 34 Prozent planen dies.
[Quelle: Bitkom-Pressemitteilung vom 27. Juli 2022]

Insert 5-02: Klimaneutralität bis 2030

Danach gehen die Unternehmen bei der Erfassung sowie beim Ausgleich des eigenen ökologischen Footprints wie folgt vor [Quelle: Bitkom-Pressemitteilung vom 27. Juli 2022]:

- 28 Prozent aller Unternehmen führen eine digitale Messung ihrer CO_2-Emissionen bereits durch.
- Darüber hinaus planen weitere 30 Prozent eine digitale Messung ihrer CO_2-Emissionen und ein Fünftel der Befragten kann sich diese Messung ihrer CO2-Emissionen vorstellen.
- 35 Prozent aller Befragten kompensieren bereits ihre CO_2-Emissionen.
- Weitere 34 Prozent planen eine Kompensation ihrer CO_2-Emissionen und ein Sechstel kann sich dies vorstellen.

Generell lässt sich der CO_2-Fußabdruck im Unternehmen durch folgende Vorgehensweise bestimmen [vgl. Kreutzer 2023, S. 283]:

Zur Erstellung einer **unternehmensweiten CO_2-Bilanz** (engl. *Corporate Carbon Footprints – CCF*) wird zunächst festgelegt, was in die Bewertung einbezogen werden soll (siehe hierzu auch Abschnitt 2.3.3.1). Diese Entscheidung orientiert sich an den Unternehmenszielen, der jeweiligen Branche sowie an gesetzlichen Anforderungen. Ein CO_2-Fußabdruck ist gemäß dem *Greenhouse Gas Protocol* in drei „Scopes" unterteilt (siehe Insert 5-03).

Insert

Beispiele für Emissions- und Datenquellen zu den jeweiligen Scopes

	Scope 1	Scope 2	Scope 3
Beschreibung	Direkte Emissionen aus eigenen Verbrennungsprozessen	Indirekte Emissionen aus dem Bezug leitungsgebundener Energie	Indirekte Emissionen aus vor- und nachgelagerten Aktivitäten
Kategorien	Stationäre und mobile Anlagen, chemische Prozesse, direkte Emissionen	Elektrizität, Dampf, Heizung, Kühlung	z. B. eingekaufte Güter und Dienstleistungen, Abfall, Geschäftsreisen, Transport
Beispiele für Emissionsquellen	Erdgasheizung, Kühlgerät Gabelstapler, Firmenfuhrpark	Bezug von Strom, Wärme und Kälte für Verwaltung, Produktion und Lager	Bezogene Produkte und Dienstleistungen, Reisen via PKW, Flugzeug, Bahn
Beispiele für Datenquellen	Finanzbuchhaltung, Tankkarten, Betriebsaufzeichnungen	Rechnungen, Zählerauslesungen, Betriebsaufzeichnungen	Finanzbuchhaltung, Schätzungen, Mitarbeiterbefragungen

Die zu bilanzierenden Emissionen lassen sich sog. Scopes zuordnen:
Scope 1 deckt alle direkten Emissionen ab, die von den stationären und mobilen Anlagen des Unternehmens oder bei chemischen Prozessen ausgestoßen werden.
Scope 2 adressiert die indirekten Emissionen, die auf den leitungsgebundenen Energiebezug, d. h. auf den Bezug von Strom, Fernwärme und Dampf zurückzuführen sind.
Scope 3 umfasst die indirekten Emissionen der vor- und nachgelagerten Wertschöpfungskette.

Die Emissionen der Scopes 1 und 2 lassen sich mithilfe bestehender Strukturen aus Energie- oder Umweltmanagementsystemen oder der Berichtspflichten aus dem EU-Emissionshandel vielmals vergleichsweise einfach erfassen.
Die Ermittlung der Scope 3-Emissionen stellt hingegen eine größere Herausforderung dar. Gleichzeitig sind die vor- und nachgelagerten Emissionen oftmals für den Großteil der Treibhausgasbilanz verantwortlich.

[Quelle: bayme vbm vbw 2023]

Insert 5-03: Beispiele für Emissions- und Datenquellen zu den jeweiligen Scopes

Darüber hinaus legt das *Greenhouse Gas Protocol* fünf grundlegende Prinzipien fest, die bei der CCF-Erstellung eingehalten werden sollten [bayme vbm vbw 2023, S. 11]:

- **Vollständigkeit:** Alle definierten Emissionsquellen werden vollständig angegeben.
- **Transparenz:** Die Ergebnisse sind nachvollziehbar und verständlich dokumentiert.
- **Konsistenz:** Die Berechnungen und Systemgrenzen sind für alle Jahre gleich.
- **Genauigkeit:** Alle erhobenen Daten werden mit der höchstmöglichen Genauigkeit ermittelt und Unsicherheiten minimiert.
- **Relevanz:** Alle relevanten Emissionsquellen zur Berechnung eines Corporate Carbon Footprints wurden berücksichtigt.

Bei der **produktbezogenen CO_2-Bilanz** (engl. *Product Carbon Footprint – PCF*) werden die CO_2-Emissionen für jedes Produkt errechnet. Hierbei müssen die CO_2-Emissionen eines Produktes oder einer Dienstleistung entlang der gesamten Wertschöpfungskette ermittelt werden – von den verwendeten Rohstoffen über die Produktion bis zur Auslieferung an die Kunden. Zusätzlich können auch die Nutzungs- und ggf. auch eine Entsorgungsphase einbezogen werden. Zielführend ist hierbei ein Ansatz, der den kompletten Lebenszyklus des Produktes bzw. der Dienstleistung umfasst. Bei der PCF-Berechnung wird zwischen dem Cradle-to-Grave-PCF (von der Wiege bis zur Bahre) und dem Cradle-to-Gate-PCF (von der Wiege bis zum Werkstor) unterschieden. Beim Crade-to-Grave-PCF werden sämtliche Schritte des Lebenszyklus eines Produkts betrachtet: Angefangen bei der Gewinnung, Herstellung und dem Transport der Rohstoffe und Vorprodukte über die Herstellung und Distribution bis hin zur Nutzung und Entsorgung des Produkts.

Der Corporate Carbon Footprint zeigt an, wie hoch die direkten und indirekten Treibhausgasemissionen eines Unternehmens pro Jahr sind. Der Product Carbon Footprint gibt demgegenüber wieder, wie hoch die Treibhausgasemissionen eines Produktes entlang dessen Lebenszyklus sind. Somit können mit dem CCF entlang der gesamten Wertschöpfungskette und mit dem PCF für einzelne Produkte des Unternehmens Treibhausgasminderungspotentiale identifiziert werden. Die Bilanzierung erfolgt beim PCF bezogen auf eine sog. funktionelle Einheit (z. B. ein Auto oder ein Liter zubereiteter Kaffee) [bay vbm vbw 2023, S. 30].

5.1.3 Kennzahlen und Kennzahlensysteme

Informationen werden zu Kennzahlen und Kennzahlensystemen aufbereitet. Sie helfen dem Management schnell und zielgenau zu erkennen, welche Entwicklung das Unternehmen nimmt bzw. genommen hat. Kennzahlen eignen sich in besonderem Maße, um strategische Ziele konkretisieren und einordnen zu können. So wird die Entscheidungsfindung im Unternehmen erleichtert. Häufig reicht dabei die Konzentration auf eine einzelne Kennzahl nicht aus, da sie die Situation nicht vollständig abbildet. Aus diesem Grund wurden Kennzahlensysteme wie das DuPont Kennzahlenschema entwickelt.

Durch ihre Klarheit und Präzision bieten Kennzahlen die Voraussetzung für eine eindeutige Kontrolle der Zielerreichung. Damit gehen Kennzahlen in ihrer Aussagekraft deutlich über das SMART-Prinzip hinaus, das lediglich die Art und Weise der Zielformulierung vorschreibt. Kennzahlen helfen dem Management eines Unternehmens (und seinen Beratern) darüber hinaus, potentielle Übernahmekandidaten zu identifizieren und diesen einer ersten Analyse zu unterziehen. In der betriebswirtschaftlichen Literatur wird eine Vielzahl von Systematiken für Kennzahlen und Kennzahlensysteme zur Beurteilung der Attraktivität eines Unternehmens angeboten.

Grundsätzlich kann zwischen **statischen** und **dynamischen** Größen unterschieden werden. Während sich statische Kennzahlen auf einen bestimmten *Zeitpunkt* beziehen, decken dynamische Kennzahlen einen bestimmten *Zeitraum* ab.

Einen entsprechenden Überblick über statische und dynamische Kennzahlen und deren Ausprägungen liefert Abbildung 5-01.

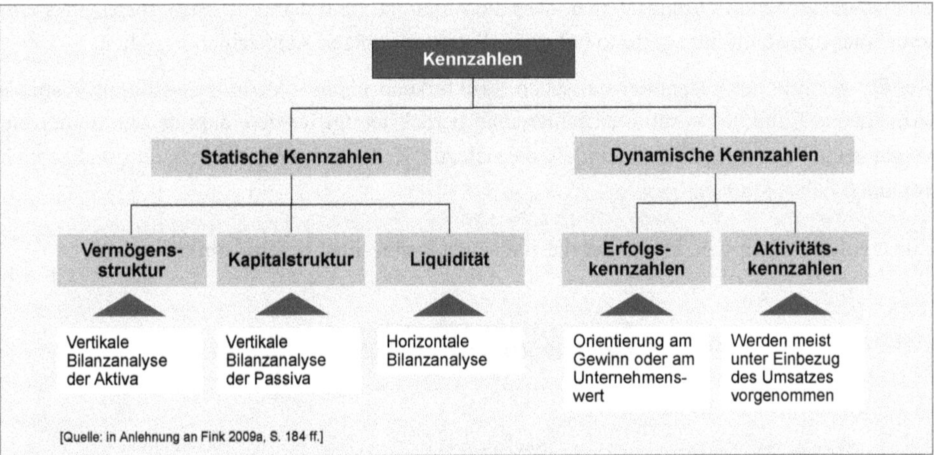

Abb. 5-01: Kennzahlensystematik

5.1.3.1 Statische Kennzahlen

Folgende Kennzahlen, die aus der Bilanz eines Unternehmens entnommen werden können, zählen zu den wichtigsten statischen Größen:

- Vermögensstruktur
- Kapitalstruktur
- Liquidität.

Die **Vermögensstruktur** eines Unternehmens gibt die bilanzielle Zusammensetzung des Betriebsvermögens (Aktiva) an. Als Kennzahl wird entweder die *Anlagenintensität*, die den Anteil des Anlagevermögens (Gebäude, Maschinen und sonstige Einrichtungen) am Gesamtvermögen angibt, oder die *Umlaufintensität*, d. h. der Anteil des Umlaufvermögens (Bankguthaben, Forderungen und sonstige Außenstände) am Gesamtvermögen, herangezogen.

Äquivalent zur Vermögenstruktur auf der Aktivseite der Bilanz bezieht sich die **Kapitalstruktur** eines Unternehmens auf die Zusammensetzung des Kapitals, das auf der Passivseite ausgewiesen wird. Sie beschreibt das Verhältnis von Eigen- zu Fremdkapital im Vergleich zum Gesamtkapital und gibt Aufschluss über die Finanzierung eines Unternehmens. Wichtige

Kennzahlen sind die *Eigenkapitalquote*, die das Verhältnis vom Eigenkapital zum Gesamtkapital angibt, und die *Fremdkapitalquote*, die den Anteil des Fremdkapitals am Gesamtkapital ausdrückt. Je höher die Eigenkapitalquote (bzw. je niedriger die Fremdkapitalquote) ist, desto höher sind die finanzielle Sicherheit und die Unabhängigkeit des Unternehmens. Eine weitere wichtige Kennzahl der Kapitalstruktur ist der *Verschuldungsgrad*, der das Verhältnis zwischen Fremd- und Eigenkapital angibt. Je niedriger der Verschuldungsgrad ist, desto geringer ist die Abhängigkeit des Unternehmens von fremden Geldgebern.

Kennzahlen, die die **Liquidität** eines Unternehmens ausdrücken, basieren auf einer horizontalen Bilanzanalyse, d. h. die Vermögensseite wird mit der Kapitalseite verglichen. Für die Liquiditätsrelationen gilt grundsätzlich, dass die Liquidität (und damit die Sicherheit) eines Unternehmens umso größer ist, desto höher die Werte der obigen Kennzahlen ausfallen.

Bei der Analyse der genannten statischen Strukturkennzahlen – Vermögensstruktur, Kapitalstruktur und Liquidität – sollte einschränkend berücksichtigt werden, dass es sich immer um vergangenheitsbezogene Daten handelt, die sich zum Zeitpunkt der Analyse bereits maßgeblich verändert haben können.

Einen vollständigen Überblick über die statischen Kennzahlen liefert Abbildung 5-02.

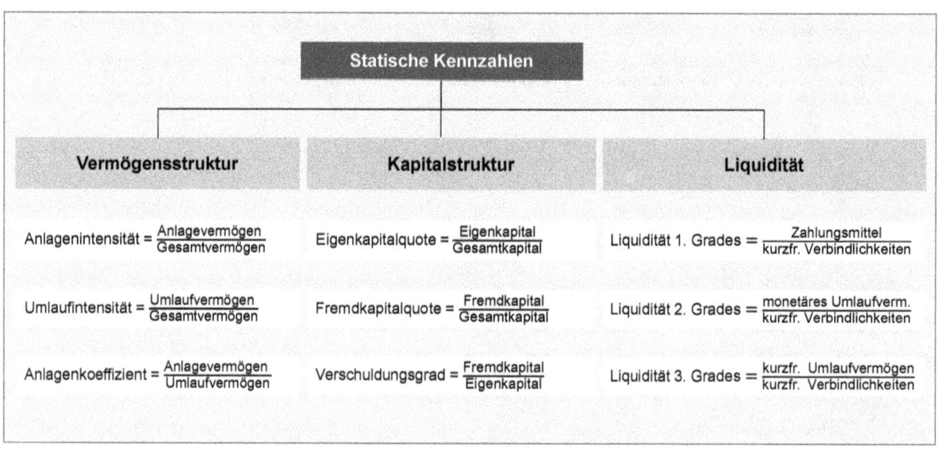

Abb. 5-02: Statische Kennzahlen

5.1.3.2 Dynamische Kennzahlen

Anders als die statischen Kennzahlen basieren die **dynamischen Kennzahlen** nur zum Teil auf Daten einer Bilanz. So werden die Daten bei der dynamischen Betrachtung mehreren aufeinander folgenden Bilanzen entnommen und zueinander in Beziehung gesetzt oder mit Stromgrößen aus der Gewinn- und Verlustrechnung, die ja als solche bereits periodische Bewegungen erfassen, kombiniert. Dynamische Kennzahlen werden üblicherweise in Erfolgskennzahlen und Aktivitätskennzahlen unterteilt. Bei den Erfolgskennzahlen wiederum werden absolute und relative Größen unterschieden. Zu den wichtigsten absoluten Erfolgskennzahlen zählen der Bilanzgewinn, der Jahresüberschuss und der Cashflow.

Der Gesetzgeber sieht grundsätzlich eine Aufstellung der Bilanz mit Ausweis des Postens „Jahresüberschuss/Jahresfehlbetrag" vor. Dieser ist das GuV-Ergebnis nach Steuern und bezeichnet den Gewinn vor dessen Verwendung. Zur Berechnung des **Bilanzgewinns** wird der Jahresüberschuss bzw. der Jahresfehlbetrag

- um den Gewinn- oder Verlustvortrag des Vorjahres korrigiert,
- um Entnahmen aus Kapital- und Gewinnrücklagen erhöht und
- um Einstellungen in die Gewinnrücklagen vermindert.

Da der Bilanzgewinn demnach durch Entnahmen bzw. Einstellungen in die Rücklagen beeinflusst werden kann, ist er keine adäquate Kennzahl eines Unternehmens in einer bestimmten Periode. Der Bilanzgewinn dient bei Aktiengesellschaften in erster Linie als Grundlage für den Gewinnverwendungsvorschlag, den Vorstand und Aufsichtsrat zur Ausschüttung an die Anteilseigner unterbreiten.

Fazit: Der Jahresüberschuss ist das, was die Aktiengesellschaft verdient hat, der Bilanzgewinn bestimmt das, was sie davon an die Aktionäre abgibt.

Besser als der Bilanzgewinn kennzeichnet der **Jahresüberschuss** den Periodenerfolg einer Aktiengesellschaft. Als Ergebnis der Gewinn- und Verlustrechnung fließen in die Berechnung des Jahresüberschusses sämtliche Erträge und Aufwendungen der laufenden Periode ein. Es beinhaltet das Ergebnis der gewöhnlichen Geschäftstätigkeit (Betriebs- und Finanzergebnis), außerordentliche Erträge und Aufwendungen und die Auswirkungen der Steuern vom Einkommen und Ertrag.

Mit zunehmender Internationalisierung der Rechnungslegung haben sich im deutschen Sprachgebrauch weitere wichtige Varianten von Periodenergebnisgrößen durchgesetzt:

- **EBT** – Earnings before Taxes
- **EBIT** – Earnings before Interest and Taxes
- **EBITDA** – Earnings before Interest, Taxes, Depreciation and Amortization

sowie der **Cashflow** als zahlungsstromorientierte Größe. Die konkrete Anwendung und Ausgestaltung hängt vor allem von den jeweils zugrundeliegenden Rechnungslegungsvorschriften (HGB, US-GAAP, IFRS) und den intern verwendeten Planungs- und Kostenrechnungssystemen ab.

Statt einer Interpretation sind in Abbildung 5-03 die Herleitungen dieser Größen aus den bereits bekannten Kennzahlen vorgenommen worden.

Aus diesen absoluten Kennzahlen lassen sich nun zur externen Analyse eines Unternehmens verschiedene relative Erfolgskennzahlen bilden, die eine Beurteilung der Rentabilität und Wirtschaftlichkeit des Kapitaleinsatzes ermöglichen. Dazu wird eine Relation zwischen den absoluten Erfolgsgrößen und dem Mitteleinsatz hergestellt. Zu den wichtigsten **Rentabilitätskennziffern** zählen die **Eigenkapitalrentabilität** und die **Gesamtkapitalrentabilität**. Bei der Berechnung beider Größen kann der Jahresüberschuss oder auch der Cashflow angesetzt werden. Das Verhältnis von Eigenkapitalrentabilität zu Gesamtkapitalrentabilität ist der sogenannte

Leverage-Faktor. Neben diesen klassischen Rentabilitätskennziffern hat sich vor allem bei international agierenden Unternehmen der **Return on Investment** (RoI) als alternative Kennzahl für die Messung der Rentabilität des Kapitaleinsatzes durchgesetzt.

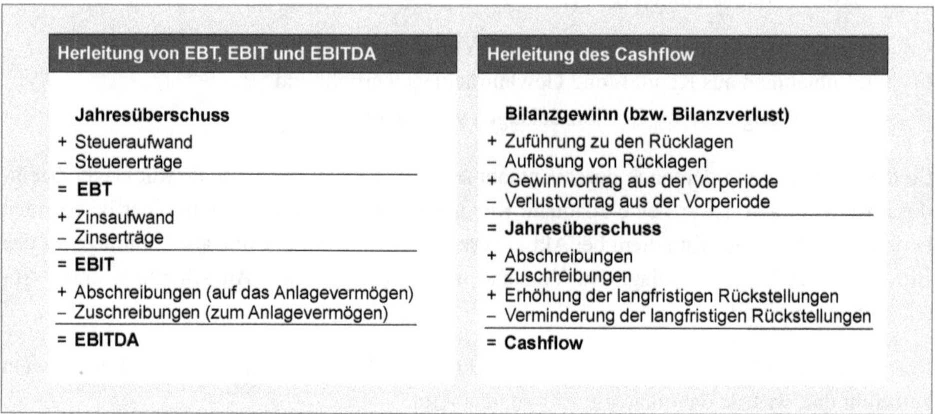

Abb. 5-03: Herleitung von EBT, EBIT, EBITDA und Cashflow

Neben den Erfolgskennzahlen bilden die **Aktivitätskennzahlen** die zweite Untergruppe dynamischer Kennzahlen. Aktivitätskennzahlen stellen die Verbindung von Bestands- und Stromgrößen her und beschreiben dementsprechend häufig das Verhältnis zwischen dem Umsatz und den zur Ausübung der operativen Tätigkeit benötigten Vermögenswerten (z. B. Anlagevermögen, Vorräte etc.). Diese Umschlagskoeffizienten geben dabei an, wie häufig eine Vermögensposition in einer Periode umgeschlagen wurde. Die Interpretation dabei lautet, dass ein höherer Koeffizient einen effizienteren Einsatz der unternehmensspezifischen Ressourcen bedeutet. Um einen gegebenen Umsatz zu erreichen, muss das Unternehmen somit weniger Ressourcen einsetzen [vgl. Coenenberg 2003, S. 911].

Weitere Aktivitätskennzahlen, die nach demselben Muster gebildet werden können, sind:

- Umsatz pro Mitarbeiter;
- Zahlungsziele, die ein Unternehmen seinen Kunden einräumt oder bei seinen Lieferanten in Anspruch nimmt;
- Investitionsquote.

In Abbildung 5-04 sind wichtige dynamische Kennzahlen, unterteilt in Erfolgskennzahlen und Aktivitätskennzahlen, zusammengestellt.

5.1.3.3 Nachhaltigkeitskennzahlen

Um zu erkennen, ob die **Nachhaltigkeitsziele** erreicht werden bzw. wurden, ist eine Überprüfung anhand entsprechender **Indikatoren** und **Kennzahlen** erforderlich. Allerdings setzt eine wirksame Steuerung von Maßnahmen zur Zielerreichung ein aussagekräftiges Monitoring voraus. Damit kann vorhandene Komplexität reduziert und zugleich wichtige Zusammenhänge und Sachverhalte schnell und korrekt beurteilt werden. Die Erhebung **harter Kennzahlen**, z. B. Kosten, Durchlaufzeiten, Ressourcenverbrauch oder Emissionsmengen, bereitet in aller

Regel kaum Probleme. Schwieriger wird es, wenn es sich um die Messung **weicher Faktoren**, z. B. Images, Einstellungen, Meinungen, Verhalten oder Wissen und Verhalten, handelt. Gerade diese sind aber für Nachhaltigkeitsaspekte besonders relevant. Direkte Messungen sind dann nicht immer möglich, sondern es muss auf nur indirekt ermittelbare Indikatoren zurückgegriffen werden. Übergeordnete **strategische Kennzahlen** im Nachhaltigkeitsbereich können in erster Linie Entwicklungsziele sein. Dazu zählen Ziele zum Klima, in Bezug auf Ökosysteme oder im sozialen Bereich. **Operative Kennzahlen** beschreiben dagegen eher Themen, mit denen die übergeordneten strategischen Ziele unterstützt werden sollen. Hierzu zählen Kennzahlen zum Ressourcenverbrauch, zum Budget, zum Zeiteinsatz oder zu Volumina.

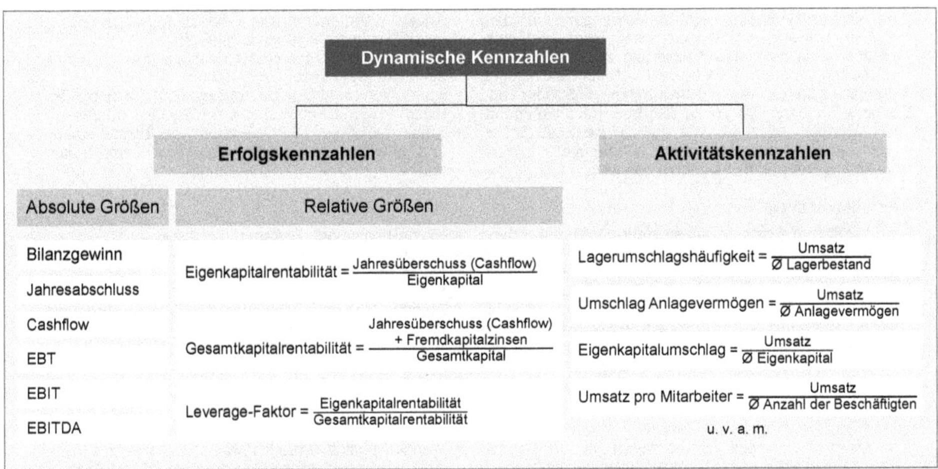

Abb. 5-04: Dynamische Kennzahlen (Beispiele)

Ferner können Kennzahlen absolute **quantitative Daten** angeben, z. B. die Abfallmenge, das Volumen der CO_2-Emissionen oder der Energieanteil aus erneuerbaren Energien. **Qualitative Kennzahlen** kennzeichnen dagegen die Qualität einer Messdimension, etwa bei der Skalierung des Qualifikationsniveaus von Beschäftigten oder bei der Messung ihres Wissensstandes um Nachhaltigkeit [vgl. Mußmann 2018, S. 306 f.].

Eine Einteilung der Kennzahlen kann überdies nach den **Nachhaltigkeitsdimensionen** erfolgen. Dazu zählen Kennzahlen zum **sozialen Engagement** (z. B. Überstundenquote, Auszubildendenquote), zum **ökologischen Engagement** (z. B. Recyclingquote, Energieverbrauch) und zum **ökonomischen Erfolg** (z. B. Steuereinsparungen oder Zuschüsse durch Nachhaltigkeitsaktivitäten). Schließlich bietet die DIN ISO 2600 als „Leitfaden zur gesellschaftlichen Verantwortung von Organisationen" verschiedene **Kernthemen**, denen sich CSR- bzw. Nachhaltigkeitskennzahlen zuordnen lassen. Zu diesen Kernthemen zählen Organisationsführung, Menschenrechte, Arbeitspraktiken, Umwelt, faire Betriebs- und Geschäftspraktiken und Konsumentenanliegen (siehe Insert 5-04).

Insert

Kennzahlenbeispiele für Nachhaltigkeitsthemen

Organisationsführung

Dieses übergeordnete Kernthema bezieht sich auf die Art und Weise, in der eine Organisation ihre Entscheidungen trifft und ihre Ziele verfolgt. Dies steht in engem Zusammenhang damit, wie die Organisation ihre gesellschaftliche Verantwortung organisationsweit erkennt, annimmt und trägt. Im Fokus stehen hierbei die organisationsinternen Führungs-, Aufsichts- und Steuerungssysteme und damit ein enger Bezug zu Vorgaben im Bereich Corporate Governance gehört.

- Anzahl Korruptions-Ermittlungen bzw. Complianceverstößen nach Fallart sowie Quote nach Beschäftigtenzahl
- Anteil abgeschlossener Ermittlungen, bezogen auf plausible Hinweise
- Reaktionsdauer bis zum Start von Voruntersuchungen bei Complianceverstößen nach Meldekanälen
- Ermittlungsdauer nach zugrundeliegender Deliktart und nach Organisationsabteilungen

Menschenrechte

Bei diesem Kernthema steht im Vordergrund, mit dem eigenen betrieblichen Handeln keine Menschenrechtsverstöße und keine Diskriminierung zu begehen oder solche zu befördern. Dies bezieht sich auf Beschäftigte, Partner, Kunden, Anspruchsgruppen, Mitglieder und andere Personen, mit denen die Organisation in irgendeiner Verbindung steht oder auf die sie Einfluss hat. Hierzu gehören auch Menschen, auf die über die Wertschöpfungskette Einfluss genommen wird.

- Anzahl wahrgenommener Fälle zu Menschenrechtsverstößen in der eigenen Organisation
- Quoten unterrepräsentierter Gruppen (Frauen, ethnische Gruppen) in der Organisation
- Anteil von direkten Lieferanten und Partnern, bei denen Folgenabschätzungen durchgeführt wurden
- Anteil von indirekten Lieferanten, die nach sozialen und umweltbezogenen Ethikstandards überprüft wurden

Arbeitspraktiken

Im Kernthema Arbeitspraktiken steht die Verantwortung der Organisation für ihre eigenen Beschäftigten sowie für die von Subunternehmern im Fokus. Wichtige Handlungsfelder sind hier zugleich die Bereitstellung von beruflicher Qualifizierung, von Schulungen und von Lehrstellen wie auch von gesunden Arbeitsplätzen. Sind Freisetzungen notwendig, so sind diese sozialverantwortlich zu gestalten. Hier kann eine ganze Reihe von beschäftigtenbezogenen Kennzahlen genutzt werden.

- Einstellungsquote, Beförderungsquote.
- Anzahl von Disziplinar- und Beschwerdeverfahren
- Quote der Ver- und Umsetzung
- Kündigungs- und Fluktuationsquote
- Anzahl Arbeitsgerichtsverfahren, Quote gegenüber den Trennungen insgesamt
- Anzahl Schulungstage, Qualifizierungsquote

Umwelt

Im Kernthema Umwelt geht es darum, aus der eigenen Geschäftstätigkeit erwachsende Umweltbelastungen zu vermeiden bzw. zu minimieren. Hierbei steht zunächst der Ressourcenverbrauch, z. B. bei Rohstoffen, Wasser, Energie etc., im Fokus, und es sind die wesentlichen Abfall- und Verschmutzungsquellen, die zu Umweltbelastungen führen, zu betrachten. Ziel ist die Vermeidung von Umweltbelastungen, Abfällen und Schadstoffemissionen.

- Menge Rohstoffverbrauch pro Produktionseinheit
- Anteil bedenklicher, gefährlicher oder giftiger Stoffe in den Produktionsabläufen
- Anteil alternativer nachhaltiger, erneuerbarer Ressourcen und Energieträger
- Energieverbrauch pro Produktionseinheit
- Volumen Kraftstoffverbrauch, Ökofolgen von Reisen mit Schiff, Bahn, Flugzeug etc.

Betriebs- und Geschäftspraktiken

In diesem Kernthema sind typische Compliancethemen enthalten. Dazu gehören Korruptionsbekämpfung, die Gestaltung eines fairen Wettbewerbs, ein fairer Umgang mit Lieferanten mit pünktlicher Rechnungsbegleichung sowie faire Vertragsbedingungen und die Achtung der Eigentumsrechte Dritter. Korruptionsrisiken sind zu identifizieren und organisationspolitische Vorgaben umzusetzen, welche Korruption und Erpressung entgegenwirken.

- Anteil geschulter Beschäftigter im Bereich Korruptionsprävention
- Anteil geschulter Beschäftigter im Bereich Wettbewerbsrecht und fairer Wettbewerb
- Pünktlichkeitsquote bei der Rechnungsbegleichung von Lieferanten
- Anzahl der Sicherheitsverstöße bei Kundeneigentum, Verlust von Kundendaten oder Kundenbesitz

Konsumentenanliegen

Im Kernthema Konsumentenanliegen steht der faire und ehrliche Umgang mit Kunden und Konsumenten im Mittelpunkt. Sie sollten vollständig mit ehrlichen und verständlichen Informationen versorgt werden. Dies sollte niedrigschwellig und umfassend erfolgen. Werbung sollte nicht diskriminierend sein und alle Angebote sollten transparent mit den vollständigen Kosten und Geschäftsbedingungen präsentiert werden. Produkte sollten sicher und gefahrlos handhabbar sein.

- Anzahl Reklamationen und Kundenklagen, Quote zur Gesamtproduktion oder Dienstleistungserbringung
- Rückläuferquote
- Anzahl Produktrückrufe
- Anteil gefährlicher Chemikalien an Produkten
- Quote der Risikobewertungen vor Einführung neuer Materialien, Technologien und Produktionsverfahren

[Quelle: Mußmann 2018, S. 308 ff.]

Insert 5-04: Kennzahlenbeispiele für Nachhaltigkeitsthemen

5.2 Organisatorische Strukturgestaltung

Das wichtigste Instrument, um das Handeln der Mitarbeiter im Sinne der Unternehmensziele zu koordinieren, ist die **Organisation**. Sie bestimmt, wie die einzelnen Unternehmenseinheiten bei der Aufgabenerfüllung verfahren sollen und wie sich jede Einheit bei ihrer Aufgabenerfüllung mit anderen Einheiten abstimmen soll. Dies betrifft die Kommunikation und die Speicherung und Weitergabe von Informationen ebenso wie die Einbindung der Personalarbeit und die Optimierung des Ressourceneinsatzes. Eine solche Organisation sollte bei innovativen Unternehmen möglichst flexibel, adaptionsfähig, störunanfällig und kommunikativ sein [vgl. Klatt 2004, S. 1].

Es wird immer wieder die Frage gestellt, welche Organisation zu welcher Strategie am besten passt. Aufgrund der sehr unterschiedlichen Einflussfaktoren, die auf die einzelne Organisation wirken, gibt es keine allgemeingültige optimale Organisationslösung, sondern nur die unter speziellen Bedingungen geeignete (oder ungeeignete) Organisation. Als geeignet wird eine Organisation insbesondere dann angesehen, wenn sie in der speziellen Situation eines Unternehmens dazu beiträgt, dass das Unternehmen seine Ziele erreichen bzw. seine Strategien umsetzen kann [vgl. Hungenberg/Wulf 2015, S. 185].

Ohne allzu tief in die theoretische Organisationslehre einzusteigen, lassen sich Organisationsstrukturen grob in *klassische* und in *moderne* Organisationsansätze unterscheiden. **Klassische Organisationsformen** sind in erster Linie funktional oder divisional strukturierte Organisationen sowie die Matrixorganisation. Zu den **moderneren Organisationsansätzen** zählen vor allem Projektorganisationsformen, modulare Organisationsstrukturen sowie Netzwerk- und Clusterorganisationen.

5.2.1 Aufbauorganisation

Die Aufbauorganisation (auch Strukturorganisation) bildet das hierarchische Handlungsgefüge des Unternehmens. Drei grundsätzliche Möglichkeiten bei der Stellen- und Abteilungsbildung sollen hier diskutiert werden:

- Funktionale Organisation
- Objektorientierte Organisation
- Matrixorganisation.

5.2.1.1 Funktionale Organisation

Eine **funktionale Gliederung** liegt vor, wenn die zweitoberste Hierarchieebene des Unternehmens eine Spezialisierung nach den betrieblichen Funktionen (z. B. Vertrieb, Leistungserstellung/Projekte, kaufmännischer Bereich) vorsieht. Im kaufmännischen Bereich sind i. d. R. unterstützende Funktionen wie Finanzierung, Controlling oder Personal integriert. Diese Organisationsform dominiert bei Unternehmen, die nur ein Geschäftsfeld bearbeiten oder über ein homogenes Produktprogramm verfügen, sowie bei kleineren und mittleren Unternehmen (KMU‘s).

In Abbildung 5-05 sind die Grundzüge der funktionalen Organisation dargestellt.

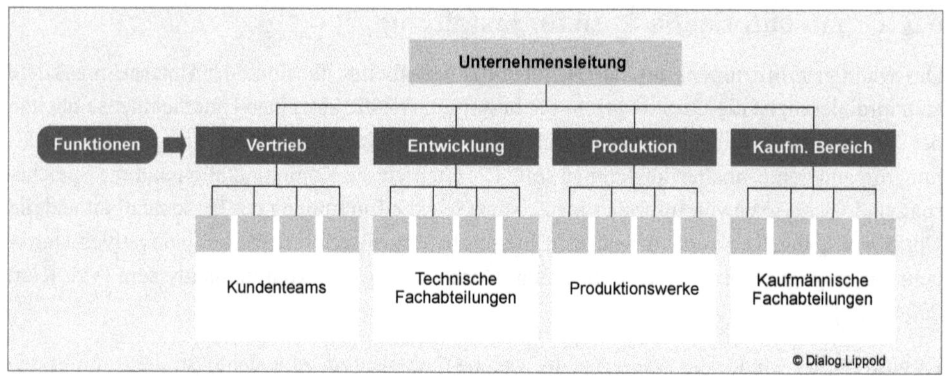

Abb. 5-05: Beispiel für eine funktionale Gliederung

Der Vorteil dieser Organisationsform liegt in Spezialisierungsgewinnen und Produktivitätssteigerungen durch Nutzung hochkompetenter spezialisierter Einheiten. Allerdings gestaltet sich die horizontale Koordination, d. h. die Abstimmung zwischen den Funktionsbereichen außerordentlich schwer. Viele organisatorische Schnittstellen, Ressortegoismen und hohe Fragmentierung der Arbeitsabläufe führen daher zu einem erhöhten Kommunikations- und Integrationsaufwand.

5.2.1.2 Objektorientierte Organisation

Eine **objektorientierte Gliederung** liegt dagegen vor, wenn die zweitoberste Hierarchieebene eine Orientierung an Objekten vorsieht. Hier bilden Geschäftsbereiche (engl. *Business Units*), Produkte bzw. Produktgruppen, Service-Lines, Branchen (engl. *Industries*), Kundengruppen oder Regionen/Märkte das Spezialisierungskriterium. Häufig wird die Objektorientierung einer Organisation auch als **divisionale Organisation**, **Spartenorganisation** oder **Geschäftsbereichsorganisation** bezeichnet. Unterhalb der Spartenebene erfolgt der Organisationsaufbau häufig nach funktionalen Kriterien (siehe Abbildung 5-06).

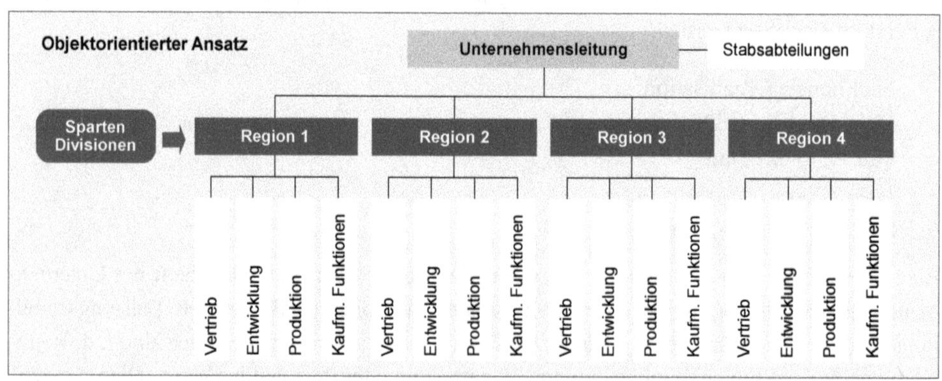

Abb. 5-06: Beispiel für eine objektorientierte Organisation

Bei Großunternehmen ist aber auch eine *mehrstufige* Divisionalisierung üblich, d. h. auch unterhalb der zweiten Hierarchieebene findet eine Gliederung nach Objekten statt (z. B. folgt im

Rahmen einer Geschäftsbereichsorganisation eine Untergliederung nach Ländern oder nach Produktgruppen).

Voraussetzung für den Aufbau einer Spartenorganisation ist die Aufteilung der geschäftlichen Aktivitäten in möglichst homogene, gut voneinander abgrenzbare Sektoren. Dies ist häufig dann der Fall, wenn eine Erfolgszurechnung *(Profit- und Loss-Verantwortung)* zu den einzelnen Sektoren möglich ist.

Mit einer objektorientierten Aufbauorganisation ist eine bessere Ausrichtung auf die jeweiligen Divisionsstrategien ebenso gewährleistet wie eine Entlastung der Unternehmensgesamtführung. Auch sind Unternehmenszukäufe oder der Verkauf von Teilbereichen leichter zu bewerkstelligen. Diesen Vorteilen stehen ein höherer administrativer Aufwand (durch Spartenerfolgsrechnungen, Transferpreis-Regelungen etc.) sowie eine Vervielfachung hoher Führungspositionen als wesentliche Nachteile gegenüber [vgl. Steinmann/Schreyögg 2005, S. 452].

Die Aufbauorganisation wird auch als Strukturorganisation bezeichnet und bildet die Grundlage für das Organigramm eines Unternehmens. Das **Organigramm** ist eine schaubildartige Darstellung der Organisationsstruktur und gibt einen Überblick über die Leitungsstruktur, wobei neben den allgemein üblichen Linieninstanzen Stabsstellen gesondert gekennzeichnet sind.

Insert 5-05 zeigt die Konzernstruktur der Siemens AG aus dem Jahr 2013 als Beispiel für eine Spartenorganisation.

Insert

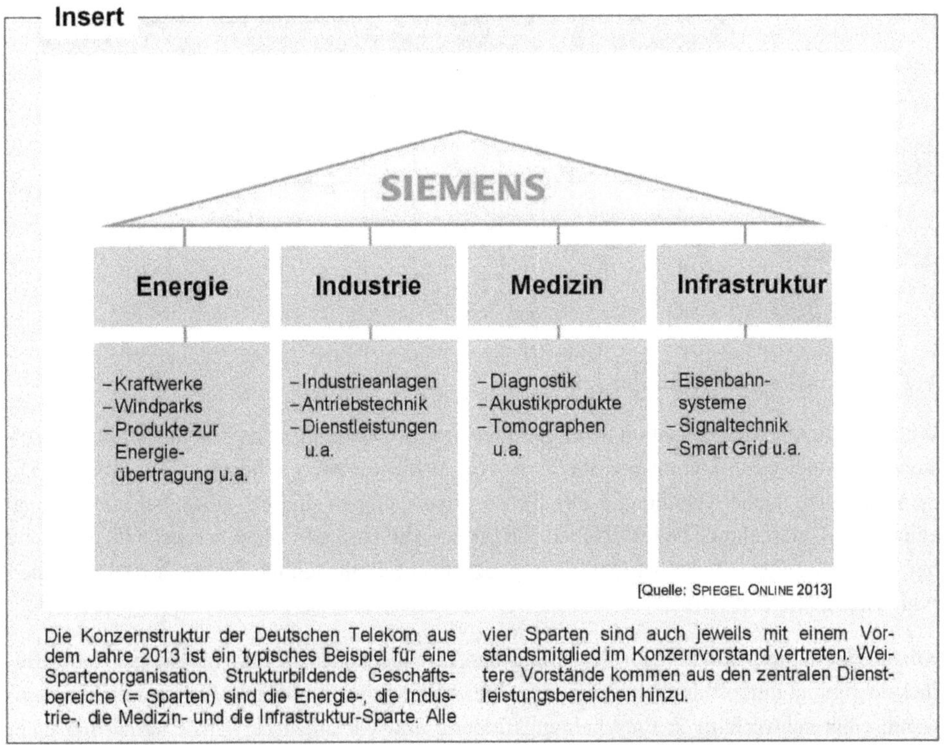

Die Konzernstruktur der Deutschen Telekom aus dem Jahre 2013 ist ein typisches Beispiel für eine Spartenorganisation. Strukturbildende Geschäftsbereiche (= Sparten) sind die Energie-, die Industrie-, die Medizin- und die Infrastruktur-Sparte. Alle vier Sparten sind auch jeweils mit einem Vorstandsmitglied im Konzernvorstand vertreten. Weitere Vorstände kommen aus den zentralen Dienstleistungsbereichen hinzu.

Insert 5-05: Die Konzernstruktur der Deutschen Telekom 2003

5.2.1.3 Matrix- und Tensororganisation

Funktional und objektorientiert strukturierte Organisationen sind hierarchisch als **Einlinien- oder Stabliniensysteme** aufgebaut. Damit werden „klare Verhältnisse" und stabile Beziehungen geschaffen. Mit zunehmender Spezialisierung und Dezentralisierung führen diese Organisationsansätze allerdings zu Problemen: Verschiedene Sichtweisen und Prioritäten der einzelnen Funktionen oder Divisionen fördern Autarkiebestrebungen und erschweren die Koordination.

Bei der (zweidimensionalen) **Matrixorganisation** (siehe Abbildung 5-07) werden genau zwei Leitungssysteme miteinander kombiniert. Die Mitarbeiter stehen dementsprechend in zwei Weisungsbeziehungen, d. h. sie sind gleichzeitig dem Leiter eines horizontalen Verantwortungsbereichs (z. B. Vertriebsmanager) und dem Leiter eines vertikalen Verantwortungsbereichs (z. B. Produktgruppen-Manager) unterstellt. Die Besonderheit bei der Matrixorganisation liegt darin, dass bei Konflikten oder Meinungsverschiedenheiten keine organisatorisch bestimmte Dominanz zugunsten der horizontalen oder der vertikalen Achse geschaffen ist. Die Befürworter dieses Strukturtyps vertrauen vielmehr auf die besseren Argumente und die Bereitschaft zur Kooperation [vgl. Lippold 2011, S. 178 ff.].

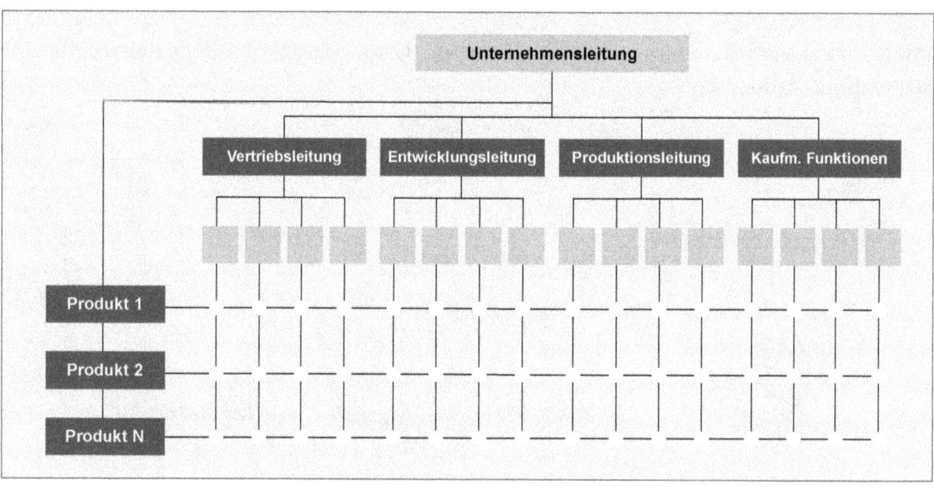

Abb. 5-07: Matrixorganisation

Während die Matrixorganisation unter gleichzeitiger Anwendung von zwei Gestaltungsdimensionen gebildet wird, kommt bei der **Tensororganisation** noch mindestens eine weitere Dimension hinzu (siehe Abbildung 5-08). Tensororganisationen sind besonders bei international agierenden Unternehmen beliebt. Neben den Strukturdimensionen „Funktionen" und „Produkte bzw. Produktgruppen" als Sparten bilden geografische Einheiten häufig die dritte Dimension [vgl. Vahs 2009, S. 171 ff.].

Kürzere Kommunikationswege, Förderung des Teamgedankens, Problemlösungen unter Berücksichtigung unterschiedlicher Standpunkte stehen einem höheren Kommunikationsaufwand, einer schwerfälligen Entscheidungsfindung und vor allem der Unsicherheit bei einer Mehrfachunterstellung gegenüber. Gerade bei größeren, international agierenden Unternehmen, bei denen mindestens zwei Gliederungsdimensionen wettbewerbsrelevant sind, wird die Matrixorganisation praktiziert.

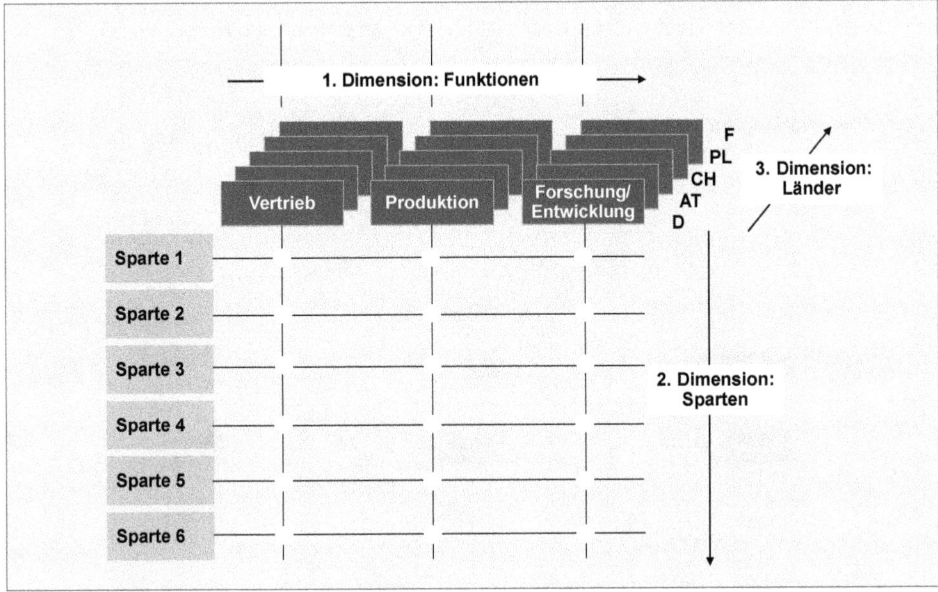

Abb. 5-08: Beispiel für eine Tensororganisation

Der Einsatz einer Matrixorganisation verhindert zwar Verselbständigungstendenzen und verbessert die Koordination, allerdings ist hier die hohe Zahl von Abstimm- und Koordinationsprozessen zeitraubend; auch kann es hier zu Problemen bei der Prioritätensetzung kommen.

5.2.1.4 Netzwerkstrukturen

Im Gegensatz dazu sind bei den meisten **modernen Organisationsformen** die Befugnisse stärker dezentralisiert. Entscheidungen können dort getroffen werden, wo die inhaltliche Kompetenz liegt. Das verbessert die Reaktionsfähigkeit und Schnelligkeit. Die Steuerung durch gemeinsame Wert- und Zielvorstellungen, deren einheitliche Ausrichtung häufig durch die Unternehmenskultur gefördert wird, und das Vertrauen in das Verantwortungsbewusstsein und die Kompetenz der Mitarbeiter lösen die Hierarchie und die Kontrollmechanismen der klassischen Organisationsform ab. Über Zielvereinbarungssysteme und Ergebniscontrolling wird schließlich die Leistung überwacht. Unter den modernen Organisationsformen nehmen die **Netzwerkstrukturen** eine dominierende Stellung ein. Netzwerke verfügen über durchlässige Grenzen und befinden sich dank ihrer flexiblen, organischen Gestalt in einem permanenten „Zustand der Bewegung“ und sind deshalb Ausdruck einer dynamischen Organisationskonfiguration [vgl. Bleicher 2011, S. 231].

Erste Unterschiede zwischen einer klassischen Führungsstruktur und der **Führung von Netzwerken** liefert Abbildung 5-09.

Fasst man diese Überlegungen zusammen, so kommt man zu dem Schluss, dass weder die klassische funktionale oder divisionale Organisationsform sowie die Matrixorganisation noch die modernen Netzwerk- oder Projektorganisationen alleine alle Anforderungen an eine jederzeit geeignete Organisationsstruktur erfüllen. Eine flache, flexible, dezentralisierte, gleichzeitig verbindliche und klare Organisationsstruktur ist nur als Mischform, d. h. als Kombination verschiedener Strukturmerkmale der einzelnen Modelle zu erreichen [vgl. Klatt 2004, S. 9].

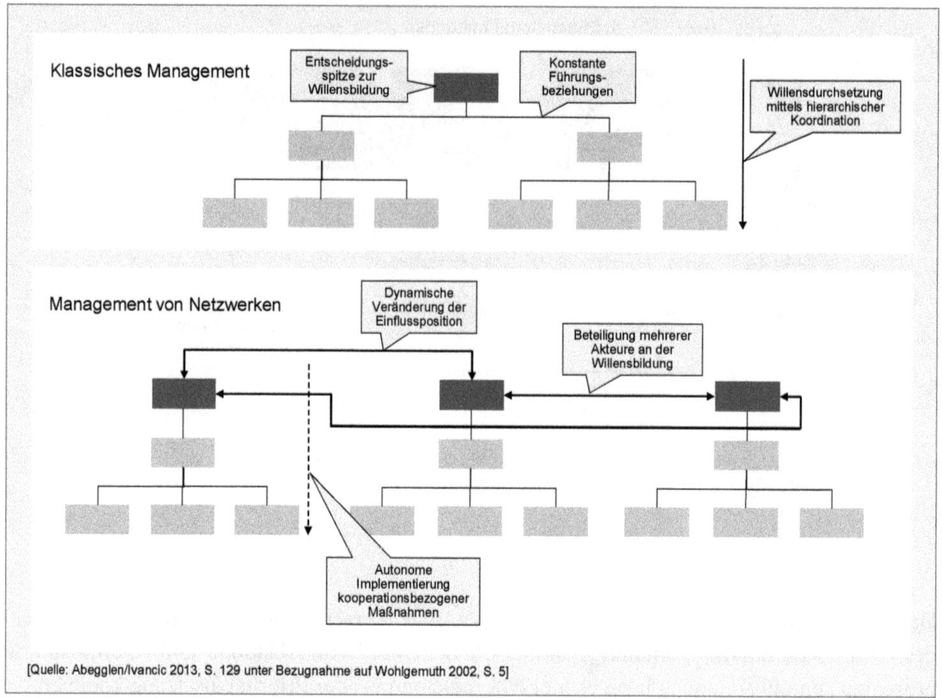

Abb. 5-09: Klassische vs. netzwerkorientierte Führungsstruktur

5.2.2 Kriterien für die Wahl der Strukturform

Gesucht wird also eine Mischform, die alle jeweils geeigneten Merkmale der verschiedenen Organisationsmodelle kombiniert. Die optimale Ausgestaltung der Unternehmensorganisation sollte dabei anhand verschiedener Kriterien erfolgen [vgl. Klatt 2004, S. 7 ff.]:

- Produkte/Produktgruppen/Geschäftsfelder
- Strukturierungs- und Formalisierungsgrad
- Steuerungs- und Qualitätssicherungsfunktion
- Zentralisierungsgrad und Unternehmensgröße
- Arbeits- und Projektumgebung
- Teamstrukturen
- Wissensmanagement
- Support-Funktionen
- Eigentümer- bzw. Governance-Struktur.

Ein hoher **Strukturierungs- und Formalisierungsgrad**, der für die klassischen Organisationsformen typisch ist, ist verbunden mit einer klaren Hierarchie und gilt als „chaossicher", ist allerdings unflexibel und langsam bei Änderungen. Weniger strukturierte Organisationsformen sind dagegen flexibel, kommunikationsfördernd und erleichtern übergreifende Abstimmprozesse. Andererseits sind sie anfälliger für Fehler und langsamer in „normalen" Situationen.

Für die Durchsetzung einer zentralen **Steuerungs- und Qualitätssicherungsfunktion** empfiehlt sich ebenfalls ein klassisch hierarchisches Modell, das mit geringem Aufwand einheitliche Ziele, eine gemeinsame strategische Ausrichtung und gemeinsame Qualitätsstandards sichert.

Zentrale Strukturen korrelieren eher mit einem funktionalen Modell, **dezentrale Strukturen** eher mit einem divisionalen Modell. Die Matrixorganisation vereinfacht sogar noch die Einbindung einer weiteren Führungsdimension, ohne dass dadurch die hierarchische Steuerungsfunktion beeinträchtigt wird.

Große Unternehmen verfügen zumeist über mehrere Produktgruppen, bedienen eine ganze Reihe von Marktsegmenten/Branchen und sind in mehreren Regionen tätig. Eine solche **Unternehmensgröße** lässt sich in aller Regel nur mit einer divisionalen Organisationsform sinnvoll führen und lenken.

Die **Arbeits- und Projektumgebung**, die insbesondere für den B2B-Bereich wichtig ist, muss einerseits genügend Spielraum für eigenständiges Handeln und andererseits eine eindeutige Ergebniszuweisung ermöglichen. Hierfür bietet sich die Form der reinen Projektorganisation ebenso wie Projektgruppen innerhalb lateraler Netzwerke als innovationsfördernde Alternative an.

Bei **Teamstrukturen**, die durch komplementäre Fähigkeiten, einen gemeinsamen Arbeitsansatz und wechselseitige Verantwortung gekennzeichnet ist, steht ebenfalls eine flache Aufbaustruktur im Vordergrund. Die ständige Bildung und Auflösung von Teams für zeitlich begrenzte Projekte erfordern die hohe Flexibilität einer Projektorganisation oder – alternativ – hierarchiefreie Clustermodelle.

Das **Wissensmanagement** (engl. *Knowledge Management*) wird am besten von kommunikationsfreundlichen Modellen wie Matrixstrukturen oder Netzwerkmodellen unterstützt. Besonders die Matrix hat den Vorteil, eine permanente Auseinandersetzung zwischen den verschiedenen Dimensionen zu erzwingen, was der Erzeugung und Weitergabe von Wissen förderlich ist.

Eine zuverlässige Bereitstellung der **Support-Funktionen** für die Mitarbeiter erfordert eine klar geregelte, arbeitsteilige und hierarchisch aufgebaute, funktionale Gliederung, wobei in diesem Zusammenhang auch an eine Ausgliederung (engl. *Outsourcing*) bestimmter Teilaspekte der administrativen Aufgaben in Betracht gezogen werden kann.

Schließlich soll noch die **Eigentümer- bzw. Governance-Struktur** als Kriterium für *Führung und Kontrolle* von Strukturorganisationen angeführt werden: Eigentümergesellschaften haben ein ähnliches Selbstverständnis wie die Angehörigen freier Berufe (Ärzte, Rechtsanwälte, Steuerberater etc.). Sie organisieren sich häufig als Partnerschaften, in denen die Partner an Gewinn und Verlust ihres Unternehmens teilhaben und selbst Einfluss auf die Führung und Kontrolle nehmen. Im Vergleich dazu verstehen sich die Mitglieder des Managements, das eigens zur Führung von Unternehmen eingesetzt wird, in erster Linie als Mitarbeiter. Sie erhalten häufig leistungsbezogene Anreize wie z. B. Stock Options, ohne allerdings über nennenswerte Mitsprache- und Kontrollfunktionen zu verfügen.

5.2.3 Prozessorganisation

5.2.3.1 Ablauforganisation

Während die Aufbauorganisation auf einer *statischen* Betrachtung basiert, liegt der **Ablauforganisation** eine *dynamische* Analyse der Organisationszusammenhänge zugrunde. Sie befasst sich mit der zeitlichen und räumlichen Gestaltung der Arbeitsabläufe innerhalb der Stellen und Abteilungen mit dem Ziel, diese möglichst straff, d. h. optimal zu organisieren. Sie will die Frage beantworten, welcher Stelleninhaber die entsprechende Aufgabe wann, wo und mit welchem Ressourceneinsatz zu erledigen hat.

Da die oben beschriebene Aufgabensynthese, die im Rahmen der Aufbauorganisation durchgeführt wird, Voraussetzung für die Zuordnung der Abläufe ist, kann die Ablauforganisation erst dann gestaltet werden, wenn die Aufbauorganisation mit der Festlegung von Stellen, Abteilungen und dem Leitungssystem abgeschlossen ist. Bei dieser Form der Organisationsentwicklung wird also die Ablauforganisation von der Aufbauorganisation dominiert.

In kleineren Unternehmen stellt der damit verbundene Blick von oben auf die Organisation kein Problem dar, weil sich die Mitarbeiter untereinander kennen und das Zusammenwirken der Funktionen und Abläufe verstehen. In wachsenden Organisationen werden dagegen Abteilungen zu **Silos**: groß, dick und fensterlos [vgl. Osterloh/Frost 2003, S. 28 f.].

Durch die isolierte Betrachtung von arbeitsplatzbezogenen Abläufen ergibt sich ein nur sehr begrenztes Optimierungspotenzial. Auch zeigt sich in der Unternehmenspraxis, dass eine solche Organisation funktionalen Ressortegoismen Vorschub leistet, weil die Bereichsmanager nur noch ihre eigenen Aufgaben sehen.

5.2.3.2 Prozessidee

Die oben skizzierte Vorgehensweise bei der Organisationsentwicklung führt zu einem vertikalen Blick (also von oben nach unten) auf die Organisation, bei dem Abläufe, die stellenübergreifend sind, nicht ausreichend berücksichtigt werden. Funktions- und Hierarchiebarrieren sowie operative Inseln können zu einer funktionalen Abschottung, Informationsfilterung sowie Steuerungs- und Koordinationsproblemen führen. Da die Wettbewerbs- und Überlebensfähigkeit von Unternehmen von der schnellen, fehlerfreien, flexiblen und effizienten Abwicklung der auf den Kunden gerichteten Geschäftsprozesse abhängt, gewinnt die Prozessorientierung in allen Branchen zunehmend an Bedeutung.

Die prozessorientierte Perspektive hat über das **Business Process Reengineering** von Hammer/Champy Eingang in die moderne Managementlehre gefunden. Die Prozessidee besteht darin, gedanklich einen 90-Grad-Shift der Organisation vorzunehmen (siehe Abbildung 5-10). Durch den Wechsel der Perspektive dominieren bei der Prozessorganisation nicht mehr die

Abteilungen die Abläufe, sondern der Fokus liegt auf Vorgangsketten bzw. Prozessen, die auf den Kunden ausgerichtet sind.

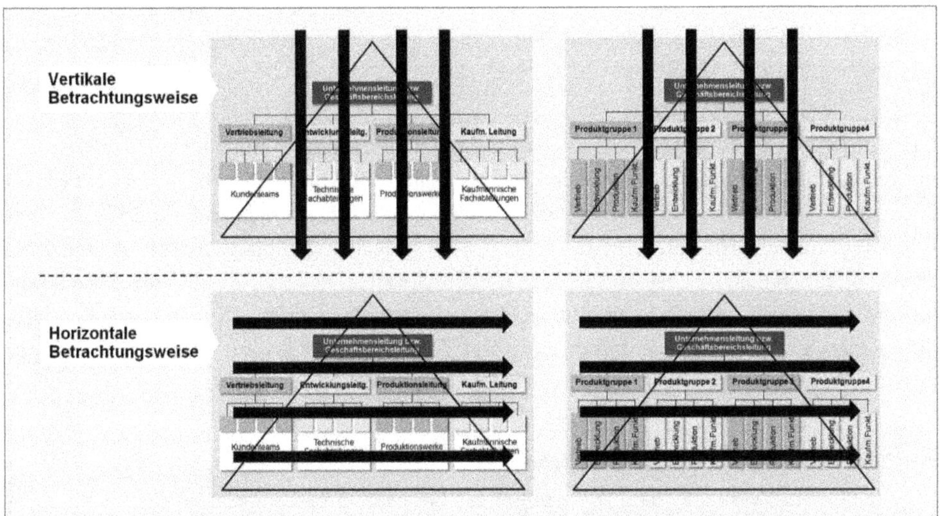

Abb. 5-10: Der 90-Grad-Shift

Ein **Prozess** ist eine Struktur, deren Aufgaben durch logische Folgebeziehungen miteinander verknüpft sind. Jeder Prozess wird durch einen Input initiiert und führt zu einem Output, der einen Wert für den Kunden schafft. Innerhalb des Prozesses werden Vorgaben (= Input) in Ergebnisse (= Output) umgewandelt.

Geschäftsprozesse betrachten die einzelnen Funktionen in Unternehmen also nicht isoliert, sondern als wertsteigernde Abfolge von Funktionen und Aufgaben, die über verschiedene organisatorische Einheiten verteilt sein können [vgl. Schmelzer/Sesselmann 2006, S. 67 ff.].

5.2.3.3 Prozessrollen und -ziele

Jedem Prozess kommen damit **drei verschiedene Rollen** zu:

- Der betrachtete Prozess ist **Kunde** von Materialien und Informationen eines vorausgehenden Prozesses.
- Der betrachtete Prozess ist **Verarbeiter** der erhaltenen Leistungen.
- Der betrachtete Prozess übernimmt die Rolle eines **Lieferanten** gemäß den Anforderungen des nachfolgenden Prozesses und gibt die erstellten Ergebnisse weiter.

Bei der prozessorientierten Organisation eines Unternehmens wird versucht, Prozessziele und die hieraus resultierenden Ergebnisse in den Vordergrund zu stellen. Diese sind im Regelfall nicht deckungsgleich, wenn man sie mit den Abteilungs- bzw. Bereichszielen und -ergebnissen der klassischen Organisation vergleicht.

Der zunehmende Zwang zur Dezentralisierung im Hinblick auf Markt- und Kundennähe, zur Umgestaltung der Produktpalette, zur Reduktion des Verwaltungsaufwands, zur Verflachung der Hierarchien u. ä. führt in immer kürzeren Abständen zur Verlagerung oder zum Wegfall von Aufgaben und zu neuen Schnittstellen in der Organisation. Diesem permanenten Wandel wird das herkömmliche Organisationsverständnis mit hochgradig zentralistischen und arbeitsteiligen Strukturen aber nicht mehr gerecht. Gefragt sind also weniger stör- und krisenanfällige Organisationsformen, wie dies bei der Prozessorganisation der Fall ist [vgl. Doppler/Lauterburg 2005, S. 37 und S. 55].

Gestaltungsziel der Prozessorganisation ist die dauerhafte Strukturierung und die laufende Optimierung von Unternehmensprozessen. Im Gegensatz zum Analyse-Synthese-Konzept erfolgt die Stellen- und Abteilungsbildung unter ausdrücklicher Berücksichtigung der spezifischen Anforderungen eines effizienten Prozessablaufs. Die Aufgabenverteilung und die Bildung von Stellen orientieren sich dabei vor allem an der Vorgangsmenge, der Anzahl der Bearbeitungsschritte und den jeweiligen Bearbeitungszeiten. Die mit der Orientierung an der Wertschöpfungskette verbundene Steigerung der Prozesseffizienz erschließt dazu ein erhebliches Optimierungspotenzial [vgl. Vahs 2009, S. 235 f.].

5.2.3.4 Business Process Reengineering

Die **vier Grundaussagen** (engl. *Essentials*) des Geschäftsprozessmanagements (engl. *Business Process Reengineering – BPR*) sind:

- Business Process Reengineering orientiert sich an den entscheidenden **Geschäftsprozessen.**
- Die Geschäftsprozesse müssen auf die **Kunden** (interne und externe Kunden) ausgerichtet sein.
- Das Unternehmen muss sich auf seine **Kernkompetenzen** konzentrieren.
- Die Möglichkeiten der aktuellen **Informationstechnologie** zur Prozessunterstützung müssen intensiv genutzt werden.

Business Process Reengineering bedeutet fundamentales Umdenken und radikales Neugestalten von Geschäftsprozessen, um **dramatische Verbesserungen** bei bedeutenden Kennzahlen wie Kosten, Qualität, Service und Durchlaufzeit zu erreichen. Beim Business Process Reengineering geht es nicht um marginale Veränderungen, sondern um **Quantensprünge**. Verbesserungen von 50 Prozent und mehr sind gefordert. Das bedeutet nicht nur die Abkehr vom rein funktionalen Denken, sondern **neue Management- und Teamkulturen** sind erforderlich [vgl. Hammer/Champy 1994, S. 12 und S. 113 f.].

Lag in der Vergangenheit das Hauptaugenmerk des Managements auf leicht quantifizierbaren und vor allem finanziellen Elementen, so bietet die Prozessanalyse eine Plattform für einen ganzheitlichen und integrativen Ansatz, der sich auch als **Transformation** bezeichnen lässt. Transformation ist die Neugestaltung der „genetischen Struktur" eines Unternehmens. Dabei gibt es kein Patentrezept. Jede Transformation erfordert einen spezifischen Weg, einen individuellen Transformationspfad. Das bedeutet, dass unterschiedliche Unternehmensbereiche auch unterschiedlich stark von Veränderungen betroffen sind [vgl. Schnieder 2004, S. 233 ff.].

Business Process Reengineering befasst sich mit den Arbeitsabläufen und versucht diese aus Sicht des Geschäftes, d. h. aus Kundensicht zu optimieren. Business Process Reengineering soll helfen, die traditionelle funktionsorientierte Organisationsentwicklung zu überwinden. Es beschränkt sich nicht nur auf die Arbeitsabläufe in den klassischen betrieblichen Funktionsbereichen, sondern es beschäftigt sich intensiv mit den Kundenbedürfnissen. Demzufolge werden die Prozesse an den Anforderungen der (externen und internen) Kunden ausgerichtet und nicht an den Anforderungen der Organisation [vgl. Gadatsch 2008, S. 12].

Kundenorientierung ist also die zentrale Leitlinie des Geschäftsprozessmanagements. Je besser und effizienter ein Unternehmen seine Geschäftsprozesse beherrscht und die Kundenanforderungen erfüllt, umso wettbewerbsfähiger wird es sein. Beispiele für die wichtigsten Geschäftsprozesse eines Industrieunternehmens liefert Abbildung 5-11. Die dort aufgeführten Geschäftsprozesse haben jeweils einen Bezug zum Kunden.

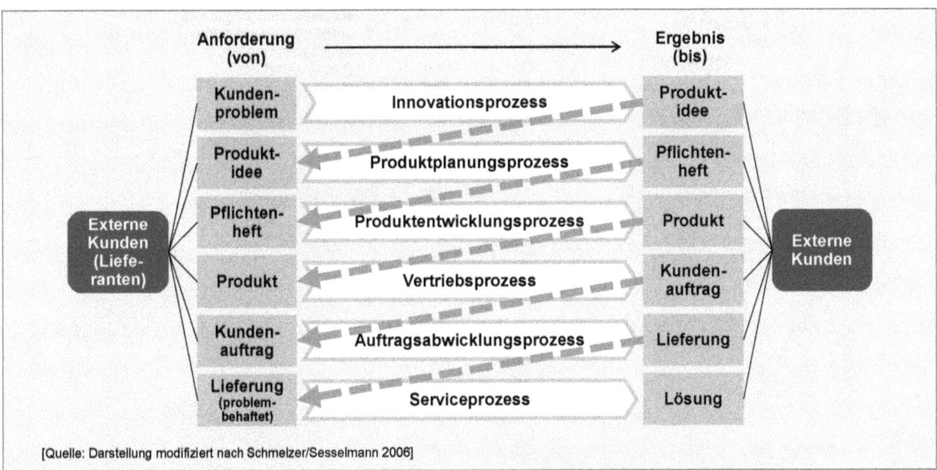

Abb. 5-11: Geschäftsprozesse in Industrieunternehmen mit Serienprodukten

Prozesse in Unternehmen müssen schnell, kundenorientiert und qualitativ hochwertig ablaufen. Die „Entschlackung" eines häufig als hinderlich (weil zu teuer) empfundenen Verwaltungsapparates (engl. *Overhead*) steht daher oftmals ganz oben auf der Liste des Handlungsbedarfs.

Amerikanische und deutsche Unternehmensberatungen trugen wesentlich dazu bei, das Prozessbewusstsein zu verbreiten. So hat fast jedes Beratungsunternehmen zwischenzeitlich seine eigenen Methoden und Techniken zur Prozessorganisation entwickelt. Es verwundert daher auch nicht, dass sich für ein und dieselbe Idee eine ganze Reihe **synonymer Begriffe** etabliert haben: *Business Process Redesign, Business Reengineering, Process Innovation, Core Process Redesign, Process Redesign* und *Business Engineering.*

Im Gegensatz zu dieser Begriffsvielfalt rund um das *Business Process Reengineering* gibt es aber noch weitere, teilweise ergänzende Ansätze, die sich im „magischen" Dreieck von Qualität, Zeit und Kosten mit etwas anderen Zielsetzungen bei der Prozessbetrachtung bewährt haben (siehe hierzu insbesondere die ausführliche Darstellung bei Schmelzer/Sesselmann 2006). Eine Beschreibung dieser **Beratungs- bzw. Managementansätze** würde den hier vorgegebenen

Rahmen sprengen. Stattdessen sind in Abbildung 5-12 einige Ansätze mit ihren zentralen Fragestellungen aufgeführt.

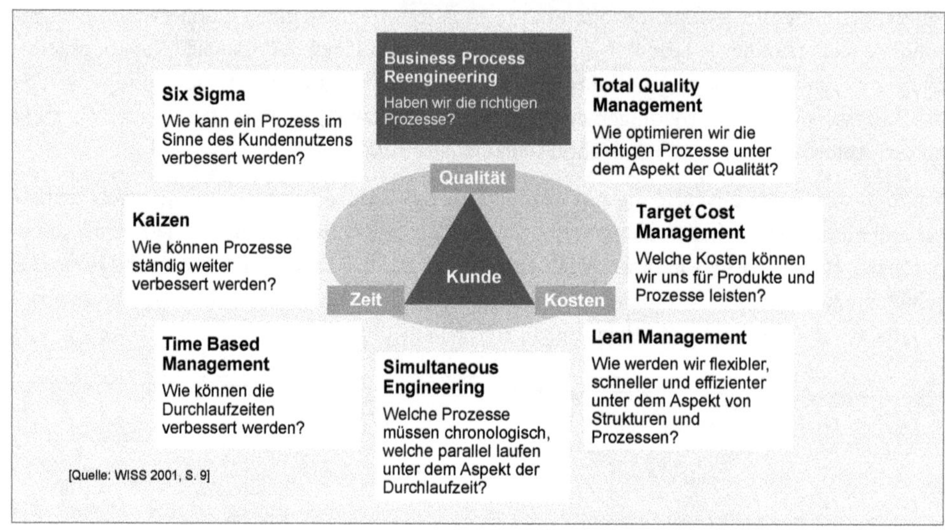

Abb. 5-12: Managementansätze (Auswahl) bei der Prozessgestaltung

5.3 Einbindung von CSR in die Organisationsstruktur

Die organisatorische Gliederung der betrieblichen Funktion *CSR* sowie ihre Stellung innerhalb der Unternehmensorganisation ist grundsätzlich abhängig von der Größe des Unternehmens und der Bedeutung, die CSR bzw. Nachhaltigkeit im Unternehmen beigemessen wird. Folgenden Fragen soll in diesem Zusammenhang nachgegangen werden:

- Wie ist CSR in die hierarchische Struktur des Unternehmens eingebettet?
- Wie ist CSR *in sich* strukturiert?
- Wer trägt die organisatorische Verantwortung für die CSR- (Teil-)Prozesse?

Zunächst ist festzustellen, dass nicht nur CSR im Allgemeinen, sondern auch die sie begleitende Organisation einem permanenten Wandel unterworfen ist. Der Wandel im CSR-Bereich ist gekennzeichnet durch permanente Innovationen, die durch einen fortwährenden Kostendruck, durch neue Qualitätsziele sowie durch den Einsatz neuer Technologien bedingt sind.

Darüber hinaus sollte die organisatorische Gestaltung von CSR gewissen Anforderungen genügen. So hat der CSR-Bereich für **Transparenz** zu sorgen, indem er die Zuständig- und Verantwortlichkeiten innerhalb der jeweiligen Abteilungen festlegt und kommuniziert. Erfolgreiche CSR-Arbeit zeichnet sich durch ein hohes Maß an **Flexibilität** aus, zu der eine reaktionsschnelle Bearbeitung der Anforderungen von Seiten der internen und externen Kunden zählt. Ohnehin ist **Kundennähe und -orientierung** ein wichtiges Merkmal moderner CSR- und Nachhaltigkeitsarbeit. Insbesondere die Nähe zu den internen Kunden, also den Mitarbeitern des Unternehmens, ist Voraussetzung für eine hohe Akzeptanz. Aber auch die Belange der externen Kunden (z. B. Verbraucher, Bewerber) sollten zeitnah bearbeitet werden. Eine weitere Anforderung ist **Vernetzung** im Unternehmen sowie die **Integration** in den Unternehmenskontext.

Im Folgenden soll gezeigt werden, welche Möglichkeiten es gibt, CSR in die Unternehmensstruktur einzubinden.

5.3.1 Einordnung von CSR in die Unternehmenshierarchie

Neben den operativen Linienfunktionen existiert in jedem Unternehmen eine Reihe von permanenten Service- und administrativen Funktionen, die den Mitarbeitern den Rücken freihalten bzw. diese bei ihren operativen Tätigkeiten unterstützen sollen. Im angelsächsischen Sprachgebrauch werden diese wichtigen Funktionen – durchaus zu Recht – auch als *Enabling Functions* (und nicht despektierlich als *Overhead Functions*) bezeichnet. Zu den zentralen Funktionen zählen u. a. das Rechnungswesen und das Controlling, die Steuer- und Rechtsabteilung, die Öffentlichkeitsarbeit, die IT-Abteilung, der Einkauf und eben auch CSR. Aber auch Back-Office-Bereiche wie die Research- oder Grafikabteilung können ein wichtiger Bestandteil der zentralen Dienste sein.

Hinsichtlich der Einordnung von CSR in die hierarchische Struktur des Unternehmens sind in der Praxis alle im Abschnitt 5.2.1 vorgestellten Organisationsformen zu finden: Einordnung in eine funktionale Organisation, in eine objektorientierte Organisation und in eine Matrixorganisation.

Da CSR dem Business folgen sollte, ist die organisatorische Eingliederung grundsätzlich an der Gesamtorganisation auszurichten. In einem regional ausgerichteten Unternehmen werden regionale CSR-Manager gefragt. In einer Spartenorganisation nach Geschäftsbereichen benötigen die Business Units ihre eigene CSR-Betreuung.

5.3.1.1 CSR als Stabsfunktion

Wenn eine Organisationseinheit eingeführt und somit noch recht neu ist, werden häufig Stabsstellen geschaffen. Solche Stabsstellen sind i. d. R. direkt der Geschäftsführung zugeordnet und haben zumeist nur eine beratende Funktion für das Unternehmen bzw. für die Geschäftsführung. Zudem haben Sie oft auch keine Weisungsbefugnisse. Die Einführungsphase sollte dazu genutzt werden, Kompetenzen in Bezug auf CSR aufzubauen und bereits bestehende Aktivitäten zu bündeln.

In Abbildung 5-13 ist eine typische Organisationsstruktur für ein Stabliniensystem dargestellt [vgl. Thiemann 2023, S. 19].

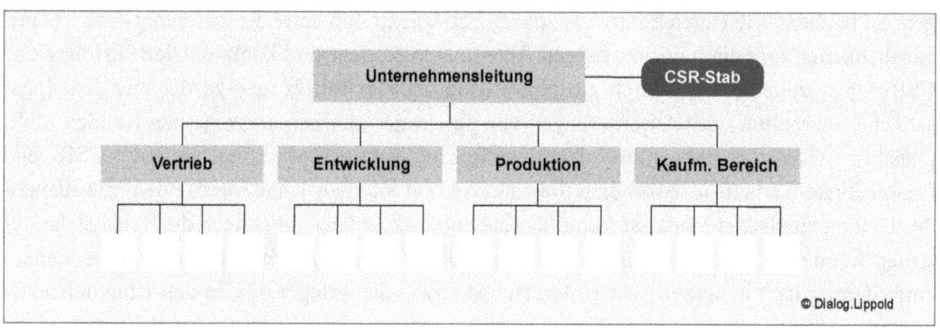

Abb. 5-13: CSR als Stabsfunktion

Abhängig vom Aufgabenumfang des Unternehmens hinsichtlich Nachhaltigkeit muss die Stelle mit Ressourcen ausgestattet sein. Bei größeren Unternehmen und wenn die unternehmerischen Aktivitäten in Bezug auf ein CSR sukzessive ausweiten, sollte ein Stabliniensystem nur einen organisatorischen Anfang darstellen. Wichtig ist, dass eine solche Stabsposition mit dem Management in einem Unternehmen „auf Augenhöhe" Aktivitäten planen, bündeln und durchsetzen kann [vgl. Thiemann 2023, S. 19].

5.3.1.2 Einordnung in die funktionale Organisation

In Kleinbetrieben existiert üblicherweise keine eigenständige Abteilung für die CSR-Aktivitäten. Entscheidungen im Zusammenhang mit Nachhaltigkeitsaspekten werden meist vom Unternehmer/Geschäftsführer oder vom kaufmännischen Leiter wahrgenommen.

In mittleren und größeren Unternehmen mit funktionaler Organisationsausrichtung ist CSR entweder der kaufmännischen Leitung oder direkt der Unternehmensleitung unterstellt. In Großunternehmen ist CSR regelmäßig auf der zweiten Hierarchieebene vertreten.

In Abbildung 5-14 ist eine Einordnung auf der zweiten Hierarchieebene dargestellt.

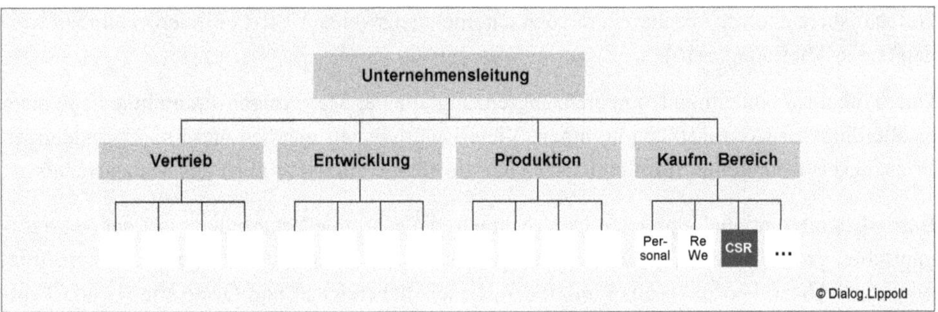

Abb. 5-14: CSR-Einordnung in eine funktionale Organisation

5.3.1.3 Einordnung in die objektorientierte Organisation

Vornehmlich größere Unternehmen sind nach der Organisationsform der objektorientierten Organisation aufgebaut (siehe hierzu das Beispiel Siemens in Abschnitt 5.2.1.2). Objekte können Produkte, Produktgruppen oder Regionen sein, die dann zu Geschäftsbereichen zusammengefasst werden. Jeder Geschäftsbereich verfügt bei dieser Organisationsform über CSR-Ressourcen. Auf diese Weise kann eine CSR-Politik verfolgt werden, die genau auf die spezifischen Anforderungen des jeweiligen Geschäftsbereichs zugeschnitten ist.

Dies ist besonders dann von Vorteil, wenn die Geschäftsbereiche sehr heterogen sind. Nachteilig ist diese Organisationsform dann, wenn die Unternehmensleitung ein einheitliches, unternehmensübergreifendes CSR-Konzept verfolgt. Um diesem Nachteil entgegenzuwirken, richten objektorientierte Organisationen auf Ebene der (Gesamt-)Unternehmensleitung eine zentrale CSR-Abteilung ein, die für die Koordination einer einheitlichen Nachhaltigkeitsausrichtung zuständig ist.

Abbildung 5-15 zeigt die organisatorische Eingliederung von CSR in eine Spartenorganisation mit einer zusätzlichen, zentralen Stabsstelle auf der Stufe der ersten Unternehmenshierarchie.

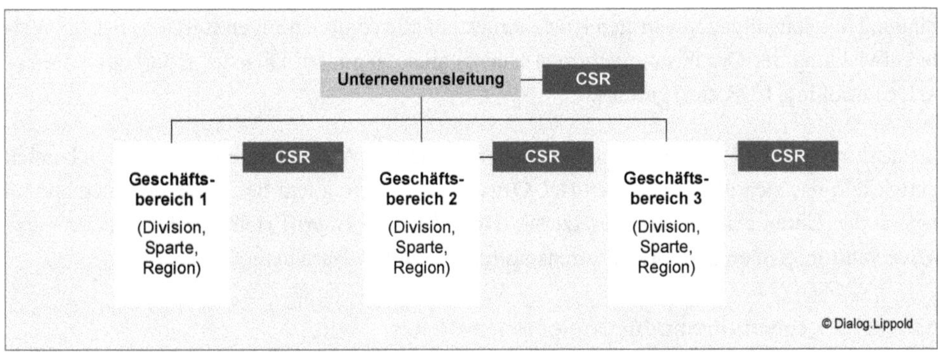

Abb. 5-15: CSR-Einordnung in eine objektorientierte Organisation

5.3.1.4 Einordnung in die Matrixorganisation

Bei der Matrixorganisation wird der funktionale Aspekt mit der objektorientierten Sichtweise verknüpft. Damit soll sichergestellt werden, dass die spezifischen CSR-Anforderungen der

Geschäftsbereiche von vornherein mit den unternehmensweiten CSR-Leitlinien vereinbart werden (siehe Abbildung 5-16).

Durch die nicht eindeutige Kompetenzabgrenzung, die der Matrixorganisation inne liegt, kann es allerdings zu Konfliktfällen kommen. Viele Unternehmen nehmen diese nicht eindeutigen Weisungsbeziehungen in Kauf und setzen auf die Kooperationsfähigkeit des Managements.

Besonders international agierende Unternehmen, die sehr gute Erfahrungen mit der Matrixorganisation gemacht haben, gehen sogar noch einen Schritt weiter, in dem sie **dreidimensional gekreuzte Organisationen** aus Funktionen, Geschäftsbereichen und Geografie (Länder) entwickeln und einführen.

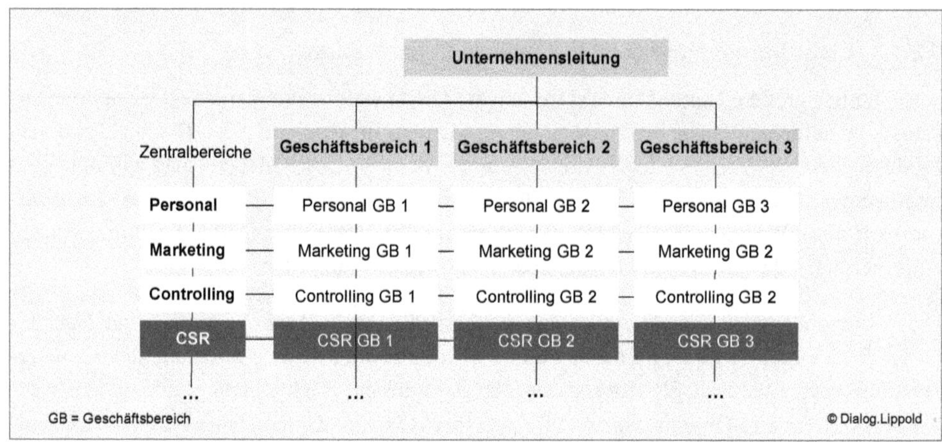

Abb. 5-16: CSR-Einordnung in eine Matrixorganisation

5.3.2 Moderne CSR-Organisationsformen

Die Bereitschaft zur Umsetzung des **Business Process Outsourcing** („Make-or-Buy") in Verbindung mit dem allgegenwärtigen Kostendruck auf alle administrativen Bereiche hat zur Weiterentwicklung der Organisationsformen nahezu aller „zentralen Dienste" (Marketing, Personal, Controlling, CSR etc.) geführt.

So lässt sich im CSR-Sektor ein Organisationsmodell in Anlehnung an den Personalbereich entwickelt, das sich als **„Trias der HR-Organisation"** vor allem bei größeren, international agierenden Unternehmen durchgesetzt hat. Hinter diesem Begriff steht ein *Service Delivery-Modell* mit folgenden drei Organisationsmodulen [vgl. HR-Barometer 2011, S. 14]:

5.3.2.1 Organisationsmodul Competence Center

Im strategisch ausgerichteten Competence Center (Strategic CSR) ist die gesamte CSR-Expertise für bestimmte CSR-Themen wie ESG-Kriterien, Umweltschutzmanagement, Wertschöpfungsketten, KI-Anwendungsfälle im Nachhaltigkeitsbereich, CSR-Grundsatzfragen etc. gebündelt. Die Experten in diesem Bereich bearbeiten demnach Themen, die ganz oben auf der Agenda der Top-Themen von CSR stehen. Dieser Bereich ist eher **zentral** zu organisieren, weil die notwendige Expertise für das Gesamtunternehmen gebündelt und nur an einer Stelle vorgehalten werden sollte. Dazu bietet es sich an, das hoch spezialisierte Competence Center als sogenanntes **Corporate Center** direkt an die Unternehmensleitung anzubinden.

Der Einfachheit halber lässt sich das Organisationsmodul Competence Center auch als **CSR-Grundsatzabteilung** bezeichnen.

5.3.2.2 Organisationsmodul Business Partner

Das Aufgabenspektrum des Business Partner-Organisationsmoduls ist prozessorientiert. Führungskräfte und Mitarbeiter der Gesamtorganisation sind nach dem Prozessmodell (interne) Kunden und zugleich (interne) Lieferanten der CSR-Business Partner. Diese hohe Beziehungsorientierung (engl. *Relationship*) führt zur Bezeichnung „Relationship CSR".

Die Durchführung von dezentralen CSR-Schulungen und CSR-Coachingmaßnahmen ließe sich in diesem Organisationsmodul ebenfalls vorstellen.

Als Ansprechpartner für Management und Mitarbeiter sind die Business Partner u. a. zuständig für alle CSR-relevanten Fragen in den betrieblichen Teilbereichen. Um im Rahmen dieses Prozessmodells der Anforderung nach Kundennähe gerecht werden zu können, ist dieses Organisationsmodul eher **dezentral** zu organisieren.

5.3.2.3 Organisationsmodul Service Center

Im Organisationsmodul Service Center sind alle transaktionsorientierten Dienstleistungen gebündelt, die zur Unterstützung der CSR-Prozesse erforderlich sind („Transactional CSR"). Es handelt sich dabei in erster Linie um Dienstleistungen mit einem hohen Transaktionsvolumen wie die Nachhaltigkeitsberichterstattung im Rahmen der **EU-weiten Berichtspflicht** über das Nachhaltigkeitsengagement von Unternehmen. Mit dem **Green Deal** der Europäischen Kommission und vor allem mit der **Corporate Sustainability Reporting Directive (CSRD)** ist der Umfang und die Art der Nachhaltigkeitsberichterstattung festgelegt.

Aber auch die Einhaltung des **Lieferkettensorgfaltspflichtengesetzes** erfordert erhebliche Anstrengungen von den Unternehmen, um ihre Zulieferer gezielt unter die Lupe zu nehmen. Das Kreislaufwirtschaftsgesetz, das Verpackungsgesetz, das Klimaschutzgesetz und die Ökodesign-Richtlinie enthalten weitere Vorschriften, die berücksichtigt werden müssen.

Ähnlich wie das Competence Center sollte auch das Service Center **zentral** organisiert sein, da solche kostenoptimierten Dienstleistungen ebenfalls nur an einer Stelle des Unternehmens administriert werden sollten. Da sich alle Geschäftsbereiche die in diesem Center angebotenen Dienstleistungen teilen, kann es auch als **Shared Service Center** bezeichnet werden.

In Abbildung 5-17 sind die einzelnen Aufgaben der drei Organisationsmodule zu Aufgabenbereichen zusammengefasst und im Überblick dargestellt.

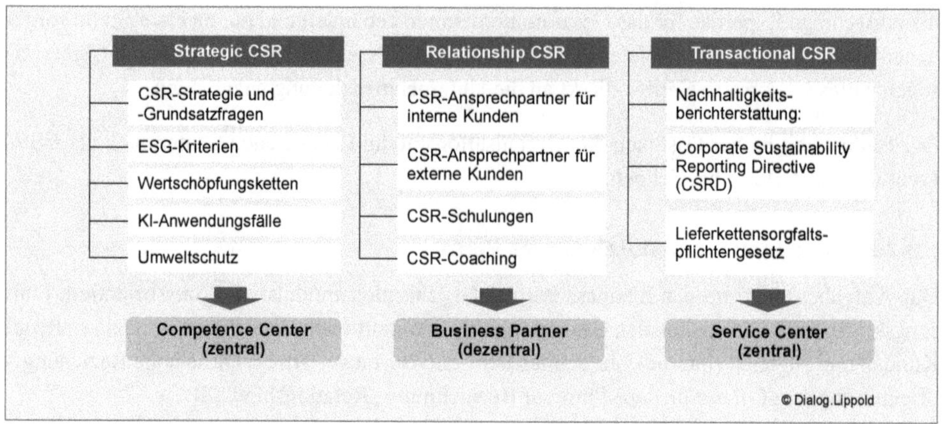

Abb. 5-17: Aufgabenbereiche der drei CSR-Organisationsmodule

Gliedert man diese CSR-Organisationsstruktur in eine Gesamtorganisation ein, die nach Geschäftsbereichen strukturiert ist, so bietet es sich an, die zentralen Organisationsmodule auf der hierarchischen Ebene der Unternehmensleitung anzubinden. Das für CSR zuständige Vorstands- oder Geschäftsführungsmitglied hätte dann unmittelbare Weisungsbefugnis sowohl für das Corporate Center als auch für das Shared Service Center. Die Business Partner-Organisation ist dagegen dezentral organisiert, d. h. jedem Geschäftsbereich sind die zugehörigen CSR Business Partner direkt zugeordnet (siehe Abbildung 5-18).

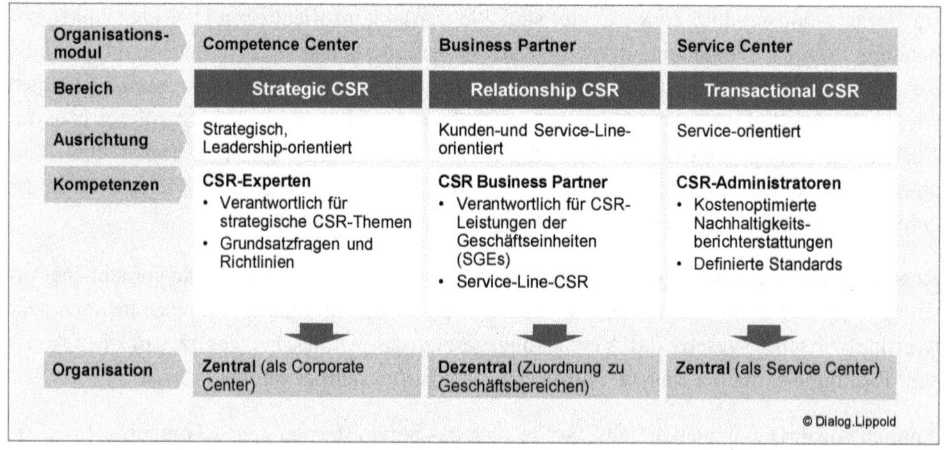

Abb. 5-18: Aufgaben- und Kompetenzzentrum des Marketing-Service-Delivery-Modells

Gliedert man diese Organisationsstruktur in die Gesamtorganisation ein, so bietet es sich an, die zentralen Organisationsmodule (Competence- und Service-Center) auf der hierarchischen Ebene der Unternehmensleitung anzubinden und als **Shared Service Center** (SSC) zu bereichsübergreifenden Organisationseinheiten zusammenzufassen. Die Business Partner-Organisation ist dagegen dezentral organisiert und den jeweiligen Service-Lines zugeordnet.

Beim Shared Service Center handelt sich um interne, zentrale Organisationseinheiten, die ihre Dienstleistungen nun für alle Unternehmensbereiche an verschiedenen Standorten anbieten. Sie versprechen für die Durchführung der Prozesse messbare wirtschaftliche Vorteile und ein höheres Maß an Kundenorientierung. Im Gegensatz zur klassischen Zentralisierung von unterstützenden Funktionen wird das Shared Service Center als eigenständige Einheit geführt. Im Zuge der Einrichtung von Shared Service Centern bietet es sich – nicht zuletzt unter Kostengesichtspunkten – an, auch über eine rechtliche und/oder geografische Auslagerung, also über das **Outsourcing** von zentralen Diensten nachzudenken.

5.4 Agile Organisation

Die Digitalisierung verändert nicht nur Produkte und Geschäftsmodelle, sie führt auch zu signifikanten Veränderungen in der Organisation. Vor allem in kleinen Unternehmen sorgt die Digitalisierung dafür, dass die Motivation der Mitarbeiter steigt, weil sie durch die Digitalisierung ganz einfach mehr „Freude an ihrer Arbeit" haben. Die Digitalisierung beschleunigt die Kommunikation mit Kunden und auch intern können Mitarbeiter schneller informiert und in Entscheidungen einbezogen werden. Betriebliche Abläufe werden transparenter und flexibler. So stellt der frühere Bitkom- und spätere BDI-Präsident Dieter Kempf fest:

„Die Digitalisierung verändert die Wirtschaft grundlegend, das hat auch Auswirkungen auf die Organisation der Unternehmen. Der Kontakt mit Kunden findet heute oft rund um die Uhr und in aller Öffentlichkeit statt, etwa in sozialen Netzwerken" [Bitkom-Pressemitteilung vom 27.04.2015].

5.4.1 Softwareentwicklung als Modell für Organisationsentwicklung

Wenn es nun darum geht, entsprechende digitale Lösungen als Antwort auf die Anforderungen der VUCA-Welt zu entwickeln, wird **Agilität** zum Schlagwort. Veränderungen, die mit der Digitalisierung einhergehen, machen nicht nur agile Tools und Techniken erforderlich, sondern auch eine Anpassung der Arbeitswelt und damit der Organisation. Dabei geht es um kürzere Entscheidungswege und mehr Schnelligkeit und Flexibilität bei der Planung und Umsetzung von Projekten.

Agile Organisationen gelten heutzutage als *die* Struktur, mit der der digitale Wandel und das ständig zunehmende Tempo auf den Märkten am besten gestaltet werden kann. Agile Organisationen gelten als flexibel. Sie passen sich neuen Anforderungen von Kunden viel besser an als die traditionellen Linienorganisationen. Sie sind schneller, vor allem wenn es darum geht zu entscheiden. Denn sie organisieren sich meist selbst, ohne die Entscheidungsleitern nach oben und unten zu durchlaufen.

Kurzum: Bei der Einführung einer agilen Organisation geht es um mehr Flexibilität, Schnelligkeit und Vernetzung bei der Planung und Umsetzung von Projekten (siehe Insert 5-06).

Die agile Bewegung gründet auf der ursprünglichen Idee, bessere Software zu entwickeln. Inzwischen wird der agile Ansatz zu allen Arten von Entwicklungsarbeit wie etwa Design, Technik, Marketing und Management herangezogen und von der anfänglichen Fokussierung auf kleine selbstorganisierte, aber bereichsübergreifende Teams zur agilen Gesamt-Organisation ausgeweitet. Auch die einstigen Grundwerte von Agilität wurden mehr und mehr abstrahiert, um in ganzen Unternehmen eine Kultur der Transparenz, Selbstorganisation und feedbackorientierten Zusammenarbeit zu schaffen [vgl. DMK e-Business 2017].

Für die agile Organisation existiert keine allgemeingültige Definition. Es ist aber wichtig zu wissen, dass wesentliche Impulse der agilen Planung und Organisation aus der **Softwareentwicklung** kommen. Hier war es zunächst das **Wasserfallmodell**, das die Vorgehensweise und Methodik in nahezu jedem Projekt bestimmte (siehe Insert 5-07). Die geordnete Struktur des Modells macht das Vorgehen vor allem für Projekte interessant, die sehr konstante

Anforderungen aufweisen und keine kurzfristigen Korrekturschleifen benötigen. Entsprechend ungeeignet ist das Wasserfall-Modell für Projekte mit vielen unvorhersehbaren Faktoren, die flexible Anpassungen benötigen. Da der geplante Ablauf aus der Konzeptionsphase fest eingehalten wird, zeigen sich Fehler in der Umsetzung normalerweise erst gehäuft am Ende des Projektes. Die Fehler zu diesem späten Zeitpunkt zu korrigieren ist entsprechend teurer als es eine frühzeitige Überarbeitung gewesen wäre.

Insert

Gründe für die Anpassung hin zu einer agilen Organisation

FLEXIBILITÄT - um eine höhere Flexibilität im Unternehmen zu erreichen, z. B. in der Produktentwicklung, der Bearbeitung von Projekten, beim Mitarbeitereinsatz etc. **55 %**

SCHNELLIGKEIT - um schnellere Reaktionszeiten im Unternehmen zu ermöglichen, z. B. bei veränderten Marktbedingungen oder Kundenanforderungen **51 %**

VERNETZUNG - um eine stärkere Vernetzung der Wissensträger/ Mitarbeiter, auch über Abteilungs- bzw. Bereichsgrenzen hinweg, zu erreichen **46 %**

ANPASSUNG - um sich an veränderte Rahmenbedingungen (Markt, Wettbewerb, gesetzliche Rahmenbedingungen) anzupassen **43 %**

SELBSTORGANISATION - um einen höheren Grad an Selbstorganisation der Mitarbeiter zu erreichen bzw. zu etablieren **43 %**

Basis: n = 952 (Teilgruppe)

Was macht es für Organisationen notwendig, ihre Strukturen agiler zu gestalten? Ganz oben steht hier bei den Befragten, über eine agile Organisation eine höhere Flexibilität zu erzielen – um Produkte zu entwickeln, Projekte zu bearbeiten oder Mitarbeiter flexibler einzusetzen. Der zweitwichtigste Grund, die Organisation agiler zu machen, ist die Schnelligkeit. Über sie sollen kürzere Reaktionszeiten im Unternehmen ermöglicht werden. Auf Platz 3 steht das Thema Vernetzung: Über alle Bereiche hinweg soll die agile Organisation dazu führen, Mitarbeiter und Wissensträger zu vernetzen. Danach folgen die Anpassung der Organisation an veränderte Rahmenbedingungen, gefolgt von der Selbstorganisation der Mitarbeiter. Größere Differenzen bei diesen Topthemen in Bezug auf die Position oder die Größe und Art des Unternehmens bzw. der Organisation zeigen sich in den empirischen Befunden nicht.

[Quelle: Hays HR-Report 2018 – Agile Organisation auf dem Prüfstand]

Insert 5-06: Gründe für die Anpassung hin zu einer agilen Organisation

Um den **Problemen des Wasserfallmodells** entgegenzuwirken, wurden zahlreiche agile Vorgehensweisen für die Softwareentwicklung erprobt, die das Projekt nicht anhand eines langfristigen Plans, sondern mit Hilfe kurzer Bearbeitungszyklen *(Sprints)* steuern. In diesen

Bearbeitungszyklen, die jeweils zwischen einer und vier Wochen dauern, werden jeweils einer oder mehrere Themenbereiche bearbeitet, getestet und abgeschlossen.

Insert

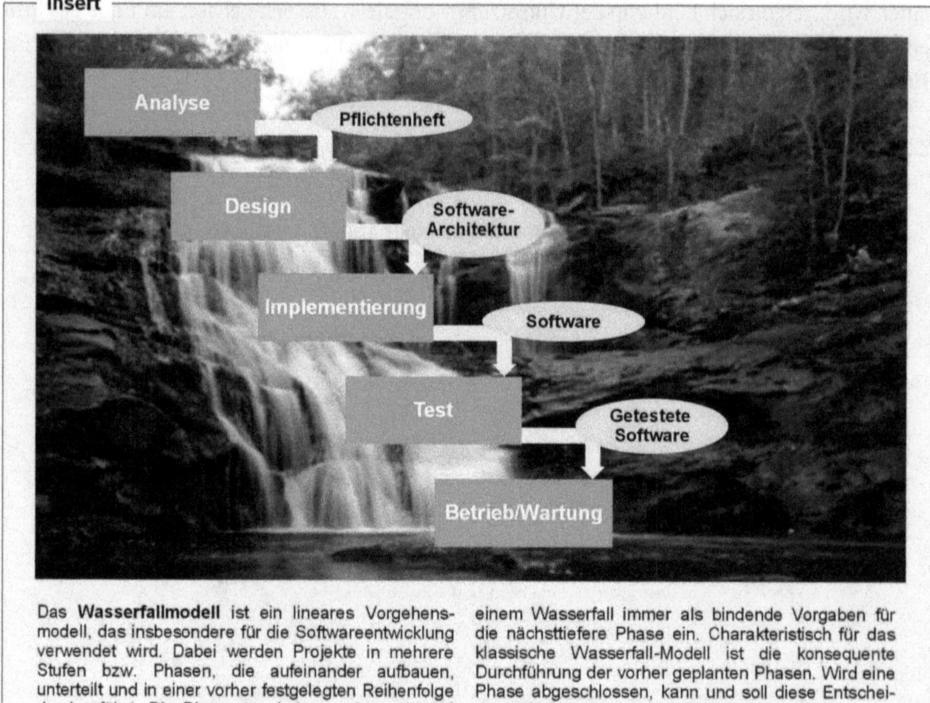

Das **Wasserfallmodell** ist ein lineares Vorgehensmodell, das insbesondere für die Softwareentwicklung verwendet wird. Dabei werden Projekte in mehrere Stufen bzw. Phasen, die aufeinander aufbauen, unterteilt und in einer vorher festgelegten Reihenfolge durchgeführt. Die Phasenergebnisse gehen wie bei einem Wasserfall immer als bindende Vorgaben für die nächsttiefere Phase ein. Charakteristisch für das klassische Wasserfall-Modell ist die konsequente Durchführung der vorher geplanten Phasen. Wird eine Phase abgeschlossen, kann und soll diese Entscheidung nicht mehr rückgängig gemacht werden.

Insert 5-07: Das Wasserfallmodell der klassischen Softwareentwicklung

Damit stellt sich aber die Frage, was Softwareentwicklung mit Organisationsentwicklung zu tun hat. Beiden gemeinsam ist, dass es schwierig ist, von Anfang an Ziele spezifisch und messbar zu definieren und dass nicht vorhersehbare Probleme und Änderungen bei der Umsetzung von Zielen eher die Regel als die Ausnahme sind.

Gemeinsame agile Werte wie zum Beispiel Commitment, Fokus, Offenheit oder Mut, die in der Praxis von jedem Team gelebt werden müssen, sind oft der Ausgangspunkt für die agile Organisationsentwicklung. Diesen Werten, die bei der agilen Softwareentwicklung eine große Rolle spielen, wird auch eine hohe Bedeutung für den Erfolg des Organisationsprozesses beigemessen.

Insert 5-08 zeigt, dass die Softwareentwicklung bei weitem nicht mehr das einzige Einsatzgebiet agiler Methoden ist. Im Gegenteil, gut ein Drittel aller befragten Unternehmen einer Studie der Deutschen Gesellschaft für Projektmanagement (GPM) setzen agile Methoden in Anwendungsfeldern ohne besonderen IT-Bezug (und damit auch in der Organisationsentwicklung) ein.

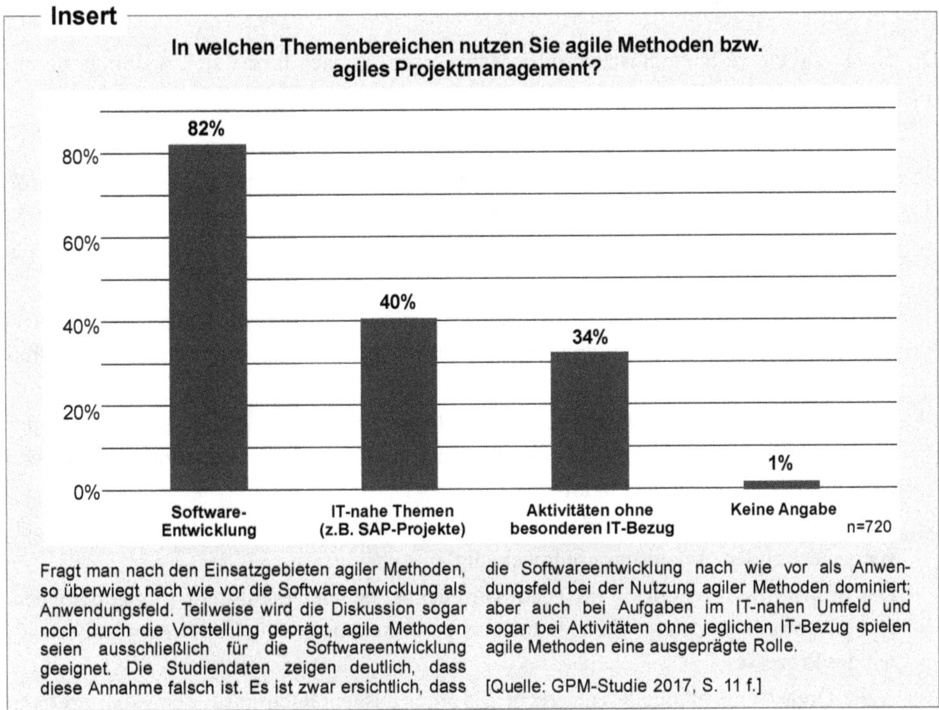

Fragt man nach den Einsatzgebieten agiler Methoden, so überwiegt nach wie vor die Softwareentwicklung als Anwendungsfeld. Teilweise wird die Diskussion sogar noch durch die Vorstellung geprägt, agile Methoden seien ausschließlich für die Softwareentwicklung geeignet. Die Studiendaten zeigen deutlich, dass diese Annahme falsch ist. Es ist zwar ersichtlich, dass die Softwareentwicklung nach wie vor als Anwendungsfeld bei der Nutzung agiler Methoden dominiert; aber auch bei Aufgaben im IT-nahen Umfeld und sogar bei Aktivitäten ohne jeglichen IT-Bezug spielen agile Methoden eine ausgeprägte Rolle.

[Quelle: GPM-Studie 2017, S. 11 f.]

Insert 5-08: Einsatzgebiete agiler Methoden

Aus klassischer Führungssicht zielt die agile Organisation auf eine **Selbstorganisation**, die ein Maximum an Delegation darstellt. Die Führung wird dabei temporär immer wieder von neuen Teammitgliedern übernommen und kann als *„Führung on demand"* bezeichnet werden. Bei einer ausgeprägten Selbstorganisation hat das Organigramm als Pyramide ausgedient. Gefragt ist eine breite Plattform, auf der die Mitarbeiter für das Unternehmen und auch im Sinne der Unternehmensziele erfolgreich sein können. Zudem sind Vorgesetzte nicht mehr für die Einteilung der Arbeit zuständig. In einer agilen Organisation regelt das jeder Einzelne in Abstimmung mit dem Team, und zwar nach inhaltlichen und motivationalen Gesichtspunkten. Viele Dinge werden transparenter und Herrschaftswissen nimmt ab [vgl. Nowotny 2017].

Eine agile Organisation muss eine hierzu passende Kultur haben. Für die Unternehmenspraxis bedeutet das: Die Kontroll- und Politikinstrumente treten in den Hintergrund. Transparenz und eine offene Diskussionskultur prägen die Organisation. Vornehme Zurückhaltung ist kontraproduktiv, da essenzielle Punkte so nicht auf den Tisch kommen. Auch der für agile Unternehmen wichtige Austausch von informellem Wissen wird sehr stark durch die Unternehmenskultur vorgegeben. Die Teamkultur, die Zusammenarbeit im Team und der Teamprozess selbst stehen im Vordergrund und werden immer wieder gezielt verbessert [vgl. Nowotny 2017].

5.4.2 Unterschiede zur klassischen Organisation

Die **Unterschiede** zu hierarchischen oder Matrixorganisationen lassen sich wie folgt zusammenfassen [vgl. Albert/Krumbier 2014]:

- Die agile Organisation vermeidet Arbeitsteilung und Differenzierung.
- Für agile Organisationen sind Kräfte, die von außen kommen, wichtiger als Kräfte, die von oben – also vom Management – kommen.
- **Vernetzte Kommunikation** und **informelle Strukturen** treten bei agilen Unternehmen in den Vordergrund.
- Agile Organisationsentwicklung folgt dem Prinzip des „**test-driven-development**“. Dabei wird ein missglückter Testballon nicht als „Fehlschlag“ bewertet, sondern als eine „hilfreiche Information“.
- Agile Organisationen haben anders als hierarchische Organisationen eine **organische oder zellartige Struktur**. Sie bestehen durchgehend aus Teams, die eigenverantwortlich und ohne klassische Führungskraft arbeiten.
- **Transparenz** im Vorgehen und in der Kommunikation ist eine der wichtigsten Voraussetzungen der agilen Organisationsentwicklung.
- Der **Informationsaustausch im Team** wird bei der agilen Organisation großgeschrieben. Das gilt sowohl bei den Inhalten als auch bei der Zusammenarbeit. Das Lernen ist Bestandteil des Prozesses.
- Agile Organisationsmodelle entsprechen in ihrer ausgeprägten Form dem **kooperativen Führungsstil**. Allerdings sollte die Passung von Führungsstil und Organisationsform im Kontext neuer Zusammenarbeitsmodelle immer wieder diskutiert werden. Wird die Organisation über einen bestimmten Punkt hinaus demokratisiert, mindern negative Effekte den Erfolg.

Sind die Voraussetzungen gegeben, so sehen die Vertreter der agilen Organisationsentwicklung folgende **Vorteile** im agilen Vorgehen [vgl. Kasch 2013, S. 49]:

- **Entscheidungsprozess:** Nach einer Übergangsphase werden Entscheidungen schneller getroffen, da Flaschenhälse in der Kommunikation erkannt und beseitigt wurden.
- **Freiräume:** Das Unternehmen kann seine Attraktivität steigern, da die geschaffenen Freiräume der zunehmenden Mündigkeit des Einzelnen entsprechen.
- **Kundenorientierung:** Produkte und Leistungen werden (wieder) kundenorientierter, da durch die konsequente Ausrichtung am Markt der Dialog mit Kunden verstärkt wird.
- **Kommunikation:** Es ergeben sich eine verbesserte, in der Regel auf das Wesentliche reduzierte Kommunikation und Koordination.
- **Transparenz:** Für alle Mitarbeiter wird eine sinnvolle Transparenz hergestellt, zum Beispiel sind die Unternehmenskennzahlen für alle ersichtlich. So stimmt der Kontext für eigenverantwortliches Handeln.
- **Einbindung:** Es werden alle Beschäftigten an der Leistung und weiteren Entwicklung des Unternehmens beteiligt.

5.4.3 Bewertung

Welche Methode eignet sich besser für die Organisationsentwicklung, die agile oder die klassische Methode? Eine Antwort darauf muss differenziert ausfallen:

Es gibt Projekte und Kundenumgebungen, bei denen sich die klassische Planung bewährt hat und sich weiter bewähren wird. Methodik und Planung sollten zu den Strukturen und zur Kultur einer Organisation oder eines Projekts passen, ebenso wie zum Charakter des Veränderungsprozesses selbst. Wenn ein Leitsatz der Organisationsentwicklung, nämlich „*Veränderung braucht Stabilität*" zutrifft, dann werden sich die Verantwortlichen oder Beteiligten eines Change Prozesses nicht so ohne Weiteres auf den Wechsel der methodischen Vorgehensweise einlassen.

Mit anderen Worten, je aufwändiger ein organisatorischer Reformprozess und je höher das Risiko für die Beteiligten (insbesondere der Führungskräfte) ist, desto geringer wird in der Regel die Bereitschaft sein, sich auf eine experimentelle Methodik mit vielen ergebnisoffenen Iterationsschritten einzulassen. Deshalb muss der Einsatz agiler Methoden sorgsam überlegt und ggf. mit den bekannten Elementen linearer Planung wie z.B. Meilensteine, Berichte und Entscheidungsweichen ausbalanciert werden. Dies mag auch der Grund dafür sein, dass die durchgängige Nutzung agiler Methoden („nach Lehrbuch") eher die Ausnahme als die Regel ist.

Fazit: Zwar werden durch die agile Vorgehensweise die zentralen Probleme des starren Wasserfall-Modells gelöst, allerdings ergeben sich dadurch auch Nachteile: Aufgrund der eigenständigen Arbeitsweise des ausführenden Teams ergeben sich für den Auftraggeber gewisse **Einschränkungen bei der Planungssicherheit**. Es ist vergleichsweise schwierig abzuschätzen, welches Ergebnis am Ende einiger Sprints zu erwarten ist. Entsprechend problematisch ist auch die Messung der Erfolge insgesamt.

Die agile Organisationsentwicklung, die sich durch hohe Flexibilität auszeichnet, ist der **genaue Gegenentwurf** zur geordneten, linearen, aber starren Vorgehensweise des Wasserfall-Modells. Hohe **Flexibilität** in der Projektdurchführung steht also einer hohen **Planungssicherheit** gegenüber.

Was liegt da näher, als die Vorteile beider Vorgehensweisen – also Flexibilität und Planungssicherheit – miteinander zu kombinieren? Und genau diese **Kombination aus Wasserfall- und agilem Modell** wird derzeit in vielen Projekten in Angriff genommen. Dabei werden die einzelnen Phasen nicht mehr so starr voneinander getrennt – Überschneidungen und Reviews sind zugelassen. Darüber hinaus ist es möglich, während der einzelnen Phasen einige Sprints einzubauen, die gewisse Teilaufgaben abschließen. Das Ergebnis ist eine gesunde Mischung aus Planungssicherheit und Flexibilität [vgl. Lippold 2020d].

Wie sieht die Praxis aus? 20 Prozent der über 900 GPM-Studienteilnehmer arbeiten durchgängig agil. Die vorherrschende Einsatzform ist „hybrid" (37 Prozent) gefolgt von „selektiv" (31 Prozent), also sowohl agil als auch klassisch. Lediglich 12 Prozent arbeiten noch durchgängig klassisch (siehe Insert 5-09).

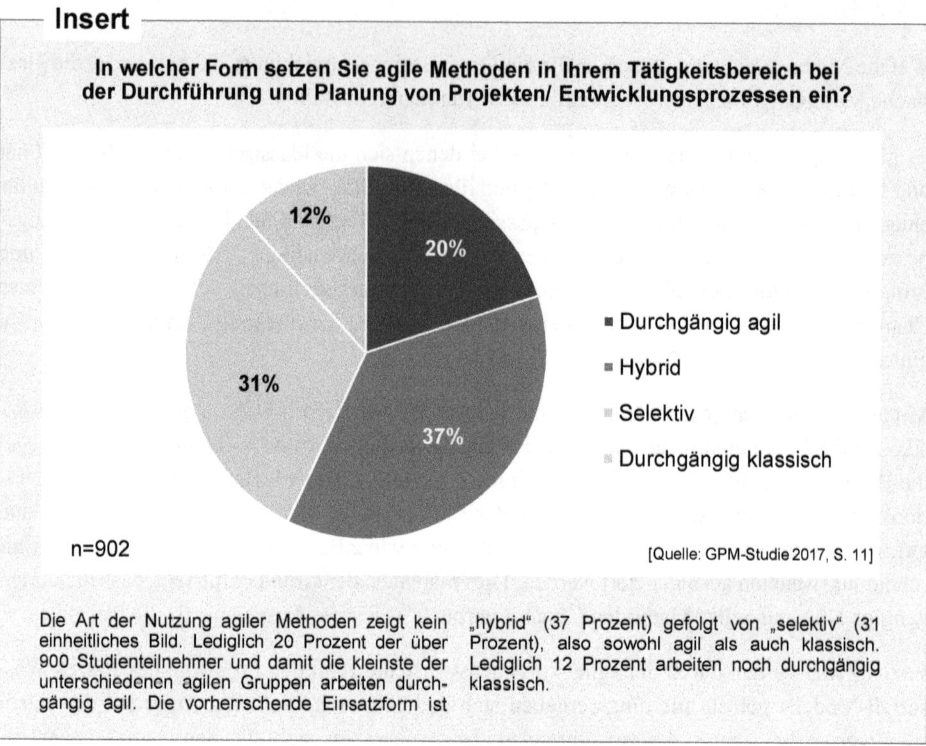

Die Art der Nutzung agiler Methoden zeigt kein einheitliches Bild. Lediglich 20 Prozent der über 900 Studienteilnehmer und damit die kleinste der unterschiedenen agilen Gruppen arbeiten durchgängig agil. Die vorherrschende Einsatzform ist „hybrid" (37 Prozent) gefolgt von „selektiv" (31 Prozent), also sowohl agil als auch klassisch. Lediglich 12 Prozent arbeiten noch durchgängig klassisch.

Insert 5-09: Art der Nutzung agiler Methoden

5.5 Auslagerung von Organisationseinheiten

5.5.1 Shared Service Center

Seit einigen Jahren zeichnet sich der Trend ab, unterstützende Geschäftsprozesse aus einzelnen Unternehmensbereichen herauszulösen und als *Shared Service Center (SSC)* zu einer bereichsübergreifenden Organisationseinheit zusammenzufassen. Es handelt sich dabei um interne, zentrale Organisationseinheiten, die ihre Dienstleistungen nun für alle Unternehmensbereiche an verschiedenen Standorten anbieten. Sie versprechen für die Durchführung der Prozesse messbare wirtschaftliche Vorteile und ein höheres Maß an Kundenorientierung. Im Gegensatz zur klassischen Zentralisierung von unterstützenden Funktionen (engl. *Support Functions*) wird das **Shared Service Center** als eigenständige Einheit geführt. Einen Konzeptvergleich zur klassischen Zentralisierung sowie zur Dezentralisierung von Support-Funktionen liefert Abbildung 5-19.

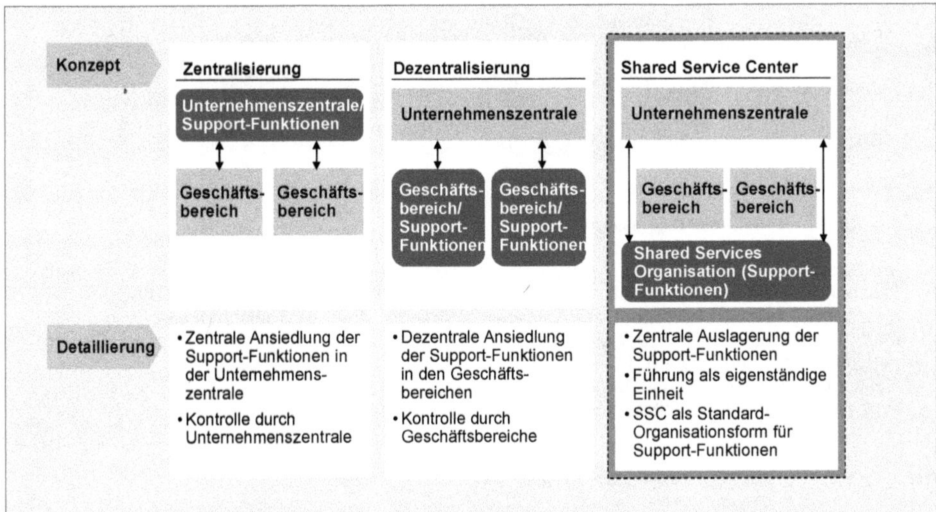

Abb. 5-19: Konzept und Detaillierung des Shared Service Center

Mit der Einrichtung eines Shared Service Center werden grundsätzlich folgende Ziele verfolgt:

- **Messbarkeit** der Dienstleistungen hinsichtlich Qualität, Kosten und Zeit;
- Festgelegte **Leistungserbringung und -kontrolle** anhand von Service Level Agreements;
- **Kostenreduktion** durch Standardisierung der Prozesse sowie durch Nutzung von Skalenerträgen, Synergien und Stellenabbau;
- Eindeutige (Prozess- und Leistungs-)**Verantwortlichkeiten**;
- Steigerung der **Prozessqualität**;
- Sicherstellung definierter **Qualitätsstandards**;
- Konzentration auf **Kernprozesse** in den Geschäftseinheiten,
- **Wettbewerbsfähigkeit** der Shared Services.

Auf Shared Service Center werden Prozesse aus nahezu allen betrieblichen Funktionsbereichen übertragen. Insert 4-07 gibt einen Überblick über Shared Service Center nach Funktionsbereichen.

Insert

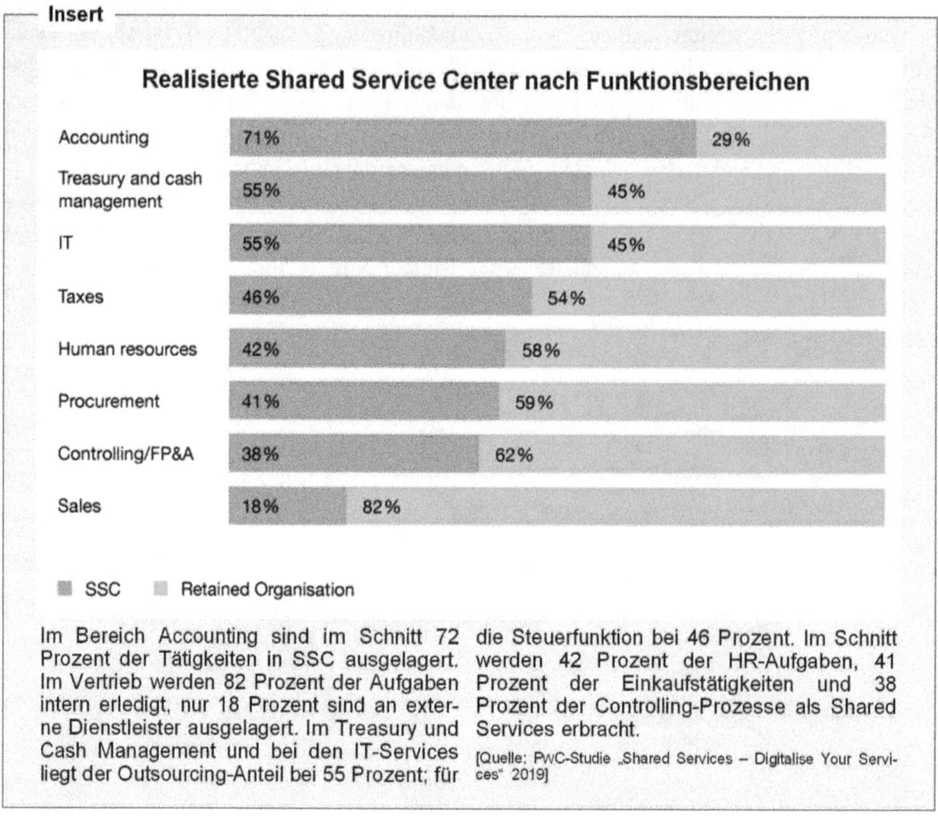

Im Bereich Accounting sind im Schnitt 72 Prozent der Tätigkeiten in SSC ausgelagert. Im Vertrieb werden 82 Prozent der Aufgaben intern erledigt, nur 18 Prozent sind an externe Dienstleister ausgelagert. Im Treasury und Cash Management und bei den IT-Services liegt der Outsourcing-Anteil bei 55 Prozent; für die Steuerfunktion bei 46 Prozent. Im Schnitt werden 42 Prozent der HR-Aufgaben, 41 Prozent der Einkaufstätigkeiten und 38 Prozent der Controlling-Prozesse als Shared Services erbracht.

[Quelle: PwC-Studie „Shared Services – Digitalise Your Services" 2019]

Insert 5-10: Status Quo von Shared Service Centern 2019

Das wichtigste Instrument zum erfolgreichen Betrieb eines Shared Service Center ist das **Service Level Agreement** (SLA). Es handelt sich dabei um eine Vereinbarung zwischen dem Center und seinem Kunden und beschreibt die für den Kunden zu erbringenden Leistungsbestandteile und deren Qualität zu einem definierten Preis. Im SLA sind Verantwortlichkeiten, Rechte und Pflichten des Dienstleistungserbringers und dessen Kunden definiert. Zusätzlich bestimmt es die Ansprechpartner auf beiden Vertragsseiten. Inhalt und Umfang der erbrachten Leistungen des Shared Service Center wird mit Hilfe wichtiger Leistungsindikatoren (engl. *Key Performance Indicators – KPI's*) gemessen und ggf. veränderten Geschäftsbedürfnissen angepasst.

5.5.2 Geografische Auslagerung von Organisationseinheiten (X-Shoring)

Im Zuge der Einrichtung von Shared Service Centern kommt es – nicht zuletzt unter Kostengesichtspunkten – häufig zu Standortverlagerungen. Hierbei wird je nach Entfernung der **geografischen Verlagerung** zwischen folgenden Varianten („*X-Shoring*") unterschieden:

- **Onshoring** – Verlagerung von Aktivitäten an einen anderen Standort im eigenen Land; für deutsche Unternehmen bedeutet Onshoring demnach eine Standortverlagerung innerhalb Deutschlands;
- **Nearshoring** – Verlagerung von Aktivitäten an einen Standort in nahe gelegene Länder; für deutsche Unternehmen bedeutet Nearshoring eine Standortverlagerung in europäische Länder wie z. B. Polen, Rumänien oder Slowakei;
- **Offshoring** – Verlagerung von Aktivitäten an einen Standort in weit entfernte Länder; für deutsche Unternehmen bedeutet Offshoring eine Standortverlagerung z. B. in asiatische Länder wie China, Indien oder Vietnam.

Auslöser für die Entscheidung zur geografischen Auslagerung von Shared Service Center oder sonstigen Organisationseinheiten sind die teilweise günstigeren Rahmenbedingungen im Ausland insbesondere bei den Arbeitskosten. So kann die Verlagerung an einen Near- oder Offshore-Standort durchaus ein beachtliches Einsparungspotenzial bergen. Nearshoring-Konzepte bergen den Vorteil von geringeren Risiken und schnelleren Abstimmungen, verbunden allerdings mit höheren Personalkosten im Vergleich zu Offshore-Standorten.

Abbildung 5-20 liefert einen Überblick über die unterschiedlichen Standortfaktoren, die bei der Auslagerung unternehmerischer Funktionen und Prozesse berücksichtigt werden müssen.

Onshoring (Deutschland)	Nearshoring (Osteuropa)	Offshoring (Asien)
+ Keine Sprachbarrieren + Deutsches Rechtssystem + Gute Infrastruktur + Technisches Know-how vorhanden + Qualifiziertes Personal + Nähe zum Unternehmen	+ Keine/geringe Sprachbarrieren + Niedrige Lohnkosten + Nähe zu Deutschland + Geringe kulturelle Anpassungen	+ Sehr niedrige Lohnkosten + Flexible Rahmenbedingungen
- Hohe Lohnkosten - Unflexible Rahmenbedingungen - Arbeitnehmerfreundliches Kündigungsschutzgesetz	- Weniger qualifiziertes Personal verfügbar - Schlechtere Infrastruktur - Größerer Implementierungsaufwand des Shared Service Center	- Größere Sprachbarrieren - Kulturelle Unterschiede - Fremdes Rechtssystem - Schlechtere Infrastruktur - Weniger qualifiziertes Personal verfügbar - Große räumliche Distanz - Sehr großer Implementierungsaufwand des Shared Service Center

Abb. 5-20: Vor- und Nachteile von On-, Near- und Offshore-Standorten

5.5.3 Rechtliche Auslagerung von Organisationseinheiten (Outsourcing)

Im Zusammenhang mit der geografischen Verlagerung von Organisationseinheiten kann auch über die **rechtliche Ausgliederung** von Organisationseinheiten entschieden werden. Die Abgabe der rechtlichen und damit unternehmerischen Verantwortung an ein Drittunternehmen wird als **Outsourcing** bezeichnet. Outsourcing ist damit eine spezielle Form des Fremdbezugs von bisher intern erbrachten Leistungen. Zwischen On-, Near- und Offshoring einerseits und dem Outsourcing anderseits besteht grundsätzlich kein zwingender sachlicher Zusammenhang, obgleich die verschiedenen Begriffe immer wieder zu Missverständnissen führen. Abbildung 5-21 liefert eine entsprechende begriffliche Abgrenzung.

Vorreiter beim Fremdbezug von bislang intern erbrachten Leistungen ist das IT-Outsourcing. Hierbei dominierte zunächst das infrastrukturorientierte Outsourcing (Hardware, IT-Netze). Aktuell gewinnen aber das anwendungsbezogene Outsourcing (engl. *Application Management*) und das prozessorientierte Outsourcing (engl. *Business Process Outsourcing*) zunehmend an Bedeutung im Rahmen des IT-Outsourcings.

Wesentliche Gründe für die Auslagerung eines Shared Service Center im Rahmen eines Outsourcing-Vertrags sind:

- **Kostenreduktion** durch geringere *Total Cost of Ownership*, die nicht nur die Anschaffungskosten einer bestimmten Infrastruktur, sondern auch die späteren Nutzungskosten (Modifikationen, Wartung) berücksichtigt
- Konzentration auf die eigentliche **Kernkompetenz**
- Mangel an Know-how oder qualifizierten Arbeitskräften
- Höhere Leistung und bessere Qualität
- Schnellere Reaktion auf Veränderungen
- Höhere Spezialisierung.

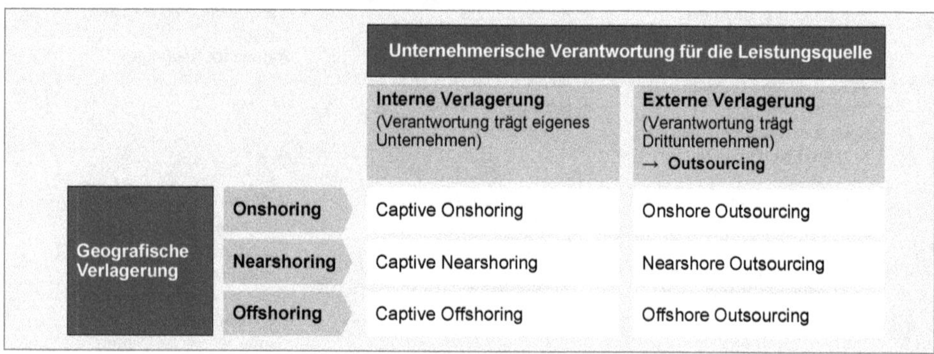

Abb. 5-21: Begriffliche Abgrenzung zwischen On-, Near- und Offshoring sowie Outsourcing

Demgegenüber sind aber auch einige Risiken zu berücksichtigen, die mit dem Outsourcing einhergehen können:

- Qualität der ausgelagerten Prozesse kann nicht beeinflusst werden
- Abhängigkeit vom Drittunternehmen
- Möglicher Verlust von internem Know-how
- Fehler bei der Wirtschaftlichkeitsberechnung eines Outsourcing-Projekts
- Kommunikationsmängel bei der Umsetzung der Outsourcing-Maßnahme *(Change Management).*

5.6 Change Management

Wandel ist immer und ewig. Die digitale Transformation ist im Prinzip nur eine bestimmte Ausprägung des Wandels. Veränderungen sind für unsere Unternehmen eine Daueraufgabe. Der Grund: Ohne Veränderung gibt es keinen Erfolg, kein Wachstum, keine Weiterentwicklung. Allerdings ist die Veränderung lediglich Voraussetzung, aber nicht Garant für den Erfolg. Denn Veränderungen wie zum Beispiel Unternehmenszusammenschlüsse können auch schief gehen. Sie werden zwar zumeist von außen angestoßen, aber sie werden von innen gefördert oder auch – und das zuweilen durchaus zu Recht – von innen gebremst. Wandel ist somit zu einer **Daueraufgabe** geworden, der sich Führungskräfte und Mitarbeiter jederzeit und immer wieder stellen müssen.

Das **Veränderungsmanagement** (engl. *Change Management*) steuert und begleitet kulturelle, strukturelle und organisatorische Veränderungen im Unternehmen, um die Risiken zu reduzieren, die sich durch Veränderung und Transformation ergeben können [vgl. Reger 2009, S. 5].

Dabei steht die Umsetzung von neuen Strategien, Strukturen, Systemen oder Verhaltensweisen im Vordergrund. Bei Restrukturierungen, umfassenden Prozessveränderungen, der Implementierung von ERP-Systemen und der Neuausrichtung von Strategien oder Post-Merger-Integrationen gilt es, das entsprechende Geschäftsmodell möglichst schnell in operative Ergebnisse umzuwandeln. Entscheidend für den Erfolg einer notwendigen Umsetzungsmaßnahme ist, wie gut und wie schnell sich Mitarbeiter an die Veränderung anpassen und ihre Arbeit daran ausrichten.

Führungskräfte und Mitarbeiter müssen zielgerichtet mobilisiert und motiviert werden, damit sie die bevorstehenden Veränderungen mitgestalten und vorantreiben. Flexibilität und Veränderungsfähigkeit ist demnach ein wichtiger Erfolgsfaktor im Wettbewerb.

5.6.1 Ursachen und Aktionsfelder von Change

Werden die vielfältigen Ursachen, die als Gründe für Veränderungen immer wieder genannt werden, zusammengestellt und geordnet, so lassen sich zwei grundlegende **Ursachenkomplexe** ausmachen:

- **Externe Ursachen**, die von *außen* auf die Organisation als Problemdruck wirken. Zu den wichtigsten unternehmensexternen Einflüssen zählen der Druck des Marktes und des Wettbewerbs, Firmenübernahmen sowie technologische Veränderungen. Hinzu kommt ein gesellschaftlicher Wertewandel, der hierzulande besonders durch ein vergleichsweise hohes Bildungs- und Wohlstandsniveau beeinflusst wird.
- **Interne Ursachen**, die von *innen* als Problemdruck auf die Organisation wirken. Interne Auslöser für Veränderungsprozesse können Fehlentscheidung der Vergangenheit, Kostendruck, Wachstumsinitiativen, eine Neuformulierung der Unternehmensstrategie oder neue Managementkonzepte sein.

Daraus lassen sich **erste Auswirkungen** ableiten, die sich unmittelbar in Programmen konkretisieren und in Abbildung 5-22 ohne Anspruch auf Vollständigkeit aufgeführt sind.

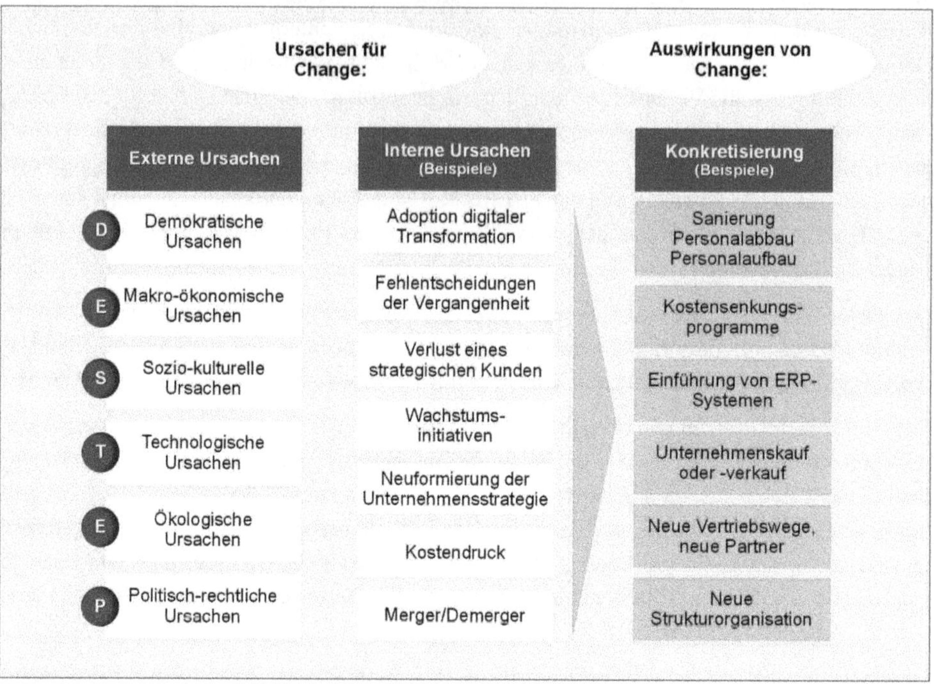

Abb. 5-22: Ursachen und Auswirkungen von Change

Veränderungsprozesse mit einer großen Reichweite und Tiefe für Aufbau-, Ablauf- und Prozessstrukturen werden auch als **transformativer Wandel** bezeichnet und sollten nicht isoliert betrachtet werden. Vielmehr ist dafür Sorge zu tragen, dass die erkannten Ursachen und die geplanten Veränderungsmaßnahmen in dem dynamischen Gesamtzusammenhang der fünf **Aktionsfelder des Change** zu sehen sind [vgl. Vahs 2009, S. 334 ff.]:

- Aktionsfeld 1: **Strategie**
- Aktionsfeld 2: **Kultur**
- Aktionsfeld 3: **Technologie**
- Aktionsfeld 4: **Organisation**
- Aktionsfeld 5: **Kommunikation**

Insert 5-11 liefert eine ausführliche Beschreibung der fünf betrieblichen Aktionsfelder.

Insert

Change Management spielt sich auf fünf betrieblichen Handlungsfeldern ab

Veränderungsprozesse mit einer großen Reichweite und Tiefe für Aufbau-, Ab-lauf- und Prozessstrukturen werden auch als transformativer Wandel bezeichnet. Sie spielen sich auf fünf betrieblichen Handlungsfeldern ab. Ein Beispiel für den transformativen Wandel ist die digitale Transformation.

Aktionsfeld 1: Strategie. Die Strategie – also der Weg zum Ziel – wird durch bereits eingetretene oder noch zu erwartende Veränderungen beeinflusst. Erfolgt die Strategie reaktiv, so spricht man von einer *Anpassungsstrategie*. Sie kann aber auch aktiv als *Innovationsstrategie* formuliert werden. Die Formulierung einer neuen Strategie wirkt nicht nur nach *außen*, sondern auch nach *innen*, d. h. sie bleibt in aller Regel nicht ohne Auswirkungen auf die bestehenden Organisationsstrukturen. Beispiele für zu spät eingeleitete Unternehmensstrategien sind Kodak, Nokia, der Buchhandel und die deutsche Automobilindustrie.

Aktionsfeld 2: Kultur. Gegenüber den „harten“ Faktoren gewinnt die Unternehmenskultur als „weiches“ Aktionsfeld für ein erfolgreiches Veränderungsmanagement zunehmend an Bedeutung. Mitarbeiter erwarten abwechslungsreiche und verantwortungsvolle Aufgaben, die Freiräume für ihre persönliche Entfaltung bieten. Daher müssen sie auch rechtzeitig über Veränderungen informiert und in den Veränderungsprozess eingebunden werden. Geschieht dies nicht oder nicht rechtzeitig, so meldet sich allzu häufig das „natürliche Immunsystem“ einer Organisation. Beispiele für besonders starke Kulturen sind die Merger von PriceWaterhouse und Coopers & Leybrand sowie von Ernst & Young und Arthur Andersen, bei denen sich die Kultur des jeweils kleineren Partners weitgehend durchgesetzt hat.

Aktionsfeld 3: Technologie. Digitalisierung ist nicht nur die Umwandlung von analogen Objekten in eine Folge von Nullen und Einsen. Das wäre zu kurz gesprungen. Es geht bei der digitalen Transformation nicht nur um den Einsatz von Informationstechnologie zum Management von Daten oder zur Unterstützung der Unternehmensprozesse. Das haben wir schon seit vielen Jahren und Jahrzehnten. Bei der digitalen Transformation geht es vornehmlich um die Entwicklung neuer Geschäftsmodelle und darum, eine Kultur und Infrastruktur zu etablieren, die Veränderungen, Kreativität und digitale Innovationen ermöglichen.

Aktionsfeld 4: Organisation. Mit dem Aktionsfeld *Organisation* sind typische Maßnahmen der Reorganisation von Unternehmen angesprochen. Dazu zählen der Abbau von Hierarchieebenen ebenso wie die Einrichtung von Cost- und Profit-Center oder der Übergang von einer funktionalen zu einer prozessorientierten Struktur. Auch die Umwandlung der Enabling-Bereiche in Business-Partner zählen dazu. Restrukturierungsmaßnahmen sind die konsequenteste Form eines transformativen Wandels, wenn eine strategische Neuausrichtung andere Strukturen verlangt.

Aktionsfeld 5: Kommunikation. Das fünfte und wohl wichtigste Aktionsfeld ist die *Kommunikation*. Eine rechtzeitige, klare und offene Information der Organisationsmitglieder über die Ursachen, Ziele und Fortschritte des Wandels stellt sicher, dass die Gründe für die Einleitung eines Veränderungsprozesses auch verstanden werden. Führungskräfte und Mitarbeiter werden sich nur dann für den Wandel einsetzen, wenn sie ausreichend über das Veränderungsvorhaben informiert sind und den Gesamtzusammenhang zur Unternehmens- bzw. Marktstrategie kennen. Denn: *Ein gut informierter Mitarbeiter ist zumeist auch ein guter Mitarbeiter.*

[Quelle: in Anlehnung an Vahs 2009, S. 334 ff.]

Insert 5-11: Fünf Handlungsfelder für Change Management

5.6.2 Promotoren und Opponenten

Für jedes Unternehmen ist es von existentieller Bedeutung, die **Treiber** und **Bremser** von Veränderungen, die es nahezu in jeder Abteilung gibt, zu kennen. Mitarbeiter, die Veränderungen (wie z.B. Wachstumsinitiativen, Merger/Demerger, organisatorische Neuformierung) eher fördern und unterstützen, werden als **Promotoren** bezeichnet. Bremser dagegen – und die sind zumeist in der Mehrzahl – verhindern oder verlangsamen den Veränderungsprozess. Sie sind die **Opponenten**. Doch Opponenten müssen nicht von vornherein Unrecht haben. Im Gegenteil, viele Beispiele zeigen, dass die Motive für eine ablehnende Haltung im Vorfeld hätten ernster genommen werden müssen.

Promotoren und vor allem Opponenten aufzuspüren, ist also eine sehr wichtige Aufgabe für das Top-Management, denn die geplanten Veränderungen sollen Wachstum oder wenigstens Stabilität mit sich bringen – sonst hätte man sie ja nicht initiiert. Wachstum entsteht zwar am Markt und wird von diesem angestoßen, doch der eigentliche **Wachstumsprozess** wird **von innen gefördert** oder **von innen gebremst**.

Promotoren und Opponenten lassen sich folgendermaßen klassifizieren [vgl. Lippold 2019b]:

- **Machtpromotoren bzw. -opponenten** beeinflussen den Veränderungsprozess aufgrund ihrer hierarchischen Stellung in der Organisation.
- **Fachpromotoren bzw. -opponenten** nehmen Einfluss aufgrund ihrer entsprechenden fachlichen Expertise und ihres Informationsstands.
- **Prozesspromotoren bzw. -opponenten** sind Bindeglied zwischen Macht- und Fachebene und zumeist die größte und wichtigste Gruppe.

Prozesspromotoren beeinflussen den Veränderungsprozess aufgrund der **formellen** Kommunikationswege, indem sie Verbindungen zwischen Macht- und Fachpromotoren herstellen und dadurch Barrieren überwinden. **Prozessopponenten** dagegen konzentrieren sich mehr auf die **informellen** Kommunikationsbeziehungen und behindern den Veränderungsprozess, in dem sie organisatorische und fachliche Hindernisse errichten und Verbindungen zwischen Machtopponenten und Fachopponenten herstellen.

Da die Opponenten bzw. Bremser sehr häufig am längeren Hebel sitzen, gilt es, solche informellen Strukturen zu erkennen und aufzubrechen. Den Führungskräften kommt dabei eine ganz wesentliche Vorbildfunktion zu, um die Mitarbeiter als Träger des Wachstums zu begeistern.

Ein Lösungsansatz sind **altersgemischte Führungsteams**, die idealerweise aus drei Gruppen bestehen:

Junge Führungskräfte sorgen für neues Denken und neue Ideen. Sie sind offener für digitale Entwicklungen, zeigen mehr Mut zu grundlegenden Veränderungen und legen ein anderes Tempo vor. Die Jungen öffnen vor allem Türen zu neuen Technologien.

Die zweite Gruppe sind **erfahrene „Quereinsteiger"** aus anderen Unternehmen. Sie leiden nicht unter Betriebsblindheit und haben aufgrund ihrer Seniorität mehr Durchsetzungsvermögen bei Veränderungen.

Bestehende Produkte hingegen werden vor allem von der dritten Gruppe, den **älteren Führungskräften** vorangetrieben. Sie haben die notwendige Erfahrung, Weitsicht und Durchsetzungskraft. Diese drei Gruppen können sich perfekt ergänzen und so die informellen Strukturen der Opponenten aufbrechen.

5.6.3 Veränderung und Widerstand

Jede Veränderung löst Verunsicherung, teilweise sogar Ängste und das Gefühl von Kontrollverlust bei den Mitarbeitern aus. Sie wissen nicht, was auf sie zu kommt, wie sie sich in der neuen Situation oder während der Übergangsphase verhalten sollen. So sind Widerstände (engl. *Resistance to Change*) ganz normale und unvermeidliche Begleiterscheinungen von Veränderungsprozessen.

Nun wird es gegen die Digitalisierung per se – also aus der Sicht der Nutzer – keine Widerstände geben. Zu groß sind die Vorteile gegenüber alten Technologien. Was ist jedoch, wenn die Digitalisierung im Unternehmen dort zur Anwendung kommt, wo alte (alteingefahrene) und funktionierende Prozesse abgelöst werden sollen? Was ist, wenn die digitale Transformation neue Geschäftsmodelle erfordert, von deren Nutzen die Mitarbeiter aber nicht überzeugt sind?

Solche Widerstände lassen sich auf fehlende Akzeptanz und Perspektiven, auf fehlende Qualifikation, auf fehlendes Verständnis für den Veränderungsdruck oder auf fehlerhafte Kommunikation zurückführen.

Jede Veränderung wird von Widerständen begleitet. Ob es sich um Sanierung und Personalabbau, um die Einführung von ERP-Systemen oder um Unternehmenskauf oder -verkauf handelt, in jedem Fall werden im Umfeld solcher Veränderungen Widerstände aufgebaut. Widerstände sind also so etwas wie der **Zwillingsbruder** der Veränderung. Derartige Barrieren haben – um im familiären Bild zu bleiben – in aller Regel vier „Väter" [vgl. Lippold 2020b].

In Insert 5-12 sind die **Widerstandsbarrieren** und deren „Väter" dargestellt.

Insert

Die „Väter“ der Veränderung

Jede Veränderung löst Verunsicherung, teilweise sogar Ängste und das Gefühl von Kontrollverlust bei den Menschen aus. Jede Veränderung wird daher von Widerständen begleitet. Ob es sich um Sanierung und Personalabbau, um die Einführung von ERP-Systemen oder um Unternehmenskauf oder -verkauf handelt, in jedem Fall werden im Umfeld solcher Veränderungen Widerstände aufgebaut. Widerstand ist also so etwas wie der Zwillingsbruder der Veränderung. Derartige Barrieren haben – um im familiären Bild zu bleiben – in aller Regel vier „Väter“:

Der erste "Vater" ist das **Nicht-Wollen**. Hierbei handelt es sich um **Willensbarrieren** bei den beteiligten und betroffenen Mitarbeitern. Die Angst vor Veränderung und der Wunsch, am Status quo festzuhalten, führen zu einer ablehnenden Haltung gegenüber der geplanten Veränderung. Dabei können sachliche, persönliche oder auch machtpolitische Gründe eine Rolle spielen. Fehlende Akzeptanz und fehlende Perspektive führen beim „Nicht-Wollen“ also zu einer Ablehnung gegenüber der Veränderung.

Der zweite „Vater“ ist das **Nicht-Können**. Häufig sind es neue Technologien oder auch Defizite bei den Fremdsprachen, die zu **Fähigkeitsbarrieren** führen. Letztlich werden mit einer Veränderung völlig neue Ziele angesteuert, die vielleicht mit traditioneller Technik oder ohne Englischkenntnisse nicht erreichbar sind. Da intensives Um- und Weiterlernen gefragt ist, führt das „Nicht-Können“ zu einer Blockade oder Störung des Wandels aus Angst vor dem Versagen.

Der dritte „Vater“ ist das **Nicht-Wissen**. Für den Nicht-Wissenden ist der neue Zustand ungewiss; er ist nicht davon überzeugt, dass es mit der Veränderung besser wird. Er baut **Wissensbarrieren** auf. Fehlende Informationen über Gründe und Durchführung der geplanten Veränderung – meist hervorgerufen durch eine falsche Kommunikationspolitik – ziehen eine Ablehnung des Wandels nach sich. Das fehlende Verständnis für die Vorteile der Neuformierung führt somit zu einem Mangel an Kontrolle.

Der vierte und letzte „Vater“ ist das **Nicht-Dürfen**. Mitarbeiter und Führungskräfte, die wissen, können und wollen, werden nicht zur Veränderung beitragen, wenn sie nicht dürfen. Das heißt, es gibt eine Veränderungsbereitschaft, ja manchmal sogar ein Veränderungsdrang, der aber unterbunden wird. Letztlich geht es hierbei um Ressourcen, die nicht vorhanden sind oder die für den Veränderungsprozess nicht bereitgestellt werden.

Bleibt die Frage, wie man den Nicht-Wollenden, den Nicht-Könnenden, den Nicht-Wissenden und den Nicht-Dürfenden am besten begegnet, um der geplanten Veränderung zum Erfolg zu verhelfen.

Willensbarrieren lassen sich damit abbauen, dass man solche Mitarbeiter aktiv in den Veränderungsprozess einbindet, Fehler zulässt und eine anreizkompatible Organisationslösung einrichtet, bei der die Mitarbeiter durch Erfüllung der gestellten Aufgabe auch ihre eigenen Ziele erreichen können.

Fähigkeitsbarrieren begegnet man mit einer raschen Qualifizierung der Betroffenen. Sind solche Qualifizierungen nicht mehr möglich, so sind langjährige Arbeits- und Sozialbeziehungen ebenso zu berücksichtigen wie der Schutz von Personen, die vom Wandel negativ betroffen sind.

Wissensbarrieren sind relativ leicht abzubauen. Eine rechtzeitige und offene Information der Organisationsmitglieder über die Ursachen, Ziele und Fortschritte des Wandels stellt sicher, dass die Gründe für die Einleitung eines Veränderungsprozesses auch verstanden werden. Führungskräfte und Mitarbeiter werden sich nur dann für den Wandel einsetzen, wenn sie ausreichend über das Veränderungsvorhaben informiert sind und den Gesamtzusammenhang zur Unternehmens- bzw. Marktstrategie kennen. Alle Beteiligten und Betroffenen müssen mit geeigneten Kommunikationsmitteln und –maßnahmen angesprochen werden, um ein konsistentes Bild der Veränderung zu erzeugen.

Ressourcenbarrieren sind wohl am leichtesten abzubauen, wenn man über die entsprechenden finanziellen Mittel verfügt. Zu diesen Barrieren zählen aber nicht nur finanzielle und zeitliche Restriktionen, sondern auch mangelnde Unterstützung durch unwillige Führungskräfte. Der Aufbau eines vertrauensvollen Kommunikations- und Arbeitsklimas, das ein laufendes Feedback über den Veränderungsprozess fordert und in die Maßnahmengestaltung einfliessen lässt, ist somit eine ganz wichtige Voraussetzung für den erfolgreichen Unternehmenswandel.

Insert 5-12: Die „Väter“ der Veränderung

5.6.4 Veränderung und Reaktionstypen

Hinsichtlich der Reaktionen auf geplante Veränderungen lassen sich unterschiedliche Personengruppen unterscheiden. Etwa ein Drittel der Betroffenen steht den Veränderungen offen und positiv gegenüber, ein Drittel verhält sich abwartend und neutral und das letzte Drittel lehnt den Wandel leidenschaftlich ab. Differenziert man diese Einteilung weiter, so können sieben Typen von Personen in Verbindung mit Veränderungsreaktionen ausgemacht werden, wobei eine Normalverteilung der einzelnen Typen unterstellt wird [vgl. Vahs 2009, S. 344 ff. unter Bezugnahme auf Krebsbach-Gnath 1992, S. 37 ff.]:

- **Visionäre und Missionare.** Diese eher kleine Schlüsselgruppe gehört in der Regel dem Top-Management an und haben die Ziele und Maßnahmen des geplanten Wandels mit erarbeitet oder mit initiiert. Sie sind vom Veränderungserfolg überzeugt und versuchen nun, die übrigen Organisationsmitglieder von der Notwendigkeit der Veränderung zu überzeugen.
- **Aktive Gläubige.** Auch diese Personengruppe akzeptiert den bevorstehenden Wandel und ist bereit, ihre ganze Arbeits- und Überzeugungsarbeit einzusetzen, um die Ziele und neuen Ideen in die Organisation zu tragen.
- **Opportunisten.** Sie wägen zunächst einmal ab, welche persönlichen Vor- und Nachteile der Wandel für sie bringen kann. Gegenüber ihren veränderungsbereiten Vorgesetzten äußern sie sich positiv, gegenüber ihren Kollegen und Mitarbeitern eher zurückhaltend und skeptisch.
- **Abwartende und Gleichgültige.** Diese größte Personengruppe zeigt eine sehr geringe Bereitschaft, sich aktiv an der Veränderung zu beteiligen. Sie wollen erst einmal Erfolge sehen und eine spürbare Verbesserung ihrer persönlichen Arbeitssituation erfahren.
- **Untergrundkämpfer.** Sie gehen verdeckt vor und betätigen sich als Stimmungsmacher gegen die Neuerungen.
- **Offene Gegner.** Diese Gruppe von Widerständlern, der es um die Sache und nicht um persönliche Privilegien geht, zeigt ihre ablehnende Haltung offen. Sie argumentiert mit „offenem Visier“ und ist davon überzeugt, dass die Entscheidung falsch und der eingeschlagene Weg nicht zielführend ist.
- **Emigranten.** Diese eher kleine Gruppe hat sich entschlossen, den Wandel keinesfalls mitzutragen und verlässt das Unternehmen. Häufig handelt es sich dabei um Leistungsträger, die nach der Veränderung keine ausreichende Perspektive für sich sehen.

In Abbildung 5-23 sind die typischen Einstellungen gegenüber dem organisatorischen Wandel als Normalverteilung derart dargestellt, dass auf der Abszisse die Veränderungsbereitschaft von links (Begeisterung, Zustimmung) nach rechts (Skepsis, Ablehnung) immer weiter abnimmt.

Allerdings muss auch hierzu angemerkt werden, dass die unterstellte Normalverteilung durchaus plausibel erscheint, empirisch aber nicht abgesichert ist.

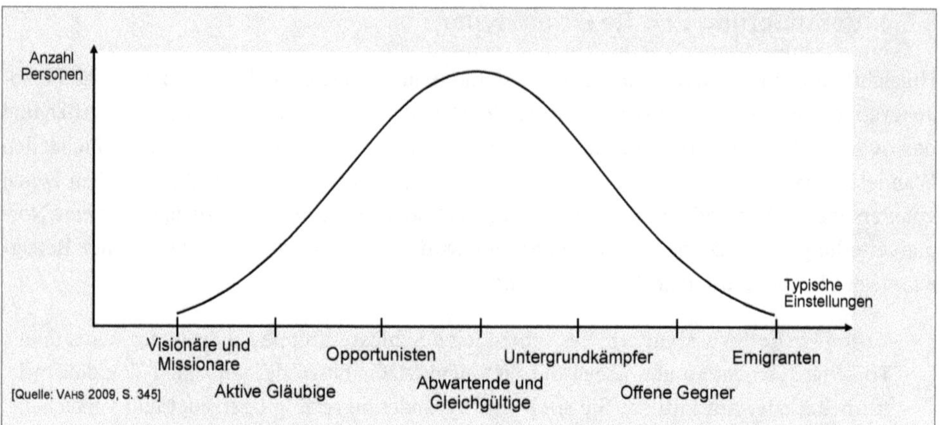

Abb. 5-23: Typische Einstellungen gegenüber dem organisatorischen Wandel

Jede Veränderung ist ein Prozess, der zweckmäßigerweise in folgenden fünf Phasen ablaufen sollte [vgl. Krüger 2002, S. 49]:

- **Initialisierung**, d. h. der Veränderungsbedarf wird festgestellt und die Veränderungsträger müssen informiert werden,
- **Konzipierung**, d. h. die Ziele der Veränderung sind festzulegen und die entsprechenden Maßnahmen zu entwickeln,
- **Mobilisierung**, d. h. das Veränderungskonzept muss kommuniziert und Veränderungsbereitschaft und Veränderungsfähigkeit geschaffen werden,
- **Umsetzung**, d. h. die priorisierten Veränderungsvorhaben sind durchzuführen und Folgeprojekte anzustoßen,
- **Verstetigung**, d. h. die Veränderungsergebnisse müssen verankert und Veränderungsbereitschaft und -fähigkeit abgesichert werden.

5.6.5 Erfolgsfaktoren von Change-Projekten

Generell sind es drei Voraussetzungen, die den Erfolg von Change-Projekten bestimmen [vgl. Reger 2009, S. 14]:

- **Veränderungsbedarf**, d. h. die grundsätzliche Erkenntnis und Überzeugung, dass eine Veränderung zu einer besseren Ausgangssituation führt und damit wettbewerbsrelevant ist.
- **Veränderungsfähigkeit**, d. h. das Potenzial von Führungskräften und Mitarbeitern, die Veränderung erfolgreich umzusetzen.
- **Veränderungsbereitschaft**, d. h. den Willen aller Beteiligten und Betroffenen zur Umsetzung.

Nur wenn alle drei Voraussetzungen zusammenkommen, hat das Change Management „leichtes Spiel“.

In Abbildung 5-24 sind die Beziehungszusammenhänge von Veränderungsbedarf, -fähigkeit und -bereitschaft dargestellt.

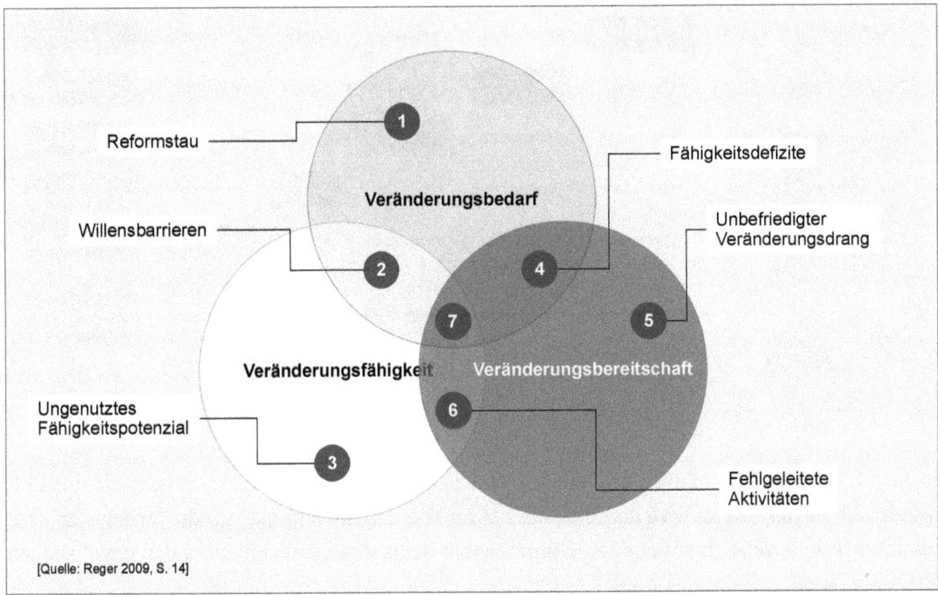

Abb. 5-24: Zusammenhang von Veränderungsbedarf, -fähigkeit und -bereitschaft

Ein wichtiger Bestandteil des Change ist eine klare, konsequente und konsistente **Kommunikation**. Eine rechtzeitige und offene Information der Organisationsmitglieder über die Ursachen, Ziele und Fortschritte des Wandels stellt sicher, dass die Gründe für die Einleitung eines Veränderungsprozesses auch verstanden werden. Führungskräfte und Mitarbeiter werden sich nur dann für den Wandel einsetzen, wenn sie ausreichend über das Veränderungsvorhaben informiert sind und den Gesamtzusammenhang zur Unternehmens- bzw. Marktstrategie kennen. Alle Beteiligten und Betroffenen müssen mit geeigneten Kommunikationsmitteln und -maßnahmen angesprochen werden, um ein konsistentes Bild der Veränderung zu erzeugen. Der Aufbau eines vertrauensvollen Kommunikations- und Arbeitsklimas, das ein laufendes Feedback über den Veränderungsprozess fordert und in die Maßnahmengestaltung einfließen lässt, ist somit eine ganz wichtige Voraussetzung für den erfolgreichen Unternehmenswandel [vgl. Vahs 2009, S. 355].

Jedes Change-Team sollte sich darüber im Klaren sein, dass sich ohne Ziele, Aktionspläne, Ressourcen, Fähigkeiten, Anreize und Informationen die gewünschte Veränderung nicht einstellen wird. Im Gegenteil, fehlt bereits eine dieser Komponenten, so ist Aktionismus, Chaos, Frustration, Angst oder Verwirrung vorprogrammiert.

Abbildung 5-25 zeigt sehr anschaulich, was das Fehlen einzelner Komponenten im Change-Prozess bewirken kann. Besonders deutlich werden diese Effekte, wenn man die Ursachen fehlgeschlagener Change-Projekte analysiert.

Ohne **Ziele**	?	+ Aktionspläne	+ Ressourcen	+ Fähigkeiten	+ Anreize	+ Information	= Aktionismus
Ohne **Pläne**	Ziele	+ ?	+ Ressourcen	+ Fähigkeiten	+ Anreize	+ Information	= Chaos
Ohne **Ressourcen**	Ziele	+ Aktionspläne	+ ?	+ Fähigkeiten	+ Anreize	+ Information	= Frustration
Ohne **Fähigkeiten**	Ziele	+ Aktionspläne	+ Ressourcen	+ ?	+ Anreize	+ Information	= Angst
Ohne **Anreize**	Ziele	+ Aktionspläne	+ Ressourcen	+ Fähigkeiten	+ ?	+ Information	= Kaum Veränderung
Ohne **Information**	Ziele	+ Aktionspläne	+ Ressourcen	+ Fähigkeiten	+ Anreize	+ ?	= Verwirrung
	Ziele	+ Aktionspläne	+ Ressourcen	+ Fähigkeiten	+ Anreize	+ Information	= Gewünschte Veränderung

[Quelle: Unkrig 2005, S. 45]

Abb. 5-25: Komponenten der gewünschten Veränderung

In Insert 5-13 sind die häufigsten Ursachen für IT-Projekte, die die Erwartungen nicht erfüllt haben, aufgelistet. Daran wird deutlich, dass es im Wesentlichen immer wieder an der Vernachlässigung mindestens einer der o. g. Komponenten liegt, wenn Projekte nicht den gewünschten Erfolg bringen.

Konkret muss das Unternehmen Sorge dafür tragen, dass die Veränderung zu einer Anreizkompatiblen Organisationslösung führt, d. h. der Mitarbeiter sollte durch Erfüllung der gestellten Aufgabe auch seine eigenen Ziele erreichen können. Darüber hinaus ist die Motivation der Mitarbeiter auf ein gemeinsames Ziel auszurichten, um den Abbau von Blockaden zu erleichtern. Auch eine gezielte Steuerung der Erwartungen sowie eine entsprechende Qualifizierung der Mitarbeiter sind Grundlagen für einen erfolgreichen Change-Prozess.

Fazit: Eine der Veränderung positiv gegenüberstehende Unternehmenskultur, eine angemessene und zielgruppenorientierte Kommunikation sowie ein kompetentes Change Management-Team, das mit entsprechenden Ressourcen ausgestattet ist, bilden die wichtigsten Grundlagen für einen erfolgreichen Wandel im Unternehmen.

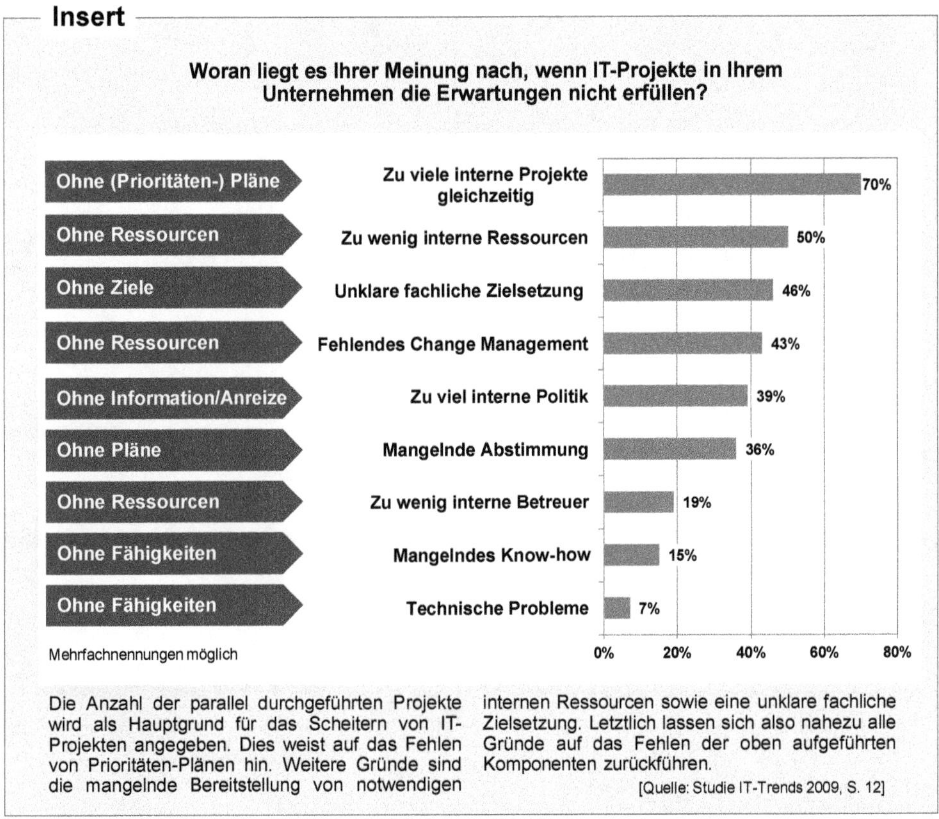

Insert 5-13: Ursachen fehlgeschlagener IT-Projekte

Literatur

Aaker, D. A. (1984): Strategic Market Management, New York 1984.

Ahrend, K.-M. (2022): Geschäftsmodell Nachhaltigkeit. Ökologische und soziale Innovationen als unternehmerische Chance, 2. Aufl., Wiesbaden 2022.

Albert, J-G./Krumbier, L.: Mit agiler Planung zum Erfolg – Inspirationen aus der Softwareentwicklung. In: https://www.denkmodell.de/hintergrund/agile-methoden/

Alderson, W. (1957): Marketing Behavior and ExecutiveAction. Homewood (Il.) 1957.

Anderson, J. C./Narus, J. A. (1991): Partnering as a Focused Market Strategy, in: California Management Review, Spring, 1991, S. 95-113.

Andler, N. (2008): Tools für Projektmanagement, Workshops und Consulting. Kompendium der wichtigsten Techniken und Methoden, Erlangen 2008.

Ashforth, B. E./Mael, F. (1989). Social Identity Theory and the Organization. Academy of Management Review, 14, 20-39.

Backhaus, K. (1990): Investitionsgütermarketing, 2. Aufl., München 1990.

Backhaus, K./Voeth, M. (2010): Industriegütermarketing, 9. Aufl., München 2010.

Balderjahn, I. (2021): Nachhaltiges Management und Konsumentenverhalten, 2. Aufl., München 2013

Bänsch, A. (2002): Käuferverhalten, 9. Aufl., München, Wien 2002.

Bartscher, T./Stöckl, J./Träger, T. (Bartscher et al. 2012): Personalmanagement. Grundlagen, Handlungsfelder, Praxis, München 2012.

Bauer, H. H./Stokburger, G./Hammerschmidt, M. (Bauer et al. 2006): Marketing Performance. Messen – Analysieren – Optimieren, Wiesbaden 2006.

Bayme/vbm/vbe (Hrsg.) (2023): Corporate Carbon Footprint - Basiswissen für die Treibhausgasbilanzierung. In: https://www.vbw-bayern.de/Redaktion/Frei-zugaengliche-Medien/Abteilungen-GS/Wirtschaftspolitik/2023/Downloads/Leitfaden-Corporate-Carbon-Footprint_final.pdf

Bea, F.X./Haas, J. (2005): Strategisches Management, 4. Aufl., Stuttgart 2005.

Becker, J. (1993): Marketing-Konzeption. Grundlagen des strategischen Marketing-Managements, 5. Aufl., München 1993.

Becker, J. (2019): Marketing-Konzeption. Grundlagen des ziel-strategischen und operativen Marketing-Managements, 11. Aufl., München 2019.

Behringer, S. (2018): Controlling, Wiesbaden 2018.

Beugré, C.D. (1998): Managing fairness in organizations, Westport 1998.

Bidlingmaier, J. (1973): Marketing, Bd. 1, Rowohlt, Reinbeck bei Hamburg 1973.

Binckebanck, L. (2016): Digital Sales Excellence: Neue Technologien im Vertrieb aus strategischer Perspektive, in: Binckebanck, L./Elste, R. (Hrsg.): Digitalisierung im Vertrieb. Strategien zum Einsatz neuer Technologien in Vertriebsorganisationen, Wiesbaden 2016.

Bitkom (Hrsg.) (2006): Vertriebskennzahlen für ITK-Unternehmen. Leitfaden Vertriebs-Measurement.

Bitkom (2012): Leitfaden Big Data im Praxiseinsatz – Szenarien, Beispiele, Effekte (Bitkom-Publikation).

Bitkom (2014): Big-Data-Technologien - Wissen für Entscheider (Bitkom-Publikation).

Bitkom (2015): Leitlinien für den Big Data-Einsatz. Chancen und Verantwortung (Bitkom-Publikation).

Bitkom (2016): Zukunft der Consumer Technology – 2016. Marktentwicklung, Schlüsseltrends, Mediennutzung, Konsumentenverhalten, Neue Technologien (Deloitte /Bitkom-Publikation).

Bitkom (2022a): 9 von 10 Unternehmen setzen ihre Klimaziele mit digitalen Technologien um. In: https://www.bitkom.org/Presse/Presseinformation/Digitalisierung-und-Klima schutz-in-Wirtschaft-2022

Bitkom (2022b): Management von CO_2-Emissionen in hybriden IT-Umgebungen. In: https://www.bitkom.org/Bitkom/Publikationen/Management-CO2-Emissionen-in-hybriden-IT-Umgebung

Blau, P. M. (1964): Exchange und Power in Social Life, New York 1964.

Brandeins (2024): Hopp – oder top? Künstliche Intelligenz – eben noch große Verheißung, wird sie schon zur Routine. Was bedeutet das für die Beratungsindustrie? In: https://www.brandeins.de/magazine/brand-eins-thema/unternehmensberater-2024/kuenstliche-intelligenz-hopp-oder-top?utm_source=linkedin&utm_medium=post_2703&utm_campaign=unternehmensberater2024

Bröckermann, R. (2007): Personalwirtschaft. Lehr- und Übungsbuch für Human Resource Management, 4. Aufl., Stuttgart 2007.

Bruhn, M. (2007): Kommunikationspolitik, 4. Aufl., München 2007.

Bruhn, M. (2012a): Kundenorientierung. Bausteine für ein exzellentes Customer Relationship Management (CRM), 4. Aufl., München 2012.

Bruhn, M. (2012b): Nationale Kundenzufriedenheitsindizes, in: Homburg, C. (Hrsg.): Kundenzufriedenheit. Konzepte – Methoden – Erfahrungen, 8. Aufl., Wiesbaden 2012.

Bruhn, M. (2014): Marketing. Grundlagen für Studium und Beruf, 12. Aufl., Wiesbaden 2014.

Brusch, M./Sand, N./Stüber, E. (Brusch et al. 2010): Wirkungsmessung der Online-Werbung von Nonprofit Organisationen – Eine Analyse der visuell aufgenommenen Werbeinformation und deren Glaubwürdigkeit, in: Proceedings of the 9th International Conference Marketing Trends, 21th–23th January 2010, Venice.

Bünte, C./Wecke, B. (2022): Künstliche Intelligenz – die Zukunft des Marketings. Ein praktischer Leitfaden für MarketingmanagerIinnen, 2. Aufl., Wiesbaden 2022.

Burkhardt, A. (2009): Positionierung von Betriebstypenmarken – Optionen und Trends. Dargestellt am Beispiel des deutschen Einzelhandels. In: www.taikn.de/TAIKN/downloads /WP_Positionierungen_Betriebstypenmarken_Optionen_Trends.pdf

Buss, E. (2009): Managementsoziologie. Grundlagen, Praxiskonzepte, Fallstudien, 2. Aufl., München 2009.

Capgemini (Hrsg.) (2024): Studie IT-Trends 2024. Das Business fordert mehr Flexibilität. In: www.capgemini.com/de-de/it-trends/

Cartwright, S./Cooper, C. L.1992: Mergers & Acquisitions: The Human Factor. Oxford.

Christensen, C. (2011): The Innovator's Dilemma: Warum etablierte Unternehmen den Wettbewerb um bahnbrechende Innovationen verlieren, München 2011.

Ciesielski, M. A./Schutz, T.: Digitale Führung. Wie die neuen Technologien unsere Zusammenarbeit wertvoller machen, Wiesbaden 2016.

Colquitt, J.A./Greenberg, J./Zapata-Phelan, C.P. (Colquitt et al. 2005): What is organizational justice? A historical overview. In: Greenberg, J./Colquitt, J.A. (Hrsg.): Handbook of Organizational Justice, Mahwah 2005, S. 3-58.

Creusen, U./Gall, B./Hackl, O. (Creusen et al. 2017): Digital Leadership. Führung in Zeiten des digitalen Wandels, Wiesbaden 2017.

Cropanzano, R./Rupp, D.E./Mohler, C.J./Schminke, M. (Cropanzano et al. 2001): Three roads to organizational justice. In: Research in Personnel and Human Resources Management, 20, S. 1-113.

Cseh, C./Marx, B. (2016): Technische Trends im Vertrieb, in: Binckebanck, L./Elste, R. (Hrsg.): Digitalisierung im Vertrieb. Strategien zum Einsatz neuer Technologien in Vertriebsorganisationen, Wiesbaden 2016.

Dahrendorf, R. (1975): Gesellschaft und Demokratie in Deutschland, München 1975.

Deloitte (Hrsg.) (2022): Nachhaltigkeit und Verbraucherverhalten: Stimmungen, Trends, Potenziale. In: https://www2.deloitte.com/de/de/pages/consumer-business/articles/studie-nachhaltigkeit-und-verbraucherverhalten.html

Detecon (2010): Kundenservice der Zukunft. Mit Social Media und Self Services zur neuen Autonomie des Kunden, Studie Detecon Consulting, Zürich 2010.

DGFP e.V. (Hrsg.) (2006): Erfolgsorientiertes Personalmarketing in der Praxis. Konzept – Instrumente – Praxisbeispiele, Düsseldorf 2006.

Domsch, M./Gerpott, T. J. (1992): Personalbeurteilung. In: Gaugler, E./Weber, W. (Hrsg.): Handwörterbuch des Personalwesens, 2. Aufl., Sp. 1631-1641, Stuttgart 1992.

Doppler, K./Lauterburg, C. (2005): Change Management. Den Unternehmenswandel gestalten, 11. Aufl., Frankfurt/Main 2005.

Dyckhoff, H./Souren, R. (2008): Nachhaltige Unternehmensführung. Grundzüge industriellen Umweltmanagements, Berlin-Heidelberg-New York 2008.

Eberle, M. (2016): Die Rolle der internen Kommunikation bei der Weiterentwicklung einer dialoggesteuerten Unternehmenskultur, in: Rolke, L./Sass, J. (Hrsg.): Kommunikationssteuerung. Wie Unternehmenskommunikation in der digitalen Gesellschaft ihre Ziele erreicht, Berlin/Boston 2016.

Eckardt, G. H. (2010): Business-to-Business-Marketing. Eine Einführung für Studium und Beruf, Stuttgart 2010.

Edinger, T. (2002): Cafeteria-Systeme. Ein EDV-gestützter Ansatz zur Gestaltung der Arbeitnehmer-Entlohnung, Herdecke 2002.

Ermisch, S. (2022): Wie KI Zulieferer durchleuchtet, in: https://www.wiwo.de/technologie/ digitale-welt/risikomanagement-wie-ki-zulieferer-durchleuchtet/28878344.html

Fahrni, F./Völker, R./Bodmer, C. (Fahrni et al. (2002): Erfolgreiches Benchmarking in Forschung und Entwicklung, Beschaffung und Logistik, München 2002.

Fassnacht, M. (2003): Preisdifferenzierung, in: Diller, H./Herrmann, A. (Hrsg.): Handbuch Preispolitik. Strategien – Planung – Organisation, Wiesbaden 2003, S. 481-502.

Feigenbaum, A. V. (2007): The International Growth of Quality, in: Quality Progress, February 2007, S. 30-40.

Feldmann, M. (2009): Die Wahrnehmung der Gerechtigkeit von Führungskräften in Arbeitssituationen – Ein kritischer Beitrag zur Messung und Analyse von Gerechtigkeitswahrnehmungen in Organisationen, Hagen 2009.

Fiedler, F. E. (1967): Engineer the Job to Fit the Manager, in: Harvard Business Review 43 (5/1965), S. 115-122.

Fiedler, F. E./Chemers, M. M./Mahar, L. (Fiedler et al. 1979): Der Weg zum Führungserfolg. Ein Selbsthilfeprogramm für Führungskräfte, Stuttgart 1979.

Fink, D. (2009): Strategische Unternehmensberatung, München 2009.

Fischer, A./Kaup, A. (2016): Interne Kommunikation als Innovationstreiber, in: Rolke, L./Sass, J. (Hrsg.): Kommunikationssteuerung. Wie Unternehmenskommunikation in der digitalen Gesellschaft ihre Ziele erreicht, Berlin/Boston 2016.

Fraunhofer (2024): Frugal Innovation. In: https://www.engineering-produktion.iao. fraunhofer.de/de/produkte-und-loesungen/produktentwicklung/frugal-innovation.html

Frintrup, A (2006).: (ohne Titel) Gastvortrag der HR Diagnostics an der Fachhochschule Pforzheim am 13.06.2006.

Frohne, J. (2015). Absolventen 2015 unter die Lupe genommen: Ziele, Wertvorstellungen und Karriereorientierung der Generation Y. Eine Studie des Kienbaum Institut @ ISM, Dortmund.

Gadatsch, A. (2008): Grundkurs Geschäftsprozess-Management. Methoden und Werkzeuge für die IT-Praxis. Eine Einführung für Studenten und Praktiker, 5. Aufl., Wiesbaden 2008.

Gay, F. (2006): Das DISG®Persönlichkeits-Profil: Persönliche Stärke ist kein Zufall, 34. Aufl., Remchingen 2006.

Gebhardt, B./Hofmann, J./Roehl, H. (Gebhardt et al. 2015). Zukunftsfähige Führung. Die Gestaltung von Führungskompetenzen und –systemen. Gütersloh: Bertelsmann Stiftung.

George, M. (2020): Brand purpose: when good intentions aren't enough. In: https://www.kantar.com/inspiration/brands/brand-purpose-when-good-intentions-arent-enough

Godefroid, P./Pförtsch, W. A. (2008): Business-to-Business-Marketing, 4. Aufl., Ludwigshafen 2008.

Göbel, E. (2002): Neue Institutionenökonomik. Konzeption und betriebswirtschaftliche Anwendung, Stuttgart 2002.

Große-Oetringhaus, W. (1986): Die Bedeutung des strategischen Marketings für den Vertrieb, Siemens-interne Vortragsvorlage, München 1986.

Grundig, S. (2023]: Nachhaltigkeit in Recruiting und Nachhaltigkeitskommunikation vom HRM. In: https://plant-values.de/nachhaltigkeit-im-recruiting-und-nachhaltigkeits kommunikation-vom-hrm/11028/

Grundig, S. (2024): Nachhaltigkeit im Personalmanagement: Was es wirklich bedeutet und warum Unternehmen nicht darauf verzichten sollten. In: https://plant-values.de/nachhaltigkeit-personalmanagement/8023/

Grüning, M. (2002): Performance-Measurement-Systeme. Messung und Steuerung von Unternehmensleistung, Wiesbaden 2002.

Günter, B. (2012): Beschwerdemanagement als Schlüssel zur Kundenzufriedenheit, in: Homburg, C. (Hrsg.): Kundenzufriedenheit. Konzepte – Methoden – Erfahrungen, 8. Aufl., Wiesbaden 2012.

Guerrero, M. J. (2023): Wie hoch sind die Kosten der Nachhaltigkeit für ein Unternehmen? In: https://www.reactev.com/de/blog/nachhaltigkeit-kosten-fur-firmen

Gutenberg, E. (1984): Grundlagen der Betriebswirtschaftslehre, Bd. 2: Der Absatz, 16. Aufl., Berlin u.a. 1984.

Hagmann, C./Hagmann, J. (2011): Assessment Center, 4. Aufl., Freiburg 2011.

Hamal, G./Prahalad, C. K. (1990): The core competence and the corporation, Harvard Business Review, 68, May–June, S. 79–91.

Hammer, M./Champy, J. (1994): Business Reengineering. Die Radikalkur für das Unternehmen, Frankfurt-New York 1994.

Hansen, U./Jeschke, K./Schöber, P. (Hansen et al. 1995): Beschwerdemanagement – Die Karriere einer kundenorientierten Unternehmensstrategie im Konsumgütersektor, in: Marketing ZfP, 17. Jg. (1995), Nr. 2, S. 77-88.

Häußler, T. (2011): Zeitliche Entwicklung von Netzwerkbeziehungen: Theoretische Fundierung und empirische Analyse am Beispiel von Franchise-Netzwerken Wiesbaden 2011.

Hauser, M. (2000): Charismatische Führung: Fluch und Segen zugleich? Frankfurter Allgemeine Zeitung, 42 (14.02.2000), S. 69.

Heitsch, D. (1985): Das erfolgreiche Verkaufsgespräch, 2. Aufl., Landsberg am Lech 1985.

Hersey, P./Blanchard, K. H. (1981): So You Want to Know Your Leadership Style?, Training and Development Journal, June 1981, S. 34-54.

Hersey, P./Blanchard, K. H. (1988): Management of Organisational Behavior, 5. Aufl., Englewood Cliffs 1988.

Heßler, A./Mosebach, P. (2013): Strategie und Marketing im Web 2.0. Handbuch für Steuerberater und Wirtschaftsprüfer, Wiesbaden 2013.

Hildebrandt, M./Jehle, L./Meister, S./Skoruppa, S. (Hildebrandt et al. 2013): Closeness at a distance – Leading virtual groups to high performance. Oxfordshire: LIBRI Publishing.

Hilke, W. (1989): Grundprobleme und Entwicklungstendenzen des Dienstleistungs-Marketing, in: Hilke, W. (Hrsg.): Dienstleistungs-Marketing, Wiesbaden 1989, S. 5-44.

Hinterhuber, H. (1996): Strategische Unternehmensführung I: Strategisches Denken: Vision, Unternehmenspolitik, Strategie, 6. Aufl., Berlin, New York 1996.

Hofert, S./Thonet, C. (2019): Der agile Kulturwandel. 33 Lösungen für Veränderungen in Organisationen, Wiesbaden 2019.

Holland, H. (2004): Direktmarketing, 2. Aufl., München 2004.

Holland, H. (2014): Dialogmarketing – Offline und Online, in: Holland, H. (Hrsg.): Digitales Dialogmarketing. Grundlagen, Strategien, Instrumente, Wiesbaden 2014, S. 3-28.

Homans, G. C. (1958): Social Behavior as Exchange, American Journal of Sociology, 63, 3, S. 597-606.

Homburg, C./Krohmer, H. (2009): Marketingmanagement. Strategie – Umsetzung – Unternehmensführung, 3. Aufl., Wiesbaden 2009.

Hossenfelder, J. (2023): Nicht den Anschluss verlieren - Wie Künstliche Intelligenz die Consulting-Branche rasant verändern wird. In: https://www.consulting.de/artikel/nicht-den-anschluss-verlieren-wie-kuenstliche-intelligenz-die-consulting-branche-rasant-veraendern-wird/

House, R. J. (1977): A Theory of Charismatic Leadership, in: Hunt, J. G./Larson, L. L. (Hrsg.): Leadership. The Cutting Edge, Carbondale 1977, S. 189-207.

HR-Barometer 2007, 2009 und 2011: Bedeutung, Strategien, Trends in der Personalarbeit (Hrsg. v. Capgemini Consulting).

Hubert, B. (2015): Controlling-Konzeptionen. Ein schneller Einstieg in Theorie und Praxis, Wiesbaden 2015.

Hungenberg, H./Wulf, T. (2015): Grundlagen der Unternehmensführung. Einführung für Bachelorstudierende, 5. Aufl., Berlin – Heidelberg 2015.

Inside Business: Diese vier B2B-Unternehmen sind Vorreiter in Sachen Nachhaltigkeit. In: https://www.wlw.de/de/inside-business/aktuelles/diese-vier-b2b-unternehmen-sind-vorreiter-in-sachen-nachhaltigkeit

Insight (Hrsg.)(2024): LinkedIn-Bibel. Wie CEOs die wichtigste Business-Plattform der Welt mit Personal Branding erobern

INEBB (2018): Positionierung und nachhaltige Markenstrategie. In: https://inebb.org/wp-content/uploads/2018/12/M1-05_Positionierung-und-nachhaltige-Markenstrategie.pdf

Isler, K. (2023): Die wichtigsten Nachhaltigkeitsziele für Unternehmen. Eine Übersicht für Geschäftsführer. In: https://www.hagel-it.de/it-insights/die-wichtigsten-nachhaltigkeits ziele-fuer-unternehmen-eine-uebersicht-fuer-geschaeftsfuehrer.html

Ivens, B. S./Rauschnabel, P. A./Leischnig, A. (Ivens et al. 2016): Social Media in B2B-Unternehmen: Einsatzpotenziale in Marketing und Vertrieb, in: Binckebanck, L./Elste, R. (Hrsg.): Digitalisierung im Vertrieb. Strategien zum Einsatz neuer Technologien in Vertriebsorganisationen, Wiesbaden 2016.

Jäger, W. (2008): Die Zukunft im Recruiting: Web 2.0. Mobile Media und Personalkommunikation, in: Beck, C. (Hrsg.): Personalmarketing 2.0. Vom Employer Branding zum Recruiting, Köln 2008.

Janisch, M.: Das strategische Anspruchsgruppenmanagement, Bern 1993.

Jost, A. (2000): Kundenmanagementsteuerung – Erweiterung der Vertriebssteuerung im Rahmen umfassender CRM-Systeme, in: Bliemel, F./Fassott, G./Theobald, A. (Hrsg.): Electronic Commerce – Herausforderungen – Anwendungen – Perspektiven, 3. Aufl., Wiesbaden 2000, S. 331-348.

Jung, H. (2006): Personalwirtschaft, 7. Aufl., München 2006.

Jung, H. (2017): Personalwirtschaft, 10. Aufl., Berlin/Boston 2017.

Kaas, K. P. (1992): Marketing und Neue Institutionenlehre; Arbeitspapier Nr. 1 aus dem Forschungsprojekt ‚Marketing und ökonomische Theorie', Frankfurt am Main 1992.

Kasch, W. (2013): Agil ist anders, in: Personalmagazin 11/13.

Kecskes, R. (2021): Purpose – von Produkt und Bedeutung. In: https://www.horizont.net/planung-analyse/nachrichten/purpose--von-produkt-und-bedeutung-was-starke-marken-der-zukunft-auszeichnen-wird-193080

Keese, C. (2016): Silicon Germany. Wie wir die digitale Transformation schaffen, München 2016

Kellner, H. (2000), Konflikte verstehen, verhindern, lösen. Konfliktmanagement für Führungskräfte, München 2000.

Kern, U: Analyse und Beschreibung des Führungsmodells eines kreativen Global Players. Fallstudie Ikea-Reader 2012.

Kerth, K./Asum, H./Stich, V. (Kerth et al. 2011): Die besten Strategietools in der Praxis. Welche Werkzeuge brauche ich wann? Wie wende ich sie an? Wo liegen die Grenzen? 5. Aufl., München 2011.

Kiefer, B. U./Knebel, H. (2004): Taschenbuch Personalbeurteilung – Feedback in Organisationen, 11. Aufl., Heidelberg 2004.

Kiel, T. (2024): Was ist Nachhaltigkeitsmarketing? Hilfe für Marketer und Verantwortliche. In: https://plant-values.de/wie-geht-nachhaltigkeitsmarketing-tipps-fur-praxis/9970/

Kloster, A. (2022): Online Marketing Trend 2022: Nachhaltiges Marketing – Wie hoch ist das Potenzial? In: https://www.pressrelations.com/blog/de/online-marketing-trend-nachhalti ges-marketing

Knöchelmann, M. (2014): Disruptive Innovation als Erfolgsfaktor am Beispiel Amazon, Leipzig 2014.

Kofler, T. (2010): Das digitale Unternehmen. Systematische Vorgehensweise zur zielgerichteten Digitalisierung, Berlin 2018.

Kohlbacher, F./Herstatt, C./Schweisfurth, T. (Kohlbacher et al. 2010): Produktentwicklung in Zeiten des demografischen Wandels – Herausforderungen und Ansätze der Marktbearbeitung. In: Wissenschaftsmanagement. Zeitschrift für Innovation, 16. Jg. (2010), Heft 1, S. 30-36.

Kollmann, T. (2016): E-Entrepreneurship. Grundlagen der Unternehmensgründung in der Digitalen Wirtschaft, 6. Aufl., Wiesbaden 2016.

Kollmann, T. (2020): Digital Leadership. Grundlagen der Unternehmensführung in der Digitalen Wirtschaft, Wiesbaden 2020.

Kollmann, T./Schmidt, H. (2016): Deutschland 4.0. Wie die Digitale Transformation gelingt, Wiesbaden 2016.

Kommission der Europäischen Gemeinschaften (Hrsg.) (Komm 2006): Mitteilung der Kommission an das Europäische Parlament, den Rat und den Europäischen Wirtschafts- und Sozialausschuss – Umsetzung der Partnerschaft für Wachstum und Beschäftigung: Europa soll auf dem Gebiet der sozialen Verantwortung der Unternehmen führend werden, S. 136.

Kosub, B. (2009): Personalentwicklung, in DGFP e.V. (Hrsg.): Personalcontrolling. Konzept – Kennzahlen – Unternehmensbeispiele, Bielefeld 2009, S. 109-128.

Kotler, P. (1977): Marketing-Management. Analyse, Planung und Kontrolle, Stuttgart 1977.

Kotler, P./Armstrong, G./Wong, V./Saunders, J. (Kotler et al. 2011): Grundlagen des Marketing, 5. Aufl., München 2011.

KPMG (2012): Studie „Trends im Handel 2020“.

Krebsbach-Gnath, C. (1992): Wandel und Widerstand, in: Den Wandel von Unternehmen steuern. Faktoren für ein erfolgreiches Change Management, Frankfurt/M. S. 37-55.

Kreutzer, R.T. (2023): Der Weg zur nachhaltigen Unternehmensführung. Wie Sie Verantwortung für Menschen, Umwelt und Wirtschaft übernehmen, Wiesbaden 2023.

Kreutzer, R.T./Sirrenberg, M. (2019): Grundlagen – Use-Cases – unternehmenseigene KI-Journey, Wiesbaden 2019.

Kroeber-Riel, W. (1993): Bildkommunikation. Imagerystrategien für die Werbung, München 1993.

Krüger, W. (2002): Excellence in Change. Wege zur strategischen Erneuerung, 2. Aufl., Wiesbaden 2002.

Kunerth, B./Mosley, R. (2011): Applying employer brand management to employee engagement. Strategic HR Review, Vol. 10, Iss: 3, pp. 19-26.

Kuß, A. (2013): Marketing-Theorie. Eine Einführung, 3. Aufl., Wiesbaden 2013.

Laakmann, K. (1995): Value-Added-Services als Profilierungsinstrument im Wettbewerb – Analyse, Generierung, Bewertung, Frankfurt am Main 1995.

Lang, R./Rybnikova, I. (2014): Aktuelle Führungstheorien und -konzepte, Wiesbaden 2014.

Laudon, S. (2017): Moderne Mitarbeiterführung, in: http://www.cebit.de/de/news-archiv/digital-insights/moderne-mitarbeiterfuehrung-diese-5-chefs-machen-es-vor/

Leußer, W./Hippner, H./Wilde, K.D. (Leußer et al. 2011): CRM – Grundlagen, Konzepte und Prozesse, in: Hippner, H./Hubrich, B./Wilde, K. D. (Hrsg.): Grundlagen des CRM – Strategie, Geschäftsprozesse und IT-Unterstützung, Wiesbaden 2011.

Levitt, T. (1960): Marketing Myopia, in: Harvard Business Review 7/8/1960, S. 45-56.

Lippold, D. (1993): Marketing als kritischer Erfolgsfaktor der Softwareindustrie. In: Arnold, U./Eierhoff, K. (Hrsg.): Marketingfocus: Produktmanagement, Stuttgart 1993, S. 223-236.

Lippold, D. (1998): Die Marketing-Gleichung für Software. Der Vermarktungsprozess von erklärungsbedürftigen Produkten und Leistungen am Beispiel von Software, 2. Aufl., Stuttgart 1998.

Lippold, D. (2010a): Die Marketing-Gleichung für Unternehmensberatungen, in: Niedereichholz et al. (Hrsg.): Handbuch der Unternehmensberatung, Bd. 2, 7440, Berlin 2010.

Lippold, D. (2010b): Die Personalmarketing-Gleichung für Unternehmensberatungen, in: Niedereichholz et al. (Hrsg.): Handbuch der Unternehmensberatung, Bd. 2, 7560, Berlin 2010.

Lippold, D. (2011): Die Personalmarketing-Gleichung. Einführung in das wertorientierte Personalmanagement, München 2011.

Lippold, D. (2014): Die Personalmarketing-Gleichung. Einführung in das wert- und prozessorientierte Personalmanagement, 2. Aufl., München 2014.

Lippold, D. (2015a): Die Marketing-Gleichung. Einführung in das prozess- und wertorientierte Marketingmanagement, 2. Aufl., München 2015.

Lippold, D. (2015b): Theoretische Ansätze in der Marketingwissenschaft. Ein Überblick, Wiesbaden 2015.

Lippold, D. (2015c): Marktorientierte Unternehmensplanung. Eine Einführung, (Essentials), Wiesbaden 2015.

Lippold, D. (2015d): Einführung in die Marketing-Gleichung, (Essentials), Wiesbaden 2015.

Lippold, D. (2015e): Theoretische Ansätze in der Personalwirtschaft. Ein Überblick, (Essentials) Wiesbaden 2015.

Lippold, D. (2015f): Einführung in die Personalmarketing-Gleichung, (Essentials), Wiesbaden 2015.

Lippold, D. (2016a): Die Unternehmensberatung. Von der strategischen Konzeption zur praktischen Umsetzung, 2. Aufl., Wiesbaden 2016.

Lippold, D. (2016b): Akquisitionszyklen und -prozesse im B2B-Bereich. Eine Einführung, (Essentials), Wiesbaden 2016.

Lippold, D. (2016c): Organisationsstrukturen von Stabsfunktionen. Ein Überblick, (Essentials) Wiesbaden 2016.

Lippold, D. (2017a): Aspekte und Dimensionen der Bewerbermarkt-Segmentierung, (Essentials), Wiesbaden 2017.

Lippold, D. (2017b): Aspekte und Dimensionen der Personalfreisetzung, (Essentials), Wiesbaden 2017.

Lippold, D. (2018): Die Reduktion der Fluktuationsrate als Erfolgsfaktor im Mittelstand. Dargestellt am Beispiel der Beratungsbranche. In: Ahrendt, B./Wöhrmann, S. (Hrsg.): Personalmarketing in 3D. Die vielfältige Disziplin, Berlin 2018.

Lippold, D. (2020a): Gastbeitrag im Bank Blog: „Empowerment ist entscheidend! Paradigmenwechsel in der Personalentwicklung von Banken", in: https://lippold.bab-consulting.de/empowerment-ist-entscheidend-paradigmenwechsel-in-der-personalentwicklung-von-banken

Lippold, D. (2020b): Digitalisierung und die vier Väter des Widerstands, in: https://lippold.babconsulting.de/digitalisierung-und-die-vier-vaeter-des-widerstands

Lippold, D. (2020c): Digital (mit)denken – analog lenken. Eine Roadmap durch die digitale Transformation, Berlin/Boston 2020.

Lippold, D. (2021): Personalführung im digitalen Wandel. Von den klassischen Führungsansätzen zu den New-Work-Konzepten, Berlin/Boston 2021.

Lippold, D. (2022): Die Unternehmensberatung. Von der strategischen Konzeption zur praktischen Umsetzung, 4. Auf., Berlin/Boston 2022.

Lippold, D. (2023): Die 80 wichtigsten Management- und Beratungstools. Von der BCG-Matrix zu den agilen Tools, 2. Aufl., Berlin/Boston 2023

Lippold, D. (2023a): Grundlagen der Unternehmensberatung. Lehrbuch für angehende Consultants, 3. Aufl., Berlin/Boston 2023.

Lippold, D. (2023b): Modernes Personalmanagement. Personalmarketing im digitalen Wandel, 4. Aufl., Berlin/Boston 2023.

Locher, A. (2002): Individualisierung von Anreizsystemen, Basel 2002.

Lünendonk, T. (2024): Status und Zukunft des Lebensmittelmarktes. Einflussfaktoren, Trends, Technik, Herausforderungen und die zentrale Rolle des Menschen, Trendpapier 2024

Macharzina, K./Wolf, J. (2010): Unternehmensführung. Das internationale Managementwissen. Konzepte – Methoden – Praxis, Wiesbaden 2010.

Manz, C./Sims, H. (1987): Leading Workers to Lead Themselves. The External Leadership of Self-Managing Work Teams, Administrative Science Quaterly, 32,1, S. 106-130.

Manz, C./Sims, H. (1991): Super Leadership: Beyond the Myth of Heroic Leadership, Organizational, Dynamics, 19, 4, S. 18-35.

Marston, W. M. (1928): Emotions of Normal People, New York 1928.

Maslow, A. (1970): Motivation and Personality, 2. Aufl., New York 1970.

Mattscheck, M. (2024): Nachhaltige Unternehmens- und Markenführung. In: https://www.onlinemarketing-praxis.de/basisinformationen/nachhaltige-unternehmens-und-markenfuehrung

Meffert, H. (1998): Marketing. Grundlagen marktorientierter Unternehmensführung. Konzepte – Instrumente – Praxisbeispiele, 8. Aufl., Wiesbaden 1998.

Meffert, H./Burmann, C./Koers, M. (Meffert et al. 2002): Stellenwert und Gegenstand des Markenmanagement, in: Meffert, H./Burmann, C./Koers, M. (Hrsg.): Markenmanagement: Identitätsorientierte Markenführung und praktische Umsetzung, Wiesbaden 2002.

Meffert, H./Burmann, C./Kirchgeorg, M. (Meffert et al. 2008): Marketing. Grundlagen marktorientierter Unternehmensführung. Konzepte – Instrumente – Praxisbeispiele, 10. Aufl., Wiesbaden 2008.

Menzenbach, J. (2012): Visionäre Unternehmensführung. Grundlagen, Erfolgsfaktoren, Perspektiven, Wiesbaden 2012.

Möller, J./ Schmidt, C./Lindemann, C. (Möller et al. 2015). Generationengerechte Führung beruflich Pflegender. In Zängl, P. (Hrsg.), Zukunft der Pflege – 20 Jahre Norddeutsches Zentrum zur Weiterentwicklung der Pflege (S. 117–130). Wiesbaden 2015.

Mühlenhoff, M./Hedel, L. (2014): Internet als Marketinginstrument – Werbeorientierte Kommunikationspolitik im digitalen Zeitalter, in: Holland, H. (Hrsg.): Digitales Dialogmarketing. Grundlagen, Strategien, Instrumente, Wiesbaden 2014, S. 517-535.

Müller-Stewens, G./Lechner, C. (2001): Strategisches Management. Wie strategische Initiativen zum Wandel führen, Stuttgart 2001.

Myers, D. G. (2010): Psychology, 9th ed., New York 2010.

Neuberger, O. (2002): Führen und führen lassen. Ansätze, Ergebnisse und Kritik der Führungsforschung, 6. Aufl., Stuttgart 2002.

Noack, A. (2023): Werbung zum Thema Nachhaltigkeit wird immer wichtiger. In: https://digital-magazin.de/werbung-zum-thema-nachhaltigkeit-wird-immer-wichtiger

Nowotny, V. (2017): Was ist eine agile Organisation? Wodurch zeichnen sich agile Unternehmen aus? In: https://www.business-wissen.de/artikel/unternehmenskultur-was-ist-eine-agile-organisation/

OECD (2022): Action steps for sustainable manufacturing. In: https://www.oecd.org/ innovation/ green/toolkit/actionstepsforsustainablemanufacturing.htm

Oertel, J. (2007): Generationenmanagement in Unternehmen, Wiesbaden 2007.

Ovum (2010): 2009 Business Trends: Consumer preferences in contact center interactions. End-user analysis of the contact center market.

Peters, T. J./Waterman, R. H. (1984): Auf der Suche nach Spitzenleistungen. Was man von den bestgeführten US-Unternehmen lernen kann, 10. Aufl., Landsberg am Lech 1984.

Planted Green (2024a): Warum eine CO_2-Bilanz wichtig ist. In: https://www.planted.green/ nachhaltigkeit-wissen/warum-eine-co2-bilanz-wichtig-ist

Planted Green (2024b): Nachhaltigkeit in der Wirtschaft – Wie die CSRD Unternehmen zukunftsweisend verändern wird. In: https://www.planted.green/nachhaltigkeit-wissen/nachhaltigkeit-in-der-wirtschaft-wie-die-csrd-unternehmen-zukunftsweisend-verandern-wird

Porter, M. E. (1986): Competition in Global Industries. A Conceptual Framework, in: Porter, M. E. (Hrsg.): Competition in Global Industries. Harvard Business School Press, Boston, 1986, 15-60.

Porter, M. E. (1995): Wettbewerbsstrategie, 8. Aufl., Frankfurt-New York 1995.

Porter, M.E./Kramer, M.R. (2015): Shared Value – Die Brücke von Corporate Social Responsibility zu Corporate Strategy. In: Schneider, A./Schmidpeter, R. (Hrsg.): Corporate Social Responsibility. Verantwortungsvolle Unternehmensführung in Theorie und Praxis, 2. Aufl., Wiesbaden 2015.

Prollius, M. von (2009): Die Pervertierung der Marktwirtschaft. Der Weg in die Staatswirtschaft und zurück zur Sozialen Marktwirtschaft, München 2009.

Pruitt, D. G./Rubin, J. Z. (1986). Social conflict: Escalation, stalement and settlement. New York 1986.

PwC (2024): Sustainability Consulting: Nachhaltigkeit ganzheitlich betrachten, in: https://www.pwc.de/de/nachhaltigkeit.html

Radomsky, C. (2019): Willkommen in der Welt der Digital Natives. Wie Sie als erfahrene Arbeitskraft Ihre Stärken ausspielen, München 2019.

Rangan, V. K./Chase, L. A/Karim, S. (2012) Why Every Company Needs a CSR Strategy and How to Build It. In: Harvard Business School, Working Paper 12-088.

Rapp, R. (2000): Customer Relationship Management. Das neue Konzept zur Revolutionierung der Kundenbeziehungen, Frankfurt/Main 2000.

Rappaport, A.: Creating Shareholder Value, 2. Aufl., New York 1997.

Rauch, C. (2013): Die Zukunft der Qualität. Wie Meta-Services die Welt umkrempeln, Frankfurt 2013.

Rauser Towers Perrin (2006): Flexible Benefits im gesamteuropäischen Kontext. Trends und Potenziale, Studie Juli 2006.

Reger, G. (2009): Innovationsmanagement – Change Management. Präsentationsvorlage Potsdam 12.12.2009.

Riederle, P. (2014) in: https://www.welt.de/debatte/kommentare/article135783672/Wir-Digital-Natives-veraendern-die-Welt.html

Robbins, S. (2001): Organisation der Unternehmung, München 2001.

Roddewig, S. (2003): Website Marketing. So planen, finanzieren und realisieren Sie den Marketing-Erfolg Ihres Online-Auftritts, Braunschweig/Wiesbaden 2003.

Rometsch, K. (2021): 10 Arten von Nudges aus dem Alltag. In: https://www.die-debatte.org/nudging-listicle/

Rosenstiel, von L. (1975): Die motivationalen Grundlagen des Verhaltens in Organisationen, Berlin 1975.

Rosenstiel, von, L. (2003). Führung zwischen Stabilität und Wandel, München 2003.

Rudolph, T./Kralle, N./Eggenschwiler, M. (Rudolph et al. 2021): Kundensegmentierung für eine nachhaltige Ernährung, in: Marketing Review St. Gallen 3 | 2021.

Runia, P./Wahl, F./Geyer, O./Thewißen, C. (Runia et al. 2011): Marketing. Eine prozess- und praxisorientierte Einführung, 3. Aufl., München 2011.

Rückle, H. (1994): Mit Visionen an die Spitze, Wiesbaden 1994.

Ruter, R. X./Stäber, F. (2009): Unternehmensverantwortung. Ein Definitions- oder Umsetzungsproblem? Ernst & Young-Paper 2009.

Sackmann, S. A. (2004): Erfolgsfaktor Unternehmenskultur. Mit kulturbewusstem Management Unternehmensziele erreichen und Identifikation schaffen – 6 Best Practice-Beispiele, Wiesbaden 2004.

Sagie, A./Koslowsky, M. (1994): Organizational Attitudes and Behaviors as a Function of Participation in Strategic and Tactical Change Decisions: An Application of Path-Goal-Theory, Journal of Organizational Behavior, 15, 1, S. 37-47.

Sand, N./Stüber, E./Brusch, M. (Sand et al. 2010): Wirkungsmessung der Online-Kommunikation, in: Planung & Analyse, Heft 6-2010, S. 40–43.

Schäfer, E./Knoblich, H. (1978): Grundlagen der Marktforschung, 5. Aufl., Stuttgart 1978.

Schamberger, I. (2006): Differenziertes Hochschulmarketing für High Potentials, Schriftenreihe des Instituts für Unternehmensplanung (IUP), Band 43, Norderstedt 2006.

Schirmer, U./Woydt, S. (2016): Mitarbeiterführung, 3. Aufl., Wiesbaden 2016.

Schmelzer, H. J./Sesselmann, W. (2006): Geschäftsprozessmanagement in der Praxis. Kunden zufrieden stellen – Produktivität steigern – Wert erhöhen, 5. Aufl., München, Wien 2006.

Schmidt, H. (2018): Wie Maschinen die Arbeit übernehmen. In: https://www.linkedin.com/pulse/wie-maschinen-die-arbeit-%C3%BCbernehmen-dr-holger-schmidt/

Schmidt, H. (2024): Das bessere Google. In: https://www.linkedin.com/pulse/das-bessere-google-dr-holger-schmidt-eskie/

Schmitt, R./Pfeifer, T. (2010): Qualitätsmanagement. Strategien – Methoden – Techniken, 4. Aufl., München-Wien 2010.

Schneider, A./Schmidpeter, R. (2015): Corporate Social Responsibility. Verantwortungsvolle Unternehmensführung in Theorie und Praxis, 2. Aufl., Wiesbaden 2015.

Schnell, S. (2019): Automatisierung vernichtet oder schafft Jobs – je nachdem, wie gut Firmen digital aufgestellt sind, in: https://business-user.de/arbeitswelt/automatisierung-vernichtet-oder-schafft-jobs-je-nachdem-wie-gut-firmen-digital-aufgestellt-sind/

Scholz, C. (2000): Personalmanagement. Informationsorientierte und verhaltenstheoretische Grundlagen, 5. Aufl., München 2000.

Scholz, C. (2011): Grundzüge des Personalmanagements, München 2011.

Scholz, M./Reyes, G. de los (2015): Management von Shared Value – eine legitime Corporate Strategy. In: Schneider, A./Schmidpeter, R. (Hrsg.): Corporate Social Responsibility. Verantwortungsvolle Unternehmensführung in Theorie und Praxis, 2. Aufl., Wiesbaden 2015.

Schütz, M. (2015). Eingebildete Generation. Der Freitag, Community. In: https://www.freitag.de/autoren/marcel-schuetz/die-eingebildete-generation

Schuler, H. (2000): Psychologische Personalauswahl, 3. Aufl., Göttingen 2000.

Schuler, H. (2006): Lehrbuch der Personalpsychologie, 2. Aufl., Göttingen 2006.

Schweiger, G./Schrattenecker, G. (2005): Marketing, 6. Aufl., Stuttgart 2005.

Sebastian, K.-H./Maessen, A. (2003): Pricing-Strategie. Wege zur nachhaltigen Gewinnmaximierung, in: Preismanagement, hrsg. v. Simon, Kucher & Partners, Bonn 2003.

Shareground/Universität St. Gallen (2015): Arbeit 4.0: Megatrends digitaler Arbeit der Zukunft – 25 Thesen. Projektergebnisse v. August 2015. Gallen

Simon, H. (1997): Administrative Behavior, 4. Aufl., New York 1997.

Simon, H./Wiltinger, K./Sebastian, K.-H./Tacke, G. (Simon et al. 1995): Effektives Personalmarketing. Strategien, Instrumente, Fallstudien, Wiesbaden 1995.

Sopra Steria Consulting (2016): Studie „Datengetriebene Agilität. Auf der Erfolgsspur zur digitalen Exzellenz“

Springer, J./Sagirli, A.: Personalmanagement – Personalfreisetzung, URL: http://www.iaw.rwth-aachen.de/download/lehre/vorlesungen/2006in Theorie und Praxis, 2. Aufl., Wiesbaden 2015

Staehle, W. (1999): Management, 8. Aufl., München 1999.

Stahl, R. (2022): CO_2-Bilanzierung in Unternehmen – so läuft's! In: https://www.equcon-sult.de/post/co2-bilanzierung-in-unternehmen-so-läuft-s

Stalder, B. (1997): Frauenförderung konkret. Handbuch zur Weiterbildung im Betrieb, Zürich 1997.

Statista (2024a): Personen mit Gesundheits- und Nachhaltigkeitsorientierung (LOHAS) in Deutschland nach Geschlecht. In: https://de.statista.com/statistik/daten/studie/982117/umfrage/umfrage-unter-lohas-in-deutschland-zur-geschlechterverteilung/

Statista (2024b): Wertorientierungen und Lebenseinstellungen der Personen mit Gesundheits- und Nachhaltigkeitsorientierung (LOHAS). In: https://de.statista.com/statistik/daten/studie/983778/umfrage/ umfrage-unter-lohas-in-deutschland-zu-werteorientierungen/

Statista (2024c): Einkaufsverhalten von Menschen, die LOHAS (Lebensstil für Gesundheit und Nachhaltigkeit) folgen. In: https://www.statista.com/statistics/1263359/lohas-shopping-behavior-germany/

Statista (2024d): Die größten Interessensgebiete der Personen mit Gesundheits- und Nachhaltigkeitsorientierung (LOHAS). In: https://de.statista.com/statistik/daten/studie/983442/umfrage/umfrage-unter-lohas-in-deutschland-zu-interessensgebieten/

Stehr, C. (2015): General Management und Corporate Social Responsibility. In. Schneider, A./ Schmidpeter, R. (2015): Corporate Social Responsibility. Verantwortungsvoll Unternehmensführung in Theorie und Praxis, 2. Aufl., Wiesbaden 2015

Steinmann, H./Schreyögg, G. (2005): Management. Grundlagen der Unternehmensführung. Konzepte – Funktionen – Fallstudien, 6. Aufl., Wiesbaden 2005.

Stock-Homburg, R. (2008): Personalmanagement: Theorien – Konzepte – Instrumente, 1. Aufl., Wiesbaden 2008.

Stock-Homburg, R. (2013): Personalmanagement: Theorien – Konzepte – Instrumente, 3. Aufl., Wiesbaden 2013.

Stogdill, R. (1948): Personal Factors Associated With Leadership: A Survey of the Literature, Journal of Psychology, 72, 3, S. 444-451.

Stogdill, R. (1974): Handbook of Leadership: A Survey of Theory and Research, New York 1974.

Strothmann, K.-H./Kliche, M. (1989): Innovationsmarketing. Markterschließung für Systeme der Bürokommunikation und Fertigungsautomation, Wiesbaden 1989.

Sutter, G.-S. (2015): CSR und Human Ressource Management. In: Schneider, A./Schmidpeter, R. (Hrsg.): Corporate Social Responsibility. Verantwortungsvolle Unternehmensführung in Theorie und Praxis, 2. Aufl., Wiesbaden 2015.

Tannenbaum, R./Schmidt, W. H. (1958): How to Choose a Leadership Patter. In: Harvard Business Review, Heft 2/1958, S. 95–101.

Thibaut, J. W./Kelley, H. H. (1959): The Social Psychology of Groups, New York 1959.

Thiemann, J. (2023): Nachhaltigkeit in Unternehmen integrieren. Strategische Planung – Umsetzung – Monitoring, Wiesbaden 2023

Thieme, T. (2024): Nachhaltigkeit wird zum Erfolgsfaktor für das Marketing. In: https://www.absatzwirtschaft.de/nachhaltigkeit-wird-zum-erfolgsfaktor-fuer-das-marketing-244745/

Thommen, J.-P./Achleitner, A.-K. (2012): Allgemeine Betriebswirtschaftslehre. Umfassende Einführung aus managementorientierter Sicht, 7. Aufl., Wiesbaden 2012.

Tokarski, K. O. (2008): Ethik und Entrepreneurship. Eine theoretische und empirische Analyse junger Unternehmen im Rahmen einer Unternehmensethikforschung, Wiesbaden 2008.

Trendmonitor Deutschland (2023): Nachhaltigkeit im Reality-Check. In: https://trendmonitor-deutschland.de/nachhaltigkeit-im-reality-check/

Trommsdorff, V. (1987). Image als Einstellung zum Angebot, in: Hoyos et al. (Hrsg.): Wirtschaftspsychologie in Grundbegriffen, 2. Aufl., München 1987, S. 117-128.

Tüschen, N. (1989): Unternehmensplanung in Softwarehäusern. Entwurf und Weiterentwicklung eines Bezugsrahmens auf der Basis empirischer Explorationen in Softwarehäusern in der Bundesrepublik Deutschland, Bergisch-Gladbach, Köln 1989.

Vahs, D. (2009): Organisation. Ein Lehr- und Managementbuch, 7. Aufl., Stuttgart 2009.

VersaCommerce (2024): Nachhaltigkeitsmarketing. In: https://www.versacommerce.de/glossar/nachhaltigkeitsmarketing

Visuable 2024: Nachhaltigkeit als Marketingstrategie. In: https://www.visable.com/de_de/ magazin/wissen/nachhaltiges-marketing

Vroom, V. H./Yetton, P. W. (1973): Leadership and Decision-Making, Pittsburgh 1973.

Wald, P. M. (2014): Virtuelle Führung, in: Lang, R./Rybnikova, I.: Aktuelle Führungstheorien und -konzepte, Wiesbaden 2014, S. .355-386.

Walsh, G./Deseniss, A./Kilian, T. (Walsh et al. 2009): Marketing. Eine Einführung auf der Grundlage von Case Studies, Berlin – Heidelberg 2009.

Webster, F. E./Wind, Y. (1972): Organizational Buying Behavior, Englewood Cliffs, N. J. 1972.

Weiber, R./Kollmann, T. (1997): Wettbewerbsvorteile auf virtuellen Märkten - Vom Marketplace zum Marketspace, in: Link, J./Brändli, D./Schleuning, C./Kehl, R. E. (Hrsg.): Handbuch Database Marketing, Ettlingen, S. 513-530.

Weiber, R./Kollmann, T. (1998): Competitive Advantages in Virtual Markets - Perspectives of „Information-based-Marketing" in Cyberspace, in: European Journal of Marketing, Jg. 32, Nr. 7/8, S. 603-615.

Weibler, J. (2016): Personalführung, 3. Aufl., München 2016.

Weideneder, M. (2001): Erfahrungsbericht: Personalvermittlung im Internet. In: Personal, 07/ 2001.

Welge, M. K./Al-Laham, A. (2008): Strategisches Management. Grundlagen – Prozesse – Implementierung, 5. Aufl., Wiesbaden 2008.

Werle, K. (2013). Die Kuschel Kohorte.

http://www.manager-magazin.de/magazin/artikel /0,2828,druck-875547,00.html

Weuster, A. (2004): Personalauswahl. Anforderungsprofil, Bewerbersuche, Vorauswahl und Vorstellungsgespräch, Wiesbaden 2004.

Wiehrdt, A. (2021): Das neue Markensegmentationsmodell der GfK ist raus. In: https://www.brand-doctor.net/blog/das-neue-markensegmentationsmodell-der-gfk

Winkler, R (2021): Macht uns Corona zu besseren Menschen? In: https://www.absatzwirtschaft.de/macht-uns-corona-zu-besseren-menschen-227569/

Winter, D. G. (2002): The Motivational Dimensions of Leadership: Power, Achievement, and Affiliation. In: Riggio, R. E./Murphy, S. E./Pirozzolo, f. J. (Hrsg.): Multiple Intelligences and Leadership, Mahwah, New York 2002, S. 119-138.

Wirtz, B. W. (2009): Medien- und Internetmanagement, 6. Aufl., Wiesbaden 2009.

Wirtz, B. W. (2013): Electronic Business, 4. Aufl., Wiesbaden 2013.

Wöhe, G./Döring, U./Brösel, G. (Wöhe et al. 2020): Einführung in die Allgemeine Betriebswirtschaftslehre, 27. Aufl., München 2020.

Wuttke, L. (2022): Praxisleitfaden für Künstliche Intelligenz in Marketing und Vertrieb. Beispiele, Konzepte und Anwendungsfälle, Wiesbaden 2022.

Wuttke, L. (2023: Kundenwert: wie wertvoll ist jeder einzelne Kunde? In: https://datasolut.com/kundenwert/

Ziems, D./Ebenfeld, T./Winkler, R. (Ziems et al. 2023): Die Fallstricke der Nachhaltigkeit. In: https://www.marktforschung.de/marktforschung/a/die-fallstricke-der-nachhaltigkeit/

Zunke, K. (2023): Werbung, CO_2 und neues Denken. In: https://www.haufe.de/sustainability/strategie/green-marketing-werbung-co2-und-ein-neues-denken_575772_607074.html

Abbildungsverzeichnis

Insertverzeichnis

Sachwortverzeichnis

Q

R

X

Y

Z

Weitere Bücher von Dirk Lippold

Die Unternehmensberatung
Von der strategischen Konzeption zur praktischen Umsetzung
4. Aufl., 2022, ISBN 978-3-11-078550-0

Dieses „Standardwerk für angehende und praktizierende Unternehmensberater“ (Lünendonk), das den konzeptionellen Ansatz in der Unternehmensberatung begründet hat, behandelt in sechs Kapiteln die grundlegenden Konzepte und Methoden von Beratungsunternehmen. Jedes Kapitel ist in sich abgeschlossen und kann quasi als „Buch im Buch“ betrachtet werden. Auf diese Weise ist es möglich, das Grundlagenwerk einerseits als Fundament einer „Consulting-Lehre“ und andererseits als Handbuch und Glossar für viele Fragen und Aufgabenstellungen in der täglichen Beratungspraxis zu benutzen.

Grundlagen der Unternehmensberatung
Lehrbuch für angehende Consultants
3. Aufl., 2023, ISBN 978-3-11-132136-3

Tauchen Sie ein in die faszinierende Welt der Beratungsbranche Mit einem klaren didaktischen Aufbau ist dieses Lehrbuch ideal für alle, die ihre Karriere in der Beratungsbranche starten oder ihr Wissen erweitern möchten. Der Autor teilt seine wertvollen Erfahrungen und Erkenntnisse und veranschaulicht sie mit zahlreichen praxisnahen Beispielen. Sie werden in die Lage versetzt, das Gelernte sofort in die Tat umzusetzen. Dass Buch vermittelt Ihnen zudem die wichtigsten Managementtools und -techniken.

Einführung in das Consulting
Strukturen – Trends – Geschäftsmodelle
2022, ISBN 978-3-11-077399-6

Die Beratungsbranche ist die Wunschbranche vieler Hochschulabsolventen. Warum ist die Consulting Profession so faszinierend? Welchen Nutzen, welchen Mehrwert bieten Beratungsleistungen? Wo kann man Consulting studieren? Was ist der ideale Weg in die Beratung? Welches sind die Voraussetzungen für den Einstiegsjob? Welche Hochschulen bieten dafür die besten Chancen? Dieses Buch beantwortet diese und ähnliche Fragen und gibt damit einen fundierten Einstieg in die professionelle Unternehmensberatung.

Die 80 wichtigsten Management- und Beratungstools
Von der BCG-Matrix zu den agilen Tools
2. Aufl., 2023, ISBN 978-3-11-116410-6

Die 80 wichtigsten Beratungstools, die zugleich auch immer Managementtools darstellen, sind in diesem Buch zusammengestellt. Eines der Hauptanliegen ist es, die Vielzahl der Tools nicht nur inhaltlich zu erläutern, sondern sie entlang den einzelnen Phasen des Beratungsprozesses zu ordnen und gleichzeitig die entsprechende Einsatzumgebung vorzustellen. Die Reihe der vorgestellten Tools reicht von der BCG-Matrix über die Marketing-Gleichung bis hin zu den agilen Tools wie Scrum, Kanban und Design Thinking.

Marketing für Unternehmensberatungen
B2B-Marketing im digitalen Wandel
2024, ISBN 978-3-11-137449-9

Vor dem Hintergrund des digitalen Wandels haben sich auch die Markt- und Wettbewerbsbedingungen der Beratungsunternehmen verändert. Eine Branche, deren Wurzeln zumeist bei Technikern und Tüftlern zu suchen sind, steht vor der Herausforderung, unter den veränderten Rahmenbedingungen erfolgversprechende und schlüssige Marketing-Konzepte zu entwickeln. Das Buch verfolgt das Ziel, ein Vorgehensmodell für den Vermarktungsprozess von Beratungsleistungen zu entwerfen. Es liefert eine phasenbezogene Darstellung der Vermarktung, die dem Management von Unternehmensberatungen Ansatzpunkte bietet, um die einzelnen Elemente der Marketing-Gleichung zu optimieren.

B2B-Marketing und -Vertrieb
Die Vermarktung erklärungsbedürftiger Produkte und Leistungen
2021, ISBN 978-3-11-075668-5

Vier von fünf B2B-Unternehmen erzielen heute bereits signifikante Umsätze mit dem Online-Vertrieb erzielen, stellen viele Unternehmen im B2B-Bereich vor zunehmend große Herausforderungen. Gleichzeitig bieten sich damit eine Reihe neuer Perspektiven für eine reibungslose Zusammenarbeit auf der Vermarktungsseite. Marketing und Vertrieb obliegen somit die spannende Aufgabe, die effiziente Gestaltung der Vertriebskanäle vorzunehmen und die besonderen Herausforderungen des E-Commerce umzusetzen.